Über dieses Buch Die historische Kulturforschung ist bis in die jüngste Gegenwart hinein weitgehend orientiert an der europäischen Hoch-Kultur und ihren künstlerischen, literarischen und wissenschaftlichen Eliteleistungen. Weil sie ihre Untersuchungsgegenstände unabhängig vom sozialen Kontext und von den gesellschaftlichen Interessen ortet, hat sie lange nicht die Historizität und den Klassencharakter der »hohen« Kultur erkannt und auch die Andersartigkeit der Volkskultur nicht gesehen.
Daß das Volk über keine Kultur verfügte, ist zwar nicht mehr Gemeingut; daß diese Kultur jedoch trivial und traditionell, damit nicht entwicklungsfähig und weniger »wertvoll« sei, ist noch Inhalt unseres intellektuell-öffentlichen Bewußtseins und der sozialen Bewertung bis heute.
Der vorliegende Sammelband vereinigt jüngere zivilisationsgeschichtliche Analysen der in- und vor allem ausländischen Mentalitäts- und Kulturforschung und möchte der neueren historischen Forschung Perspektiven vermitteln. Dabei wird hier ein Begriff von Kultur verwendet, die nicht vom alltäglichen Leben abgehoben ist, sondern die die besondere und bestimmte Lebensweise jener sogenannten kleinen Leute umfaßt, ihre Werte, Ideen und Bedürfnisse, wie sie in Sitten und Gebräuchen, in der Glaubenswelt, in gesellschaftlichen Beziehungen und Institutionen verkörpert sind.
Mit diesem Band werden grundlegende und exemplarische Beiträge international renommierter Wissenschaftler im Zusammenhang vorgestellt. Damit soll eine Dimension, eine Sichtweise der historischen Forschung aktiviert werden, die die Geschichte nicht mehr aus einer objektivistischen oder elitär herrschaftlichen Weltordnung begreift, sondern aus der Sicht der Handelnden und der betroffenen Leute und Gruppen selbst, in der die subjektive Handlungspraxis und die Alltagserfahrungen zu ihrem Recht kommen.

Die Angaben zu den Mitarbeitern befinden sich am Ende des Bandes.

Richard van Dülmen / Norbert Schindler (Hg.)

Volkskultur

Zur Wiederentdeckung des vergessenen Alltags
(16.–20. Jahrhundert)

Fischer
Taschenbuch
Verlag

Lektorat: Walter H. Pehle

Originalausgabe
Fischer Taschenbuch 3460
März 1984

Umschlagentwurf: Jan Buchholz/Reni Hinsch
Gesamtherstellung: Clausen & Bosse, Leck
Printed in Germany
1980-ISBN-3-596-23460-3

Inhalt

Vorbemerkung

Das Interesse an der historischen Volkskultur ist in unserer Geschichtsschreibung nur marginal entwickelt. Die historische Kulturforschung ist bis in die jüngste Gegenwart hinein weitgehend an der europäischen Hoch-Kultur und ihren künstlerischen, literarischen und wissenschaftlichen Eliteleistungen orientiert und hat, weil sie ihre Untersuchungsgegenstände unabhängig vom sozialen Kontext und von den gesellschaftlichen Interessen ortet, lange die Historizität und den Klassencharakter der ›hohen‹ (scheinbar allen sozialen Konflikten enthobenen) Kultur verkannt wie auch die Andersartigkeit und Eigenständigkeit der Volkskultur nicht gesehen, die unter und neben der offiziellen Kultur lange ein unbemerktes Leben geführt hat und unter den Bedingungen der Änderung der Produktionsverhältnisse der Neuzeit entweder zerstört wurde oder ihre Funktion völlig geändert hat. Daß das Volk über keine Kultur verfügt, ist zwar nicht mehr Gemeingut, daß diese Kultur jedoch trivial und traditionell, damit nicht entwicklungsfähig und weniger ›wertvoll‹ ist, ist noch Inhalt unseres intellektuell-öffentlichen Bewußtseins und der sozialen Bewertung bis heute.

Es bedurfte erst der Anstöße von außen, sowohl durch jüngere zivilisationsgeschichtliche Analysen und ausländische Mentalitäts- und Volkskulturforschung, einer sozial- bzw. kulturanthropologischen Problemstellung wie Zusammenarbeit mit der historischen Volkskunde, um den Blick für die Eigenständigkeit und Andersartigkeit der Kultur einfacher Leute zu schärfen und damit der historischen Forschung neue Perspektiven zu vermitteln. Denn die Erforschung der Volkskultur deckt nicht nur eine uns fremde und verdrängte Welt auf, sondern verweist zugleich auf die Selektivität unserer vermeintlich das Ganze umgreifenden historischen Sozial- und Kulturanalyse, die doch weitgehend nur ›höhere‹ und ›objektive‹ Perspektiven zur Geltung bringt.

Wenn von Kultur gesprochen wird, so umfaßt dieser Begriff mehr als den traditionellen (bürgerlichen) Kulturbegriff, der auf die gehobenen ästhetisch-geistigen Werte beschränkt blieb, wodurch eine bestimmte Kultur überhaupt erst zu einer ›allgemeinen‹ Kultur werden konnte. Unter Kultur in unserem Zusammenhang ist nicht eine geistige, von der materiellen Reproduktion abgehobene Dimension des Lebens gemeint, auf die man prinzipiell verzichten kann. Unter der Voraussetzung, daß

Kultur einerseits immer die bestimmte Kultur einer Gruppe, Schicht oder Klasse ist, deren Interessen und Bedürfnisse sie artikuliert, andererseits nicht vom alltäglich-gewöhnlichen Leben abgehoben ist, sondern es strukturiert, umfaßt Kultur hier allgemein sowohl die besondere und bestimmte Lebensweise einer Gruppe, eines Standes oder einer Klasse, als auch die Werte, Ideen und Bedeutungen, wie sie in Sitten und Gebräuchen, in der Glaubenswelt, in den gesellschaftlichen Beziehungen und Institutionen verkörpert sind. Die Kultur wird damit nicht als eine Art von der Praxis, der Arbeitswelt und dem alltäglichen Leben unabhängiger ›geistiger‹ Überbau, sondern als eine Weise begriffen, wie Gruppen oder Klassen sowohl selbständige Lebensformen ausbilden, soziale Beziehungen knüpfen und erfahren, als auch ihren sozialen und materiellen Lebenserfahrungen Ausdruck verleihen.
Mit der Hinwendung zu einer historisch-systematischen Erforschung der Volkskultur der Neuzeit, wie sie der vorliegende Sammelband anstrebt, ist nicht intendiert, den Aufgabenbereich der historischen Sozialwissenschaft um ein weiteres Sondergebiet zu erweitern, neben dem politischen, sozialen und ökonomischen nun auch dem kulturellen Aspekt den ihm zukommenden Platz in der Geschichtswissenschaft einzuräumen. Mit der verstärkten Hinwendung zur historischen Analyse von Gruppen- und Klassenkulturen soll vielmehr eine Dimension, eine Sichtweise der historischen Forschung aktiviert werden, die die Geschichte der Gesellschaften nicht mehr aus einer objektivistischen oder elitär herrschaftlichen Wertordnung begreift, sondern aus der Sicht der Handelnden und betroffenen Leute und Gruppen selbst, in der die subjektive Handlungspraxis und die Alltagserfahrungen zu ihrem Recht kommen. Von außen oder von heutigen Normen her Gesellschaften aufzuschlüsseln, bleibt allemal dort problematisch, wo es keine Trennung von praktischem Handeln und normativer Ordnung gibt. Wie weit eine ›Geschichte von unten‹ geschrieben werden kann, hängt freilich von der Bereitschaft des Forschers ab, jenseits des offiziellen Kanons etablierter Wissenschaften sich auf die Lebenswelt der kleinen Leute, der Abhängigen und Unterdrückten einzulassen und die verdrängte Tradition auch mit den beschränkten Mitteln überlieferter, unterschiedlich qualifizierter Quellen aufzuschlüsseln. Eine unmittelbare Befragung oder Beobachtung ist dem Historiker ja im Unterschied zum Sozialanthropologen versagt.
Der vorliegende Sammelband versteht sich als Einführung in die historische Volkskulturforschung, ihre Problemstellung und ihre For-

schungspraxis. Bei der Auswahl und dem Aufbau des Bandes spielten vier Gesichtspunkte eine maßgebliche Rolle:

Einmal (1.) sollten die verschiedenen ausländischen Anregungen in der Bundesrepublik bekannt gemacht und wichtige Problemstellungen der Volkskulturforschung in den USA, in England und Frankreich aufgezeigt werden. Damit ist nicht geleugnet, daß es auch in unserem Land weiterführende Forschungen gibt, doch aus dem Ausland kamen die entscheidenden Anstöße zu einer neuen historischen Kulturanalyse. Die Beiträge von N. Davis (Spruchweisheiten und populäre Irrlehren) und B. Scribner (Reformation, Karneval und die »verkehrte Welt«), von R. Chartier (Phantasie und Disziplin. Das Fest in Frankreich vom 15. bis 18. Jahrhundert) und R. Malcolmson (Volkskultur im Kreuzfeuer. Der Kampf um die Abschaffung des Bullenrennens in Stamford im 18./19. Jahrhundert) erschließen nicht nur neue Forschungsfelder, sondern dokumentieren auf je ihre Weise die exemplarische Arbeitsweise der Volkskulturforschung.

Zum anderen (2.) wurde versucht, die Beschreibung der Volkskultur nicht auf das »goldene Zeitalter der traditionellen Volkskultur« (Burke), d. h. auf die frühe Neuzeit, zu beschränken, wenngleich ihr ein großer Teil der Beiträge gewidmet ist. Aber sowenig geleugnet werden kann, daß mit zunehmender Verstaatlichung und Industrialisierung der Gesellschaft bestimmte alte Formen der Volkskultur untergingen bzw. sich veränderten, geht es doch insgesamt gerade um die Darstellung und Analyse der kulturellen Eigenständigkeit und Anpassungsfähigkeit des Volkes bis ins 20. Jahrhundert hinein. Dabei mußte das Verhältnis von Volkskultur und Arbeiterkultur ebenso wie das zur Massenkultur des 20. Jahrhunderts thematisiert werden. Diesen Problemen widmen sich die Versuche von G. Korff (»Heraus zum 1. Mai«. Maibrauch zwischen Volkskultur, bürgerlicher Folklore und Arbeiterbewegung), R. Braun (Die Fabrik als Lebensform) und W. K. Blessing (Fest und Vergnügen der ›kleinen Leute‹. Wandlungen vom 18. bis zum 20. Jahrhundert). Wenn ein relativ langer Passus aus R. Brauns Untersuchung »Sozialer und kultureller Wandel in einem ländlichen Industriegebiet« (1965) wieder abgedruckt wird, so rechtfertigt dies dessen paradigmatische Bedeutung sowohl für die Wandlungsfähigkeit der Volkskultur als auch für die Untersuchung der Arbeiterkultur im 19. Jahrhundert.

Weiterhin (3.) sollten insgesamt weniger die spektakulären Aspekte der Volkskultur, sondern die unbekannten alltäglichen Gewohnheiten im

Vordergrund stehen. Zweifellos gehören auch die großen Feste und Revolten zur Kultur abhängiger Gruppen und Klassen, aber so wie sie bisher aufgearbeitet wurden, verdeckten sie allzuoft gerade die Bezüge, die zu thematisieren sich der Sammelband besonders vornahm, ihre Einbindung nämlich in den alltäglichen Lebenszusammenhang. Sicherlich ist dies vor allem ein Quellenproblem – spektakuläre Fälle finden einen stärkeren Niederschlag in den Quellen als das alltägliche Leben – aber auch ein Problem der Perspektive. Das vorrangige Interesse galt einmal der Analyse der kulturellen Praktiken, die den gewöhnlichen Alltag und die alltägliche Arbeit unmittelbar gestalten. Solange Arbeit sich noch nicht inhaltlich aus dem Gegensatz zur Freizeit bestimmte, war Volkskultur im weitesten Sinne sowohl eine Arbeits- als auch eine Alltagskultur. Diese Probleme werden besonders in den Beiträgen von G. Korff, R. Braun und Kl. Tenfelde (Streik als Fest. Zur frühneuzeitlichen Bergarbeiterkultur) thematisiert. Zum anderen finden aber auch Beiträge zu rituell-spektakulären Handlungen Aufnahme, wie sie in Fest, Karneval und Hinrichtung sichtbar werden, so die Untersuchungen von B. Scribner, R. Chartier, R. van Dülmen (Das Schauspiel des Todes. Hinrichtungsrituale in der frühen Neuzeit). Diese sind allerdings nicht als Ausdruck einer exotischen Kultur von Interesse, sondern weil in diesen besonderen symbolischen Akten grundlegende Verständigungsformen des Volkes in ihren Alltagsbezügen besonders gut dokumentiert werden können.

Schließlich (4.) sollte die Geschichte der Volkskultur nicht von außen beschrieben und ihre gesellschaftliche Bedeutung nicht für den historischen Prozeß definiert werden. Der übergreifende Problemzusammenhang ergab sich aus zwei miteinander verbundenen Interessen: Einmal sollten an einzelnen, freilich aussagekräftigen Fällen Erkenntnisse und Erfahrungen über das Verhalten und die kulturellen Praktiken der abhängigen und unterdrückten Gruppen und Klassen gewonnen werden, nicht als Ausdrucksformen objektiver kultureller Traditionen, sondern als Momente ihres eigenen Lebenszusammenhangs. Zum anderen sollten Vorstellungen, Erfahrungen und Handlungen der Gruppen und Klassen nicht außerhalb objektiver Prozesse und struktureller Vorgegebenheiten, sondern als ihre spezifische Aneignung und Verarbeitung durch die betroffenen Gruppen thematisiert werden. Da dieses Bemühen allein durch detaillierte Fallanalysen gelingen kann, stellt das im Band explizierte mikrohistorische Arbeitsverfahren keine Flucht vor großen theoretischen Anstrengungen dar, es ist im Gegenteil eine der Erforschung der Volkskultur angemessene Zugangsweise, zumal wenn es darum geht, die Zusammenhänge von Kultur und Alltag, von Kultur und Arbeit aufzuzeigen und soziale Beziehungen im historischen Wandel zu rekonstruieren.

Der vorliegende Sammelband will insgesamt neue Forschungsfelder erschließen, die Arbeitsweise der Volkskulturforschung dokumentieren und eine kulturelle Tradition der kleinen Leute und abhängiger Schichten aufdecken helfen, die trotz aller Disziplinierung und Unterdrükkung weitaus widerständiger und flexibler, eigenständiger und kreativer im sozialen Wandel vom 16. bis ins 19. Jahrhundert war, als man lange annahm. Das Volk wußte bei aller Abhängigkeit sein Leben selbst zu gestalten und seine Interessen ins Spiel zu bringen. Es reagierte nicht nur auf Vorgegebenheiten, sondern bestimmte historische Prozesse mit. Die vorliegenden Studien zeigen damit, daß die bisherige Aufarbeitung unserer Kultur nur einen Ausschnitt zeigte und darüber die – noch immer dementsprechend wenig erforschte – »andere Seite« unserer Zivilisation vernachlässigte. Probleme und Aufgabenstellung der historischen Volkskulturforschung umreißt in dieser Perspektive N. Schindler.

R. v. D.

Norbert Schindler

Spuren in die Geschichte der ›anderen‹ Zivilisation

Probleme und Perspektiven einer historischen Volkskulturforschung

Cultural systems must have a minimal degree of coherence ..., and ... they normally have a great deal more. But there is nothing so coherent as a paranoid's delusion or a swindler's story.[1]*

I. Mit der in den letzten Jahren vollzogenen Hinwendung zu einer ›Geschichte von unten‹, die sich darum bemüht, die historischen Prozesse nicht mehr ausschließlich aus dem Blickwinkel der herrschenden Eliten zu betrachten, ist auch das Interesse an der Kultur des Volkes und am Alltag der einfachen Leute sprunghaft angewachsen. »Wie einige der Hauptdarsteller der Geschichte – die Politiker, Denker, Unternehmer, Generäle – in unserer Aufmerksamkeit zurücktreten, drängt eine ungeheure Komparserie nach vorne, die wir für bloße Zuschauer dieses Prozesses gehalten haben.«[2] Im Zuge dieses Perspektivenwechsels, der viele ermutigt oder auch beunruhigt, weil er in seinen Konsequenzen noch kaum abzuschätzen ist, hat die Beschäftigung mit der Volkskultur ein Stück jener wissenschaftlichen und politisch-praktischen Dignität zurückerlangt, die sie unter den Fittichen museal gesinnter Brauchtumsliebhaber und dem harschen Verdikt einer elitenbewußten Massenkulturkritik bereits endgültig eingebüßt zu haben schien. Ein weiterer Umstand hat zur Wiederentdeckung bzw. -aufwertung des Themas beigetragen: Seitdem sich der Fortschrittsoptimismus der westlichen Zivilisation erneut an der ökonomisch-ökologischen Krise zu brechen begann, sind auch die Zweifel daran gewachsen, ob man es sich bei der Abrechnung mit den unterdrückten bzw. kolonisierten Kulturen nicht nur in fremden Erdteilen, sondern auch im eigenen Land nicht doch etwas zu leicht

* Die Anmerkungen befinden sich am Ende des Bandes.

gemacht hatte. Die diffusen, aber nichtsdestoweniger breitenwirksamen Überlegenheitsgefühle, in die Hegemonialkulturen ihre Vorherrschaft für gewöhnlich kleiden, haben an Plausibilität verloren; man ist sich plötzlich nicht mehr so sicher, was denn nun wirklich unter fortschrittlich und reaktionär zu verstehen sei. Diese Zweifel berühren nicht nur unsere aktuelle politische Selbsteinschätzung, sondern nagen auch an unserer historischen Identität. Heute fragen sich nicht mehr nur die Intellektuellen, ob wir den Fortschritt in die Moderne nicht vielleicht doch zu teuer erkauft haben. Und wenn es schon kein Zurück mehr gibt, wie lassen sich dann wenigstens die Kosten des Fortschritts benennen?

Die Geschichte der Volkskultur, soweit wir sie heute kennen, hat darauf ihre eigenen Antworten parat. Sie gehörte so gut wie nie zur ›Geschichte der Sieger‹ (W. Benjamin), die Bescheid zu wissen vorgibt, und kann es daher mit deren Selbstbewußtsein nicht aufnehmen. Volkskultur – das ist eine in vielerlei Hinsicht unterdrückte, verdrängte und beschädigte Dimension historischer Erfahrung. In den Bruchstücken und oft reichlich verschlüsselten Formen, in denen sie sich uns präsentiert, ist sie zwar nicht immer leicht zu verstehen, aber sie macht doch einige Rechnungen auf, die zum Nachdenken Anlaß geben könnten. Unterdrückung und Anpassung, Protest und Widerstand der abhängigen Schichten der Bevölkerung, soviel scheint gewiß, lassen sich nicht hinreichend mit den Parametern der bürgerlichen Fortschrittsideologie vermessen. Sie folgen ihren eigenen Gesetzmäßigkeiten, gehorchen anderen Überlebensimperativen, deren implizite Rationalität wir uns heute erst wieder mühevoll zurechtlegen müssen. Wir haben erst damit begonnen, diese Lektion zu begreifen, die den Leuten so selbstverständlich war, daß sie kein Wort darüber verlieren mußten. Es sind gerade die Evidenzen in der ›anderen‹ Zivilisation, die uns am meisten Kopfzerbrechen bereiten. Obwohl wir also nur langsam dazulernen, gibt es aber doch eine prägende Erfahrung, die die Mitarbeiter dieses Bandes teilen: seitdem sie sich ernsthaft mit der Volkskultur auseinandersetzen, hat sich ihre Einschätzung der ›großen‹ wie der ›kleinen‹ historischen Tatbestände, Knotenpunkte und Weichenstellungen, kurz: ihr historisches Bewußtsein verändert. Vieles, was wir bereits sicher zu wissen glaubten, ist erneut fragwürdig geworden, manches, woran wir lange achtlos vorbeigegangen sind, ist plötzlich in den Mittelpunkt des Interesses gerückt, und einiges, was uns lange Zeit bewegte, hat an Bedeutung verloren. Dieser Umorientierungsprozeß ist irritierend und faszinierend zugleich. Anstatt einen Umbruch zu beschreiben, der in seinem ganzen Ausmaß noch kaum zu überschauen ist, müssen hier vorerst einige Stichworte genügen.

Der *Widerstand* der abhängigen Schichten gegen die Politik der Herrschenden, gegen die Zugriffe und Zumutungen der Grundherrn und Steuereintreiber, der Pfarrer und Lehrer, Richter und Henker, Händler und Militärs zieht sich wie ein roter Faden durch die Geschichte der Neuzeit. Er war nicht immer dort am erfolgreichsten, wo er sich in spektakulären Aktionen, in Revolten und Rebellionen entlud. Sieht man erst etwas genauer hin, so entdeckt man, daß diese Aufstände nur die Spitzen eines Eisbergs waren, eingebettet in einem Meer latenter Widerständigkeiten, notorischer Unangepaßtheit und ungebeugten Eigensinns. Um nicht einem neuen Widerstandsmythos zu verfallen, der ja nur die platte Negation der älteren These von der Untertanengesellschaft wäre, sollte man jedoch besonders hervorheben, daß die Widerstände, denen die Formierungspolitik der staatlichen und kirchlichen Obrigkeiten begegnete, oft weniger aus einer bewußten Oppositionshaltung als aus den beträchtlichen Spielräumen erwuchsen, die der Volkskultur angesichts des vergleichsweise immer noch geringen Vergesellschaftungsgrads der frühneuzeitlichen Sozialordnung von den Herrschaftsinstanzen zugebilligt werden mußten.[3] Weil die Mehrzahl der Bevölkerung an ihre agrarische Existenzbasis gefesselt war, die Marktverflechtungen sich in regionalen Grenzen hielten, die Interaktionsbeziehungen noch weitgehend an Kleingruppen und face-to-face-Kontakte gebunden blieben und die Kommunikationswege langwierig, voller Löcher und schwer zu handhaben waren, drang vieles von oben nach unten entweder überhaupt nicht oder nur in mannigfach gebrochenen Formen durch, und auch der Austausch der verschiedenen gesellschaftlichen Gruppen untereinander funktionierte oft nur schleppend oder über die eigenartigsten informellen Kanäle, da man nur wenig voneinander wußte bzw. wissen wollte. Solange die Inseln des gesellschaftlichen Dialogs noch von den Mauern des Schweigens umgeben waren, blieben auch die Möglichkeiten der Einflußnahme ›von oben‹ begrenzt, und man sah darin, daß irgend jemand irgendwo etwas sagte oder gebot, noch längst keinen triftigen Grund, seine gewohnte Lebensweise zu ändern. Der Lokalismus der Volkskultur machte über lange Zeit hinweg deren Stärke aus, ehe er sich in ihre entscheidende Schwäche verwandeln sollte. Aber auch als die ›sozialen Nischen‹ allmählich dahinschrumpften, die Bewegungsspielräume aufgrund der demographischen, ökonomischen und politischen Entwicklungen enger wurden und die soziale Kontrolle ›von oben‹ sich zunehmend verdichtete, bildete das unendlich zähe und flexible Selbstbehauptungsvermögen der Volkskultur in der Auseinandersetzung mit den Elitenkulturen und ihren Herrschaftsansprüchen noch über Jahrhunderte hinweg ein schier unerschöpfliches Reservoir der Resistenz und Renitenz, von dem die Obrigkeiten ein Lied zu singen wußten. Der tagtägliche Kleinkrieg ums Überleben mit seinen tausenderlei Listen und Tücken, mit seinen illoyalen Loyalitäten, unorthodoxen Allianzen und heimlichen Solidaritäten hat das Profil der Volkskultur nach außen und nach innen stärker geprägt, als dies der eifrigste Moralprediger je hätte zustande bringen können.

Die *Tradition* mit ihren Bräuchen, Riten und normativ aufgeladenen Gewohnheiten, wie sie im Volk nicht gepflegt, sondern praktiziert wurde, spielt in diesen Auseinandersetzungen eine prominente Rolle. Wer sie und den Umgang mit ihr untersucht, begegnet einem Januskopf. Weit entfernt davon, lediglich der Hort des Ewiggestrigen zu sein, waren ihre Aneignung und Auslegung ständig umkämpft, avancierte sie nicht selten zum legitimen Mittel, um die Ansprüche der Herrschenden in ihre Schranken zu verweisen. Es kommt eben nicht auf das Instrument an, sondern darauf, wer in welcher Situation wie gut auf ihm zu spielen versteht. Alles ist eine Frage des Kontexts[4], und wir, die Kinder des Reichtums, wissen nichts mehr von der Virtuosität, die sich der Knappheit der Mittel verdankt.[5]

Deshalb verstehen wir auch nicht mehr viel von einer *Ökonomie*, die keinen separaten gesellschaftlichen Bereich ausmachte, sondern in der Sicht der Leute als existentielle Notwendigkeit erschien, alle verfügbaren materiellen und immateriellen Ressourcen zusammenzufassen und so zu organisieren, daß ihre Reproduktion gewährleistet war. Vergessen wir nicht, daß der Fabrikarbeiter, dessen Wohl und Wehe ausschließlich vom Verkauf seiner Arbeitskraft abhängt, eine evolutionär späte Erscheinung darstellt und daß vor Adam Smith niemand auf die Idee gekommen wäre, in der Wirtschaft nur ein sich selbst genügendes Regelsystem zu erblicken. In den vorkapitalistischen Ökonomien ist der Prozeß der Produktion noch wesentlich Arbeitsprozeß und erst in zweiter Linie Produktion für den Tausch. Wie der Gebrauchswert den Tauschwert noch dominiert, so bestimmt die Kultur der Arbeit noch die Produktion. Auf sie ist der soziale Zusammenhang bezogen, und durch sie unterscheidet sich die Kultur des Volkes essentiell von der der Eliten: »Wird die Volkskultur durch die Kultur der Arbeit gesehen, stellt sie sich nicht länger als Nachahmung oder Ableitung der Kultur der Eliten dar.«[6] Solange die Arbeit selbst und nicht deren gesellschaftlich anerkanntes Produkt, die Ware, als universale Kategorie des Produktionsprozesses erschien, mußte sie auch deren Aufgabe übernehmen, Unterschiedlichstes und scheinbar Widersprüchliches zu integrieren. Das führt notwendig zu einer Erweiterung des Arbeitsbegriffs über seinen harten materiellen Kern hinaus: Arbeit ist nicht mehr nur die Auseinandersetzung mit der äußeren Natur, sondern zugleich der Prozeß der Reproduktion der sozialen Beziehungen. Gefühle konnten, etwa in Form von Erbregelungen, Heiratsstrategien oder familienwirtschaftlichen Solidarbeziehungen, ebensosehr unmittelbar ökonomischen Charakter annehmen, wie andererseits die Ökonomie stets von außerökonomischen, ja immateriellen Beziehungen durchdrungen und abhängig blieb[7]. Dementsprechend anders, weniger genau berechenbar, ›unreiner‹ – so würde der moderne Nationalökonom vermutlich sagen –, und damit sehr viel schwerer rekonstruierbar mußten die Kalküle der Menschen ausfallen. Es gibt da einen unauflöslichen Konnex von Ökonomie und Kultur, in dem sich das eine nicht auf das andere reduzieren läßt.[8]

Die *Kultur* ist in einer solchen Welt der notorisch knappen Ressourcen genausowenig souverän wie die Ökonomie. Schon deshalb hat sie mit Idyllen nichts gemein. Sie ist Bestandteil der alltäglichen Selbstbehauptung der abhängigen Schichten und als solcher eine kollektive Leistung, die diese fortwährend von neuem zu erbringen und gegen vielerlei Widerstände durchzusetzen haben. Auch die marxistische Tradition hat sich diesen Errungenschaften im wahren Sinn des Wortes gegenüber lange Zeit als merkwürdig blind erwiesen. Es gab und gibt in ihr eine untergründige Artverwandtschaft mit dem bürgerlichen Fortschrittsglauben, einen ›heimlichen Positivismus‹,[9] der sich vor allem in einem beredten ›Schweigen‹ darüber ausdrückt, »was die kulturellen und moralischen Vermittlungen angeht, wie Menschen in spezifische, vorgegebene Produktionsverhältnisse eingebunden sind, die Art und Weise, in der diese materiellen Erfahrungen kulturell verarbeitet werden, und auf welche Weise bestimmte Wertsysteme mit bestimmten Produktionsweisen zusammenpassen und bestimmte Produktionsweisen und Produktionsverhältnisse ohne passende Wertsysteme unvorstellbar sind«.[10] Was E. P. Thompson, der große Historiker der frühen englischen Arbeiterbewegung, hier fordert, ist nicht weniger als die Revision der klassischen Dichotomisierung von ›Basis‹ und ›Überbau‹ zugunsten eines Konzepts von ›Kultur‹, das den real erfahrbaren Vermittlungszusammenhängen beider Ebenen nachspürt.[11] In ihrem Ökonomismus, so seine Kritik, ratifiziert die marxistische Orthodoxie noch die Verhältnisse, die sie eigentlich abschaffen wollte.[12] Gegen die Verdinglichung der Ökonomie und deren Kehrseite, die Reduktion der Kultur auf das ›Ideelle‹, setzt er einen dynamischen Kulturbegriff, der sich auf die Untersuchung der ganzen Lebensweise der abhängigen Schichten nicht nur als eines way of life, sondern als eines »whole way of conflict«[13] richtet, Klasse nicht als monströses Kollektivsubjekt, sondern als sozialen Prozeß begreift und Klassenerfahrung aus den alltäglichen Handlungsformen heraus zu entschlüsseln versucht. Wenn er der Formel ›Ohne Produktion keine Kultur‹ entgegenhält, »aber wir müssen auch sagen: ›Ohne Kultur keine Produktion‹«,[14] dann zielt er damit auf eine Aufhebung der starren Trennung von Ökonomischem und Nichtökonomischem, und d. h. auf eine theoretische Wiederaneignung der materiellen Gehalte auch und gerade der scheinbar immateriellen Handlungsdimensionen, wie sie für die Kultur des Volkes charakteristisch ist. »Es ist in mancher Hinsicht hilfreich, die Kultur und die Institutionen der Herrschenden als Überbau zu untersuchen. Aber diese Methode der Analyse wird sehr viel weniger hilfreich sein, wenn wir uns der Kultur, den Normen und den Ritualen des Volkes zuwenden, über das sie herrschten; denn diese können oft als in der Produktionsweise selbst, der Reproduktion sowohl des Lebens selbst als auch der materiellen Mittel zum Leben angelegt betrachtet werden.«[15]

Die Anstöße zu einer Erforschung der historischen Volkskultur im Rahmen eines Konzepts materieller Kultur, wie es hier nur in groben Linien angedeutet werden konnte, kamen vorwiegend aus dem Ausland. Wenn etwa E. P. Thompson aus zahllosen Handlungsfacetten ein faszinierendes Bild der »rebellischen traditionellen Kultur« der englischen Unterschichten im 18. Jahrhundert zusammensetzt und damit nachweist, daß ihr Antrieb zur Revolte keineswegs unmittelbar aus den hungrigen Bäuchen stammte, sondern aus der ›moralischen Ökonomie‹, einer scharfkonturierten Form plebejischen Bewußtseins in der Übergangsphase zum Kapitalismus hervorging,[16] wenn Natalie Z. Davis die konfessionsspezifischen ›Riten der Gewalt‹ mit Hilfe sozialanthropologischer Kategorien beschreibt und dadurch zeigen kann, wie die religiösen Auseinandersetzungen im 16. Jahrhundert die Massen ergriffen,[17] wenn Emmanuel Le Roy Ladurie aus den Akten der Inquisition die Lebensverhältnisse in einem spätmittelalterlichen Pyrenäendorf bis in die kleinsten Details hinein verfolgt oder die handfesten politischen Machtkämpfe aufdeckt, die sich in der turbulenten Fassade des Karnevals einer südfranzösischen Provinzstadt im 16. Jahrhundert verbargen,[18] wenn schließlich Carlo Ginzburg die Ketzerprotokolle der kirchlichen Behörden auf den Kopf stellt, um aus ihnen das sperrige, gleichsam ›vulgärmaterialistische‹ Weltbild eines friulanischen Müllers um 1600 zu rekonstruieren[19] – dann sind das auch hierzulande mittlerweile vielbeachtete und vieldiskutierte Entwürfe einer Volkskulturforschung, deren Erfolgsbilanz sich gewiß noch um einige Posten verlängern ließe.[20] Sie gestatten frappierend konkrete Einblicke in das Leben einer Gesellschaft, deren Alltagspraxis uns ebenso fremd geworden ist wie die Winkelzüge ihrer politischen Auseinandersetzungen. Ihnen allen ist ihr Fallstudiencharakter gemeinsam, ihre bewußte Konzentration auf regional und/oder zeitlich relativ eng begrenzte Ausschnitte der historischen Lebenswelt, ihre starke Verzahnung materialer Analyse und theoretischer Überlegungen, ihr Bestreben, all diese theoretischen Erwägungen und ihr gesamtes historisches Wissen nicht zur Erstellung eines wie auch immer gearteten ›methodologischen Rahmens‹, sondern zur Durchdringung des sozialen Kontexts der von ihnen analysierten Ereignisse einzusetzen.

Der amerikanische Kulturanthropologe Clifford Geertz hat dieses exemplarische Verfahren einmal ›thick description‹ genannt.[21] Er versteht darunter theoretisch-narrative Mischformen des Argumentierens, denen es nicht nur darauf ankommt, den Abstand zwischen theoretischem Instrumentarium und empirischer Arbeit, wie er die konventionelle Sozialforschung auszeichnet[22], systematisch zu verringern, sondern die darüber hinaus durch den ständigen Wechsel deduktiver und induktiver Schlußfolgerungen ihre theoretischen Erklärungsmuster so lange zu verfeinern und empirisch anzureichern trachten, bis sie – wenigstens annäherungsweise – den ›actor-oriented view‹ freilegen.[23] Im Grunde gibt es im sozialwissenschaftlichen Forschungsprozeß immer zwei Akteure, den Forscher und die Erforschten, und wissenschaftliche Arbeit bedeutet dann wesentlich, sich *gegenseitig* über Sinn und Gehalt des eigenen Tuns aufzuklären und zu verständigen. Der Vorteil dieses interpretativen Verfahrens besteht einmal darin, daß es die Erfahrungen, die der Ethnologe und – mit gewissen Abstrichen –

auch der Historiker im Umgang mit seinem ›Material‹ sammelt, nicht in einem methodologischen Überbau verschwinden läßt, sondern in jedem Stadium der Untersuchung als materiale Reflexion mitthematisiert. »Theoretical formulations hover so low over the interpretations they govern that they don't make much sense or hold much interest apart from them.«[24] Es geht darum, den Forschungsprozeß Schritt für Schritt transparent zu machen und ihn in seinem Werkstattcharakter sichtbar werden zu lassen. Zweitens zieht Geertz aus seiner Kritik am Positivismus und an ähnlich formalistisch sich mißverstehenden Erkenntnis-›Techniken‹ die Konsequenz, das, was normalerweise lediglich als Objekt der sozialwissenschaftlichen Forschung, als deren bloßes Material erscheint, in einer radikalen hermeneutischen Wendung als eigenständiges Subjekt anzuerkennen und als dialogfähigen Partner und Kontrahenten zu begreifen. Empirie erscheint dann nicht mehr als eine krude Anhäufung von Fakten, in die der Forscher erst Ordnung hineinzubringen hat, sondern als ein vorgängig arrangierter Sinnzusammenhang, dessen implizite Interpretamente sich von den expliziten des Forschers grundlegend unterscheiden: »What we call our data are really our own constructions of other people's constructions of what they and their compatriots are up to ...«.[25] Hinter der Metapher vom Dialog mit denjenigen, die – zumindest im ›Feld‹ des Historikers – nicht mehr für sich selbst sprechen können, steht das methodische Postulat, die übliche Sichtweise ›von außen‹ oder gar ›von oben‹ zugunsten einer umfassenden Auseinandersetzung mit dem Gegenstand aufzugeben, d. h. vor allem die Wahrnehmungsformen der untersuchten Akteure ernst zu nehmen und die Dinge in einer Art ›teilnehmender Beobachtung‹ so sehen zu lernen, wie sie gesehen wurden. Das klingt einfacher, als es ist, denn der ›microscopic view‹ wirft nicht nur eine Menge forschungspraktischer Probleme auf, sondern sieht sich auch zahlreichen methodischen Einwänden ausgesetzt, die vom Verdacht des ›neoromantischen Pseudorealismus‹[26] bis zum Vorwurf einer mehr oder weniger bewußt in Kauf genommenen Blindheit gegenüber den sozialen Makrostrukturen und -prozessen reichen.[27] Wenigstens auf den zweiten Punkt sei hier kurz eingegangen. Einer gesellschaftstheoretisch informierten Mikrohistorie sollte es u. E. nicht um die Ausblendung von Strukturzusammenhängen zugunsten eines wie auch immer gearteten folklorehaften Fraternisierens mit den Untersuchten gehen, sondern um eine Art systematischer Froschperspektive, in der Strukturen so betrachtet werden, wie sie im alltäglichen Handlungskontext *erscheinen*, und d.h. wie sie dort wahrgenommen werden oder eben auch nicht. Was es aus dieser Perspektive am Strukturalismus zu kritisieren gilt, ist nicht sein Bestreben um eine systematische Rekonstruktion der gesellschaftlichen Zusammenhänge, sondern die wissenschaftsabsolutistische Form, in der das geschieht. Der Primat, den er dem wissenschaftlichen Wissen vor dem praktischen einräumt, ohne sich über die Differenz der ihnen zugrunde liegenden Erfahrungsmodi überhaupt im klaren zu sein, führt zu einem folgenschweren Verlust an theoretischer Sensibilität für das, was sich innerhalb der sozialen Beziehungen wirklich ereignet.[28] »Die praxeologische Erkenntnis annulliert nicht die Ergebnisse des objektiven Wissens, sondern bewahrt und überschreitet sie, indem sie integriert, was diese Erkenntnis ausschließen mußte, um allererst jene zu erhalten. Die eingeborene Erfahrung der vertrauten Welt objektiv zu erforschen, ist keine neue Form, sich den Mysterien der Subjektivität anheimzugeben, sondern stellt ein Mittel dar, die Grenzen einer jeden objektiven Forschung auszumachen ... Kurz, der Versuch, die Sozialwissenschaft auf die bloße Aufdeckung objektiver Strukturen einzuengen, darf mit Recht zurückgewiesen werden, wenn dabei nicht aus den Augen verloren wird, daß die Wahrheit der Erfahrungen gleichwohl doch in den Strukturen liegt, die diese determinieren.«[29] Man wird also auch dem umgekehrten Trugschluß nicht verfallen dürfen: So sehr sich Forscher und Erforschte im Laufe der Untersuchungen verändern und einander annähern mögen, so wenig wahrscheinlich ist es doch, daß ihre Interessen jemals in eins fallen werden. Daher hätte es auch keinen Sinn, wenn der Forscher das Strukturwissen verleugnen wollte, das er, zumindest in seiner wissenschaftlichen Form, seinen ›Untersuchungsgegenständen‹ stets voraushat. Um seinerseits dialogfähig zu sein, muß er nur lernen, wann er es zurückzustellen und in welcher Situation er es zu reaktivieren hat. Und in der Tat bestechen die genannten Untersuchungen ja insbesondere durch die ungemein vorsichtige Handhabung ihres wissenschaftlichen Instrumentariums, durch ihren Respekt vor den Leuten, die sie untersuchen, und durch ihr Bestreben, ihr Material selbst sprechen zu lassen bzw. zum Sprechen zu bringen. Man wird kaum fehlgehen mit der Vermutung, daß sie sich nur deshalb in einer fremden Kultur scheinbar so leicht orientieren können, weil sie bereit sind, ihr einen Schritt weiter entgegenzukommen, als dies der konventionelle Wissenschaftshabitus zuläßt. Vielleicht besteht das ganze

Geheimnis ihres Erfolgs lediglich darin, daß sie auch dort noch am Dialog festhalten, wo andere schon längst zum wissenschaftlichen Urteilen übergegangen sind.

Volkskultur ist, vom Schreibtisch aus betrachtet und von einem deutschen Schreibtisch noch dazu, ein schwieriger und unhandlicher Begriff. »Wer in unserer Zeit statt Volk Bevölkerung ... sagt, unterstützt schon viele Lügen nicht«, heißt es in Bert Brechts »Fünf Schwierigkeiten beim Schreiben der Wahrheit« von 1935.[30] Das Faschismustrauma, das – freilich mehr beschworen als bewältigt – die politische Kultur der Bundesrepublik seit ihren Anfängen bestimmte, hat auch um den Volksbegriff herum Tabuzonen errichtet und Berührungsängste aufgebaut, die noch immer nachwirken und in einem merkwürdigen Widerspruch zur proklamierten Volkssouveränität stehen. Die Geschichte der Bundesrepublik ist auch eine Geschichte des historisch fundierten Mißtrauens gegenüber ihrem Souverän. So viele Irritationen dieser Umstand im Hinblick auf die demokratische Substanz unserer Gesellschaft hervorgerufen hat und immer noch hervorruft, so sehr hat man sich mit der fortschreitenden Integration der BRD in die ›westliche Zivilisation‹ doch allmählich daran gewöhnt, diese Dinge etwas entspannter zu sehen.[31] Selbstbetrachtungen sind gewiß nützlich und notwendig, aber sie sollten einen, zumal wenn sie, wie hierzulande anscheinend unvermeidlich, von einem gewissen Hang zur Nabelschau begleitet sind, auch nicht blinder machen, als man ohnehin ist.[32]
Dafür, daß der ›deutsche Sonderweg‹ allmählich zu Ende geht und ein Stück Normalität im Sinne des vollzogenen Anschlusses an die westliche Zivilisation eingekehrt ist, spricht auch der latente Bedeutungswandel der anderen Komponente des Begriffs. ›Kultur‹ erscheint heute nicht mehr in erster Linie als Inbegriff einer Sphäre höherer, geistiger Werte, der in einer unaufhebbaren Spannung zu den Niederungen des wirklichen Lebens steht. Der alte, über Generationen von Gymnasiallehrern weitervererbte Gegensatz von ›Kultur‹ und ›Zivilisation‹, von einer entpolitisierten, verinnerlichten und bildungsbürgerlich vereinnahmten Domäne ›wahrer‹ menschlicher Werte einerseits und einer ›seelenlosen‹, ausschließlich am säkularen Fortschritt der modernen Technik und Wissenschaft orientierten Zivilisation andererseits hat sich umgangssprachlich abgeschliffen und damit seine ursprüngliche ideologische Brisanz verloren. Der Zusammenbruch der elitären bildungs-

bürgerlichen Vorstellungswelt mit ihren antiwestlichen und antiindustriellen Ressentiments, der den Faschismus mindestens ebensosehr beförderte wie er von ihm noch zusätzlich beschleunigt wurde, hatte, auf lange Sicht gesehen, auch sein Gutes; er setzte Potentiale eines demokratischeren Kulturverständnisses frei, deren wir erst in den letzten Jahren in vollem Umfang gewahr wurden.

Zum einen wurde dadurch der bildungsbürgerliche Exklusivitätsanspruch, die klassenförmige Monopolisierung der Kultur als einer Art von Besitzstand endgültig aufgesprengt: Das Paradebeispiel dafür bildet die Arbeiterbewegung, deren höchst eigenständigen kulturellen und politischen Beitrag zu unserer Geschichte heute wohl niemand mehr ernsthaft bestreitet. Aber auch andere unterprivilegierte gesellschaftliche Gruppen und Ethnien partizipieren an dieser Erweiterung des Kulturbegriffs. Zum anderen hat sich dadurch auch eine inhaltliche Neuakzentuierung des Kulturverständnisses ergeben: aus dem Ideenhimmel des bürgerlichen Bildungskults heruntergeholt, umfaßt Kultur heute zunehmend wieder auch das Profane, Triviale, das, was sich tagtäglich unter den Leuten abspielt. Der Alltag ist in unser Kulturverständnis zurückgekehrt. Man kann das schlicht als Normalisierung begreifen; und wahrscheinlich ist diese Rückkehr zur Normalität eine nicht unwesentliche Voraussetzung dafür, daß man heute auch bei uns wieder, ohne sogleich falsche Assoziationen zu wecken, von der Kultur des Volkes sprechen darf. Über alledem sollte man jedoch nicht vergessen, daß die angelsächsische Welt auch in diesem Falle einmal mehr über das glücklichere Wort verfügt. Popular culture, als dessen mehr schlechte als rechte Übersetzung wir den Begriff ›Volkskultur‹ verwenden, meint ja nicht nur die Kultur der Unterschichten, sondern die allseits bekannte und beliebte Kultur, die Kultur der Vielen, die nicht den gesellschaftlichen Führungseliten angehören. Das Wort ist exakt um so viel glücklicher, wie die Tradition, in der es steht, im Verhältnis zu der unsrigen ungebrochener ist. In einem Land, das von einem House of Commons regiert wird und in dem der common sense kein Schimpfwort, sondern ein gewichtiges Argument darstellt, sind auch die common people ein respektabler Forschungsgegenstand, der nicht nur an die underdogs der Klassengesellschaft, sondern auch an jene ›ganz gewöhnlichen Gewohnheiten‹ erinnert, die noch bei jedermann hoch im Kurs stehen. Erst beides zusammen, die stabile republikanische Tradition und demokratische Kultur, die auch den Unterschichten eine gewisse historische Würde zuerkennt, und die Erfahrung einer Klassengesellschaft mit ungleich härteren sozialen Konturen als in der BRD, macht den Boden aus, in dem die Beschäftigung der neuen social history mit der Volkskultur wurzelt.[33] Volkskultur – das bedeutet in dieser radikaldemokratischen Perspektive nicht die Geschichte eines schlafenden Riesen, sondern eher die eines Souveräns auf der Suche nach seiner Souveränität, sofern man darunter mehr als nur eine verfassungsrechtliche Kategorie, nämlich die Möglichkeit der Menschen, über ihre Lebens- und Arbeitsbedingungen selbst zu bestimmen, versteht.

Wenngleich also die angelsächsische wie übrigens auch die französische Volkskulturforschung nicht so stark mit historischen Irritationen belastet ist, wie das hierzulande der Fall ist, so entledigt sie dieser Vorteil jedoch noch lange nicht der schwerwiegenden Probleme, die gleichsam in der Natur der Sache liegen. Der englische Kultursoziologe Stuart Hall eröffnete seinen Beitrag zum Oxforder History Workshop von 1979 mit den Worten: »I have almost as many problems with ›popular‹ as I have with ›culture‹. When you put the two terms together, the difficulties can be pretty horrendous«,[34] und der Herausgeber einer amerikanischen Zeitschrift, die im Umgang mit diesem Thema ebenfalls ihre einschlägigen Erfahrungen besitzt, hat die damit verbundenen Schwierigkeiten kürzlich auf folgenden ironischen Nenner gebracht: »Für die nüchternen Gelehrten ist die Volkskultur genauso lästig wie die Sexualität – jedermann stimmt zu, daß sie bedeutsam ist; in jeder Gesellschaftsordnung sind ihre Spuren unübersehbar, und trotzdem bleibt sie unbequem. Wenn man lustvoll über sie redet, beweist das einen schlechten Geschmack, und wenn man die stählernen Instrumente der konventionellen literarischen oder soziologischen Analyse auf sie anwendet, dann läuft man Gefahr, ihre Eigenart zu zerstören.«[35]

Daß das Spezifische der Volkskultur immer wieder durch die Maschen der wissenschaftlichen Betrachtung geschlüpft ist, hängt nicht nur mit dem verständnislosen Schweigen, das sich zwischen den Klassenkulturen ausgebreitet hat, sondern auch mit dem gestörten Verhältnis zwischen Wissenschaft und populärer Kultur zusammen, das seinerseits lediglich ein Moment der Reproduktion dieser Klassenbeziehungen darstellt. Diese Abneigung beruht durchaus auf Gegenseitigkeit, reicht weit zurück, und sie hat System. Man muß, um diesen Sachverhalt zu illustrieren, gar nicht in die Details gehen und etwa daran erinnern, wie sehr die Geschichtsschreiber das Volk in ihren Darstellungen vernachlässigt oder zu einem bloßen Objekt der historischen Entwicklung herabgesetzt haben. Es genügt, einen Blick auf die unterschiedlichen

Kommunikationsformen zu werfen, um zu begreifen, welche Antipoden sich hier gegenüberstehen und welche Spannungsbögen die Erforschung der Volkskultur mithin zu schlagen hat (vgl. Anhang).
Die Kultur des Volkes ist, früher nahezu vollständig und auch heute noch zu einem großen, oft unterschätzten Teil, eine mündliche Kultur; »oral tradition« bedeutet aber nicht nur, daß die alltäglichen Erfahrungszusammenhänge in der mündlichen Überlieferung und den ihr eigenen Selektionsmechanismen des kollektiven Bewußtseins[36] eingebettet sind, sondern daß sie sich wesentlich dadurch konstituieren, was und wie die Leute miteinander reden. Die neuzeitliche Wissenschaft dagegen verdankt ihren Aufstieg dem Prinzip der Schriftlichkeit, ohne das sie schlechterdings nicht denkbar ist. Während sie die soziale und kognitive Distanz für erkenntnisfördernd hält und im halbanonymen Verkehr der ›Gelehrtenrepublik‹ das Persönliche dem Sachlich-Allgemeinen unterzuordnen bemüht ist, stellt die Volkskultur eine eminent personengebundene, an face-to-face-Beziehungen orientierte Formation dar, deren spezifische soziale Qualitäten gerade in ihrer ›Insiderhaftigkeit‹, in dem hohen Maß an wechselseitiger Vertrautheit, aber auch an Kontrolle liegen, das die Leute im Umgang miteinander pflegen. Wo die Kultur der Wissenschaft auf Abstand hält, um allgemeingültige Einsichten zu gewinnen, da setzt die des Volkes auf die soziale Nähe als die Erfahrungsgrundlage ihres praktischen Wissens. Während es im rationalen Diskurs nur um den Austausch und die Prüfung verbalisierbarer Argumente geht, finden wir dort ein wesentlich umfangreicheres und weitaus weniger standardisiertes Kommunikationsrepertoire vor, das eng an sinnlich-expressive Wahrnehmungsformen gebunden bleibt und zahlreiche nichtverbale Kommunikationspraktiken einschließt, d. h. ein ungemein reichhaltiges Arsenal habitueller und ritueller Ausdrucksmöglichkeiten in sich birgt, das von Mimik, Gestik, dialektbezogenen Sprechattitüden über Gesang, Tanz, Sprichwörter und anderes Alltagsbrauchtum bis hin zu seiner kollektiven Selbstinszenierung in Festen, öffentlichen Umzügen und Karneval reicht. Geht es hier um die Explikation und Begründung von Meinungen, so herrschen dort die implicit meanings vor, deren sozialer Sinn erst entschlüsselt werden will. Hält sich die Wissenschaft die analytische Trennung von Normen und Tatsachen als Errungenschaft zugute, so insistiert die andere Seite darauf, daß erst ein Schuh daraus wird, wenn beides zusammenkommt. Verbürgt allein schon der soziale Ort, an dem die Wissenschaftskultur angesiedelt ist, ihre Abstinenz von der bzw. ihre nur

indirekte Beziehung auf die gesellschaftliche Praxis, so geht die Volkskultur aus diesen Praxiszusammenhängen erst hervor.
Man könnte die Variationen dieses Gegensatzes noch eine ganze Weile fortsetzen, vor allem auch die historischen Etappen und Weichenstellungen der Auseinanderentwicklung von Wissenschafts- und Volkskultur zu skizzieren versuchen. Aber da Natalie Z. Davis' Essay »Spruchweisheiten und populäre Irrtümer«[37] eine vorzügliche materiale Einführung in dieses Thema darstellt bzw. mühelos auch unter diesem Aspekt gelesen werden kann, möchten wir hier auf weitere Ausführungen verzichten und uns statt dessen auf die Erläuterung einiger grundsätzlicher Probleme beschränken, die sich in Deutschland aus dem wissenschaftlichen Umgang der Disziplin Volkskunde mit ihrem Gegenstand, dem Volk und seiner Kultur, ergaben. Der Blick auf die Irritationen und Sackgassen der volkskundlichen Tradition, aber auch auf die internen Möglichkeiten ihrer Überwindung könnte auch für den Historiker lehrreich sein, nicht nur weil er die alten Fehler ins Bewußtsein zurückzurufen und so ihrer Wiederholung vorzubeugen versucht, sondern auch deshalb, weil er das Terrain für einen verstärkten Erfahrungsaustausch zwischen Volkskundlern und Historikern sondieren helfen könnte, wie er uns für eine intensivere Beschäftigung mit der historischen Volkskultur notwendig und wünschenswert erscheint. Im dritten Kapitel schließlich sollen zunächst einige Erfahrungsdimensionen angegeben werden, die die Auseinandersetzung mit der Volkskultur in den letzten Jahren stärker ins Blickfeld auch der Sozialgeschichte rückten. Dann werden einige exemplarische Arbeitsperspektiven vorgestellt, deren veränderte sozialhistorische Sichtweise darin besteht, gesellschaftliche Entwicklungsprozesse im Lichte eines materialen Kulturverständnisses neu zu interpretieren, und die sich zugleich darum bemühen, das Thema Volkskultur nicht mehr nur als antiquarische Reminiszenz an längst vergangene ›gute alte Zeiten‹ erscheinen zu lassen, sondern auch in seiner Bedeutung für die Lebensformen der Moderne sichtbar zu machen.

II. Im universitären Fächerkanon fällt die Erforschung der Volkskultur in den Zuständigkeitsbereich der Volkskunde, die sich in Deutschland erst nach 1900 allmählich als eigenständige Disziplin etablierte.[38] Ihre Anfänge reichen jedoch sehr viel weiter, bis in die Entstehungsphase der bürgerlichen Gesellschaft um 1800 zurück, und von ihr übernahm die Volkskunde auch die Hypothek eines zutiefst zwiespältigen Volks-Begriffs, dessen Ambivalenzen sich mit der Durchsetzung der bürgerlichen Hegemonialkultur im Laufe des 19. Jahrhunderts immer mehr radikalisierten. Die Grimmsche Konzeption des ›Volksgeistes‹, in der sich die entstehende Klassengesellschaft zur Kulturnation zusammenschließen sollte, schuf die Grundlagen einer Volkstumsideologie, die sich nach der Unterdrückung der demokratischen Bewegungen von 1848 zunehmend zu einer der realen gesellschaftlichen Entwicklung kontrastierenden Weltanschauung entwickelte.[39] Vieles von dem, was F. Kramer für die Ethnographie des 19. Jahrhunderts festgestellt hat, läßt sich auch auf die Volksforschung der Zeit übertragen.[40] Das Volk, mehr als Naturtatsache denn als gesellschaftliches Produkt begriffen, nahm in den Köpfen der Forscher Züge einer ›verkehrten Welt‹ an, in der man lokalisieren zu können glaubte, was einem die bürgerliche Lebensweise versagt: Ursprünglichkeit, Ganzheit, Kontinuität, Authentizität schlechthin. Die sozialen Spannungen und Restriktionen der industriellen Realität bringen die Idylle der heilen Welt hervor, den Traum vom verlorenen Paradies. Aber die Utopie ist beschädigt, denn das Andere, das nur mehr als das ganz Andere gedacht werden kann, trägt noch deutlich die Spuren jener Wirklichkeit an sich, die es hinter sich zu lassen vorgibt. Zum universalistischen Charakter des bürgerlichen Kulturentwurfs gehört, daß seine Gegenbilder trügen. Wie der Wilde nur die Fratze der Zivilisation ist, so wird das Volk zum Popanz des Natürlichen, der allein übrigbleibt, wenn ›der Geist‹ es für sich entdeckt. Ob es sich um Riehls »wunderbaren Organismus einer ganzen Volkspersönlichkeit« handelt, der den volkskundlichen Detailstudien »über oft höchst kindische und widersinnige Sitten und Bräuche, über Haus und Hof, Rock und Kamisol und Küche und Keller ... erst ihre wissenschaftliche und poetische Weihe«[41] gibt, ob wir es mit einem der Tönniesschen Dichotomie von Gemeinschaft und Gesellschaft, organischer und mechanischer Solidarität entlehnten und antimodernistisch zugespitzten Gemeinschaftsbegriff,[42] mit dem ›Urverbundenen‹, ›Grundständigen‹, ›Grundschichtigen‹ oder wie die zahlreichen Abwandlungen und begrifflichen Substitute der Volkstumsideologie alle heißen, zu tun haben, stets wurde das ›Wesen‹ des Volkes, jenes »unnennbare Etwas« des Volkstums (Fr. L. Jahn) in ganzheitlichen Kategorien verdinglicht, in metaphysischer und/oder naturalistischer Manier zur dauerhaften ›Ursubstanz‹ verklärt und so dem analytischen Zugriff entzogen. Im werthaften Apriori dieser Begriffshypostasierungen wurde die Analyse des sozialen Zusammenhangs, die Frage nach den »ties that bind« (G. Sider) wenn nicht überhaupt ungeprüft vorentschieden, so doch zumindest harmonistisch kurzgeschlossen.[43]

Aber im Eifer der Ideologiekritik sind die funktionalen Elemente der politischen Mythologie des Bürgertums oft übersehen oder doch wenigstens erheblich unterschätzt worden: man brauchte das Volk bzw. dessen kleidsame Fiktion, um sich als Nationalstaat begründen zu können, aber man war weit entfernt davon, den damit ›eingekauften‹ realen Gegebenheiten nüchtern ins Auge zu sehen. Die Hegemonialkultur des Bürgertums von Besitz und Bildung schuf sich das Volk nach ihrem Bilde, und für ihr gebrochenes, zutiefst irrational besetztes Verhältnis zur Volkskultur war nicht nur die mythische Überhöhung des Volks zum Volkstum, sondern mehr noch die Tatsache charakteristisch, daß Bewunderung und Verachtung der Kultur des Volkes für sie nur zwei Seiten ein- und derselben Medaille darstellten. In der bürgerlichen Öffentlichkeit wurde dieser Zwiespalt durch die Etablierung eines autonomen Kulturverständnisses entschärft, das einer Ästhetik der Zweckfreiheit huldigte und die kulturellen Produkte aus ihren alltagspraktischen Verwendungszusammenhängen herauslöste. Gleichzeitig setzte im Medium dieses verselbständigten Kulturbegriffs ein radikaler Prozeß der Selektion und Neubildung von ›Traditionen‹ ein, bei dem aufklärerische ›Säuberungs-‹ und romantische Harmoniebedürfnisse Hand in Hand gingen. Museen, Geschichts- und Altertumsvereine, zahlreiche der ›Kulturpflege‹ gewidmete Institutionen und eben auch die Gründerväter der Volkskunde bestimmten nun darüber, welche Bestandteile aus dem großen Reservoir der Volkskultur erhaltenswert und d. h. auf gut deutsch ›volkstümlich‹ waren und welche nicht. Was sich als Wiederaneignung der Vergangenheit ausgab, war in Wirklichkeit die klassenkulturell bedingte Neukonstruktion einer nationalen Tradition, die die waghalsigsten Brückenschläge, ja selbst die Geschichtsklitterung nicht scheute. Der romantische Entwurf der Wiedererweckung eines in versunkenen Vorzeiten beheimateten nationalen Volksgeistes, der durch das gesamte 19. Jahrhundert hindurch die bürgerlichen Gemüter erhitzte und eine regelrechte Lawine pseudohistorischer Ursprungssucherei und Kontinuitätsbastelei auslöste, war weit mehr als ein der mißglückten politischen Emanzipation geschuldeter Betriebsunfall des deutschen Geistes; er war vielmehr – und darauf deutet schon seine mehr als 100 Jahre währende Wirkungsgeschichte hin – dieser

Selektionsprozeß selbst, ein Denkstil, in dem die zur Herrschaft gelangte Klassenkultur die ihr anverwandelbaren Traditionselemente so auswählte, uminterpretierte und ihren eigenen Vorstellungen gemäß neu zusammensetzte, wie sie ihrem politisch-kulturellen Selbstverständnis und ihrem geschichtlichen Legitimationsbedürfnis entsprachen. Das scheinhistorische Paradigma des ›Volksgeistes‹, das seine Geschichtlichkeit immerfort herauskehrte, um sie gleichzeitig im ›Wurzelgrund‹ mythologischen Ursprungsdenkens zu versenken,[44] erwies sich als ein geradezu idealer Tummelplatz, auf dem die bricoleurs der bürgerlichen Traditionsbildung,[45] den ›ewigen Werten‹ verpflichtet und in ihrem Namen die Umwertung aller Werte betreibend, an der Fundierung ihrer Weltanschauung vom Volke herumbasteln durften. Ihr eigentliches Kunststück bestand aber darin, daß sie es fertigbrachten, sich die mit dem Begriff ›Volk‹ verbundenen Assoziationen in ihrem Sinne zurechtzulegen und zu vereinnahmen, ohne sich über die andersgearteten, von ihrem universalisierten bürgerlichen Zivilisationsentwurf abweichenden Lebensweisen, die sich hinter diesem Begriff verbergen, jemals wirklich Rechenschaft geben zu müssen. Auf der Suche nach dem imaginären Ursprung der Dinge bereiste der romantisch-mythologische Volksforscher die Volkskultur nur wie eine Durchgangslandschaft.[46] So langwierig sich diese Reise – etwa für W. Mannhardt, den Hauptvertreter der »mythologischen Schule« der Volkskunde[47] – auch gestaltete, wieviel Material er dabei auch immer anhäufte, stets bewegte er sich auf den vermeintlich sicheren Gleisen seiner Kontinuitätsannahmen[48] wie ein Tourist durch die unbekannten Gefilde, der, ganz mit sich selbst beschäftigt, den sozialen Kontext der anderen Kultur souverän ignoriert.

Musealität wird zur Aneignungsform par excellence, mit deren Hilfe die bürgerliche Kultur von anderen Kulturen Besitz ergreift, Modell der Kolonisierung nach innen und außen. Die sich festsetzende Vorstellung, daß es sich bei allen von der eigenen Lebensart abweichenden kulturellen Systemen um minder existenzfähige, ja um aussterbende Formationen handle, bildete die Kehrseite des hegemonialen Bewußtseins, Spielart des ethnozentrischen Denkens, das die realen Unterwerfungsprozesse verschleiert bzw. euphemisiert.[49] Geradezu besessen von ihr, entwickelten die Protagonisten des Musealen ein Stellvertreterdenken, einen ›konservatorischen Blick‹, der ihre ungehemmte Sammelleidenschaft, d. h. die Vereinnahmung fremder Kulturgüter für eigene Zwecke rechtfertigt, indem er sie zu pflegen und an einem sicheren

Ort zu verwahren vorgibt. Ihren Gebrauchszusammenhängen entrissen und zu Relikten degradiert,[50] fristen die konservierten Gegenstände in den Wandelhallen des bürgerlichen Sammeleifers eine Schattenexistenz, Trophäen der herrschenden Kultur und ihres überlegenen Zugriffs weit mehr als Zeugnisse der kolonisierten Lebenswelten, für die sie nicht mehr zu sprechen vermögen. Das Museum des 19. Jahrhunderts ist die Zerstörung des sozialen Kontexts schlechthin, und das kontemplative Schweigen, auf dem es beruht, ist das Ergebnis einer künstlich herbeigeführten doppelten Isolation: der Kontextlosigkeit der (höchst spärlich beschrifteten) Ausstellungsstücke entspricht die Ratlosigkeit des sich selbst überlassenen Betrachters. In dieser Verrätselung und Indexikalisierung der Gegenstände, die sich nur dem ›Kenner‹ entschlüsseln, dokumentiert sich ein Bildungsverständnis, das den ihm inhärenten Widerspruch von Exklusivitäts- und Verallgemeinerbarkeitsansprüchen dadurch ausbalanciert, daß es seine Ausschlußmechanismen verschweigt und über das von ihm affirmierte Unwissen vornehm hinwegsieht.[51] Aber auch in der musealen Situation, in der Exponate und Publikum einander ausgeliefert sind, gibt es so etwas wie eine ›Rache der Objekte‹: Freigesetzt aus allen Praxisbezügen, entfalten sie ein seltsames ästhetisches Eigenleben, erstrahlen in einem neuen folkloristischen Glanz, und wo sich ihre losgelassene Ästhetik mit dem Exotikbedürfnis eines auf sich und seine Phantasien zurückgeworfenen Publikums trifft, führen sie mitunter wahre Veitstänze auf.[52] Während die Hegemonialkultur genießt und schweigt, projiziert der Folklorismus, der das Konkrete vergöttert, weil er die Abstraktion der musealen Arrangements verkennt, seine Bedürfnisse unbegriffen in die Gegenstände hinein. So erscheint unser Unverhältnis zur anderen Kultur als pittoreske Eigenschaft der Dinge, und unsere Beziehung zu ihnen nimmt die Form einer irrationalen Vorliebe an, deren Ästhetik auf der Zweckentfremdung beruht und die die in den kulturellen Aneignungsprozessen enthaltenen Willkürakte wirkungsvoll kaschiert.

Es kommt hier nur darauf an, einige der Hindernisse zu skizzieren, die der Entstehung der Volkskunde als Wissenschaft und d. h. der Verwissenschaftlichung der Volkskulturforschung in Deutschland im Wege standen. Die Schwierigkeiten ihrer Anerkennung im Wissenschaftsbetrieb waren, soviel dürfte klar geworden sein, von Anfang an Schwierigkeiten im Umgang mit einem für notwendig befundenen, aber nichtsdestoweniger ›unmöglichen‹ Gegenstand, dem Volk.[53] Mit einigem Fug und Recht läßt sich behaupten, daß die Volkskunde sich als Wissenschaft erst in dem Maße konstituierte, wie sie die Volkstumsideologie überwand. Aber dort, wo sie sich von den Volkstumsmythen abwandte, trat nur um so unverhüllter die Kehrseite ihres Unverhältnisses zu ihrem Gegenstand, die bildungsbürgerliche Geringschätzung der Volkskultur zutage, die die Selbstverständigung des Fachs kaum weniger erschwerte als die völkische Idolatrie.

Ansatzweise wurde das schon in der 1902/03 ausgetragenen Kontroverse zwischen E. Hoffmann-Krayer und A. Strack um die Volkskunde als Wissenschaft sichtbar.[54] Hoffmann-Krayers Versuch, die Volkskunde aus dem romantisch-nationalistischen Fahrwasser heraus- und in eine empirisch-analytische Kulturwissenschaft überzuführen, die sich »mit den Prinzipien und Grundgesetzen der volkstümlichen Anschauungen (beschäftigt)« und an die Stelle der Suche nach vermeintlichen Urformen und Kontinuitäten die induktiv und vergleichend-historisch verfahrende Untersuchung der »seelischen Kräfte« setzt, »die bei der Bildung, Übertragung und Wandlung volkstümlicher Anschauungen im allgemeinen in Thätigkeit treten«,[55] fand seine systematische Grenze darin, daß er sich historische Entwicklung und speziell Innovationen im ›vulgus in populo‹ wenn überhaupt, dann nur nach dem bürgerlichen Strickmuster der individuellen geistigen Urheberschaft und ihrer allmählichen Ausbreitung vorstellen konnte. »Es entzieht sich unserm Wissen, welcher geniale Kopf (!) den Pfeilbogen erfunden hat, sicher aber ist diese Waffe nicht instinktiv unter dem Druck eines Naturgesetzes entstanden, sondern durch individuelle Geistestätigkeit.«[56] So wohltuend sich Hoffmann-Krayer durch seine Zurückweisung des romantischen Begriffsfetischismus, aber auch eines naturwissenschaftlichen Determinismus und durch seine Bemühungen um ein unvoreingenommeneres »wissenschaftliche(s) Durchdringen des primitiven Denkens«[57] von den gängigen volkskundlichen Sichtweisen abhob, so wenig gelang es ihm doch, ihnen eine eigenständige Theorie der ›Kollektiv-Anschauungen‹ entgegenzusetzen. Den kollektiven Charakter der volkskulturellen Praktiken erklärte er durch eine schlichte Projektion der Anschauungen der Elitenkultur nach unten, nämlich als Ensemble vergleichsweise schwach ausgeprägter, ungebildeter, unselbständiger und der Anlehnung an Stärkere bedürftiger Individualitäten.[58] Die implizite Abwertung der Volkskultur, die in diesem von der Elitenkultur abgezogenen Zweischichtenmodell zum Ausdruck kommt und die der ›Volksseele‹ ausschließlich reproduktive Fähigkeiten zuerkennt, verfiel nicht ganz zu Unrecht der Kritik Stracks, der ihr die aus ihrem »Bildungshochmut« resultierende systematische Unterschätzung der Volkskultur vorhielt: »Das stark individualisierte Geistesleben des Kreises, in dem man sich selbst bewegt, wird mehr oder weniger übertragen auf das Leben des Volkes ... Es ist die alte intellektualistische und individualistische Auffassungsweise des Rationalismus, der der Aberglaube als Dummheit, das Volk als vulgus erschien, die nur Einzelne und nicht das Volk kannte, die Sprache und Poesie, Glaube und Recht als die willkürlichen Erfindungen begabter Individuen betrachtete.«[59] Dennoch blieb die Kontroverse letzten Endes unfruchtbar, da Strack, dem Substanzdenken der Volkstumsideologie verpflichtet, die analytischen Fortschritte in den Überlegungen Hoffmann-Krayers gründlich verkannte und dessen differenziertere, wenngleich teuer erkaufte Sichtweise durch organizistische Gemeinschaftsmetaphern und eine irrationale Naturalisierung des Volksbegriffs erneut unterlief. Als Ergebnis kristallisierte sich eine Art Kampf komplementärer Vorurteile heraus. Sein Dilemma bestand darin, daß die Anerkennung der kulturellen Eigenständigkeit der Volkskultur offensichtlich nur um den Preis des Rückfalls in die verdinglichte Begriffswelt der Volkstumsideologie möglich war, während andererseits gerade die ›nüchternen‹ Verwissenschaftlichungsbestrebungen in eine paradoxe, klassenkulturell bedingte Desavouierung der Volkskultur einmündeten. Zwischen den Polen eines Bildungselitarismus, der seine eigenen kulturellen Wahrnehmungsformen ungebrochen in das Volk hineinverlängerte, und den Hypostasierungen einer Volkstumsideologie, der das Anderssein des Volkes zur naturhaften Substanz gerann, mußte das wissenschaftliche Verstehen der anderen Kultur bis weit über 1945 hinaus immer wieder hindurchfallen.

Als Paradebeispiel für dieses Dilemma kann Hans Naumanns Theorem vom ›gesunkenen Kulturgut‹ gelten, das er 1922 ebenfalls als kritische Absetzung vom Ursprungsdenken der romantischen Volkskunde formulierte.[60] Naumann unterscheidet grundsätzlich zwei Typen des Volksguts, nämlich »von unten gekommenes primitives Gemeinschaftsgut« und »von oben gekommenes gesunkenes Kulturgut«.[61] Bei der Charakterisierung des ersteren, das recht eigentlich dem Volke zugehörig, urtümlich gewachsen und psychologisch erklärbar sei, werden Einflüsse der Primitivenpsychologie Levy-Bruhls und der älteren Völkerkunde sichtbar, die, wie etwa A. Bastians Lehre von den ›Elementargedanken‹, auf dem Wege des Ethnienvergleichs ein relativ begrenztes, unwandelbares und allgemeingültiges Grundrepertoire der Kulturpraktiken primitiver Gesellschaften herausarbeiten zu können meinten.[62] Von dieser Optik des Immergleichen und einer dementsprechend ambivalenten Einschätzung, die eigentümlich zwischen respektvoller Mythisierung und elitärer Geringschätzung hin- und herschwankt, ist auch Naumanns Wahrnehmung der Volkskultur bestimmt: sie stellt sich ihm als ein Natursubstrat, gleichsam als unverzichtbarer ›Mutterboden‹ (A. Dieterich) dar, aus dem dann durch ›heroische Abdifferenzierung‹ die ›Blüten‹ der Elitenkulturen hervortreiben.[63] Die Essentialisierung des ›primitiven Gemeinschaftsgeists‹ bereitet jedoch nur den Boden, auf dem dann das bildungsbürgerliche Ressentiment, ja die Mentalität des Herrenmenschen um so prächtiger gedeiht. »Geist steht über der Masse ... So betrachtet, führt die Volkskunde ab von der Demokratie, wenigstens wie diese vulgär verstanden wird, führt hin zur Anerkennung der Bildungsaristokratie und der schöpferischen Persönlichkeit, in deren Händen Führerschaft und Kulturentwicklung beschlossen liegen.«[64] Das Volk, soeben noch zur »köstlich-frische(n), erdhaft-junge(n), ewig-urwüchsige(n) Kraft«[65] verklärt, erscheint in Naumanns konkreten Beschreibungen, z. B. in seiner berüchtigten Schilderung der litauischen Bauern,[66] lediglich als eine geschichts- und gesichtslose Masse, und zur Kennzeichnung des »primitiven Menschen« als eines »sozial gebundenen Herdentiers«[67] bedient er sich mit Vorliebe der Metaphern aus dem Tierreich; »bei Ameisen, Bienen, Affen und etwa in dem Leben und Treiben einer Biberkolonie hat man daher ohne Scheu die Parallelen zu suchen«.[68] Eine derartige Sichtweise legte es nahe, die kreativen und dynamischen Momente der kulturellen Entwicklung anderswo, nämlich in der Kultur der Eliten anzusiedeln. »Volksgut«, so lautete der Kernsatz seiner zweiten und wesentlich bekannteren These vom ›gesunkenen Kulturgut‹, »wird in der Oberschicht gemacht«,[69] und anhand zahlreicher Beispiele aus den Bereichen der Sachkultur und der Brauchüberlieferung bemühte er sich, diesen Vorgang des ›Absinkens‹ bzw. der Popularisierung vormals exklusiver Errungenschaften nachzuweisen. Nun ist ja die Vorstellung eines kulturellen Austausches über Klassen- und Schichtengrenzen hinweg keineswegs von der Hand zu weisen, für Naumann jedoch blieb die Idee der eindeutig-einseitigen Ausrichtung dieses Transfers von oben nach unten stets wichtiger als die Untersuchung der Adaptionsprozesse selbst bzw. der mehr oder weniger verzerrten Reziprozitäten zwischen den Kulturen. Seine Version blieb dem Hoffmann-Krayerschen Lehrsatz, daß das Volk nicht produziere, sondern nur reproduziere, und damit letztlich der dünkelhaften Attitüde des ›Kulturbringers‹[70] verpflichtet, die dem Volk kulturelle Kreativität entweder ganz absprach oder dort, wo sie sie ihm zubilligte, nur als Unkultur wahrnehmen konnte.

Es entbehrt nicht eines gewissen wissenschaftssoziologischen Reizes, diese Einschätzung, die als eines der wenigen ausformulierten Theoreme der älteren Volkskunde ebenso weite Verbreitung wie lebhaften Widerspruch fand, auf die institutionelle Situation der Disziplin im akademischen Betrieb umzulegen: selbst oft nicht mehr als ein Anhängsel der Geisteswissenschaften, insbesondere der Germanistik (auch Naumann war Germanist), die die ›große‹ kulturelle Tradition verwaltete, sah sich die Volkskunde auf die Aufarbeitung der ›kleinen‹ Tradition zurückgeworfen, die – nimmt man Naumanns Ausführungen ernst – der Autonomie weitgehend entbehrte, ja nicht mehr als einen dumpfen Resonanzboden der geschichtsmächtigen Geistesströmungen darstellte. Im Schlepptau der Geisteswissenschaften, eingezwängt zwischen bildungsbürgerlichem Vorurteil und völkischem Irrationalismus, mußte es der Volkskunde schwerfallen, einen eigenständigen wissenschaftlichen Zugang zur Volkskultur zu finden. Vorherrschend blieb eine an der rückwärtsgewandten Utopie des bäuerlichen Lebens orientierte, eher weltanschaulich geprägte als theoretisch ausweisbare Vorstellungswelt, die sich zudem fortwährend von der Marginalisierung bedroht sah; »Volkskunde: das war lange Zeit eine konservative Heilslehre, war die Registrierstelle des gesellschaftlich Überholten, dem man den Charakter des Urwüchsigen und Dauernden zuerkannte«.[71] Die ohnehin nur schwach ausgeprägten Verbindungen zur Sozialwissenschaft, die das gebrochene Verhältnis des Fachs zur Moderne allerdings kaum korrigieren konnten (Schwietering-Schule), wurden unter dem Faschismus durchschnitten; von den soziographischen Untersuchungen etwa, die die Anfänge der deutschen Soziologie wesentlich mitbestimmt hatten, nahm man so gut wie keine Kenntnis.[72] Auf der anderen Seite vermochte man aber auch den hohen Erwartungen, die das nationalsozialistische Regime in die Volkskunde als Legitimationswissenschaft gesetzt hatte und die sich im zügigen institutionellen Ausbau des Fachs niederschlugen,[73] schon aufgrund der bestehenden sozialen Wahrnehmungsdefizite, aber auch der vorwiegend regionalen Orientierung des Fachs[74] kaum gerecht zu werden. Trotzdem gibt es an den weitreichenden inneren Affinitäten zwischen der älteren Volkstumsideologie und der völkischen Propaganda des Nationalsozialismus nichts zu deuteln oder gar zu beschönigen: die nationalsozialistische Volksideologie konnte – in manchen Bereichen nahezu bruchlos – an die irrationalen Substantialisierungen und antidemokratischen Ressentiments der Tradition anknüpfen, sie zur ebenso diffusen wie politisch wirkungsvollen Idee der ›Volksgemeinschaft‹ verdichten und in ihrem Sinne, etwa in Form der Unterscheidung ›arteigener‹ und ›artfremder‹ Traditionsbestände, radikalisieren.[75] Wissenschaftsgeschichtlich gesehen, trug die Nazi-Herrschaft mit ihrer rassistischen Zuspitzung der Volkstumsideologie ganz erheblich zu einer künstlichen, weit über 1945 hinausreichenden Verlängerung der ›präparadigmatischen‹ Phase der Volkskunde als Wissenschaft bei.

Wir sind heute wieder eher dazu bereit, die fortschritts- und erkenntnisgewissen Implikationen, die sich in dieser dem Kuhnschen Modell der Wissenschaftsentwicklung abgewonnenen Qualifizierung[76] verbergen, in Frage zu ziehen und den experimentellen Eigenwert wissenschaftlicher Orientierungs- und Selbstverständigungsphasen höher zu veranschlagen. Vergleicht man die relativ diffuse institutionelle Ausgangslage der Volkskunde etwa mit der Situation einer wohletablierten und schon längst ›zünftig‹ geschlossenen Geschichtswissenschaft, so wird man trotz aller berechtigten ideologischen Vorbehalte deren Vorzüge fairerweise nicht übersehen dürfen: Die Volkskunde war lange Zeit ein Bereich, in dem verstiegene Fehlinterpretationen und solide empirische Kenntnisse frappierend nah beieinanderlagen, in dem private Neigungen noch ungeniert in die wissenschaftliche Tätigkeit Eingang finden konnten und in dem die von methodischen Konventionen noch weitgehend ungebremste Sammelleidenschaft der einzelnen Forscher keineswegs nur Irrwege pflastern half, sondern jenseits der großen Entwürfe die differenzierte Kenntnis der Gruppen- und Regionalkulturen ungemein bereicherte. Die Volkskunde hat sich intensiver mit der Volkskultur beschäftigt als alle anderen wissenschaftlichen Disziplinen, und sie verdient schon allein deshalb größere Aufmerksamkeit – in ihren Errungenschaften wie in ihren Irrtümern. Disziplinäre Arroganz, wie sie ihr lange genug entgegengebracht wurde, ist also gänzlich fehl am Platze. Gerade für die heutige Volkskulturforschung käme es darauf an, sich den Fundus der Volkskunde neu zu erschließen und ihn kritisch zu sichten. Mit der wissenschafts- und theoriegeschichtlichen Frage, weshalb die Volkskunde ihre Chance als experimentelle Wissenschaft so wenig nutzen konnte, eröffnet sich darüber hinaus ein weites Feld der Ideologiekritik, das in der Auseinandersetzung mit den Fußangeln der Tradition jene Lernprozesse anstoßen könnte, die notwendig sind, um zu verhindern, daß die alten Fehler noch einmal begangen werden.

Obwohl es nach 1945 hieß, Abschied von der Volkstumsideologie zu nehmen, kam die fällige Neuorientierung der Volkskunde nur zögernd in Gang. Zu tief waren die ideologischen Verstrickungen und die aus ihnen erwachsenen Irritationen, zu stark nach wie vor die geisteswissenschaftliche Ausrichtung des Fachs, als daß der notwendige Paradigmenwechsel und insbesondere die Öffnung hin zu den nunmehr am Entwurf der ›westlichen Zivilisation‹ orientierten Sozialwissenschaften bruchlos hätte vollzogen werden können.[77] Die dabei auftretenden Schwierigkeiten waren nicht nur weltanschaulicher, sondern wesentlich auch forschungspraktischer Natur. Es galt ja nicht nur, die Volkskunde aus dem Käfig der agrarromantischen Idylle mit ihrer Glorifizierung des Bauerntums und ihrem »Jargon der Eigentlichkeit« (Adorno) zu befreien, sondern auch aus jener »deliziösen« Erkenntnishaltung[78] herauszuführen, die ihr in Laienkreisen zwar stets eine beachtliche Attraktivität gesichert, sich wissenschaftlich aber oft genug in detailverliebter Kuriositätensammlerei erschöpft hatte – »Hosenknöpfe im Böhmerwald und Faschingskrapfen im Erzgebirge«, wie die Spötter sagten. Nach der weltanschaulichen Überhöhung drohte nun der Absturz in die Bedeutungslosigkeit der bloßen Liebhaberei. Die Aufgabe, neue, zeitgemäße Problemperspektiven in eine von Grund auf ›unzeitgemäße‹ Wissenschaft einzuziehen, erwies sich jedenfalls als ungemein schwierig.
Am konsequentesten versuchte man in der Volkskunde der DDR neue Wege zu gehen. Schon W. Steinitz, der selbst noch in der philologischen Tradition stand und wichtige Anstöße zur Sammlung demokratisch-antifeudalen Lied- und Erzählguts gab,[79] forderte die Abkehr von den psychologistischen Deutungsmustern und eine gesellschaftliche Verortung der volkskundlichen Arbeiten, d. h. eine umfassende »Erforschung des werktätigen deutschen Volkes in seiner materiellen und geistigen Kultur«.[80] Unter der Leitung des Peuckert-Schülers W. Jacobeit wandte sich das Berliner Akademie-Institut dann verstärkt der – in der Volkskunde lange vernachlässigten – Erforschung der materiellen Kultur bzw. dem Beitrag der ländlichen Unterschichten zur Entwick-

lung der agrarischen Produktionsweisen zu.[81] Ausgehend von einer ›agrarethnographischen‹ Bestandsaufnahme, trachtete man danach, die systematische Erforschung bäuerlichen Arbeitsgeräts nicht nur in Richtung auf eine Geschichte der Produktivkräfte weiterzuentwickeln, sondern darüber hinaus in den »umfassenderen Zusammenhang« der Produzenten und ihrer Produkte einzurücken, »der den Entstehungsprozeß aller Kultur als subjektive schöpferische Aneignung der objektiven Realität erfaßt«.[82] Damit rückte der Begriff der ›Lebensweise‹ in den Mittelpunkt des Forschungsinteresses, der den ökonomistischen Determinismus des offiziellen Marxismus-Leninismus gleichsam stillschweigend zugunsten einer umfassenden Analyse der realen Aneignungsprozesse der inneren und der äußeren Natur im gesellschaftlichen Produktionsprozeß korrigierte. Lebensweise, nicht als passive Widerspiegelung der Produktionsweise bzw. der Klassenlage, sondern »als ein aktives Element«[83] begriffen, meint die im Rahmen bestimmter Produktionsverhältnisse sich vollziehende, aber auch potentiell über sie hinausweisende Produktion und Reproduktion der sozialen Beziehungen. War mit dieser historisch-dynamischen Konzeption, die Kultur aus dem Überbau herunterholte und als synthetischen Begriff der gesellschaftlichen Praxis reinstallierte, die für die ältere Volkskunde charakteristische Schranke zwischen Volkskunde und Kulturgeschichte dahingefallen,[84] so löste man dadurch andererseits das Fach aus seiner restaurativen Fixierung auf die vorindustrielle bäuerliche Lebenswelt und erweiterte seinen Gegenstandsbereich auf die proletarischen und subproletarischen Unterschichten der industriellen Ära.[85] Mit dem Zwillingsbegriff ›Kultur und Lebensweise‹ faßte man die soziale Praxis der abhängigen Schichten ins Auge, mittels derer sie im Rahmen ihrer jeweiligen Klassenlage und ihrer Stellung im Produktionsprozeß ihre Lebensverhältnisse aktiv gestalteten und so einen eigenständigen Beitrag zur gesamtgesellschaftlichen Entwicklung leisteten.[86]

Im nur begrenzt innovationsbereiten Wissenschaftsklima der frühen BRD, wo die mitunter ans Phantastische rührende Interpretationsfreudigkeit der Volkstumsideologen der positivistischen Ernüchterung gewichen war und einer ausgesprochenen »Scheu, (ja) Abneigung gegenüber der Interpretation kultureller Zusammenhänge«[87] Platz gemacht hatte, war es vor allem das Verdienst H. Mosers, der historischen Volkskunde zu einer ebenso vorsichtigen wie soliden empirischen Neuorientierung zu verhelfen. In seiner Programmschrift »Gedanken zur heutigen Volkskunde« (1954)[88] setzte er gegen die »Überspannung des Volkskundlichen unter geistesgeschichtlichem Aspekt« und insbesondere gegen ein der wissenschaftlichen Selbstkontrolle entzogenes romantisches Ursprungs- und Kontinuitätsdenken,[89] aber auch gegen die formen- und stilgeschichtliche Loslösung der Untersuchungsgegenstände aus den konkreten Lebensverhältnissen, wie sie unter dem Einfluß kunsthistorischer Periodisierungen üblich geworden war,[90] seine Forderung nach einer quellenkritisch abgesicherten, zeitlich und regional klar eingegrenzten »exakte(n) Geschichtsschreibung der Volkskultur, die stofflich unbegrenzt das Große und das Kleinste zu erfassen hat«.[91] Hinter dem von ihm vertretenen ›schlichten empirischen Prinzip‹[92] stand das Bestreben, »das Gesamtgefüge der Volkskultur vergangener Zeiten ... im Materiellen und Geistigen ganz erheblich vollständiger und differenzierter« herauszuarbeiten, »als das bisher der Fall gewesen war«,[93] und – entgegen dem Vorurteil von der Geschichtslosigkeit ›primitiver‹ Kulturen – im einzelnen in seinen historischen Wandlungen zu dokumentieren. Sammeln und Kritik waren für ihn nur zwei Seiten derselben Medaille. Gesammelt werden sollten alle verfügbaren und historisch validen Belege einer Region, um »alle Überlieferungsquellen gegeneinander zu halten und sich wechselseitig ergänzen und korrigieren zu lassen«[94] und auf diese Weise langfristig einen empirischen Quellenfundus zu erschließen, mit Hilfe dessen die unterschiedlichsten Bestandteile und Erscheinungsformen der Volkskultur in Zeit und Raum detailliert rekonstruiert und die Spekulationen der romantisch-mythologischen Volkskunde auf ihren nüchternen historischen Kern zurückgeführt werden könnten. Im Dienste einer solchen Entmythologisierung der Tradition standen seine zahlreichen Aufsätze, in denen er den liebgewonnenen Legendenbildungen der volkskundlichen Überlieferung immer wieder historisch-kritisch nachspürte,[95] und der Aufbau einer großangelegten Quellensammlung zur bayerischen Volkskultur im Rahmen der Münchner Landesstelle für Volkskunde, die sich die Sichtung und systematische Auswertung der verstreuten lokalen Archivbestände zum Ziel gesetzt hatte und ihr Augenmerk dabei erstmals auch auf die ›unterste‹, unmittelbar alltagsbezogene Ebene der Archivquellen, nämlich auf die örtlichen Rechnungs- und Protokollbücher richtete, die ein ebenso reichhaltiges wie historisch differenziertes Bild der Brauchübungen und ähnlicher volkskultureller Praktiken zu zeichnen erlaubten.[96] Auch Mosers »Chronik von Kiefersfelden«,[97] die die großen historischen Prozesse im lokalen Mikrokosmos einzufangen suchte und die, wenn auch kein bayerisches

Montaillou, so doch weit mehr als eine Lokalgeschichte ist, ist heute zu Unrecht weitgehend vergessen.
Konventionelles und Unkonventionelles lagen in seinen Arbeiten nahe beieinander. Während er auf der einen Seite verlangte, das Gefüge der Volkskultur müsse »in seinen Tatsächlichkeiten von innen und unten gesehen und danach auf das Geistig-Seelische hin interpretiert werden können und nicht, wie es zumeist geschieht, nur von außen und oben her. Denn ›was man so den Geist der Zeiten heißt, ist nur der Herren eigner Geist, in dem die Zeiten sich bespiegeln‹, und darüber muß die Volkskunde hinauskommen«,[98] und mit dem – ähnlich aktuell klingenden – Postulat aufwartete, »daß der Sinn einer volkskundlichen Erscheinung gar nicht der sein muß, den der Gelehrte ihr gibt, sondern daß es darauf ankommt, was die jeweiligen Träger dieser Erscheinungen mit ihnen wollen und meinen«,[99] blieb er auf der anderen Seite doch dem positivistischen Grundzug der Zeit verhaftet. Erscheint sein Plädoyer für den Vorrang der Stoffdarlegung vor der Deutung angesichts der Interpretationswillkür der älteren Volkskunde noch durchaus verständlich, so erlag er mit der Forderung, »die Interpretation soll von der Realität des Stoffes und nicht von der Phantasie des Interpreten bestimmt sein«,[100] einem methodischen Selbstmißverständnis im Hinblick auf die Selektionsprinzipien, die selbst der theoretisch bescheidensten wissenschaftlichen Sammeltätigkeit noch zugrunde liegen.[101]
Vor allem aber verzichtete er auf weiterreichende konzeptuelle Überlegungen zur historisch-theoretischen Verortung der Volkskultur und ihres Stellenwerts innerhalb der gesamtgesellschaftlichen Entwicklung; selbst sein Nachfolger räumte ein, »in der Moserschen Konzeption (sei) Raum für eine systematische Materialdurchsicht ohne spezifisches Thema«.[102]
In den Arbeiten K.-S. Kramers fand Mosers historisch-kritischer Ansatz, was die breite Erschließung archivalischer Quellen und deren behutsame Interpretation angeht, eine engagierte Fortführung, die rasch zu einem höchst eigenständigen und in der Sache beeindruckenden Werk anwuchs. Es kann kein Zweifel daran bestehen, daß er die historische Volkskulturforschung in der BRD mit seinen drei großen Monographien über das fränkische Volksleben[103] und seinen mittlerweile mehr als 70 Aufsätzen, die sich vom Hauswesen über die Dorf- und Gemeindekultur bis zum handwerklichen Brauchtum und zur Volksreligiosität erstrecken,[104] auf eine neue materiale Grundlage gestellt hat. Seit seiner Berufung nach Kiel 1968 dehnte er sein ursprünglich auf den

bayerisch-fränkischen Raum beschränktes Programm, »von der ›regio‹ ausgehend der Entwicklung, Entfaltung, Erstarrung und Wandlung der Volkskultur bis in die Gegenwart hinein nachzugehen, d. h. volkskundlich-historische Landesforschung zu betreiben«,[105], auch auf den norddeutschen Bereich aus.[106] Nun entzieht sich natürlich ein derart umfangreiches und vielschichtiges Werk gleichsam von selbst jedem zur Kürze verurteilten Einschätzungsversuch, aber erwähnenswert scheint doch immerhin, daß im Zuge der teilweise heftigen Kontroversen, mit denen die Volkskunde nach 1968 die nach der Nazi-Ära weitgehend ausgesparten Grundsatzdiskussionen um das Selbstverständnis des Fachs und dessen gesellschaftliche Relevanz nachholte,[107] auch Kramers historisch-archivalische Arbeitsweise ins Kreuzfeuer der Kritik geriet. Im Zusammenhang der ›Kritik des Kanons‹[108] und der theoretischen Überprüfung der traditionellen volkskundlichen Grundbegriffe zog H. Bausinger dessen Vorstellung von einer relativ weitgehenden Wertfreiheit der empirischen Materialerschließung in Zweifel[109] und versuchte ihm exemplarisch nachzuweisen, daß er mit dem scheinbar voraussetzungslos und quellengetreu aufgegriffenen Begriff der ›Hausgemeinschaft‹ dessen implizite, Herrschafts- und Konfliktstrukturen vorschnell harmonisierende Ordnungsperspektiven »undiskutiert zur Herrschaft bringt«.[110] In seiner ganz im Stile des Empirikers gehaltenen Replik insistierte Kramer auf den »sachlichen Konnotationen des Begriffes«, der zum »Leitbild des patriarchalischen Hauswesens«[111] gehöre, und betonte, daß dadurch die empirisch-historische Untersuchung der feststellbaren »Diskrepanzen zwischen Idealvorstellung und Wirklichkeit«[112] keineswegs ausgeschlossen sei.
Das mag zutreffen, ändert jedoch wenig an den methodischen Weichenstellungen, die mit den normativen Implikaten der von ihm favorisierten Ordnungsbegriffe verbunden sind. Stärker als Moser, der immerhin noch von der Ambivalenz der Tradition sprach,[113] geht Kramer bei der Beschreibung der Volkskultur der vorindustriellen Periode von einer festgefügten »überlieferten Ordnung«[114] aus, die in den verschiedenen traditional legitimierten Sozialinstituten ihren Niederschlag fand und den Handlungsspielraum der Leute definierte. Diese ungebrochene Übernahme der ordnungspolitischen Perspektive der amtlichen Quellen, die es ihm etwa in seinen Franken-Monographien gestattete, das historische Material dem insgesamt nur geringfügig modifizierten volkskundlichen Kanon zu subsumieren, wird in seinem »Grundriß einer rechtlichen Volkskunde«[115] besonders deutlich, wo er gewisser-

maßen eine Quersumme seiner bisherigen Arbeiten zu ziehen versucht. Obwohl er hier Handlungskategorien wie Arbeit, Rüge, Ehre etc. einen vergleichsweise hohen Stellenwert einräumt, ordnet er sie letztlich seinem erkenntnisleitenden Interesse unter, »die Grundzüge (der) lokalen und ständischen Ordnungssysteme ... als ein dichtes Geflecht des Üblichen und Gesetzten« herauszuarbeiten, »das allerdings noch nicht regelmäßig alle Bereiche des Daseins bedeckte«.[116] Ganz abgesehen davon, daß der Verweis auf die Macht der Tradition, so berechtigt er auch sein mag, die inneren Widersprüche der staatlich reorganisierten Feudalgesellschaft eher verschleiert als erklärt, überschätzt er die Konsensbasis zwischen Herrschenden und Beherrschten und ebnet die Spannungen zwischen Eliten- und Volkskultur vorschnell ein. Institutionell gesetzte Normen erscheinen als Regel, die handlungspraktischen Abweichungen von den geltenden Normen dagegen nur mehr als Ausnahme, ja als Devianz. Nun läßt sich das auf Privilegien beruhende Rechtswesen der frühneuzeitlichen Gesellschaftsordnung mit mindestens ebensogroßer Plausibilität umgekehrt als System institutionalisierter Ausnahmen beschreiben, das schon aufgrund der mangelnden Generalisierbarkeit der von ihm proklamierten Normen mit einem außergewöhnlich hohen Maß an ›deviantem‹ Verhalten zu rechnen hatte. Das unermüdliche Insistieren der Autoritäten auf den von ihnen gesetzten Normenkatalogen, das die Quellen zeigen, darf also nicht nur als Ausdruck irreversibler Herrschafts- und Machtverhältnisse genommen werden, sondern muß auch als Indiz wenn schon nicht für eine notorische Praxis der Nichtbefolgung obrigkeitlicher Verfügungen, so doch zumindest für massive Diskrepanzen zwischen herrschaftlich-administrativer Rechtssetzung und populären Gerechtigkeitsvorstellungen interpretiert werden. Neuere ethnologische Arbeiten weisen überdies darauf hin, daß Akkulturationsprozesse in vorbürgerlichen Gesellschaftsformationen weniger dem Modell der Normeninternalisierung und der ihm entsprechenden Differenzvorstellung von Ideal und Wirklichkeit als einer Praxis imitativen Lernens und der habituellen ›Einverleibung‹ normativ imprägnierter Verhaltensmuster gehorchten.[117] Für die frühneuzeitliche Sozialordnung würde dies bedeuten, daß wir nicht nur mit konkurrierenden impliziten und expliziten Ordnungsentwürfen, sondern auch mit systematischen Inkongruenzen zwischen Regel und Regelbefolgung zu rechnen haben, die ihre Ursache in der Logik des praktischen Handelns der abhängigen Schichten haben.[118] Jedenfalls decken sich die impliziten, der populären Hand-

lungspraxis eingeschriebenen Ordnungsvorstellungen keineswegs immer mit den expliziten, explizierbaren oder gar obrigkeitlich gesetzten Ordnungsmustern, und erst wenn man das Spannungsverhältnis zwischen beiden als systematische Größe in Rechnung stellt, verlieren die Quellendokumente ihren statischen Charakter bloßer Illustrationen einer vorgegebenen Ordnung, wird Raum geschaffen für die Untersuchung historischer Entwicklungsdynamiken, die in Kramers ordnungspolitischer Sichtweise weitgehend sistiert sind. Ein Zweites kommt hinzu: Kramer begreift, wie schon das Arrangement seiner Quellenbelege zeigt, die Volkskultur zwischen dem 16. und 18. Jahrhundert als eine relativ in sich geschlossene Erscheinung, die erst mit der nach 1800 einsetzenden Industrialisierung einem tiefgreifenden Wandel unterzogen wird. Obwohl sich diese Epochengliederung mit den gängigen historischen Periodisierungen trifft und auch von einigen ausländischen Forschern geteilt wird,[119] bringt sie für die historische Untersuchung der Volkskultur zumindest einen gravierenden methodischen Nachteil mit sich: die damit verbundene Entgegensetzung von industrieller und vorindustrieller Lebensweise, von traditionaler und moderner Gesellschaft verleiht der ›alteuropäischen‹ Volkskultur unweigerlich – und d. h. ganz unabhängig von den Intentionen des Forschers oder ihnen sogar zuwiderlaufend – einen statischen, gegen die Gefahr idyllisierender Rezeption nicht gefeiten Anstrich.[120]
Dieses konzeptionelle Dilemma einer auf die frühe Neuzeit beschränkten Volkskulturforschung, aber auch die Möglichkeiten seiner Überwindung werden deutlich, wenn man Kramers Arbeiten die Schweizer Volkskultur-Studien R. Brauns vergleichend zur Seite stellt, die, die großformatigen Dichotomien hinter sich lassend und von der lebensweltlichen ›Gleichzeitigkeit des Ungleichzeitigen‹ ausgehend, die vielfältigen und z. T. ausgesprochen paradox anmutenden Verflechtungen von (Früh-)Industrialisierung und Volksleben untersuchten und dabei die innere Dynamik der Volkskultur nicht im kategorialen Rahmen ›traditionaler Ordnungen‹ stillstellten, sondern als formatives Moment des gesellschaftlichen Entwicklungsprozesses im Übergang zum Kapitalismus zur Geltung brachten.[121] Solange sie als vorherrschender Legitimationsmodus sozialen Handelns fungiert, ist Tradition nicht per se traditionalistisch; die von ihr betriebene Monopolisierung von Geltungsansprüchen bedarf der sozialen Dekodierung im Hinblick auf das Interessengefüge, das ihr zugrunde liegt und zugleich von ihr verschleiert wird.

Die Frage, wie die für die ältere Volkskunde bezeichnende Antithetik von Tradition und Moderne aufgelöst, ihre antimodernistischen Fixierungen überwunden und historische und gegenwartsbezogene Erkenntnisinteressen ineinander reflektiert werden könnten, prägte von Anfang an die durch das Tübinger Ludwig-Uhland-Institut für empirische Kulturwissenschaft repräsentierte Richtung der Volkskulturforschung.[122] Unter dem Eindruck der studentischen Protestbewegung und der von ihr aufgeworfenen Relevanzfrage wissenschaftlichen Arbeitens erweiterte sie ihr beachtliches ideologiekritisches Potential zu einer grundsätzlichen Kritik des volkskundlichen Kanons und seiner Grundbegriffe und stellte mit – zuweilen bis an den Rand der fachinternen Selbstisolation führender – Vehemenz den vortheoretischen common sense der Disziplin in Frage.[123] Das wichtigste Ergebnis dieser kritischen Revision der Fachtradition war die Öffnung gegenüber den Sozialwissenschaften, und d. h. die Rezeption der aktuellen sozialwissenschaftlichen Theoriediskussion (Positivismusstreit; materialistische Gesellschaftstheorie, insbesondere Kulturindustrie- und Massenkulturtheoreme der Frankfurter Schule), die ein neues methodisches Rüstzeug für die Analyse sozialer Phänomene bereitstellte, und – langfristig – eine engere Verbindung zur Sozialgeschichte, mit der heute in manchen Bereichen eine nahezu fugenlose Kooperation stattfindet. In der Institutsentwicklung der letzten 15 Jahre zeichnen sich drei Etappen ab, die sich – für die Volkskunde beinahe ein Novum – mit den Umbrüchen in den Nachbardisziplinen weitgehend in Einklang befinden:[124] Auf die eher abstrakt-theoretische Neubestimmung des wissenschaftlichen Standorts folgte eine Phase verstärkter empirischer Arbeit, die sich der kulturellen Seite der gesellschaftlichen Entwicklung vornehmlich anhand von gegenwartsbezogenen Themen wie dem der Massenkommunikation (Medienanalyse und -kritik; Trivialliteratur) widmete und so ihre neuerworbenen gesellschaftsanalytischen Impulse in die Forschungspraxis umsetzen wollte. Es zeigte sich jedoch bald, daß die erfahrungswissenschaftliche Ausrichtung volkskundlichen bzw. kulturwissenschaftlichen Arbeitens über die bloße empirische Verifikation vorgefertigter theoretischer Einsichten hinausdrängte und das Bedürfnis nach differenzierteren Forschungskonzepten und vor allem nach einer gegenstandsspezifischen Feinabstimmung von Theorie und Empirie hervorrief. Die 1978 erschienenen »Grundzüge der Volkskunde«[125] lassen das gemeinsame Bestreben erkennen, die Tradition des Fachs mit geschärftem gesellschaftstheoretischen Blick neu zu sichten,

auf der Grundlage eines erweiterten, funktionale und ideologiekritische Analyseperspektiven verkoppelnden Kulturbegriffs theoretische Erwägungen am Material selbst zu explizieren und in Richtung auf eine historisch gesättigte Erforschung der Alltagskultur weiterzuentwikkeln. Dabei war selbst in der stärker gegenwartsorientierten Forschungsphase die historische Dimension der Volkskultur niemals aus dem Blickwinkel geraten, wie die Untersuchungen M. Scharfes und G. Korffs mit Schwerpunkten auf den Gebieten der Religionsgeschichte, der Arbeiterkultur und des Folklorismus als eines verschiedene Zeit- und Bedürfnishorizonte miteinander verschränkenden Phänomens dokumentieren.[126] Die vorübergehenden Vorbehalte gegenüber der Geschichte, sofern man davon überhaupt sprechen kann, galten lediglich der musealen Zurichtung, die die Untersuchungsgegenstände im volkskundlichen Kanon erfahren hatten.
Im Zentrum der historischen Erforschung der Alltagskultur stehen die zahlreichen Regional- und Gemeindestudien des Tübinger Instituts, die auf der Grundlage der modernsten sozialgeschichtlichen Untersuchungstechniken von der seriellen Datenauswertung bis zur teilnehmenden Beobachtung auf eng begrenzten Untersuchungsfeldern historische Mikro- und Makroprozesse ineinander zu spiegeln versuchten und damit einen wegweisenden Beitrag zu einer gesellschaftsgeschichtlichen Mikrohistorie leisteten.[127] Nachdem W. Kaschuba/C. Lipp vor kurzem ihre ungemein materialintensive und dicht gearbeitete Studie über den Wandel dörflicher Reproduktionsverhältnisse im Laufe der Industrialisierung vorgelegt haben,[128] erfreut sich die schwäbische Arbeiterwohngemeinde Kiebingen des – nicht ganz zweifelsfreien – Ruhms, das am besten erforschte Dorf der Republik zu sein.[129] Während Kaschuba/Lipp Kultur tendenziell in den demographischen und sozialökonomischen Makroprozessen aufgehen lassen, verfolgt U. Jeggle den Wandel der dörflichen Lebenswelt und insbesondere das traditionale ›Regelwerk‹ von Besitz und Erbe in der bäuerlichen Gesellschaft des 19. Jahrhunderts mit Hilfe einer stärker einzelfallorientierten, der exemplarischen Interpretation den Vorzug gebenden Hermeneutik des Sozialen. Gerade weil seine literarisch ambitionierten, durch die Schärfe ihrer Beobachtungen und den Spürsinn für die theoretische Durchdringung konkreter Lebensverhältnisse ausgezeichneten Analysen das subjektive Engagement des Forschers an keiner Stelle verleugnen, treten die seit den Endsiebzigerjahren immer stärker anwachsenden Diskrepanzen zwischen einer der 68er-Tradition ver-

pflichteten gesellschaftskritischen Intention und der Hinwendung zum Verstehen ›anderer‹, unterprivilegierter Kulturkontexte bei ihm besonders deutlich in Erscheinung. Die Absicht, den vor allem in der Heimat- und Volkstumspflege der sogenannten angewandten Volkskunde zählebig tradierten Dorfidyllen ein kritisch-ernüchterndes Bild der historischen Realität entgegenzuhalten, erweist sich unversehens als Schranke für das hermeneutische Verstehen der dörflichen Lebenswelt als »eines anderen Wahrnehmungssystems«.[130] Indem er die Besitzverhältnisse der bäuerlichen Ökonomie so ins Zentrum der dörflichen Lebenswelt rückt, daß sich die materiellen Reproduktionszwänge nahezu ungebrochen in das Sozialverhalten der Dorfbewohner hinein verlängern, müssen ihm deren Chancen, ihr Leben selbst zu gestalten, von vornherein als relativ gering erscheinen. So entsteht das durchgängig pessimistische Bild eines dörflichen Lebenszusammenhangs, in dem die Verhältnisse die Menschen (noch) weitgehend bestimmen, in das man auf eine »leicht pathogene und individualitätsbehindernde«[131] Art und Weise hineinsozialisiert wird und aus dem man auch nicht ungeschoren, sondern mit zerfranstem Ego und einem »eingezäunten Bewußtsein«[132] wieder herauskommt. Das Dorf erscheint als ein System allseitiger Abhängigkeit und sozialer Kontrolle, ja als ein »Terrorzusammenhang«,[133] der nur »Unterwürfigkeit und Unterwerfung (kennt)«,[134] in dem jeder über jeden Bescheid weiß und alle sich voller Berechnung und Mißtrauen gegenseitig belauern, weil nicht nur die Äcker, sondern auch die Pflaumen in Nachbars Garten wichtiger sind als die Menschen und die zwischenmenschlichen Beziehungen dem Diktat der allesbeherrschenden sozialökonomischen Überlebens- und Nutzenkalküle sang- und klanglos geopfert werden;[135] »darin zeigt sich nur die ganze Härte einer Welt, die steinerne Herzen braucht, um mit all der Kälte fertig zu werden«.[136]
Es zeigt sich in diesen schroffen Werturteilen aber leider auch, wie sehr am Ende die eigene Perzeptionsweise der Forscher und damit der Kultursphäre, der sie – ob sie wollen oder nicht – angehören, die Oberhand über das Anliegen der Verständigung mit der fremden Kultur des Dorfes behält. Um Mißverständnisse zu vermeiden: Diese Kritik bezieht sich nicht auf die Analyse der sozialökonomischen Funktionsmechanismen der Dorfgesellschaft und auch nicht auf die unbestreitbaren sozialen Härten, die sich aus ihnen ergeben, sondern ausschließlich auf die reduktionistische Form, in der die materiellen Zwänge in die Dorfkultur hineinprojiziert bzw. für das Eigentliche dieser Kultur ausgege-

ben werden. Die potentiell weiterführende Beobachtung, daß dort »Besitz und Besitzer« stets »zusammen wahrgenommen (wurden)«,[137] wird von Jeggle beharrlich durch die deterministische These unterlaufen, daß »der Besitz alle anderen Beziehungen (definierte)« und »diese notwendige Vorliebe für die Dinge ... Beziehungen zu Menschen kaum gedeihen (ließ)«.[138] Damit fällt er in die zwar ideologiekritisch gemeinte, aber deshalb nicht weniger ideologieträchtige Entgegensetzung von Kultur und Ökonomie zurück, die bei ihm die Form der Ökonomisierung des Kulturellen annimmt, und d. h. Kultur im wesentlichen nur mehr als verkappte Ökonomie zu dechiffrieren trachtet. Die immer wiederkehrende Wendung, die Dorfbewohner hätten sich ein interesseloses Interesse aneinander »nicht leisten können«,[139] reduziert Kultur auf ihr materielles Substrat, anstatt die dem kritischen Blick ungewohnten Querverbindungen zwischen materiellen und immateriellen Interessen als Spezifikum dörflicher Lebensweise zu begreifen. Der Verweis auf die notorische Ressourcenknappheit und die daraus resultierenden Beschränkungen der sozialen Handlungsspielräume verrät sich in seiner theoretischen Ambivalenz schon allein dadurch, daß er mühelos den Umkehrschluß zuläßt, Kultur sei eben etwas, das man sich leisten können muß und das damit letzten Endes in der Lebensweise der Eliten beheimatet ist. Ökonomismus und Kulturalismus gehören zusammen; sie verfehlen, jeder auf seine Weise, die gleichsam quer zu ihrer Sichtweise liegende Logik des praktischen Handelns.[140] Es geht im Grunde darum, daß der Kulturalismus auch und gerade da, wo er sich ganz ökonomisch gibt, die Trennung von Kultur als einem Reich der (u. U. nichtrealisierbaren – und das ist der Kern der Jeggleschen Dorfkritik) Freiheit und Ökonomie als einer Welt unüberschreitbarer Zwänge in der Substanz aufrechterhält und so den entlang dieser Bruchstelle in den Untersuchungskontext einwandernden klassenkulturellen Vorurteilen wider Willen verhaftet bleibt. Die andere Lebensweise des Dorfes läßt sich nur als »totale soziale Tatsache« (M. Mauss) erfassen, als integrierte Sichtweise von Kultur und Ökonomie, die Emotion und materielles Interesse, Solidarverhalten und Eigennutz nicht gegeneinander ausspielt bzw. kurzschlüssig ineinander abbildet, sondern als widersprüchliche Einheit, als kulturimmanenten Zielkonflikt aufschlüsselt.[141] Die soziale Dramaturgie der bäuerlichen Gesellschaft und der – von Jeggle in Abrede gestellte – Beziehungsreichtum ihrer sozialen Beziehungen[142] werden erst dann in ihrer vollen Tragweite sichtbar, wenn Menschen und Sachen, materielle und immaterielle Interessen als unauflöslich miteinander verbundene, aber dennoch niemals vollständig aufeinander reduzierbare Größen in Betracht gezogen werden. Kultur ist nicht als ein Jenseits der materiellen Reproduktion, sondern als »ein elementarer Bestandteil der gesellschaftlichen Produktion«[143] zur Geltung zu bringen, der dennoch in ihr nicht aufgeht, weil er die notwendige, durch kein noch so hartnäckiges Besitzdenken substituierbare soziale Identifikations- und Legitimationsarbeit verrichtet. Der berechtigte Hinweis auf die materiellen Zwänge, denen die Kultur der Unterschichten unterliegt, dispensiert nicht von der Frage, wie mit ihnen umgegangen wird.[144] Die Spielräume mögen knapp bemessen gewesen sein, aber Raum ist bekanntlich in der kleinsten Hütte.

Es ist gut möglich, daß man mit diesen Postulaten heute weitgehend offene Türen einrennt. Der sozialhistorische Lernprozeß der letzten Jahre, der sich in einem anhaltenden Boom der Alltagsgeschichte ausdrückt, brachte ja nicht nur eine Verlagerung der thematischen Gewichte, sondern – bemerkenswerter noch – auch ein wachsendes Bedürfnis nach einer ›Veralltäglichung‹ des Wissenschaftlerhabitus, gleichsam einen Prozeß der allmählichen Abschleifung allzu scharfkantiger wissenschaftlicher Identitäten mit sich. Wenn heute auch in der historischen Volkskunde die »Verwendung weicherer Methoden« gefordert wird, die »es dem Forscher wahrscheinlich doch eher (erlaubt), das Forschungsinteresse und das Interesse der Erforschten wenn nicht zur Deckung zu bringen, so doch einander anzunähern«,[145] d. h. wenn »wir jetzt ... sowohl mit traditionellen als auch mit den neueren Formen sehr viel vorsichtiger interpretierend umgehen und sehr viel mehr die Rückkoppelungen, den Rücklauf mit einbeziehen«,[146] dann zeichnen sich darin bereits die Umrisse einer neuen Phase gesellschaftsgeschichtlich orientierter Lebensweltanalyse ab. Sie wird nicht zuletzt den blinden Fleck im Auge der älteren Kulturkritik selbstkritisch in Rechnung stellen und auf eine behutsamere Übersetzung der sozialen Codes klassenkultureller Formationen bedacht sein müssen. »›Ich unterwerfe mich‹, würden wir sagen, ›ich gehöre dazu‹, vielleicht ein Bauer.«[147]

III. Im Bereich der Sozialgeschichte zeichneten sich in letzter Zeit vor allem in der Familien- und Protestforschung, aber auch in dem veränderten Erkenntnisinteresse der Arbeitergeschichtsschreibung Entwicklungstrends ab, die auf die Untersuchung der ›Innenwelt‹ der sozialen Beziehungen und damit letztlich auf die Rekonstruktion eines materiellen Verständnisses von Kultur zielen. Als forschungspraktische Erfahrungszusammenhänge haben sie auf mehr oder weniger direkte Art und Weise auch die neuentstandene Diskussion der Historiker um die Volkskultur mitinitiiert und -geprägt. Da es sich dabei um noch relativ junge und kräftig expandierende Forschungsrichtungen handelt, die durch Sammelbände und Forschungsberichte gut dokumentiert sind, können wir uns hier auf die Skizzierung einiger grober Fluchtlinien beschränken. Für sie alle gilt gleichermaßen, daß sie die traditionelle Distanz der deutschen Geschichtswissenschaft zu aktuellen gesellschaftspolitischen Fragen nicht mehr teilen und das dort gepflegte Selbstverständnis einer (scheinbar) entpolitisierten Wissenschaft aufgekündigt haben. Dadurch wurde der Verwissenschaftlichung gesellschaftlicher Problemstellungen Raum gegeben, die, obwohl im westlichen Ausland häufig schon seit langem diskutiert, die historische Zunft hierzulande weitgehend extra muros zu halten verstanden hatte.

Als Paradepferd der neuen Alltagsgeschichte kann zweifellos die *historische Familienforschung* gelten.[148] Ihr gelang es in den vergangenen Jahren zum einen, sich als »(ein) ›Leitsektor‹ moderner Sozialgeschichtsforschung«[149] zu etablieren und breitgefächerte interdisziplinäre Forschungsinteressen auf sich zu vereinigen, und zum anderen haben ihre inhaltlichen Arbeitsschwerpunkte mittlerweile eine beachtliche Eigendynamik von geradezu paradigmenbildender Tragweite entfaltet. Sie hat nicht nur den Mythos von der vorindustriellen Großfamilie zerstört[150] und – vor allem über die Kritik an Shorters (von elitenkulturellen Vorurteilen nicht freier) These der ›Gefühlsrevolution‹ im Entstehungszusammenhang der intimisierten Kleinfamilie bürgerlicher Prägung[151] – zu einer erheblich differenzierteren Sichtweise sowohl der historischen Abfolge der Familienformen als auch ihrer verschiedenen schichtenspezifischen Ausprägungen gefunden, sondern sich auch als Kristallisationskern für die Entwicklung neuer quantitativer und qualitativer Problemstellungen erwiesen. Da ist zunächst die Kooperation von Familienforschung und historischer Demographie zu nennen, die die Sozialhistoriker mit den ›exakten‹ Techniken der elektronischen Datenverarbeitung vertraut machte und die durch die serielle Auswertung bislang ungenutzter Massenquellen wertvolle Aufschlüsse nicht nur über Bevölkerungsschwankungen, Veränderungen von Haushaltsgrößen und Sterblichkeitsraten, sondern auch über das generative Verhalten im engeren Sinne, d. h. über Familienzyklen, Verwandtschaftsbeziehungen, Heirats- und Erbverhalten, Lebensalterabschnitte, Unehelichkeitsquoten usw. lieferte. Obwohl die Euphorie über die Erkenntnismöglichkeiten der ungemein zeit- und arbeitsintensiven Methode der ›Familienrekonstitution‹ inzwischen merklich abgeklungen ist und einer nüchtern-kritischen Einschätzung der begrenzten Reichweite quantifizierender Untersuchungstechniken Platz gemacht hat,[152] besteht doch Einigkeit darüber, daß elementare soziokulturelle Verhaltensweisen und -gewohnheiten, die sich für die Elitenkulturen relativ leicht in biographisch-literarischen Zeugnissen greifen lassen, für die Unterschichten nur auf der Basis solcher aufwendigen historisch-statistischen Verfahren präzise rekonstruiert werden können. Die signifikanten Regelmäßigkeiten bzw. Abweichungen im Sozialverhalten, wie sie die demographische Analyse feststellt, verweisen jedoch schon aus sich selbst heraus auf die Notwendigkeit ihrer qualitativen Interpretation. Dazu kommt, daß die ›Familienökonomie‹ einen in Datenreihen nicht aufgehenden kulturellen Zusammenhalt darstellt, in dem sich wirtschaftliche und emotionale Bedürfnisse und Interessen wechselseitig durchdringen.[153] So erweitert sich die Geschichte der Familie zwanglos zur Geschichte der alltäglichen Lebensverhältnisse, in denen sich die familiale Reproduktion vollzieht. Sie schließt die Geschichte der Jugend und des Alters ebenso ein wie die der Sexualität, der Liebe und des Todes; sie begreift die historischen Verschiebungen der Scheidewände zwischen Privatleben und Öffentlichkeit mit ein, und sie umfaßt das sich wandelnde Verhältnis von Mann und Frau, zwischen Eltern und Kindern, d. h. jene Sozialisationspraktiken, durch die hindurch sich die kollektiven Mentalitäten herstellen, die als Disposition zu Unterordnung und Gehorsam, aber auch zu Selbstbestimmung und Toleranz die Praxis der sozialen Beziehungen weit über die Familie hinaus bestimmen.[154] Die Familie und ihre Geschichte erscheint mehr und mehr als ein Mikrokosmos der gesellschaftlichen Verhältnisse, und die historische Familienforschung verfügt über den unverkennbaren forschungsstrategischen Vorteil, daß sie nahezu unangefochten von Repräsentativitätserwägungen, mit denen man wissenschaftliche Innovationen ansonsten gerne beschwert,

die großen Fragen der gesellschaftlichen Entwicklung im anschaulichen Rahmen kleiner sozialer Einheiten einfangen und dort gleichermaßen struktur- und kontextbezogen verarbeiten kann.
Die *historische Protestforschung* der vergangenen Jahre hat, angestoßen durch die Debatten um den deutschen Bauernkrieg von 1525 und sich von dort her sukzessive zur vergleichenden Untersuchung der Agrarrevolten in der Feudalgesellschaft erweiternd, unser Bild von der Sozialordnung der frühen Neuzeit einem tiefgreifenden Wandel unterworfen.[155] Die späte Entdeckung der Kette von »Aufruhr und Empörung«, die sich durch die Jahrhunderte zog und im Bauernkrieg lediglich einen spektakulären Höhepunkt fand, führte nicht nur zur Revision der älteren Vorstellung von der politischen ›Friedhofsruhe‹ in der ständisch-absolutistischen Gesellschaft,[156] sie legt auch die Vermutung nahe, daß die aus einer beständig umstrittenen feudalen Abschöpfungspraxis resultierenden Konflikterfahrungen zum Alltagsbestand der bäuerlichen Untertanen gehörten und in ihrem kollektiven Bewußtsein tief verankert waren.[157] Trotz dieser unverkennbaren Fortschritte wird man jedoch um die kritische Bemerkung nicht herumkommen, daß gerade die profiliertesten Vertreter der westdeutschen Agrarprotestforschung einer sozialintegrationistischen Sichtweise verpflichtet bleiben, die nur eine restringierte Erörterung der in der bäuerlichen Lebensweise enthaltenen Resistenz- und Widerstandspotentiale zuläßt. Während das bei P. Blickle seine Gründe in der – in letzter Zeit allerdings zunehmend modifizierten – Fortschreibung einer agrarverfassungs- bzw. rechtsgeschichtlichen Perspektive hat, die ihrerseits nicht mehr an eine materielle Konzeption bäuerlicher Kultur zurückgebunden wird,[158] richtet sich W. Schulzes Erkenntnisinteresse weniger auf die Revolten selbst als auf die daraus erwachsenen Folgeprobleme, d. h. auf jene administrativen Lernprozesse innerhalb der territorialstaatlichen Verwaltungsapparate, die allmählich neue, flexiblere Formen der Konfliktbewältigung und -kanalisierung ausbildeten und so »die bäuerlichen Widerstandsbewegungen der frühen Neuzeit« vornehmlich »als Verfahren gesellschaftlicher Konsensusbildung«[159] in den Blick rücken. Ohne die Legitimität des gemeinsamen Bestrebens beider Autoren um eine exaktere Verortung der Revolten im gesamtgesellschaftlichen Entwicklungsprozeß auch nur im mindesten anzweifeln zu wollen, wäre doch zu fragen, ob ihre raumgreifenden Strukturhypothesen nicht abermals von den in den Protestaktionen selbst artikulierten sozialen Erfahrungen abführen und sich damit neuerlich der generell an Kon-

zepten des ›sozialen Protests‹ geäußerten Kritik aussetzen, Resistenzphänomene allzu pauschal und ohne hinlängliche Dechiffrierung ihrer ›inneren Textur‹ als Indikatoren für *andere* gesellschaftliche Erscheinungen bzw. Entwicklungen zu vereinnahmen.[160] »Die Problematik der neueren Forschung liegt nicht ... im Gegensatz von quantitativen und qualitativen Methoden ..., sondern in der unzureichenden Erforschung der einzelnen Protestfälle, also des Gegenstandes selbst, der so relativ unerschlossen in den Raster weitreichender Fragestellungen eingebracht wird ... Es hat den Anschein, daß zu schnell danach gefragt wird, wofür sozialer Protest steht, z. B. als ein Indikator von gesellschaftlichen Streßerscheinungen im Modernisierungsprozeß, ehe der Gegenstand selbst geklärt ist.«[161]

Um diesem Dilemma wie auch den Engpässen faktorenanalytischer Ansätze[162] zu entgehen, versuchen einige neuere, am Konzept der »sozialen Logik« (D. Groh) orientierte Arbeiten, Mikro- und Makroanalyse stärker aufeinander zu beziehen und durch die Bündelung theoretisch wie empirisch dicht besetzter Einzelfallstudien die ›Innenwelt‹ des sozialen Protests kontextuell genauer aufzuschlüsseln, ohne dabei »die Frage nach dem Verhältnis von einzelnem Protestfall und gesamtgesellschaftlichen Entwicklungen«[163] aus den Augen zu verlieren. Ins Zentrum der Überlegungen rückt dadurch, analog zur Entwicklung, die die englische riot-Forschung von Rudé über Hobsbawm bis zu Thompson und anderen genommen hat, die Frage nach dem Verhältnis von Protestverhalten und Alltagskultur, nach der Sedimentierung spektakulärer Widerstandshandlungen in den Lebensgewohnheiten der unterprivilegierten Bevölkerungsschichten.[164] Die alltäglichen Resistenzen lassen sich in der Regel nur dort ausmachen, wo die ganz gewöhnlichen Gewohnheiten an Grenzen stoßen und in den kollektiven Protest als ihr scheinbares Gegenteil umschlagen. Die Entschlüsselung dieses vieldeutigen Zusammenhangs verweist auf die Entfaltung eines systematischen Kultur-Begriffs, der dem Eigen-Sinn des sozialen Handelns der jeweiligen Gruppen Rechnung trägt und die kollektiven Erfahrungsweisen dieser Gruppen im einzelnen daraufhin untersucht, inwieweit sie soziale Lernprozesse befördern oder behindern, Konfliktbereitschaft verstärken oder auch blockieren.

Auch in der Geschichtsschreibung der Arbeiterbewegung hat der Exodus aus den ›Vorzimmern der (Gegen-)Macht‹, in denen sich viele Historiker eingerichtet hatten, inzwischen beträchtliche Ausmaße angenommen. Die neueren Forschungen zur *Arbeiterkultur* haben das organisations- und parteigeschichtliche Ghetto verlassen, den institutionell verengten Politik-Begriff aufgesprengt und im Rekurs auf die alltäglichen Arbeits- und Lebensbedingungen der proletarischen Schichten die ›Sondergeschichte‹ der Arbeiterbewegung wieder näher an die allgemeine Geschichte der Gesellschaft herangeführt, ohne deren klassenspezifische Eigenart zu verleugnen.[165] Sie betreiben ›industrielle Archäologie‹ in dem ganz ernsthaft-ironischen Sinn, den lange Zeit unter der Arbeiterbewegung verschütteten Arbeiter wieder freizulegen. Daß die ›Froschperspektive‹, die den ›diffusen‹ Bedürfnisartikulationen der Arbeiterschaft mehr Aufmerksamkeit schenkt als den abgezirkelten Programmen ihrer Funktionäre,[166] sich auch hier unaufhaltsam im Vormarsch befindet, werden nur diejenigen bedauern, die noch immer zu wissen glauben, wie die Geschichte auszusehen hat. Zu konstatieren ist jedenfalls ein tiefgreifender »Paradigmawechsel von der Feststellung von Lebensbedingungen zur Untersuchung von Wahrnehmungsformen und Lebensweisen«,[167] und wenn nicht alles täuscht, wiegt der damit verbundene Realitätszugewinn den in Kauf genommenen ›Perspektivenverlust‹ in der Alltagsgeschichte hinreichend wieder auf.[168] Der industrielle Alltag mit all seinen Ängsten und Nöten, Kompromissen und klammheimlichen Freiheiten steht nun einmal in einem ganz erheblichen Spannungsverhältnis zu den großen Plänen seiner Ingenieure wie seiner potentiellen Überwinder. Diese Distanzen und Diskrepanzen systematisch auszuloten und die Historiker der ›Klassenlage‹ mit der unbequemen Frage zu konfrontieren, wie denn ›die Verhältnisse‹ erfahren und gelebt wurden, zählt zu den vordringlichsten Aufgaben einer Arbeitergeschichte, deren Ausgang allen positiven und negativen Beschwörungen zum Trotz nach wie vor offen ist. Wesentlich wird es dabei darauf ankommen, die Spannungen zwischen den langfristigen Entwicklungstrends und dem ›Dickicht‹ der Alltagserfahrungen in der industriellen Arbeitswelt nicht nur als methodisches Dilemma des Historikers,[169] sondern auch als realhistorisches Problem der Arbeiteremanzipation zu begreifen und die Alternative von organisierter Arbeiterbewegung und herrschender Politik, die häufig genug nur eine (freilich real wirksame) Scheinalternative war, in eine Dreiecksbeziehung zu verwandeln, die der Kultur der lohnabhängigen Massen vorab, und d. h. noch unterhalb der durch die ›Organisationsfrage‹ bezeichneten politischen Schwelle, eine eigenständige Rolle im gesellschaftlichen Entwicklungsprozeß einräumt. So betrachtet, beschränkt sich Arbeiterkultur heute nicht mehr auf die Untersuchung residualer Freizeitsektoren oder der parteioffiziösen Bestrebungen zur moralischen ›Veredelung‹ des Arbeiters, deren Affinitäten zum bürgerlichen Bildungsverständnis auf der Hand liegen, sondern umfaßt den gesamten Prozeß der Aneignung und Verarbeitung klassenspezifischer Erfahrungen, wie er in der Produktions- und Lebensweise der proletarischen Schichten – und vielleicht noch über sie hinaus – hervorgebracht wird.

Die Debatte der Historiker um die Volkskultur ist selbst Bestandteil des angedeuteten Perspektivenwechsels in den erwähnten Teildisziplinen, ohne in ihnen jedoch vollständig aufzugehen. Was sie ihnen voraushaben könnte, das ist die Kritik der déformations professionelles; woran es ihr (noch) gebricht, das ist die präzisere Konturierung ihres Gegenstandsbereichs. Beides hängt sehr eng miteinander zusammen und läßt sich nur in verstärkter Zusammenarbeit mit bestehenden Forschungsrichtungen produktiv wenden, die nicht an disziplinären Abgrenzungen und Hierarchien, sondern an wechselseitigen Lernprozessen und der Intensivierung ›querliegender‹ Erfahrungszusammenhänge interessiert sind. Solche Erfahrungszusammenhänge haben sich in den letzten Jahren, vermittelt vor allem über persönliche Kontakte und Interessenkarrieren, bereits ansatzweise herausgebildet, und sie auszubauen und weiterzuentwickeln stellt ein Hauptanliegen dieses Bandes dar. Was ›Volkskultur‹ heute wieder bedeuten könnte, läßt sich nicht deklamatorisch-abstrakt, sondern nur aus den materialen Erfahrungen der jeweiligen Forschungspraxis heraus beantworten. Denn dort sind doch in erster Linie jene Arbeits- und Problemdimensionen entwickelt worden, die wesentlich neue Erfahrungen der Verknüpfung quantifizierender Methoden und qualitativer Fragestellungen mit sich brachten und die den Kenntnisstand der Sozialgeschichte der abhängigen Bevölkerungsschichten erheblich verbesserten und zum Teil in ein anderes Licht rückten. Das läßt hoffen, daß die Volkskulturforschung heute bruchlos bzw. mit sympathetischer Distanz an die sozialwissenschaftlichen bzw. -geschichtlichen Analyseperspektiven anschließen kann, anstatt sie, wie in der Vergangenheit so häufig, in essentialistischer Manier zu unterlaufen. Überdenkt man die Schwierigkeiten der wissenschaftlichen Handhabung dieses Begriffs in toto, so könnte man sehr leicht zu der Ansicht gelangen, ihn einfach aus dem wissenschaftlichen Begriffsrepertoire zu streichen.[170] Doch würde es sich dabei letztlich auch nur um eine Scheinlösung handeln, nicht nur weil der Begriff in der Tradition eine gewichtige Rolle gespielt hat und man mit einer derartigen Abstinenz den neuerlich wirksam gewordenen sozialromantischen Tendenzen das Feld überlassen würde, sondern auch und vor allem deshalb, weil man damit auf die in einem so starken Begriff wie ›Volkskultur‹ transportierte Annahme verzichten würde, daß unterhalb der Ebene der Elitenkulturen andersartige soziokulturelle Mechanismen kollektiver Identitätsbildung bestanden und zum Teil noch bestehen, die entweder im historischen Prozeß unterdrückt oder doch zumindest von einer dem Fortschritt verpflichteten Geschichtswissenschaft kaum zur Kenntnis genommen worden sind. Auch wenn Altmeister G. Duby darin nur einen Manichäismus der Moderne zu sehen vermag,[171] möchten wir also an dem Begriff Volkskultur und der in ihm mitgesetzten Dichotomisierung gesellschaftlicher Erfahrungshorizonte zwischen ›denen da oben‹ und ›denen da unten‹, zwischen der Kultur der Eliten und der der sogenannten einfachen Leute festhalten, zumal sie dem sozialen Erfahrungsmodus und dem rudimentären Klassenbewußtsein der Unterschichten über weite Strecken der historischen Entwicklung vielleicht eher entspricht als differenziertere Forschungskonzeptionen.

Besitzt ›Volkskultur‹ als heuristische Kategorie also durchaus einen gewissen Orientierungswert, so soll andererseits das damit verbundene methodische Dilemma nicht bagatellisiert werden: in ihr und möglicherweise manchmal auch gegen sie muß stets das soziale Interessengefüge mitgedacht werden, das sie – vor allem in seinen antagonistischen Ausprägungen – immer wieder in einem harmonistischen Resümee kurzzuschließen droht. Es wird also darauf ankommen, Volkskultur nicht von den sozialen Erfahrungen und Beziehungen, die sie wesentlich ausmachen, abzuheben, sondern sie in der klassenspezifischen Lebens- und Erfahrungsweise der abhängigen Schichten präziser zu verankern. Wenn man den Zusammenhang, der mit diesem Leitbegriff zwischen den verschiedenen unterprivilegierten Gruppen und Schichten, ihren unterschiedlich gelagerten Identitäten und divergierenden öffentlichen Artikulationschancen avisiert werden soll, inhaltlich umreißen wollte, dann wäre er wohl nicht als Fiktion eines gesellschaftlich handlungsfähigen Kollektivsubjekts, sondern eher als ein kleinster gemeinsamer Nenner, eine Art Minimalplattform der Verständigung zwischen den Gruppenkulturen der herrschaftsabhängigen Bevölkerungsteile zu definieren. Da diese Konsensgrundlage kein volkhaftes Apriori darstellt, sondern in der sozialen Interaktion der Gruppenkulturen immer wieder neu hergestellt werden muß, läßt sie sich auch nur durch die gesellschaftliche Handlungspraxis dieser Gruppen hindurch analysieren.

Die Leitbegriffe der kulturellen Hegemonie, der sozialen Disziplinierung, der Kulturindustrie bzw. Massenkultur und des Folklorismus bezeichnen vier Dimensionen der Weiterentwicklung eines sozialgeschichtlichen Volkskultur-Konzepts, die abschließend noch kurz skizziert werden sollen, um die Reichweite einer solchen Konzeption für die Untersuchung gesellschaftlicher Entwicklungen und Auseinandersetzungen zu verdeutlichen und ihre unverminderte Relevanz auch für gegenwartsbezogene Fragestellungen zu dokumentieren.

Klassenherrschaft hat sich nie auf die ungleiche Allokation materieller und immaterieller Ressourcen beschränkt, sondern erstreckte sich immer auch darauf, Eindruck auf die Beherrschten zu machen und die Kontrolle über die vorgefundenen sozialen Wahrnehmungsformen zu erlangen. E. P. Thompson entwickelte den Begriff der *kulturellen Hegemonie*, d. h. jene »scheinbar ›zwanglose‹ Zustimmung der beherrschten Klassen, die wortlose Hinnahme jener Wirklichkeitsbilder, welche die herrschende(n) Klasse(n) entwickeln«,[172] am historischen Material der englischen Gesellschaft des 18. Jahrhunderts, die er als Spannungsfeld zwischen den Polen der Gentry-Herrschaft und einer traditionsbezogenen und zugleich sich aus ihren traditionellen Banden mehr und mehr herauslösenden plebejischen Kultur begreift.[173] Er beschreibt dabei nicht nur den Antagonismus zwischen der landadligen ›Agrarbourgeoisie‹ und dem »Losbrechen dieser Hölle einer plebeischen Kultur«[174] als latenten Klassenkonflikt bzw. als Auftakt des Making of the English Working Class, sondern arbeitet in der Beschreibung dieses »mitten durch das Land« gehenden »kulturellen Risses«[175] auch noch die »tief eingebettete, ›strukturelle‹ Reziprozität«[176] zwischen Gentry und Volksmenge, d. h. jenes unterschwellig wirksame »›Equilibrium von Paternalismus und Respekt‹« heraus, »in de(m) beide Seiten der Gleichung in gewissem Maße Gefangene ihres Gegenübers sind«[177]. Die Aktionen beider Seiten bewegen sich gleichsam um eine verdeckte gemeinsame Gravitationsachse, die die Kontrahenten trotz des gewaltigen sozialen Abstands und aller wechselseitigen Drohgebärden aneinanderfesselt. »In gewissem Sinn brauchten die Herrschenden und die

Menge einander, beobachteten sich, spielten voreinander Theater und Gegentheater, mäßigten ihr jeweiliges politisches Verhalten. Dies ist eine aktivere und stärker auf Gegenseitigkeit gründende Beziehung als die, an die die Formel ›Paternalismus und Ehrerbietung‹ normalerweise denken läßt.«[178]
Unter den spezifischen historischen Bedingungen des 18. Jahrhunderts (Aufspaltung der herrschenden Klasse in Court- und Countrypartei; Schwäche des zentralistischen Staatsapparats; Erosion der paternalistischen Sozialkontrolle durch freie Lohnarbeit; Rückgang der Massenloyalität durch den schwindenden Einfluß kirchlicher Instanzen) gewinnt die Kultur der englischen Unterschichten eine relative Autonomie, die in ihren Legitimationsformen zwar nach wie vor an das Herkommen gebunden bleibt, »in ihren alltäglichen Verrichtungen (jedoch) der ideologischen Kontrolle der Herrschenden nicht unterworfen ist«.[179] Indem sie die sich ihr eröffnenden Handlungsspielräume nützt, avanciert sie vorübergehend zum wenn schon nicht ebenbürtigen, so doch jederzeit ernstzunehmenden Widerpart auf dem Theater der Klassenhegemonie. Mit dem Begriff des ›Theaters‹ rückt Thompson das Miteinander im Gegeneinander, die insgeheimen Reziprozitäten zwischen Gentry und Plebs in den Vordergrund[180] und lenkt die Aufmerksamkeit auf die Installierung jener real-imaginären Bühne politischer Selbstdarstellung, wo die öffentlichen Auseinandersetzungen der rivalisierenden Lager im »Wettstreit um symbolische Autorität«[181] eine eigenständige Qualität annehmen. Das selbstbewußte »Theater der Großen«, das mit seinem »einstudierten und ausgeklügelten hegemonialen Stil«[182] deren reale Machtgrundlage eher verschleierte als offenlegte, provozierte auf der anderen Seite ein Gegentheater der permanenten Drohung und des Aufruhrs, das aus der Lebensweise der plebejischen Schichten diejenigen Elemente heraushob, die in besonderem Maße geeignet schienen, die selbstgefällige Darstellung der herrschenden Kultur und die darin transportierten Zugriffe auf die Lebensformen der Unterschichten zu beschränken bzw. zu konterkarieren. Der Kampf um die öffentliche Präsenz, um die ›Herrschaft der Straße‹ bewegte sich dabei häufig in geradezu spiegelbildlichen Umkehrungen: den punktuellen gravitätischen Auftritten der Herrschenden steht die lärmende, ungeordnete Allgegenwärtigkeit des Mobs gegenüber, der Ordnungsliebe des Zeremoniells die unverhohlene Freude am Massenauflauf (crowd) und am Tumult, der feierlichen Würde die pikareske Spottlust, der offenen Drohgebärde der Staatsgewalt der anonyme,

versteckte ›Nervenkrieg‹ der Plebs, den obrigkeitlichen Bestrebungen, ›Recht und Ordnung‹ zu schaffen, die wachsende Bereitschaft der Menge, über die Stränge zu schlagen, um sich in handstreichartigen Coups ihre angestammten Rechte zurückzuholen. Die Handlungsweisen der einen Seite sind zutiefst von denen der anderen geprägt, so unterschiedlichen Kontexten sie auch angehören mögen. In diesem framework der Reziprozitäten bilden die plebejischen Schichten geradezu eine eigenständige Handlungsökonomie aus, in der jeder Freiraum genutzt, um jeden Vorteil und jede Facette sozialer Anerkennung erbittert gerungen wird und selbst die geringste Loyalitätsbekundung noch ihren Preis hat. So findet die herablassende Freigebigkeit der Oberen bei besonderen Anlässen ihr Pendant in einer plebejischen Beuteökonomie, die den Geschenkcharakter der Gabe mit Hilfe ihrer moralischen Vorstellung von ›ausgleichender Gerechtigkeit‹ in einen Rechtsanspruch des Volkes ummünzt. »Die Armen mochten willens sein, der Gentry ihren Respekt zu zollen, aber nur zu einem Preis. Dieser Preis war beträchtlich und die Ehrerbietung oft ohne die geringste Illusion. Von unten konnte sie teils als notwendige Selbsterhaltung, teils als kalkulierte Erpressung von allem, was immer erpreßt werden konnte, gesehen werden.«[183] In dieser Sichtweise erscheint das ungebärdige und furchterregende Verhalten der Unterschichten nicht mehr nur als althergebrachter, allmählich unzeitgemäß gewordener Eigensinn, sondern als dramatisch inszenierte andere Seite der Machtdemonstrationen der herrschenden Eliten. Der widersetzliche Habitus der ›ungovernable people‹ wird als symbolische Verneinung des kultivierten Hegemonialstils der Herrschenden dechiffrierbar, die, so radikal sie diesen im einzelnen negiert und so sehr sie ihren eigenen Kalkülen gehorcht,[184] in ihrer Handlungslogik dennoch an ihn gebunden bleibt – eben eine »rebellische traditionelle Kultur«.[185]

Aus Thompsons materialer Prüfung des Hegemoniekonzepts lassen sich wenigstens drei allgemeinere Schlußfolgerungen ziehen: Erstens reicht es nicht aus, die Beziehungen zwischen den gesellschaftlichen Gruppen als statisches Kräfteverhältnis, gewissermaßen als sozialen Aggregatzustand zu beschreiben.[186] Der Begriff der ›kulturellen Hegemonie‹ zielt auf die innere Dynamik der Klassenverhältnisse, darauf, in welchen Formen Herrschaft wirklich *ausgeübt* wird und die vorhandenen Machtressourcen tatsächlich eingesetzt werden und wie durch ihre Handhabung ein Rahmen der gesellschaftlichen Auseinandersetzung abgesteckt wird, der seinerseits die Logik der Konfrontation symbolisch steuert und begrenzt. Zweitens erscheint die Handlungspraxis der rivalisierenden Lager wesentlich stärker ineinander verschränkt, ihr Aktionsprofil sehr viel kräftiger von dem der Gegenseite imprägniert, als dies ihre unterschiedlichen Lebensweisen erwarten lassen würden bzw. eine Analyse, die ausschließlich die eine *oder* die andere Seite in Betracht zieht, jemals zutage fördern könnte. Und drittens sollte man kulturelle Hegemonie nicht als einen lückenlosen Herrschaftszusammenhang, sondern eher als fragiles und kompromißgesättigtes Präventivsystem zur Vermeidung gesellschaftlicher Alternativen begreifen, das »zwar die Grenzen des Möglichen abstecken und das Heranwachsen alternativer Horizonte und Erwartungen verhindern (mag), aber dieser Prozeß hat nichts Determiniertes oder Automatisches an sich. Eine solche Hegemonie kann von den Herrschenden nur durch die ständige Anwendung von Geschicklichkeit, Theater und Konzessionen aufrechterhalten werden.«[187]

Die Dialektik kultureller Reziprozitäten, die Klassenhegemonie erst möglich macht, profiliert das Erscheinungsbild der Protagonisten nicht nur, sie *verzerrt* es auch. Die Sichtweise ›von oben‹ nimmt die plebejischen Unterschichten nur als Aufrührer, Krawallmacher und heillose Störenfriede wahr, aber in gewissem Sinne zwingen die Repräsentationsstile der Herrschenden jene erst dazu, diese Rolle des ›Bürgerschrecks‹ zu übernehmen und so die herrschende Einäugigkeit ein Stück weit zu bestätigen. Auf dem Theater gibt es nur Rollen, und der Zwang, sich anders zu geben, als man eigentlich ist, gilt für alle Darsteller. Diese Akte der Stilisierung in der Arena der öffentlich-politischen Selbstdarstellung beruhen auf einem impliziten Selektionsprozeß der sozialen Wahrnehmung, der, indem er bestimmte Elemente des vorhandenen kulturellen Repertoires vergrößert, andere damit entsprechend verkleinert und unter ihr reales Bedeutungsniveau drückt. Um diesen systematischen Verzerrungen nicht zu erliegen, könnte es notwendig erscheinen, genauer zwischen den Repräsentationen der Lebensweise der plebejischen Unterschichten und dieser Lebensweise selbst zu unterscheiden, als Thompson dies tut. Wenn das Ausmaß der Mobilisierung symbolischen Kapitals in diesen klassenkulturellen Prestigekämpfen in derart großem Umfang vom Verhalten des Gegners abhing, dann ist es mehr als nur eine theoretische Möglichkeit, daß die Drohgebärde mitunter ein wenig zu groß oder auch zu kleinlaut ausgefallen sein mag, dem realen Widerstandspotential jedenfalls nicht immer entsprochen haben dürfte. Mit dem Bluff muß hüben wie drüben gerechnet werden. So sehr man einerseits darauf insistieren muß, daß auf dem Theater der Klassenhegemonie mit realen Fiktionen gehandelt wurde, die durchaus eine Wirklichkeitsebene für sich darstellen können, solange nur alle Beteiligten an sie glauben, so vieles auch dafür spricht, daß der Nexus von Repräsentation und Repräsentiertem im sinnlich-expressiven Erfahrungsmodus der Unterschichten anders und engmaschiger gewirkt war als in den kühl berechnenden Herrschaftsstrategien der Oberschichten, so wenig wird man dennoch den Theaterdonner mit der Realität, die stilisierten Lebensformen mit der alltäglichen Lebensweise gleichsetzen dürfen.

Insofern haben G. Sider und H. Medick mit einem gewissen Recht gefordert, das Problem der kulturellen Hegemonie, die Frage, inwieweit sich die Beherrschten von der Selbstdarstellung der Herrschenden nachhaltig beeindrucken ließen oder nicht, wieder stärker von der Ebene der öffentlich-spektakulären Aktionen weg- und auf die alltäglichen Lebens- und Erfahrungszusammenhänge der Unterschichten und die darin eingebauten Resistenzpotentiale zurückzuverlagern.[188] Siders historisch-ethnologische Untersuchungen der familienwirtschaftlich betriebenen und der blanken ökonomischen Auspowerung durch das händlerische Trucksystem ausgelieferten Neufundlandfischerei stellen mit der Frage, unter welchen gesellschaftlichen Bedingungen kulturelle Hegemonie sich *nicht* entwickeln konnte, sowohl eine Art materialer Gegenprobe zu Thompsons Analysen als auch einen theoretischen Versuch dar, den Hegemoniebegriff wieder stärker an die materielle Reproduktion rückzubinden. »Hegemonie ... ist jener Aspekt der Kultur, der, gewöhnlich in Verbindung mit Auseinandersetzungen, Produktion und Aneignung so unmittelbar wie möglich zu vereinheitlichen sucht und damit auch die Appropriation, über den produktiven Akt selbst hinaus, ... auf das tägliche Leben ausdehnen will.«[189] Wo dies, wie in Neufundland, aufgrund spezifischer historischer Voraussetzungen (Verbot privaten Grundbesitzes; Blockierung landwirtschaftlicher Produktion) nicht gelingt und die Kluft zwischen Produktion und Aneignung künstlich zementiert wird, entwickelt sich eine auf den ›traditionalen‹ Grundlagen von Familie, Verwandtschaft und Gemeinde beruhende scheinautonome Produktionsweise, die zwar eine weitgehende Selbstorganisation der Arbeit und einen engen Konnex ökonomischer und kultureller Handlungsmuster zuläßt und daher auch über eine gewisse innere Resistenzfähigkeit verfügt,[190] die

aber ihren Trägern wegen der fehlenden sozialen Infrastruktur ein kollektives Bewußtsein ihrer abhängigen Lage kaum auszubilden erlaubt. Hatten die durch den Ausfall der sozialen Vermittlungsinstanzen zwischen Herrschenden und Beherrschten bedingten Erfahrungsdefizite die Ausbildung von Klassenbewußtsein verhindert, so schwanden mit der Zerstörung der lokalfamilialen Produktionsweise durch die kapitalistische Organisation der Fischereiindustrie nach 1945 die alten kulturellen Bande dahin, und es zeigte sich das ganze Ausmaß der von einer quasi-kolonialen Entwicklung hervorgerufenen sozialen Desorientierung. Sider macht gleichsam ex negativo sichtbar, wie ungemein voraussetzungsvoll die Hegemonie der englischen Gentry funktionierte, und daß die alltägliche Erfahrung von Herrschaft eine wesentliche Bedingung für historisch perspektivenreiche Lernprozesse, und d. h. für die Ausbildung eines kollektiven Bewußtseins der eigenen Lage, darstellt.
Siders von latenten modernisierungstheoretischen Annahmen nicht ganz freie Argumentation, die die Möglichkeiten und Grenzen der Resistenz lokal-autonomer Produktionseinheiten gegen ihre ökonomische Kolonisierung von außen aufzeigt, läßt sich auf die Entwicklung der europäischen Unterschichten jedoch nur begrenzt übertragen. Hier bleibt, wie H. Medick betont, vor allem »zu klären, ob nicht veränderte Formen der Widerständigkeit gerade in der Übergangsperiode zum Kapitalismus ›erfahren‹ und weitervermittelt werden konnten«.[191] Auffällig ist doch, daß der vom 16. bis ins 19. Jahrhundert reichende Prozeß der Auflösung ›traditionaler‹ Produktionsverhältnisse und der Fragmentierung überlieferter sozialer Ordnungen in Stadt und Land keineswegs von einer entsprechenden Erosion der volkskulturellen Artikulationsformen begleitet wurde, sondern geradezu als »goldenes Zeitalter der traditionellen Volkskultur« (Burke) charakterisiert werden kann. Von daher läßt sich vermuten, daß der ›ungleichzeitige‹ Riß zwischen der zunehmend marktvermittelten Lebensweise der Unterschichten und der scheinbaren Fortschreibung, ja Intensivierung der überlieferten kulturellen Bestände durch einen freieren, unorthodoxeren Umgang mit der Tradition aufgefangen und zugleich überdeckt wurde, mit Hilfe dessen die plebejische Kultur sich Tradition für ihre eigenen Zwecke verfügbar machte. Im Sinne einer solchen Neu-Aneignung des Herkömmlichen und der der plebejischen Lebensweise eingeschriebenen Dialektik von Kultur und Ökonomie »wäre die Frage zu stellen, ob nicht gerade in den spezifischen *Erfahrungsweisen* der

Volkskultur und ihrer Praxis: nämlich der mündlichen nichtliterarischen Überlieferung, der non-verbalen Kommunikation und der rituell-brauchmäßigen Handlung, eine entscheidende Dimension der Widerständigkeit verankert war, die dem Vordringen und der Durchsetzung der ›Bildungs‹-Normen der bürgerlich-zivilen Elitenkultur ›im Wege stand‹«.[192] Dieser spezifische Erfahrungsmodus der plebejischen Kultur läßt sich mit dem Begriff der Tradition nicht mehr zureichend beschreiben. Sein expressiver Symbolismus bleibt zwar der Form nach an das Herkommen gebunden, bezieht aber seine Widerstandsfähigkeit gegen Zugriffe von oben nicht so sehr aus sich selbst heraus als vielmehr aus den Veränderungen der plebejischen Lebensweise im Übergang zum Kapitalismus, die ihr durch ihre zunehmende Einbindung in den frühkapitalistischen Marktnexus die Dimensionen von Anpassung und Protest neu zu justieren erlauben.
Ausgehend von den ökonomischen Paradoxien der hausindustriellen Familienwirtschaft im Prozeß der Protoindustrialisierung, die je nach Konjunkturlage entweder eine erbarmungslose Selbstausbeutung der emotionalen Ressourcen des familialen Zusammenhalts nach sich ziehen oder aber eine der Subsistenzwirtschaft innewohnende »hartnäckige bedürfnisorientierte Tendenz«[193] erkennen lassen, das Arbeitspensum nicht über die Sicherung der unmittelbaren materiellen Reproduktion des familialen ›Gesamtarbeiters‹ hinaus auszudehnen (»labour-consumer-balance«), entwirft Medick ein Konzept plebejischer Volkskultur, das an den Nahtstellen von Kultur und Ökonomie ansetzt, und d. h. den Vermittlungen beider Bereiche dort nachzuspüren trachtet, wo sie in der Alltagspraxis der einfachen Leute vollzogen werden (müssen) – sei es nun anhand der plebejischen Trinksitten oder auch in den Spinnstuben, einer spezifischen Form der Arbeitsgeselligkeit in der dörflichen Kultur der frühen Neuzeit.[194] Die Erklärung dieser Paradoxien setzt jedoch die Aufgabe eines ökonomistischen Begriffs der Ökonomie, d. h. die Aufhebung der starren kategorialen bzw. sektoralen Trennung von Ökonomie und Kultur zugunsten einer allgemeinen »Ökonomie praktischer Handlungen« (Bourdieu) voraus. Erst wenn diese Schranke eingerissen und die weitreichende Konvertibilität von symbolischem und realem Kapital, von Emotion und materiellem Interesse erkannt wird, erscheint die eigenständige, querstehende Rationalität der protoindustriellen Familienwirtschaft bzw. – weiter gefaßt – der plebejischen Ökonomie: wie die Selbstausbeutung des familialen Solidarzusammenhangs nur die Fortsetzung des ökonomischen

Kalküls mit anderen Mitteln im Falle der ›unterhungerten‹ Krise ist, so favorisiert das soziale Kalkül der Subsistenzökonomie zu Boomzeiten den Primat der Bedürfnisbefriedigung bzw. des Konsums und setzt so dem Vordringen des Wertgesetzes in die Produktionssphäre Grenzen. Die hausindustriellen Produzenten hören genau in dem Moment zu arbeiten auf, wo die Absatz- und Gewinnchancen für den Verleger am größten sind und vom Standpunkt des Kapitals aus eine Steigerung der Produktion angezeigt wäre. Kultur erweist sich, grob gesprochen, in der ländlichen Verlagsindustrie ebensosehr als Ursache vermehrter Ausbeutbarkeit der Produzenten durch das händlerische Kapital, wie sie andererseits dieser Ausbeutung genuine Schranken setzt. Aus der Sichtweise der bürgerlichen Kritiker der plebejischen Lebensweise, die es sich erlauben können, Kultur und Ökonomie fein säuberlich auseinanderzuhalten, muß das eine als moralisches Defizit, als beklagenswerte Gefühllosigkeit der Unterschichten und das andere als ebenso verwerfliches Laster der Arbeitsscheu und des Müßiggangs bzw. als unerklärlicher Hang zu Luxus und Verschwendung erscheinen.
Die ›Unstetigkeit‹ der plebejischen Lebensweise, in der die Vorwürfe der Kritiker kulminieren, hat ihre reale Grundlage nicht nur in den periodischen Schwankungen des Marktes, sondern auch in der spezifischen Gemengelage einer vom Geldnexus zunehmend penetrierten Subsistenzökonomie, in der wachsende Verfügung über Geldeinkünfte und eine an Brauch und Herkommen orientierte Lebenshaltung sich wechselseitig bekräftigen. Das Mißverhältnis zwischen Einnahmen und Ausgaben und insbesondere das »Ungleichgewicht zwischen langfristig knappen monetären Einkünften und deren kurzfristigem großzügigen Verbrauch«,[195] das das plebejische Haushalten kennzeichnet und auf den ersten Blick so irrational erscheinen läßt, ist darauf zurückzuführen, daß in der verlagsindustriell organisierten Familienwirtschaft die Produktion dem Kapital noch nicht unterworfen, sondern wie ein Fremdkörper in die makroökonomischen Kreisläufe eingebaut ist, der innerhalb dieses Rahmens seine eigene, mehr oder weniger funktionale Reproduktionslogik beibehält. Die eigengesetzliche Rationalität plebejischen Wirtschaftens hält am Primat des Gebrauchswerts der Arbeit, an der möglichst genauen Entsprechung von Arbeit und Konsum fest und zielt letztlich auf die Sicherung der familialen Subsistenzbasis, auf das Überleben der Familie als Produktionseinheit. Wie es der immanenten Rationalität nicht entbehrt, in Krisensituationen diese Subsistenzgrundlage unter Mobilisierung aller materiellen und

immateriellen Reserven bis hin zur vollständigen Selbstverausgabung aufrechtzuerhalten, ebenso rational ist es angesichts der präkapitalistischen Eigentumsvorstellungen, der Erfahrungen mit dem Teufelskreis der Verschuldung und Verelendung und der drückenden Lasten staatlicher Abschöpfungspolitik[196] auch, erzielte Überschüsse nicht anzusparen, sondern dorthin zu lenken, wo sie vor solchen Zugriffen einigermaßen geschützt und überdies im Sinne einer erweiterten ›Ökonomie des Kulturellen‹ nutzenbringend angelegt sind. Die ›Investition‹ in die sozialen Beziehungen nahm in der Regel Formen des demonstrativen Statuskonsums an und diente sowohl der Bekräftigung der solidarischen Bande von Verwandtschaft, Nachbarschaft und Freundschaft, die im Ernstfall die Sozialversicherung ersetzen mußten, als auch der symbolisch-öffentlichen Dokumentation plebejischer Selbstbehauptung, derzufolge sich der Sinn der Arbeit nicht in der bloßen Reproduktion erschöpfte, sondern sich in jene ›kleinen Freiheiten‹ des Konsums ummünzte, die auch das plebejische Leben lebenswert erscheinen ließen. »Was die Zur-Schau-Stellung ›symbolischen Kapitals‹ (P. Bourdieu) für die Herren bedeutete, das war die ›kleine Münze‹ für die plebejischen Produzenten. Ihr Geldeinkommen fand seine sinnvolle Verwendung ... sehr viel eher in der öffentlichen Schaustellung und Repräsentation als im vorausschauenden Sparen. Die ›kleine Münze‹ realisierte ihren Wert ... vor allem in der Transformation der ökonomischen Güter in kommunikative und symbolische Akte, d. h. in sozialkulturellen Aktionen und Manifestationen, welche der plebejischen Existenz überhaupt erst ihren Sinn gaben. Vor allem in der Trinkkultur, aber auch in der Mode und im Tragen von Schmuck, schließlich im Konsum von Kolonialwaren wie Zucker, Tee, Kaffee und im Rauchen fanden sich die doppeldeutigen Symbole dieser Art von ›Verausgabung‹.«[197]

Die ›exzessive Verausgabung‹, der spezifische ›Konsumismus‹ der besitzarmen Schichten zeigte zwei Gesichter. Trug er auf der einen Seite deutlich kompensatorische Züge, war der punktuelle Konsum-›Rausch‹ also in mancherlei Hinsicht nur die eskapistische Kehrseite der alltäglichen Zwänge, so klangen durch die »Statusaspiration ... eines ›gehobenen‹ Lebensstils« doch immer auch nach außen, gegen die besitzenden Schichten gerichtete »klassenbewußte Untertöne«[198] mit an. *Auch* etwas darstellen zu wollen, ist freilich eine verwundbare und leicht konterkarierbare Disposition auf dem Theater der Eitelkeiten. Und Ehre, Prestige und Distinktion spielten nach außen wie nach innen auch für die ›kleinen Leute‹ eine große Rolle. Es mag sein, daß sie in dieser Prestigekonkurrenz meist den kürzeren zogen, aber häufig genügte schon die symbolische Anwartschaft, die bloße Anmeldung der kulturellen Ansprüche und Aspirationen, um die herrschenden Klassen das Fürchten zu lehren. Vielleicht rastet auf diese Weise die Realisierung der alltäglichen kleinen Unterschiede doch wieder irgendwo in die spektakulären Protestmuster ein, die in Thompson ihren meisterhaften Interpreten fanden; gewiß bleibt jedoch, daß das symbolische Kapital der Ehre, so beliebig konvertierbar es auf der öffentlichen Bühne der Statusrepräsentation und ihrer von ironischem Ernst geprägten Hegemoniespiele auch erscheinen mag, darüber seine klassenspezifischen, in den handlungspraktischen Verschränkungen von Kultur und Ökonomie verankerten Erfahrungs- und Bedeutungsinhalte niemals vollständig einbüßt.

Der ›Eigensinn‹ der Volkskultur und ihrer praxisbezogenen Art und Weise, die sozialen Beziehungen zu definieren, endet nicht mit der Durchsetzung der modernen industriellen Gesellschaft. Die Strategien der *sozialen Disziplinierung* und Moralisierung der Unterschichten, die mit der Formierungspolitik staatlicher und kirchlicher Instanzen bis weit ins 16. Jahrhundert zurückreichen, die mit dem Aufstieg der bürgerlichen Schichten und der Etablierung einer aufklärerischen Universalmoral im 18. Jahrhundert eine neue Qualität gewinnen, um spätestens seit dem frühen 19. Jahrhundert im nationalstaatlichen Rahmen über Schule, Militär und Fabrikwesen unübersehbar in den Alltag der abhängigen Schichten einzugreifen, haben vielfältige Transformationen und Modifikationen der Volkskultur herbeigeführt, aber auch ihre flexible Anpassungsfähigkeit an veränderte gesellschaftliche Rahmenbedingungen in verschiedenster Hinsicht unter Beweis gestellt, kurz: sie haben komplexe soziokulturelle Prozesse ausgelöst, über deren Ausmaß, Ausrichtung und Wirkungsgrad wir trotz zahlreicher Pionierstudien insgesamt noch immer sehr wenig wissen. Die Volkskulturforschung sollte in der schrittweisen Erschließung dieser terrae incognitae ihre eigentliche Aufgabe sehen, dieser Herausforderung offen begegnen und sie sich nicht durch allzu großkalibrige Strukturhypothesen und monokausale Erklärungsmuster selbst verstellen. Jedenfalls gibt es genügend empirische und theoretische Anhaltspunkte, um den griffigen Behauptungen einer seit dem 16. Jahrhundert linear fortschreitenden Domestizierung der populären Kultur und ihres unvermeidlichen ›Untergangs‹ an der Schwelle zur industriellen Moderne einigermaßen skeptisch gegenüberzustehen. So viel Diskussionsstoff solche einsinnigen, mit dem Gestus des ›großen Wurfs‹ vorgetragenen Interpretationsansätze zunächst auch bieten mögen, langfristig könnten sie eher dazu angetan sein, die Untersuchung des Strukturwandels der Volkskultur vorab in ein zu enges Korsett zu zwängen und sie des theoretischen Blicks für die komplizierten ungleichzeitigen und manchmal erstaunlich unkonventionellen Wechselwirkungen zwischen der Kultur der Herrschenden und der Beherrschten zu berauben. Sie resultieren zum einen aus einem verengten Kulturverständnis, das die Kultur des Volkes, anstatt sie auf ihre ökonomisch-praktischen Erfahrungszusammenhänge zurückzuführen, auf einen literarisch greifbaren Abhub ihrer Artikulationsformen reduziert,[199] und sie ergeben sich zum anderen aus der kaum weniger fragwürdigen Verfahrensweise, der Bevölkerung des spätmittelalterlichen Europa flugs ein kohärentes Weltbild zu unterschieben und dann dessen sukzessive Zerstörung durch die Zugriffe des Gewalt- und Propagandaapparats des frühneuzeitlichen Staates so zu beschreiben, daß »die Untersuchung der Volkskultur letztlich zu einer Art Archäologie des zentralistischen Systems (wird)«.[200] Dazu wäre zumindest anzumerken, daß erstens Weltbilder – und kohärente nur um so mehr – im wesentlichen ein Privileg derer sind, die sich den Zugang zur Welt nicht durch ihrer Hände Arbeit verschaffen müssen. Nimmt man das praktische Wissen der Volkskultur erst einmal näher in Augenschein, so erweist es sich als außerordentlich sperrig gegenüber einer solchen ›hochabstrakten‹, über seine spezifischen sozialen Sinngebungen großzügig hinweggehenden Betrachtungsweise. Zweitens schreibt Muchembled eigentlich nicht die Geschichte der Volkskultur einer französischen Region, sondern lediglich die Geschichte der ›volkstümlichen‹ Widerstände, die sich der Formierung des absolutistischen Staates und seiner Untertanengesellschaft entgegenstellten. Indem er unter der Hand seinen Gegenstand wechselt, erscheint ihm Volkskultur – einmal mehr – lediglich als Objekt des staatlich-administrativen Zugriffs, das er mit der Etablierung der industriell-bürgerlichen Gesellschaft als eigenständige politische Größe konsequenterweise totsagt.[201] Um den Begriff der Sozialdisziplinierung aus dem Bereich der Schlagworte herauszuführen, wäre es erforderlich, jene Punkte in der Kultur der davon betroffenen Zielgruppen anzugeben, an denen diese Domestikationspolitik alltagswirksam ›einrasten‹ konnte.

Bekanntlich traten gerade in der Durchsetzungsphase der bürgerlichen Ordnung manche – vor allem spektakuläre – Praktiken der Volkskultur noch einmal pointiert hervor, weil sie durch das verschärfte Ringen um ihre endgültige Abschaffung erneut ins Rampenlicht der Öffentlichkeit gehoben wurden;[202] andere, weniger aufsehenerregende, wurden weitertradiert, umgeformt und allmählich den industriellen Lebensverhältnissen angepaßt. Diese Ungleichzeitigkeiten zwischen kultureller Wahrnehmung und den einschneidenden Veränderungen der ökonomischen Lage spielten in der industriellen Umbruchsperiode gerade für die entstehende Industriearbeiterschaft und die spezifischen Ausprägungen ihres Klassenbewußtseins eine entscheidende Rolle. Insbesondere die anglomarxistischen Sozialhistoriker haben, ausgehend von einem materiellen Begriff der Kultur als einer »ganzen Lebensweise«, in ihrer Diskussion über die Kontinuitäten und Diskontinuitäten zwischen präkapitalistischer Unterschichtenkultur und der Kultur des industriellen Proletariats ein geschärftes theoretisches Sensorium für die Verwerfungen von Tradition und Fortschritt, die Überlagerungen und feinen Abschattierungen von Anpassung und Protestverhalten und die Paradoxien soziokultureller und politischer Entwicklungen ausgebildet.[203] Mit einem Wort: Sie haben jene fortwirkenden Eigengesetzlichkeiten der Lebensweise der Unterschichten im Industrialisierungsprozeß und ihre Transformation in eine proletarische Kultur näher in Betracht gezogen, die von der orthodoxen, vornehmlich organisations- und politikhistorisch ausgerichteten Geschichtsschreibung der Arbeiterbewegung, aber auch schon von der praktischen Politik dieser Organisationen – nicht zuletzt zu ihrem eigenen Nachteil – erheblich unterschätzt, wenn nicht gar ignoriert worden sind.

Eine ähnlich belebende und differenzierende Rolle, wie sie der Volkskultur-Ansatz für die Diskussion um die Arbeiterkultur spielt, könnte er auch in der Debatte um Fragen der *Massenkultur bzw. Kulturindustrie* in der spätkapitalistischen Gesellschaft einnehmen, wie sie von den Vertretern der Frankfurter Schule seit Beginn der 30er Jahre aufgeworfen wurde.[204] Unter dem zeitgeschichtlichen Eindruck von Faschismus, Weltkrieg und stalinistischem Terror hatte die Kritische Theorie immer mehr die Gestalt einer ›Theorie der verlorenen Revolution‹ angenommen, die in den autoritären Verhaltensdispositionen der Massen einen der wichtigsten Beweggründe für das Scheitern der sozialrevolutionären Bewegungen in den hochentwickelten Industrieländern erblickte.[205] Kam bei der Klärung der Frage, weshalb die gesellschaftliche Emanzipation ausgeblieben war, der Sozialpsychologie die prominenteste Rolle zu,[206] so wurde der andere Hauptast der Kritischen Theorie, das Massenkulturtheorem, wesentlich von den Erfahrungen des amerikanischen Exils geprägt. Dort beobachtete der Kreis um Horkheimer mit den geschärften Augen der Emigranten den Siegeszug der neuen Massenmedien, die Kommerzialisierung des Unterhaltungssektors und ihre Auswirkungen auf das Bewußtsein des Publikums.[207] In der »Dialektik der Aufklärung«, dieser fulminanten Abrechnung Horkheimers und Adornos mit dem alteuropäischen Zivilisationsentwurf, erschien die Kulturindustrie als die technologisch fortgeschrittenste Version der gattungsgeschichtlichen Regression der Vernunft, in der die instrumentelle Beherrschung der Natur mit innerer Zwangsläufigkeit in die repressive Verfügungsgewalt des Menschen über den Menschen zurückschlägt.[208] Die freigesetzte technische Rationalität hat zwar die alten Mythen zerstört und die ungehemmte Entfaltung der Produktivkräfte ermöglicht, sie hat aber mit der modernen Bewußtseinsindustrie zugleich eine gigantische Manipulationsmaschinerie geschaffen, die die alte Mythologie lediglich durch eine neue, weitaus undurchdringlichere ersetzt und die Bedürfnisse der Massen nahezu unumschränkt kontrolliert und steuert. Kultur wird im Spätkapitalismus endgültig ihrer relativen Autonomie beraubt, die sie in der liberalen Periode bürgerlicher Herrschaft noch auszeichnete; indem sie nunmehr dem ökonomischen Kalkül unterworfen wird, nimmt sie selbst Warencharakter an, erstarrt zum Fetisch der von ihr verleugneten realen Bedürfnisse und wird so schließlich zu einem Medium autoritärer Herrschaft, zu einem Kontrollinstrument jener ›verwalteten Welt‹, die sie zugleich mit dem ideologischen Schein der (Konsum-)Freiheit ausstattet. Während Benjamin an die Prozesse der ›Entauratisierung‹ bzw. der gesteigerten technischen Reproduzierbarkeit des Kunstwerks gewisse politische Hoffnungen knüpfte, daß nämlich Kunst dadurch ihre bildungsbürgerlichen Rezeptionsschranken überschreiten und einer Neu-Aneignung durch die proletarische Kultur zugänglich werden könnte,[209] hat ihm Adorno, neben Marcuse der herausragende Frankfurter Massenkulturkritiker, gerade in diesem Punkt energisch widersprochen. Er konnte »in der spätkapitalistischen Massenkultur nichts anderes sehen ... als eine propagandaförmige und kulturindustrielle Disziplinierung des Massenbewußtseins«.[210] Vor allem seine – heute schon etwas klassizistisch anmutende – Entgegensetzung von Massenkultur und ›authentischer Kunst‹, d. h. jener avantgardistischen Kunstformen, die sich durch ihre Esoterik der Vermarktung entziehen und so als ein Nichtidentisches in einer durch und durch standardisierten Welt den realen Vorschein möglicher Freiheit bewahren, brachte ihm in den Konjunkturen der Massenkulturdebatte nach dem Krieg wiederholt heftige und zum Teil politisch reichlich durchsichtige Vorwürfe des Kultur-Elitismus und der Publikumsverachtung ein.[211]

Jenseits aller billigen Polemik bleibt an diesen Kontroversen eines festzuhalten: Sie entzündeten sich immer auch am radikal intellektuellen Zuschnitt der Frankfurter Massenkulturkritik, daran, daß sie sich die geschlossene Form einer Theorie des enteigneten Bewußtseins verlieh, die die irreversible Entmündigung der Massen im goldenen Käfig der Kulturindustrie postulierte. So ungemein scharfsinnig die Kritische Theorie die in den modernen Massenkommunikationsmitteln enthaltenen Möglichkeiten herausarbeitete, das Bewußtsein breiter Bevölkerungsschichten an die lange Leine des passiven Konsums zu legen, so wenig hat sie sich eigentlich um die konkreten Rezeptionsbedingungen dieser manipulativen messages, um die Art und Weise gekümmert, in der die Leute diesen Konsum vollziehen.[212] Daß die Botschaft auch so wirkte, wie sie gemeint war, stand für sie außer Frage. Was ihr fehlt bzw. was sie für überflüssig erachtete, ist eine Theorie populärer Kultur, die die *selektive* Aneignung der kulturindustriellen Konsumangebote durch die Konsumenten zu ihrem Untersuchungsgegenstand macht und unvoreingenommen überprüft, inwiefern es sich dabei um eine reale Aneignung bzw. manipulative Enteignung vorhandener kultureller Elemente handelt. Das ist unter den Bedingungen weithin kolonisierter Lebenswelten, wo Authentizität kaum noch eine Frage durchgehaltener Substantialität, sondern nur mehr des kulturspezifischen Umgangs mit dem Nicht-Authentischen ist, eine anspruchsvolle theoretische Forderung; bemerkenswert erscheint aber immerhin, daß heute auch Kommunikationsforscher, die der Kritischen Theorie nahestehen, das hermetische Bild der Massenkultur zunehmend in Zweifel ziehen und eine Differenzierung der Problemebenen verlangen: »Erstens ist zweifelhaft, ob ›das‹ System so monolithisch und manipulativ wirksam ist, wie es die Kritische Theorie postuliert... Ferner trägt die These einer monolithischen Manipulation nicht der Tatsache Rechnung, daß unterschiedliche Individuen und soziale Gruppen auf die Medienbotschaften mit unterschiedlichen Interpretationen und Reaktionen antworten; ebenso wenig zeigt sie, wie Menschen sich der Medien und der Kultur in unterschiedlicher Weise bedienen. Es gibt im Modell der Frankfurter Schule keine Theorie der Dekodierung, die beschreiben würde, wie Individuen die Medienbotschaften nach Maßgabe ihres konzeptuellen Rahmens, ihrer sozialen Erfahrung und ihrer Interessen dekodieren. Man ist sich auch nicht klar über den möglichen Widerspruch zwischen der Kodierung der Medienbotschaft und deren Dekodierung durch das Publikum ...«[213]

Wenn also heute die Reintegration der ›popular culture‹ als theoretische Dimension in die kritische Gesellschaftstheorie gefordert wird, dann hat das nichts mit einer politischen Verharmlosung der Einflußnahme zu tun, die die Bewußtseinsindustrie grosso modo auf das Massenpublikum ausübt, sondern es geht vielmehr darum, die impliziten Wertmaßstäbe, die die ältere Kritische Theorie an die Massenkulturfrage anlegte, neuerlich zur Diskussion zu stellen und vor allem genauer zu untersuchen, was in den Köpfen der Leute wirklich vor sich geht. »Anstatt minderwertige ›popular culture‹ gegen emanzipatorische ›authentische Kunst‹ auszuspielen, hätte kritische Theorie heute die Widersprüche und Spannungen innerhalb der Kulturindustrien dingfest zu machen ... Es gilt zu erkennen, wie die Widersprüche der fortgeschrittenen kapitalistischen Gesellschaft in den Medien reproduziert werden, wie der gesellschaftliche Wandel in der ›popular culture‹ sich widerspiegelt, wie in dieser subversive, oppositionelle und utopische Momente sich finden und wie es im fortgeschrittenen Kapitalismus Widersprüche zwischen Medien, Staat und Wirtschaft gibt.«[214]

In welchen Bahnen sich eine derartige, im Sinne einer Weiterentwicklung der Kritischen Theorie gedachte »Entfaltung einer alternativen kritischen Kultur- und Medientheorie«[215] bewegen könnte, möchten wir abschließend am Beispiel des Folklorismus, d. h. der kulturindustriell bedingten Verzerrung des Erscheinungsbildes der Volkskultur, illustrieren. Mit diesen Überlegungen soll angedeutet werden, daß das popular culture-Konzept auch unter den Bedingungen der fortschreitenden Entwirklichung der Volkskultur seine erkenntniskritische Bedeutung nicht verliert.

Ein die Symbiose von Klassenhegemonie und kulturindustriellen Strategien bezeichnendes, in seiner Tragweite häufig unterschätztes Phänomen der ungleichzeitigen Konfrontation verschiedener Kulturen stellt heute der *Folklorismus* dar. Gewöhnlich als »Volkskultur aus zweiter Hand« definiert, versteht man darunter die Wiederaneignung bzw. Instrumentalisierung funktionslos gewordener, mitunter auch nur geschickt umfrisierter oder neukreierter volkskultureller Praktiken für andere, meist kommerzielle Zwecke in einem anderen kulturellen Kontext, in der Regel dem der bürgerlichen Öffentlichkeit. Als klassenkulturelle Wahrnehmungsform entstand der Folklorismus mit der Entdekkung des Landes und seiner Leute als ›unverbildeter Natur‹ durch die (stadt-)bürgerlichen Schichten im Gefolge der Romantik; zu einer gesamtgesellschaftlichen Größe entfaltete er sich aber erst durch den organisierten Massentourismus des 20. Jahrhunderts. Die Volkskunde hat sich, ausgehend von besonders augenfälligen Beispielen, seit den 60er Jahren dieser interkulturellen Transaktionen und der darin sichtbar gewordenen verzerrten Kommunikation verstärkt angenommen und sie zunächst primär objektbezogen (Trachten, Tänze, überhaupt Brauchtumsdarbietungen) im Hinblick auf die Frage ihrer historischen Echtheit bzw. Verfälschung untersucht.[216] Bausinger u. a. haben dann zurecht darauf hingewiesen, daß die Indienstnahme der Folklore durch Medien und Tourismusindustrie die akribische Unterscheidung von ›Echtem‹ und ›Unechtem‹ mittlerweile selbst antiquiert erscheinen läßt und die Untersuchungsperspektive aus ihrer Objektfixierung gelöst und auf die – kulturindustriell vermittelten – Bedürfnisse nach dem Folklorekonsum erweitert werden müsse.[217] Die gesellschaftliche Reichweite des Folklorismus-Phänomens wird jedoch erst dann sichtbar, wenn man sich die Polarisierung von Arbeit und Freizeit in der industriellen Gesellschaft vergegenwärtigt und darüberhinaus die in ihrer vordergründigen Negation verborgenen inneren Affinitäten beider Bereiche in Betracht zieht. Freizeit, zwanghaft als ein Jenseits der Arbeit begriffen, die ihren Sinn nicht mehr in sich trägt, avanciert nicht nur zur – hoffnungslos überlasteten – Sammelstelle all dessen, wo der Mensch noch Mensch sein kann, sondern ruft auch, Kehrseite der blanken Reproduktionszwänge, das Bedürfnis nach der Flucht aus der Monotonie des modernen Arbeitsalltags, die unstillbare Sehnsucht nach dem ›ganz Anderen‹ hervor.[218] Im Grunde sind unsere gesamten Vorstellungen von Freizeit und Erholung heute von folkloristischen Wunschprojektionen durchdrungen – von der Freizeitindustrie auf Konsumformat zurechtgestutzte Utopie des freien und guten Lebens. Wenn alljährlich die Urlauberkarawanen aus den Ballungszentren gen Süden ziehen, dann begleiten sie solche Vorstellungen und treiben sie durch alle Strapazen voran. Der Folklorismus ist kein pittoreskes Randphänomen, sondern eine Form kultureller Hegemonie und Aneignung der Peripherie durch die industriellen Zentren, des zurückgebliebenen Landes durch die Metropolen; mit seiner Hilfe erschließt sich der industriell fortgeschrittene Teil der Menschheit jene Gegenwelten, die er zu seiner Erholung benötigt. Der Tourist will dabei in seinen Wunschträumen nicht gestört sein, und die Folklorisierung macht nicht bei Schuhplattler- und Jodlerdarbietungen oder an heimeligen Fachwerkfassaden halt; sie erfaßt ganze Regionen, die zu ›Ferienparadiesen‹, zu Abziehbildern der heilen Welt umgewidmet werden, und mit ihnen ihre Bewohner, die sie zu Schaustellern bzw. Kulissenschiebern auf dem Theater der Regeneration der Arbeitskraft degradiert. Man kann sich oft des Eindrucks nicht erwehren, daß der vielgerühmte Erholungswert in eben dem Maße gewährleistet erscheint, in dem sein materieller Kern, die Wiederherstellung menschlicher Arbeitskraft, erfolgreich verschleiert wird. Darüber ist etwa in manchen Regionen Bayerns, das erst jüngst in der staatlichen Fremdenverkehrswerbung wieder als »ein einziger Garten«[219] angepriesen wurde, vornehmlich aber im Alpenraum die Entwicklung zum Reservat bereits in vollem Gange. Die Kulisse[220] von Wäldern, Bergen und Seen, malerischen Dörfern und schmuck herausgeputzten Bauernhöfen, dem touristischen Blick als ›unverfälschte Natur‹ dargeboten (so als ob nicht unablässig an ihr gearbeitet würde), ist – den Umweltschützern zum Hohn – ihr Kapital, und in den Tourismuszentren macht man sich heute schon ernsthafte Gedanken, wie die aus den Folgen des ökonomischen Fortschritts resultierende ›zweite Welle der Heimatvertriebenen‹ gestoppt und die für die Show unverzichtbaren Eingeborenen wirksam in Hege und Pflege genommen werden könnten. 15 Millionen Urlaubsgäste pro Jahr bringen selbst dem eingefleischten Kulturkritiker Ökonomie bei[221], lenken die Aufmerksamkeit auf die engen Verzahnungen von wirtschaftlichen Interessen und dafür verfügbar gemachtem kulturellen Repertoire. Gewiß bildet das ökonomische Kalkül der Einheimischen den tiefsten Beweggrund für ihre Anpassung, ja Unterwerfung unter die von außen an sie herangetragenen folkloristischen Wunschbilder; realisiert werden kann diese Ökonomie jedoch nur durch das Hazardspiel mit der eigenen Kultur hindurch und um den Preis ihrer partiellen Enteignung. Den Eingeborenen nötigt die Invasion der Fremden eine eigentümliche Doppelrolle auf, die sie je länger, desto überzeugender spielen. Haben sie es auf der einen Seite gelernt, den touristischen Bedürfnissen so weit wie möglich entgegenzukommen, so bleibt auf der anderen ihre Reserve doch stets spürbar. Jeder will Anteil haben am Geschäft, und doch tun alle untereinander so, als ginge sie der ganze Rummel nichts an. Das hat wesentliche Gründe auch in der dörflich-ländlichen Ökonomie, die gerade für die besitzarmen Schichten in der Regel nicht Abhängigkeit von einer einzigen Revenuequelle bedeutete, sondern sich aus unterschiedlichsten Erwerbsmöglichkeiten zusammensetzte, deren (möglichst geschickt zu arrangierende) Bündelung erst das Überleben sicherstellte. In diese »Notbehelfswirtschaft«[222] mit ihrer kumulativen Logik und ihren internen Substitutionskalkülen griff der Fremdenverkehr ein, der für sie konsequenterweise zunächst als bloße Erweiterung ihrer Reproduktionsskala, als willkommenes, prinzipiell jedoch selbst jederzeit ersetzbares Mittel erscheinen mußte, sich ein Stück weit von den innerdörflichen Abhängigkeiten zu befreien. Die Vorzüge des durch den Tourismusbetrieb erweiterten Spielraums gegenüber den ungeschriebenen Besitzhierarchien der Dorfgesellschaft und ihren hautnahen Unterwerfungszwängen überwogen zunächst die Nachteile einer wachsenden Auslieferung an anonyme Marktmächte; lange Zeit haben sie das Bewußtsein der gleichsam durch die Hintertür eingetretenen kulturellen Kolonisierung des Landes erfolgreich in Schach gehalten. Das Ausmaß vorhandener Resistenzen ist dort besonders schwer abzuschätzen, wo der ökonomisch bedingte Zynismus und der von der Servilität des Dienstleistungsbetriebs in die Defensive gedrängte, klammheimliche Selbstbehauptungswille sich zu einem ungleichzeitigen, aber keineswegs unrealistischen Habitus verbinden. Ewige Schwejks, verkappte Unternehmer oder lediglich von der Kulturindustrie Unternommene – oder vielleicht von jedem etwas? Vermutlich ist die Verbürgerlichung des ›platten‹ Landes heute schon weiter fortgeschritten, als uns die Tourismusmanager und deren Kritiker unisono weismachen wollen, wahrscheinlich sind die in der blitzblanken Fremdenverkehrskulisse verborgenen Veränderungen der ländlichen Lebensweise gravierender, als sich die davon Betroffenen eingestehen, und vielleicht ist sogar der Zeitpunkt nicht mehr allzu fern, an dem sie sich die Frage stellen müssen, ob Folklorismus tatsächlich nur dasjenige ist, was sie den Fremden vorspielen, oder nicht vielmehr schon eher das, was man sich darüber hinaus selbst vormacht.

Der touristische Folklorismus mit seinen sich überschlagenden Erwartungshorizonten, ineinanderstürzenden Fassaden und ausgeprägten

Rückkopplungseffekten ist eine aktuelle Form der verkehrten Welt, ein permanenter Karneval, wo der Untertan auf den Spuren der Herren von gestern als König auftritt und die Besitzenden in die Rolle dienstbarer Geister schlüpfen. Obwohl von dramatischen Sequenzen ganz bestimmt nicht frei, sollte man ihn auch als ein Spiel beschreiben, in dem nach den bizarren Blüten, die der erste heftige Aufprall des Massentourismus auf die ländliche Gesellschaft hervorrief, beide Seiten ihren Part allmählich besser zu spielen und die maskenhaften Klischees zu relativieren lernten.[223] Gewiß bleibt über alledem nur, daß die Distanz, die der hegemoniale Zugriff auf die Provinz deren Bewohnern zu sich selbst und zu ihren realen oder fiktiven Verhaltensweisen aufzwingt, so oder so nicht mehr rückgängig zu machen ist. Die ironische Antwort auf die erzwungene Idylle ist eine Art von Verbürgerlichung auf der grünen Wiese,[224] die nicht nur aus ihrer kulturellen Kolonisierung fleißig Kapital schlägt, sondern – schon um sich auf Dauer als folkloristische Gegenwelt zur industriellen Lebensweise präsentieren zu können – sich deren ökonomische Prinzipien in wohlverdeckter Form zu eigen machen muß. Insofern »(fügt sich) die farbige Show einer anderen, ›natürlicheren‹ und ›ursprünglicheren‹ Gegenwelt ... bruchlos in Kulturindustrie und Konsumgesellschaft«.[225] Dennoch bleibt gegen die konventionelle Kulturindustriekritik eines festzuhalten: Die Scheinwelt des Tourismus ist so lange nicht perfekt, wie in ihr die mitunter bis zur Unkenntlichkeit entstellte, aber dennoch nicht totzukriegende Ahnung einer anderen, besseren Lebensweise aufgehoben ist. Sie wäre heute weder in der Stadt noch auf dem Land, sondern allenfalls dort anzusiedeln, wo die unermüdlich hin- und hergereichten Illusionen allmählich stumpf zu werden beginnen. Dem entspricht auf der anderen Seite die von beflissener Dienstbarkeit nur unzureichend bemäntelte Geringschätzung, die die Nutznießer ihrem eigenen Gewerbe entgegenbringen. Im Getriebe des big business mag das nur als ein frommer Selbstbetrug, als bedeutungslose Nuance erscheinen; für die kulturelle Entwicklung aber machen diese feinen Unterschiede manchmal den Unterschied ums Ganze aus.

IV. Wenn wir die theoretischen und praktischen Probleme noch einmal rekapitulieren, die sich aus dem wissenschaftlichen Umgang mit der Volkskultur gewiß nicht nur in Deutschland, hier aber in einem ganz besonders hohen Maße ergeben, so bleiben am Ende doch erhebliche Zweifel, ob die Historiker trotz ihres starken gegenwärtigen Interesses am Volk »seine Lebensweise wirklich sehr respektieren«.[226] Schon allein der Umstand, daß noch immer ebenso lautstark wie vordergründig darüber gestritten wird, ob wir es bei der Volkskultur eher mit einer autoritätsgläubigen und obrigkeitsfrommen oder einer widerspenstig-eigensinnigen politischen Größe zu tun haben, weist darauf hin, wie sehr die materiale Forschung noch in den Kinderschuhen steckt und wie stark wir immer noch dazu neigen, die andere Kultur zum Objekt unserer eigenen Wunschvorstellungen zu machen. Je weiter man in der Geschichte zurückgeht, desto mehr mag die Idee einer »kommunikativen Geschichtsschreibung«[227], die mit der Durchdringung historischer Lebenswelten auch unsere eigenen Alltagsdogmen zur Disposition stellt, als bloße Utopie erscheinen. Und doch behält sie auch dem hartnäckigsten Schweigen der Quellen gegenüber noch insofern ihr Recht, als sich in ihr eine veränderte Einstellung des Historikers zum historischen Prozeß ausdrückt, die sich nicht mit der Aufbereitung von Forschungsergebnissen zufriedengibt, sondern Forschung selbst als soziale Praxis, als Chance zur Veränderung der Beziehung zwischen Forschern und Erforschten begreift, und die ihren ›Untersuchungsgegenständen‹ mit dem Respekt begegnet, den diese eigentlich mit Selbstverständlichkeit erwarten können sollten.[228] Dennoch oder gerade deswegen hat die Beschäftigung mit der Volkskultur mit besonders schwerwiegenden Verzerrungen der Kommunikation zu rechnen, »werden doch (in ihr – Erg. d. Verf.) Strukturen der Wissenshervorbringung und Erfahrungsproduktion sichtbar, die im historischen Prozeß selbst gewaltsam unterdrückt und dann – in gewisser Weise posthum – noch durch die Wissenschaft verdrängt und ›totgesagt‹ wurden«.[229] ›Volkskultur‹ kann schon deshalb kein Thema wie jedes andere sein, weil es die theoretische Abklärung des Verhältnisses von Klassen und Kultur voraussetzt, weil mit anderen Worten die Rekonstruktion der Geschichte der ›anderen‹ Zivilisation die soziale Herrschaftspraxis der Hegemonialkultur und deren Unterdrückungs- und Verdrängungsleistungen miteinbegreifen muß. Volkskultur beinhaltet, so verstanden, immer auch ein Stück Selbstrelativierung, ein Stück notwendiger Selbstreflexion der wissenschaftlichen Praxis, die im Prozeß der Übermächtigung der ›anderen‹ Zivilisation eine durchweg parteiliche, häufig recht unrühmliche und mitunter peinigend-peinliche Rolle gespielt hat. Dieser ebenso schlichte wie unbequeme historische Befund ist nicht durch emphatische Bekenntnisse, die ja meist nur die Kehrseite des schlechten Gewissens darstellen, und erst recht nicht durch ein die Seiten lediglich verkehrendes Stellvertreterdenken zu überspielen; er muß Konsequenzen haben für die materiale Analyse, wissenschaftliche Selbstkritik und sachlichen Erkenntnisfortschritt miteinander verbinden und dadurch unter Beweis stellen, daß es ihm ernst damit ist, die fremde Kultur besser verstehen zu lernen. Wie tief Klassen(vor)urteile, über ästhetische Kategorien vermittelt, bis in die scheinbar belanglosesten Alltagshandlungen hineinreichen, wie filigran und ungemein präzise der in der bürgerlichen Kultur als unausgesprochene Negation des vulgären, ›grob-sinnlichen‹ Geschmacks der Unterschichten entwickelte Sinn für Distinktionen die soziale Wahrnehmung gleichsam hinter dem Rücken aller Beteiligten ordnet und steuert, welchen immensen Schwierigkeiten sich also eine Volkskulturforschung gegenübersieht, die nicht länger auf einem Auge blind sein will, hat erst vor kurzem der französische Ethno-Soziologe P. Bourdieu in seiner umfassenden empirisch-theoretischen Untersuchung über schichtenspezifische Geschmacksvorstellungen und Lebensstile dargelegt.[230] »Die Wissenschaft von der Gesellschaft läßt sich nur dann voranbringen und verbreiten, wenn die *Wiederkehr des Verdrängten* durch Neutralisierung der Neutralisierung, durch Negation der Verleugnung in allen ihren Formen ... *erzwungen* wird.«[231] Es ist vielleicht nicht zuletzt dieser Zwang, die Anschauungen und Normen der Kultur, der man angehört, aufs Spiel setzen und über den eigenen Schatten springen zu müssen, der der Volkskulturforschung heute neuerlich ihre Faszination verleiht. Die Wiederaneignung der verdrängten Qualitäten der anderen Kultur setzt die Bereitschaft zur Anerkennung des Anderen in der eigenen Kultur voraus. Als Ethnologie der unterdrückten Bestandteile der eigenen Kultur hätte die Volkskulturforschung ihren Platz auf dem schmalen Grat zwischen dem Fremden bzw. Fremdgewordenen und dem Vertrauten. Ihre Aufgabe wäre es, das Allzuvertraute wider den Strich zu lesen und das Staunen über das Fremde im Bekannten in Erkenntnis umzusetzen. Indem sie die Aussagen der einen Kultur in den Code der anderen überträgt, experimentiert sie, mehr Vermittlerin und Übersetzerin als Partei, mit der Irritation, nicht zuletzt mit der eigenen. Wäre man sich der damit ver-

bundenen Übertreibung nicht schmerzlich bewußt, so könnte man versucht sein zu sagen, daß Volkskulturforschung in diesem radikalen Sinne erst dort einsetzt, wo die Erkenntnisgewißheit der normal science endet, wo jeder weitere Schritt über das wohlvermessene Terrain hinaus unweigerlich zur Belastungsprobe wissenschaftlicher Identität gerät.
Die Wirklichkeit nimmt sich jedoch auch hier ungleich bescheidener aus. Wo N. Elias den Siegeszug der herrschenden Zivilisation aus vollen Quellen schöpfend beschreiben kann,[232] da muß sich die Erforschung der Volkskultur damit begnügen, die Spuren der anderen, kolonisierten und unterworfenen Zivilisation zu sichern und die bange Frage nach den Kosten des Fortschritts aufzuwerfen, ohne dabei den Verlockungen der Idylle aufs neue anheimzufallen. Ein Zurück kann es, weder real noch auch nur als ein Imaginiertes, nicht geben. Das Konzept der »Spurensicherung«[233] markiert nicht einen von der Lust am Archaisch-Schlichten getragenen Rückfall in eine Steinzeithistorie, wie manche zu unterstellen scheinen, sondern versucht lediglich, aus der Not der knappen Beweismittel eine Tugend zu machen und über konventionelle Analysetechniken hinaus, aber keineswegs von vornherein polemisch gegen sie gerichtet zu materialsensibleren, exemplarischen Interpretationsformen vorzustoßen, die der unorthodoxen Logik des praktischen Handelns der Unterschichten Rechnung tragen. Mit dem Fährtensucher teilt – um das Bild noch ein letztes Mal zu bemühen – der Historiker der Volkskultur aber auch das Risiko, daß

Gockel triumphiert über Wissenschaft

Akademiker klagt gegen Hahnenschrei / Richter: Ortsübliche Immission

VIECHTACH (dpa) – Mit einem Sieg für den Gockel endete vor dem Amtsgericht ein Viechtach im Bayerischen Wald ein Prozeß, in dem ein lärmempfindlicher Akademiker dem Ferdervieh seines Nachbarn das Krähen verbieten lassen wollte. Mit seiner Argumentation, der Gockel – zwar klein von Gestalt, aber mit einer besonders kräftigen Stimme gesegnet – beeinträchtigte ihn bei seiner wissenschaftlichen Arbeit, stieß der Herr Doktor beim Viechtacher Amtsrichter auf taube Ohren.

Der Hahnenschrei sei eine „ortsübliche Immission", urteilte der Richter. Wer auf dem Land lebe, müsse solch typische Geräusche hinnehmen. Wie beim „Königlich-bayerischen Amtsgericht" kam aber dann schließlih doch ein Kompromiß zustande: Der Gockelbesitzer erklärte sich bereit, den Hühnerstall so zu drehen, daß die Stalltüre, die der Hahn vorzugsweise als Podium für seine „Gesänge" benützt, nun an der dem Haus des Wissenschaftlers abgewandten Seite liegt.

So darf der Gockel ungeniert weiterkrähen und es bleibt zu hoffen, daß der Wissenschaftler sein Werk trotzdem in Ruhe zu einem guten Ende bringt: Er arbeitet nämlich an einem Lexikon über die Sprache der Waldler.

(Süddeutsche Zeitung vom 9.5.1983, S.17)

Wahrheit und Irrtum hier besonders dicht beieinanderliegen und weniges oft schon genügt, um alles ganz anders aussehen zu lassen. Der Stachel wird bleiben, solange der Widerspruch, aus dem heraus sich Intellektuelle fürs Volk zu interessieren beginnen, bestehenbleibt: »Wenn Fragen, die notwendig gestellt werden müssen, um den Gegenstand zu konstituieren, vorab schon im Gegenstand selbst als barbarisch abqualifiziert sind, ist es nicht leicht, den rechten Ton zu treffen, der Alternative von Beweihräucherung und Provokation, die nur deren Umkehrung ist, zu entgehen.«[234] Wenn wir behaupten könnten, ihr entgangen zu sein, so wäre schon viel gewonnen.

Natalie Zemon Davis

Spruchweisheiten und populäre Irrlehren*

Im späten fünfzehnten Jahrhundert, als die neuen Druckerpressen Europas die beliebtesten Werke der mittelalterlichen Manuskriptsammlungen in schneller Folge druckten, erschien in Paris und verschiedenen anderen Städten ein kleines Buch mit dem Titel »Die Sprüche Salomonis und die Antworten des Marcolf«. Auf der Titelseite eines dieser Bücher war ein Holzschnitt mit einem buchgelehrten, würdigen König zu sehen, der mit einem struppigen, barfüßigen Bauern redete (siehe Abb. 1). Im Text gab Salomon gereimte Sprüche in hochmoralischem Ton von sich; darauf antwortete Marcolf in saftigen Versen, wobei er entweder Salomons Aussprüche in pfiffiger, handfester Sprache wiederholte oder ihn mit einem Witz übertrumpfte. So bemerkt Salomon:

Ob einer Stute Last Aus Silber oder Blei Das ist dem Tiere gleich.	Charge a iument Du plomb ou argent Ne lui chault lequel.

Worauf Marcolf antwortet:

Der Hure ist es gleich Wer ihr Beschäler sei Weil ihr ein jeder paßt.	Au putain ne chault Qui sur son cul fault Tout lux est un tel.

Die Manuskript-Tradition dieses Dialogs, der in mehreren Versionen und verschiedenen Umgangssprachen existierte, geht bis in das zehnte Jahrhundert zurück. Im zwölften Jahrhundert wurde er überall nacherzählt, und im sechzehnten Jahrhundert ließ Rabelais ihn durch seine Figuren wie ein Spiel aufführen.[1]

Drei Jahrhunderte später, am 30. Floréal des Jahres XIII (1805), stellte sich die neugegründete Académie Celtique in Paris eine recht andere Wechselrede zwischen dem Gelehrten und dem Bauern vor. Die nun

* Übersetzt aus dem Amerikanischen von Nele Löw-Beer.

glänzende französische Nation wollte die glorreichen Spuren ihrer ältesten Vergangenheit aufdecken. Zu diesem Zweck entwarfen die Mitglieder der Akademie einen Fragebogen zu den Sprichwörtern, den Bräuchen, der ›abergläubischen‹ Medizin und den Ritualen der Bauern. Sie wollten Informationen erlangen, mit deren Hilfe man die Sprache, die Mythen und die Geschichte der Kelten rekonstruieren könnte. Der Fragebogen sollte an die Präfekten und Gelehrten in den Departements verteilt werden. Es gab einigen Grund zur Eile, denn mit der Einführung des Code Civil und anderer neuer Institutionen in Frankreich war zu erwarten, daß die alten Sprichwörter und Bräuche bald verschwinden würden. Als die Antworten im Laufe der nächsten Jahre zurückkamen, war kein Marcolf darunter zu finden.[2]

Es ist der Wandel vom lebendigen Dialog zwischen Salomon und Marcolf zum umständlichen, gelehrsamen Fragebogen der Keltischen Akademie, der die Hauptfrage dieses Aufsatzes aufwirft. Beide Fälle zeigen den Gelehrten damit beschäftigt, Material von oder über Bauern zu sammeln; jeder legt eine andere Haltung gegenüber dem Bauern und andere Verwendungsweisen für seine Worte nahe. Jeder wird zur wertvollen Quelle für den, der soziale Schranken studiert oder die frühe Geschichte der Anthropologie und Folklore und die tatsächlichen Bräuche und Verhaltensweisen der unteren Schichten.

Volksbräuche zu sammeln war gewiß kein Hauptinteresse der gebildeten und wohlgeborenen Schichten im frühneuzeitlichen Europa. Sie schrieben eher Schäferspiele, Eklogen und Familienkomödien als Beobachtungen über Bauern oder Diener. Sie beschrieben die Bräuche der Türken, Afrikaner, Irokesen und Azteken viel öfter als die des eigenen Volks. Zwischen 1580 und 1650 waren die druidischen und altkeltischen Sitten Thema einer größeren Zahl von Dissertationen als etwa die gegenwärtigen Bräuche der Bauern in der Bretagne oder im Burgund.[3]

Über kulturelle und soziale Schranken wurde ebenso häufig im Zusammenhang mit dem Verhältnis des Menschen zum Affen oder zum wilden Tier, vom zivilisierten Menschen zum Wilden, vom Mann zum Weib nachgedacht wie in Erwägungen zum Verhältnis des Adligen zum gemeinen Mann und des Herrn zum Diener.[4]

Doch trotz dieser Präferenzen gibt es einen Literaturkomplex aus dem fünfzehnten bis achtzehnten Jahrhundert, in dem gelehrte Persönlichkeiten Informationen über das Benehmen und die Redensarten des ›Volkes‹ vorlegen. Etwas in dieser Art waren die Sammlungen von Theologen über den ›Aberglauben‹, wobei sich die Autoren einige

Salomon und Marcolphus

Mühe damit machten, die Bräuche und Glaubenssätze aufzuzeichnen, die sie verändern und ausrotten wollten. Beispiele sind der »Tractatus de superstitiosis« von Henricus de Gorinchem aus dem fünfzehnten Jahrhundert, der »Traité des superstitions« von Jean-Baptiste Thiers, einem Curé ländlicher Gemeinden in der Maine aus dem späten siebzehnten Jahrhundert, und »The Antiquities of the Common People« (1725) des Pfarrers Henry Bourne aus Newcastle.[5] Ähnlicher Natur waren auch die Sammlungen von und Kommentare zu Gesang und Tanz im sechzehnten und siebzehnten Jahrhundert, die von sich behaupteten, ›bäuerliche‹ und/oder Volksschöpfungen zu beinhalten. Hierher gehören auch die Bücher mit Märchen und Volkserzählungen, denen zwar in den Ausgaben des fünfzehnten und sechzehnten Jahrhunderts kein definitiver Ursprung aus dem Volke zugeschrieben wurde, die aber in den von Charles Perrault, Mademoiselle Lhéritier und anderen im späten siebzehnten und frühen achtzehnten Jahrhundert erstellten Versionen dem Volk, Mother Goose oder alten Ammen zugeschrieben wurden.[6]
In diesem Kontext stehen schließlich auch die beiden Genres, auf die wir uns hier konzentrieren werden: Sammlungen alltäglicher, ›gemeiner‹ Sprichwörter und Sammlungen von Volksglauben und Volksbräuchen in bezug auf Gesundheit und Heilmittel. Bei ihrer Besprechung werde ich verschiedene Fragen aufwerfen, die auch für andere Arten von Sammlungen bedeutungsvoll sein können.
Warum schrieben die Gelehrten über alltägliche Redensarten und Gebräuche, und für wen? Können wir feststellen, wie sie an ihre Informationen kamen, und ob sie sie für die Veröffentlichung abänderten? Welches Bewußtsein hatten sie von der Funktion von Sprichwörtern und Heilmitteln im Leben des Volkes? Das heißt, bis zu welchem Grad begriffen Menschen, die das Wort ›Kultur‹ nie in seiner anthropologischen Definition gebrauchten, dennoch (wie es Thomas Morus begriff, als er über die Utopier, und Montaigne, als er über die Kannibalen schrieb), daß es in der Sprache und in den Gebräuchen von Bauern und städtischem Volk eine bedeutungsvolle Ordnung gab, selbst wenn sich diese Sprache und diese Bräuche von den ihren unterscheiden mochten? Die Analyse dieser Fragen – die sich schon in Marc Sorianos Studie über die Contes de Perrault so fruchtbar erwies – mag uns hier etwas Neues über die sich verändernden Beziehungen zwischen gelehrter und Volkskultur im vorindustriellen Frankreich sagen.[7] Sie mag uns auch bei dem Unternehmen führen, das mich zuerst zu diesen Sammlungen zog – sie zu benutzen, um die Stimme des Volkes in ihnen zu hören.

I. Die Sprüche von Salomon und Marcolf waren nur ein kleiner Teil des aufgezeichneten Sprichwörterschatzes, den die Gelehrten des sechzehnten Jahrhunderts aus der Vergangenheit übernahmen. Im Mittelalter wurden Sprichwörter und Redensarten wiederholt gesammelt und abgeschrieben. Es gab zwei Arten von Manuskriptsammlungen: jene Sprichwörter und Maximen, die antiken Weisen und Philosophen zugeschrieben wurden (Aristoteles, Seneca, Cato dem Älteren und anderen), und jene umgangssprachlichen Sprichwörter, die Bauern oder dem gemeinen Volk zugeschrieben wurden (Li proverbes au vilain, Proverbes communs und Proverbes ruraux et vulgaux). Die Sammler der gemeinen Sprichwörter scheinen obskure Mitglieder des Klerus gewesen zu sein, obwohl eine Sammlung von einem Grafen von Flandern und eine andere von einem Grafen von Burgund in Auftrag gegeben wurde. Die Aufstellungen konnten bis zu fünf- oder sechshundert Redensarten enthalten, von denen einige noch heute in Frankreich gebräuchlich sind.[8]
Ob gereimt oder ungereimt, die Sprichwörter wurden entweder so präsentiert, daß ihre Anwendungsweise beim Reden illustriert wurde, oder so, daß unterstellt wurde, die Leser würden ihre Bedeutung kennen. Wie wir gesehen haben, tauschen Salomon und Marcolf ihre Sprüche in einer Wechselrede aus; die Sprichwörter des vilain folgen jeweils auf einen Vers, auf den sie sich beziehen. Die proverbes ruraux et vulgaux stehen einfach einzeln und ohne besondere Ordnung da. Erst seit dem späten fünfzehnten Jahrhundert erscheint zu Sammlungen populärer Sprichwörter eine Einleitung in lateinischer Prosa.[9]
Stammen die Sprichwörter also wirklich aus dem Munde der Bauern? Die Autorität der Sammlungen hing selbstverständlich davon ab, daß die Leser das glaubten. Aber die Kompilatoren sagen nicht, wo genau sie ihre Redensarten gehört oder gesehen hatten. Aller Wahrscheinlichkeit nach hatten einige Sprichwörter einen genuin bäuerlichen oder ›gemeinen‹ Ursprung, aber sie waren für den Gebrauch von Nichtbauern modifiziert worden. Auf der einen Seite bezogen sie ihre Metaphern aus Dingen, die dem Landvolk vertraut waren – Ochsen, Pferde, Hunde, Korn, brache Felder –, und waren manchmal derb oder zotig.[10] Auf der anderen Seite waren sie auf Altfranzösisch statt in den regionalen Dialekten formuliert, die die Bauern im Spätmittelalter sprachen. Alle ihre partikularistischen Kanten (von denen wir gleich mehr hören werden) waren abgeschliffen.
Auf diese Weise wurden die gemeinen Sprichwörter allgemein für die

Sprache der Ritter und Kanzlisten verfügbar gemacht, die ihren eigenen Vorrat ergänzen wollten, den sie vielleicht in ihrer Kindheit memoriert oder von den Distichen des Cato gelernt hatten. Sie wurden von Schriftstellern verwendet: nicht nur legte sie Chaucer seiner munteren Frau von Bath in den Mund, sondern Chrétien de Troyes ließ verschiedene Personen aus seinen höfischen Romanzen Sprichwörter des vilain sagen.[11] Sie wurden auch in umgangssprachlichen wie lateinischen Predigten verwendet: »Qui me amat, amat et canem meum«, sagte Bernhard von Clairvaux in einer lateinischen Predigt, die er ungefähr zur gleichen Zeit hielt, in der das Sprichwort in Li proverbes au vilain aufgenommen wurde.[12] Sie mögen durchaus von landbesitzenden Laien an Lehens- und Herrenhöfen verwendet worden sein: die mittelalterlichen Sprichwörter »Qui veut le roi, si va la loi« [»Des Königs Wille wird Gesetz«] und »Oignez vilain, il vous poindra: poignez vilain, il vous oindra« [»Salb' den Schelmen, so sticht er; stich ihn, so salbt er«] hatten im späten sechzehnten Jahrhundert, als Antoine Loisel sein Handbuch des französischen Gewohnheitsrechts zusammenstellte, den Status juristischer Aphorismen erlangt.[13] Gelehrte Männer banden Sammlungen vulgärer Sprichwörter mit hochgestochenen rhetorischen Manuskripten über die Kunst des Briefeschreibens und des Redenhaltens zusammen. Adlige ließen sie sich zusammen mit ›philosophischen‹ Sentenzen und kleinen umgangssprachlichen Traktaten über Moral und Geschichte abschreiben.[14]

Kurz, man sah Kanzleisprache und literarische Sprache als von der gewöhnlichen bäuerlichen Sprache unterschieden, aber unter bestimmten Bedingungen, wie im Dialog zwischen Salomon und Marcolf, waren sie gleichwertig. Sie verwendeten die gleiche rhetorische Form – das Sprichwort –, und keine hatte das absolute Monopol auf Weisheit. Obwohl das Sprichwort »Vox populi, vox Dei« in Europa schon verbreitet war, wurde es noch nicht allgemein akzeptiert oder verwendet. Die vulgären Sprichwörter wurden nicht als die Stimme Gottes gesammelt, sondern weil sie den Anspruch hatten, einen Teil der Wahrheit zu sagen. Um »Li proverbes au vilain« zu zitieren: »Der kluge Mann nimmt Hammel anstelle von Wildbret«.[15]

Diese Sicht des alltäglichen Sprichworts und seiner Verwendung bei Rittern und Kanzlisten steht zu verschiedenen Merkmalen der mittelalterlichen Gesellschaft und Kultur in Beziehung. Erstens einmal war die Alphabetisierungsquote unter Laien in Nordeuropa bis zum fünfzehnten Jahrhundert gering (das war die Zeit, zu der nur der Klerus gelehrt

war, sagte Etienne Pasquier, rückblickend vom sechzehnten Jahrhundert aus, und daher komme auch die alte Redensart »Parler latin devant les clercs« [»Latein sprechen vor dem Klerus«]).[16] Das aus dem Gedächtnis zitierte Sprichwort wurde nicht einfach nur geschätzt, weil antike Autoren es als rhetorischen Kunstgriff gerühmt hatten, sondern weil es für so viele Alltagsgeschäfte notwendig war.
Zweitens versuchten, wie Jacques Le Goff gezeigt hat, in Frankreich vom zwölften bis vierzehnten Jahrhundert Ritter und adelige Landbesitzer sich vom Klerus abzugrenzen und eine unabhängige kulturelle Identität zu finden. Dazu gehörte, daß sie einen gewissen ›Volks‹geschmack von ihren Bauern übernahmen, so wie etwa die Liebe zu Melusine und anderen Märchen. Das Interesse an den Sprichwörtern ihrer Bauern paßt damit zusammen. Und sie ließen sich auch nicht durch Anspielungen auf Körperöffnungen und körperliche Vorgänge abschrecken, die sich in den alltäglichen Redensarten fanden. Seit Nykrogs Arbeit wissen wir, daß Geschichten, die sich mit Obszönitäten und Fäkalien befaßten, einem aristokratischen Publikum zusammen mit den erwarteten höfischen Romanzen erzählt wurden. Tatsächlich hätte eine spätere Zeit einige Redensarten, die dem ritterlichen Milieu entsprangen – wie »La verge anoblit et le ventre affranchit« [»Die Rute adelt und der Bauch befreit«] –, undelikat gefunden.[17]
Drittens mußte ein Teil der Priesterschaft, wie immer lateinisch und scholastisch seine Bildung sein mochte, dem Volk trotzdem in seiner eigenen Sprache predigen. Vom zwölften Jahrhundert an lassen sich Predigten finden, die an bestimmte Sozial- oder Berufsgruppen gerichtet waren – darunter auch an Bauern.[18] Die Verwendung alltäglicher Sprichwörter diente dazu, ein vertrautes Umfeld des Diskurses aufzurichten und den Leuten zu helfen, sich an die Botschaft der Predigt zu erinnern. Außerdem teilten bis zur Mitte des fünfzehnten Jahrhunderts die meisten Priester die Bereitschaft der hierarchischen Gesellschaft (mit ihren bäuerlichen Ritualen und ihrer paulinischen Tradition der »Torheit« des Predigers [1. Korinther 1,18–20]), sich auf das Spiel einer auf den Kopf gestellten Welt einzulassen.[19] Ebenso konnten bei Gelegenheit die Worte des bäuerlichen Narren Marcolf die Weisheit Salomons über den Haufen werfen.

II. Im sechzehnten Jahrhundert änderte sich das gesamte Bild. Das gelehrte Interesse an Sprichwörtern verstärkte sich in einem Maße, das es in Europa bis zu den romantischen nationalen Bewegungen des späten achtzehnten und neunzehnten Jahrhunderts nicht mehr geben würde. Die Sammler waren jetzt nicht einfach nur bescheidene Priester, sondern auch bedeutende Humanisten. Neue Kompilationen klassischer und gemeiner Sprichwörter wurden von einer Sprache zur anderen verglichen, die stilistischen und linguistischen Merkmale des Sprichworts wurden von neuem diskutiert. Zu den älteren praktischen, moralischen und rhetorischen Gründen für das Sammeln von Sprichwörtern fügte sich das neue Interesse an einer Bereicherung der Nationalsprache. Die alte Unaufmerksamkeit gegenüber historischen und/oder geographischen Ursprüngen war nicht länger allgemein, da einige Sammler anfingen, sich zu fragen, wo genau ein Sprichwort herkam, und was es für die bedeutete, die es verwendeten. Interessanterweise gerieten diese beiden letzten Entwicklungen – obwohl sie gleichzeitig stattfanden und manchmal von denselben Leuten getragen wurden – letztlich in Konflikt miteinander, weil sie (wie wir noch sehen werden) widersprüchliche Ziele bei der Sammlung der sprachlichen Äußerungen des Volkes reflektierten.

Der erste Schritt wurde im Hinblick auf die ›gelehrten‹ Sprichwörter getan, und dazu gehörte es, den ungeordneten Haufen der Aussprüche, die wirklichen oder legendären klassischen Weisen zugeschrieben wurden, zu überprüfen, zu korrigieren und zu erweitern. Noch vor der Arbeit von Erasmus hatte der italienische Humanist Beroaldo eine Rede über antike Ansichten zum Sprichwort veröffentlicht, und Polydore Vergil hatte in Paris seine neue Sammlung von Sprichwörtern aus Griechenland und Rom herausgebracht.[20] 1500 begannen dann die Adagia des Erasmus zu erscheinen (ungefähr achthundert waren es bei der ersten Auflage; mehr als viertausend, als er in den dreißiger Jahren die Arbeit abschloß). Obwohl er nur Aphorismen vorstellte, die er aus antiken lateinischen, griechischen und hebräischen Autoren ausgewählt hatte, hatten seine Methode und sein Material doch wichtige Folgen für das Studium populärer Redensarten in der Umgangssprache.

Zunächst einmal nahm Erasmus eine Definition des Sprichworts – oder zumindest des Sprichworts, das das Sammeln lohnte – vor, die es weder zum exklusiven Besitz esoterischer Kreise noch zum natürlichen Eigentum des Volkes machte. Die Definition des Aristoteles ließ sich so verstehen, daß sie beide Ansichten stützte: Sprichwörter waren »kurze und prägnante« Aussagen, deren Autorität daher rührte, daß sie »uralte Zeugnisse« und allgemein bekannt waren; sie waren auch »die echtesten Überbleibsel der antiken Philosophie« und als solche voll »versteckter Bedeutung.«[21] Den Zeitgenossen, die das Sprichwort zu einer Art Hieroglyphe machen wollten, die nur eine Elite gänzlich entziffern könne, machte Erasmus klar, daß viele Sprichwörter keine dunklen Rätsel seien. Einige von ihnen waren klar verständlich, ihre Kenntnis war weit verbreitet, und sie wurden allgemein verwendet. Gegenüber jenen Sammlern, die meinten, ein Sprichwort könne jeder beliebige banale Spruch sein, den das Volk von sich gab, bestand Erasmus darauf, daß ein Sprichwort Stil haben müsse. Es müsse kernig und witzig sein, einen ungewöhnlichen Dreh oder ein ungewöhnliches Bild enthalten, kurz und knapp sein: »sauber geschnitten wie eine Gemme«. Eine solche Sprache konnten Bauer und Gelehrter miteinander teilen: im Evangelium selbst kamen »viele Dinge ... von den gewöhnlichen Leuten« vor, und Christus nahm unsere »vertraute Sprache« an, wie er unseren Körper angenommen hatte. Dennoch hatte die Vulgarität der Sprache, in der Weisheit ausgedrückt werden konnte, Grenzen. Als Erasmus »die Kochtöpfe vorzeigte« (eines seiner griechischen Sprichwörter), das heißt, als er die Torheit benutzte, um die Wahrheit über die Großen zu sagen, da sprach sie in angenehmen Scherzen, aber nicht in »wüster beleidigender« Art. Marcolfs Zunge mußte ein bißchen im Zaum gehalten werden.[22]

Erasmus demonstrierte dann eine Methode, Sprichwörter zu studieren. Die Spruchweisheit war für ihn nicht nur Gelegenheit zu einem moralischen, literarischen oder satirischen Kommentar zu seiner eigenen Zeit, sondern »ein Fenster zur alten Welt«. Er wollte den Ursprung und die Bedeutung jeder Redensart finden, und wie sie zu verwenden sei, und da sich die antiken Bräuche häufig so sehr von den modernen unterschieden, mußte er sorgfältig in den Werken vieler klassischer Autoren nachlesen. Einige ihrer Sprichwörter ergaben keinen Sinn mehr (Seiltanzen war zu einer einfachen Kunst geworden); einige verwendeten die einfachen Leute noch immer (»Er trägt Wasser in der einen und Feuer in der anderen Hand«, um auf einen hinzuweisen, der ein doppeltes Spiel treibt); aber das Sprichwort war zuerst und vor allem immer in einen Kontext eingebunden. Der Kontext konnte so wichtig sein, daß Erasmus zugab: »Einige Sprichwörter haben die Eigenart, daß sie in ihrer Muttersprache zitiert werden müssen, sonst verlieren sie viel von ihrem Zauber, gerade so, wie sich manche Weine der Ausfuhr verweigern.«[23]

Für jene Gelehrten, die an Sprichwörtern in ihrer Muttersprache interessiert waren, hatte der gefeierte Klassizist und Humanist eine doppelte Botschaft. Sammelt und verwendet eure gemeinen Sprichwörter, denn es sind Juwele unter ihnen; aber folgt eurem Urteil und eurem Geschmack in dem, was ihr aufnehmen wollt. Studiert die Sprichwörter sorgfältig, selbst wenn sie Bräuche widerspiegeln, die sich von euren eigenen unterscheiden; haltet fest, was sie für das gemeine Volk bedeuten, das sie verwendet.

Doch wie wurde tatsächlich mit dem ›gemeinen‹ Sprichwort umgegangen? Zu Anfang des Jahrhunderts, etwa zwischen 1510 und 1519, begannen zwei Theologen, die an der Universität von Paris lehrten, mit dem Kollationieren umgangssprachlicher Sprichwörter – Nicolas Du Puy (alias Bonaspes), der Polydore Vergils klassische Sprichwörter korrigiert hatte, und sein Freund, Meister Jean Gilles de Noyers. Sie stellten französische Sprichwörter aus verschiedenen mittelalterlichen Manuskripten[24] zusammen und veröffentlichten sie gemeinsam mit ihren eigenen lateinischen Übersetzungen, aber ohne jeden Kommentar. Unter den unterschiedlichen Titeln Proverbia communia, Proverbia gallicana, Proverbia popularia und Proverbes communs wurden die Ausgaben nicht als Weg zum Studium des Volkes angepriesen, sondern als Quelle der Beredsamkeit, um Französisch und Latein zu lernen, und zur moralischen Unterweisung der Knaben und sogar der unverheirateten Mädchen. Sie waren nicht gerade das, was Erasmus empfohlen hätte, aber sie erregten dennoch das Interesse humanistischer Buchdrucker (wie Josse Bade), Juristen und Dichter. Wie einer in einer Zueignung von 1549 bemerkte, hielten die Alten ihre Sprichwörter wert, warum also sollten die Franzosen auf die ihren herabsehen? Schließlich wurden, nach vielen Nachdrucken, zu Beginn des siebzehnten Jahrhunderts die gemeinen Sprichwörter (in der Version von Gilles de Noyers) in den bedeutenden »Schatz der französischen Sprache, der alten wie der modernen« einbezogen. Die Sprichwörtersammlung kam auf über tausend Redensarten; sie beschäftigten sich mit einer Fülle von Themen, und ihre Bilder reichten vom Fäkalen bis zum Himmlischen.[25]

Begreiflicherweise befriedigten die Proverbia communa einige Humanisten nicht. Ihr traditioneller volkstümlicher Bestand gründete sich allein auf ältere Kompilationen. Ursprung, Bedeutung und Verwendung wurden nicht erforscht, und einige der Sprichwörter waren anstößig. Der Erneuerer war der Kanonikus Charles de Bouelles aus Noyon in der Picardie, früheres Mitglied des Kreises um den Mathematiker und Philosophen Lefèvre d'Etaples. Lange bevor die Mitglieder der Pléiade ihre Verteidigung und Verherrlichung der französischen Sprache begannen, hatte Bouelles eine bohrende, wenn auch ambivalente Neugier gegenüber der Umgangssprache entwickelt. Im Unterschied zu den Mitgliedern der Pléiade sah er keine Möglichkeit, eine regelbestimmte, korrekte Umgangssprache zu schaffen, die dem Lateinischen an Glanz gleichkommen würde. Regionale Unterschiede der Bräuche und des Temperaments (hierbei sei der Einfluß der Sterne wichtig – anscheinend berührte dieser das internationale Latein der Gelehrten nicht), geographische Mobilität und die Unwissenheit des Volkes würden immer dafür sorgen, daß Aussprache, Grammatik und Redewendungen fehlerhaft und veränderlich blieben. »Es gibt heute in Frankreich so viele Bräuche und Sprachen, wie es Völker, Regionen und Städte gibt«, bemerkte er in seinem lateinischen Traktat über die Umgangssprache von 1533.[26]

Wie bedauerlich diese Unterschiede auch sein mochten, Bouelles fand es wert, über sie zu schreiben. Außer seiner Arbeit über umgangssprachliche Aussprache und Etymologie veröffentlichte er zwei Bücher mit volkstümlichen Sprichwörtern – »Proverbiorum Vulgarium Libri tres« im Jahre 1531 und »Proverbes et dicts sententieux« im Jahre 1557. Es ist wahr, daß ihm sein vulgäres Thema etwas peinlich war. Seine Zueignungen waren lateinisch; in der Ausgabe von 1531 indizierte er die umgangssprachlichen Sprichwörter nach ihrem ersten Buchstaben in der lateinischen Übersetzung; er hatte die Arbeit überhaupt nur gemacht, weil ihn sein kleiner Neffe darum gebeten hatte. Verglichen mit den Adagia des Erasmus waren seine Sprichwörter albern und leichtgewichtig – was sonst war von Plebejern zu erwarten? Und doch meinte er, daß hier manche Wahrheit ausgesprochen würde, auch wenn gemeine Sprichwörter hart an empfindliche Ohren schlügen.[27]

So hörte er zu und war der erste französische Kompilator, der angab, auf die Landstraßen, die Gassen und Gäßchen hinausgegangen zu sein und die Redensarten direkt dem Munde des Volkes abgelauscht zu haben. Darüber hinaus war er der erste französische Kommentator, der einen gewissen sozialen Kontext für seine Erklärung lieferte. »›A longue voye, paille poise‹ [»Auf langer Reise drückt das Stroh«; aus der Sammlung von 1557 von Bouelles; diese Redensart wurde auch in der Mitte des fünfzehnten Jahrhunderts von einem Kanonikus im nahen Lille aufgezeichnet]: Dieses Sprichwort ist im Volk häufig und sehr gebräuchlich und bezieht sich auf solche, die, obgleich sie genügsam sind und wenig Aufwand machen, auf Kosten anderer Leute, auch ihrer Freunde, leben. Stroh ist zwar recht leicht, aber wenn man lange reist, wird es zu einer Last für den Träger.« »›A toute heure, femme pleure‹ [»Zu jeder Stunde weint die Frau«]: Wenn die gewöhnlichen Leute von der Leichtherzigkeit der Frauen sprechen, sagen sie lachend, ›Eine Frau lacht, wenn sie kann, und weint, wann sie will‹.« »›De tout grain on faict pain‹ [»Aus jedem Getreide wird Brot gemacht«]: Diese Worte werden sehr oft von den Armen gegen den hohen Getreidepreis ausgesprochen.« »›Qui pert le sien Il pert le sens‹ [»Wer das Seine verliert, der verliert den Verstand«]: Dieses Sprichwort ist unter den kleinen Leuten gebräuchlicher als unter den Reichen und Üppigen.«[28]

Das Ergebnis war vielleicht bescheiden, besonders wenn man sich daran erinnert, daß Bouelles, der an anderem Ort acht verschiedene Aussprachen für »ja« und sechs für »nein« aus den verschiedenen Regionen Frankreichs notiert hatte,[29] hier alle seine Sprichwörter in ein Standardfranzösisch goß und kein Wort über Varianten verlor. Darüber hinaus war unter den neunhundert Redensarten, die er zusammenstellte – obwohl sie eine breite Themenvielfalt hatten – keine, die Erasmus für »anstößig« gehalten hätte. Bouelles hielt also nicht alles fest, was er hörte.

Bouelles' ursprüngliche Suche nach dem Kontext der alltäglichen Sprichwörter wurde in den nächsten Jahrzehnten von einigen Literaten fortgeführt, die keinem Zweifel am Wert des Französischen unterlagen. So nahm Jean Nicot, der Herausgeber des »Schatzes der Französischen Sprache« von 1606, ein anonymes Werk über »Moralische Erläuterungen« darin mit auf, das einhundertundzwanzig gängige Redensarten enthielt, die zahlreiche Bezüge zu bäuerlichen, kaufmännischen und handwerklichen Bräuchen herstellten. Sicher muß man Zweifel daran haben, wie genau der Autor das Volk beobachtete, wenn etwa die Erklärung für »Escorcher l'anguille par la queue« [»Einen Aal vom Schwanz her häuten«] so anfängt: »Wer je gesehen hat, wie ein Aal gehäutet wird, weiß, daß es unbedingt notwendig ist, am Schwanz anzufangen.« Aber an anderen Stellen führt ihn das Entwirren von Metaphern zu Beschreibungen davon, wie Maultiertreiber ihre Mulis mit Hafer füttern, wie Weinbauern die Reben pfropfen, wie Bauern beim Bezahlen des Zehnten betrügen (»Gott eine Garbe Stroh geben«; ein Sprichwort, das auf die heilige Schrift zurückgeht), wie Kartenspieler ihre Gefühle verbergen (es hilft, einen Teil des Gesichts mit einem Schal zu bedecken), wie Müller zuviel Geld verlangen und wie die Bäcker ihren Teig in den Ofen tun. Ein Sprichwort zitiert er als Zuruf zwischen zwei miteinander feilschenden Händlern; bei einem anderen gibt er die Gesten der Hände an, die stets dazugehören. Besonders bemerkenswert sind ein paar Redensarten, die, statt überregional gebräuchlich und im Umlauf zu sein, als »eigentümlich« für Troyes oder die Champagne charakterisiert werden. So erinnert ein charakteristisches Sprichwort darüber, wie man das wesentliche Ergebnis einer Arbeit einbüßen kann, wenn man es übergenau nimmt, (»De l'arbre d'un pressoir le manche d'un cernoir«; »Aus dem Preßbaum einer Weinkelter den Griff eines Nußknackers machen«),* an das Tischlerhandwerk, Weinpressen und Nußknacker in der ländlichen Champagne.[30]

Obgleich Sprichwörter und Lokalpatriotismus den Autor der »Explications morales« manchmal zur detaillierten Beobachtung populärer Bräuche veranlaßten, war es eher die französische Sprache als die Volkskultur, die ihn interessierte. Wie der gelehrte Verleger Henri Estienne 1579 in »Précellence du langage françois« sagen sollte, bewies die Fülle der Themen der umgangssprachlichen Sprichwörter und die Eleganz, die einige von ihnen auszeichnete, von neuem, daß die französische Sprache an Kraft und Schönheit mit der italienischen, der griechischen und der lateinischen wetteifern konnte. Das war auch die Ansicht des Juristen Etienne Pasquier, der viele Seiten seiner »Recherches de la France« der Diskussion ausgewählter gemeiner Sprichwörter widmete. Wie Frankreichs andere Altertümer waren auch dies wertvolle Fundstücke, mit denen er die nationale Vergangenheit ans Licht bringen konnte. Einige Sprichwörter gerieten außer Gebrauch, als sich Sitten veränderten[31] (darauf hatte Erasmus in seinen Adagia hingewiesen), einige veränderten ihren Wortlaut, einige blieben gleich, aber alle konnten als Ausdruck des Volkscharakters studiert werden.[32]

Schließlich waren die verschiedenen unkommentierten neuen Ausgaben gemeiner Sprichwörter, die in der letzten Hälfte des sechzehnten Jahrhunderts und während der Regierungszeit Heinrichs IV. erschienen, nicht von der Sehnsucht nach der Weisheit des Marcolf oder nach einem Fenster zur Welt des Volkes getragen. Niemand machte sich die Mühe, die ›vulgären‹ Sprichwörter ins Lateinische zu übersetzen; in einer Sammlung wurde die französische Kollektion durch Übersetzungen von italienischen oder klassischen Sprichwörtern ›bereichert‹;

* Natalie Davis bringt hier noch das Beispiel eines vergleichbaren englischen Sprichworts: »Aus einem Mast ein Streichholz schmirgeln«, Anm. d. Übers.

in dreien wurden die französischen Sprichwörter neben ihre Entsprechungen in den Umgangssprachen anderer Länder (Französisch/Italienisch 1547; Flämisch/Französisch 1568; Spanisch/Französisch 1609) gestellt. Niemand jedoch hielt auch Sprichwörter fest, die einem Ort ›eigentümlich‹ oder in regionalen Dialekten oder Sprachen wie Provenzalisch oder Bretonisch[33] abgefaßt waren – nicht einmal der Arzt Jean Le Bon aus Lothringen, der erklärte, er sammle seine Sprichwörter aus allen Provinzen, um die französische Sprache zu verschönern, ohne außer Landes zu gehen. Wenn Gabriel Meurier in seinem Vorwort von 1568 bemerkte, daß »allgemein gesagt und geglaubt wird, daß die einfachen Leute nicht lügen«, wurde daran nicht wirklich so fest geglaubt. Charakteristischer war die Position, die Le Bon in den siebziger Jahren einnahm, daß nämlich das Sprichwort eine bemerkenswerte Form der Rede sei – uralt, anmutig, elegant, eine »voix de ville«, die in jeder Unterhaltung als der letzte Schiedsspruch und Richter dienen könne –, daß aber das Volk die Sprichwörter verwende, ohne daß es dies alles zu schätzen wisse. In gewissem Sinne existierten die Sprichwörter auf einer höheren Ebene als »le parler peuplacier« und würden am besten von den Gebildeten verstanden.[34]

Wir kommen somit zu dem Grundparadox gelehrter Sammlungen populärer Redeweisen und Gebräuche: Je mehr die Sammler die Sprechformen und die Sprache des Volkes zu teilen wünschten, um so weniger waren sie in der Lage, die konkrete Besonderheit und Ordnung der Volkskultur zu begreifen. Je mehr die Sammler populäre Sprichwörter in ihrem Kontext zu studieren wünschten, um so weniger waren sie in der Lage, sie als etwas wertzuschätzen, das die gegenwärtige Landeskultur bereichern könnte.

Hier waren Veränderungen am Werk, die soziale und kulturelle Grenzen lockerten, nur um einige davon noch fester zu ziehen als zuvor. Auf der einen Seite war Französisch gegenüber dem Latein des Klerus und der Universitäten als eigene gebildete und literarische Sprache etabliert worden, und dazu hatte zum Teil die Assimilation populärer Sprechweisen gehört. Darüber hinaus wurden die gemeinen Sprichwörter von den Gebildeten wirklich verwendet. Die Sammlungen erlebten zahlreiche Druckauflagen und wurden etwa von Juristen und Lehrern gekauft. Gemeine Sprichwörter wurden bei einer großen Fülle von Anlässen zitiert (»Plusieurs yeux voyent mieux que peu« [»Viele Augen sehen mehr als wenige«], sagte der Jurist Claude de Rubys mitten in einer Verteidigung der politischen Institutionen Lyons) und von gelehrten Juristen wie Pierre Pithou und Antoine Loisel in handgeschriebenen Verzeichnissen festgehalten.[35] Sie waren so allgemein bekannt, daß Rabelais darauf rechnen konnte, daß seine Leser den Witz ohne Kommentar verstanden, wenn die Offiziere der Königin Grille im Königreich der Entelechie »ein sandiges Ufer mit drei Paar Füchsen unter einem Joch pflügten und ihre Saat nicht verloren«, »Esel schoren und doch lange Vlieswolle bekamen«, »Trauben von Dornen herunterpflückten und Feigen von Disteln« und »einen Aal vom Schwanz her häuteten«. In gleicher Weise konnte Breughel darauf zählen, daß die Leute, die seine Bilder ansahen, einen Großteil seiner Darstellung flämischer Sprichwörter verstanden.[36]

Auf der anderen Seite waren die populären Sprichwörter in den Sammlungen an die Erfordernisse gebildeten Geschmacks und Gebrauchs angepaßt worden – meiner Ansicht nach bewußter als bei den mittelalterlichen Manuskript-Kompilationen. Es stand mehr auf dem Spiel, wenn man versuchte, die Nationalsprache zu entwickeln, statt nur Redensarten in der alltäglichen Umgangssprache – neben einer seriösen lateinischen Version – niederzuschreiben. Außerdem standen die Gebildeten im sechzehnten Jahrhundert, in einem relativ alphabetisierten städtischen Milieu, in größerer kultureller Entfernung zur Welt der mündlichen Überlieferung der Bauern, als es bei Rittern und Aristokraten zwei, drei Jahrhunderte vorher der Fall gewesen war. Obgleich die sozialen Grenzen zwischen den reichen Klassen eine Zeitlang recht flexibel, die Kriterien für den Gebrauch der ›familiären‹ und gewöhnlichen Sprache recht locker waren, wollte doch kein gelehrter Sammler die Sprachgrenzen aufheben, die die Wohlhabenden und Mächtigen von den unteren Schichten trennten.

Freilich hatten auch die Gelehrten ihre Wurzeln in den Provinzen, und diese formten ihre Sprache und ihre kulturellen Interessen. Wir haben gesehen, wie der Lokalpatriotismus einige der besten Sprichwörter-Niederschriften von Charles de Bouelles und dem Autor der »Explications morales« anregte. Aber dieser Patriotismus stand in gewissem Maße im Konflikt mit ihrer Arbeit als französische Sammler: sie mußten das, was aus dem Mund des gemeinen Volkes kam, nehmen und es für den allgemeinen Gebrauch in der Nationalsprache adaptieren. Die gedruckten Ausgaben verbreiteten dann das standardisierte Sprichwort überall. Ein ähnliches Spannungsverhältnis bestand für Dichter und andere Schriftsteller. »Ich spreche mein Vandomois«, sagte Pierre de Ronsard, und Jean-Antoine de Baïf mischte sein Angevin mit Wörtern aus anderen Provinzen. Tatsächlich war es aber »unser Französisch«, das Ronsard perfektionieren wollte, und regionale Dialekte sollten nur von Zeit zu Zeit mit einem Wort aushelfen. Man mußte darauf achten, sie nicht zu häufig zu verwenden, wie es nach Pasquiers Ansicht Montaigne mit seinen Gascognismen getan hatte. Die »naïveté« – eine Art von Natürlichkeit –, nach der für den französischen Stil gesucht wurde, sollte nicht buchstäblich in bäuerlicher Sprache oder Verskunst gefunden werden.[37]

Was mit den populären Sprichwörtern und Wörtern im Dialekt passierte, das geschah auch auf anderen Gebieten. Nach Curt Sachs hatten sich schon im fünfzehnten Jahrhundert die Wege des höfischen und des Volkstanzes getrennt. »Sie ... werden sich noch gegenseitig beeinflussen, aber sie haben grundsätzlich verschiedene Ziele und verschiedenen Stil.« Solche Einflüsse lassen sich in der Mitte des sechzehnten Jahrhunderts feststellen, als die feierlichen, zeremoniellen Tänze des Hofes durch den Kontakt mit dem lebhaften, heiteren Tanz der Bauern verändert wurden. Zu einem Bankett 1565 in Bayonne ließ zum Beispiel Katharina von Medici überall im Königreich Bauernmädchen und Musiker zusammenholen, wobei jede Gruppe so tanzen sollte, wie sie es in ihrem Dorf tat (nebenbei gesagt eine Bestätigung des Volkscharakters, die der Hugenottenpartei am Hofe kaum gefallen haben dürfte). Jedoch waren die branles und gaillardes, die die Höflinge aufführten, keine exakte Nachahmung dieser ländlichen Tänze: die Bewegungen waren gezähmt, die Motive verschmolzen, die Gesten und Rhythmen verändert.[38]

So war es auch mit der Sammlung französischen Gewohnheitsrechts. Der humanistische Jurist Antoine Loisel arbeitete vierzig Jahre lang an den diversen coutumiers und lokalen Rechtstraditionen Frankreichs in der Bemühung (um seinen Freund Pasquier zu zitieren), »das wahre und ›naive‹ (heimische oder natürliche) Recht von Frankreich« zu finden – im Gegensatz zu den fremden Gesetzesregelungen des Römischen Rechts. Sein Material betraf zum Teil die Bauern und wurde manchmal, wie wir gesehen haben, in der Form von Sprichwörtern formuliert. Was er in seinen »Institutes coutumières« von 1607 tat, war, daß er eine Regel oder einen Rechtssatz angab, wo es zuvor mehrere gegeben hatte, und daß er sie in der thematischen Ordnung arrangierte, wie sie die Juristen bevorzugen, statt sie in dem vorherigen Durcheinander zu belassen. (Wie die Bauern und lokalen Seigneurs mit diesem Durcheinander zurecht kamen, fragte er nicht.) Das werde es leichter machen, Studenten die Rechtslehre beizubringen, und sei ein Schritt hin zur »Gleichförmigkeit, Vernunft und Billigkeit eines EINZIGEN RECHTS ... unter der Autorität Seiner Majestät«.[39]

An diese Beispiele läßt sich noch eine weitere Überlegung hinsichtlich der gelehrten Sammler populärer Sprichwörter im sechzehnten Jahrhundert anknüpfen. Sie hatten nicht nur ihre Redensarten in ein ›allgemeines‹ Französisch gebracht und Sprichwörter mit unziemlichen Metaphern ausgeschlossen,[40] sondern sie hatten auch andere Verwendungsmöglichkeiten für Sprichwörter im Auge, als sie unter den Bauern üblich waren (und vielleicht sogar unter dem menu peuple in den Städten, obwohl ich an dieser Stelle nicht über diese schwierige Frage spekulieren kann).

Ziehen wir diesen Vergleich, indem wir zusammenstückeln, was wir aus verschiedenen historischen und kritischen Quellen und aus heutigen anthropologischen Studien über die Verwendung von Sprichwörtern wissen.[41] Zunächst einmal erfreuten sich Jurist, Schriftsteller, Handwerker und Bauer im sechzehnten Jahrhundert an der Form des Sprichworts – seiner allgemein ausbalancierten Struktur und Kürze. Sie meinten, daß allein schon seine Kompaktheit dazu beitragen könne, zu überzeugen und zu überreden. Für die Bauern jedoch, in ihrer in erster Linie schriftlosen und noch immer ganz lokal begrenzten Welt, waren die Sprichwörter ein wesentliches Ausdrucksmittel, wogegen sie für die Schreibkundigen und die Gebildeten schlicht ein nützliches Werkzeug, ein zusätzlicher Kunstgriff waren. Der Vorrat der Bauern wurde memoriert, in konkreten Situationen in Kindheit und Jugend durch Hören gelernt. Dieser Vorrat war um so gewichtiger, als eine Verbindung zu lokaler und regionaler Tradition angenommen wurde, und er nahm vermutlich während einer Generation im Dorf nur sehr wenig zu. Der Vorrat der Gebildeten wurde auch teilweise in Situationen während der Kindheit erworben, aber er wurde durch das Lesen in der Schule und danach erweitert und durch Übersetzungen fremdländischer Redensarten bereichert. Er wurde zum Teil auswendig gelernt (aber dann eher durch ›Üben‹ als durch lebendigen Gebrauch) und zum Teil schriftlich festgehalten.

Dem Dörfler standen seine gemeinen Sprichwörter – umfassend in Metaphorik und Ton, nicht miteinander übereinstimmend und flexibel – für viele unterschiedliche Gelegenheiten und zur Empfehlung unterschiedlicher Handlungsweisen zur Verfügung. In der Tat konnte die Bedeutung jedes beliebigen Sprichworts mit der Situation, auf die es angewendet wurde, und mit dem Status des Sprechers und Zuhörers variieren. So hat Peter Seidel in seinen sorgfältigen Beobachtungen der Haya in Tansania nachgewiesen, daß dasselbe Sprichwort verwendet werden kann, um Sprecher und Zuhörer in gegenseitiger Zustimmung zu einen oder sie in Zorn und Feindseligkeit zu trennen, je nach Kontext und Beteiligten.[42] Erasmus' Diskussion der Redensart »Holländische Ohren haben« gibt uns eine Vorstellung von diesem Prozeß, in dem er die Beleidigung des »groben, ungelehrten, bäurischen« Ohrs in ein Lob der Aufrichtigkeit und Tugend verkehrte.[43] In ähnlicher Weise können wir uns vorstellen, daß »Die Gösselchen führen die Gänse zum Gras« eine entgegengesetzte Bedeutung bekommen kann, obwohl der Autor der »Explications morales« den Spruch nur als eine Kritik der »widernatürlichen« Situation begriff, in der unerfahrene junge Leute versuchen, die Älteren zu beherrschen.[44]

Im Dorf waren die begabtesten Redner also nicht die, welche neue Redensarten aufbrachten, sondern die, welche die bekannten Sprichwörter am wirkungsvollsten anzuwenden wußten. Sprichwörter konnten gebraucht werden, um die Bauern daran zu erinnern, was sie für ihre Gesundheit oder für eine gute Ernte tun könnten. Sie konnten die Formeln liefern, mit denen die Bedeutung eines Ereignisses zusammengefaßt werden konnte. Sie konnten gebraucht werden, um Befehle in höflicher Form zu geben, um jemanden zurück an die Pflicht zu rufen, ohne es zu einem demütigenden Zusammenstoß kommen zu lassen, oder um zu tadeln, zu streiten, zu beleidigen. Darüber hinaus haben wir Belege dafür, daß die Dörfler sowohl erwarteten, daß ein Austausch von Sprichwörtern bei einer Rechtsauseinandersetzung eine gewisse Rolle spiele, als auch selber vermutlich Sprichwörter vor einem gutsherrlichen Gerichtshof oder in dörflichen Auseinandersetzungen verwendeten. »Wo immer du ein Sprichwort anhängen kannst, tu es«, lautete der Ratschlag an einen Juristen in einem spätmittelalterlichen Manuskript, »denn die Bauern richten gern nach Sprichwörtern.«[45]

Nun, dieser Rat war zumindest einigen Juristen im sechzehnten Jahrhundert geläufig, denn Bauern waren in Rechtsstreitigkeiten verwikkelt. Überdies hatten die Juristen ihre eigenen Rechtssprichwörter, regulae und Maximen, die sie memorierten, um mit ihrer Hilfe die Gesetze und das Plädieren zu erlernen.[46] Dennoch erörtert keine der Sammlungen gemeiner Sprichwörter diese Ähnlichkeit zwischen den Sitten der Juristen und der Bauern oder auch irgendeine der sozialen Funktionen, die das Reden in Sprichwörtern im Dorf erfüllte. Sie wa-

ren vielmehr auf den Gebrauch der Gebildeten und der Literaten abgestimmt. Statt verschiedene Bedeutungen für ein Sprichwort anzubieten, gaben sie mehrere Beispiele für eine einzige Bedeutung. Ob sie im gewöhnlichen Fall in alphabetischer Ordnung aufgelistet waren (eine Anordnung, die sich schon in einem Manuskript von etwa 1450 findet) oder ob sie zufällig aneinandergereiht wurden,[47] die Sprichwörter waren für Lesekundige angeordnet, die Zeit zum Nachschlagen hatten oder aus Neugier lasen. Sie halfen, die eigene Sprache (und vielleicht noch eine fremde) zu lernen und auszuschmücken; sie inspirierten zu moralischen Reflexionen; sie konnten einen überzeugender, witziger oder strenger machen. Solcherart brachte man damals seine Sprichwörter in Umlauf, als es einen Schatz an vielen anderen geschriebenen und gedruckten Worten gab.
Welchen Charakter schrieben demzufolge die Sprichwörter-Sammlungen des sechzehnten Jahrhunderts der Kultur ›des Volkes‹ zu? Sie war alt, aber nicht unveränderlich. Sie war in der Lage, eine geschätzte Form des Sprechens am Leben zu erhalten, aber es fehlte ihr an Bewußtheit und Unterscheidungsvermögen. Montaigne mochte noch behaupten, daß die populären villanelles der Gascogne ebenso schön seien wie die vollkommene Kunst des Dichters,[48] aber unter den Gelehrten wuchs der Zweifel daran, daß Marcolf – der richtige Marcolf und kein phantasievoller Schäfer – von vergleichbarer Weisheit war. Zu Ende des sechzehnten Jahrhunderts schrieb Olivier de Serres in seinem »Theater der Landwirtschaft«, daß die Erfahrung der analphabetischen Bauern in sich selbst keine sichere Regel für die Kultivierung der Felder sei,[49] und ein französischer Arzt publizierte (wie wir unten sehen werden) das erste Buch, um die traditionellen bäuerlichen Sprichwörter über die Gesundheit als irrig zu brandmarken. Zunehmend wurde Salomon zum einzigen Richter.

III. Im siebzehnten Jahrhundert wurde natürlich die Haltung der Gelehrten gegenüber dem ›Volk‹ kritischer, und das Interesse an den stilistischen Möglichkeiten des Sprichworts begann zu verblassen. Die Autorität alter und vulgärer Redensarten konnte für die aufgeklärten Freigeister mit ihrer Verachtung alberner Geschichten, für cartesianische Rationalisten oder alle anderen Gegner von ›Aberglauben‹ und Leichtgläubigkeit kaum zwingend sein. Als sich der Sinn für gesellschaftliche Distanz und gesellschaftliche Grenzziehungen nach den relativ fließenden Grenzen des sechzehnten Jahrhunderts wieder schärfte, war man in den höheren städtischen Kreisen, in der Welt der Offiziere und am Hofe, was die Art des Sprechens anging, nun weniger lax. Bereits Ronsard hatte sich gefragt, ob bekannte Sprichwörter eine passende Zierde höfischer Poesie seien, und jetzt bestanden die Richter des französischen Geschmacks darauf, daß sie es nicht seien. Wenn François de Malherbe angeblich seine Gedichte an Dienstmädchen ausprobiert hatte und scherzhaft sagte, eine gute Sprechweise lasse sich bei den Lastträgern von Paris finden, so war doch seine elegante Sprache völlig frei von volkstümlichen Ausdrücken. Der Stilist Vaugelas sagte 1647 schlicht, daß »das Volk nur Meister des schlechten Sprachgebrauchs ist«; die Sprache des Hofes und der besten Autoren sollte nicht durch Provinzialismen, Dialektwörter und vulgäre Redensarten verdorben werden. Sogar die literarischen Genres sollten wissen, wo sie hingehörten; es sollte keine Vermischung von Tragödie und Komödie geben. Im komischen Theater mochten Molières Diener und auch Harlekin und Columbine gemeine Sprichwörter verwenden, aber aus dem Munde eines Grandseigneurs sollten sie nicht zu hören sein.[50]

Die gemeinen Sprichwörter brauchten zwar nicht ganz aus der gebildeten und ›honetten‹ Unterhaltung entfernt zu werden, aber sie waren besonderen Gelegenheiten vorbehalten. Wie der Jesuit Dominique Bouhours bemerkte, verhielt es sich mit den Sprichwörtern wie mit alten Kleidern in den Schränken großer Häuser – sie sollten nur für Maskeraden herausgenommen werden. Und in der Tat spielten die Höflinge mit Sprichwörtern – es war nicht der schnelle Wortwechsel von Salomon und Marcolf, sondern es handelte sich um langsamere Ratespiele. 1654 legten der junge Ludwig XIV. und seine Freunde Kostüme an und tanzten ein Ballett »für kleine Hausierer kleine Körbe« und »Reize die Hunde nicht, bevor du aus dem Dorf heraus bist«.[51] Später schrieben Madame de Maintenon und andere ganze Theaterstücke, die auf Sprichwörtern basierten, die die Zuhörer erraten sollten. Es scheint, daß es jetzt weniger Leute als im sechzehnten Jahrhundert gab, die sich gut in Sprichwörtern auskannten; um 1600, als Jacques Lagniet seine bemerkenswerten Stiche mit den Illustrationen populärer Sprichwörter veröffentlichte, mußte er überall Überschriften beifügen, damit sie verstanden wurden.[52]

Im siebzehnten Jahrhundert wurden in Frankreich weiterhin neue

Sprichwörtersammlungen gedruckt, wenn auch in geringerer Zahl als zuvor. Aufs Ganze gesehen spiegeln sie gelehrte Verachtung für die Kultur des Volkes wider. Zum Beispiel waren Antoine Oudins »Curiositez françoises« von 1657 eine Bemühung darum, »die Sprache von Irrtümern zu reinigen«, ein Lexikon vulgärer und gewöhnlicher Redensarten, von denen die meisten seiner Ansicht nach nicht verwendet werden sollten. (Interessanterweise zensierte er nicht nur Sätze wie »Bas de cul, bas de fesses«, sondern auch Sprichwörter, die Bouelles ein Jahrhundert zuvor noch für durchaus anständig gehalten hatte, wie »Un barbier rase l'autre« (»Ein Barbier rasiert den anderen umsonst«). Zwei Sammlungen aus den fünfziger Jahren – die anonymen »Illustres proverbes« und Fleury de Bellingens »L'Etymologie ou Explication des Proverbes françois« – waren eine Wiederbelebung der mittelalterlichen Form der Wechselrede. Aber hier ist Marcolf zu dem Bauern Manant oder dem Städter Simplician geschrumpft, und Salomon ist zum Philosophen oder zu Cosimo geworden, und er ist es jetzt, der das letzte Wort hat. Manant und Simplician beginnen damit, daß sie naiv Sprichwörter verwenden, deren Ursprung und Bedeutung sie nicht verstehen. Der Philosoph und Cosimo erklären die Redensarten dann in beträchtlicher Länge. Der Bauer »bündelt« seine Sätze unordentlich zusammen, sagt einer der Kompilatoren; der Philosoph komponiert sie zu einem köstlichen Diskurs. »Zieht Gewinn aus ihrem Gespräch ... und nachdem ihr über die Unwissenheit unseres Bauern gelacht und gespottet habt, bewundert die unvergleichliche Gelehrsamkeit unseres Doktors.«[53]

Zwei Werke waren im Ton höchst gegensätzlich zu den obengenannten. 1657 veröffentlichte der Jurist Arnauld Oihenart aus Navarra seine »Baskischen Sprichwörter« – über siebenhundert – in baskischer und französischer Sprache, gefolgt von seinen eigenen baskischen Gedichten. Sein Lob der Sprichwörter war freigiebig. Von gewöhnlichen und gelehrten Menschen gleichermaßen verwendet, waren sie in den Worten des Aristoteles »die Überbleibsel der alten Philosophie« (andere französische Kompilatoren zitierten diesen Satz nicht mehr). Oihenart zählte Sammlungen in verschiedenen Sprachen seit Erasmus auf und sagte dann: »Ich dachte, ich würde ›ma patrie‹ einen Dienst erweisen, wenn ich nach all den Mühen, die ich seit meiner Jugend auf mich genommen habe, die Sprichwörter aus dem Volksmund zu sammeln, sie dadurch, daß ich sie drucke, bekannter und dauernder mache.«[54] Er vermutete, daß es noch viele weitere Sprichwörter bei den Basken auf der anderen Seite der Pyrenäen geben müßte, die ungerechterweise von

Spanien beherrscht wurden, was er einige Jahre zuvor in einem anderen Buch angeprangert hatte. Er hatte von den Sprichwörtern seiner Heimat nur die ausgelassen, die »vulgär« waren oder denen es an Charakter fehlte. Er schloß mit einem Diskurs über baskische Orthographie und die alte baskische Schrift.[55]

Das andere Werk, »Les origines de quelques coutumes anciennes, et de plusieurs façons de parler triviales« (1672), wurde von Jacques Moisant de Brieux aus der Normandie geschrieben, einem früheren Juristen im Parlament von Rouen, lateinischen Dichter, Protestanten, Englandreisenden und Gründer der Académie de Caen, einer der ersten französischen Provinzakademien. Seine Gefühle für »la patrie« und deren gemeine Sprichwörter waren zurückhaltender als die von Oihenart, aber dennoch hatte er ein tiefes Interesse an den Sitten des Volkes in der Normandie. Er nannte die Bauern der Normandie »unser Volk« und warf sich zu ihrem Verteidiger gegen das boshafte Sprichwort auf »Er ist ein Normanne; er gibt sein Wort und nimmt es wieder zurück«.[56] Er beschrieb sich selbst in der Nachfolge von Pasquiers »Recherches de la France« als »auf der Suche nach rostigen Stecknadeln und kleinen Altertümern«, aber im Grunde war die Normandie sein Spezialgebiet. Dort konnte er die Aussprache eines Neujahrslieds aus Rouen verifizieren, konnte mit anderen aufmerksamen Altertumsforschern korrespondieren und konnte dann das, was er gesehen und gehört hatte, mit dem Gewohnheitsrecht vergleichen. »C'est un ris de Boucher, il ne passe point le noeu de la gorge« – »so lacht ein Metzger«, das heißt, es ist ein unehrliches Lachen – »ein Sprichwort, das bei der Bevölkerung der oberen Normandie gebräuchlich ist und sich von der Tatsache herleitet, daß die Metzger das Messer zwischen den Zähnen halten«. »Faire mérienne, faire rincie« (die Arbeit zu Mittag unterbrechen, etwas essen und ein Schläfchen machen). »Das machen, abhängig von der Jahreszeit, die Tagelöhner auf dem Land. Nach Allerheiligen sind die Tage zu kurz.«[57]

Moisant de Brieux' »rostige Stecknadeln« und Oihenarts heimatliche Sprichwörter können zum Teil das Verhältnis illustrieren, das Sammler des siebzehnten Jahrhunderts zu dem volkstümlichen Material hatten. Erstens einmal steckte das Sammeln für den direkten Gebrauch – das Sammeln von Worten und Redensarten einer Gemeinschaft, die man in Gedichten verwendete oder in Predigten bekämpfte – der Genauigkeit oder Vollständigkeit der Wiedergabe immer noch enge Grenzen auf. So ließ Oihenart die baskischen Sprichwörter aus, die er für zu gewöhnlich hielt. So änderten einige Jahrzehnte später (worauf wir zurückkommen werden) Charles Perrault und Mademoiselle Lhéritier bereitwillig Motive und Details der Volkserzählungen, die sie gesammelt hatten, um ihre jungen und alten aristokratischen Zuhörer zu erfreuen und zu belehren. Und so unterdrückte der Doktor der Theologie Jean-Baptiste Thiers in seinem bemerkenswerten »Traité des superstitions« bestimmte Zeichen und Wörter aus den Ritualen, die er verdammte (er fügte Pünktchen ein, um Auslassungen anzuzeigen), damit seine Leser sie nicht ausprobieren sollten.[58] Im Gegensatz dazu machten sich Sammler, die ihrem Material mit der Distanz von Altertumsforschern gegenüberstanden, keine Skrupel daraus, Pariser Gassenjargon zu zitieren oder »alberne Gebräuche« zu beschreiben.[59]

Zweitens zeigen uns Moisant de Brieux und Oihenart, daß für ein paar Gelehrte ein neuer Anreiz zum Studium dessen, was das Volk sagte und tat, aus der Liebe zum »Land« herkommen konnte, aber das Land war eher die eigene Gegend als »unser Frankreich«.[60] Zeitgenössische etymologische Wörterbücher zeigten auch ein bewußteres Interesse an regionalen Dialekten und lokalen Wörtern – und zwar an Wörtern, wie sie die Bauern und das menu peuple verwendeten –, als das im sechzehnten Jahrhundert der Fall gewesen war. Gilles Ménage bedauerte für seine »Ursprünge der französischen Sprache«, daß er kein Bretonisch konnte und nicht »die verschiedenen Idiome unserer Provinzen und die Sprechweise der Bauern, bei denen sich Sprachen am längsten erhalten«. Aber es gelang ihm trotzdem, etwa regionale Varianten des Wortes »Mühe« (ahan) zu besprechen oder alte Wörter für »Hebamme« und die sich wandelnden Bedeutungen von »putain« und »garce«. Pierre Borels »Schatz ... gallischer und französischer Altertümer« (1655) begann mit einer Beschreibung bestimmter bäuerlicher Bräuche »in unserem Languedoc« (wie etwa, daß in den Dörfern um Castres keine Nachnamen gegeben wurden, sondern daß die Männer einfach mit den Vornamen ihrer Väter und Großväter benannt wurden – »Pierre de Guillaume de Bernard« etc.). Seiner Ansicht nach konnte man die Überbleibsel der alten französischen Sprache am besten in der Bretagne, der Provence und Teilen des Languedoc finden.[61]

Den Rahmen für diese Verbindung zwischen dem Regionalen und dem Volkstümlichen gab die sich zentralisierende, absolutistische Herrschaftsform ab. Nicht, daß die Sammler in Opposition zu dem König und Frankreich gestanden hätten – Oihenart wollte kein unabhängiges Baskenland, sondern eines, das frei von spanischer Herrschaft war –, doch wurzelten ihre Interessen in ihrer regionalen Welt. Unter verschiedenen Umständen ließen sich im siebzehnten Jahrhundert das Nationale und das Volkstümliche auf ähnliche Weise miteinander verbinden. Werfen wir zunächst einen Blick auf den englischen Grammatiker und Literaten James Howell, einfach um die Bedeutung der französischen Beispiele schärfer herauszuarbeiten. Seine Sprichwörter wurden 1659 in London gedruckt und begannen mit einem Gedicht:

The Peeples voice, the Voice of God we call,	Wir nennen Volkes Stimme Gottes Stimme,
And what are Proverbs but the peeples voice?	Und was sind Sprichwörter anderes als des Volkes Stimme?
Coin'd first, and current made by common choice,	Durch allgemeine Wahl erst geprägt und dann in Umlauf gesetzt,
Then sure they must have Weight and Truth withal.	Müssen sie gewiß in allem Gewicht und Wahrheit haben.
They are a public Heritage entayled	Sie sind das unveräußerliche Erbe jeder Nation, oder wie Erbstücke,
On every Nation, or like Hireloomes nayld,	
Which pass from Sire to Son and from Son	Die vom Vater zum Sohn und Vom Sohn
Down to the Grandchild till the world be done;	Zum Enkel weitergegeben werden, bis die Welt endet;
They are Free-Denisons by long Descent,	Sie sind in langer Abstammung freie Bürger,
Without the grace of Prince or Parlement,	Ohne die Gnade von Fürst oder Parlament,
The truest Commoners and Inmate guests.	Die echteste Bevölkerung und Einwohnerschaft,
We fetch them from the Nurse and Mothers breasts;	Wir trinken sie an der Amme und der Mutter Brust;
They can Prescription plead gainst King and Crown,	Sie können vor König und Krone auf ihre alten Rechte pochen,
And need no Affidavit but their own.	Und brauchen keinen Eidschwur als sich selbst.

Vox populi, vox Dei, rief er an anderer Stelle aus; »Voz de Pleu, voz de Deu«, sagt das gascognische Sprichwort, »denn es muß ja wahr sein, was alle Welt sagt«. Und die Grobheit einiger Sprichwörter regte ihn auch nicht auf. »Nun möge der empfindliche Leser die Regel annehmen, daß Sprichwörter, die proletarischer Herkunft sind, und freie, familiäre Redensarten auf dem Lande sich die Freiheit nehmen, zuweilen simpel, geradezu und ungehobelt in der Wortwahl zu sein, und kecke, naturhafte Ausdrücke zu verwenden ... jedoch kann man ihnen nicht vorwerfen, roh oder unzüchtig zu sein.« Howell zeichnete Sprichwörter auf Spanisch, Italienisch, Französisch und Englisch auf, von denen er die meisten aus früheren Sammlungen nahm, und dazu Redensarten auf »Cambrisch« (das heißt walisisch) – die erste Sprache der Insel und die Sprache des Ortes, an dem er geboren war.[62]

Auch Howell hatte ein paar regionale Wurzeln, die ihn festhielten und seinen Sammlereifer begünstigten, aber vor allem war er mit nationalen Fragen befaßt. Und wo stand er mit den Ansichten, die er in den Sprichwörtern ausgedrückt hatte, in bezug auf den großen Bürgerkrieg, der sein Land erschüttert hatte? Auf seiten des Königs. Er hatte für Karl I. gearbeitet, hatte für seine Treue mehrere Jahre im Fleet-Gefängnis verbracht, hatte seine Sprichwörter royalistischen Adligen gewidmet und wurde der Geschichtsschreiber Karls II. Wenn seine Lobpreisung auf die weise Verfassung der Stadt Venedig ihm 1651 die Befreiung aus dem republikanischen Gefängnis eingebracht hatte, so hatte er sogar in diesem Werk Venedig besonders wegen seines Festhaltens »an seinen ersten Grundsätzen und Prinzipien« gelobt, wegen seiner Gegnerschaft zu jeder Veränderung. Howell muß geglaubt haben, daß wie die royalistischen Maibäume des Volkes im Jahre 1660 auch die ererbten Sprichwörter des Volkes den König stützen würden.[63]

Daß ein gelehrter Royalist sentimentale Gefühle für die volkstümliche Tradition hegte, ist nach dem Martyrium von Karl I. und der Puritanerherrschaft verständlich. Daß aber die Person oder die Herrschaft von Ludwig XIV. einen französischen Gelehrten dazu inspirieren könnte, die Stimme des Volkes in Howells Art zu feiern, ist schwer vorstellbar. Das gascognische »Voz de Pleu, voz de Deu« war nicht die Grundlage der Regierung des Sonnenkönigs, und es war gewiß keines der Sprichwörter, das in die Tänze der fünfziger Jahre am Hofe einging.[64] Nur im Falle des Baskenlandes mit seiner besonderen Kultur und seiner unterdrückten administrativen Einheit konnte sich ein Dichter romantisch mit dem Bauern identifizieren.

Und wie stand es mit Charles Perrault? Seine »Contes de ma Mère l'oye« [Feenmärchen für die Jugend], erstmals 1697 veröffentlicht, gründeten sich wirklich auf Volksmärchen, die er von alten Bauersfrauen in der Ile de France und in der Champagne gehört hatte, wie auch auf Geschichten aus den gedruckten Büchern der Hausierer. Und doch war er zwanzig Jahre lang Adjutant Colberts gewesen, hatte eine Kulturpolitik zum Ruhme des Königs angeregt und überwacht, und das Gedicht, mit dem er eine neue Runde im Streit zwischen Klassikern und Modernen eröffnete, hatte den Titel »Das Zeitalter Ludwigs des Großen«. Er war, um Marc Sorianos Untersuchung zu zitieren, der ich hier folge, sowohl »ein Mann des Hofes« als auch »einer der seltenen Männer seiner Zeit, die der Stimme des Volkes lauschten«. Dennoch war die Beziehung zwischen dem Königlichen, dem Nationalen und dem Volkstümlichen in seinem Werk eine andere als bei James Howell. Statt sich auf traditionelle Volksweisheit zu berufen, um das traditionelle Königtum zu unterstützen, versuchte Perrault eine alte Volkstradition neu zu schaffen, um »modernen« Zwecken zu dienen. Als Akademiker, der seine Zweifel am »Volksaberglauben« hatte, sah er die Märchen als die französischen Gegenstücke zur homerischen Dichtung und zu antiken Fabeln. Sie behandelten Themen, die für alle menschlichen Gesellschaften von fundamentaler Bedeutung waren, aber besser zu seiner Zeit paßten, weil sie aus einer christlichen und nationalen Kultur erwachsen waren. Das Wunderbare in den Geschichten konnte durch Perraults ironischen Ton ungefährlich gemacht werden: es handelte sich hier um Geschichten aus der Vergangenheit, die besonders an Kinder gerichtet waren. Die unmoralischen Züge der Geschichten konnten so verändert werden, daß sie zu den Erfordernissen einer christlichen Erziehung paßten.[65]

Durch solche Mittel trat nach Soriano die Volksliteratur durch die Vordertür in die »große« Literatur ein. Aber um den Preis, daß die vielfältigen Stimmen des Volkes auf ein uniformes, reines Französisch reduziert wurden, wie es im sechzehnten Jahrhundert bei den Sprichwörtersammlern der Fall gewesen war. Und wenn Soriano recht damit hat, daß Perraults Geschichten, ob er es wollte oder nicht, einen »reinen« und »zutiefst volkstümlichen« Charakter haben[66], so ist es ebenso richtig, daß sie aus dem Zusammenhang gerissen wurden, in dem sie erzählt, gehört und interpretiert worden waren. Weder Perraults Feenmärchen noch Moisant de Brieux' »kleine Altertümer« geben vor, uns zu sagen, was die Volkskultur wirklich bedeutete.

Im nächsten Jahrhundert war das gelehrte Interesse an gemeinen Sprichwörtern in Frankreich auf seinem Tiefpunkt angelangt. Kleine Theaterstücke, die sich um sprichwörtliche Sentenzen rankten, amüsierten weiterhin die Salons in Paris und anderswo, aber das Sprichwort war keine geschätzte literarische Form mehr. Neue Maximen vielleicht; alte Sprüche jedoch nicht. Zwischen 1710 und 1750 erschienen vier Sprichwörtersammlungen; alle nannten sich »Lexika«, alle wurden in erster Linie von Verlegern zusammengestellt, und alle schrieben aus früheren Sammlungen oder voneinander ab.[67] Was die Encyclopédie anging, so erledigte sie das Sprichwort in ein paar Zeilen. Den philosophes, die darauf brannten, unrichtige Vorstellungen dadurch zu korrigieren, daß sie falsche Assoziationen und unzureichende Beweise eliminierten, konnte sich das gemeine Sprichwort weder durch seine Prägnanz noch durch seine Bekanntheit und ganz gewiß nicht durch seinen Anspruch, seines hohen Alters wegen wahr zu sein, empfehlen.[68]
Es gab jedoch auch weiterhin ein gewisses Gelehrteninteresse an der Sprache des Volkes. Nicht weil sie Weisheiten enthielt – wenn überhaupt, dann hatte sie Berichtigungen nötig. Nicht weil sie schön war – die bäuerliche Sprache war schon seit langem als ungeeignet für die Pastoralen und Eklogen erklärt worden, da sie, wie Fontenelle sagt, »zu sehr nach Land schmeckt«. Weder die vorromantische Bewegung in Frankreich noch auch die aktive akademische Erforschung des Mittelalters hatte den Geschmack bereits der Schönheit des zeitgenössischen Volksliedes oder Volksgedichts[69] zugewandt (der Comte de Caylus konnte die »natürliche Grazie« und die »Naivität« alter Fabeln preisen, aber das war etwas ganz anderes als Volkskunst). Aber für einige Gebildete war die Volkssprache nützlich. So brachten Angehörige des Klerus neue bretonisch-französische oder provenzalisch-französische Wörterbücher heraus, weil sie mit Bauern und Stadtvolk reden mußten. (»Das beste Bretonisch [im Dialekt] ist für mich das, was ich brauche«, sagte ein Vikar in Vannes, »denn jeder von uns muß der Sprache seines Volkes anhängen, ... muß Wert darauf legen und sich darin üben, so zu sprechen, wie man in seiner Gemeinde spricht.«[70])
Zusätzlich fanden Leute, die die Entwicklung der französischen Sprache studierten – ob sie nun ihre keltischen, fränkischen oder lateinischen Wurzeln betonten –, in zunehmendem Maße, daß zeitgenössische Dialekte und bäuerliche Sprechformen ihnen helfen konnten, die Sprache und das Vokabular der Vergangenheit zu verstehen. Schon 1581 hatte Claude Fauchet in seinem Buch »Ursprung der französi-

schen Sprache« behauptet, daß das »ländliche Romanisch« der Zeit Karls des Kahlen dem zeitgenössischen Provenzalisch ziemlich ähnlich war. Im achtzehnten Jahrhundert machte sich La Curne de Sainte-Palaye ausführliche Aufzeichnungen über Dialekte und bezog sich auf sie und auf andere Merkmale der ländlichen Sprache, wenn er in seinem bedeutenden Glossar des Altfranzösischen Definitionen von Wörtern gab.[71] Reflexionen über die Sprachgeschichte wie über die Religionsgeschichte brachten eine Theorie hervor, die Konsequenzen für die gelehrten Vorstellungen vom Leben des Volkes hatte – die Theorie der primitiven Kultur. Vorstellungen vom Primitiven, ob nun idyllisch oder roh, hatten natürlich eine lange Geschichte hinter sich, die sich bis in die Antike erstreckte. Gegen Ende des sechzehnten Jahrhunderts schon schlug der Historiker La Popelinière eine Theorie der kulturellen Stadien der Menschheit vor, deren erstes analphabetische Völker als »presque ruraux et non civilisez« beschrieb. Sie bewahrten ihre Kultur durch Lied, Gedicht, Zeichen, Plastik und Tanz, und als Beispiele für sie konnten die zeitgenössischen ›wilden‹ Völker der Neuen Welt gelten sowie die frühen Einwohner von Griechenland und Europa, etwa die Kelten. Die Theorie, die nicht auf La Popelinière beschränkt war, wurde in den nächsten Jahrhunderten von Locke und Vico und von französischen Denkern wie Fontenelle, Charles de Brosses, Rousseau und Court de Gèbelin, um nur ein paar zu nennen, modifiziert und ausgearbeitet.[72]

Was hier von ihren unterschiedlichen und gegensätzlichen Ansichten für uns wichtig ist, sind zwei gemeinsame Merkmale. Erstens: Primitiven Völkern fehlten nicht einfach nur bestimmte Werkzeuge, Techniken oder Informationen; ihre psychologischen und geistigen Prozesse unterschieden sich von denen zivilisierter Völker. Dies spiegelte sich in ihrer Sprache wider, die konkret und sinnlich war; im schlimmsten Fall unfähig zur Abstraktion, im besten Fall mythisch und emblematisch. Zweitens fanden sich Belege für eine primitive Mentalität nicht nur unter ›Wilden‹ und alten Griechen und Kelten, sondern auch bei Kindern und den unteren Schichten der jetzigen Zeit, auf dem Land wie in der Stadt. Ähnlichkeiten zwischen Indianern und europäischen Bauern waren schon vorher bemerkt worden (in der Mitte des sechzehnten Jahrhunderts dachte Jean de Léry, als er die Totenklagen der Frauen in Brasilien hörte, an die Klagen der Frauen des Béarn), aber im achtzehnten Jahrhundert waren solche Vergleiche häufiger. Vicos Zeitalter der Götter schuldete ganz offensichtlich dem Volk von Neapel eine ganze Menge.[73]

Veränderte diese Theorie des ›Primitiven‹ wirklich irgend etwas Grundsätzliches an den gelehrten Vorstellungen vom Volk? Nicht an der Bewertung der Volkskultur, denn man konnte das Primitive gutheißen oder nicht mögen, ganz wie man wollte. Aber wohl an der Definition der Volkskultur. Was für ein Kulturbegriff war in der Arbeit der Sprichwörtersammler impliziert oder ausgedrückt worden? Eigentlich keiner. Die Sammler lebten entweder in so engem Austausch mit der Volkskultur, daß sie keinen Gedanken daran wendeten, ob zu ihr ein anderes Einordnen von Erfahrung und Werten gehörte, oder sie nahmen sie als eine Ansammlung isolierter Eigenschaften wahr. Die Bräuche und die Sprache des Volkes waren alt, naiv und nicht erfinderisch,[74] sie ließen sich eher durch das charakterisieren, was ihnen fehlte (eine echte Erziehung, die Schrift und die rechte Lehre), als durch das, was sie besaßen. Die Theorie des ›Primitiven‹ verfestigte diese angeblichen Merkmale und fügte weitere hinzu. Aber das ›Primitive‹ war, was es auch für Interpretations-Nachteile haben mochte, doch wenigstens ein Ordnungsprinzip und somit ein kleiner Schritt auf dem Weg zu einem anthropologischen Kulturbegriff.[75]
Auf jeden Fall war dies ein Begriff, der bei der einzigen neuen Arbeit über Sprichwörter ins Spiel kam, die im achtzehnten Jahrhundert in Frankreich erschien – den »Matinées Sénonoises«, die 1789 von Jean-Charles-François Tuet, Professor für Literatur und Domherr in Sens, publiziert wurden. Tuets einleitender Essay versuchte, die Sprichwörter in eine lange historische Perspektive zu rücken. Sie waren das Produkt eines frühen Stadiums der menschlichen Kultur. Sie waren nicht »die Überbleibsel der antiken Philosophie«, wie Aristoteles behauptet hatte, sondern sie waren in einem Zeitalter aufgestellt worden, als die Menschen zur Reflektion unfähig waren, die Dinge nach dem äußeren Anschein beurteilten, wenig sprachen und sich in kurzen Sätzen ausdrückten, »denen das Siegel der Wahrheit aufgedrückt war«. In späteren, aber immer noch nicht völlig zivilisierten Perioden, wie der des Homer, war die moralische und soziale Distanz zwischen den Gebildeten und dem Volk immer noch sehr gering: »Man konnte vor den Großen Sprichwörter äußern, die einen heute in ehrenwerter Gesellschaft erröten ließen.« In der Tat waren auch in Frankreich selbst bis hin zur Regierung Heinrich IV. Sprichwörter von Dichtern und Schriftstellern großzügig verwendet worden. Aber dann, als sich die Sprache vervollkommnete, zog sie sich vom Sprichwörter-Stil zurück und wies mit Abscheu alle die Wörter zurück, die dadurch erniedrigt

worden waren, daß sie zu oft im Mund des Volkes gewesen waren. Was das Volk anging, so sprach es noch immer in Sprichwörtern, wie einem jeden Tag auffiel, wenn man dem Klatsch der Frauen zuhörte. Das kam daher, daß das Volk noch immer in einem primitiven Zustand verharrte.

Warum fand dann Tuet aber Geschmack daran, Sprichwörter zu sammeln, die (wenn die Fähigkeit zur Reflektion bis zum Volk hinab gelangen würde) sicherlich verschwinden würden? Weil nach Tuets Meinung am Vorabend einer Revolution, die er bald unterstützen sollte, die Gebildeten ihre Delikatesse zu weit getrieben hatten. Ihm war es leid um jene früheren Zeiten, als »was sowohl klug gedacht wie gut gesagt war, eine absolute Schönheit hatte, die unabhängig vom Sprachgebrauch des Volkes war«, und es eine »Art Sprachgemeinschaft« gegeben hatte, für die Sprichwörter eine Quelle des Reichtums waren.[76]

Und schließlich kommen wir zurück auf die Académie Celtique und ihren Fragebogen von 1805. Wenn die Ereignisse der vorangegangenen fünfzehn Jahre eine »Art Sprachgemeinschaft« wiederhergestellt hatten, dann wurde das auf den Seiten der Mémoires der Akademie nicht so ohne weiteres sichtbar. Die Revolution und ihre Ergebnisse hatten in der Tat das Band zwischen Nationalgefühl und Studium des Volkstümlichen gestärkt. Der »alte keltische Glanz« Frankreichs wurde emotionsreich beschworen. Keltische Spuren in Sprache, Sprichwörtern, Bräuchen und Denkmälern des Volkes wurden umfänglich und mit lokalen Details beschrieben.[77] Aber auf das Volk selbst ging man mit versteinerter Nüchternheit zu.[78]

Irgendwann zwischen 1806 und 1807 besuchte Jacques-Antoine Du Laure, ein früherer girondistischer Abgeordneter des Nationalkonvents, ernsthafter Erforscher von Phalluskulten und Fruchtbarkeitsriten und Hauptautor des Fragebogens der Akademie, zwei Flecken im Departement Seine-et-Marne auf der Suche nach einem »Grabdenkmal, das der Aufmerksamkeit würdig sei«.[79] Er erfragte lokale Bräuche, schrieb einen Teil eines spöttischen, von Frauen gesungenen Hochzeitslieds auf, notierte die gebräuchlichste lokale Beleidigung (loup garou), sprach mit dem Curé, fand einen alten Grabhügel und versprach einem Bauern, ihn zu bezahlen, wenn er beim Graben noch weitere Schmuckstücke finden würde. Er endete seinen sorgfältigen Bericht mit dem glühenden Wunsch, jedes Mitglied möge ähnliche Reisen unternehmen, um die Denkmäler der Vergangenheit und »die den Zerstörungen der Zeit entkommenen Bräuche« zu sammeln. Doch was waren die Gedanken der maskierten femmes folles, deren Lied er aufgeschnappt hatte? Und was die des grabenden Bauern, der einem Kaufmann ein gallisches Schmuckstück für fast nichts verkauft hatte und ein anderes seinem Sohn als Spielzeug gegeben hatte? Das wird uns nicht mitgeteilt.

IV. Etwa zu der Zeit, als die Académie Celtique ins fünfte Jahr ging, veröffentlichte ein Physiologe, an der Universität ausgebildeter Chirurg und Professor an der Pariser Medizinischen Fakultät namens Anthelme Richerand seine »Erreurs populaires relatives à la médecine«.[80] Das Buch gehörte zu einem bedeutenden, wenn auch an Zahl nur geringen Typ von Büchern über »Populäre Irrlehren«, dessen Anfänge 1578 bei Laurent Joubert, dem Dekan der medizinischen Fakultät der Universität Montpellier, lagen. Während die gelehrten Sammler der Sprichwörter ursprünglich ihr populäres Material zu schätzen wußten, standen die Sammler vulgärer Irrlehren dem Volk von Anfang an kritisch gegenüber. Während die Sprichwörter-Sammler nur Gelehrte oder die oberen Schichten als Benutzer ihrer Arbeit im Auge hatten (entweder zur Verwendung von entsprechend veränderten Sprichwörtern für Sprache, Schrift oder Reflexion oder zu ihrer Verwendung als Mittel des Studiums regionaler oder nationaler Geschichte und Kultur), versuchten die Sammler vulgärer Irrlehren (wie die Sammler religiösen ›Aberglaubens‹) die Verhältnisse beim Volk zu verändern. Sie hofften, sie könnten die Überzeugungen und Verhaltensweisen von den praktischen Ärzten über die Hebammen bis hinunter zu einem so großen Bevölkerungsausschnitt, wie sie ihn nur erreichen konnten, korrigieren. Tatsächlich scheint aber die Verbreitung der Bücher über volkstümliche Irrtümer auf Ärzte und gebildete Chirurgen und ganz allgemein auf gelehrte Leser beschränkt gewesen zu sein.[81] Der Punkt, um den es geht, ist die Intention der Sammler: wie unrecht die Leute auch haben mochten, sie waren es zumindest wert, daß man sie aufklärte.

Beeinflußten diese Unterschiede die Qualität der Bestandsaufnahme oder der Interpretation der Volkskultur? Werfen wir einen Blick auf die wichtigeren Beispiele dieses medizinischen Genres und sehen wir, ob sie unserem Verständnis der gelehrten Sammler irgend etwas hinzufügen.

Obwohl die »Erreurs populaires« offensichtlich von theologischen Schriften gegen religiöse Irrlehren vorweggenommen wurden, haben sie in der Medizin keinen mittelalterlichen Vorläufer. Gewiß zählte im vierzehnten Jahrhundert der Arzt Guy de Chauliac zu den chirurgischen Praktikern seiner Zeit auch die teutonischen Ritter, die durch Zauberei heilten, sowie »Frauen und Idioten«, die alle Krankheiten in die Hand der Heiligen legten, aber er gab ihre Irrlehren nicht im Detail an. Jedoch war die Manuskript-Tradition reichlich ausgestattet mit medizinischen Regeln für die Gesundheit, mit Pestheilmitteln und mit Büchern auf Latein und in der Umgangssprache über medizinische Geheimnisse, die im Druck erschienen mit Titeln wie »Die Herrschaft der Gesundheit«, »Der Schatz der Armen« und »Die Geheimnisse der Frauen«, welche Albertus Magnus zugeschrieben wurden.[82] Dann erschienen neue umgangssprachliche Bücher ähnlicher Art, einige von Ärzten, andere nicht. Das am häufigsten gedruckte war »Die Geheimnisse des Alexis von Piedmont« (erste französische Ausgabe 1557) mit Heilmitteln und Rezepten, die der greise »Don Alexis« nicht nur bei gelehrten und vornehmen Männern gesammelt hatte, sondern auch bei »armen Weiblein, Handwerkern, Bauern; allen Arten von Leuten«.[83]

Hier lag also ein Teil der Irrlehren. Der Rest – der größere Teil – war über die ganze Gesellschaft verstreut, besonders in den medizinischen Sprichwörtern und Praktiken der Bauern und des menu peuple. Das irrigste Sprichwort von allen war »Jedermann sein eigener Arzt«.[84]

Die Situation, die zu Jouberts »Erreurs populaires« von 1578 führte, enthielt die gleichen Ingredienzien, die für das eifrige Sprichwörter-Sammeln im sechzehnten Jahrhundert verantwortlich waren, aber sie wirkten sich anders aus. Erstens waren Joubert und andere humanistische Ärzte überzeugt, daß sie eine verbesserte Methode für das Studium und die Praxis der Medizin besäßen, die auf der Reinigung griechischer Texte (besonders der von Galen) und auf dem neuen Studium der Anatomie beruhte. Daher mußte die mittelalterliche Tradition von Irrtümern gesäubert werden, und zwar sowohl von denen, die von der Schule von Salerno weitergegeben wurden, wie von denen, die in vulgären Redensarten verkörpert waren. Der Angriff auf diese Tradition war von heftigerer Art als die Neuformulierung des allgemeinen Bestands an mittelalterlichen Sprichwörtern.[85]

Zweitens äußerten sich die fließenden sozialen Grenzen in den oberen Schichten der Sozialstruktur des sechzehnten Jahrhunderts auch auf dem Gebiete der Medizin, waren aber dort ein Auslöser bewußterer

Konflikte. Als eine auf der Universität ausgebildete Gruppe (seit dem fünfzehnten Jahrhundert fast lauter religiöse Laien) fürchteten die Ärzte in den Städten die Konkurrenz einer zunehmend häufiger alphabetisierten und gebildeten Elite unter den Chirurgen, ganz zu schweigen von den Übergriffen von seiten der Apotheker oder sogar anmaßender Hebammen (Joubert beschrieb voller Indignation den Tag, an dem er und ein anderer führender französischer Arzt eine Frau aufsuchten, die unter Hysterie litt, und ihnen der Zutritt von einer alten Hebamme verwehrt wurde, die darauf bestand, die Frau sei schwanger und falle nicht in ihr Gebiet).[86] Der Konflikt wurde weiter verschlimmert durch Feinde im Inneren – Paracelsus und seine Gefolgsleute, die die griechische Medizin, gereinigt oder ungereinigt, ablehnten zugunsten der »Erfahrung« und die die Ärzte für ihre übermäßige Habgier tadelten.[87]
Drittens hatte die Buchdruckerkunst das Verhältnis des Arztes zur Öffentlichkeit kompliziert.[88] Nicht nur wurden falsche Heilmittel über ganz Europa ausgestreut; schlimmer noch: einige Ärzte hatten den traurigen Mut, medizinische Bücher in der Umgangssprache zu veröffentlichen, die sich an Unausgebildete wendeten und von Themen handelten, die diese nur mißverstehen konnten. Ebenso wie die Regeln der Umgangssprache mußten auch die Regeln der Medizin geschützt werden. Wie Joubert es sah, war die Reaktion darauf, die Druckerpresse und die Umgangssprache als Mittel der Kontrolle über die medizinische Praxis und über das Volk zu verwenden – »das Volk in den Grenzen seiner Bestimmung zu halten«, wie einer seiner Parteigänger sagte.[89]
Joubert plante, volkstümliche Irrlehren über Gesundheit und Medizin von der Empfängnis bis zum Grab zu sammeln, obwohl er in den veröffentlichten Bänden nie den ganzen Lebenszyklus beendete. Sein Buch war eine Art Dialog wie der zwischen Simplician und Cosimo, wobei jedes Kapitel mit einem volkstümlichen Sprichwort oder Brauch begann, die er dann aus seinen Jahren praktischer Erfahrung heraus dokumentierte und diskutierte. Er war ein aufmerksamer Sammler: wie konnte er Leute überzeugen, ihr Verhalten zu ändern, wenn er es nicht genau damit nahm, was sie falsch machten? Er war auch nicht heikel, was den Stil oder die Reinheit der Sprache anging. So waren ihm einige seiner »Irrtümer« von Lesern übermittelt worden. So wurden einige seiner Redensarten im Dialekt zitiert oder befaßten sich mit besonderen Themen, derentwegen es unwahrscheinlich war, daß sie unter anderen Umständen schon aufgeschrieben worden waren: »Apres la figue un

verre d'eau: apres le melon un verre de vin«, »Qui boit verjus, pisse vinaigre«, »Bien venant, bien getant: Il vaud mieux fourmage (fromage) que boullie.« [»Nach der Feige ein Glas Wasser: nach der Melone ein Glas Wein«; »Wer Krätzer trinkt, pißt Essig«; »Besser Käse als Brei«!] Ist es eine gute Idee, eine Frau in den Wehen auf einen heißen Kessel zu setzen oder den Hut ihres Mannes auf ihren Bauch zu legen, wie das die guten Frauen in den Dörfern um Montpellier tun? Der Hut wird wahrscheinlich nicht viel helfen, außer vielleicht um als Kompresse zu dienen und die Austreibung zu unterstützen. Jouvert meint, daß er ursprünglich den Mann bei der Entbindung repräsentieren sollte.[90]
Was waren die charakteristischen Merkmale, die Joubert der Volkskultur zuschrieb? Sie war gespickt mit Irrtum und Unwissenheit. Die Hausmütter und Hebammen in den Dörfern – die geschickt und geübt, aber leseunkundig nur nach auswendiggelernten Rezepten und Routinen arbeiteten – waren ihr vollkommener Ausdruck.[91] Wenn das Volk etwas von einem medizinischen Standpunkt aus Richtiges sagte oder tat – etwa ein männliches Kind einer Amme zu übergeben, die ein weibliches Kind geboren hatte, und umgekehrt, oder etwa das alte gasconische Sprichwort zu gebrauchen: »Ein Mann kann so lange zeugen, wie er ein Bündel Stroh heben kann« – geschah es immer aus den falschen Gründen. Wie die Sprichwortsammler war auch Joubert der Meinung, daß es dem Volk an Bewußtsein fehle; die Gelehrten mußten ihm die Bedeutung seines Verhaltens erklären.[92]
Jouberts Arbeit hatte in der Gelehrtengemeinschaft einen beträchtlichen Einfluß, obwohl manche in ihr meinten, er habe zu offen über sexuelle Irrlehren geredet. Nach ein paar Jahren wurde sie ins Italienische übersetzt; der Terminus »erreurs populaires« oder »vulgäre Irrtümer« fand weitverbreitete Verwendung, und das Buch hatte im siebzehnten und achtzehnten Jahrhundert mehrere Nachahmer.[93] Einige, wie Sir Thomas Browne, weiteten die Untersuchung auf das Gebiet der allgemeineren Naturwissenschaften aus, andere blieben bei Medizin und Gesundheit. James Primeroses Popular Errours, or the Errours of the People in Physick (1651) gründete sich zum Teil auf seine medizinische Praxis in Frankreich, wurde 1689 ins Französische übersetzt und von dem Arzt Jean de Rostagny, Mitglied einer kurzlebigen Société Royale de Médecine, erweitert.[94] Luc d'Iharces Erreurs populaires sur la médecine von 1783 war inspiriert vom Reformeifer der neuen Société Royale de Médecine, die überall in Frankreich eine Untersuchung der Epidemien und ihrer Behandlung unternommen hatte. Richerand

stellte seine »Erreurs populaires« von 1810 in dieselbe Reformtradition – er wollte das Volk davon überzeugen, daß die Medizin keine häusliche Kunst sei –, wenn er auch darauf hinwies, daß es in den Tagen von Joubert und Primerose noch keine wahre Wissenschaftsphilosophie gegeben habe.[95]
Dennoch waren viele situationsbestimmenden Elemente dieselben geblieben. Die traditionelle Literatur über volkstümliche Heilmittel und Rezepte wurde im siebzehnten und achtzehnten Jahrhundert im Überfluß gedruckt. Mit Titeln wie »Die wohltätigen Heilmittel der Madame Fouquet«, »Sammlung der schönsten Geheimnisse der Medizin«, und »Medizin und Chirurgie der Armen« wendete sie sich an wohltätige Damen, an ländliche Curés und sogar an »die Armen«, die auf dem Lande dahinsiechten oder starben.[96] Aufgeklärte Ärzte konnten dem einfach kein Ende machen. Die »Scharlatane« und Kurpfuscher, die Joubert in kurzen Worten getadelt hatte, machten sich auch in den Werken der späteren »Korrektoren« breit: Quacksalber, Doctores Eisenbart, Paracelsus-Anhänger – sie verhökerten ihre Balsame, Salben, Ziegensteine und chemischen Gifte in den Straßen und an den Kreuzwegen, und schlimmer noch, sie verteilten sie im geheimen. Einfach jeder war anmaßend genug zu meinen, er könne sich in die Medizin einmischen – von Theologen und den Hausdienern der Ärzte und Barbiere bis hinunter zu gewissen Weiblein, die ihre Heilmittel vom Hörensagen oder aus umgangssprachlichen Büchern hatten und die sogar chirurgische Eingriffe praktizierten. Das deutlichste Beispiel für die Leichtgläubigkeit der Leute war das Vertrauen, das sie in solche Betrüger setzten.[97]
In Wahrheit hielten Primerose, Rostagny, Iharce und Richerand das Volk für noch stärker in Irrtümern befangen, als das bei Joubert der Fall gewesen war.[98] Ihre Kultur sahen sie übersät mit falschen Redensarten: »Der Komet zeigt die Pest an«; »Wer durstig zu Bett geht, steht gesund auf« (sagte man im siebzehnten Jahrhundert im Languedoc und in der Provence); »Die Bettwäsche eines Kranken sollte niemals gewechselt werden«; »Was dem Mund gefällt, tut dem Magen gut.« Ihre Kultur war gesättigt mit Bouillons, Aufgüssen oder heißen Getränken der Frauen, die dem Kranken oder der Gebärenden nicht halfen oder vielleicht sogar schadeten.[99] Ihre Welt war eine, in der Bauern, die ein paar Heilkräuter und vielerlei Aberglauben kannten, versprachen, ihre dörflichen Nachbarn vor Krankheiten zu bewahren, die angeblich von Zauberern verursacht waren, oder andererseits ihre Kuren auf die »Natur« gründeten – auf den Wechsel der Sterne und Jahreszeiten oder die

Größe der Herden. Und die Bevölkerung strömte ihnen zu – so eifrig war sie dahinter her, ihre Gesundheit wiederherzustellen, ohne die Arbeit zu unterbrechen. (Iharce erzählte, wie 1780 in der Nähe von Versailles ein Bauer, der behauptete, medizinisches Wissen bei seiner Erstkommunion empfangen zu haben, eine Arznei aus Eau de vie, Zucker und Salz an viele Leute verteilte, von denen später einige an ihren Krankheiten starben.)[100]

Diese Wesenszüge der Volkskultur hatten die medizinischen Sammler bis zum achtzehnten Jahrhundert in ähnlichen Begriffen wie die Sprichwörter-Sammler erklärt. Das Volk war naiv, bestand zumeist aus Analphabeten (Iharce erwähnte ein paar Bauern, die lesen und schreiben konnten, was die Dinge aber nicht verbesserte) und war unwissend. Seine Kultur wandelte sich nur sehr langsam, und obgleich es sich praktischer Erfahrung bediente, war es doch zu eigenen Neuerungen unfähig. Im achtzehnten Jahrhundert trat schließlich die Vorstellung, das Volk befände sich noch in einem primitiven Stadium der Entwicklung, in Bezug auf die Medizin ebenso in Erscheinung wie in Hinblick auf Sprache, Religion und Sprichwörter. Wie der protestantische Arzt Daniel Le Clerc 1702 in seiner »Histoire de la Médecine« ausführte, waren die frühesten Stadien der Medizin – die voraeskulapische und sogar die Aeskulapische Medizin – alle ihrem Wesen nach primitiv. Sie umfaßten wenig mehr als Beobachtungen, Zauberwerke, Amulette und andere priesterliche Magie und einfache chirurgische Operationen. Wenn Heilungen zustandekamen, lag es daran, daß die Einbildungskraft und der Glaube an Orakel bei diesen frühen Völkern so stark waren. Die Medizin der alten Kelten und die zeitgenössischer Wilder hatten ähnliche Merkmale. Und tatsächlich, fuhr Le Clerc fort, »müssen wir uns diese Alten vorstellen wie unsere heutigen Bauern«. Spätere Medizinhistoriker stellten die gleiche Behauptung auf, und Iharce bezog sich en passant auf sie.[101]

Es war dieser Charakter der Volkskultur, den die Keltische Akademie festhalten wollte, bevor es zu spät war, und den die fortschrittlichen Ärzte beschreiben und zerstören wollten. Iharce sah einen Hoffnungsschimmer in einer kürzlich in Montpellier geschehenen Episode – nämlich einem Charivari gegen einen Scharlatan. Die Leute setzten ihn auf einen mageren Esel, sein Gesicht dem Schwanz zugewandt, und führten ihn unter Geschrei durch die Straßen, während die Umstehenden mit Abfall warfen.[102] Das Charivari war natürlich Teil dieser ganzen Welt des Irrtums. Aber Iharce fiel die Ironie nicht auf, und er hielt auch nicht inne, um zu fragen, ob es nicht in der Kultur des Volkes selbst Hilfsmittel gäbe, die dem Volk helfen könnten, seine eigenen Korrekturen zu machen.

Als ich dieses Unterfangen über die Sprichwörter und Irrlehren begann, war ich voll Zuversicht, weil ich dachte, »Ich habe zwei Pfeile im Köcher«. Nach einer Weile fürchtete ich eher, ich sei »entre deux selles, le cul á terre« [»Zwischen zwei Stühlen, mit dem Hintern auf der Erde«]. Tatsächlich haben wir bemerkt, daß die herrschenden Annahmen über die Natur der Volkskultur in beiden Genres die gleichen waren und daß sich die soziale und kulturelle Distanz zwischen den Gebildeten und dem Volk zur gleichen Zeit ausweitete, ob die Gelehrten nun Literaten oder Ärzte waren.
Entsprechend können wir, so meine ich, auch die Daten zusammenfügen und einige Schlußfolgerungen zu der Frage ziehen, ob uns diese gelehrten Quellen Spuren des Lebens des Volkes hinterlassen haben. Dieser Aufsatz hat hervorgehoben, wie und warum Sammler dazu neigten, ihr Material zu verändern. Eine gewisse Veränderung geschah einfach dadurch, daß das Material auf Französisch aufgezeichnet und für den Druck zur Lektüre anderer gebildeter Personen geordnet wurde. Aufs Ganze gesehen waren die Abänderungen da am stärksten, wo die Sammler Material aus dem Volk unmittelbar in die Sprache und das Leben der oberen Schichten integrieren wollten. Kritik am gegenwärtigen Verhalten der Bauern und Neugier über die historische Vergangenheit brachten gewöhnlich umfassendere und speziellere Aufzeichnungen hervor. Wenn wir uns einmal der Wahrscheinlichkeit und des Charakters solcher Verzerrungen und Auslassungen bewußt geworden sind, haben wir eine gewisse Chance, zu den Bruchstücken von Unterhaltungen und Handlungsabfolgen zurückzufinden, auf die die Sammler sich bezogen. Historiker verwenden natürlich ständig eine solche Technik, wenn sie Könige und Gelehrte studieren. Es ist einfach nur besonders schwierig, unsere Quellen zu verwenden, wenn die zu untersuchende Kultur eine orale oder nur zum Teil geschriebene ist (die den Anthropologen wohlbekannte Art), statt eine geschriebene zu sein, deren Regeln die Historiker verstehen.
Nachdem das gesagt wurde, können wir für die gedruckten Sammlungen dankbar sein. Wir können nicht immer mit einem Christofle Sauvageon rechnen, der ein Manuskript mit Erinnerungen über den besonde-

ren Charakter der Sprache in der Sologne im achtzehnten Jahrhundert hinterließ (»Sie sprechen wenig ..., aber ... sie drücken sich in starken und bedeutungsvollen Worten aus; ohne daß sie nach Wörtern suchen, haben sie welche erfunden, die sehr kräftig sind. Zum Beispiel sprechen sie, wenn ein Raum voller Rauch ist, diese Tatsache und ihre Ursache zugleich aus: ›la cheminée est engorgée‹«) [103], aber wir haben immerhin Bouelles oder Moisant de Brieux, die uns zu dieser Einsicht verhelfen. Wir können nicht immer das Notizbuch eines Dorfheilers haben (um eine Kolik zu beenden, »lege den Mittelfinger der linken Hand auf den Nabel und sage ...«) [104], aber wir haben immer noch Joubert und Iharce, die wiedergeben, was sie aus ihrer Praxis wissen. Darüber hinaus sind ihre kritischen Bemerkungen mindestens so nützlich wie die Rezepte und Heilmittel, die in den populären Büchern, in »Die Geheimnisse des Alexis« und den »Wohltätigen Heilmitteln« gedruckt sind: jene geben vor, uns zu sagen, was die Bauern tatsächlich tun, während diese den Bauern und anderen Empfehlungen geben, was sie tun könnten.

Dieser Aufsatz hat weiter die Behauptung aufgestellt, daß, gleichgültig wie reichhaltig die konkreten Daten in manchen Sammlungen waren, sie alle nur armselige Interpretationen der Volkskultur waren. Wenn die Sammler manchmal für ein Sprichwort oder einen Brauch einen lokalen Kontext angaben, dann rissen sie sie trotzdem aus ihrer Kultur heraus und dachten nicht darüber nach, wie sie lokal verwendet wurden oder was sie lokal bedeuteten. Sie schrieben den Bauern oder dem städtischen Volk konventionelle Züge zu, die noch nicht einmal von ihren eigenen Funden gestützt wurden (einige davon sind Teil unserer heutigen Definition von Volkskultur und populärer Kultur).

Der Schlüssel zu diesem Versagen der Interpretation liegt, meine ich, nicht darin, ob die Sammler das Volk liebten oder haßten, ob sie es wertschätzten oder mißachteten, ob sie ihm nah oder fern waren, sondern in der Tatsache, daß ihren Arbeiten zwei Qualitäten nicht beigemischt waren: ein gewisses Interesse an populärer Kultur um ihrer selbst willen, neben jeglichem anderen Nutzen, den sie vielleicht für die Gebildeten haben mochte, und ein gewisser Respekt für die populäre Kultur, was immer sie auch für Einwände dagegen haben mochten.

Wir, die heutigen Historiker der Volkskultur im vorindustriellen Europa, haben ein starkes Interesse am Volk. Aber ich bin nicht sicher, daß wir seine Lebensweise wirklich sehr respektieren, und das macht es uns schwer, sein Leben zu verstehen, gerade so, wie es für unsere gelehrten Vorgänger schwer war. Vielleicht können Marcolf und Salomon uns als Modell dienen und das Mittel liefern, um Respekt zu erzeugen. Stellen wir uns nicht einfach nur vor, daß wir unsere Personen, die wir untersuchen wollen, mit ihren unterschiedlichen Symbolen, gesellschaftlichen Verkehrsformen und technischen Geräten beobachten. Stellen wir uns vor, daß sie uns in gewissem Sinne gleichwertig sind, in einem gewissen Austausch mit uns stehen, während wir sie uns ansehen und in der Lage sind, uns die passende Antwort zu geben, wenn wir in die Irre gehen. Was könnte ich zu einer meiner gelehrten Themenfiguren sagen?

NZD: Laurent Joubert, Du hast die Hebammen, die Du kanntest, verachtet und hast nicht daran gedacht, wie sie den Frauen im Dorf dienten. Deine Populären Irrtümer hatten nur den Zweck, daß die Ärzte die Oberhand behalten sollten.

LJ: Das ist nicht wahr. Ich habe die Hebamme Gervaise gelobt, die regelmäßig zu öffentlichen Sezierungen weiblicher Leichen in Montpellier kam. Ich habe versucht, den Leuten eine bessere Gesundheit zu geben. Du bist unheilbar naiv.

Wenn ich es mir überlege, bin ich nicht sicher, ob ich Salomon oder Marcolf sein möchte. Es hängt davon ab, wer das letzte Wort hat.

Bob Scribner

Reformation, Karneval und die »verkehrte Welt«*

In diesem Aufsatz werden Verbindungen zwischen der Volkskultur und der Reformation in Deutschland zu erforschen versucht. Reformation wird dabei als eine Äußerungsform kollektiver Mentalitäten betrachtet, d. h. als eine Angelegenheit, die über den individuellen Glauben hinausgeht. Wie vollzog sich im Deutschland des 16. Jahrhunderts der Übergang vom alten zum neuen Glauben als ein kollektiver Prozeß? Welche Rolle spielte die Volkskultur in dieser bedeutenden religiösen Umwälzung? Karneval oder Fastnacht – um den damaligen deutschen Ausdruck zu gebrauchen – führt uns in konzentrierter Form eine Reihe von Phänomenen vor Augen, die für die frühmoderne Volkskultur charakteristisch sind.[1] Durch die Untersuchung der Rolle des Karnevals in der deutschen Reformation hoffe ich Forschungsperspektiven anzudeuten, an denen sich detailliertere Studien über entsprechende Probleme orientieren könnten. Im folgenden möchte ich zunächst einige Vorfälle beschreiben und analysieren, bei denen sich Karneval und Reformation miteinander verbinden. Im Anschluß daran werde ich einige Thesen in Hinblick auf die Frage diskutieren, wie sie im Rahmen der obengenannten weitergehenden Fragestellung interpretiert werden könnten.

I.

Bis dato konnte ich vierundzwanzig Vorfälle in Deutschland feststellen, in denen der Zusammenhang von Karneval und Reformation zutage tritt.[2] Sie ereigneten sich in der Zeit zwischen 1520 und 1543; bezeichnenderweise fallen neunzehn davon in die Jahre 1520 bis 1525, also in eine Zeit, in der die Reformation durchaus als spontane Volksbewegung gelten kann.
Der früheste Fall ereignete sich am 10. Dezember 1520 in Wittenberg.[3]

* Übersetzt aus dem Englischen von Sieglinde Graf.

An jenem Morgen hatte Luther in Anwesenheit von Vertretern der Universität die päpstliche Bannandrohungsbulle und die kanonischen Rechtsbücher feierlich verbrannt. Nach dem Mittagessen inszenierten ungefähr hundert Studenten einen Karnevalszug. Sie bauten einen Fastnachtswagen, auf dem an einem Mast gleich einem Segel eine riesige Papstbulle aufgezogen war. Im Wagen nahmen einige Studenten Platz; einer von ihnen war als Wagenlenker, ein anderer als Trompeter verkleidet, manche trugen Gelehrtenkleidung und wieder andere Gewänder von Musikern; diese begleiteten den Umzug mit Musik. Eine päpstliche Bulle war auf das Schwert des Trompeters gespießt und eine andere Spottbulle auf einen Stock. Auf seinem Zug durch die Stadt wurde das Gefährt mit viel Hallo und Gelächter begrüßt; besondere Belustigung rief dabei der Wagenlenker hervor. Die mitlaufenden Studenten sammelten während des Zugs Brennholz und schleuderten es in das Gefährt zusammen mit Büchern von Luthers Gegnern, wie Eck, Emser und Ochsenfahrt. Der Wagen beendete seine Fahrt am Ort des morgendlichen Feuers, wo die Studenten die Glut aufs neue entfachten und ihre Bullen sowie die Bücher hineinwarfen. Man zog um das Feuer herum, und die Studenten sangen dazu ein Requiem, das Te Deum sowie ein bekanntes Lied, O du armer Judas.[4] Nach einem Bericht des Bischofs von Brandenburg hatte sich einer der Teilnehmer als Papst verkleidet und warf seine Tiara in die Flammen.[5]

Ein zweiter Vorfall ereignete sich ebenfalls in Wittenberg, an Fastnacht, den 12. Februar 1521. Eine Papstfigur wurde durch die Stadt getragen und auf dem Marktplatz – vermutlich mit Kot – beworfen. Dann wurde der Karnevalspapst zusammen mit »Kardinälen, Bischöfen und seinen Dienern« zur allgemeinen Belustigung durch die Straßen gejagt.[6] Studenten scheinen auch ein lateinisches Fastnachtsspiel aufgeführt zu haben, in dem der Papst und Ablässe lächerlich gemacht wurden.[7]

Im folgenden Jahr lassen sich sechs weitere Fälle anti-römischen Karnevalstreibens nachweisen. In Stralsund zogen an Fastnacht, den 4. März 1522, vier Mönche von Spottversen begleitet einen Pflug durch die Straßen.[8] Es liegen Berichte vor, daß am gleichen Tag in Danzig ein Fastnachtsspiel aufgeführt wurde, in dem Luther dem Papst konfrontiert wurde, und in Elbing ein ähnliches Spiel sowie ein Umzug stattfanden. An einem weiteren, von dem Chronisten nicht näher bezeichneten Ort in Preußen zogen zehn jeweils paarweise vor einen Pflug gespannte Mönche durch die Straßen, mit Nonnen und kleinen Kindern im Gefolge; im Anschluß daran hielt ein Karnevalsprediger eine

Spottpredigt.[9] In Straßburg wurde 1522 der katholische Polemiker Thomas Murner die Zielscheibe eines Umzugs, der mit einer Karnevalspuppe vor seinem Fenster abgehalten wurde.[10] Das Vorhaben, am Unschuldigen Kindleinstag, den 28. Dezember 1522, Figuren des Papstes und eines Kardinals herumzutragen, wurde vom Straßburger Rat verboten.[11] In Nürnberg untersagte der Rat in jenem Jahr die Aufführung eines Fastnachtsspiels, in dem ein Papst auftrat, und verbot einen Karnevalswagen, der beim Klerus hätte Anstoß erregen können.[12] Im Nürnberger »Schembartlauf« von 1523 trug einer der Teilnehmer, der bei den Karnevalsfestlichkeiten neben den Tänzern herlief, ein aus Ablaßbullen gefertigtes Kostüm.[13]

In Bern wurden 1523 zwei antikatholische Fastnachtsspiele aufgeführt, das eine zur »Pfaffenfastnacht« am Sonntag, den 15. Februar, das andere zur »Alt«- oder »Bauernfastnacht« eine Woche später. An dem dazwischenliegenden Aschermittwoch, den 18. Februar, fand unter Spottgesang eine Scheinprozession mit einem Ablaß statt. Nikolaus Manuel hatte die Fastnachtsspiele verfaßt, und der Rat der Stadt hatte zur Unterstützung der Aufführung einen Zuschuß geleistet. Das erste Spiel, »Die Totenfresser«, griff die Ausbeutung des Todes durch Rom und den katholischen Klerus an; das zweite handelte vom Gegensatz zwischen Christus und dem Papsttum.[14] 1524 wurde in Königsberg/Preußen ein Fastnachtsspiel aufgeführt, das vom Kampf zwischen Luther und dem Papst handelte und »darinnen des Pabstes, seiner Cardinäle und ganzen Anhanges Büberei genugsam angezeigt« wurden. Verärgerte Mönche versuchten, ein Verbot des Spiels und eine Bestrafung der dafür Verantwortlichen durchzusetzen; man erteilte ihnen jedoch den Bescheid, daß der Bürgerschaft ihre herkömmlichen Karnevalsfestlichkeiten nicht versagt werden könnten.[15]

Ende Juni 1524 wurde in Buchholz, einer kleinen Bergwerksstadt im ernestinischen Sachsen, eine karnevaleske Parodie aufgeführt. Kurze Zeit davor hatte Herzog Georg von Albertinisch-Sachsen in Rom einen neuen deutschen Heiligen ernennen lassen, den Bischof Benno von Meissen (11. Jh.). Anläßlich der Feier der Heiligsprechung und zur Verehrung des Heiligen waren Bennos Gebeine Mitte Juni in Meissen gehoben worden. Dieses Ereignis wurde auf satirische Weise in Buchholz gefeiert. Eine Spottprozession formierte sich: Die Fahnen waren aus Lumpen. Einige der Teilnehmer hatten sich ein Sieb oder eine Badehaube aufgesetzt, um die Barette der Kanoniker zu parodieren. Anstelle von Gesangbüchern trugen sie Brettspiele, nach denen sie laut vorsangen. Auch ein Bischof wurde nachgeahmt. Dieser war in einen Umhang aus Stroh gehüllt und trug als Mitra einen Fischkorb. Ein schmuddeliger Lappen diente ihm als Baldachin, das Weihwassergefäß war ein alter Fischkessel, und Mistgabeln stellten die Leuchter vor. Mit einem Fiedler und einem Lautenspieler, die voranschritten, zog diese »Prozession« zu einem alten Minenschacht. Dort wurden mittels eines Scheffels Gebeine »gehoben«, auf eine Mistkarre geladen und mit Dung und alten Fellstücken bedeckt. Als Gebeine dienten ein Pferdekopf, der Kiefer einer Kuh und zwei Pferdebeine. Sie wurden zurück zum Marktplatz »überführt«. Dort hielt der »Bischof« eine Scheinpredigt und erhob die Gebeine öffentlich zu Reliquien mit den Worten: »O lieben andecktigen, Sehet, das ist der heylig arsbacken des lieben Korschülers zu Meyssen S. Benno«; dabei streckte er den Kuhkiefer empor. Viel Wasser wurde zum Zwecke der »Reinigung« über die Gebeine gegossen, selbstredend ohne jeden Erfolg. Der »Bischof« verkündete einen Ablaß, die Gläubigen wurden zu Opferspenden aufgerufen, und man stimmte den Wechselgesang »Lieber Herr S. Benno, wone uns bey« an. Danach wurde eine Papstfigur auf die Mistkarre gehoben und mit dem päpstlichen »Anhang« in den Brunnen geworfen. Laut dem Bericht eines Augenzeugen konnten sich die Zuschauer vor Lachen kaum halten.[16]

1525 ereigneten sich mehrere Fälle. In Ulm fand an Fastnacht eine nachgeäffte Sakramentsprozession statt, bei der man die Geistlichkeit zum Besten hielt.[17] In Nürnberg wurde zur Fastnachtszeit »gespöttweis ein Cruzifix« herumgetragen.[18] In Zwickau veranstaltete man am Fastnachtsdienstag und -mittwoch auf den Straßen eine Scheinhatz nach Mönchen und Nonnen, die schließlich in Netze getrieben wurden, »so wie man es gewöhnlich bei der Jagd macht«.[19] In Naumburg bewegte sich ein komischer Zug mit einem Karnevalspapst sowie Karnevalskardinälen und -bischöfen durch die Straßen, und vergnügt Tanzende, die als Mönche und Nonnen verkleidet waren, zogen mit.[20]

Ein ernsterer Zwischenfall ereignete sich 1525 in dem Städtchen Boersch im Unterelsaß. Am 6. Januar, dem Dreikönigsfest und einem Anlaß zu karnevalesken Festlichkeiten, zogen zwölf Jugendliche aus der Stadt, angeführt von einem Pfeifer und einem Trommler, zum nahegelegenen Stift St. Leonhard. Man nannte sie die »Pfeiferknaben«. Es war Brauch, daß sie einen aus ihrer Mitte zum König kürten und dann von Haus zu Haus zogen, um »eine Gabe für ihren König« zu erbitten.

1525 jedoch verschlossen sich die Kanoniker von St. Leonhard ihren Bitten. Als die Pfeiferknaben an die Türen des Priors und des Küchenmeisters pochten und man ihnen eine Gabe verweigerte, nahmen sie eine drohende Haltung ein. Sie erklärten dem Küchenmeister, daß, falls er ihnen nicht Geld, Speis und Trank gäbe, sie sich dies selbst verschaffen würden. Zwar gab er ihnen daraufhin klugerweise etwas zu trinken. Doch mußten sie sich mit weniger Lohn für ihre Mühe auf den Heimweg machen als in den Jahren zuvor. Aus Rache drehten sie den Hühnern des Stifts den Hals um und schleppten sie als Beute mit sich fort. Sie stießen Drohungen aus, daß sie zurückkehren und die Kirche plündern und zerstören würden; einer behauptete sogar, daß er dann den Altar St. Leonhards als Tisch für sich nehmen wolle. Der Konflikt setzte sich am 21. April, dem Samstag nach Ostern, fort. Nachdem Leute aus der Stadt bereits während der Fastenzeit im März versucht hatten, das Stift zu stürmen und zu plündern – allerdings erfolglos –, gelang es ihnen nun beim zweiten Versuch. Vorräte wurden verzehrt, Bilder und Altäre zerstört, Kirchenbücher zerrissen und verbrannt. Die Kirche wurde aller wertvollen Gegenstände beraubt, bevor man sie samt ihren Gebäuden zerstörte. Dieses Geschehen hatte karnevaleske Züge. Denn während der Plünderung wurden Ostereier gesammelt, einige der Teilnehmer verrichteten auf dem Altar ihre Notdurft, und in einem »Narrenspiel« wurden kirchliche Zeremonien verspottet.[21]
In Basel ereignete sich an Fastnacht, den 9. Februar 1529, ein Bildersturm. In der Nacht des 8. Februar waren protestantische Bürger in das Zeughaus eingebrochen, hatten sich der Waffen bemächtigt und auf den Straßen Geschütze postiert. Am Morgen erzwangen sie sich Zutritt zum Rathaus auf dem Kornmarkt. Während ihre Unterredung mit dem Rat der Stadt noch im Gange war, wurde der Dom gestürmt. Seine Bilder wurden zerstört, auf einen Haufen geschichtet und in einem großen Freudenfeuer verbrannt. Gleiches folgte in anderen Kirchen der Stadt. Ein großes Kruzifix aus dem Dom wurde prozessionsartig durch die Straßen geschleift: man hatte es an einem langen Seil befestigt. Acht- bis zwölfjährige Knaben sangen dazu »O du armer Jesus«, und man verspottete das Kruzifix mit den Worten: »Bistu got, so wer dich, bistu aber mensch, so blut!« Anschließend schleppte man das Kreuz ins Zeughaus und verbrannte es. Am nächsten Tag nahm sich der Rat der restlichen Bilder an, vor allem jener aus den Kirchen Kleinbasels jenseits des Flusses, und veranstaltete »Fastnachtsfeuer«, wo die Bilder dann den Flammen übergeben wurden.[22]

In Goslar wurden bei einem Karnevalszug am 17. Februar 1530 Spottlieder auf die Geistlichkeit gesungen, in denen der Dom zum »Freudenhaus« erklärt wurde. In einer Nachäffung der Palmsonntagsprozession ritt der Kaiser auf einem Esel und der Papst auf einer Sau. Auf dem Marktplatz wurde die Messe förmlich zu Grabe getragen, und man stimmte Spottlieder auf den Kaiser an.[23] In Münster inszenierten Studenten, Gesellen und Bürger zur Fastnacht des Jahres 1532 einen Karnevalszug, bei dem Geistliche, Mönche und Nonnen vor einen Pflug gespannt wurden, den sie dann durch die Straßen zogen. Die Darsteller waren entsprechend kostümierte Gesellen. Einige von ihnen trugen »Reliquien« und versprengten Weihwasser, so wie es die Domkanoniker gewöhnlich bei Prozessionen taten.[24]

Ein ähnlicher Vorfall ereignete sich 1534 in Münster, als die Täufer gerade im Begriff waren, die Stadtherrschaft zu übernehmen. Einige der Aufständischen feierten Fastnacht mit antikatholischen Satiren. Auf einem Wagen lag einer wie ein Kranker im Bett; ein anderer, mit einer Brille auf der Nase und gekleidet wie ein Pfarrer, hielt mit der einen Hand einen Weihwasserwedel über den Kranken und in der anderen Hand ein Buch, aus dem er allen möglichen Unsinn vorlas; der Wagenlenker war dabei als Bischof kostümiert. Diese szenische Darstellung zogen sechs Personen in Mönchskutten durch die Straßen. Außerdem wurde auch ein als Mönch verkleideter Schmied, der vor einen Pflug geschirrt war, mit Peitschenknall durch die Stadt getrieben. In einem Dorf jenseits der Münsteraner Stadtmauern fand unter Glockengeläut eine weitere Spottprozession mit Kreuzen und Fahnen statt; dabei wurde eine auf einem Reisigbündel liegende Figur um den Friedhof getragen, »als wenn sie die Reliquien der Heiligen im Schrein mit höchster Verehrung herumgeführt hätten«.

Der letzte Fall, der zugleich der facettenreichste ist, fand 1543 in Hildesheim statt.[25] Dort war Ende 1542 die Reformation eingeführt worden. Im Februar beschloß der Rat, das Fest Mariae Reinigung (Lichtmeß am 2. Februar) durch einen weltlichen Feiertag zu ersetzen. Wie es der Zufall wollte, fiel dies Fest genau auf den Tag, an dem in jenem Jahr die Karnevalsfeiern beginnen sollten, so daß inmitten der herkömmlichen Festlichkeiten das Fehlen der religiösen Feier unbemerkt bleiben konnte. Am Vorabend des Festes der Reinigung Mariae gab es statt des gewohnten Fastens ein Fest mit Tanz. Das nächste Vorkommnis ereignete sich am darauffolgenden Sonntag, den 4. Februar, der »Pfaffenfastnacht«. Ein Bild Christi als Schmerzensmann aus dem

Dom wurde in die verschiedenen Trinkstuben der Zünfte und Bruderschaften gebracht, wo die Anwesenden dem Bild zuprosteten und es aufforderten, Gleiches zu tun. In der Trinkstube der Schneiderzunft wurde Bier über das Bild geschüttet, als es auf die Trinksprüche nicht reagierte.

An Fastnacht, den 6. Februar, wurde ein Umzug veranstaltet, bei dem Reliquien Marias sowie in einer Monstranz die Vorhaut Christi mit Spott und Gelächter durch die Straßen getragen wurden. Mit Schimpf und Hohn führte man auch einen als Bischof Kostümierten durch die Stadt und warf ihn dann aus dieser hinaus. Am Aschermittwoch, den 7. Februar, bewegte sich ein Zug durch die Straßen der Stadt, der von einem Jugendlichen angeführt wurde. Dieser war wie ein Papst gekleidet, in Albe und Pluvial, mit einer dreifachen Tiara auf dem Kopf und goldenen Ringen an den Fingern. Er schritt unter einem Baldachin einher und wurde begleitet von vier Personen in Bischofsgewändern sowie anderen, die als Diakone und Subdiakone kostümiert waren und Weihrauchgefäße schwangen. Der Karnevalspapst segnete alle und jeden, »so wie es der Papst gewöhnlich machte«. Wieder andere nahmen in der Verkleidung von Mönchen und Nonnen am Zug teil. Das Fest zog sich unter großem Getöse und Gelächter über den ganzen Tag hin. Dazu gehörte auch, daß die als Weltgeistliche und Mönche Kostümierten von Frauen umhergeleitet und dann aus der Stadt geworfen wurden.

Am Donnerstag fand statt der traditionellen Fastenprozession ein Umzug statt, bei dem eine zerlumpte Figur herumgetragen wurde, deren Arme wie bei einem Kruzifix ausgestreckt waren und deren Kopf mit einer Haube verdeckt war. Ihr folgten Personen in Karnevalskostümen. Viele der Teilnehmer trugen Weihrauchbehälter und Töpfe oder Krüge, vielleicht, um damit Reliquienbehälter zu parodieren. Einige zeigten sich in Kutten der Kartäuser und anderer religiöser Orden, trugen Brettspiele statt Gesangbüchern und sangen daraus das Kyrie. Am Ende geleitete der Bürgermeister die ganze ausgelassene Schar – Männer, Frauen und Kinder – zum Dom. Dort wurde ihnen zwar der Zutritt zur Kirche verwehrt, doch gelang es ihnen, im Kreuzgang einen Reigen zu tanzen und im Friedhof Gräber zu entweihen.

Frauen jagen Geistliche (Federzeichnung von Lukas Cranach d. Ä.)

II. Eine präzise Analyse der oben beschriebenen Vorfälle ist schwierig, da jeweils nur indirekte Zeugnisse vorliegen und es vielen Berichten an signifikanten Details mangelt. Die hier herangezogenen vierundzwanzig Fälle sind lediglich das Ergebnis einer vorläufigen Untersuchung; in Archiven und Quellensammlungen dürften noch zahlreiche weitere Fälle verborgen sein, die sich durch weiteres Nachforschen entdecken ließen. Die folgende Analyse (vgl. nachstehende Tabelle) ist deshalb nur als ein Versuch zu verstehen. Siebzehn Fälle ereigneten sich während der eigentlichen Karnevalszeit oder am Tag der Fastnacht. Die Vorkommnisse in Boersch geschahen zu Zeiten, an denen karnevaleske Festlichkeiten üblich waren, d. h. am Dreikönigsfest und an Ostern; in Straßburg scheinen karnevaleske Feiern auch zu Weihnachten stattgefunden zu haben.[26] In Goslar, wo es keine Fastnacht gab, ereignete sich der Vorfall vermutlich während eines örtlichen Festes, das mit dem Bergwerkscharakter der Stadt zusammenhing.[27] Nur drei Fälle weisen keine ausdrückliche Verbindung zu irgendeinem Fest bzw. einer Feier auf: der Umzug und die Bücherverbrennung 1520 in Wittenberg, die Bischof Benno-Parodie in Buchholz – einer weiteren Bergwerksstadt – und die gegen Murner gerichtete Karnevalspuppe, deren Auftreten ich nicht genau zu datieren vermochte.

In sieben Fällen nahm das Geschehen die Gestalt eines Fastnachtsspiels an, während in einundzwanzig Fällen irgendeine Form von Umzug eine Rolle spielte. In drei Fällen sind Spiel und Umzug miteinander verknüpft (Spiel und Umzug, die 1522 für Nürnberg erwähnt sind, waren unabhängig voneinander). Die drei Vorfälle, die sich an Tagen ohne jede Festverbindung ereigneten, waren eindeutig spontane Karnevalsdarstellungen. Die Wittenberger Studenten waren durch Luthers Verbrennung der Bannandrohungsbulle angeregt worden und die Buchholzer Bürger durch die Vorkommnisse in Meissen, gegen die Luther sich schriftlich mit scharfen Worten gewandt hatte.[28] Man hat behauptet, daß das Buchholzer Geschehen mit dem Fest des Kinderbischofs zusammenhing, aber diese These wird durch die uns vorliegende Beschreibung des Ereignisses nicht gestützt und muß insofern als eine falsche Parallele fallengelassen werden.[29] Um den Murner-Fall genauer beurteilen zu können, sind zusätzliche Informationen vonnöten; Karneval wurde jedoch häufig in Murners populären Schriften thematisiert, und dies mag auch dazu angeregt haben, ihn selbst auf satirische Weise anzugreifen.[30]

Besondere Kennzeichen des Karnevals sind Maskierungen und Travestien, d. h. die Kostümierung mit ungewöhnlicher Kleidung, insbeson-

Analyse der Karnevalsfälle

Fall		Form				Teilnehmer			Themen								
		Karnevalszeit	Spiel	Umzug	Travestie	Jugendliche	Frauen	sonstige Bevölkerungsgruppen	Haltung der Obrigkeiten*	Klerus	Papst	Kardinäle, Bischöfe	Ablässe	Luther	Reliquien	Bilder	Parodie relig. Zeremonien
Wittenberg	1520			×	×	×		×	○		×		×				×
Wittenberg	1521	×	×	×	×	×		×	○		×	×	×				
Stralsund	1522	×		×	×					×							
Danzig	1522	×	×		×	×				×	×			×			×
Elbing	1522	×	×	×	×			×		×			×	×			
preuß. Stadt	1522	×		×	×	×			○	×							×
Straßburg (Murner)	1522			×						×				×			
Straßburg (Dezember)	1522	×		×	×				–		×	×					
Nürnberg	1522	×	×	×	×				–	×	×						
Nürnberg	1523	×		×	×				○				×				
Bern	1523	×	×	×	×			×	+	×	×	×	×				
Königsberg	1524	×	×		×				○	×	×	×					
Buchholz	1524			×	×	×			–		×	×			×		×
Ulm	1525	×		×					–	×							×
Nürnberg	1525	×		×					–							×	
Zwickau	1525	×		×	×	×		×	○	×							
Naumburg	1525	×		×	×	×		×	○	×	×	×					
Boersch (Pfeiferkn.)	1525	×		×		×			–	×							
Boersch (Ostern)	1525	×	×			×	×	×	–	×							×
Basel	1529	×		×		×		×	○							×	×
Goslar	1530	×		×	×	×		×	–	×	×						×
Münster	1532	×		×	×	×			–	×					×		
Münster	1534	×		×	×	×			–	×					×		×
Hildesheim	1543	×		×	×	×	×	×	+	×	×	×			×	×	×
Summe		21	7	21	18	14	2	10		17	11	7	5	3	4	3	10

* Haltung der Obrigkeiten: + = Billigung (zweimal); – = Mißbilligung (zehnmal); ○ = Duldung (achtmal).

dere des anderen Geschlechts. Weidkuhn schloß aus den Vorfällen in Basel und Boersch auf die Verwendung von Masken, doch wird dies in den Quellen nicht ausdrücklich erwähnt.[31] Will man normale Karnevalspraktiken aus der Zeit nach dem 16. Jahrhundert als analog gelten lassen, könnte man auch in einigen anderen Fällen – einschließlich des ersten Wittenberger Vorfalls – auf den Gebrauch von Masken schließen. Doch ist hierbei Vorsicht geboten – nur allzu leicht könnte man Maskierungen mit Travestien bzw. Kostümierungen verwechseln.[32] In unseren Berichten werden Verkleidungen durchaus eigens erwähnt, während von Maskierungen nirgends ausdrücklich die Rede ist. Da beim Maskentragen ein sehr weiter Bereich psychologischer und kultureller Bedeutungen mitschwingt,[33] ist es klüger, nur da vom Gebrauch von Masken auszugehen, wo sich dies in den Geschehnissen eindeutig nachweisen läßt. Dies gilt auch bezüglich der Verwendung menschlicher Abbildungen und Karnevalspuppen. Oft geben die Quellen keine eindeutige Antwort, ob die Karnevalsfigur eine Puppe oder bloß ein kostümierter Spieler war. Lediglich im Murner-Fall von 1522 sind wir genau darüber unterrichtet, daß dabei eine Puppe eine Rolle spielte; schon im zweiten Straßburger Vorfall von 1522 läßt sich dies nicht mehr eindeutig feststellen.[34] Insofern scheint es geraten, behutsam zu verfahren und davon auszugehen, daß die meisten der behandelten Vorfälle Personifizierungen beinhalteten. Bezüglich der Darsteller besteht nur ein geringer Unterschied zwischen der Personifizierung in einem Spiel oder der in einem Umzug, und einige Fastnachtsspiele wurden in erster Linie nicht an einem festen Ort bzw. auf einer stationären Bühne aufgeführt, sondern während und inmitten des Umzugs.[35] Zweifellos legt der Bericht über das Spiel in Elbing den Gedanken besonders nahe, daß es sich dabei um einen Teil des Umzugs handelte.[36] Wir können somit feststellen, daß Travestien in achtzehn Fällen eine Rolle spielten.

Gleichfalls unbefriedigend sind die Quellen, was Zahl, Alter und soziale Zusammensetzung der Teilnehmer anbetrifft. In zehn Fällen kann man aufgrund der Berichte vernünftigerweise darauf schließen, daß am Geschehen eine große Zahl Einwohner beteiligt war, und sei es auch nur als Zuschauer. In den meisten Fällen scheint die Teilnahme eher passiv als aktiv gewesen zu sein. Wenn wir in Rechnung stellen, daß Zuschauer bei einem Umzug stärker ins Geschehen einbezogen sind als bei einem stationären Fastnachtsspiel, können wir sagen, daß die Zahl der Teilnehmer insgesamt groß war, außer in fünf Fällen: Die Pfeiferknaben von Boersch beschränkten sich gewöhnlich auf die städtische Jugend, in Danzig fand das Spiel in geschlossenen Räumen statt, und in den beiden Münsteraner Fällen soll nur eine Minderheit an den Karnevalssatiren teilgenommen haben – laut Aussage des Chronisten, für dessen Zuverlässigkeit ich nicht bürgen kann.[37] Über Königsberg haben wir nicht genügend Informationen. Frauen werden lediglich in zwei Fällen eigens erwähnt: In Hildesheim geleiteten sie die als Geistliche und Mönche Verkleideten durch die Straßen und warfen sie dann aus der Stadt,[38] und als in Boersch St. Leonhard gestürmt wurde, waren angeblich auch Frauen mit Kleinkindern auf dem Arm sowie Frauen im Harnisch dabei.[39] Weitere besondere Gemeindegruppen werden in einem Fall bzw. in zwei Fällen erwähnt: In Danzig führte 1522 die Bruderschaft St. Reinhart das Fastnachtsspiel im Artushof auf, und bei den Hildesheimer Vorkommnissen hatten Zünfte eine wichtige Rolle inne. Außerdem können wir aus den Vorfällen folgern, daß gewöhnlich Karnevalsvereinigungen die verschiedenen Fastnachtsspiele aufführten und daß auch der Nürnberger Schembartläufer in dem aus Ablässen gefertigten Kostüm einer solchen Vereinigung angehört haben dürfte.[40]

Am augenfälligsten ist die Rolle der Jugend; man begegnet ihr in vierzehn Fällen. In Wittenberg erscheinen sie als Studenten, in Buchholz als eine Masse Jugendlicher und in Zwickau als »Bürgersöhne«.[41] Von Goslar wird berichtet, daß Schüler der Domschule Spottlieder auf die Geistlichkeit sangen.[42] Jugendliche werden als Teilnehmer des Basler Umzugs mit dem Kruzifix erwähnt, und in Hildesheim ist es ein Siebzehnjähriger, der als Papst verkleidet ist. Der Münsteraner Umzug von 1532 war von jungen Gesellen und Studenten inszeniert worden. Der Zug der Pfeiferknaben von Boersch spricht für sich selbst, und in dem offiziellen Bericht über die Plünderung von St. Leonhard werden Kinder bzw. Jugendliche im Alter von zehn, zwölf, vierzehn und achtzehn Jahren als Teilnehmer genannt.[43] Der Naumburger Umzug von 1525 wurde vom Rat der Stadt als jugendliches Rabaukentum entschuldigt, und der Danziger Stadtrat bezeichnete die Reinhartsbrüder als junges Volk, das sich in traditionellen Lustbarkeiten erging.[44]

Die Haltung der Obrigkeiten den Vorkommnissen gegenüber ist ein weiterer interessanter Vergleichspunkt. Die Stadträte von Straßburg und Nürnberg untersagten 1522 geplante antirömische Fastnachtsereignisse, und der Nürnberger Rat stellte 1525 offizielle Nachforschungen an, wer für die Verspottung des Kruzifixes verantwortlich war.[45] In Ulm untersuchte der Rat den Vorfall von 1525, um die Dahinterstehenden zu bestrafen, und 1526 verbot er den Karneval gänzlich.[46] In Buchholz brach der örtliche sächsische Beamte das eingeleitete Verfahren ab, nachdem der lutherische Prediger ihm gegenüber seine Befürchtung zum Ausdruck gebracht hatte, daß die Satire als eine durch die Predigt des Evangeliums hervorgerufene Unruhe betrachtet werden könnte.[47] In Goslar sah der Rat die Karnevalsereignisse als Unruhen an.[48] Die beiden Münsteraner Fälle waren Teil der Unruhen, die zur Täuferherrschaft in der Stadt führten. In zwei Fällen unterstützten die Obrigkeiten die Geschehnisse, in Bern und in Hildesheim. Für acht weitere Fälle kann man sagen, daß sie die Vorfälle stillschweigend duldeten. In Naumburg und Danzig hatten sie dafür Entschuldigungen parat, in den beiden Wittenberger Vorfällen zeigte man wohlwollendes Verständnis, und im Falle Nürnbergs scheint es höchst unwahrscheinlich, daß der Schembartläufer im Ablaßkostüm ohne die unausgesprochene Billigung des Rats hätte mitlaufen dürfen. In Basel waren die Vorkommnisse zweifellos Teil eines Aufstands gegen die Ratsobrigkeit. Doch scheinen die Räte das Geschehen insofern akzeptiert zu haben, als sie die Bilderverbrennung selbst in die Hand nahmen. In Königsberg blieb eine Beschwerde der Mönche unbeachtet, und bei dem Zwischenfall in der ungenannten preußischen Stadt erreichte der Umzug seinen Höhepunkt vor den Toren des Rathauses, was auf eine gewisse Duldung des Geschehens durch die offiziellen Stellen hinweist.

Die Themen der Vorfälle sind recht unterschiedlich. Sie richteten sich größtenteils gegen den Klerus (in siebzehn Fällen) und gegen den Papst (in elf Fällen). Gleichfalls angegriffen wurden Kardinäle und Bischöfe (siebenmal) sowie Ablässe (fünfmal). Luther kommt nur in drei Fällen vor, wohingegen der Angriff auf den Kaiser in Goslar ein einmaliger Fall ist (er mag jedoch beeinflußt worden sein von der ausgesprochen feindseligen Haltung, die der Kaiser 1529/30 dem Protestantismus gegenüber an den Tag gelegt hatte). Bilder spielen in drei, Reliquien in vier Fällen eine Rolle. In zehn Fällen wurden religiöse Zeremonien parodiert. In Wittenberg sollte 1520 mit dem Zug um das Freudenfeuer angeblich die Zeremonie der Osternacht lächerlich gemacht werden, möglich ist aber auch, daß dies eine Parodie der Verdammung eines Häretikers zum Tod auf dem Scheiterhaufen war.[49] Im Danziger Fastnachtsspiel wurde der Papst dargestellt, wie er mit Glocke, Buch und Kerze gegen Luther den Bann ausspricht, und der preußische Vorfall beinhaltete eine Spottpredigt. In Buchholz wurde die Erhebung des neuen Heiligen parodiert, und sowohl Basel als auch Hildesheim erlebten Parodien auf religiöse Prozessionen. In Goslar wurde die Palmsonntagsprozession parodiert, wo Christus auf einem Esel ritt. Nur in Boersch bleibt die Art der Parodie unbestimmt, wenn sie auch sicherlich eine Parodie auf die Messe darstellte.

III. Weshalb sollten Ausdrucksformen evangelischen Gefühls sich so häufig mit dem Karneval verbunden haben? Das Verständnis dieser Frage setzt eine Bestimmung der Rolle des Karnevals im kollektiven Leben der Zeit voraus – eine Aufgabe, die im Rahmen dieses Aufsatzes mehr Probleme aufwirft als löst. Spezielle Forschung zur Bedeutung des Karnevals ist erst ansatzweise etabliert, und wichtige Fragen der Methode und der Zugangsweise müssen noch gelöst werden.[50] Dies liegt zum Teil daran, daß die Untersuchungsstränge den Bereich einer einzigen Disziplin überschreiten und Fragen der Volkskunde, der Sozialanthropologie, Sozialpsychologie und Philosophie berühren. Ein auf seine Spezialdisziplin fixierter Forscher – und erst recht der Historiker – könnte in solch unvertrautem Gelände leicht den Boden unter den Füßen verlieren. Im folgenden möchte ich sechs verschiedene Zugangsweisen zum Phänomen Karneval behandeln, um zu sehen, inwieweit sie dessen Verbindungen zur Reformation zu erhellen vermögen.

Jugendliche Ausgelassenheit

Diese Zugangsweise legt sich wegen der bedeutenden Rolle der Jugendlichen bei den beschriebenen Ereignissen nahe, insbesondere aber wegen der Erklärungen, die die Magistrate von Naumburg und Danzig lieferten. Wir können diese Erklärungen als Entschuldigungen betrachten, von den Magistraten vorgebracht, um dem Mißfallen kirchlicher Obrigkeiten zu wehren. Aber es könnte auch sein, daß unsere Beispiele lediglich Geschehnisse sind, bei denen sich jugendlicher Übermut mit drängenden Tagesproblemen vermischte. Der Festkalender besaß Höhepunkte, an denen der Jugend Zügellosigkeiten gestattet waren; an jenen Tagen durfte sie sich ungebührlich betragen, ohne daß ihr dies wie zu anderen Zeiten des Jahres eine Anklage wegen Verstoßes gegen die Friedensordnung eingetragen hätte. So gilt das Narrenfest als beispielhaft für die Art und Weise, Jugendlichen im Rahmen kirchlicher Zucht mittels eines »Sicherheitsventils« zu begegnen.[51] Im weltlichen Bereich repräsentiert dies der Karneval mit seinen Heischgebräuchen.
In der halbautonomen Welt studentischer Gruppen wurde solch zügelloses Verhalten gleichfalls in voraussehbare Bahnen gelenkt, beispielsweise in Gestalt von Schein-Disputationen oder von Initiationsriten.[52] Studenten waren allerdings zu einem geringeren Grad als andere soziale

Gruppen in einen größeren sozialen Verband integriert, und stets drohte studentische Ausgelassenheit auszuufern und in Tumult auszuarten. Vieles spricht für die Vermutung, daß der Erfurter Pfaffensturm von 1521, der als erster gewaltsamer Ausbruch der Reformation gilt, ein Hervorbrechen solch ausufernder Stimmung war. Denn daran waren organisierte Gruppen beteiligt, die geheime Parolen benutzten – ein klassisches Zeichen geheimer Jugendbünde.[53] Der spontane Umzug Wittenberger Studenten im Jahre 1521 ist insofern ein Beispiel ebendieses studentischen Übermuts, als er ja überhaupt nicht mit einem Fest der Gemeinde zusammenhing. Die Studenten dürften einige Besonderheiten ihres Aufzugs von Initiationszeremonien übernommen haben. Dies deutet ein zeitgenössischer Bericht an, in dem es heißt, daß die Studenten auf dem Wagen jenen »Status unzüchtiger Ausgezogenheit« bekleideten, den neue Studenten bei ihrem Eintritt in die Schulen innezuhaben pflegten.[54]

Spontaneität ist auch ein Verhaltensmerkmal der Pfeiferknaben von Boersch und der Basler Bilderstürmer von 1529; letztere sind für die hier behandelte Frage allerdings weniger relevant. Zwar hat Peter Weidkuhn die Meinung vertreten, daß dieser Basler Vorfall beispielhaft für eine spontane Jugendrevolte sei, vergleichbar den Pariser Ereignissen vom Mai 1968.[55] Doch für diese Annahme spricht wenig. Aufgrund der Aussage eines Augenzeugen wissen wir, daß daran Jugendliche beteiligt waren[56] – aber sie waren nicht die einzigen. Darüberhinaus läßt sich die Rede von einem »karnevalesken Geschehen«, das durch den Angriff auf den Dom ausgelöst worden sei, kaum rechtfertigen, sieht man einmal vom Zeitpunkt des Geschehens ab. Denn für Weidkuhns Annahme, daß die Bilderstürmer maskiert waren, gibt es keinerlei Beweis; vielmehr traten die karnevalesken Elemente erst später hinzu.

Interessanter für unsere Fragestellung sind hingegen die Pfeiferknaben. Denn an ihnen wird offenbar, wie leicht die Grenze von festlicher Ausgelassenheit zum Tumult überschritten werden konnte. Ihre Enttäuschung, nicht so, wie es der Brauch war, behandelt zu werden, ließ sie rasch dazu übergehen, Gewalt anzudrohen und sich am Geflügel der Kanoniker zu rächen. Ihr Tun ist vielleicht nicht allzu weit entfernt vom Erfurter Pfaffensturm. Deshalb dürften durchaus Gründe für die These sprechen, daß jugendliche Ausgelassenheit einige der beschriebenen Vorfälle zu erklären vermag.

Daß diese These gleichwohl erweitert werden muß, hat Natalie Davis in ihrer Beschäftigung mit dem Thema Jugendgruppen deutlich gemacht.[57] Das Verhalten Jugendlicher vollzieht sich nicht im luftleeren Raum, sondern in bestimmten Gemeinden, deren soziale und kulturelle Werte es zum Ausdruck bringt. Davis bezieht sich auf Überlegungen von S. N. Eisenstadt zum Wesen von »Jugendkultur«, und auch für uns könnte es zweckmäßig sein, die eine oder andere seiner Überlegungen in Betracht zu ziehen. So lassen sich Adoleszenz und Jugend als eine Zeit des Übergangs von der Kindheit zum Erwachsenendasein bestimmen. Dies ist insofern eine wichtige Phase, als man dabei das begrenzte soziale Milieu der Kindheit in Richtung einer vollständigen Einbindung in die Gesellschaft überschreitet. In diesem Sozialisationsabschnitt ist man mit dem ganzen Spektrum etablierter Werte konfrontiert, die für die Welt der Erwachsenen verbindlich sind. Als Jugendlicher erprobt man sich gegenüber diesen Werten, und es wird von einem erwartet – zumindest, was die Gesellschaft anbetrifft –, daß man sich diesen Werten angleicht und sie in seine Persönlichkeit integriert. Dieser Vorgang ist jedoch eine zweischneidige Sache. Denn wenn soziale Werte dargeboten werden, damit man sie akzeptiert, werden sie zugleich auch auf die Probe gestellt. Dabei besteht einerseits die Gefahr, daß der Betreffende sich gegen sie wendet bzw. der Jugendliche anfängt, sich seine eigenen Werte gegen die der Gesellschaft zu bilden. Andererseits kann der Jugendliche aber auch zum Vorkämpfer etablierter Werte werden, indem er sie aufs neue bekräftigt und die Erwachsenen daran erinnert, daß jene Werte für sie nicht bloßes Lippenbekenntnis sein sollen, sondern realer Lebensinhalt. Man hat vorgeschlagen, darin die soziale Funktion von Charivaris in ländlichen Gesellschaften zu sehen, die zur Regulierung von sozialen Regeln des Heiratens und Wiederverheiratens dienten.[58]

Van Gennep, der den Begriff »Passageritus« prägte, verstand solche Übergangsstadien als Zeiten, die eine Gesellschaft außerordentlich gefährden.[59] Da mit ihnen ein Auseinandertreten etablierter Werte gegeben sei, wäre es auch ohne weiteres möglich, daß sie eine Auflösung dieser Werte im Sinne ihrer Vernichtung zur Folge hätten. Deshalb ritualisiere und kontrolliere die Gesellschaft solche Übergangsstadien, vor allem mittels Initiationszeremonien. Wir müssen derartige Phänomene in der frühen Neuzeit detaillierter untersuchen, um sie genauer bestimmen zu können, auch wenn Natalie Davis bereits auf einige solcher Erscheinungsformen hingewiesen hat. Den von ihr genannten geheimen Jugendbünden, Karnevalsgesellschaften und Gesellenbünden ließen sich studentische Gruppen hinzufügen. Denn besonders signifikant für Gesellenbünde wie auch für Studentengruppen ist deren autonome soziale Position. Es war kein Zufall, daß sich Magistrate stets gegen die Entstehung von Gesellenverbänden wandten oder ihre Rechtsprechung auf die Universitäten auszudehnen suchten.[60] Denn Studentengruppen und Gesellenverbände waren der Gesellschaft gerade deshalb gefährlich, weil sie sich den etablierten Mustern ritualisierten Verhaltens nicht einverleiben ließen.

Was bedeutet das im Hinblick auf die Reformation? Stephen Ozment hat darauf hingewiesen, daß die Reformation in erster Linie unter jungen und sozial mobilen Leuten Anhänger fand.[61] Es mag so scheinen, als ob damit die Bedeutung all jener nüchternen und ehrbaren Bürger unterschätzt würde, die evangelisches Gedankengut mit nicht weniger Begeisterung aufnahmen als Jugendliche und Nichtseßhafte. Aber es verweist auf die Bedeutung Jugendlicher für die Verbreitung reformatorischer Vorstellungen. Möglicherweise gestand man der Jugend ein gewisses Maß an Toleranz bezüglich unorthodoxer Ansichten zu sowie die Freiheit, Unstimmigkeiten zu artikulieren, die in der etablierten religiösen Ordnung auftraten. Oder sie konnte sich gewisse Freiheiten herausnehmen – denn Jugendliche waren derart unbeständig, daß sie nicht immer durch Strategien der Gesellschaft in die Schranken verwiesen werden konnten. In einer Gemeinde, wo nur wenige den neuen Ideen zuneigten, konnte die Jugend in Widerspruch stehen zu den etablierten religiösen Werten. Wo dagegen eine Gemeinde bereits wohlwollendes Interesse an den evangelischen Vorstellungen zeigte, konnte die Jugend als Vorkämpfer dienen, um jene voranzutreiben, die sonst möglicherweise erst eine offizielle Entscheidung bzw. einen Ratsbeschluß abwarteten. Die überwältigende Dominanz männlicher Jugendlicher in den von uns angeführten Fällen von Karneval und Reformation zeigt, daß hier – wie auch in anderen Bereichen – Jugendgruppen als »aufrührerische Stimme des Gemeindegewissens«[62] fungierten. Es entsprach der Natur der Sache, daß sich dies in karnevaleskem Treiben äußerte. Denn Karneval war das höchste Fest der Jugend gegen das Alter, und im Ringen zwischen Karneval und Fastenzeit verkörperte sich die Zurückweisung des Alten durch das Neue. Daß die Jungen den Kampf zwischen alter und neuer Religion in dieses Schema einpaßten, das so tief im kollektiven Leben der Zeit wurzelte, ist nicht erstaunlich.

Spaß und Spiel

Zwei Dinge fallen bei den im ersten Teil dieses Aufsatzes beschriebenen Beispielen des Karnevals besonders ins Auge. Das eine ist die in den meisten Fällen herrschende festliche Stimmung. Gewalt und Eigentumsbeschädigung finden sich nur bei zwei Geschehnissen, in Basel und in Boersch. Im übrigen aber bestimmt ein heiterer und fröhlicher Ton das Geschehen. Das zweite Merkmal ist das wiederholte Auftreten von Parodie und Satire. Man könnte behaupten, daß dies eher auf eine Verbindung mit vorreformatorischem Karnevalsgeist verweist als auf eine Verbindung mit evangelischer Begeisterung. So gehörte es beispielsweise zur Tradition der Danziger Reinhartsbrüder, antiklerikale Satiren aufzuführen[63], und es gibt noch zahlreiche ähnliche Fälle aus der Zeit vor der Reformation. 1441 etwa fertigte ein Gastwirt aus Köln mit Hilfe von vier Freunden und einer Dienstmagd eine Nachahmung des Kölner Schreins an und trug ihn mit diesen durch die Straßen der Stadt, wobei außerdem noch Fahnen und eine Puppe mitgeführt wurden.[64] In Frankfurt wurden 1467 siebzehn Bürger bestraft, weil sie eine religiöse Prozession parodiert hatten. In Augsburg bestrafte man 1503 mehrere Jugendliche wegen eines Fastnachtswagens, auf dem ein Scheinpriester eine Ziege taufte.[65] Selbst 1518 noch machten Straßburger Schusterlehrlinge in einem Festzug einen Bischof mittels Satire lächerlich.[66]

Satire und Parodie waren selbstverständlich konstitutive Elemente mittelalterlicher Feste. Der klassische Typus ist das Narrenfest, bei dem nicht nur ein Kinderbischof gewählt wurde, sondern in der Kirche auch eine Parodie auf die Messe stattfand. Bei einer anderen Variante, dem Eselsfest, wurden Eselsmessen gefeiert, wobei man die einzelnen Teile der Messe jeweils mit einem komischen »Iaah« beantwortete.[67] Daß solcher Satire durchaus Schranken gesetzt waren, zeigen Mandate, die sich gegen die Parodie kirchlicher Zeremonien sowie gegen Personifikationen von Mönchen und Nonnen richteten und deren Zahl gegen Ende des 15. Jahrhunderts wuchs.[68] Ob sich darin eine tatsächliche Zunahme antikirchlicher Satire spiegelt oder lediglich ein Einstellungswandel auf seiten der Obrigkeit, ist ungeklärt.

Wir können diese Traditionen der Karnevalsparodie und -satire besser verstehen, wenn wir sie in den größeren Kontext des Spiels und seiner kulturellen Bedeutung einordnen. Johan Huizinga hat in seinem Buch »Homo ludens« drei wesentliche Elemente des Spiels hervorgehoben.

Erstens sei Spielen ein schöpferischer Akt, bei dem eine von der Wirklichkeit geschiedene Welt entsteht. Zweitens sei diese Welt des Spiels durchdrungen von fundamentalem Ernst – einem Ernst, der innerhalb des ihm eigenen Kontextes ebenso ernsthaft ist wie derjenige der Welt des Nicht-Spiels. Drittens sei die Welt des Spiels agonal – Spiel war immer eine Sache des Wettkampfs und der Auseinandersetzung.[69] Diese Bestimmungen Huizingas sind als zu beschränkt kritisiert worden. Spiel kann nicht nur typologisch anders als agonal gefaßt werden, beispielsweise als Verkehrung oder Nachahmung der Wirklichkeit. Spiel kann vielmehr auch als ein zeitliches Kontinuum betrachtet werden, das vom kontrollierten bis zum spontanen Spiel reicht.[70] Die Vorstellung, daß Spielen ein von der Wirklichkeit geschiedenes Handeln sei, ist gleichfalls in Frage gestellt worden. Denn Spielen läßt sich auch als eine Form von Wirklichkeit ansehen, der nicht etwa schon deshalb weniger Realitätsgehalt zukommt, weil sie geschieden ist von der Welt des Nicht-Spiels.[71] Eine vergleichbare Zugangsweise bestand darin, Spielen als einen realen Verhaltensmodus zu betrachten, in dem sich eine symbolische Repräsentation und Wiederherstellung des Seins verkörpert.[72] Michail Bachtins Argumentation geht in diese Richtung, wenn er Karneval als eine zu offizieller Kultur und Gesellschaft alternative Welt bestimmt, als ein »zweites Leben des Volkes«.[73] Den letztgenannten Aspekt werde ich später diskutieren; an dieser Stelle kommt es mir auf das Moment von Autonomie an, das der Welt des Spiels innewohnt.

Fassen wir einige dieser Überlegungen in Hinblick auf den Karneval zusammen, so können wir sagen, daß Karneval eine autonome Welt ist, in der symbolische Akte vorgenommen werden, deren Realitätsgehalt zwingend ist. Karneval ließe sich also als alternative Wirklichkeit bezeichnen. Darin ähnelt er der Jugend, die ebenfalls gleichsam per se den etablierten Sozialstrukturen entgegensteht. Deshalb auch werden die Grenzen zwischen ihm und der Welt des Nicht-Spiels bzw. des Nicht-Karnevals sorgfältig überwacht. Zwei Anekdoten mögen das zeitgenössische Gespür für die Notwendigkeit der Wahrung solcher Grenzen illustrieren. Die eine findet sich in einer englischen Anekdotensammlung von 1526, betitelt »A hundred merry tales« [Hundert vergnügliche Geschichten]. Sie erzählt von einem Teufelsdarsteller, der sein Kostüm nach beendetem Spiel nicht ablegte und deshalb auf seinem Heimweg bei den Leuten Angst und Schrecken hervorrief, weil sie ihn für den leibhaftigen Teufel hielten.[74] Eine ähnliche Geschichte enthält Simon

Grunaus »Preußische Chronik«. Sie spielt in Thorn/Westpreußen, etwa in der Zeit um 1440. Damals gehörte es zu den Karnevalspossen in Thorn, daß Teufel alte Weiber jagten, um sie zur Hölle mitzuschleppen. Ein Fuhrmann, der gerade am Stadttor ankam, sah, wie so ein Karnevalsteufel vor der Stadtmauer einem alten Weib nachjagte; unerschrocken sprang er von seinem Karren und spaltete des Teufels Kopf mit einer Axt. Als er des Mordes angeklagt wurde, behauptete er, von dem besagten Karnevalsbrauch nichts gewußt, ja vielmehr geglaubt zu haben, durch sein Handeln das Weib vor einem Dämon zu retten (die Fortsetzung der Geschichte ist typisch für Grunaus Chronik: Als Zeugen des Geschehens später vor den Mauern der Stadt den Leichnam bergen wollten, hätten sie nichts als einen Haufen Kleider und einen unerträglichen Gestank vorgefunden[75]).
In diesen Anekdoten äußert sich die Angst, daß die Welt des Karnevals und die Welt der Nicht-Spiels miteinander verschmelzen könnten, und dies ist für unsere Diskussion über Satire und Parodie höchst bedeutsam. Satire und Parodie waren in der Welt des Karnevals erlaubt, weil ihre Implikationen geschieden wurden von der irdischen Welt. Gleichwohl wuchs die Angst, daß diese Scheidelinie nicht mehr wirksam aufrechterhalten werden könne. Wie wichtig die Scheidelinie war, läßt sich an der Darstellung von Volksjustiz erkennen, die sich in zahlreichen Karnevalsfesten findet. Im Kontext der Welt des Spiels war die Bestrafung derer, die angeblich ihrer gerechten Strafe entgangen waren, durch das Volk bloß ein Karnevalsspaß. Wurde sie dagegen in der realen Welt zum Ausdruck gebracht, und sei es auch in Formen des Karnevals, so wurde sie zur Rebellion.[76] Gegen Ende des 15. Jahrhunderts blieben Satiren auf die Kirche und den Klerus nicht länger auf die Welt des Karnevals beschränkt. Doch läßt sich nur schwer erkennen, wann und wo die Grenze überschritten wurde. Noch 1515 rechtfertigte Erasmus seine Angriffe auf scholastische Theologen im »Lob der Torheit« mit der Narrenfreiheit. Nicht er, Erasmus, übte Kritik, sondern die Narrheit, und niemand sollte sich dadurch verletzt fühlen.[77] Das ist eine klassische Berufung auf die Geschiedenheit der Welt des Spiels von der des Nicht-Spiels. Erstaunlich ist, daß sie noch 1515 bezüglich der Kritik an kirchlichen Dingen für wirkungsvoll gehalten wurde.
Man ist versucht zu behaupten, daß unsere Beispiele für Karneval und Reformation Zeugnisse der Aufhebung dieser Trennschranke sind und die Menschen nun in der irdischen Welt das vollzogen, was vordem nur in der Welt des Spiels gestattet war. Doch ist es bezeichnend, daß in den

meisten unserer Fälle der evangelische Eifer die Grenzen der Welt des Spiels wahrte. In Zwickau und Hildesheim hetzte man Mönche, Nonnen und Geistliche im Spiel – in Wirklichkeit verfolgte man sie nicht. Hier könnte man durchaus sagen, daß Karneval einmal mehr die Funktion des »Sicherheitsventils« erfüllte und leidenschaftliche Ausbrüche verhinderte. Aber selbst da, wo die Ereignisse nicht in das Schema Karneval eingepaßt waren, wie 1520 in Wittenberg oder in Buchholz, scheinen sie doch der Ordnung der Welt des Spiels zu unterliegen. Nur in Wittenberg ergaben sich in der Folge und mit einigem zeitlichen Abstand von den Karnevalsereignissen Unruhen. Bei den Osterereignissen in Basel und Boersch fügten sich Momente des Karnevals erst zu einem späteren Zeitpunkt in ein bereits vorhandenes Gewaltmuster ein. Die Münsteraner Vorfälle scheinen eher für ein Spiel im Rahmen von Rebellion zu stehen denn für einen Übergang von dem einen zu dem anderen. Bei den Pfeiferknaben waren Gewalt und Drohungen weniger die Folge einer Ausweitung als vielmehr die Folge eines Heraustretens aus der Karnevalsstimmung.[78]

Kanalisierung von Unzufriedenheit

Die beiden bisher behandelten Züge des Karnevals legen nahe, sich mit einem dritten Thema zu beschäftigen: Karneval als Mittel zur Kanalisierung von Unzufriedenheit. Obwohl Karneval eine hemmungslose Zeit der Freizügigkeiten und der erlaubten Anarchie war, blieb er doch beschränkt auf eine ihm eigene Zeit und einen ihm eigenen Raum, die von der Welt des Nicht-Spiels geschieden waren. Darüber hinausgehend kann man jedoch auch das Wesentliche des Karnevals in seiner Kanalisierungsfunktion sehen. Wir müssen hier auf Gluckmans Begriff des Rebellionsrituals zurückgreifen. Damit werden Zeremonien bezeichnet, die soziale Spannungen offen zum Ausdruck bringen, indem sie den einzelnen Subjekten erlauben, ihren Ärger über die Obrigkeit kundzutun. Sie erlauben sogar eine rituelle Verkehrung der Obrigkeit, vor allem im Fall der Wahl eines Scheinkönigs zu Neujahr oder eines Sklavenkönigs zu den altrömischen Saturnalien. Nach Ansicht Gluckmans wirkt eine derart institutionalisierte Rebellion mittels Katharsis bzw. durch eine emotionale Befreiung von Unzufriedenheit. Das Rebellionsritual bestätigt dadurch die Einheit des sozialen Systems und stärkt die etablierte Ordnung. Daneben sind jedoch noch zwei weitere

Züge für das Rebellionsritual bezeichnend. Erstens findet es sich nur in einer Sozialordnung, die etabliert und nicht in Frage gestellt ist, und enthält keinerlei Begriff oder Absicht, die auf eine Veränderung dieses Zustands zielen könnten. Insofern ist es institutionalisierte Rebellion und nicht Revolution. Die Rebellen stellen die Grundlage der Obrigkeit nicht in Frage, sondern suchen sich selbst Obrigkeitspositionen anzueignen. Sie sind keine Revolutionäre, sondern Mitstreiter oder Konkurrenten. Innerhalb der Sozialordnung wird diese Auseinandersetzung dadurch in Schranken gehalten, daß eine symbolische Darstellung von Konflikten zugelassen wird; das wiederum dient dazu, die soziale Kohärenz des Systems zu unterstreichen, innerhalb dessen derartige Konflikte existieren. Zweitens können solche Rituale der Natur der Sache nach Konflikte nicht beilegen. Denn da sie selbst soziale Regeln sind, sind sie zugleich Bestandteil des sozialen Lebenskonstrukts. Sie können lediglich dazu dienen, einen temporären »Waffenstillstand« herbeizuführen, indem sie derartige Konflikte verdecken oder sublimieren helfen.[79]

Als beispielhaft für dies Prinzip könnten jene Karnevalszeremonien gelten, die die Wahl eines Scheinkönigs oder -Herrschers beinhalten. Bezeichnenderweise wird der Schein-König in Bischofsstädten durch einen Schein-Bischof ersetzt. Häufig gehört zum Rebellionsritual auch eine Umkehr bzw. Verkehrung der Rollen. Insofern ist der Schein-Herrscher oft ein Narr oder ein Kind. In dem Brauch, während des Karnevals das Rathaus zu stürmen und den Rat abzusetzen, oder in den Karnevalsgerichten, bei denen Volksjustiz an jenen geübt wurde, die sich angeblich gegen die Gemeinde vergangen hatten, aber offizieller Rechtsprechung entgangen waren,[80] könnte man weitere Varianten des Rebellionsrituals sehen. Dies stimmt mit Michail Bachtins Ansicht von Karneval insoweit überein, als ihm zufolge Karneval die Widerspiegelung offizieller Kultur ist. Darüber hinaus betont er auch dessen konservative Zielsetzung; denn er weist darauf hin, daß in der offiziellen Kultur Veränderungen und kritische Momente nachdrücklich in der Vergangenheit verortet werden. Die offizielle Perspektive des Karnevals aber bestand darin, Rückschau zu halten und die Vergangenheit zur Heiligung der Gegenwart zu nutzen.[81]

Der Nürnberger Schembartlauf, der häufig als Prototyp des deutschen Karnevals betrachtet wird, liefert ein spezifisches Beispiel für ein Rebellionsritual. Alle offiziellen Berichte über diesen Umzug stimmen darin überein, daß er ein Privileg war, das die Metzgerzunft zum Dank für die Loyalität erhalten hatte, die sie beim Aufstand von 1348 gegenüber dem Stadtrat bezeugt hatte. Der Metzgerzunft wurde das Vorrecht zugestanden, an Fastnacht einen besonderen Tanz aufzuführen, und ihr war es als einer von wenigen Gruppen auch gestattet, sich während des Karnevals zu maskieren.[82] Hierzu könnte man kommentierend anmerken, daß – vorausgesetzt, Karneval war ein rituelles Mittel zur Kanalisierung von Unzufriedenheit – die Obrigkeiten sich nicht allein auf seine kathartische Wirkung verlassen wollten. Gegen Ende des 15. Jahrhunderts äußerte sich die Angst vor Rebellion darin, daß man nur den Läufern, die den Tanz der Metzger beaufsichtigten, erlaubte, Ruten mitzuführen und sich zu maskieren, während die sie begleitenden Figuren vom Rat genau überprüft wurden.[83] Zur gleichen Zeit schwoll überall in Deutschland die Zahl derer an, die – im Interesse der wohlbestallten Ordnung[84] – Maskierungen während des Karnevals untersagten. Seit der Mitte des 15. Jahrhunderts geriet der Nürnberger Schembartlauf zunehmend in die Hände von Patriziern, die sich das Recht zur Aufführung erkauften und eine wachsende Zahl von Läufern stellten.[85] Es scheint keine bewußte Politik des patrizischen Regiments gewesen zu sein, den Karneval derart sorgsam unter die Kontrolle der herrschenden Elite zu bringen, doch dürfte ihm eine solche Entwicklung nicht unwillkommen gewesen sein.

Die Besorgnis des Nürnberger Rats, daß Karneval sich zum Tumult entwickeln könnte, wurde auch andernorts von vielen Magistraten geteilt. Das scheint gegen die These zu sprechen, daß Karneval ein Rebellionsritual war. In seinen ursprünglichen Überlegungen zu Rebellionsritualen ließ Gluckman die Frage ihrer Wirksamkeit offen: im Hinblick auf afrikanische Stammesgesellschaften meinte er, daß sie in statischen und repetitiv strukturierten Gesellschaften höchst wirksam seien; in einer anderen Untersuchung dagegen konstatierte er, daß sie keine effektive und langanhaltende Katharsis für Ehrgeiz oder Ärger darstellten.[86]

Ungeachtet dessen scheint der Begriff Rebellionsritual für einige unserer Fälle von Reformation und Karneval höchst relevant zu sein. Denn selbst da, wo Magistrate die Reformation stützten, waren sie stets in Sorge wegen möglicher populärer Kundgebungen evangelischen Gefühls. Jede öffentliche Demonstration einer Opposition gegen die etablierte Kirche konnte zu Unruhen führen, die über bloße Religionsangelegenheiten hinausgingen. Wo die Magistrate säumten, die Reformation einzuführen, konnten die Dinge schlimmer stehen. So brachte

Nürnberger Schembartläufer in Ablaßbriefen

Narrenschiff mit Osiander im Schembartlauf, 1539

das Zaudern des Basler Rats, gegen den Katholizismus vorzugehen, die evangelische Partei dazu, radikale Maßnahmen zu ergreifen. Zu Ostern 1528 zwang sie den Rat durch direktes Vorgehen, Bilder aus denjenigen fünf Kirchen zu entfernen, die bereits lutherische Prediger hatten, und ab Herbst 1528 bildete sie zur Ausübung weiteren Drucks auf den Rat einen Ausschuß.[87] Die Parallelen zu Aktionskomitees früherer städtischer Revolten sind so offensichtlich, daß sie hier keines weiteren Kommentars bedürfen.[88] Gegen Weihnachten 1528 unterstützten zwölf bis fünfzehn Zünfte die evangelische Partei, und der Ausschuß tagte, gleichsam als Schattenregiment, im Zunfthaus der Gärtner. Am Vorabend des Bildersturms vom 9. Februar 1529 verkündete dieses Komitee auch politische Forderungen: aus dem Rat sollten zwölf katholische Räte entfernt werden, in erster Linie jene aus patrizischen Zünften. Bestimmter noch lauteten die Forderungen, daß der Meister und Rat als Vertreter jeder Zunft von der gesamten Zunft gewählt werden sollte statt nur vom Zunftvorstand und daß die Mitglieder des Kleinen Rats als der eigentlich herrschenden Körperschaft in Basel vom Großen Rat gewählt werden sollten, statt von ihren Amtsvorgängern bei auslaufender Amtszeit ernannt zu werden.[89]

Festzuhalten gilt, daß von weitergehenden politischen Forderungen Abstand genommen wurde, sobald der Rat die Reformation anerkannte. Gleichwohl kann man Weidkuhn nicht darin zustimmen, daß die Basler Ereignisse eindeutig Züge eines Rebellionsrituals aufweisen.[90] Signifikanter als das Rebellionsritual war vielleicht die Furcht, die die Räte dazu brachte, nach Mitteln zu suchen, mit denen sich der religiöse Eifer in harmlose Kanäle ablenken ließ. Den Herrschenden in Zwickau, Naumburg und Danzig wäre sicherlich jedes Mittel recht gewesen, um zu verhüten, daß sich antikatholische Gefühle mit weitergehenden Forderungen vermengten. Hildesheim ist wohl der beste Testfall dafür, besonders weil sich dort 1532 der Ruf nach Reformation mit politischen und sozialen Forderungen verbunden hatte.[91] Dort beinhaltete der antikatholische Karneval von 1543 das rituelle Verstoßen der katholischen Geistlichkeit und – bezeichnenderweise – des Bischofs. Andernorts wurde diese Taktik angewandt, um die Aufmerksamkeit von anderen internen Konflikten abzulenken,[92] und zumindest dieser Zug kann als Rebellionsritual angesehen werden. Der Begriff des Rebellionsrituals ist somit zweifellos wichtig und vermag nützliche Einsichten zu vermitteln, wenn er auf ein breiteres Spektrum von Beispielen angewandt wird.

Karneval als alternatives Massenmedium

In den drei oben behandelten Zugangsweisen wurde Karneval als Mittel betrachtet, das die Inhaber von Autoritätspositionen nutzten, um die herrschende Ordnung zu bestätigen und aufrechtzuerhalten. Natalie Davis hat bezweifelt, daß die Interpretationsweise des »Sicherheitsventils« der Volkskultur adäquat ist, und schließt sich Bachtins Bestimmung des Karnevals als eines »zweiten Lebens des Volkes« an.[93] In dieser Sicht ist Karneval kein Mittel zur Sanktionierung und Verstärkung gegebener sozialer Muster, sondern repräsentiert eine Alternative, ein »utopisches Reich der Freiheit, der Gleichheit und des Überflusses«, um Bachtin zu zitieren.[94] Unter diesem Aspekt sind Nachahmung, Nachäfferei und Parodie des offiziellen Lebens, offizieller Kultur und offizieller Zeremonien Versuche, die Welt des Offiziellen auf den Kopf zu stellen, indem man sie der Lächerlichkeit preisgibt. Der Vorgang impliziert ein zweifaches Bloßstellen: die offizielle Welt exponieren und sie ihrer Würde berauben.[95]

Ich möchte diesen Vorgang als kommunikatives Handeln verstehen und Karneval dabei als ein »alternatives Massenmedium« ansehen. Ein wichtiges Charakteristikum des Karnevals besteht in seiner Art und Weise, die soziale Distanz zwischen denen, die er miteinander in Kontakt bringt, aufzuheben. Er schafft freiere Formen der Rede und Gestik und erlaubt, sich einer vertraulichen Sprache jenseits der Schranken sozialer Konventionen zu bedienen. Dazu gehört der Gebrauch von Flüchen und Schwüren sowie die Verwendung von Bildern eines »grotesken Realismus«, wie Bachtin dies nennt. Letzteres meint, daß alles, was hochstehend, spirituell, ideell oder abstrakt ist, auf eine materielle Ebene herunter- bzw. in den Bereich des Irdischen und Körperlichen zurückgeholt wird. Damit verbinden sich vor allem grundlegende Körperfunktionen, wie Essen, Trinken, körperliche Ausscheidungen und das Geschlechtsleben. Nach Bachtins Meinung sind sie fester Bestandteil des Karnevalhumors und der Karnevalsparodie.[96] Im Rahmen des Karnevals können jene freieren Formen des Umgangs miteinander als Massenmedium bzw. als Mittel der Massenkommunikation betrachtet werden. Dies korrespondiert Zygmunt Baumanns dreifacher Bestimmung eines Massenmediums: als der gleichzeitigen Vermittlung derselben Information an viele Menschen, die als Adressaten statusindifferent sind; als einer irreversibel gerichteten Kommunikation und als der Vermittlung einer Nachricht, die in-

sofern überzeugt, als jeder Empfänger davon ausgeht, daß alle dieselbe Nachricht empfangen.[97]
Ich habe Karneval außerdem als *alternatives* Massenmedium bezeichnet. Teils ist er dies, weil er aus dem »zweiten Leben des Volkes« entspringt, teils, weil er die Werte und den Stil der offiziellen Kultur zu exponieren und herabzuwürdigen sucht bzw. die offizielle Kultur der Beobachtung zugänglich machen will. Man hat darauf hingewiesen, daß eines der Hauptcharakteristika einer Machtelite in ihrer relativen Verborgenheit besteht. Indem sich die Inhaber von Machtpositionen der Beobachtung entziehen, können sie Strategien aushecken und verfolgen, die der Aufrechterhaltung des Bestehenden dienen sollen.[98] Den Oppositionsbewegungen, die zu Beginn des 16. Jahrhunderts auftraten, scheint dieses Prinzip bewußt gewesen zu sein, denn allen städtischen Revolten jener Zeit ist der Versuch gemeinsam, die Herrschaftseliten der Beobachtung zugänglich zu machen, um sie damit einer gewissen Kontrolle zu unterwerfen.[99] Karneval war eine andere volkstümliche Form solcher sinnlichen Kontrolle. Der kirchliche Kult wurde aus dem Bereich des Geheimnisses herausgenommen und durch Lächerlichmachen den Blicken aller ausgesetzt. Ähnlich wurden auch Turniere, die Übergabe feudaler Rechte, die Initiation von Rittern sowie Rechtsprechung und Herrschaft als solche ihres Geheimnisses entkleidet und auf die Ebene eines grotesken Realismus reduziert[100]. Die Kommunikation verlief dabei in zwei Richtungen: zum einen wandte sich die Gemeinde an sich selbst, zum anderen an ihre Herrscher.
Untersucht man unsere Karnevalsvorkommnisse in diesem Licht, werden sie zu einer Form der Propaganda für die Reformation. Das ist eindeutig in Münster der Fall, wo 1532 auf den Bischof Druck ausgeübt wurde, die Reformation einzuführen, und wo sich 1534 die Täufer der Herrschaft zu bemächtigen suchten. Die propagandistische Funktion wird durch die Reaktion des Chronisten bestätigt, der die Vorfälle als Beispiele protestantischer Schamlosigkeiten festhielt. Einige der angeführten Fälle gehören zu den frühesten bekannten Beispielen für eine Unterstützung der Reformation: die Vorfälle in Wittenberg, Danzig, Naumburg und eventuell auch in Elbing. Das Danziger Fastnachtsspiel der Reinhartsbrüder kann als solche Werbung für die Reformation gelten. Denn 1523 wurden die Reinhartsbrüder vom polnischen Kanzler beschuldigt, Lutheraner zu sein und, zur Verachtung Gottes und aller seiner Heiligen, die Mönche, Kardinäle und Ablässe zum Gespött zu machen. Die Existenz lutherischer Zusammenschlüsse bestätigte sich

1524, als sie von Wittenberg aus dazu ermahnt wurden, an Gottes Wort festzuhalten.[101] Es scheint Früchte getragen zu haben, daß sie den Karneval zur Ausbreitung der Reformation nutzten, denn im Juli 1522 wurde in Danzig die erste evangelische Predigt gehalten, und im selben Jahr beschwerte sich der Bischof von Lesslau schriftlich über kirchliche Neuerungen.[102] Auch in Naumburg wurde noch im Verlauf des Jahres 1525, in dem die beschriebenen Karnevalsvorkommnisse stattgefunden hatten, ein Prediger berufen, und in Zwickau folgte auf die Jagd nach Mönchen und Nonnen die Verbannung der Franziskaner aus der Stadt.[103] Damit soll nicht gesagt werden, daß diese Folgen direkt aus den Karnevalsereignissen resultierten. Doch trifft es zu, daß die Reformation im allgemeinen als Ausdruck einer Form gemeindlichen Konsenses eingeführt wurde.[104] Deshalb möchte ich hier die These aufstellen, daß die Karnevalsgeschehnisse zur Bildung des gemeindlichen Konsenses beitrugen oder ihn, sobald er hergestellt war, öffentlich zum Ausdruck brachten.

Ein besonders einleuchtendes Beispiel für diese These ist der Nürnberger Schembartlauf von 1539. Von 1524 bis 1538 hatte der Umzug nicht stattgefunden, vielleicht, weil die Protestanten solche scheinbar dem Aberglauben nahestehenden Festlichkeiten mißbilligten. Der führende Nürnberger Prediger, Andreas Osiander, war ein nüchterner und sittenstrenger Mann, und ihn machte die Nürnberger Bürgerschaft eindeutig für die ihrem Karnevalstreiben auferlegten Beschränkungen verantwortlich. So zeigte ein Fastnachtswagen in Gestalt eines Narrenschiffs Osiander mit einem Brettspiel in der Hand und umringt von Narren und Teufeln. Osiander beschwerte sich darüber beim Rat, der die Organisatoren des Karnevals festnahm und den Schembartlauf abermals verbot. Zur Vergeltung stürmte daraufhin eine Volksmenge Osianders Haus.[105] Hier wie auch bei unseren anderen Karnevalsbeispielen vermochte der Karneval den Willen des Volkes den Magistraten zweifellos ebenso wirksam zu vermitteln wie eine Volksabstimmung. Daß die Herrschenden in so vielen Fällen gegenüber derartigen Kundgebungen der Volksstimmung Nachsicht übten, kann durchaus als Beweis dafür gelten, daß sie die Botschaft empfangen hatten.

Rituelle Entweihung

Ich möchte jetzt näher auf die Rolle eingehen, die Herabsetzung und grotesker Realismus im Karneval spielen. Bachtin betrachtet sie als Mittel, durch die das Ideelle, Spirituelle und Abstrakte auf die Ebene materieller Wirklichkeit zurückgeführt wird.[106] Insbesondere durch die Parodie des kirchlichen Kults werde dieser aus dem Reich des Religiösen entfernt. Das ist vielleicht eine allzu simple Sicht, in der Volkskultur als ihrem Wesen nach materialistisch bestimmt wird, wohingegen ihre idealistischen und religiöse Sichtweisen als etwas gelten, das den Dingen gleichsam von oben übergestülpt wird. Eine solche Ansicht bietet kaum Möglichkeiten, Karneval als Ausdruck eines durch die Reformation hervorgerufenen religiösen Geistes und Eifers zu sehen, und wirft zahlreiche Fragen auf hinsichtlich der dialektischen Beziehung zwischen Volkskultur und offizieller Kultur.[107]

Bachtins Argumentation mag eine gewisse Aussagekraft zukommen, wenn wir unsere Beispiele als Äußerungen eines Antiklerikalismus betrachten, bei denen religiöser Eifer nur nebensächlich ist. Die Darstellungen des Papstes, der Kardinäle, Bischöfe, Mönche und Nonnen in unseren Karnevalsvorfällen machen zweifellos deutlich, daß dieser Personenkreis keinerlei erhöhte Stellung mehr genießt, sondern auf Positionen in der irdischen Welt reduziert wird. In einigen Fällen reicht die Erniedrigung sogar noch weiter hinab: bis zur Ebene von Tieren, die man jagen darf, oder bis zur Ebene von Ausgestoßenen, die man mit Kot bewerfen kann. Wüßten wir mehr über die Verwendung bildlicher Darstellungen, könnten wir außerdem hinzufügen, daß man diese Personen auf die Ebene von Puppen oder Strohmännern reduzierte.[108] All dies sind Formen der Entweihung. Das ist bei der Verspottung von Bildern und Reliquien recht offensichtlich der Fall. Sie geht über bloßen Antiklerikalismus hinaus, weil dahinter die Absicht steht zu zeigen, daß diese Objekte keinerlei wirksame Macht besitzen. Dank der Rolle, die sie im religiösen Kult und Ritual innehaben, gehören sie einem Reich des Heiligen an, das ihnen numinose Qualitäten verleiht. Im Karneval werden sie dieses Status entkleidet und darauf reduziert, wiederum bloß materielle Objekte zu sein. Dieser Prozeß verläuft in zwei Stadien. Zunächst fordert man sie heraus, ihre Macht zu entfalten, und wenn ihnen dies nicht gelingt, dann demonstriert man ihre Materialität, indem man sie zerstört.[109] Dies gilt nicht nur für Bilder, sondern auch für solche Dinge wie die Entweihung von Hostien (der umgekehrte

Prozeß findet sich übrigens bei Hostienwundern, bei denen am Brot selbst demonstriert wird, daß es übernatürliche Qualitäten besitzt) und, wenn auch in geringerem Maße, für das Infragestellen päpstlicher Bullen und Ablässe. Auch Luthers Verbrennung der Bannandrohungsbulle war dafür charakteristisch.

Insoweit stimme ich mit Bachtins Ansicht überein. Letztlich vermute ich jedoch, daß wir über diesen simplen Materialismus hinausgehen und in den sozialen Beziehungen und deren ideologischen Äußerungen nach unseren Erklärungen suchen müssen. Wir könnten Karneval als die Ausführung bzw. das Ausagieren des Wunsches interpretieren, die herrschende soziale Hierarchie umzustürzen. Aber bezeichnenderweise blieb dies eben häufig auf die Ebene der Aufführung bzw. des Spiels beschränkt. Lediglich im Falle Münsters wurde versucht, der sozialen Erniedrigung während des Karnevals weiterreichende soziale Veränderungen an die Seite zu stellen. Der augenfälligste Zug daran ist der rituelle Charakter der Aktionen. Sozialanthropologen betrachten Rituale als eine Form symbolischen Handelns, die für die Existenz einer Gesellschaft von fundamentaler Bedeutung ist, weil sie darauf zielt, in der Sozialordnung Harmonie und Struktur herzustellen. Die Gesellschaft ist insbesondere abhängig von der Wirksamkeit des Rituals, eine rangmäßig geordnete Welt zu schaffen, in der alle die ihnen zugewiesenen Rollen spielen. In einem derart etablierten Sozialsystem sind Autoritätspositionen anerkanntermaßen mit der expliziten spirituellen Gabe ausgestattet, segnen oder verfluchen zu können. Treten in einer so strukturierten Gesellschaft irgendwelche Ambiguitäten oder Anomalien auf, so gerät die Gesellschaft aus dem Gleichgewicht bzw. in Unordnung. Denn da Anomalien und Ambiguitäten die Vollständigkeit und Ganzheit des Systems bedrohen, rufen sie ein Gefühl der Gefährdung hervor.[110] Nach Mary Douglas' These hängt Heiligkeit mit solcher Ganzheit und Vollständigkeit zusammen, und deshalb stellen ihr zufolge solche Anomalien eine spirituelle Bedrohung dar. Sofern diese Bedrohungen wahrgenommen werden, werden sie mit einer rituellen Reaktion beantwortet. Es gibt also ein Ritual, das zur Beseitigung einer Anomalie Ordnung und Struktur der Gesellschaft wiederherstellt.[111]

Dies ähnelt verdächtig der strukturell-funktionalistischen Annahme, daß es ein sich selbst stabilisierendes soziales System gibt. Sie scheint auch einen gewissen Erklärungswert für die Reformation zu besitzen, bei der religiöser Wandel nicht zugleich auch zu radikalem sozialen Wandel führte.[112] Für einen evangelischen Gläubigen wird eine Welt, die um die wirksame Macht des katholischen Kults und Rituals strukturiert ist, sowohl zu einer Anomalie als auch zu einer Gefahr für die Welt als Ganzes. Eine Restrukturierung der Welt wird notwendig, was dann am effektivsten gelingt, wenn die alte religiöse Ordnung beseitigt und eine neue etabliert wird. Das erneute In-Ordnung-Bringen solcher Dinge wie Bilder, Reliquien, kirchliche Hierarchie usw. implizierte, sie von ihrem Platz im Bereich der Autorität zu entfernen und zugleich den effektiven Verlust ihrer spirituellen Macht zu demonstrieren. Damit erhielten sie einen Platz in der Seinsordnung, der symbolisch indifferent war. In diesem Sinne hat Stephen Ozment die Reformation als einen Vorgang betrachtet, der eine Säkularisierung des Alltagslebens beinhaltet.[113] Jenes Wieder-in-Ordnung-Bringen bzw. jene Entweihung wurde häufig rituell ausagiert, und Karneval scheint einer der Kontexte gewesen zu sein, innerhalb derer dies stattfand.[114] Aufgrund unserer Beispiele scheint es evident zu sein, daß dieser Prozeß eher von seiten der Volkskultur initiiert wurde als von seiten der offiziellen Kultur.[115] Um zu erkennen, weshalb er darauf beschränkt blieb, müssen wir uns einer letzten Interpretationsweise des Karnevals zuwenden.

Die »verkehrte Welt«

Die »verkehrte Welt« ist vielleicht der wichtigste der von uns behandelten Aspekte des Karnevals, und sei es auch nur, weil die »verkehrte Welt« in der spätmittelalterlichen Kultur so häufig und allgemein als Thema auftaucht. Sie zeigt sich in vielfältigen Formen, wenn auch nicht immer so, daß dabei das Unterste zuoberst gekehrt wird. Der deutsche Ausdruck »verkehrte Welt« erfaßt genauer als der englische Term »the world turned upside-down« die vielfältigen Erscheinungsformen jener Welt, in der alles auf den Kopf gestellt ist, das Innerste nach außen gekehrt und alles verkehrt oder umgekehrt ist. E. R. Curtius hat darauf aufmerksam gemacht, daß die »verkehrte Welt« ein zum Bestand mittelalterlicher Literatur gehöriger Topos ist. Ihm zufolge ging er auf das klassische Prinzip der Synthesis des einander Ausschließenden zurück, etwa in der Figur des »Esels mit der Leier« oder des »Blinden als Führer der Blinden«. Auf Vergil zurückgehende Versionen solcher Paradoxa waren im Mittelalter wohlbekannt, und in der mittelalterlichen Literatur wurde dieses Prinzip fortgeführt bis zum Punkt der Umkehr. Im

»Narrenspiegel« aus dem 12. Jahrhundert hieß es, daß die Gegenwart die gesamte Vergangenheit auf den Kopf stellt, und in den »Carmina Burana« wurde dem eine volkstümliche Fassung in einem der Lieder gegeben, das beginnt: »Einst blühten die Studien, jetzt aber hat sich alles zum Überdruß gewendet.« Daraus entwickelt sich eine Klage, daß die Jugend über das Alter herrscht, die Leichtfertigkeit über den Ernst und die Unerfahrenheit über die Weisheit. Nach Curtius ist der Kampf der Jugend gegen das Alter und der Modernen gegen die Alten eine klassische Fassung des Begriffs »verkehrte Welt«.[116]

In der Welt des Karnevals tritt dieses Thema im Ringen zwischen Karneval und Fastenzeit in Erscheinung. Bachtin dagegen betrachtet Karneval überhaupt als eine Welt, die insgesamt kopfsteht.[117] Verkehrungen finden sich dabei überall. So wird ein Jugendlicher oder ein Narr zum König gemacht, statt Weisheit und Ordnung herrschen Narrheit und Zügellosigkeit, Hohes und Erhabenes wird erniedrigt, Ernstes verlacht und Verehrungswürdiges verspottet. Auch Verkleidung ist ein Zeichen dieser Verkehrung, denn Kleidertausch impliziert eine Verkehrung der Rollen, vor allem, wo er die Kostümierung als anderes Geschlecht beinhaltet. Bachtin verleiht den Verkehrungen kosmische Bedeutung. Karneval stelle eine alternative Welt dar, die die etablierte Autorität und Wahrheit umstürze. Diese erweckten den Anschein, als ob sie alterslos und unveränderlich wären; der Karneval aber fügte sie fest in den Kontext von Zeit und Vergänglichkeit ein, indem er sie als Karnevalspuppen vorführt, die man auf dem Marktplatz zerstören kann.[118]

Für Bachtin ist Karneval natürlich ein Bild der Revolution, und Karneval kann in der Tat einen revolutionären Charakter annehmen – was wiederum Weidkuhn dazu führte, das Basel von 1529 mit dem Paris von 1968 zu vergleichen.

Eine andere Form »verkehrter Welt« ist religiöser Natur: Das Prinzip der Umkehr bzw. der Verkehrung ist ein wesentliches Thema des Christentums. In dieser religiösen Form ist die Welt, in der wir leben, eine Verkehrung von Wirklichkeit; das Hier und Jetzt ist die auf dem Kopf stehende Welt, und wahre Wirklichkeit deren Umkehrung. Die Evangelien enthalten zahlreiche Beispiele dafür: die Ersten werden die Letzten sein, und die Letzten werden die Ersten sein (Matthäus 19,30); wer sich selbst erhöht, der soll erniedrigt werden, und wer sich selbst erniedrigt, der soll erhöht werden. Auch das Gleichnis vom armen Lazarus ist ein solches Beispiel, und interessanterweise war es im Spätmittelalter das populärste der neutestamentlichen Gleichnisse.[119] Es

verkörpert den Gedanken ausgleichender Gerechtigkeit, der in konservativem Sinne dazu verwandt werden konnte, die etablierte Hierarchie zu sanktionieren.
Mit der konservativen Einstellung, in der alles seinen ihm bestimmten Platz in dieser Welt einnimmt, hängt eine pessimistische Sicht der »verkehrten Welt« zusammen. Die Welt steht kopf, weil das, was niemals hätte geschehen dürfen, auf einmal eingetreten ist. Die natürliche Ordnung ist umgestürzt worden, und dies ist ein Zeichen des Verfalls. Das war eine gegen Ende des 15. Jahrhunderts weitverbreitete Anschauung. Sie findet sich etwa in Sebastian Brants »Narrenschiff«, dessen Begriff von Narrheit einen unheilsschwangeren Sinn von Verkehrung zum Ausdruck bringt. Die Welt ist voll Verfall, weil sie voller Unordnung ist und nichts mehr an seinem Platz.[120] Diese pessimistische Sicht der »verkehrten Welt« reflektiert eine prophetische und letztlich chiliastische Sicht von Verkehrung: Die »verkehrte Welt« wird verstanden als Zeichen des Endgerichts. Es äußert sich in Verkehrungen der Natur, in Himmelszeichen und -wundern, in Blut- und Kreuzesregen und in Mißgeburten.[121] Solche »natürlichen« Verkehrungen hatten sicherlich biblische Wurzeln, aber gegen Ende des Mittelalters wurden sie durch prophetische Literatur im Volk verbreitet. In der Tiburtinischen Sibylla, Teil einer der am häufigsten gelesenen Volksprophetien, werden derartige Vorstellungen auf besonders eindrucksvolle Weise geschildert.[122] Den wahren Chiliasten erfüllte der Gedanke der »verkehrten Welt« natürlich nicht mit Düsternis und bösen Ahnungen, sondern mit Freude. Denn die Verkehrung der Welt entsprach genau ihren Wünschen, weil sie gleichbedeutend war mit der Gewißheit, die wahre Wirklichkeit zu erlangen.
Die zwingendste der im Mittelalter bekannten Verkehrungsformen war vielleicht die Figur des Antichrist. Der Antichrist war die vollkommene Umkehrung all dessen, was Christus für die Heilsgeschichte war, und die Geschichte seiner Person war eine schwarze Parodie auf diejenige Christi. Indem Luther sich dieser Figur bediente und sie so erfolgreich mit dem Papst, oder besser: dem Papsttum, identifizierte, gelang es ihm, die »verkehrte Welt« in einer ihrer machtvollsten Formen seiner religiösen Bewegung einzuverleiben.[123] Insofern darf man wohl sagen, daß die evangelische Bewegung das Erbe der im Spätmittelalter vorherrschenden prophetischen und chiliastischen Vorstellungen von Umkehr und Verkehrung antrat. Das verlieh dem Gegensatz zwischen altem und neuem Glauben eine kosmische Bedeutung, an der es ihm

sonst möglicherweise gefehlt hätte. Dadurch wurde der Glaubenskampf in einem totalen Sinn zu einem Kampf zwischen wahrem und falschem Glauben. Deshalb mußte das Evangelium entweder ganz oder gar nicht angenommen bzw. verworfen werden – Halbheiten oder ein Mittelweg waren unmöglich. In diesem Sinne war die evangelische Bewegung selbst eine »verkehrte Welt«. Stellt man in Rechnung, daß auch der Karneval bis zu einem gewissen Maß eine »verkehrte Welt« war, so scheint er ein natürlicher Äußerungsmodus für den neuen Glauben zu sein. Denn er zeugte sowohl vom Geist einer totalen Verkehrung der alten Ordnung als auch vom Geist der Freude, den der wahre Gläubige besitzt aufgrund der Gewißheit, eine wiedererrichtete oder »korrekte« Welt zu erlangen.

Wir haben gesagt, daß die »verkehrte Welt« im Spätmittelalter ein allumfassendes und naheliegendes Thema war. Es kann in der Tat als ein Thema betrachtet werden, das alle Aspekte des Karnevals berührt, mit denen wir uns beschäftigt haben. Es kann also als ein einheitsstiftendes Thema gelten. Die Rolle der Jugend bestand darin, die Werte der vorangegangenen Generation umzukehren; im Spiel wurde die irdische Welt auf den Kopf gestellt, und das Rebellionsritual drehte die Strukturen von Hierarchie und Herrschaft um; Karneval bot eine Form der Kommunikation, die alternativ war zu jener der etablierten Ordnung (Edikt, Predigt, selbst das gedruckte Wort), und die rituelle Entweihung stürzte die gegebene Rangordnung geheiligter Personen und Dinge um. Dies alles waren kollektive Verhaltensformen, die dem neuen Glauben auf unterschiedliche Weise und mit verschiedenen Ergebnissen angepaßt werden konnten. De facto ergaben sich aus unserer Diskussion zwei Möglichkeiten: Solche kollektiven Verhaltensformen konnten entweder dazu dienen, die Reformation in die bestehenden Strukturen zu integrieren, um diese dadurch zu festigen, oder dazu führen, die herrschende Ordnung in Frage zu stellen und sie umzustürzen. Letzteres geschah bekanntlich nicht. Ob dies in erster Linie an der evangelischen Bewegung selbst lag oder an der kollektiven Mentalität des Spätmittelalters, muß an dieser Stelle offen bleiben.[124] Wichtiger ist jedoch Folgendes: Als der neue Glaube sich kollektiv Ausdruck zu verschaffen suchte, wandte er sich nicht nur jenen neuen Formen kollektiver Äußerung zu, die er selbst geschaffen hatte, wie beispielsweise der Kirchenlieder singenden Gemeinde.[125] Vielmehr ging dem die Hinwendung zu Ausdrucksmodi voraus, die in der kulturellen Erfahrung der Menschen tief verwurzelt waren – wie etwa dem Karneval.

Somit läßt sich sagen, daß der Karneval einem kollektiven psychologischen und sozialen Bedürfnis des neuen Glaubens entgegenkam, als sich dieser noch im Frühstadium befand. Dem einzelnen Gläubigen wäre ein radikaler Glaubenswandel nicht möglich gewesen, ohne daß er dadurch extremen Spannungen und mentalen Belastungen ausgesetzt gewesen wäre. Indem der Karneval aus den kollektiven Ressourcen der Gemeinschaft schöpfte, ermöglichte er den Übergang vom Alten zum Neuen. In der Sicht von Sozialanthropologen sind solche Übergänge mit der Gefahr der Zerstörung befrachtet – auf das dabei erfolgende Auseinandertreten von Werten muß nicht notwendig irgendeine Reintegration von Werten folgen.[126] Man könnte behaupten, daß Karneval – als »verkehrte Welt« – diesen Übergang erleichterte, denn er wurde als befreiend und nicht als zerstörerisch angesehen. Selbstverständlich war Karneval nur eines der Mittel, diesen Übergang zu vollziehen. Bevor wir Karneval gänzlich als eine Manifestation kollektiver Mentalitäten begreifen können, müssen wir uns noch nach anderen Formen der Volkskultur umsehen und deren Rolle in der Reformation untersuchen. Die Analyse unserer wenigen, beschränkten Beispiele zeigt jedoch, daß dabei methodische Vorsicht vonnöten ist. Gleich anderen Phänomenen der Volkskultur in vorindustrieller Zeit, wie etwa Prophezeiungen oder dem Millenarismus, ist auch der Karneval in seinen Zielsetzungen und Ausdrucksweisen ambivalent.[127] Als solcher zeugt er von dem Reichtum und der Komplexität der Volkskultur wie auch der Bewegungen, die aus ihr hervorgingen.

Roger Chartier

Phantasie und Disziplin

Das Fest in Frankreich vom 15. bis 18. Jahrhundert*

Ausgangspunkt jeder geschichtswissenschaftlichen Überlegung zum Fest sollte die Klärung ihres spezifischen Bedingungszusammenhangs sein: Weshalb ist die historische Forschung seit einem Jahrzehnt von einer wahren Fest-Explosion gekennzeichnet? Das Fest, und insbesondere das vormoderne Fest, ist zwar nicht allein in der Geschichtswissenschaft plötzlich zum bevorzugten Forschungsgegenstand geworden. Doch gilt es zu fragen, warum sich eine ganze scientific community – in diesem Fall die französischen Historiker – auf einmal von einem Thema angezogen gefühlt hat, das bis dahin nur in Publikationen zur Volkskunde behandelt wurde. Meines Erachtens lassen sich dafür drei Gründe anführen, die sowohl die anerkannte Aufgabe der Disziplin Geschichtswissenschaft betreffen als auch deren interne Entwicklung.

Zunächst einmal ist offensichtlich, daß durch die verstärkte Erforschung des vormodernen Festes über historisches Verstehen das Verschwinden eines Kultursystems kompensiert wird, in dem das Fest – zumindest unserer Vorstellung nach – eine zentrale Rolle spielte. Insofern ist eine historische Analyse verpflichtet, in ihrer Sprache und mit ihren Methoden die Nostalgie zu erklären, welche einer Gegenwart entspringt, aus der das Fest – als kollektiver Akt – verbannt ist. Hier findet sich also eine der Hauptaufgaben wieder, die der Geschichtswissenschaft heute – implizit oder explizit – zugeschrieben werden: für unser Wissen eine verschwundene Welt wiederherzustellen, als deren – freilich treuloser – Erbe sich die gegenwärtige Gesellschaft begreift. Letztlich spielt es keine Rolle, daß sich dieser Verstehensprozeß kaum vom Konstruieren einer imaginären und kollektiv ersehnten Vergangenheit trennen läßt, es sei denn, man wollte jene Gegenstände hervorheben, welche, weil sie gegenwärtig völlig in Vergessenheit geraten, besonders symptomatisch für

* Übersetzt aus dem Französischen von Andrea van Dülmen und Sieglinde Graf.

eine uns verlorene Welt scheinen. Das Fest ist offenbar ein solcher Gegenstand.
Andererseits hat das Fest – zumindest als geschichtswissenschaftlicher Gegenstand – von der Wiederaufwertung des Ereignisses profitiert. Nach der ausgiebigen Erforschung großer Zeiträume und geschichtlicher Kontinuität wandten sich die Historiker – insbesondere jene, die der Tradition der »Annales« verpflichtet waren – wiederum dem Ereignis zu. Dieses kann durch seine spannungsreiche Flüchtigkeit in der Tat ebenso wie langfristige Wandlungsprozesse oder soziale und kulturelle Trägheit jene Strukturen erhellen, die eine Gesellschaft oder eine kollektive Mentalität konstituieren. Der Schlacht als historischem Ereignis kam diese Aufwertung zuerst zugute. Löst man sie aus der Geschichts-Erzählung heraus, so kann sie als eine geeignete Warte dienen zur Erfassung einer Sozialstruktur, eines Kultursystems, der Genese einer Erzählung oder einer Legendenbildung.[1] In diesem Sinne hat auch das Fest die Gefilde des Pittoresken und Anekdotischen verlassen und ist zu einem wichtigen Mittel geworden, um die in einer Gesellschaft vorhandenen Brüche, Spannungen und Vorstellungen zu erhellen. Ein solcher Umgang mit dem Fest leuchtet zweifellos ein, wenn das Fest Gewalt erzeugt und die Gemeinschaft dadurch Risse erhält, wie dies etwa 1580 in Romans der Fall war: »Der Karneval von Romans erinnert mich an den Grand Canyon in Colorado: gleich einer Ereignisfurche senkt er sich in eine strukturelle Schichtenfolge und offenbart durch den Einschnitt die mentalen und sozialen Schichten, die für das Ancien Régime besonders charakteristisch sind.«[2] Die geologische Metapher bringt deutlich eine Perspektive zum Ausdruck, in der das festliche Ereignis als Indikator fungiert, durch den das Außergewöhnliche das Gewöhnliche verdeutlicht. Eine solche Sicht ist jedoch auch dann angemessen, wenn das Fest weder Ausschweifungen noch eine Revolte auslöst. Denn stets ist es jener besondere – und sich zugleich wiederholende – Moment, in dem sich die Regeln eines sozialen Mechanismus erfassen lassen, selbst wenn diese Regeln ›maskiert‹ oder ›verkehrt‹ sind.
Noch ein weiterer Grund trug dazu bei, die Aufmerksamkeit der Historiker auf das Fest zu lenken. Er berührt genau den neuralgischen Punkt jener Problematik, die die französische Geschichtsschreibung in den letzten zehn Jahren beherrscht hat, die Frage nämlich, wie die (kompromiß- oder konfliktartig) verwickelten Beziehungen zwischen einer sog. ›volkstümlichen‹ oder Volks-Kultur und den herrschenden

Kulturen erforscht werden können. Das Fest illustriert ihr Aufeinandertreffen in beispielhafter Weise. Zunächst einmal treffen beim Fest deutlich zwei kulturelle Kräfte aufeinander: Auf der einen Seite der Einfallsreichtum und die Ausdrucksformen der traditionellen Kultur, an der die Mehrheit des Volkes teilhat, und auf der anderen Seite der Wille zur Disziplinierung und zur Akkulturation, der der Herrschafts-Kultur eigen ist. Insofern kann man auf das Fest durchaus die Fragestellung anwenden, die A. Dupront in bezug auf das Wallfahrtswesen entwickelt hat, wonach die Spannungen zwischen kollektivem Impuls und institutionell auferlegter Disziplin betont werden.[3] Außerdem betrachteten Herrschafts-Kulturen das Volksfest schon früh als ein Haupthindernis zur Anerkennung ihrer religiösen, moralischen oder politischen Hegemonie. Infolgedessen zielten ihre Bemühungen immer wieder darauf, das Volksfest in seinen Auswüchsen zu beschneiden, es zu disziplinieren oder es zu vereinnahmen. Das Fest ist also ein Ort des Konflikts, an dem gegensätzliche kulturelle Logiken unmittelbar aufeinandertreffen, insofern erlaubt es, die ›Volks‹-Kultur und die Kultur der ›Gebildeten‹ in ihren Schnittpunkten und nicht lediglich über eine Bestandsaufnahme ihrer vermeintlich jeweils spezifischen Motive zu erfassen. Das Fest genießt den Vorzug, daß man an ihm sowohl den Widerstand des Volkes gegen normative Weisungen beobachten kann als auch die Umformung des Verhaltens der Mehrheit durch herrschaftliche kulturelle Muster. Darin gründet seine Bedeutung für eine Mentalitätsgeschichte, die offen ist für eine Analyse jeweils spezifischer kultureller Mechanismen.

Ist insoweit deutlich, weshalb das Fest in der historischen Forschung eine Vorrangstellung erlangte, kann man für einen hinreichend abgegrenzten Zeitraum – Frankreich zwischen dem 15. und dem 18. Jahrhundert – eine Übersicht zu den Leistungen und Problemen seiner Interpretation erstellen. Dabei scheint sich als Methode zu empfehlen, eine gewisse Zahl eigener oder fremder ›Fallstudien‹ heranzuziehen. Bleibt noch eine letzte Vorfrage zu klären, sie bezieht sich auf die außerordentlich große Ambiguität, die in der Bedeutung des Wortes ›Fest‹ mitschwingt. So eindeutig der Begriff zunächst scheint, verweist er faktisch doch auf vielfältige Unterschiede, die zumeist als Gegensätze aufgefaßt bzw. durch eine Reihe von Gegenüberstellungen ausgedrückt werden: populär/offiziell, ländlich/städtisch, religiös/weltlich, Partizipation/Schauspiel usw. Abgesehen davon, daß solche Aufspaltungen keine klare Typologie von Festzeremonien erlauben,

sind sie schon begrifflich problematisch, weil das Fest fast immer ein Mixtum ist, das auf Versöhnung der Gegensätze zielt.
Andererseits enthält der Begriff bereits diejenige – theoretische oder unmittelbare – Bestimmung, die jeder dem Fest gibt. Wenn man Erinnerung und Utopie vermischt, wenn man sagt, was das Fest sein soll und was es nicht ist, wird man gewiß nicht zu einer konsensfähigen Definition gelangen. Vor allem erlauben solche Bestimmungen es nicht, das Fest als einen klar umrissenen historischen Gegenstand zu erstellen. Um diese wandelbare, sich entziehende und widersprüchliche Realität dennoch versuchsweise in den Griff zu bekommen, wollen wir hier unter

Das Karnevalfest: das Umgehen der Masken; das Festessen, 17. Jht.

›Fest‹ all jene Manifestationen verstehen, die in der vormodernen Gesellschaft als solche bezeichnet wurden, selbst wenn sich Festliches auch außerhalb von Festen – und vielleicht gerade da – findet.[4]

Vorab eine grundsätzliche Feststellung: Das vormoderne Fest war keine unveränderliche Gegebenheit, die mit einer Zustandsbeschreibung erfaßt werden könnte, sondern unterlag vom Ende des Mittelalters bis zur Revolution vielfältigen Modifikationen und Abwandlungen; auf sie muß sich das Augenmerk in erster Linie richten. Kirchliche Zensuren sind sicher die ältesten. Vom 12. bis zum 18. Jahrhundert werden ununterbrochen Schriften veröffentlicht, denen kirchliche Ver-

urteilungen von Volksfesten und Volksvergnügungen zugrunde liegen. Die erste Form jener Warnungen ist die als Predigthilfe gedachte Exempla-Literatur, die dann abgelöst wurde durch das umfangreiche Corpus von Konzilsdekreten, Synodalstatuten oder bischöflichen Anordnungen. Bereits Ende des 17. Jahrhunderts ist solches Material so reichlich vorhanden, daß sich theologische Traktate darauf stützen können, die – wie etwa die beiden Traktate von J. B. Thiers[5] – die kirchliche Tradition für die Seelsorger zusammenfassen sollen. Die kirchlichen Verbote sind um so bedeutender, als sie häufig von weltlichen Obrigkeiten, Parlamenten oder Magistraten übernommen werden. Ein gutes Beispiel jener Allianz der Mächte ist der Kampf, der im 17. und 18. Jahrhundert im Bereich des Pariser Parlement gegen die fêtes baladoires* geführt wurde.[6] Diese Feste, die an Sonn- und Feiertagen stattfanden, mit denen sich häufig ein Markt verband und deren Kennzeichen traditionelle Vergnügungen (Tanz und Spiele) waren, wurden 1665 durch einen Erlaß der Grands Jours d'Auvergne verboten; zwei Jahre später wurde diese Verurteilung auf den ganzen Gerichtsbezirk des Parlement ausgedehnt. Im letzten Jahrzehnt des Ancien Régime wurde dann dieses allgemeine Verbot durch rund fünfzig besondere Erlasse verstärkt. Der Mechanismus ist überall der gleiche: ein Ortspfarrer reicht beim Generalprokurator des Parlement eine Beschwerde ein, woraufhin dieser durch die örtlichen Richter eine Untersuchung eröffnen läßt. Die Ermittlung endet dann häufig – wenn auch nicht immer – mit einem Verbotserlaß. Ein solch gezielter und entschiedener Angriff zeugt sowohl von Unnachgiebigkeit des Volkes gegenüber obrigkeitlichen Geboten als auch von dem eingespielten Zusammenwirken des Christianisierungsbestrebens der Geistlichen mit den sittenpolizeilichen Absichten der Magistrate.

Die Kirche zielt auf ein Doppeltes: die Zeit und die Körper zu kontrollieren. Zu einer ersten Konfrontation von volkstümlicher Kultur und kirchlicher Institution kommt es bei der Frage, wer die Festzeit beherrscht. Schon sehr früh – bereits im 13. Jahrhundert – läßt die Exempla-Literatur erkennen, daß sich rund um den Oster- und Pfingstzyklus ein heftiger Konflikt entspinnt.[7] Für die volkstümliche Kultur ist diese Zeit des Jahres vor allem die Zeit der Initiationsfeste: sei dies ein adeliges Turnier oder seien dies Tänze der chevaux jupons im Milieu

* Die »fêtes baladoires« waren Tänze, die mit sehr freizügigen Schritten und Gesten jeweils an den ersten Tagen des Januar und des Mai getanzt wurden. (Anm. d. Übers.)

des Volkes. In der Sicht der kirchlichen Institutionen dagegen soll diese Festzeit des Hl. Geistes eine Zeit der Prozessionen, Wallfahrten und Kreuzzüge sein. Der Kampf um die Kontrolle der Zeit erstreckt sich auch auf den Tageslauf, weil die Kirche unablässig bemüht ist, nächtliche Vergnügungen ebenso wie die ihnen zugrunde liegende Vorstellung zum Verschwinden zu bringen, nach welcher der Tag der Kirche gehört, die Nacht aber dem Volk.

Zur Disziplinierung der Körper wendet die Kirche auf das Festverhalten die gleichen Kategorien an, mit denen auch abergläubisches Verhalten bestimmt und beschrieben wird. Von daher ergibt sich eine dreifache Verurteilung des traditionellen Festes. Zuerst einmal ist es das Unerlaubte oder auch das ›Populäre‹, und zwar genau in dem von J. B. Thiers gemeinten Sinn: ›populär‹ als Gegensatz zu ›katholisch‹. Tatsächlich ist Festverhalten unendlich vielfältig; es gründet keineswegs in kirchlicher Autorität, sondern wurzelt in einem jeweils besonderen Gemeinschaftsleben. Es steht also in jeder Hinsicht im Gegensatz zu einem Verhalten, das katholisch, universell und begründet ist und alle einbezieht. Diese theologische Verurteilung wird durch eine weitere – psychologische – verstärkt. Für die Kirche ist das Volksfest tatsächlich gleichbedeutend mit Ausschweifung und Maßlosigkeit, mit unbedachter Verausgabung von Leib und Gut. Folglich steht es in vollkommenem Gegensatz zu erlaubten Verhaltensweisen, die zugleich notwendig und ausgewogen sind. Im Bereich der Moral schließlich bedeutet das Volksfest Unschamhaftigkeit und Zügellosigkeit. Die Regeln christlicher Gesittung werden hier außer acht gelassen: Zuneigung äußert sich frei, die Schranken der Scham fallen, und die Leiber geben sich einander ohne Ehrfurcht vor dem Schöpfer hin. In den Augen der Moralisten verkörpert das Fest als Ort des Spontanen, der Unordnung und der Unanständigkeit die Antigesittung schlechthin. In ihm sind folglich all jene Züge vereint, die Verhaltensweisen als unerlaubt, als gegen den wahren Glauben, das rechte Maß und die christliche Scham gerichtet diskreditieren. Deshalb ist es keineswegs erstaunlich, daß die Feste Hauptzielscheiben des Eifers waren, das Volk christlich zu machen.[8]

Die Strategien zur ›Zensur‹ des Festes sind vielseitig. Die radikalste zielt auf das Verbot. Dies ist etwa bei der Fête des Fous der Fall, die meist am Unschuldigen Kindleinstag gefeiert wurde und gekennzeichnet ist durch eine Umkehrung der kirchlichen Hierarchie, die Parodie religiöser Rituale und mannigfaltige Vergnügungen (Theaterspiele, Tänze, Festgelage usw.). Als ein Fest mit ausgeprägt religiöser Bedeutung, dessen wesentlichster Teil sich im Innern des geweihten Raums abspielt, war die Fête des Fous Gegenstand früher, wiederholter und, wie es scheint, auch wirksamer Verurteilung. J. B. Thiers faßt in seinem »Traité des Jeux et des Divertissements« die Schriften zusammen, welche das Fest der Narren bzw. der Unschuldigen Kinder verboten. Seine Sammlung beginnt 1198 mit einem Dekret des Bischofs von Paris und enthält drei Texte aus dem 13., sieben aus dem 15. und zehn aus dem 16. Jahrhundert.[9] Diese Beharrlichkeit scheint Früchte getragen zu haben, denn gegen Ende des 16. Jahrhunderts verschwindet das Narrenfest, und in der Mitte des 18. Jahrhunderts ist es bereits selbst Geschichte – eine Geschichte, die so fern und fremd erscheint, daß sie kaum noch zu entschlüsseln ist: »Die Feste, deren Geschichte ich schreiben will, sind so ungereimt, daß man Schwierigkeiten hätte, sie für wahr zu halten, würde man nicht die Unwissenheit und Barbarei kennen, die der Renaissance der schönen Wissenschaften vorangingen.«[10]

Oft ist eine solche Auslöschungs-Strategie nicht möglich; sie muß dann einem Kompromiß Platz machen, der sich mittels einer religiösen Kontrolle der Festordnung vollzieht. Wie bei den Wallfahrten zielt die kirchliche Institution dabei darauf, dem Spontanen ihre Ordnung aufzuerlegen, die Freiheit des Volkes zu beschränken und deren untragbare Darstellungsformen auszurotten. So ist der hartnäckige Kampf zu verstehen, den die reformierte wie auch die katholische Kirche gegen den Tanz führte, jenes zum Wesen des vormodernen Festes gehörige symbolische und spielerische Element, das in den unterschiedlichen Zeremonien vorkommt. Auch hier zitiert Thiers zahlreiche Autoritäten, die den Tanz als Schule der Unreinheit und Waffe des Teufels verdammen: »Wie wenige gibt es doch, die als Tänzer oder als Zuschauer nicht auf irgendwelche unanständigen Gedanken kommen, die keinen unkeuschen Blick werfen, keinerlei ungebührliche Körperhaltung zeigen, die keine losen Reden führen und die schließlich auch keine fleischlichen Begierden hegen, wie der Hl. Apostel sagt?«[11] Der Tanz, der die Körper verändert, verformt die Seelen und verführt zur Sünde. Deshalb darf er die offiziell erlaubten Feste nicht infizieren.

Eine dritte klerikale Strategie ist die der Klassifizierung. Hierbei zielt die Christianisierung darauf, einen erlaubten Fest-Kern von abergläubischen Praktiken zu scheiden, die sich um ihn herum sedimentiert haben. Die das Johannisfeuer betreffenden Diskurse sind ein gutes Beispiel solcher Sichtweise.[12] Zwar hält man das Johannisfest und die

Johannisfeuer zur Feier der Geburt des Heiligen für legitim, jedoch nur dann, wenn sie strikt eingegrenzt und kontrolliert werden; um alles Überflüssige und Übermäßige zu vermeiden, muß die Zeremonie kurz sein und das Feuer folglich klein, müssen die das Feuer begleitenden Tänze und Gelage verboten und die daraus entspringenden abergläubischen Verhaltensweisen untersagt werden. Johannisfeuer nähren nämlich zahlreiche Vorstellungen, in denen der Aberglauben unverhüllt sichtbar wird, weil sie sämtlich auf der Vorstellung beruhen, daß zwischen einer Gebärde (Kräuter übers Feuer werfen, Feuerscheite oder Kohlen verwahren, bestimmte Runden oder Kreise um das Feuer ziehen usw.) und deren vermeintlichen Wirkungen (die Haarfarbe seiner Braut erraten, sich für das ganze Jahr vor Kopfweh oder Nierenschmerzen schützen usw.) ein Zusammenhang besteht.[13] Daß die Grenze zwischen dem erlaubten Fest und dessen abergläubischer und unmoralischer Verkehrung fließend ist, bezeugen die verwickelten und schwierigen Beziehungen zwischen den Gemeinden und ihren Pfarrern.[14] Duldung und Verurteilung liegen dabei eng beisammen, um sowohl den offenen und häufig in gerichtlichen Bahnen verlaufenden Konflikt als auch untragbaren Mißbrauch zu vermeiden. Zwei Kulturen stehen sich beim Fest gegenüber: die geistliche, die auf die Organisation des Verhaltens zielt, um das Fest zu einer Huldigung Gottes zu machen, und die der Mehrheit, die das religiöse Zeremonial in einem gemeinschaftlichen Freudenfest aufgehen lassen will.

Auch wenn der kirchliche Druck auf die Feste sicherlich der beständigste und mächtigste ist, so ist er doch keineswegs der einzige. Denn zwischen 1400 und 1600 unterliegen die städtischen Feste – vor allem der Karneval – auch anderen Eingriffen, mit denen sich eine zunehmende Vereinnahmung durch die Magistrate verbindet. Überall wollen die städtischen Obrigkeiten (Schöffen und Konsulate) das Stadtfest in die Hand bekommen, indem sie seine Finanzierung, seine Umzugswege und sein Programm kontrollieren.[15] Das Fest in der frühen Neuzeit wird immer stärker aus der Stadtkasse finanziert, während es vorher allein vom »König« einer Bruderschaft, dem traditionellen Veranstalter, getragen wurde. An die Stelle der Stiftung tritt die öffentliche Finanzierung. Dies führt zu einer strengeren Kontrolle der Festzugswege, bei denen Örtlichkeiten, die Symbol der Einheit und der Macht der Stadt sind (z. B. das Rathaus oder der Marktplatz, manchmal sogar die Schöffenhäuser), ein hervorragender Platz eingeräumt wird. Dies hat immer stärkere Eingriffe der Stadtobrigkeit in die Gestaltung des

Festprogramms zur Folge, das bis dahin alleiniges Ressort der veranstaltenden Bruderschaften, das Reich der Jugendlichen und Narrenabteien war.

Die Vereinnahmung durch die städtische Obrigkeit entspricht einer klaren Zwecksetzung: durch die Sprache des Festes eine Ideologie zum Ausdruck zu bringen, die stadtbürgerlich und weltlich zugleich ist. Ein hervorragendes Beispiel für eine solche Übertragung in die Sprache des Festes ist die Zusammenstellung eines Umzugs, denn dabei werden – wirklich oder symbolisch – alle Zünfte vereinigt, aus denen sich die Stadt zusammensetzt. Dies ist etwa 1510 und 1511 in Metz der Fall.[16] Indem das Fest alle in hierarchischer Ordnung versammelt, soll es die Einheit der Stadtgemeinde zum Ausdruck bringen. Zugleich soll es einer Stadtlegende Gestalt verleihen, nach der die Wurzeln der Stadt in einer wunderbaren (antiken oder biblischen) Geschichte liegen sollen. Am Brandsonntag* 1511 verkleiden sich in Metz die städtischen Notabeln und rechtfertigen als David, Hektor, Julius Caesar, Alexander der Große, Karl der Große und Gottfried von Bouillon die Stärke der Stadt und die Macht ihrer Oligarchie. Auf diese Weise wird das städtische Fest zu einem politischen Instrument, mit dem die Stadt ihre Stellung gegenüber dem Fürsten, dem Adel und anderen Städten bekräftigen kann. Deshalb muß es durch Aufwand und Gepränge den Reichtum der Stadt ausdrücken und wird so zum Bestandteil einer Diplomatie des Wettstreits, was wiederum nicht ohne Einfluß auf den Festkalender bleibt. So verlegen Städte in Flandern und im Artois ihr Fest, um die wechselseitige Teilnahme ihrer städtischen Repräsentanten an den Karnevalsfeiern zu ermöglichen, und gehen dabei so weit, es außerhalb seiner normalen Kalenderzeit zu feiern. Hieran wird deutlich, wie eine politische Ideologie alte Rituale hat umbiegen, unterhöhlen oder umwandeln können, um so ihre Bedeutung umzukehren.

Von kirchlichen Obrigkeiten ›zensiert‹ und von städtischen Oligarchien in andere Bahnen gelenkt, offenbart sich das vormoderne Fest also nur durch die Veränderungen hindurch, die ihm die herrschenden Mächte nach und nach auferlegten. Deshalb scheint es unmöglich, unter diesen Verformungen und Verstümmelungen einen Grundbestand auszusondern, der wirklich ›populär‹ oder ›volkstümlich‹ wäre. Das Festmaterial, dessen man für die Zeit zwischen dem 16. und dem

* 1. Fastensonntag, an dem man mit Fackeln durch die Straßen zog. (Anm. d. Übers.)

18. Jahrhundert habhaft werden kann, ist immer ein kulturelles Mixtum, dessen Bestandteile sich nur schwer isolieren lassen. Folglich können solche Bestandteile auch nicht entsprechend des Gegensatzes populär / offiziell oder der Logik eines Sedimentierungsprozesses folgend geordnet werden, bei dem anfängliche Spontaneität zunehmend durch Abhängigkeit ersetzt wird. Deshalb schien es uns gerechtfertigt, zunächst die an den Festen von den herrschenden Mächten vorgenommenen Umgestaltungen systematisch zu erfassen, statt zu versuchen, eine illusorische Beschreibung eines Festes zu geben, das angeblich von jeglichem Disziplinierungs-Bazillus verschont geblieben ist. Doch ist dies zusammengesetzte Material seinerseits Gegenstand einer Geschichte; sie läßt sich möglicherweise, ausgehend von einer Fallstudie, erhellen, die sich auf das System der Feste in Lyon zwischen dem ausgehenden Mittelalter und der Revolution bezieht.[17]

Das Entwicklungsmuster ist dabei deutlich: auf Feste, an denen alle beteiligt sind, folgen oktroyierte Feste. Zur Zeit der Renaissance setzt sich das System der Feste von Lyon aus zwei Hauptkomponenten zusammen: den Festen der gesamten Bürgerschaft und den Festen populärer Geselligkeit. Erstere haben zur Voraussetzung, daß die Gesamtheit der Bürgerschaft an derselben Vergnügung teilnimmt, selbst wenn diese Teilnahme in hierarchischer Form erfolgt und bisweilen auch Konflikte mit sich bringt. Eine entsprechende Situation liegt augenscheinlich bei den religiösen Festen vor, die aus den Resten der zu Beginn des 16. Jahrhunderts verschwundenen Fête des Merveilles erwuchsen, so z. B. das Ablaßfest des Hl. Johannes, die Bittprozessionen und die Patroziniumsfeste. Auch die königlichen Einzüge in die Stadt gehören hierzu; sie häufen sich in Lyon zwischen dem ausgehenden 15. und dem beginnenden 17. Jahrhundert: 1490, 1494, 1495, 1507, 1515, 1522, 1548, 1564, 1574, 1595, 1600, 1622, d. h. zwölf Einzüge in hundertfünfundzwanzig Jahren, denen man außerdem noch die Einzüge nicht-königlicher Personen hinzurechnen müßte. Jeder Einzug bietet ein wechselseitiges Schauspiel: So wie das Stadtvolk Zuschauer des königlichen Aufzugs ist, sind der König und sein Hof Zuschauer des städtischen Aufzugs, an dem alle Stände der Stadt teilnehmen, einschließlich der Handwerker, die bis 1564 nach Zünften, später nach Stadtvierteln gegliedert sind. Der Einzug ist überhaupt ein Fest der Feste, bei dem sich verschiedene Elemente überlagern: Umzüge, Reiteraufzüge, Theaterspiele, lebende Bilder, Feuerwerke usw. Das dabei zur Schau gestellte ikonographische und szenographische Material erlaubt

Die Festveranstaltung nach städtischem Muster: ein königlicher Einzug, 1660

YNE dans leur bonne Ville de Paris
Le Roy
Mr. le Conte de Harcour

eine Vielzahl von Lesarten, die sich zwar im Hinblick auf die verschiedenen soziokulturellen Gruppen sehr unterscheiden, die aber doch durch eine Zeremonie, die die gesamte Stadt versammelt, zu etwas Gemeinsamem zusammengefaßt werden.
Die andere wesentliche Komponente der Lyonaiser Feste des 16. Jahrhunderts sind die Feste, die man dann als ›populär‹ bezeichnen kann, wenn man den Begriff ›Volk‹ nicht allzu eng auslegt.[18] Einigen dieser Feste, die von Narrenbruderschaften – hier den rund zwanzig Abteien von Maugouvert – ausgerichtet werden, liegen Nachbarschaftsbeziehungen innerhalb eines Stadtviertels zugrunde. Dies trifft auch für Charivaris zu, bei denen mittels eines Eselsumritts Ehemänner verspottet werden, die von ihren Frauen verprügelt worden waren. Solche der Welt des Handwerks und des Handels entstammenden Vergnügungen können darüber hinaus auch als Schauspiele adligen Gästen dargeboten werden, wie etwa die beiden Eselsumritte von 1550 und 1566, wobei letzterer wohl ein Teil des Einzugs der Herzogin von Nemours war.[19] Bei anderen Anlässen spielen Narrenbruderschaften, die aus Zünften – vor allem der der Drucker – hervorgehen, die Hauptrolle. So liegt die Organisation der parodistischen Umzüge, die Hauptinhalt des Faschingssonntags sind, in den Händen der Bruderschaft der Coquille, die außerdem auch als Veranstalterin von Eselsumritten auftritt (so etwa 1578). Daß zwischen 1580 und 1601 eine Gruppe von Druckergesellen aktiv und kritisch am Festleben beteiligt war, bezeugt ein halbes Dutzend Textheftchen, »gedruckt in Lyon, vom Seigneur de la Coquille«.[20]
Zu Beginn des 17. Jahrhunderts bricht in Lyon das auf der Partizipation oder der Initiative des Volks beruhende Festsystem allmählich auseinander. Symbolisch mögen zwei Daten als Wendepunkte dienen: 1610 sind in dem anläßlich des Faschingssonntags gedruckten Textheft erstmals weder die Narrenabteien noch die Bruderschaft der Coquille erwähnt, und 1622 kommt Ludwig XIII. in den Genuß des letzten städtischen Einzugs nach altem Muster, während alle späteren Einzüge (wie z. B. der Ludwigs XIV. im Jahr 1658) nur noch in Form bloßer Empfänge durch die Stadtverwaltung stattfinden, ohne daß die städtische Bevölkerung daran teilhat. Somit haben auf drei Ebenen Veränderungen stattgefunden: Zunächst sterben die traditionellen Träger der Feste, die volkstümlichen Vereinigungen (Abteien, Bruderschaften) aus. Dann verkümmern die Feste der gesamten Stadtbevölkerung (Einzüge und religiöse Zeremonien); auf diesen Prozeß weist etwa ein Vergleich

der drei Jubeljahre* der Kirche von Lyon 1546, 1666 und 1734 hin: während Überfluß und dekoratives Zurschaustellen zwischen dem 16. und dem 18. Jahrhundert zunehmen, scheint die Teilnahme des Volks zurückzugehen. Schließlich wird das oktroyierte Fest zur Regel, das auf ein bloßes Spektakel reduziert ist. Während also im 16. Jahrhundert das Handwerksvolk den Großen das Schauspiel der Eselsumritte bot, sind es im 18. Jahrhundert die Obrigkeiten, die dem Volk Feuerwerke bieten. Im Lauf der Zeit ging die Initiative des Volks verloren und wurde das Fest standardisiert. Gleichgültig, was der Anlaß war und wer der Träger – ob die Magistrate oder die Kanoniker und Grafen von St. Jean – die Zeremonie ist nun stets die gleiche: sie beschränkt sich auf ein Feuerwerk, bei dem die ursprüngliche Bedeutung eines Freudenfeuers vollkommen in Vergessenheit geraten ist. Durch das Fest wird eine städtische Ordnung sozialer Abschottung übermittelt und gestiftet, in der das Bewußtsein einer städtischen Einheit, an der jeder seinem Rang gemäß teilhat, verlorengegangen ist.[21]

Die hier am Fall Lyon aufgezeigte Entwicklung läßt sich sicherlich verallgemeinern, nicht nur was andere Städte, sondern auch was das Land anbetrifft. Ein Beispiel dafür sind die Rosenmädchenfeste, deren Zahl in den 1770er Jahren wuchs, nachdem der entsprechende Brauch in Salency von Parisern entdeckt worden war. Durch die Rosenmädchenfeste wird im Dorf eine Form des oktroyierten Festes begründet, das gezielt traditionelle Vergnügungen ersetzen soll.[22] Diese Feste, in denen sich die Suche nach einem christlichen Arkadien manifestiert**, werden von Notabeln der Herrschaft, der Kirche und der Parlamente organisiert und kommen von außerhalb der Gemeinde; sie sind alles andere als ›populär‹, auch wenn die Eliten im Ergebnis ihrer Inszenierung das Bild eines idealen Volkes wiederfinden, das keusch und kraftvoll, einfach und bescheiden, fleißig und gut ist.

Der Aderlaß des traditionellen Festes und seine Vereinnahmung durch die Obrigkeiten führten im 18. Jahrhundert zu einer doppelten Reaktion: Einerseits neigt das Volk wiederum den eigenen sozialen Orten der Geselligkeit zu, wobei jedoch das Fest durch tägliche Wiederholung einförmig und banal wird. Für diese Entwicklung, bei der das Fest mehr und mehr einem bloßen Tanz gleichgesetzt wird, sind die Städte

* In bestimmten Zeitabständen wiederkehrende Jubiläen einer Kirche, die zumeist mit besonderen Ablässen verbunden sind. (Anm. d. Übers.)

** Bei diesem Fest wird einem Mädchen feierlich eine Rose als Tugendpreis überreicht. (Anm. d. Übers.)

und Dörfer der Provence ein gutes Beispiel.[23] Die andere Reaktion stammt von den »Philosophes« und führt zu Überlegungen, wie ein anderes Fest erfunden werden könne. Groß ist in der Tat die Zahl derer, die das Künstliche und Trennende des Festes, das in jeder Form oktroyiertes Fest bleibt, kritisieren: »Das 18. Jahrhundert vermag in Feuerwerken nur noch das Feuer-Kunstwerk zu sehen.«[24] Das neue Fest sollte radikal anders sein: patriotisch, transparent und einmütig. Rousseau ist es, der in der Lettre à d'Alembert das Modell dieses idealen Festes entwirft und zugleich eine entsprechende politische Theorie konstruiert: »Pflanzt in der Mitte eines Platzes einen mit Blumen umkränzten Pfahl und sammelt um ihn das Volk – und ihr habt ein Fest. Besser noch: macht aus den Zuschauern das Schauspiel, laßt sie wieder selbst zu Schauspielern werden, macht, daß jeder im anderen sich selbst sieht und liebt, damit alle um so besser vereint sind.« Für dieses Fest, bei dem die Aufführungswirklichkeit negiert und die Unterschiede aufgehoben werden, entwirft Boullée in seinem durch das Kolosseum angeregten Plan zu einem Circus den architektonischen Rahmen: »Man stelle sich 300000 Menschen vor, die alle gleichsam unter einem Dach, in der Ordnung eines Amphitheaters versammelt sind, wo keiner den Blicken der Menge entgehen kann. Eine solche Ordnung würde eine einzigartige Wirkung haben: die Schönheit dieses erstaunlichen Schauspiels ginge von den Zuschauern aus, die einzig und allein seine Gegenstände wären.«[25]

Der utopische Diskurs in all seinen verschiedenen Modalitäten wird zum bevorzugten Experimentierfeld, auf dem bis ins kleinste Detail die Umstände und der Gestaltungsrahmen jener Feste präzisiert werden, deren Um- bzw. Aufriß Rousseau und Boullée skizzieren. Vom Code de la Nature bis zu Marmontels Incas, vom Supplément au Voyage de Bougainville bis zu L'An deux mille quatre cent quarante – stets wird in diesen Schriften ein erneuertes Fest arrangiert, das als Mikrokosmos gedacht ist, in dem sich die Regeln eines neuen sozialen Lebens pädagogisch offenbaren.[26] Doch bevor wir uns der Frage zuwenden, wie das revolutionäre Fest der Utopie Gestalt zu geben suchte, müssen wir ein letztes Mal auf das traditionelle Fest zurückkommen und uns damit beschäftigen, wie es gedeutet werden könnte.

Ethnologen, die sich mit dem traditionellen Frankreich beschäftigen und deren Arbeit sich sowohl auf historisches Material als auch auf heute noch lebendige Feste erstreckt, haben eine Lesart des Festes vorgeschlagen, bei der der Akzent auf seiner symbolischen Funktion liegt.

Eines der Kennzeichen ihres Zugangs ist der Vorrang, den sie dem Karneval als dem Schlußstein im Festsystem einräumen – und zwar aus zwei Gründen.[27] Zum einen zieht der Karneval andere Vergnügungen an, ohne daß diese notwendig in seine Kalenderzeit fallen müssen, beispielsweise Charivaris, die sich in manchen Zügen (Umverteilung der Lebensmittel, Maskenspiel, Festgericht) karnevalesken Riten annähern.[28] Zum anderen können Karnevalsriten auch in Festen auftauchen, die außerhalb der Karnevalszeit liegen, seien dies die in die Zeit um Christi Himmelfahrt oder Pfingsten fallenden Feste oder auch die Kirchweihfeste im Sommer. In ethnologischer Sicht erscheint ein ursprüngliches Motiv als das Gestaltungsprinzip sämtlicher Gesten und Diskurse. Indem das Fest den Kampf von Gegensätzen (Tag und Nacht, Frühling und Winter, Leben und Tod) in Szene setzt, erlaubt es stets einen Neubeginn – des Kalenders, der Natur und auch der Menschen: »Im Fest wird eine Wiedergeburt von Zeit, natürlicher Welt und Gesellschaft gedacht, gespielt und hervorgerufen.«[29] Der Karneval drückt in seiner mannigfaltigen Sprache die Gegenüberstellung von Extremen aus, und sein wirksames Ritual stellt jedes Jahr die Ordnung der Welt wieder her.

Aus einer solchen Lesart folgt logisch, daß alle verorteten Formen karnevalesker Riten als Zeichen behandelt werden, in denen sich das zugrundeliegende ursprüngliche Motiv artikuliert. Deshalb müssen die verschiedenen Komponenten des Festes zu einem gemeinsamen Begriffsinhalt zusammengefaßt werden: das Umherziehen, der Empfang, die Urteilssprechung und der Tod des Karnevalskönigs, das Eindringen und der Opfertod des Wilden Mannes, der Nahrungs- und Atmungskreislauf im Inneren des menschlichen Körpers. Deshalb auch müssen konkrete – und unendlich variierende – Figuren einander verglichen werden, die in besonderer, jeweils auf einen Ort und ein Jahr bezogener Weise den Riesen-König oder den Wilden verkörpern. Von daher ergeben sich zwei unterschiedliche Akzentuierungen. In der einen, weniger historischen Sehweise wird die Betonung auf die Universalität der Kategorien gelegt, die im Karnevalsfest wirken. Der Karneval wird auf diese Weise zur zentralen Zeit einer wahren ›Volksreligion‹ bzw. ›volkstümlichen Religion‹, die bäuerlich oder vorgeschichtlich sein soll und deren mythische Grundlagen sowie rituelle Ausdrucksformen sich quer durch verschiedene kulturelle Systeme identifizieren lassen.[30] In der anderen Sehweise, die eine kulturübergreifende Behandlung des Festes ablehnt, wird die Aufmerksamkeit vor allem auf die jeweils besonderen Wurzeln karnevalesker Kategorien gelenkt.[31] Nur innerhalb begrenzter und homogener Kulturräume mache eine solche symbolische Lesart Sinn, nur hier sei es gerechtfertigt, alte Texte und zeitgenössische Beobachtungen zu vergleichen, ließen sich die verschiedenen Interpretationsebenen (die der Geschichte, die des Erinnerns und die der Liturgie) eines Rituals voneinander trennen. Die Art und Weise, wie die zentrale Bedeutung karnevalesker Praxis jeweils regional und lokal unterschiedlich Gestalt gewinnt, zählt hier mehr als eine vermeintliche Universalität.

Die letztgenannte Lesart schlägt zwischen Ethnologen und Historikern zahlreiche Brücken. Dennoch behandeln Historiker das Fest anders. Mit seinen Ritualen, Gesten und Objekten ist es eine symbolische Grammatik, mittels derer sich optisch wie akustisch eine – im weitesten Sinne – politische Zielsetzung artikuliert. So wird, wie bereits gezeigt, zwischen 1400 und 1600 das von den städtischen Oligarchien umgeformte städtische Fest zum Vermittler der Ideologie einer einheitlichen Gemeinde, die ihre Identität gegenüber konkurrierenden Mächten zum Ausdruck bringen will und deshalb ihre inneren Uneinigkeiten verkleistern muß. Die politische Zielsetzung wird so weit in Schach gehalten, als das Fest entgegen dem Willen der Notabeln ein Ort möglicher Kritik bleibt. Ein Hauptgrund dafür ist, daß die Feste, trotz der Eingriffe der Magistrate und der kirchlichen ›Zensuren‹, weitgehend doch noch in Händen der Jugend und ihrer Institutionen verbleiben. Dies ist etwa eindeutig im 18. Jahrhundert in der Provence der Fall.[32] In allen religiösen und administrativen Texten des 17. und 18. Jahrhunderts gilt die Jugend (zusammen mit den Frauen) als einer der Hauptvertreter des Illegalen. Darüber hinaus setzt das Fest, und besonders der Karneval, die die Gemeinschaft durchziehenden Brüche in Szene (d. h. es drückt sie aus und verschiebt sie zugleich). Verlauf und Häufigkeit der Brüche sind dabei recht mannigfaltig. Denn sie ergeben sich aus dem Gegensatz der Geschlechter, von Verheirateten und Unverheirateten, aus den Altersstufen und den sozialen Unterschieden. Durch das Fest lassen sich, hinter seiner Maske und seiner parodistischen Sprache, soziale Distanzen und Spannungen erkennen, die hier manchmal entschärft, manchmal verschärft werden. Das Fest als Sprachrohr der unruhigsten Altersgruppe, als »Inszenierung von Unterschieden« (D. Fabre) fügt sich der vereinheitlichenden Absicht der Notabeln nicht.

Bisweilen kann es sogar zu eben dem Ort werden, an dem zwei soziopolitische Strategien aufeinandertreffen. So beispielsweise 1580 in Ro-

mans, wo die Partei der Plebeijer und die der Notabeln, jede auf ihre Weise, die Einrichtungen, Formeln und Codes des Festes manipulieren, um der Mehrheit der Mitbürger ihre gegensätzlichen Absichten verständlich zu machen.[33] Von beiden Seiten wird das Karnevals-Material regelrecht bearbeitet mit dem Ziel, hier die unerträglichen (steuerlichen und politischen) Privilegien des Patriziats bzw. da die lächerlichen Ansprüche des Volks von Romans anzuprangern. Da beide feindlichen Lager jeweils eigene Festeinrichtungen besitzen (Abteien und Reynages), können sie einen Krieg der Symbole entfachen. Auf seiten der Handwerker stehen zahlreiche Hilfsmittel zur Verfügung: agrarische Riten um den Blasiustag, Eselsparade, Trauerrituale, Schwertertanz; auf seiten der Notabeln ist das Arsenal an Festformen begrenzter: es besteht im Gebrauch von Parodie und Umkehrung. Durch zwei Inszenierungen (bzw. Feste) wird ein sozialer und politischer Konflikt verschärft, bis es zum Mord der einen Partei (der Notabeln) an der anderen Partei (den Handwerkern) kommt. Aber auch wenn der Ausgang nicht ganz so tragisch ist, kann das Fest doch derjenige Ort sein, wo quer durch verschiedene Szenen sich eine grundsätzliche Konfrontation bildhaft realisiert. Dies ist etwa im September 1613 beim Fest von Segovia der Fall, wo Adelige und Tuchmacher mittels der Anordnung und der Figuren ihrer konkurrierenden Festzüge ihre sozialen und religiösen Gegensätze vorführen.[34]
Weder als Symbol der Einmütigkeit noch als Übersetzung von Zwistigkeiten konnte das Fest in der revolutionären Pädagogik einen hervorragenden Platz einnehmen. Wir wollen diesen Überblick über die französischen Feste zwischen dem 15. und 18. Jahrhundert mit zwei grundlegenden Studien – von M. Ozouf und M. Vovelle – abschließen, da in ihnen einige der Hauptprobleme des revolutionären Festes angeschnitten werden. Doch vorab die Frage: Ist es überhaupt gerechtfertigt, die Bezeichnung ›revolutionäres Fest‹ zu gebrauchen? Die historiographische Tradition hat ja in der Tat lange Zeit nur revolutionäre Feste berücksichtigt und sie einander als ebenso konträr gegenübergestellt wie die politischen Überzeugungen, die sie manifestieren sollten. Stets mit einer besonderen Absicht verbunden und stets von einer bestimmten Fraktion getragen, konnte das Fest der Revolutionszeit nur politisch und parteilich sein und mußte sich auf die jeweilige Besonderheit seines ideologischen Skeletts beschränken. Dieser Sicht hat M. Ozouf eine andere entgegengestellt, in der das Schwergewicht auf der grundsätzlichen Ähnlichkeit der revolutionären Feste untereinander

Das oktroyierte Fest: Feuerwerk und Feuer-Kunstwerk, 1722

'Ossone, Ambassad.r extraord.re de S.M. Catholique, au sujet de l'heureuse alliance
uvre et le Colege Mazarin, Tiré le 24 Mars 1722. en presence de leurs Majestez
lletier à l'Image S.t Martin.

liegt. Ozoufs vergleichende Untersuchung der ideologisch am stärksten entgegengesetzten Feste (das Fest zu Ehren der Schweizer von Châteauvieux und das zum Gedenken an Simoneau im Jahre 1792, das Fest der Vernunft und das des Höchsten Wesens, die vor und nach dem Thermidor liegenden Feste) zeigt eindeutig eine Einheit der Absichten, Formen und Symbole. Mit der Fête de la Fédération (14. 7. 1790) war ein ideales Festmodell gegeben: es gründet zugleich in dem Ideal der Versammlung (auch wenn es in Wirklichkeit Exklusionen gibt) und in dem Willen, die Gewalt realer Kämpfe in einem Diskurs des Erinnerns aufzuheben. Dieses Festmodell durchzieht die ganze Revolutionszeit. Auch wenn die politischen Absichten und mit ihnen die Konzeptionen der Umzüge oder die kollektiven Gebärden sich wandeln, bleibt das Modell doch die Regel, die auf unbekannte Weise die Funktionen und Prozeduren des revolutionären Festes bestimmt. Durch die Permanenz dieses Modells wird die allzu tiefe – und häufig eingefahrene – Kluft zwischen Volksfest und offiziellem Fest, zwischen Spontaneität und Institutionalisierung eingeebnet. Außerdem ermöglicht es ein Verständnis dafür, weshalb gleiche Festelemente (z. B. die aus der Tradition des Karnevals stammenden) für ideologisch völlig entgegengesetzte Zwecke verwendet werden konnten.[35]
Welche Wirkung hatte in der langen Geschichte des Festes dieses revolutionäre Fest, dessen Einheit man neu entdeckt hat? Zwei Diagnosen können sich hier vielleicht ergänzen. Zunächst einmal steht fest, daß das revolutionäre Fest das Festsystem des Ancien Régime endgültig umgeformt hat. So kann man am Beispiel der Provence leicht eine doppelte Umwandlung feststellen.[36] Nach der Revolution wurden Feste selten: von nun an wird ein Fest pro Jahr die Regel (statt zwei oder mehr), wobei es fast immer in den August fällt, während Mitte des 18. Jahrhunderts die Festzeit sich noch von Mai bis September erstreckte. Darüberhinaus ist das Fest ›verstümmelt‹: Das komplexe und reiche System des traditionellen Festes, das zugleich fromm, berufsbezogen und stadtbürgerlich war, hat einer einfacheren Vergnügung Platz gemacht, mit der im allgemeinen ein Jahrmarkt verbunden wird. In der Zeit um 1820/1830 ist das vormoderne Fest also nur sehr partiell wiederhergestellt worden, und zwar in seinen spielerischen Elementen (Wettrennen, Turnieren, Tänzen), nicht aber in der Vielzahl sich überlagernder Bedeutungen. Demnach hätte die Revolution durch ihr Bestreben, ein neues Festsystem einzuführen – das selbst nur von kurzer Dauer war –, eine Entwicklung zu Ende geführt, die bereits im

18. Jahrhundert (vielleicht auch schon früher) begonnen hatte: die Zersetzung der Feste der vormodernen Gesellschaft.
Es ist sicher angebracht, diese Lesart, in der das revolutionäre Fest als zerstörerisch für ein überkommenes Gleichgewicht erscheint, durch eine andere zu ergänzen, in der die Betonung auf seiner Fähigkeit liegt, Werte zu begründen.[37] Tatsächlich ist das Fest der Revolutionszeit schöpferisch, nicht weil es die Revolution zu überleben vermochte, sondern weil es ein Hauptinstrument zur Sakralisierung neuer Werte war. Stärker und besser als Diskurse verkörperte – und vergesellschaftete – es ein neues Wertsystem, das sich auf die Familie, das Vaterland und die Humanität konzentriert. Unter diesem Gesichtspunkt war das Fest Medium einer gelungenen Übertragung von Sakralität. Es war dies sicherlich deshalb, weil mittels seiner symbolschweren Sprache eine Pädagogik Fuß fassen konnte, die sinnenhaft und überzeugend war sowie auf Wiederholung und Gemeinschaftlichkeit basierte.[38] Während die politischen Manifestationen des Festes nur kurzfristigen Bestand hatten, gilt dies nicht für die neuen häuslichen, bürgerlichen und sozialen Werte. Denn sie sollen durch das Fest in Herzen und Sinnen verwurzelt werden: »Laßt uns die Moral an ewige und geheiligte Grundlagen binden; laßt uns dem Menschen jene religiöse Ehrfurcht vor der Menschheit einflößen, jenes tiefe Gefühl für seine Pflichten, das die einzige Garantie sozialen Glücks ist; laßt es uns durch all unsere Einrichtungen nähren: so sei die öffentliche Erziehung insbesondere auf dieses Ziel gerichtet (...) Es gibt eine Art Einrichtung, die als wesentlicher Teil öffentlicher Erziehung betrachtet werden sollte (...) – Ich spreche von den nationalen Festen. Versammelt die Menschen, und ihr werdet sie besser machen; denn Menschen, die versammelt sind, werden versuchen, einander zu gefallen, und sie werden nur durch solche Dinge einander gefallen, die sie ehrenwert machen. Gebt ihrer Zusammenkunft ein großes moralisches und politisches Motiv, und die Liebe zum Ehrbaren wird als eine Freude in alle Herzen dringen; denn die Menschen sehen einander nicht ohne Gefallen.«[39]

Dieser Überblick über vier Jahrhunderte Festgeschichte in Frankreich läßt das Fest als einen Ort erkennen, wo gegensätzliche Inhalte zusammentreffen. Zunächst einmal ist das Fest einer jener besonderen Orte, wo die Herrschenden auf das einfache Volk treffen können. Entsprechend gibt es einen blühenden Literaturzweig, der von der Sammlung abergläubischer Vorstellungen bis zu Reisebeschreibungen reicht und durch den die »ethnologischen« Kommentare zu Festbräuchen um ein Vielfaches vermehrt werden. Zugleich aber haben Obrigkeiten aller Art unablässig versucht, jene Zeremonien zu beschneiden oder umzukehren, in denen sich die Unwissenheit oder die überraschende Besonderheit des Volkes zeigt. Das vormoderne Volksfest (kommentiert, weil es Volksfest ist, und kritisiert, weil es Volksfest ist) ist stets Gegenstand eines doppelten Wunsches der Eliten: es einerseits als Beobachtungs- und Erinnerungsbereich zu bewahren und es andererseits als Schmelztiegel von Ungereimtheiten zu vernichten. Zu dieser Ambivalenz kommt noch eine weitere hinzu: in der Tat wurde das Fest immer sowohl als pädagogisches Mittel als auch als mögliche Gefahr – also widersprüchlich – betrachtet. Von der reformierten Kirche bis zu Robespierre und St. Just, von den mittelalterlichen Stadt-Oligarchien bis zu den »Philosophes« – immer betrachtet man das Fest als geeignet, eine – religiöse oder auch politische – Absicht zum Ausdruck zu bringen, also auch zu vergesellschaften. Voraussetzung ist allerdings, daß es durch eine Ordnung so geformt und kanalisiert wird, daß es aussagekräftig ist. Daher erklärt sich seine Rolle als pastorale Waffe und bürgerliche Institution. Gleichwohl ist die Domestizierung nie gefahrlos oder vollendet – das Fest kann immer in Gewalt gegen die Ordnung bzw. die zu etablierende Ordnung umschlagen. Weil das Fest die Führungsrolle jenen gibt, die am wenigsten in diese Ordnung eingebunden sind, weil es in seiner Sprache die Spannungen mitteilen kann, welche die gesellschaftliche Ordnung zerreißen, repräsentiert es eine Bedrohung für die Gemeinschaft; denn potentiell zerstört es deren augenscheinliche und ersehnte Einheit. Von daher erklärt sich die unermüdliche Kontrolle und die immer wieder erneuerte ›Zensur‹ des Festes. Eine Aussage darüber, wie das Volk das Fest erlebt, ob das Fest Kompensation oder Trug war, erforderte einen anderen Interpretationsansatz; er ist allerdings deshalb besonders schwierig zu entfalten, weil anonyme Zeugnisse, auf die man sich hierbei stützen müßte, so selten sind. Aber vielleicht lohnt es doch, jene Sedimente aus Absichten und Kommentaren der Herrschenden darzulegen, die das Fest überlagert haben. Denn möglicherweise läßt sich erst dann entdecken, wie die einfachen Leute ihr Eigenleben in diesem ständig umgeformten sozialen Raum entfalteten.

Klaus Tenfelde

Streik als Fest

Zur frühneuzeitlichen Bergarbeiterkultur

I. Arbeiterkultur ist nicht erst, wie eine neuerdings auf Alltag und Kultur der »kleinen Leute« im Zeitalter der Industrialisierung konzentrierte Forschung nahezulegen scheint, eine Erscheinung der modernen kapitalistischen Produktionsverfassung und Gesellschaftsordnung. Einzelne Traditionsstränge, manche Erscheinungsformen von Arbeiterkultur reichen sehr viel weiter, mindestens bis in die Zeit des Frühkapitalismus zurück. Will man unter Arbeiterkultur nicht etwa nur Arbeiterbewegungskultur, sondern in erster Linie die durch Arbeit und arbeitsverbundenes Dasein vermittelten Gebärden, Verhaltensweisen und Kommunikationsformen verstehen[1], dann wird man Arbeiterkultur allgemein überall dort vermuten, wo gearbeitet wird. Der Prozeß der Naturaneignung durch Arbeit ist überall ein kulturschöpferischer Prozeß, in dem die alltäglichen Daseinsbedingungen Verhaltensweisen und Werthaltungen nahelegen und erzwingen, die zumal über die Zeiten hinweg Verfestigung erfahren und sich in ihrer Wiederholbarkeit als Konstanten proletarischen Daseins erweisen.
Arbeiter zu sein, hat freilich, obwohl Lohnarbeit nicht etwa erst ein Signum der kapitalistischen Industriegesellschaft ist, zu anderen Zeiten stets auch anderes bedeutet. In welchem Umfang sich die gesellschaftliche Wertschöpfung über das Lohnarbeitsverhältnis jeweils vollzog, inwieweit handwerkliche Lohnarbeit oder bereits die Beschäftigung in größeren, arbeitsteiligen, gewinnorientierten Produktionsstätten diese Wertschöpfung beeinflußt hat, muß deshalb, ohne daß jemals unmittelbar von Zahlenverhältnissen oder auch nur ungefähren Gewichtungen auf Verhaltensweisen und Wertmuster geschlossen werden dürfte, als ein sicherer Indikator für die Entfaltungschancen und Prägekraft von Arbeiterkultur zur gegebenen Zeit gelten. Dabei sind, solange die überkommene Agrargesellschaft mit ihren vielfältigen Sozialformen im feudalen Gehäuse das Gesicht der Zeit trotz Stadtbildung, Ausbau der Handelswege und technisch-organisatorischer Innovationen maßgeblich bestimmt, eher Mischformen zu erwarten, in denen Herkömm-

liches aufgenommen und angeeignet, dem Neuen angepaßt wird, aber auch Neues dem Herkommen nach aufgefaßt, in ein bestehendes Kontinuum von Wertvorstellungen eingegliedert wird. Hierfür sei im folgenden ein Beispiel ausgeführt. Wichtig ist, sich dabei zu erinnern, daß sich dem Ganzen und den Elementen der neuerdings zu Recht genauer erforschten frühneuzeitlichen Volkskultur in Europa immer schon klassengesellschaftliche Züge beigemischt haben, die aus dem Gegensatz von Kapital und Arbeit resultierten und sich in Kultur und Lebensweise der Lohnabhängigen in ihrer meist noch engen bäuerlich-ländlichen Einbindung auf der einen, in der Kultur einer aufstrebenden stadtbürgerlichen Oberschicht in deren frühzeitiger Annäherung an die überkommene Adelskultur auf der anderen Seite niederschlugen. Mögen dies in der frühneuzeitlichen Welt auch Minderheitenkulturen sein, so stehen sie doch in einem Herrschaftszusammenhang, insoweit sich mit der einen die Fähigkeit und Absicht kultureller Hegemonie verbindet[2], während sich die andere in Abhängigkeitsbeziehungen entfaltet und nur bedingt Autonomie zu erlangen vermag.

Das hier nur knapp umrissene Problemfeld läßt sich, wegen einer meist günstigeren, in der Literatur längst genutzten Quellenlage[3], in einem wichtigen Bereich der spätmittelalterlichen und frühneuzeitlichen Gesellschaft besonders aufschlußreich darlegen: im Bereich der bergbaulichen »Urproduktion«, des Montanwesens zwischen Erz- und Mineralgewinnung, Aufbereitung des Förderguts und Verhüttung bzw. Salzgewinnung bis zur Herstellung der Rohmetalle und des Salzes. Dabei sind es drei Merkmalskomplexe, die im Zusammenhang des vorher Gesagten das Montanwesen schon um die Wende zur Neuzeit kennzeichnen:

Der Bergbau war, erstens, schon damals ein sehr altes, in seiner Produktionsverfassung längst festgefügtes Gewerbe, das gleichwohl mit der Bevölkerungszunahme im 15. Jahrhundert, der Ausdehnung des Handels und der nichtbergbaulichen Gewerbe und im Zusammenhang von technischen Innovationen wie dem Kupferseigerverfahren[4], vor allem aber wegen der Auffindung und Erschließung neuer Erzlagerstätten im letzten Drittel des 15. Jahrhunderts einen bemerkenswerten Aufschwung erlebt hat. Man hat gar, gerade im Blick auf den Edelmetallbergbau und die insoweit – vor Entdeckung der außereuropäischen Lagerstätten – fast monopolartige Bedeutung der mitteleuropäischen Montanreviere insbesondere des Erzgebirges und Teilen des österreichischen Alpenraums, Grundzüge einer »Industriellen Revolution«

in der Wirtschaftsgeschichte nach 1460 zu entdecken vermocht, da vielerorts »Protofabriken« entstanden, vermehrt Kraft- und Arbeitsmaschinen mit Hilfe der Wasserkraft zum Einsatz kamen, technische Innovationen in Gang gesetzt und verbreitet wurden und überhaupt Übergänge von individueller Handarbeit auf organisierte und arbeitsteilige Produktion feststellbar sind.[5]

Zweitens zeigt das Montanwesen, hiermit eng verknüpft, in diesen Jahrzehnten einen überaus starken Kapitalzufluß vor allem aus Kaufmannskapital[6], das von den neuen Fundstätten rasch angezogen wurde und nach Verwertung suchte. Dies bedeutete im allgemeinen eine klare Tendenz zur Zusammenfassung auch kleinerer Betriebe in der Hand mächtiger Kapitalgeber, zum Ausbau der Betriebsstätten durch technische und organisatorische Maßnahmen, gelegentlich bis zur großbetrieblichen Produktion, zur Erweiterung und Verbesserung der Handels- und Absatzwege und zu größerer Risikofreude bei der Aufsuchung und Erschließung neuer Fundstätten. Dem entsprach auf der anderen Seite, daß der schon jahrhundertealte bergmännische Eigenlehnerbetrieb in seiner Bedeutung zurücktrat, das Lohnarbeitsverhältnis mithin zur Regelform der bergbaulichen Sozialverfassung wurde und die Bergarbeiter als die vielleicht mobilste Berufsgruppe dieser Zeit den Fundstätten nachzuwandern begannen. Mochte diese Tendenz auch für alle Reviere gleichermaßen zutreffen, was durch zum Teil enge Kapitalbeziehungen und bergrechtliche Abhängigkeiten zwischen selbst entlegenen Abbaustätten verstärkt wurde[7], so blieben die regionalen Unterschiede in den Besitzverhältnissen, den Rechtsformen und politischen Rahmenbedingungen doch zu groß, als daß bereits vom Aufkommen einer bergbaulichen Klassengesellschaft gesprochen werden dürfte.[8] Immerhin mehrten sich die Anzeichen kollektiver Zwangslagen durch Lohndruck, Verlängerung der Arbeitszeiten, Entlohnung in schlechtem Gelde, Einbußen an stets gewährten Rechten und anderes mehr.

Drittens ging mit den geschilderten Entwicklungen in gewissem Umfang eine je unterschiedlich akzentuierte Erosion der rechtlichen und sozialen Bergbauverfassung einher. Denn der Fundstättenbesitz galt in jener Zeit des – in erster Linie als Währungsmetall – hochbegehrten Silbers als ein Machtfaktor ersten Ranges, so daß Kaufmannskapital und landesfürstliche Macht, die sich wirtschaftspolitisch insbesondere auf das Bergregal stützte, in eine enge Wechselbeziehung und gelegentlich in ein Konkurrenzverhältnis traten. Gerade hierin gab es starke regionale Abweichungen. Wo die Rechtsformen des Bergregals, und darin der landesherrliche Einfluß, durch bergbaulichen Eigenbetrieb oder durch das in administrativer Kontrolle gesicherte fiskalische Nutzungsrecht am Bergbau erhalten blieben, mochte die Rechts- und Sozialverfassung der »Berggemeinden« eher stabilisiert werden; wo, wie in manchen Revieren des Alpenraumes[9], das Kaufmannskapital eine monopolartige Stellung errang, verloren die traditionellen Rechte und Freiheiten des Bergvolks an Gewicht, trat die Bergwerksadministration des Landesherrn in den Hintergrund und entstand häufig bereits eine kaum vorstellbare Massenarmut. Deren Auf und Ab hing indessen nicht nur mit den Krisen und Konjunkturen des Silberpreises, sondern mehr noch mit dem – in seiner Rolle mit heutigen Verhältnissen unvergleichlichen – bergbaulichen Finderglück oder auch, auf der anderen Seite, mit der oft plötzlichen Erschöpfung eines Erzganges, einer Lagerstätte und mit dem Risiko des Bergbaubetriebs überhaupt angesichts der stets gegenwärtigen Wasser- und Einsturzgefahren zusammen.

Trotz dieser starken Innovationsschübe infolge wirtschaftlichen Aufschwungs, Zunahme des investierten Kapitals, Tendenz zum Großbetrieb und zur bergbaulichen Klassengesellschaft hat die überkommene bergbauliche Sozialverfassung auch in dieser Zeit ihre Besonderheiten behalten. Bergmann zu sein, hatte von jeher schon als etwas Besonderes gegolten. In einer Zeit, die Unverstandenes – und allemal war vieles am Bergbau noch unverständlich – gern mit Mythen schmückte und darin die Besonderheit wie auch die Gefahren der Bergarbeit stilisierte, bot sich reiche Gelegenheit zum herausgehobenen, exklusiven Selbstverständnis. Dies war, konkreter gesprochen, natürlich in erster Linie ein Ausfluß der äußeren und inneren Umstände der Bergarbeit: der Abgelegenheit der Produktionsstätten etwa und der landschaftserschließenden Funktionen des Bergbaus, der im Bergrecht landesfürstlich sanktionierten Gemeinschaft der Bergbauproduzenten und der durch beides geförderten, ungemein engen sozialen Beziehungen in den und zwischen den Stufen in der Hierarchie des Bergvolks. Nichts könnte dies besser verdeutlichen als der Umstand, daß vielerorts durch Privilegierung eigenrechtliche »Berggemeinden« und »Bergstädte« bestanden oder, gerade im letzten Drittel des 15. Jahrhunderts, neu entstanden. Mit ihnen verbanden sich der oft beschworene Reichtum, die Vielfalt und das Eigenleben der älteren Bergbaukultur, die eben auch zugleich eine Bergarbeiterkultur war und als solche nunmehr knapp zu umreißen ist.[10]

II. Im allgemeinen waren es drei Sozialgruppen, die sich in der Berggemeinde zusammenfanden und durch ihre wechselseitigen Beziehungen Arbeit und Freizeit bestimmten: die Hierarchie der Bergbeamten als der Administratoren fiskalischer Nutzungsinteressen, die sozial noch keineswegs geschlossene Gruppe der Gewerken als der Inhaber von Schürfrechten und Investoren von Kapital, die in sich bis hin zu den Steigerpositionen ebenfalls gegliederte Bergarbeiterschaft, in deren Kern die Berghäuer als eigentliche Gewinnungsarbeiter standen. Querbeziehungen bestanden, in regional sehr unterschiedlichem Umfang, zwischen allen genannten Gruppen: Bergleute konnten als Eigenlehner zugleich Gewerken sein und auf eigene Rechnung schürfen und fördern oder auch in die unteren Beamtenränge aufsteigen, und die Beamtenschaft war oft auf vielfältige Weise in Gewerkeninteressen vermengt, pflegte auch wohl die Beziehungen zur bergstädtischen Oberschicht, die gelegentlich gar ausschließlich von ihr bestimmt wurde. Es ist vor allem die Kontinuität dieser Gruppe von technischen und Verwaltungsbeamten, die über die Jahrhunderte den bergbaulichen Kulturkreis belebte und bestimmte.

Die Berggemeinde verband sich durch betriebliche, berufliche und kleinstädtische Formen sozialer Interaktion in relativer Abgeschiedenheit von den Zentren von Handel, Gewerbe und Politik. Neben dieser geographisch bedingten Abgeschlossenheit des Kulturkreises trug dessen monoindustrielle Struktur und überhaupt die enge Verquickung des sozialen Lebens mit den Tätigkeiten und Rhythmen des Arbeitsalltags stark zur Ausformung berufsspezifischer Kulturelemente bei. Nichts könnte dies besser verdeutlichen als der Umstand, daß sich der Jahreskalender in manchen Bergstädten nach den produktions- und verwaltungstechnischen Erfordernissen des Bergbaus beispielsweise in der vierteljährlichen, mit Festveranstaltungen verbundenen Rechnungslegung ordnete.[11] Ein übriges tat die Sonderrechtlichkeit sowohl der privilegierten Bergstadt an sich, die sich in eigenen Rechtsformen in Führung und Verwaltung niederschlug, als auch in der Bergarbeiterschaft überhaupt, die dem Herkommen nach Werbe- und Steuerfreiheit, Freizügigkeit, Weide- und Holzfreiheit je nach örtlichen Gegebenheiten genoß. Abgeschiedenheit, Abgehobenheit und Sonderrechtlichkeit bereiteten den Boden für eine eigene, berufsverbundene, aber dialektregional eingefärbte Sprachlichkeit, für spezifische, brauchtümlich in das Alltagsleben versetzte Gesten und Gebärden der Arbeit und vor allem für ganz eigenständige Formen von Kommunika-

Erzbergwerk (um 1600)

tion unter den Bergbautreibenden, in denen sich ebenso abgehobene Werthaltungen niederschlugen und verfestigten.

So wurzelte in der Welt vor Ort, in Dunkel, Tiefe und Gefahr der Bergarbeit ein heute kaum nachvollziehbarer Aberglauben der Bergleute, der in Gestalt einer breiten Sagenüberlieferung starke regionale Färbungen angenommen hat und immer wieder durch neue Motive bereichert worden ist.[12] Aus der Begegnung von Aberglauben, Sagenkreis und Arbeitsgebärde entstanden Verdichtungen des Erlebnishorizonts in der Form bergmännischer Sprüche, wie sie in der mündlichen Überlieferung vielerorts bis in das 20. Jahrhundert nachweisbar sind. Zahlreiche Berührungspunkte bot der bergmännische Sagenkreis auch mit der innerkirchlichen Legendentradition, deren bergbauliche Varianten einem gewiß starken Bedürfnis nach religiöser Daseinsdeutung, einer verbreiteten Frömmigkeit unter den frühneuzeitlichen Bergleuten entsprachen. Oftmals aus lokaler Heiligenverehrung erwuchs ein regelrechter bergmännischer Heiligenkult mit gewissen Schwerpunkten um St. Daniel, St. Barbara und anderen[13]; ähnliche Zeugnisse der Glaubensfreude treten im Kirchenbau und der Ausstattung des Kircheninneren durch bergbauliche Motive bis hin zu den Sakralgegenständen, aber auch in der Grubennamengebung entgegen. Überhaupt gingen die Kirchen enge Verbindungen mit dem Bergbaubetrieb ein – bis hin zur Übertragung von Nutzungen und Rechten am Bergbau oder gar zum bergbaulichen Eigenbesitz.

Religiöser Brauch bestimmte darüber hinaus das Arbeitsleben, vor allem im täglichen Morgengebet vor der Anfahrt. Natürlich schieden sich mit der Reformation entsprechend den konfessionellen Präferenzen die kirchlichen Bräuche: In katholischen Regionen standen nach wie vor Heiligenverehrung und bergmännische Messe im Mittelpunkt des Kults; in protestantischen Gebieten gaben sich die Bergleute im Gottesdienst eigene »Bergpredigten«, an deren Formulierung maßgebliche Geistliche der Zeit Anteil nahmen. Man darf freilich Frömmigkeit und Religiosität der Bergleute nicht überschätzen. Allemal bleibt zu bedenken, was in der Zeit selbstverständlich war, und die Glaubensspannungen seit der Reformation machten, wie noch zu zeigen ist, keineswegs vor den Toren der Bergstädte halt – anders vielmehr, das arbeitsgewohnte, derbe, vielfach über große Entfernungen herbeigezogene Bergvolk erwies sich gelegentlich als ausgeprägt radikale Trägerschicht der neuen Glaubensbewegung, wie es auch vorher nicht an Klagen über die Fest- und Sinnesfreude der Berggesellen gemangelt hatte.[14]

Brauchtümlich verfestigte Gebärden der Kommunikation verbanden sich in der Gemeinschaft der Bergbautreibenden vornehmlich mit dem Arbeitsprozeß selbst und insbesondere mit dem Arbeitswerkzeug, das allerorten symbolische Qualität gewann und darin als pars pro toto die Exklusivität des Standes über Jahrhunderte nach außen sinnfällig demonstrierte. Neben dem Bergleder, dem Grubenbeil, der Bergbarte und Steigerhacke war es vor allem das Geleucht, waren es Schlägel und Eisen, die sich mit solchem Symbolwert verbanden. Darüber hinaus begründeten komplizierte Innovationen in der Mechanik der Kraftübertragung, der Wasser- und Hebekünste, den Ruf des Bergbaus als eines technisch weitentwickelten Gewerbes und trugen zur Ausformung der bereits angedeuteten Eigensprachlichkeit bei. Die Berg-

mannssprache fand frühzeitig Eingang in Lied und Dichtung mit eigenen Allegorien; bis heute bekundet sich im Bergmannsgruß »Glückauf« überdies die Standeszugehörigkeit, auch in der Abgrenzung von anderen Berufsgemeinschaften.
Ort und Bezugspunkt dieser Standeszugehörigkeit blieb, in den meisten Bergrevieren bis an die Schwelle der Industrialisierung, die meist wohl aus älteren religiösen Bruderschaften entstandene Knappschaft als die maßgebliche Organisationsform für Unterstützungswesen und Geselligkeitspflege.[15] In der Knappschaft verband sich der Geist ständischer Abstufung und Abgeschlossenheit mit Vorsorgefunktionen in Fällen unverschuldeter Not sinnfällig zu einer Existenz- und Wertgemeinschaft. Aus der Knappschaft, deren Versammlungen und öffentliche Veranstaltungen unter behördlicher Obhut den Bergstädten äußerlich sichtbar ihren Sondercharakter verliehen, erwuchs ein Strauß ständisch-gemeinschaftlicher Gepflogenheiten. Unter ihnen regelten Versammlungen zur Rechnungslegung, Aufnahme und Beförderung von Bergleuten in der Knappschaftshierarchie die Binnenorganisation der Knappschaft im überbetrieblichen Rahmen. Die Versammlungen bedienten sich bestimmter Rituale und schlossen oft festartige Mahlzeiten und Trinkgelage ein. Nach außen dokumentierte sich solche Gemeinschaftspflege in der bergmännischen Uniformierung, die, je später, je mehr, militärische Züge annehmen konnte. Uniformen wurden zu allen bergmännischen Anlässen getragen, doch wird man den Drang der Knappschaften nach solchen Zierden, die uns im übrigen vornehmlich aus administrativen Quellen überliefert sind, nicht überschätzen dürfen – um so weniger, als sich mit ihnen erhebliche Kosten verbanden.
Wichtiger erscheint die Lied- und Musikpflege im knappschaftlichen Rahmen. Das bergmännische Lied[16] gehört zu den reichsten Überlieferungen knappschaftlichen Brauchtums. Es entsprang mannigfaltigen Anlässen und besang den gesamten bergmännischen Lebenskreis: von der Anfahrt und Teilen des Arbeitsprozesses bis zum Dank für glückliche Ausfahrt, von familiären und knappschaftlichen Anlässen zu Feiertags- und bergmännischen Kirchenliedern; es gab Steigerlieder, Huldigungslieder und zahllose Festgesänge für die Höhepunkte bergmännischen Daseins. Zur Lied-und Musikpflege wurden eigene Sängerbanden im Sold der Knappschaften oder Bergamtskassen bestellt und von der Bergarbeit befreit. Das bergmännische Liedgut dürfte dabei durchaus auch im Familien- und Nachbarskreise gepflegt worden

sein; Lied und Musik des Bergmanns und bergmännische Tänze wie der Schwerttanz, der den Berufsstand nicht zuletzt als Männergemeinschaft charakterisiert, sind in wohl allen mitteleuropäischen Bergrevieren verbreitet gewesen.

Versammlungsriten, öffentliches Aufzugswesen, Uniformierung, Lied und Musik vereinigten sich im bergmännischen Fest, dem »Bergfest«, zu einer gezielten Demonstration der Berufsgemeinschaft nach außen. Es gab vielerlei Anlässe zum Festefeiern; man muß sich überhaupt vergegenwärtigen, daß in der vorindustriellen Welt weit stärker als in der Gegenwart der Festtag im Gegensatz zum Arbeitstag stand, daß der Rhythmus von Fest und Arbeit erst seit der Industrialisierung Schritt für Schritt durch jenen von Freizeit und Arbeit abgelöst worden ist. Freizeit war Festzeit, zumal in der Gemeinschaft – von der Familie und Nachbarschaft über die Kirche und Kommune bis hin zu den berufsständischen Festen und Anlässen der Staatspräsentation. Zunächst war es auch in den Berggemeinden der familiäre und kirchliche Jahresfestkalender, der den Lebenszyklus des Einzelnen in seinen wichtigen Etappen bestimmte. Stets haben die Bergleute die großen kirchlichen Feiertage – und das waren weit mehr, als den Nachgeborenen gewohnt – durch ihre Aufzüge, durch Musikspiel und Trinkgelage verschönt. Wo in der Kommune bestimmte Anlässe festlich begangen wurden, galt ein gleiches. Bergleute pflegten vor allem das örtliche Fastnachtsbrauchtum durch Umzüge, Musik und Tanz, so daß im Erzgebirge und, unter dem Einfluß zugewanderter erzgebirgischer Bergleute, auch im Harz jährlich am Rosenmontag oder Fastnachtsdienstag ein Bergdankfest gefeiert wurde.

Stärker noch gingen feststiftende Anlässe aus der bergmännischen Gemeinschaft selbst hervor. Immer schon war das Finderglück Anlaß der Freude gewesen; aber auch die bergbaulichen Rechtsformen bildeten ein eigenes Festbrauchtum aus. Solange das Auffinden ertragreicher Erzgänge weitgehend vom Zufall abhängig und der Bergbaubetrieb selbst mit hohen Risiken der Lagerungs- und Druckverhältnisse, des Grubenwassers und der sonstigen Bergbautechnik belastet blieb, war die begründete Aussicht auf Gewinn ähnlich wie der erfolgreiche Abschluß schwieriger bergmännischer Arbeiten eine außergewöhnliche Gelegenheit, zu der man ein Fest beging. Das galt etwa für eine glücklich vollendete Schachtabteufung, einen Streckendurchbruch, einen unerwartet ertragsgünstigen Erzgang und ähnliches. Andererseits gingen auch von den mit Mutung, Belehnung und Betrieb verbundenen

»Berggebräuchen«, in denen Aufsicht und Kontrolle der Bergbauadministration geregelt wurden, Impulse zu feierlichen Veranstaltungen aus. Ein wichtiger, rechtsformender Vorläufer solcher Berggebräuche war das Freiberger sogenannte »Erbbereiten« seit dem 12. Jahrhundert, bei dem die genaue Feststellung eines fündig gewordenen Grubenfeldes festlich durch einen bergmännischen Aufzug unter den Klängen der Bergmusik, durch Bewirtung der Bergleute und eine Festmahlzeit für die Offiziellen begangen wurde. Später artete dieser Anlaß dann leicht zu einem für die Gewerkenseite kostspieligen Volksfest aus. Mancherorts ist auch die vierteljährliche Rechnungslegung vor dem Bergamt festlich begangen worden. Ähnliches konnte dann für die Inaugenscheinnahme und Vermessung von Gängen, die Verteilung der Ausbeute, für sonstige behördliche Rechtsakte und bei personellen Veränderungen vor allem in der Hierarchie der Bergbauadministration gelten.

Eine feststiftende Tendenz lag auch den aus der bergmännischen Gemeinschaft selbst, und insbesondere aus den Knappschaften, erwachsenen Bräuchen inne. Schon die regelmäßigen Versammlungen nahmen durch ihre Rituale, durch Trinksitten, gemeinsame Mahlzeiten, Rechnungslegung, Knappschaftseid bei Neuaufnahme sowie Beförderung innerhalb der bergmännischen Hierarchie und bergmännische Ehrengerichte leicht Festcharakter an. Wichtiger war, daß die Knappschaftsgemeinschaft zur Repräsentation nach außen drängte und sich aus diesem Bedürfnis gewöhnlich ein »Bergfest« gab, das regional auf sehr unterschiedliche Anlässe zurückgehen konnte. Etwa feierten die Harzer Bergleute, bevor sich das Bergdankfest einbürgerte, alljährlich, später im Abstand einiger Jahre ein opulentes, mehrtägiges bergmännisches Pfingstgelage auf Kosten einer vom Bergamt hierfür eigens eingerichteten Berggelagskasse. In süddeutschen und habsburgischen Montangebieten stand demgegenüber, entsprechend der konfessionellen Präferenz, die aus dem kirchlichen Festtag zu Ehren des örtlichen Bergpatronats erwachsene, zum Standesfest stilisierte und nach bergmännischen Bräuchen ausgestaltete Feier im Vordergrund. Den Freiberger und Schneeberger Bergleuten galt ihr jährlicher »Streittag« als noch vor dem Kirchweihfest und der Fastnacht wichtigstes, ausschließlich bergmännisches Fest.

III. Die Ursprünge dieses vor allem in der alten Bergstadt Freiberg[17] bis ins 20. Jahrhundert am Tag Mariae Magdalenae (22. Juli) unter großer Bergparade gefeierten Bergfests liegen einigermaßen im Dunkel. Ältere Legenden haben die Anfänge bis in das 13. Jahrhundert zurückdatiert.[18] Genauere Anhaltspunkte birgt die Überlieferung erst für die Jahrzehnte des großen Aufschwungs im Silberbergbau an der Wende vom 15. zum 16. Jahrhundert, und diese Zeit bot in der Tat mehrere Anlässe, zu denen das Fest, wie es die Bergleute späterer Generationen wissen wollten, »mit dem Schwert« erfochten worden sein könnte. Eine obrigkeitliche Bestätigung des Festtages läßt sich erstmals 1539 durch Herzog Heinrich von Sachsen nachweisen. Belebt wurde er in der zweiten Hälfte des 17. Jahrhunderts im Zusammenhang des häufig dem Bergbau zugewandten Repräsentationsbedürfnisses des kurfürstlichen Herrscherhauses, war dies doch die Zeit der pompös gefeierten Einholungen fürstlicher Häupter vor allem anläßlich der hohen Feiertage in den Herrscherfamilien.[19] Noch einmal verband sich in den Jahren 1737/38 mit dem Fest eine Kette von Auseinandersetzungen zwischen Bergleuten, Kirche und Bergbehörde, in deren Folge der Feiertag erneut offiziell bestätigt worden ist – und zwar, darum ging es insbesondere, als bezahlter Feiertag. Spätestens seither dürfte der Magdalenentag in der Sprache der Bergleute zum »Streittag« erkoren worden sein; die Behörden im sächsischen Bergbau übernahmen diese Sprachregelung freilich erst in den 1840er Jahren, als man daranging, die bisher noch üblichen vierteljährlichen Bergpredigten an einem Tag zusammenzufassen und dieses Fest dafür um so großartiger zu begehen. Dies war dann der Anlaß zu jener in ihrer Zeit hochberühmten Freiberger Bergparade, um deren Ausgestaltung und Überlieferung sich die konservative Bergbeamtenschaft in Wort und Bild eifrigst bemühte.[20]

Soweit die Festgeschichte im Überblick. Um die Frühgeschichte des Streittages besser zu verstehen, ist es erforderlich, einen kurzen Blick auf die bergbaulichen und bergstädtischen Konfliktlagen dieser Zeit zu werfen. Sieht man einmal von den besonderen Spannungen, die sich mit der Durchsetzung des direktorialen Kontroll- und Aufsichtssystems durch den Landesherrn im sächsischen Bergbau gegenüber Gewerken und Grundbesitzern im Zuge der Verordnung neuer Bergrechte in der zweiten Hälfte des 15. Jahrhunderts verbanden, ab, so rückte mit dem Eindringen von Handels- und Kaufmannskapital in den Bergbau im konjunkturellen Aufschwung ein Konfliktfeld um so stärker in den

Vordergrund: jenes zwischen Bergleuten und Gewerken und, oft genug in Stellvertretung der letzteren und im Vollzug hoheitlicher Kompetenzen, jenes zwischen Bergbehörden und Bergleuten. Ohne daß man, wie erwähnt, bereits in einem überregional typisierenden Sinn von ausgeprägten Klassengegensätzen sprechen könnte, mehrten sich doch in wohl allen Montanrevieren Mitteleuropas die überlieferten Fälle manifester Konflikte, in denen Bergleute, sei es unmittelbar gegen die Gewerken, sei es gegen die Bergbehörden und damit oft mittelbar gegen die Gewerken, Wege und Instrumente kollektiver Interessenartikulation und -durchsetzung fanden.[21] In manchen Grundzügen ist darin ein durchaus modernes Arbeitskampfverhalten antizipiert worden.

Man muß sich in der Einschätzung dieser Arbeitskämpfe und Aufstände darüber klar werden, daß Bergarbeit und Bergarbeiterleben in besonderer Weise zum Konflikt disponierten, Konfliktfähigkeit herstellten. Zunächst dürfte der Bergbau überhaupt zu den ganz wenigen Gewerben dieser Zeit gehören, in denen größere Arbeitermassen, über deren Herkunft leider kaum Informationen vorliegen, zusammenströmten und einheitlichen oder wenigstens zur Homogenität strebenden Lebensverhältnissen unterworfen wurden. Es kommt hinzu, daß die Binnenstruktur von Bergarbeit und Dasein in der bergstädtischen Gemeinschaft besonders stark den Austausch von Meinungen und Erfahrungen begünstigte: Schon damals arbeitete man unter und über Tage in kleinen Gruppen vor Ort, am Schacht oder in der Strecke, am Stollenmundloch und in der Aufbereitung, und zwar, durchaus verbreitet, im Wechselschichtverfahren. Mochten die Bergleute ihre Wohnungen und Häuser oft auch außerhalb der städtischen Weichbilder, in engem Kontakt zum ländlichen Dasein und mit dem Ziel des ländlichen Nebenerwerbs – auch hierüber ist leider nur wenig bekannt – nehmen, so wurden sie doch andererseits durch überbetriebliche Gemeinschaftsformen wie die Sonderrechtlichkeit des Bergvolks im allgemeinen, der Knappschaft im besonderen, zusätzlich in tendenziell oder mindestens potentiell egalitäre Großgruppen eingebunden, die bereits für bestimmte Zwecke ein, wenn auch begrenztes, Maß an Handlungsautonomie wahrnahmen. Darüber hinaus bot die kirchengemeindliche und urbane Zusammenbindung der Bergvölker zahllose Möglichkeiten der Begegnung und des Erfahrungsaustauschs, wohingegen sich andererseits die kaum erst bezweifelte Autorität von Kirche und Obrigkeit, letztere alltäglich in Gestalt der Bergbeamtenschaft gegenwärtig, auf die Bewußtwerdung kollektiver Interessenlagen[22] eher hinderlich ausgewirkt haben dürfte.

Dabei wirkten auf die soziale Lage der Bergleute[23] zum Teil widersprüchliche Wandlungsimpulse ein: Zum einen bestand in der Aufschwungphase des Bergbaus und insbesondere an den neuerschlossenen Fundstätten vielfach akuter Bergarbeitermangel, was zu hohen Lohngeboten veranlassen mußte. Andererseits verband sich mit dem Kapitalzufluß die Tendenz, die Lohnkosten zugunsten verbesserter Gewinne zu reduzieren, weshalb sich, abgesehen von den die Lebenshaltungskosten naturgemäß bestimmenden Ernte- und Preisschwankungen, Eingriffe zu Lasten des Lebensstandards und der bergbaulichen Sozialverfassung abzeichneten, die von den Bergleuten zum Teil als Rechtseinbußen, zum Teil als Minderung ihrer Existenzmöglichkeiten verstanden wurden. Das galt etwa für Arbeitszeitmanipulationen, Lohnreduktionen, Lohnzahlungen in schlechtem Gelde oder, und vor allem, Versuche zur Minderung der den Bergleuten nach altem Herkommen wirklich oder vermeintlich zustehenden, mancherorts bereits bezahlten Feiertage. Mit anderen Worten: Auch wenn vor allem das Eigenlehnerwesen und die politisch-soziale Autorität der Bergbeamtenschaft die soziale Schichtung der Berggemeinden noch stark differenzierten, traten doch die inneren Spannungen zwischen Kapitalgebern und Arbeitern immer mehr in den Vordergrund.

Im sächsischen und böhmischen Erzgebirge haben die Bergleute spätestens seit der Mitte des 15. Jahrhunderts[24] vermehrt zu kollektiven Kampfmaßnahmen gegriffen: In Freiberg beispielsweise bereits 1447 und wiederholt in den folgenden Jahrzehnten, in Schneeberg kaum ein Jahrzehnt nach Erschließung der neuen Vorkommen in den 1470er Jahren, in St. Joachimsthal, wo seit 1512 Bergbau umging, schon wenige Jahre später, zum Teil infolge der Mißwirtschaft in der Bergamtsadministration und Mitte der 1520er Jahre in deutlichem Zusammenhang mit den Bauernkriegswirren[25]. Ähnlich mehrten sich entsprechende Auseinandersetzungen beispielsweise im Mansfelder Kupferschiefer-Bergbau[26] oder im Tiroler Bergbau[27]; Knappenaufstände gehörten fortan, und besonders im 16. Jahrhundert, zu den gar nicht seltenen Großereignissen in den Bergrevieren – ob in Böhmen oder Sachsen oder im Alpenraum.

Erstaunlich mutet dabei vor allem die partielle Modernität der Kampfmaßnahmen an. In Freiberg gehörten Wegzug und Verrufser-

Die Obrigkeit, 1721

klärung schon 1447 zu den Kampfinstrumenten der Bergleute, während sich die Gewerken, meist in Zusammenarbeit mit den Bergämtern, bereits »Schwarzer Listen« zur Diskriminierung von »Rädelsführern« bedienen konnten. Als natürlicher Organisationskern für Forderungen und kollektive Willensäußerungen bot sich im allgemeinen der knappschaftliche Zusammenhalt an, wobei die Bergleute gelegentlich abseits der knappschaftlichen Autoritäten besondere Vertreter mit der Wahrnehmung ihrer Interessen beauftragten. Arbeitseinstellungen und Demonstrationszüge konnten ad hoc organisiert werden, indem sich die Bergleute – die berühmte bergmännische »Klopfsprache« tat hier ihre Dienste – sogar gegenseitig aus den Gruben fortriefen. Kampfversammlungen waren auch wohl im Selbstverständnis der Bergleute mit dem Odium des Aufruhrs behaftet und fanden daher in der Regel an geheimen Orten statt. Gewalttätige Ausschreitungen waren nicht selten und richteten sich gegen Gewerken und Beamte gleichermaßen. Regelform der kollektiven Willensartikulation war, wie das auch andernorts der Zeit entsprach[28], die Beschwerde oder Petition, gelegentlich bis an den Landesherrn als den Inhaber des Bergregals. Im Falle der Zurückweisung konnten Lernprozesse in Richtung auf effizientere Formen der Interessendurchsetzung in Gang gesetzt werden – Lernprozesse, wie sie noch die Gewerkschaftsbildung im deutschen Bergbau des 19. Jahrhunderts begleitet haben. Zu den obrigkeitlich-behördlichen Gegenmaßnahmen gehörten schon in der alten Zeit mindestens Versammlungsverbote und Polizeimaßnahmen gegen Aufzüge, Disziplinierungen und Maßregelungen der Führer und einzelner Beteiligter sowie der Einsatz von Militär.

In diesen Hinweisen wird deutlich, daß die scheinbar so geschlossene Kulturwelt des Bergbaus auch dort, wo sich, wie insbesondere im sächsischen Erzgebirge, die landesherrschaftliche Bergbaukontrolle in jener Zeit verfestigte, doch zugleich Risse aufwies, daß das Gefüge von Administration, Investition und Produktion außerstande war, die sich entfaltenden Interessengegensätze zu kanalisieren und den Ausbruch von Konflikten zu vermeiden. Es gibt Indizien dafür, daß sich noch innerhalb des bergbaukulturellen Horizonts wenigstens zeitweise eine oppositionelle Gegenkultur der Bergarbeiterschaft herausbildete, die sich in der Regel um die Knappschaft als den nächstliegenden Ort des überbetrieblichen Erfahrungsaustauschs scharte. Nach ersten Kämpfen schon in den 1470er Jahren sah Schneeberg 1496 und 1498 Umzüge

der Hauer mit ihrer Knappschaftsfahne in die Umgebung des Ortes. Es gab Ansätze einer oppositionellen Liedkultur; jedenfalls soll 1511 ein Aufruhr wegen eines besonders aufreizenden Schmähliedes ausgebrochen sein.[29] Folgt man den Klagen der Aufseher, dann entzogen sich die Bergleute wiederholt auch durch Leistungszurückhaltung den gestellten Anforderungen. Auch gegenüber der kirchlichen Obrigkeit verhielten sich die Bergleute durchaus nicht allein rezeptiv und passiv; jedenfalls wird auch hier von Zusammenstößen oder doch Klagen der Geistlichen über Unbotmäßigkeit und Widerspruch berichtet.[30]
Die in den frühen 1520er Jahren auch in den erzgebirgischen Bergstädten ausgebrochenen Unruhen hingen indessen stärker mit den sozialen Verhältnissen im Bergbau, die sich zeitweise unter dem Eindruck rückläufiger Ausbeuten verschärften, als mit der sich ausbreitenden reformatorischen Bewegung zusammen.[31] Sicher hat die Rolle einzelner Prediger, wie beispielsweise in Schneeberg, zur Entfachung von Volksbewegungen beigetragen; andererseits kam es in Annaberg, wo immerhin Tetzel als Ablaßprediger gewirkt hat, nicht zu offenen Kämpfen, während dem Joachimsthaler Aufstand von 1525, in dessen Verlauf die Bergleute bereits Verbindung zu anderen Revieren aufnahmen, allem Anschein nach Auseinandersetzungen vorausgingen, die eher mit der sozialen Lage der Bergleute und der Mißwirtschaft in der Bergverwaltung als mit religiösen Spannungen zusammenhingen. So wuchsen die zum Teil seit Jahrzehnten gärenden sozialen Konfliktlagen der konfessionellen Opposition zu, und die aufgrund ihrer oft nur wenig verwurzelten Arbeiterexistenz leicht radikalisierbaren Bergleute mochten sich, wie in Buchholz in den Jahren 1523 bis 1525, an prominenter Stelle den gewalthaften Ausschreitungen gegen den katholischen Ritus mit Spottfeiern und Kirchenbesetzungen zugesellen. Sie gehörten, unter steter »Vermischung« sozialer mit religiösen Zielen[32], zu den Trägern der reformatorischen Bewegung. Dies galt auch, mehr noch als für das Erzgebirge, für die österreichischen Montangebiete, darunter in erster Linie das Erzstift Salzburg, wo die Ereignisse um den Bauernkrieg »ohne den Montanbereich überhaupt nicht zu verstehen«[33] sind.

IV. In seinen Ursprüngen wurzelt der westerzgebirgische Streittag mithin in einer durch sich verschärfende, ineinander verschränkte Konfliktlagen bestimmten Zeit. Es kennzeichnet jedoch die Festgeschichte, wenn sich ihr in den folgenden Jahrzehnten ganz andere Traditionen beimengten, unter denen leitmotivisch ein bergmännisches Kampfziel herausragt, das immer wieder im Mittelpunkt der Auseinandersetzungen stand: der Kampf gegen die Abwürdigung der Feiertage.

Denn das hatte zu den von den Bergleuten gewiß unvorhergesehenen mittelbaren Folgewirkungen der Reformation einerseits, der Ausdehnung und des konjunkturellen Aufschwungs im Bergbau andererseits gehört: die Tendenz zur Verminderung jener, bei zahllosen regionalen Schattierungen, Unzahl katholischer Feiertage im Jahreskalender. Ein erster Schritt auf diesem Wege läßt sich in der Anordnung Herzog Heinrichs von Sachsen von 1539 nachweisen, nach der die Anzahl der Feiertage reduziert, die zu feiernden Feste spezifiziert und dabei insbesondere die im Erzgebirge üblichen, meist quartalsweisen Bergpredigten im Interesse einer regelmäßigen Förderung (und insoweit, wie es hieß, auch der Bergleute) begrenzt wurden. Der Magdalenentag war in der Folgezeit in wohl allen Bergstädten dieses Raums ein Bergfeiertag, zu dem wenigstens in späterer Zeit auch Kirchenparaden stattfanden.[34]

Andere Anlässe verbanden sich mit dem Fest. So feierte man in Freiberg 1650 am 22. Juli ein großes »Lob- und Friedensfest« eingedenk der Befriedung Mitteleuropas im Westfälischen Frieden. Wenig später fügte es sich, daß die Gemahlin des Kurfürsten Johann Georg II. den Namen Magdalena Sibylla trug und ihren Namenstag, so 1665 und wiederum 1672, in Schneeberg im Zusammenhang mit den Bergpredigten dieses Tages feierte. Auf diese Weise mengten sich dem Festbrauchtum höfische Gewohnheiten bei, darunter feierliche Einzüge, mit denen sich gewiß ein Bedürfnis nach großen Knappschaftsparaden verband, die dann zunehmend militärisches Gepränge trugen. Der Fürstenbesuch brachte das Bergfest mit Ein- und Umzug, Gottesdienst, Festmahl, Bergmusik und Vogelschießen zur barocken Prachtentfaltung.[35]
Im Jahre 1681 beging die Kurfürstin, nachdem sie verwitwet war, ihren Namenstag auf eigenartige Weise: Sie ließ zu einer Art öffentlichen Picknicks an einer Stelle im Wald nahe Freibergs laden, die als »Hungerborn« bekannt war und von der man noch im 19. Jahrhundert wußte, daß sie früher zu gewissen Tagen den Bergleuten als Versamm-

lungsort unter Musik und Spielen gedient hatte. Es ist leider unklar, welche Bedeutung dieses vom Freiberger Stadtrat zögernd unterstützte Fest trug. Immerhin liegt die Annahme einer – über die Behördeninstanzen hinweg – unmittelbaren Hinwendung zu den Bedürfnissen und Interessen der Arbeiter nahe. Während in der vergangenen Zeit der Magdalenentag stets als unbezahlter Feiertag gegolten hatte, also den Bergleuten entweder als Schicht verlorenging oder später als Überschicht nachzuholen war, ist erstmals 1738 der Feiertag als ein bezahlter dokumentiert, was zu dieser Zeit bereits seit 20 oder 30 Jahren üblich gewesen sein soll.
In diesem Sinne haben sich die Bergleute den Feiertag endgültig in den Jahren 1737/38 erstritten. Wiederum hatte der Anlaß in neuerlichen Bestrebungen zur Verminderung der Feiertage[36] gelegen: Auf Betreiben von Bergbeamten ließ die Freiberger Kirchenführung den 1737 auf einen Montag fallenden Feiertag auf den Sonntag vorverlegen, weil in der Woche zuvor bereits zahlreiche Bergpredigten und am Freitag überdies ein Bußtag gefeiert worden seien. Als dies unter den Bergleuten bekannt wurde, besuchten sie, nach einer ergebnislosen Vorstellung beim Kirchenamt, den Montagsgottesdienst in ihrer Festtracht und blieben der Arbeit fern. Als dann eine große Versammlung, wiederum außerhalb der Stadt am Hungerborn, von den Bergbeamten auseinandergetrieben werden sollte, zwangen die Bergleute den Berghauptmann und mehrere führende Beamte, ihnen den Feiertag öffentlich auf einem der Plätze der Stadt schriftlich zu versichern. Die Bergleute ließen wissen, »sie ließen sich diese Schicht nicht nehmen, viel weniger an ihren Lohne abkürtzen, führen auch solche nicht ein, sondern, wenn sie solche [sc. Feiertage] nicht wie vorher bräuchlich gewesen, erhielten, so kämen sie wieder zusammen und würde der Tumult ärger als zuvor werden.«
Die Sache wirbelte großen Staub auf, und die Bergleute formulierten mehrere Immediat-Petitionen, in denen sie betonten, »daß unsere gantze ierdische Glückseligkeit in einen bloßen zusammenhang eines mühseeligen und täglich mit einer androhenden Todes-Gefahr verknüpfften Leben besteht, in deßen Betracht denn auch die Verlegung derer auff einen Wochentag im Jahre einfallende Feyertage auf einen Sonntag uns sehr zu Hertzen gehet.«
Der Kirche gegenüber hatten die Bergleute ihr Bergfest am Magdalenentag zunächst damit zu rechtfertigen gesucht, daß eine Frau namens Maria Magdalena Hungerin ihnen einstmals am Hungerborn, wo sie

immer schon ihr Wasser zu holen pflegten, das Fest als Bergfest gestiftet habe, und auf genaueres Befragen erinnerten sie – der Vorgang lag immerhin um zwei Generationen zurück! – recht präzise an die Tatsache, daß die Kurfürstin Magdalena Sibylla einstmals am Hungerborn ihren Namenstag gefeiert und »aus Liebe zu den Bergleuthen verordnet« habe, »daß dieses Fest ihnen allezeit frey gegeben werden sollte«. Augenscheinlich vermengte sich hier die Überlieferung mit der Legendenbildung, um den bergmännischen Wünschen zu entsprechen. Es gab nun gewalttätige Ausschreitungen; der Zorn der Bergleute richtete sich gegen die Kirchenoberen so sehr wie gegen die Bergbeamten und sogar gegen ihre eigenen Knappschaftsältesten, die zur Besonnenheit gemahnt hatten. So »sind sie auf den Lande und in den Vorstädten mit Helleparten, Äxten, Hacken und andern vergleichen Gewehren herumgelauffen, ihre Brüderschaft und Schlegel-Gesellen auf den Straßen und von den nächstanliegenden Berg-Örthern auch auf Pferden mit großen Geschrey zusammen geruffen«, ja, man versuchte gar, am Hungerborn im Walde einen eigenen Gottesdienst zu feiern. Wie immer schon an diesem Fest, mischten sich dem Geschehen auch soziale Forderungen bei:

»Nun dürffte bey Untersuchung solches Unfugs vielleicht sich äußern, daß das Feuer dieses Tumults bisher schon immer unter der Asche geglummen, da die Bergleuthe von den hiesigen Becken [i. e. Bäckern] größer Brod und von den Seifen Siedern größere Lichte offtmahls mit großen Ungestüm verlanget, solches auch auf den Rathause bey der Stadt Obrigkeit gesuchet, daher vermuthlich diesen Feyertag nur iezo zum Praetext ihres Auffstands genommen.«

Der Bericht des Pfarr-Superintendenten über die Vorgänge ließ sich in lauten Klagen über »Müßiggang und Ausübung vieler Üppigkeit« aus; zwar verstünden sich die Bergleute als »ein freyes Volck«, wollten aber »ihre Bergfreyheit allzuweit extendiret wißen« – teils aus Faulheit, »am allermeisten aber, weil die allerwenigsten von Jugend auff zu einen gründlichen Christenthumb angeführet worde«. Und wie bekanntlich »auf einer Engelländischen Müntze« gelesen werde: »bey des Pöbels Macht und Streit leydet Gott und Obrigkeit«, so sei zu wünschen, »daß diesen harten Volck mehrere Einhalt auf künfftige Zeiten durch mächtigen Arm gethan werden möchte, denn sonsten weltlichen und Geistlichen unter ihnen zu leben Angst und bange werden dürffte«.

Die Sache war mit dem eintägigen Streik noch nicht ausgestanden. Als das Bergamt im November 1737 weisungsgemäß zur Vernehmung der

Nächtliche Bergparade in Freiberg, um 1830

mutmaßlichen Rädelsführer schreiten wollte, bewerkstelligten es die Bergleute, das gesamte Bergvolk »durch gewöhnliches Klopfen aus denen Gruben heraus und zusammen« zu rufen und, noch während der Vernehmung, das Bergamtsgebäude wie auch die Straße davor zu besetzen. Man mußte die Vernehmung jener Bergleute, »welche von dem damahls versammleten Berg Volcke sich zu Ausschuß Personen brauchen laßen«, schlicht abbrechen, und überhaupt übergab man jetzt die Sache zur Entscheidung höchsten Orts, »da nun aber bey denen neuerlich vorgekommenen Umbständen und sonderlich sich veroffenbahrter Wiedersetzlichkeit des Berg-Volcks wir uns nicht getrauen dörffen mit Arretirung und Einlieferung dieser 5 Personen und in Fortsetzung der angefangenen summarischen Inquisition zu verfahren«.
Das Freiberger Oberbergamt ist daher von den Bergleuten unter einen bemerkenswerten Handlungszwang gesetzt worden. Es müssen, unter Aufnahme von Verbindungen zu den entfernteren Berggemeinden, auch nach dem Magdalenentag wiederholt geheime Versammlungen stattgefunden haben, in denen mindestens rudimentär Handlungsfähigkeit hergestellt und eine Führungsstruktur der Bergleute ausgebildet worden ist. Man verstärkte unterdessen die Freiberger Garnison, denn auch anderwärts machte sich ein bemerkenswert autonomer Volkswille bemerkbar: Die Bergleute brachten Unruhe auf die Lebensmittelmärkte, indem sie »die Kornwagen umringen und keinen Bürger ehe etwas kauffen laßen wollen, bis sie nach ihren Gutbefinden den Preiß darzu gemacht, so wohl bey den Brod Wiegen sich eindringen und andere Excesse mehr verüben«.
Im April 1738, als König Friedrich August nach langen Konsultationen einräumte, daß das Magdalenenfest ebenso wie der Karfreitag künftig als bezahlte Feiertage gelten sollten, schien die Ordnung einstweilen wiederhergestellt. Aber die Unruhen hielten die nächsten Jahre über noch an; schon anläßlich der Bußtage im Herbst 1738 kam es erneut zu Aufläufen, Versammlungen, vor denen sich die Knappschaftsältesten rechtfertigen mußten, und Ausschreitungen. 1739 erließ der König dann ein ausdrückliches Mandat »wider das Auf-Laufen und Tumultuiren im Lande, alle Empörungen derer Unterthanen wider die ihnen vorgesetzte Obrigkeit, Zusammen-Rottirung und Aufruhr« aus Anlaß der nun jahrelangen Vorkommnisse im Freiberger Oberbergamtsrevier. Das Mandat bezog sich auf »dergleichen Versammlungen« der Bergleute, aus denen »nichts, als Unordnung, und öfters eine höchst-verpönte Selbst-Hülfe zu entstehen

pflegет«, welche hiermit »bey unausbleibender Leib- und Lebensstrafe [...] dem Bergvolke ernstlich untersaget« wurde, was der König gleich auch auf »alle Unsere übrige Unterthanen« ausdehnte. Am 17. Juni 1739 erhielten die Bergleute anläßlich der Bergpredigt von den Kanzeln »mit gebührender Admonition« formgerechte Unterweisung über diese Vorschriften.

Diesem Zwang entsprach freilich ein Nachgeben in der Sache, denn tatsächlich sind den Bergleuten in den folgenden Jahren, wie erstmals 1764 nachweisbar, im ganzen 17 Schichten pro Jahr als bezahlte Feiertage eingeräumt worden. Darunter war selbstverständlich der Magdalenentag, ferner nicht weniger als 3 Weihnachtsschichten sowie je 2 Schichten zu Ostern und Pfingsten. Neben diesen 17 Schichten, die immerhin einen erklecklichen bezahlten Jahresurlaub[37] ausmachten, sollten »die allgemeinen Buß-, Bet- und Fast-Tage [...] zwahr verfeyert, die dadurch zurückgebliebenen Schichten aber müssen wieder eingefahren werden.« Mit größerem Erfolg vermochte das Freiberger Oberbergamt erst in der ersten Hälfte des 19. Jahrhunderts die Zahl der jährlichen Bußtage und Bergpredigten einzuschränken.

V. Ein zuverlässiges Urteil über die Ursachen und Motive der Unruhen Ende der 1730er Jahre ließe sich erst unter genauerer Kenntnis der wirtschaftlichen Entwicklung im Freiberger Bergbau in diesen Jahren und der sozialen Lage der Bergleute treffen. Als Hauptmotiv dürfte dabei der auch anderwärts gelegentlich aufflackernde Kampf gegen die Abwürdigung der Feiertage und, mehr noch, für die Verbesserung der Situation durch Einführung bezahlter Feiertage zu bestätigen sein. Einige der geschilderten Vorfälle und zeitgenössischen Stellungnahmen weisen jedoch darauf hin, daß die Auseinandersetzungen in eine Zeit fielen, in der sich die Konfliktfronten auch aus anderen, in der Lage der Bergleute begründeten Ursachen verschärften.

Festzuhalten ist demgegenüber die erstaunliche Tatsache, daß die Bergleute – man muß sagen: traditionell – nicht nur über einen erheblichen Fundus an Solidarität verfügten, sondern diesen Fundus gegebenenfalls auch zu aktivieren, in konkretes Handeln umzusetzen verstanden – in ein Handeln überdies, das mindestens in Ansätzen die Entstehung einer je angemessenen Konfliktstruktur durch Versammlungswesen und Willensdelegation aufwies. Die gewählten Maßnahmen erwiesen sich

dabei als gegenüber der etablierten Obrigkeit durchaus effizient. Unterhalb der Hierarchie von Obrigkeit und Herrschaft, ob in Gestalt des Fachbeamtentums oder der kommunalen Instanzen, ist das Rechtsbewußtsein des »gemeinen Mannes« über die Jahrhunderte hinweg auch im Zeitalter des Absolutismus erhalten geblieben, wozu der gewerbliche Rahmen wahrscheinlich noch bessere Voraussetzungen bot, als sie beispielsweise in der ländlichen Bevölkerung[38] bestanden. Hier erhielt sich, zugleich innerhalb wie abseits der überwölbenden, in einer Unzahl von Quellen bezeugten, mit der Zeit mehr und mehr von der bergakademischen Oberschicht getragenen und tradierten Bergbaukultur, ein Residualbereich autonomer Handlungsfähigkeit in Konfliktsituationen mit sehr eigenen Wertorientierungen. Bergarbeit und bergbauverbundenes Dasein boten allem Anschein nach hinreichend unreglementierte Freiräume zur Entfaltung solchen Handelns, und hinter der äußeren Fassade einer wohlgeordneten Hierarchie der Beamten, Gewerken und Bergleute in der Berggemeinde verbarg sich in Wirklichkeit eine latente Ambivalenz des Außen und Innen, Oben und Unten, die über Jahrzehnte in der scheinbaren Banalität alltäglichen Daseins schlummern mochte, um anläßlich existentieller Gefährdungen und Rechtseinbußen eruptiv aufzubrechen.
Noch in der Phase der Frühindustrialisierung konnte sich im Rahmen der Knappschaft oder der Zechenbelegschaften ein solcherart autonomes Handeln in ganz ähnlicher Weise, und über oft weit voneinander entfernte Montanreviere hinweg, äußern.[39] In solchem Verhalten rekurrierte die Bergarbeiterschaft, die sich immerhin ihre Privilegierung zu einer von der Obrigkeit estimierten, geförderten und wie kein Beruf sonst in ein Gefüge von Pflicht und Gehorsam eingebundenen Berufsgruppe in Kernbestandteilen bis weit in das 19. Jahrhundert erhielt, auf ein wie immer rudimentäres Bewußtsein von Rechtlichkeit und Gerechtigkeit in persönlicher Freiheit, das sich aus der alltäglichen Begegnung so sehr wie aus der längst verfestigten, von Mund zu Mund, von Generation zu Generation weitergegebenen Tradition autonomen Handelns nährte. Es ginge an der Sache vorbei, wollte man die Aufstände als spontane Protestversuche deuten – ebensowenig waren sie freilich Streiks in jenem modernen, an der Zweckrationalität der Mittel und insbesondere an dem verteilungsökonomischen Gesichtspunkt der Teilhabe am erzielten Mehrwert orientierten Sinn.[40]
Dieser aus nachweislichem Verhalten bei herausgehobenem Anlaß entschlüsselte Freiraum alltäglichen eigenwertigen Handelns ist leider in

den Quellen nur allzu selten, und allenfalls beiläufig, dokumentiert. Anders gesehen: Das Bild von der prachtvollen, überwölbenden Bergbaukultur bestimmt sich zu sehr nach der Form seiner Überlieferung in den Quellen und Überresten jener, die des Schreibens mächtig und der Tradierung um so fähiger waren. Das »Bergvolk«, der »gemeine Mann« ist darum nicht sprachlos geblieben, noch verlieren sich seine Spuren: Wie es scheint, blieb gerade in der unteren Schicht der Berggemeinde die Erinnerung hellwach, wurde von Generation zu Generation weitergegeben, ohne daß es der Schriftquelle bedurft hätte, mochte sich freilich hier und da mit anderem, mit Wünschen und Hoffnungen verbinden. Schade nur, daß sich die Rolle der Familie, der Nachbarschaften und sonstigen Kleingruppen in solcher Tradierung kaum je zuverlässig rekonstruieren lassen wird; schade auch, daß man von der Rolle und dem Rollenbild der Bergarbeiterfrau, über Erziehung und Bildung in der Bergarbeiterfamilie und über generationelle Entwicklungen bisher nichts weiß. Welchen Ordnungsvorstellungen, welchen Wertorientierungen blieb der Tagesablauf, der Jahres- und Lebenszyklus in Familie und Kommune über die Generationen hinweg verbunden? Welche Auswirkungen hatten die langfristigen demographischen und agrarkonjunkturellen Veränderungen auf das Leben in den Montanrevieren? Fragen über Fragen, die trotz einer im Vergleich noch günstigen, vorwiegend betrieblich-administrativen, knappschaftlichen und kommunalen Überlieferung vorläufig unbeantwortet bleiben müssen. Behält man den bergbaulichen Kulturkreis als ganzen im Auge, so drängt sich freilich, auch angesichts der hier erarbeiteten autonomen Verhaltensformen abseits des institutionellen und administrativen Gefüges, der Eindruck einer weitgehenden Geschlossenheit infolge der stets engen Verknüpfungen zwischen Arbeit und Leben in der Bergarbeiterkommune auf – ganz im Gegensatz zur mannigfaltigen Pluralität etwa der Handwerkerkulturen in der frühneuzeitlichen Stadt, grundsätzlich anders auch als im ländlichen Lebenskreis.

Streik als Fest – der Zusammenhang erwies sich an unserem Beispiel bei erstem Hinsehen als ein motiv- und anlaßbezogener, der eigentlich die Titelformulierung nicht rechtfertigt: Oberflächlich besehen, beschränkt er sich auf die Wegnahme der Festtage als Streikanlaß. Andere Beobachtungen begründen die Titelformulierung schon besser. So ist unverkennbar – und überdies in neueren Forschungen über die vorindustriellen Handwerkeraufstände bestätigt[41] – daß sich die Bergleute ihre kämpfend gewonnene Freizeit noch im Kampf durch Festeslust verschönten. In ihren Umzügen während der Streikzeit demonstrierten sie der irritierten ständischen Öffentlichkeit die Kraft ihres Handelns. Sie führten ihre Fahnen als die Insignien der Autonomie und Verbundenheit mit, sie umgaben ihre Versammlungen mit Musik und Trinkgelagen, sie stellten ihre Aktivitäten in eine Tradition rechtsbewußten Denkens, daß sich gegen kirchliche und fürstliche Obrigkeiten gleichermaßen richtete. Im Fest und seinen teils spontanen Formen dokumentierte sich Widerstand aus aktuellem Anlaß, und umgekehrt: Die Bergleute versicherten sich durch geheime Versammlungen, aber auch in öffentlichen Umzügen unter Gesang und Musik ihrer wechselseitigen Verbundenheit. In diesem Sinne unterlag der eigentlichen Festgeschichte des Streittages, in deren Verlauf sich verschiedene Anlässe und Motive mit einer schon bestehenden Festtradition aus dem Widerspruch vermengten, eine populäre Unterströmung kämpferischen Zuschnitts. Das etablierte Fest aus offiziellem Anlaß ist von dem gleichsam autochthonen Fest des seiner Rechte und Freiheiten innewerdenden Volkes zu unterscheiden. Auch anderwärts nahmen Streiks aus anderem Anlaß als jenem der Abwürdigung der Feiertage Festcharakter an, und dies ist keineswegs eine auf Mitteleuropa beschränkte Erscheinung.[42] Wer »feiert«, bleibt, noch in der modernen Arbeitssprache, der Arbeit fern. Freizeit war, wie bereits angedeutet, in der Alten Welt soviel wie Festzeit[43], und es war der Rhythmus von Arbeit und Fest, der das Denken und Sehnen der Menschen bestimmte – nicht in dem platten Sinn der Erholung von der Monotonie, den Belastungen und Zwängen des Arbeitslebens, sondern in einer sehr grundsätzlichen, lebensgestaltenden Bedeutung.

Richard van Dülmen

Das Schauspiel des Todes

Hinrichtungsrituale in der frühen Neuzeit

I. In einer Zeit, in der das Sterben und der Tod, auch der schmerzhafte und langsame, allgegenwärtig waren und sich nicht hinter Mauern, sondern öffentlich vollzogen, war auch die öffentliche Hinrichtung nichts Ungewohntes, sie war ›nur‹ eine extreme Form des Sterbens.[1] Wenn auch ihre Häufigkeit und ›Grausamkeit‹ mit der Durchsetzung des Gewaltmonopols des frühmodernen Staates sichtlich abnahmen, bildete sie dennoch eine der aufregendsten Schaustellungen, die Obrigkeiten veranstalteten und zahlreiches Volk in der frühen Neuzeit anzogen. Mehr als Aufzüge und Prozessionen, Volkstheater und Kirchweih beeindruckte sie eine nicht selten »unglaubliche« Anzahl von Zuschauern. Bei großen Hinrichtungen war in einer Stadt die ganze Bevölkerung anwesend, Patrizier wie das einfache Volk, Frauen wie Geistliche, alte wie junge Leute. Als öffentliche Hinrichtungen im Laufe des frühen 19. Jahrhunderts aufgegeben wurden, als Todesurteile nur noch hinter Gefängnismauern oder ganz früh morgens vollzogen wurden, also eine reine Angelegenheit der Justiz geworden waren, bedeutete dies nicht nur den Wandel eines mittelalterlichen Brauchtums, das Ende einer auf den menschlichen Körper konzentrierten ›barbarischen‹ Strafpraxis. Diese Transformation signalisierte überhaupt das Ende einer Kultur, die auf Symbolen, sinnlichen Vermittlungen und manifesten Handlungen gründete, in der alle schwierigen Lebenssituationen nur rituell bewältigbar erschienen. Was nicht sichtbar, fühlbar und greifbar war, konnte nur schwer als gesellschaftliche Realität gefaßt werden.

Wenn hier das Hinrichtungszeremoniell der frühneuzeitlichen Herrschaften thematisiert wird, dann geht es nicht um die Lösung eines rechtshistorischen Problems in der Perspektive der Durchsetzung des frühmodernen Rechtssystems[2]. Im Mittelpunkt unseres Interesses steht vielmehr die Analyse der sozial-politischen Funktion des Hinrichtungszeremoniells im sozialen Wandel vom 16. bis 18./19. Jahrhundert im allgemeinen und der Rolle des Volkes im sich etablierenden

Machttheater des frühmodernen Staates insbesondere. Bevor wir dies am Beispiel der Verurteilung und der Hinrichtung selbst von der öffentlichen Urteilsverkündung bis zur Tötung des Verurteilten aus der Perspektive des Zuschauenden verdeutlichen, sei vorweg auf drei Probleme verwiesen, die bei der Analyse der Hinrichtungsrituale der frühen Neuzeit zu beachten sind.

1. Hinrichtungen, sowohl das ›grausame‹ Schlachtfest des 16. Jahrhunderts wie die ›menschliche‹ Exekution des 18. Jahrhunderts waren auf je ihre Weise wirksame Mittel, dem Volk die obrigkeitliche bzw. staatliche Macht wie auch die Abscheulichkeit und Verwerflichkeit des Verbrechens sichtbar zu machen, um das Volk abzuschrecken und zu unterwerfen. Die Vorführung dessen, der allein die Gewalt im Lande innehat und alle Unruhe und Sittenlosigkeit bestraft, war aber nur die eine Seite der großen Schaustellungen. Selbst vom sorgfältigst inszenierten Straftheater auf dem Schafott ging eine Wirkung aus, die gleichzeitig die Hinrichtung als Herrschaftsdemonstration in Frage stellte. Hinrichtungen konnten umschlagen in Mitleidsbekundungen für den Armen Sünder und Protestaktionen gegen die obrigkeitliche Strafgewalt von seiten des Volkes. »Es gibt in diesen Hinrichtungen, welche die Schreckensgewalt der Fürsten kundtun sollten, etwas Karnevaleskes, das die Rollen vertauscht, die Gewalten verhöhnt und die Verbrecher heroisiert.«[3] Das Volk war nicht nur Objekt der Hinrichtung, dem die Herrschaftsgewalt und die Abscheulichkeit eines Verbrechens demonstriert wurde, sondern auch Subjekt des Theaters, dessen Zustimmung zum Urteil wie zur Hinrichtung nicht weniger als die des Delinquenten selbst eine problemlose Zurschaustellung des Unrechts bzw. der Wiederherstellung der Ordnung garantierte. Das Volk und der Verurteilte, also die eigentlich Betroffenen des Verfahrens, waren trotz aller Ritualisierung nicht immer berechenbar bzw. manipulierbar. Sowenig das Volk im Prinzip das Gewaltrecht der Obrigkeit in Frage stellte und harte Bestrafungen ablehnte, so hatte es doch, obwohl es unmittelbar weder das Urteil noch die Hinrichtung mitgestalten konnte, einen beträchtlichen Einfluß auf den reibungslosen Ablauf des Hinrichtungszeremoniells, selbst dann noch, als mit dem Ausbau des Hinrichtungszeremoniells und der zunehmenden Absicherung durch das Militär von seiten der Obrigkeit seit dem 17. Jahrhundert gerade diese Gefahr gebannt werden sollte.

2. Die Hinrichtungspraxis ist in der aufklärerischen Kritik, die das bürgerliche Zeitalter übernahm, als Akt der Grausamkeit angeprangert

worden, der das Volk nicht abschreckte oder gar besserte, sondern nur der Befriedigung seiner Sensationslust diente und damit seine Roheit verstärkte.[4] Man war freilich weder von seiten der Obrigkeit noch des Volkes zimperlich im Umgang mit Mördern und Dieben – auf die Unterschiede sei hier nicht eingegangen –, wenn ausreichender Verdacht bestand, bzw. der Delinquent seine Tat in einem Geständnis kundgetan hatte. Aber trotz der grausamen Bestrafung waren die Hinrichtungen allgemein alles andere als Akte bloßer Willkür. Denn bedacht werden muß einmal, daß das »alte« Recht nicht die Besserung des Delinquenten anstrebte, sondern die Wiederherstellung des Rechts durch körperliche Bestrafung des Rechtsverletzers. Strafen konnten daher vorwiegend nur körperliche Strafen sein. Freiheitsentzug durch Gefängnis war, wenn überhaupt, dann als Strafe weitgehend unbekannt. Weiter sei darauf hingewiesen, daß es zwar die demonstrativen Hinrichtungsformen des Räderns, der Verbrennung oder Vierteilung an lebendigen Körpern auch nach dem 16. Jahrhundert noch hier und da gab, doch seit dem späten 17. Jahrhundert die Hinrichtungen sich weitgehend auf Enthauptungen oder Erhängen beschränkten.[5] Im 18. Jahrhundert lebten die alten Formen mehr oder weniger nur noch in der Phantasie und in einigen Restbeständen. Schließlich entsprangen die grausamen Formen der Hinrichtung nicht einer spontanen Wut, waren keine willkürlichen Racheakte, sondern unterlagen einem genau festgelegten alten Ritual, das man nicht beliebig ändern konnte, das ursprünglich das Verbrechen widerspiegeln und das vor allem mithelfen sollte, die Sühne und Strafaktion zu objektivieren. So sehr dabei das Volk als aktiver Teilnehmer ausgeschaltet war, hat es doch das Strafzeremoniell der Obrigkeit insofern mitgetragen, als durch seine Anwesenheit die notwendige Öffentlichkeit garantiert wurde. Wenn das Maß der Strafe dem Rechtsempfinden des Volkes allerdings nicht entsprach oder das Ritual der Hinrichtung verletzt wurde, konnte das Volk in die Hinrichtungsprozeduren auch eingreifen. Davor hatte die Obrigkeit beträchtliche Angst. Deswegen kam alles auf die ordentliche Durchführung des Zeremoniells an. Von Roheit im heutigen Sinn kann ebensowenig die Rede sein wie von blinder Gewalt, die im Hinrichtungszeremoniell zum Durchbruch käme.

3. Ein Dieb oder Raubmörder, der zum Tod verurteilt wurde, konnte nicht unbedenklich liquidiert werden. Sicherlich gab es dies, vor allem bei der Verfolgung von Banden, aber je mehr ein Delinquent ›ständisch‹ eingebunden war, um so unverzichtbarer war die Einhaltung bestimm-

ter Regeln. Das Hinrichtungsritual wurde durch die »Carolina« vereinheitlicht, fußte aber auf älteren Traditionen.[6] Jedem Verbrechen war eine bestimmte Strafe zugeordnet – wir sprechen von spiegelnden Strafen –, wobei Tatmotive nur eine marginale Rolle spielten.[7] Das Ritual diente je nach abzustrafendem Verbrechen der Objektivierung der Rechtspraxis, d. h. der Ausschaltung auch jeden Anscheins von Rache und Willkür, um damit auch die Anerkennung der verhängten Strafe durch das Volk zu erreichen. Weiterhin diente das Ritual zur Veranschaulichung des Rechtssystems. Eine abschreckende Belehrung konnte nur wirksam werden, wenn die einzelnen Delikte durch entsprechende Strafen sichtbar gemacht wurden. Schließlich wollte das Ritual alle Eingriffe von außen bannen, Aktivitäten und Reaktionen des Volkes ausschalten. Die strenge Einhaltung des Rituals, seine später fast pedantische Überwachung und religiöse Überhöhung waren weder einfach Ausfluß eines perfektionierten Barbarismus oder eines formalistischen Repräsentationsdrangs der Obrigkeit, noch ein Mittel, die Schaulust des unterworfenen Volkes zu befriedigen,[8] so sehr so etwas auch mit eine Rolle spielte, sondern entsprangen der Notwendigkeit, der Prozedur Rechtscharakter und Verbindlichkeit zur verleihen. Die spätere Theatralik verschleierte auch die Brüchigkeit und zunehmende Unglaubwürdigkeit des Strafsystems. Nicht zuletzt wollte das Hinrichtungszeremoniell die Wiederherstellung einer göttlich sanktionierten Rechtsordnung dokumentieren, von der nach den Anschauungen sowohl der Obrigkeit wie des Volkes bis weit ins 18. Jahrhundert hinein das Gedeihen und Leben aller abhängig waren. Ihre Verletzung konnte Hunger und Elend, Seuchen und Tod nach sich ziehen. Gewisserweise wurde durch das Zeremoniell der Zorn Gottes besänftigt und die Gesellschaft von ihren Untaten gereinigt. Wenn ein Delinquent vor Gericht und Volk nicht nur sein Schuldbekenntnis ablegte, sondern sich sogar bedankte für die Strafe und für das Unheil, das er angerichtet hatte, sich entschuldigte, schließlich das Volk warnte, seinem unehrenhaften Beispiel zu folgen, so konnte die Hinrichtung ganz und gar den Charakter einer religiösen (Toten-)Feier annehmen.[9]

Die Grundstruktur der Hinrichtungsrituale hatte sich von ihrer vollen Entfaltung im 16. Jahrhundert bis Ende des 18. Jahrhunderts, ja bis zum frühen 19. Jahrhundert wenig geändert. Die Bestrafung am Körper des Menschen blieb ebenso im Mittelpunkt des Rituals wie auch alle Hinrichtungsarten noch angedroht, und teilweise auch praktiziert wurden. Bevor die Aufklärung das alte System grundsätzlich als barbarisch und ungerecht diffamierte, hatte sich dennoch einiges geändert; das ergab sich aus der sich wandelnden Funktion der Hinrichtungsrituale: Die großen harten Strafen waren mit der Festigung staatlich obrigkeitlicher Ordnung sowie ihrer zunehmenden Kontrollgewalt nicht mehr so notwendig gewesen und wurden dementsprechend auch weniger oft vollstreckt. Das zunehmende Begnadigungswesen unterlief die Rituale dergestalt, daß die Strafe nicht länger unmittelbarer Ausdruck der Art und Bosheit des Verbrechens war.[10] Auch an ›Grausamkeit‹ nahmen die Strafen ab: Das Rädern oder gar die Vierteilung fanden mit dem 17. Jahrhundert kaum noch Anwendung, selbst die Hinrichtung durchs Schwert oder am Galgen trat hinter der Landesverweisung zurück. Damit korrespondierend wurde das Hinrichtungszeremoniell perfektioniert, der Abschreckungscharakter der Exekution durch eine beeindruckende Theatralik aufgehoben. Bevor die öffentlichen Hinrichtungen abgeschafft wurden, war es also zu einer »Humanisierung« unabhängig vom Einfluß der Aufklärer gekommen und hatte die perfektionierte Theatralik des tödlichen Schauspiels, hinter der sich die politische Gewalt ganz verbarg, die Sinnentleerung des Strafsystems mitbewirkt.[11]

II. Die entscheidende Voraussetzung der Hinrichtung war der Urteilsschluß des Gerichts, das Schuldbekenntnis des Delinquenten und die feierliche öffentliche Verkündung des Urteils. Ursprünglich waren die Urteilsbildung und seine Verkündung miteinander verbunden und wurden öffentlich vollzogen. Aber mit der Durchsetzung des Inquisitionsverfahrens und der Ausbildung eines obrigkeitlich-staatlichen Gerichtswesens, das das Ermittlungsverfahren und die Urteilsbildung in die Hände gelehrter Richter legte, wurde der Prozeß der komplizierten Urteilsbildung zusehends ›geheim‹ gehalten.[12] Der Prozeß wurde rein zur Sache der Obrigkeit, auf die das Volk trotz der Schöffen kaum oder keinen Einfluß mehr hatte, da es allein noch als Publikum bei der Urteilsverkündung und der Hinrichtung fungierte. Entscheidend für die Gültigkeit des Urteils wurde das in Verhören abverlangte Geständnis des Angeklagten. Insofern war der »endliche Rechtstag«, wie er sich seit dem 16. Jahrhundert herausbildete, auf dem ein Redekampf zwischen Angeklagtem und Kläger resp. deren Fürsprechern stattfand und anschließend das Urteil gefällt wurde, in seiner rechtlichen Bedeutung zu einer reinen Formalität geworden.[13] Daß man dennoch gezwungen war, den endlichen Gerichtstag vor dem Volk mit großer Feierlichkeit zu veranstalten, bevor es nach dem bereits festgelegten Urteil zur Richtstätte ging, lag am Demonstrationswert der öffentlichen Urteilsverkündung, die den obrigkeitlichen Willen im Namen des Rechts bekundete, vor allem mit dem Eingeständnis des Delinquenten das Eingeständnis des Volkes einholte, ohne das eine öffentliche Hinrichtung ein Risiko darstellte, bzw. keine Rechtsgültigkeit besaß. Man scheute daher keinen Aufwand, die Verkündung einer Hinrichtung sinnfällig und eindrucksvoll zu gestalten.

Die Quellen über den konkreten Verlauf von Urteilsverkündung und Hinrichtung fließen im 16. Jahrhundert noch recht dürftig. Abgesehen von den großen Strafaktionen werden in den Protokollen und Urgichten lediglich Straftaten und Urteile aufgezeichnet. Erst als das Zeremoniell wichtiger und Hinrichtungen zudem seltener wurden, d. h. seit dem späten 17. Jahrhundert, gibt es zahlreiche Berichte.[14]

Justitia. Allegorische Darstellung der Gerechtigkeit (Kupferstich von Pieter Breughel d. Ä., 1525–1569)

Ein Beispiel aus Frankfurt schildert in aller Ausführlichkeit Verurteilung und Hinrichtung. Anfang 1688 kam es in einem Gasthaus in Sachsenhausen zu einem Streit, der zu einem Totschlag mit dem Messer führte. Im darauffolgenden peinlichen Prozeß wurde der Österreicher Rittmeyer des Mordes beschuldigt. Er gab die Tat zu. Nachdem ein Gutachten der Heidelberger Universität eingeholt war, bildete der Rat sein Urteil und verurteilte ihn zum Tod mit dem Schwert. Am nächsten Morgen um halb sechs wurde der Malefikant unter starker Bewachung auf die Gerichtsstube am Römer geführt. Dort wartete er im Beisein des Pfarrers, bis das peinliche Gericht versammelt war. »Da dann herrn Schultheiß (welcher ein klein roth gefärbtes und wie ein Scepter formirtes Stäblein in händen gehabt) und Schöffen von der Referier durch den Obrist Richter auff den grossen Saal, und so bald dieselbe in ihrer ordnung sich gesetzet, der Maleficant mit Richtern und Soldaten in die hinderste Cancellos geführt, und nachdem durch den Gerichtsschreiber das urtheil abgeleßen, und obermeldtes Stäblein sogleich darauf von dem herrn Schultheiß gebrochen, und mitten auff die Erde geworffen, wiederumb in voriges Gemach (darinnen die herrn Pfarrer so lang gewartet) gebracht, woselbsten Er etwan eine halbe stund gespeißet, und sofort zur execution der großen Stiegen hinab geführet, und darauff in loco consulto aus Rabensteins dieselbe an Ihm vollzogen worden.«[15]
Das Todesurteil, das vor dem Gericht verkündet wurde, war im 16. Jahrhundert bereits in der Regel vorher festgelegt. Zwei Formen der Veröffentlichung sind bekannt. Sie kommen auf unterschiedliche Art dem Interesse entgegen, dem Delinquenten zwischen Anhörung des Urteils und Hinrichtung in der Regel drei Tage zur Vorbereitung auf den Tod zu lassen. Entweder fand die Hauptgerichtssitzung mit der Urteilsverkündung unter Ausschluß der ›Öffentlichkeit‹ im Rathaus einer Stadt statt, worauf dann an einem späteren Tag auf einem öffentlichen Platz als Auftakt zur Exekution zumeist dasselbe Zeremoniell in verkürzter Form für das Volk wiederholt wurde.[16] Oder einer kurzen, nur für den Delinquenten bestimmten Verkündigung des Urteils zur Vorbereitung auf die letzte Stunde folgte dann die öffentliche Urteilsverkündung mit vollem Zeremoniell frühmorgens vor der Hinrichtung.[17] Jedenfalls wurden, nachdem das Urteil gefällt und auch bekannt war, vor der Exekution Richter und Beisitzer bzw. Schöffen mit dem Gerichtsschreiber zum endlichen Rechtstag gerufen, der nach einer genau festgelegten Ordnung verlief. Die Sitzung wurde durch Glockenschläge eingeläutet. Alle Geladenen setzten sich in feierlichem Zug an

einen schwarz oder grün verhangenen Tisch, an dessen oberem, meistens nach Osten gerichteten Ende der präsidierende Richter saß. Keiner durfte vor Abschluß des Verfahrens den Platz verlassen. Alle Teilnehmer waren festlich gekleidet; der Richter trug meist ein rotes Gewand und hatte einen Stab oder ein Schwert vor sich liegen. Er oder der Gerichtsschreiber eröffneten die Gerichtssitzung mit der Frage, »ob das endliche Gericht zur Hegung peinlicher Handlung wohl besetzt sey«.[18] War dies von seiten der Urteiler bejaht, wurde der Verurteilte vom Scharfrichter gebunden aus dem Gefängnis vor das Blutgericht geführt. »Ihr steht allhier«, sprach der Richter in einem Fall aus Hannover »vor dem öffentlichen redlichen Stadt-Peinlichen Gerichte und wisset, daß Ihr wegen eines begangenen (Mords) bezüchtiget, auch bey vollführter Inquisition solches bekandt und nachdem Ihr dabey aus eurer Defension nothdürftig gehöret, wider euch ein Urthel ergangen, ehe nun solche Urthel eröffnet wird, so thut nochmahls auf die Articul, welche ich euch jetzo vorhalten werde, vor diesem offentlich, redlichen peinlichen Gericht euer Bekänndtniß und bedenket dabey, daß ihr vor dem allwißenden Gott und vor einer von demselben gesetzten Obrigkeit stehet«.[19] Der Delinquent wiederholte sein bereits abgegebenes Bekenntnis, ohne das es zu dieser Urteilsverkündung bzw. Vorladung überhaupt nicht gekommen wäre.

Die meisten Delinquenten waren in den Verhören und unter Einfluß der Geistlichen so vorbereitet, daß sie willig ihre Schuld zugaben. Wenn einer halsstarrig war und nichts sagen wollte, bzw. unmittelbar vor der Urteilsverkündung widerrief, mußte möglicherweise der bereits angekündigte endliche Rechtstag verschoben werden. Nach Bestätigung der Schuld lasen der Richter oder Gerichtsschreiber laut und deutlich das bereits schriftlich fixierte Urteil vor, das wesentlich nur die Straftat und die Strafart mitteilte. Alle Anwesenden mußten dabei stehen. Das Urteil der Frankfurter Kindsmörderin Brandt von 1771 lautet: »In peinlichen Untersuchungssachen wieder Susanna Margaretha Brandtin erkennen wir Bürgermeistern und Rath der Kayserlichen freyen Reichs-Stadt Franckfurt am Mayn, auf vorgängige umbständliche Erforschung und Untersuchung der Sache, geführte Vertheidigung, vorgelegte rechtliche Syndicats-Bedencken und sorgfältige Erwägung aller Umständen, vor Recht, dass gedachte Brandtin das an ihrem lebendig zur Welt gebrachten Kinde, nach eigener wiederholter Bekändtniß vorsetzlich und boshaffter Weiße verübten Mords halber nach Vorschrift der göttlich und weltlich Gesezen und zwar ihr zu wohlverdienten Strafe und andern zum abscheulichen Exempel mit dem Schwerd vom Leben zum Todt zu bringen und dieses Urthel fordersamst zu vollziehen seye.«[20] Falls das Urteil ohne Beisein des Delinquenten verkündet wurde, mußte ein Vertreter des Gerichts ihn im Gefängnis aufklären. Nicht selten verband sich damit der Wunsch: Er möge sich zu Gott bekehren, alle Sünden bereuen, und alle um Verzeihung bitten, die durch ihn Schaden erlitten hatten: »Gott gnade deiner armen Seele.«[21] Hatte der Delinquent das Urteil vernommen, brach der Richter vor ihm bzw. dem Volk seinen Stab[22] und warf ihn entweder vor sich oder vor den Delinquenten, womit er ihn aus der Rechtsgemeinschaft ausschloß. Lange war es üblich, wenn das Gericht unmittelbar vor der Hinrichtung öffentlich stattfand, den Stab unter das Volk zu werfen. Doch wegen des Aberglaubens und der »Mißbräuche, so mit diesen Stücken pflegen vorzugehen«, wurde dieser Brauch bereits früh untersagt.[23] Die Gerichtsknechte hoben die zerbrochenen Teile wieder auf. Der ›Arme Sünder‹, wie der Delinquent nach dem Urteil bezeichnet wurde, wurde dem ausdrücklich unter den Schutz der Obrigkeit gestellten Scharfrichter übergeben. Bei Leib und Gut wurden allen Teilnehmern der Hinrichtung geboten »den nachrichter keynerley Verhinderung zu thun auch ob im mißlang, nit handt anzulegen«.[24] Die vielen Angriffe gegen einen ungeschickten Scharfrichter beweisen die Notwendigkeit dieses Schutzes. Nachdem so der Nachrichterfriede ausgesprochen war, wurde das Halsgericht aufgehoben, zum Zeichen wurden die Stühle umgestoßen.[25]

Weder im Ermittlungsverfahren noch im Gerichtsprozeß hatte der Delinquent einen eigentlichen Verteidiger. Mit dem Geständnis, ob es nun freiwillig oder erzwungen abgelegt wurde, erübrigte sich dies. Das heißt aber nicht, daß der Delinquent in jedem Fall das volle Maß einer seinem Verbrechen entsprechenden Strafe erleiden mußte. Aufgrund von Alter, Schwangerschaft, Krankheit, langer Gefangenschaft, harter Tortur und anderen Umständen konnte einer Gnade finden, die ihm natürlich je nach Stand und Einfluß seiner Familie unterschiedlich gewährt wurde.[26] Diese Begnadigung fand selten nach der Urteilsverkündung statt, sondern war weitgehend ein Teil des Gerichtsverfahrens selbst. Die Geistlichkeit, eine angesehene Frau, aber auch Zünfte, Verwandte oder Angehörige eines Delinquenten konnten, wenn laut wurde, welches Urteil vorgesehen war, aktiv werden.[27] Dabei kamen in der Regel die Einheimischen mehr als Auswärtige, ehrbare Bürger mehr als Bettler und Landstreicher, Frauen insgesamt mehr als Männer in den Genuß von Gnaden.[28] Allerdings bedeutete der Gnadenerweis der Obrigkeit selten einen völligen Freispruch, die zunehmende Zahl der Enthauptungen und Landesverweise seit dem frühen 17. Jahrhundert läßt sich auf Begnadigungen zurückführen. Vor allem ging es den Bittstellern um Abwendung unehrenhafter Strafen wie der des Hängens.

Das Begnadigungssystem gründete auf drei Momenten: Einmal läßt sich die Begnadigung auf starke Aktivitäten mächtiger Gruppen zurückführen: Ein zum schmachvollen Tod des Hängens verurteilter Handwerker konnte z. B. seine ganze Zunft in Mißkredit bringen.[29] Eine Strafmilderung kam auch der sparsamen Haushaltsführung einer Obrigkeit entgegen. Große Hinrichtungen waren im Unterschied zu Landesverweisungen kostspielig und kompliziert.[30] Darüber hinaus stärkte das Gnadenwesen das Ansehen eines huldreichen Regiments und unterstützte seine Unterwerfung aller ordnungs- und sittenwidrigen Kräfte.[31] Nicht zuletzt förderte die Begnadigung die Bereitschaft des Delinquenten, sich dem Urteil zu unterwerfen und gegebenenfalls auch die Hinrichtung als Gnadenakt anzunehmen. Mancher Delinquent bedankte sich vor dem Volk für den Gnadenerweis. Allerdings gab es auch Fälle, in denen die Obrigkeit ausdrücklich jede Strafmilderung ablehnte, wenn bestimmte Delikte in einer Zeit ungewöhnlich zunahmen oder der Abschreckungseffekt einer Strafe nachließ.[32] Das Begnadigungssystem war vor dem 18. Jahrhundert kaum angefochten, alle Gruppen konnten es nutzen. Erst die Aufklärer sahen darin einen Verstoß gegen das Prinzip der Gleichheit aller vor dem Gericht und prangerten es als Wurzel der gerichtlichen Willkür des Absolutismus an.[33] Aber nicht so sehr diese Kritik unterminierte schließlich die alte Gerichtspraxis als der Tatbestand, daß das Begnadigungssystem zunehmend den wahren Kern des alten Strafsystems insofern selbst in Frage stellte, als es ihn gar nicht mehr sichtbar werden ließ.

III. Nachdem der Delinquent sein Urteil erfahren hatte, was ja meist bei der öffentlichen bzw. offiziellen Urteilsverkündung erfolgte, konzentrierten sich die obrigkeitlichen Bemühungen auf eine alle Gruppen befriedigende Hinrichtung, für die zum Teil gründliche Vorbereitungen getroffen werden mußten. So mußte der Delinquent auf den Tod vorbereitet werden, der Scharfrichter hatte manche Vor-

kehrungen zu treffen und Bürgermiliz oder Militär mußten für die öffentliche Ordnung sorgen.
Mit der Urteilsverkündung rückten der Delinquent und der Scharfrichter in den Mittelpunkt des Geschehens, ihr Verhältnis zueinander bestimmte wesentlich den Ablauf und Ausgang einer Hinrichtung. Unter der Rücksicht, daß bei entsprechendem Verhalten der Arme Sünder Mitleid erwecken und der Scharfrichter den Haß der Zuschauer auf sich ziehen konnte, bestand die Gefahr, daß bei der Hinrichtung vorm Volk die Würde des Gerichts und seine Abschreckungsabsichten in Frage gestellt wurden. Wichtigste Voraussetzung für eine würdevolle Hinrichtung war die subjektive Einwilligung des Delinquenten in seinen Tod, denn selbst das Schuldbekenntnis garantiert nach der Verkündigung des Urteils noch nicht die Gefügigkeit des Armen Sünders. Er konnte immer noch sein Bekenntnis widerrufen, »halsstarrig« und verstockt werden, Richter und Henker verfluchen oder gar Selbstmord begehen. Ein Bekenntniswiderruf konnte zur Wiederaufnahme des ganzen Verfahrens führen, so wenig ein Delinquent nach der Urteilsverkündung ansonsten zu Worte kam.[34] Halsstarrigkeit konnte den Anschein von ungerechter Verurteilung wecken und zu unberechenbaren Reaktionen führen.[35] Besonders gefürchtet waren das Grollen über das Urteil und die Verfluchung des Richters bzw. des Henkers, womit nicht nur der Wahrheitsanspruch des Gerichts in Frage gestellt wurde, sondern Richter oder Henker sich in ihrem Leben bedroht fühlten.[36] Ein Selbstmord schließlich konnte das angekündigte Hinrichtungszeremoniell gefährden, auch würde das Volk dann die Schuld an der das ewige Heil verwirkenden Verzweiflung dem Richter oder Henker anlasten und bevorstehendes Unglück befürchten.[37] Deswegen wurden manche Verurteilte noch nach dem Selbstmord entsprechend der vorgesehenen Strafe hingerichtet.[38] Mit allen Mitteln wurde daher die mit dem Geständnis errungene Einwilligung des Delinquenten auch nach der Urteilsverkündung aufrechtzuerhalten und durch zahlreiche Gunstbezeugungen zu stärken gesucht. Diese konnten sich sowohl auf das leibliche Wohl wie auf geistlichen Trost erstrecken. Zwischen Bekanntgabe des Urteils am endlichen Rechtstag und seiner Vollstreckung wurde dem Delinquenten bis zu drei Tagen Zeit gewährt, »darmit er zu rechter zeit sein sünd bedenken, beklagen und beichten möge, und so er des heyligen Sacraments zu empfahen begert, das soll man jm on wegerung zu reichen schuldig sein«.[39]
Die Gefangenenbetreuung lag in Händen der Geistlichen. Ursprüng-

lich hatten sie die Aufgabe, den Gefangenen vor der Gewalt der Obrigkeit zu schützen und seine Interessen wahrzunehmen. Im Zuge der Entstehung des frühmodernen Strafwesens jedoch fungierte der Geistliche zunehmend als obrigkeitlicher Beauftragter, der den Delinquenten von der Urteilsverkündung bis zur Hinrichtung nicht mehr allein zu lassen und so auf den Tod vorzubereiten hatte, daß er ihn willfährig annahm.[40] Er mußte sich jeder Stellungnahme zum Verbrechen enthalten und durfte keinesfalls den Verurteilten – auch wenn er eventuell von seiner Unschuld überzeugt war – ermutigen, ein Geständnis zurückzuhalten; dieses zu erreichen war im Gegenteil vordringliche Pflicht. Der oder die Geistlichen verstanden ihre Tätigkeit als eine geistliche Aufgabe, die Halsstarrigkeit des Verurteilten zu brechen und jeder Verzweiflungstat vorzubeugen. Ziel war ein Schuldbekenntnis und womöglich eine Entschuldigung des Delinquenten. Seit der Gegenreformation suchte der Geistliche nicht selten auch die Gelegenheit zu nutzen, über allgemeine geistliche Trostsprechung hinaus den Verurteilten zum gläubigen Christen zu bekehren und ihn als Zeugen der wahren Religion auf dem Schafott sterben zu lassen.[41] Da der Arme Sünder eine derartige Individualbehandlung in seinem Leben kaum zuvor erfahren hatte, waren die Erfolge mancher Geistlicher beträchtlich. Selbst Juden verstanden sie zu bekehren, diese konnten dann allerdings mit einer Straferleichterung rechnen.[42] Ging aber ein Delinquent nicht auf den geistlichen Trost ein, so wurde das seiner »Halsstarrigkeit« zugeschrieben und höchst ungnädig aufgenommen. So wichtig war den Richtern die Vorbereitungszeit, daß man einer Verschiebung der Hinrichtung zustimmte, bis der Verurteilte seine »seelische Ruhe« gefunden hatte. Die kurmärkische Kriminalordnung von 1717 schrieb vor: »Da auch einer christlichen Obrigkeit oblieget, soviel möglich dahin zu sehen, damit der Gefangene nicht in seiner Unbußfertigkeit dahin sterbe, so soll dieselbem im Fall der Gefangene annoch wenig oder gar keine Reue oder Buße spüren läßt, die Exekution einige Tage aussetzen.«[43]
Das erhaltene »Memorial« eines Nürnberger Geistlichen gibt einen guten Einblick in die Situation des Gefangenen vor der Hinrichtung, zugleich auch in das Bemühen, einen Verurteilten nicht nur zu Reue und Buße zu bewegen, sondern selbst als Zeugen des evangelischen Glaubens zu gewinnen. Von einem Mörder, der 1605 zum Tod durch das Schwert verurteilt worden war, heißt es: »Er hat sich gar wol im Loch (= Gefängnis) gehalten, ist willig gewesen zum sterben, hat frey öffentlich bekandt, daß er das Leben verwürcket. Hat auch den Trost gött-

liches Wortes mit freude angenommen, bey seinem H. Christo beständig, biß an das Ende verharrt, darum zweifle ich nicht, daß er seelig gestorben und ein Kind des seligen Lebens seye.«[44] Mancher ging so als Zeuge eines christlichen Glaubens in den Tod, was seine Wirkung auf das Volk nicht verfehlte.

Aber das Ringen um das Seelenheil war nur die eine Seite der allgemeinen ›Gunsterweisung‹ an einen Delinquenten vor der Hinrichtung. Zum Ritual der Hinrichtung zählten oft auch neue Kleider[45], bessere Unterkunft mit Licht im Gefängnis[46] und der Besuch von Angehörigen, vor allem aber reichliches Essen und Trinken. So mancher zum Tod Verurteilte hatte mehr zu essen als je zuvor in seinem Leben. Erhaltene Rechnungen über Henkersmahlzeiten weisen beträchtliche Beträge auf.[47] »Item aber für allerlay so ir (die Büttel) in der gefangknuß auß bevelch ains e raths an wein, vischen, hennen, malfaßier und spece-reien gegeben haben.«[48] So willkommen dem Gericht ein guter Appetit des Delinquenten war – manche Bekehrte begehrten allerdings nur noch »ihren Herrn Christo« –, so warnten die Obrigkeiten doch immer wieder davor, dem Verurteilten zuviel Wein zu reichen, damit seine Vernunft nicht leide. »Jedoch dabey in acht zunemben, das aller yberfluß vermiden, und der arme Sinder nicht yberweinth oder mit starckhen getranckh zu vill ahngefült werdte, wordurch er verhindert wurdte, sein Seelenheyl noch gebühr zu pflegen.«[49] Ein Delinquent sollte bei vollem Bewußtsein gerichtet werden. Aber dennoch kam mancher Henker den Wünschen seines Opfers entgegen, ihm durch Alkohol die Schrecken der Hinrichtung zu mildern.

Über die Henkersmahlzeit, die meist unmittelbar vor der Hinrichtung bzw. unmittelbar nach der öffentlichen Urteilsverkündung stattfand, sind wir gut unterrichtet.[50] Zumeist nahm das ganze Gerichtspersonal daran teil, natürlich räumlich getrennt vom Verurteilten. Wie üppig oft gespeist wurde, zeigt das Mahl anläßlich der Hinrichtung der Kindsmörderin Brandt 1771 in Frankfurt. Während die Malefikantin im Armesünderstübchen alles Essen ausschlug, nur ein Glas Wasser begehrte, speisten im Hauptzimmer des Katharinenturms auf Kosten der Stadt in »wohlgesetzter Ordnung« der Richter, der Gerichtsschreiber, die beiden Geistlichen und zwei »Beisitzer« eine gute Gerstensuppe, eine Schüssel Blaukraut, eine Schüssel Bratwürste von 3 Pfund, 10 Pfund Rindfleisch, 6 Pfund gebackene Karpfen, 12 Pfund gespickten Kalbsbraten, eine Schüssel Confekt, 30 Milchbrote, 2 schwarze Leibbrote und 8½ Maß Wein vom Jahrgang 1748.[51] Anstoß an dem üppigen

Mahl hat niemand genommen. Es gehörte ganz zum Ritual der Hinrichtungsvorbereitungen. »Wer immer das Henkersmahl annimmt, schließt schweigend ›Urfehde‹ mit denen ab, die Schuld an seinem Tod tragen.«[52] So galt es als schlechtes Omen für eine Hinrichtung, wenn der Delinquent das Essen ausschlug.

Die zweite zentrale Figur des Hinrichtungszeremoniells war der Henker, der Scharfrichter oder Nachrichter. Von seinem Auftritt hing der Ausgang einer erfolgreichen und beeindruckenden bzw. abschreckenden Hinrichtung wesentlich ab.[53] Nur war seine Rolle viel schwieriger wahrzunehmen als die des Verurteilten. Denn ihn umgab seit alters her im Volk ein Fluidum des Unheimlichen, Furchterregenden, das eine stille bzw. heimliche Bewunderung allerdings nicht ausschloß. Während das Amt des Richters einen Menschen erhöhte und als besonders ehrenhaft galt, machte die Tätigkeit des Henkers, obwohl dieser nicht minder eine obrigkeitliche Funktion ausübte, sogar sündig;[54] der Nachrichter zählte zu den Unehrlichen der Ständegesellschaft und wurde von allen Menschen gemieden.[55] Die Ächtung seines Standes resultierte nicht nur aus der Tatsache, daß er für Geld folterte und hinrichtete,[56] oder auch, daß sein Amt oft mit dem des Abdeckers verbunden war,[57] sondern aus seiner »sündhaften« unehrlichen Arbeit, eben dem Töten, das den Vergeltungscharakter der Strafe nie ganz abstreifen konnte. Deswegen entschuldigte er sich auch beim Verurteilten vor dessen Hinrichtung.[58] Eben weil diese Arbeit unehrlich war, wurde der Vollzug der Strafe so einer eigenen, klar vom Richteramt abgehobenen Instanz übertragen, daß das Richten selbst als ›heiliger‹ Rechtsakt erscheinen konnte. Scheu und Furcht vor dem Henker gingen soweit, daß nicht nur seine Nähe oder gar eine Berührung Unheil bringen, ja unehrlich machen konnten, sondern daß es als eine besondere Gnade galt, wenn ein Delinquent von der Berührung durch den Henker verschont wurde, was meist Adligen, Patriziern, aber hier und da auch Handwerkern gewährt wurde. In einer Gnadenbitte von 1718 heißt es: »daß man ihme nicht von denen Henkersknechten möchten anrühren, sondern durch Ehrliche leuthe zur Erdten bestatten laße, damit sein familia dadurch nicht so sehr beschimpfft würde, welche seine lezte bitte demselben auch zu halten versprochen, und gewehret wordten«.[59]

Der Henker lebte aufgrund seiner unehrlichen Tätigkeit außerhalb der Gesellschaft, was seinen unheimlichen Ruf nur verstärkte, heiratete nur in eigenen Kreisen, weswegen es zu regelrechten Henkerdynastien

kam.[60] Er mußte sich durch eigene Kleidung kenntlich machen, die sich allerdings von seiner schwarzen bzw. roten Amtstracht in der Regel unterschied, nahm in der Kirche einen abgeschiedenen Platz ein und durfte sich im Gasthaus zu niemandem setzen.[61] Wie stark die Berührung mit einem Henker verunreinigen konnte, zeigt ein Vorfall aus Hamburg noch aus dem Jahre 1820. Ein Bauernbursche hatte mit einem Henker, ohne daß er wußte, um wen es sich handelte, in einem Gasthaus Bruderschaft getrunken. Als er die Wahrheit erfuhr, floh er in die Einöde und lebte wie »Robinson Crusoe«. Unter Hinweis auf das Reichsgesetz von 1731 versuchte ein Amtmann, die Schultheisse zu veranlassen, den Bauernburschen zu retten, bevor er verhungere. Als diese aber ablehnten, beschloß der Amtmann selbst, »den Burschen durch dreimaliges Schwenken einer Fahne über seinem Kopf« wieder ehrlich zu machen. Zur Bekräftigung drückte er ihm die Hand und beide tranken Wein aus einem Pokal.[62]
Andererseits wurden dem Henker häufig zauberische Kräfte aufgrund seiner Kenntnisse und Tätigkeiten zugesprochen. Er war zugleich ein begehrter und vielbesuchter Arzt und wurde nicht nur heimlich aufgesucht. Hier und da bescheinigten ihm die Obrigkeiten sogar, »da er mit seiner erznei vielen gebrechlichen kranken personen zu irrer hailung seer dienstlich gewesen und noch sein mag« sein ärztliches Können.[63] Noch mehr als seine heilende Fähigkeit wurden die zahlreichen Heilmittel gegen Schäden und Unheil aller Art geschätzt, die er anzubieten hatte:[64] Galgenholz, Galgenstrick, Alraunwurzeln, die unter dem Galgen wuchsen, Menschenblut und nicht zuletzt Gliedmaße von Hingerichteten waren von großer Bedeutung in der Volksmedizin. Alles also, was den Henker umgab, der Umgang mit dem Tod, die schändliche Richtstätte, sein Wissen um heilende Kräfte und der Verkauf zahlreicher Heilmittel, galt als unheimlich, aber auch als heilbringend.
Eine Hinrichtung war für den Henker wie für den Richter eine höchst prekäre Angelegenheit. Obwohl der Delinquent und das Volk keinen unmittelbaren Einfluß auf das Schauspiel hatten, war sein Gelingen doch in hohem Grade abhängig vom Zuschauer und vom Verurteilten.[65] Das wußten sowohl der Richter als auch der Henker. Wenn das Volk nicht von der Schuld des Delinquenten überzeugt war, der Henker allzu roh mit einem Verurteilten umging, dem das Volk Mitleid entgegenbrachte, oder das Ritual nicht korrekt ausgeführt wurde, spürte der Henker den Unwillen der Menge. Durch Zurufe und Androhungen konnte es ihn sehr irritieren, ja an der Ausübung seines Am-

tes hindern, wobei auch obrigkeitliche Schutztruppen wenig halfen. Ebenso war der Delinquent nicht machtlos dem Henker ausgeliefert. Willigte ein Verurteilter in die Hinrichtung ein, fruchteten die Bemühungen der geistlichen Betreuung, so konnte der Henker sein Schwert sicher führen. Nicht selten gab es sogar eine Vereinbarung zwischen Henker und Delinquenten, daß jener sein Amt schnell und gut vollziehen werde, wenn dieser jeder Anordnung folge. War der Verurteilte allerdings verzweifelt, verfluchte er den Henker bzw. wehrte er sich gegen die Marter, so bedeutete dies eine Herausforderung an den Henker, der er kaum gewachsen war. Die Wiederholung eines Hiebs wurde als Grausamkeit ausgelegt und konnte seinen eigenen Kopf kosten. Besonders riskant waren einerseits die Exekution eines Räubers oder Rebellen, der die Sympathie des Volkes genoß, andererseits die Hinrichtung einer schönen Kindsmörderin, für die die Zuschauer Mitleid empfanden. Oft wurde dem Henker deswegen ein Verurteilter mit dem Auftrag übergeben, »mit dem armen Sünder bescheidentlich umzugehen und ihn nicht unbarmherzig zu traktieren, sondern im gütlich zuzusprechen und sein Amt vorsichtiglich zu verrichten, damit kein armer Sünder verkürzt oder gar zur Desperation gebracht werde«.[66] Wichtig wurde daher auch der ausdrückliche Nachrichterfriede, nach dem der Angriff gegen den Henker als Bedrohung der Obrigkeit bestraft werden sollte. Aufatmen konnte ein Henker allerdings immer erst, wenn ihm die Hinrichtung zur Zufriedenheit aller gelungen war und der Richter die Vollstreckung des Urteils mit dem Wort quittierte: »Due hasz gerichtet wie Urteil und recht mit sich bringen.«[67]

Mittelpunkt des Hinrichtungszeremoniells war die Richtstätte mit dem Galgen, eine zumeist weithin sichtbare, erhöhte Stätte am Stadtrand.[68] Während die Enthauptung oft auf dem Marktplatz unmittelbar vor dem Rathaus, zumindest an einem zentralen Platz in der Stadt auf einem Schafott vollzogen wurde – so mindestens aus Abschreckungsinteressen in früherer Zeit –, wurden die Strafen des Erhängens, aber auch andere Hinrichtungsarten, nicht zuletzt der Unehrlichkeit und der Gräßlichkeit wegen, in der Regel außerhalb der Stadt durchgeführt. Der Galgen stand als Symbol der alten Blutgerichtsbarkeit an der Grenze des Gerichtssprengels. Keiner wollte neben dem Galgen wohnen, bereits sein Schatten brachte Unglück.[69] Die Richtstätte, auch Rabenstein genannt, war spätestens seit dem 17. Jahrhundert im Unterschied zum kleinen Schafott auf dem Marktplatz ein großer Bau auf einem steinernen Fundament, der all den vielen Zuschauern gestattete, eine Hinrichtung und die sie begleitenden Martern genau zu verfolgen. Die großen Richtstätten mit einem doppelten Galgen kennen wir erst aus dem 18. Jahrhundert, als das Todesschauspiel einen theatralischen Höhepunkt erlebte.

Der Galgen besaß in der traditionellen Gesellschaft eine besondere Bedeutung. Einerseits war er neben dem Rathaus das sichtbare Symbol der hohen Gerichtsbarkeit einer Stadt, auf deren Schutz und Erhaltung die Stadt sehr bedacht war, andererseits war er der anrüchigste Ort der Stadt, der von allen gemieden wurde. Wie der Henker gewisserweise die andere ›böse‹ Seite des Richteramtes verkörperte, bildete die Richtstätte die ›negative‹ Seite der im Rathaus repräsentierten Stadtherrlichkeit. Jedenfalls symbolisierten erst die Richtstätte und das Rathaus die volle Rechtshoheit einer Stadt.[70]

Besonders symbolhaft wird dieser Zusammenhang sichtbar bei der Erneuerung bzw. Neuerrichtung eines Galgens, die unter Leitung und Schutz der Obrigkeit von allen Handwerkern einer Gemeinde ausgeführt wurde und stets ein großes Ereignis war, zu dem alles Volk zusammenkam.[71] Bei einem derartigen ›Galgenfest‹ vereinten sich zwei Interessen. Einmal wollte die Obrigkeit die Macht des Hochgerichts nicht nur gegenüber Fremden, sondern über alle Untertanen sinnfällig zur Darstellung bringen. Zum anderen sollte dadurch, daß alle Handwerker im Namen der Obrigkeit sich am Bau beteiligten, die Ehre des Einzelnen bei der Berührung der unehrlichen Stätte geschützt werden. Bereits die Carolina hatte angeordnet, daß keinem beim Bau des Galgens behilflichen Handwerker seine Tätigkeit zur Unehre gereichen dürfe.[72] Zahlreiche Verordnungen weisen auf Schwierigkeiten, die sich für Handwerker aufgrund derartiger Tätigkeit ergaben.[73] Nur wenn alle Handwerker sich beteiligten, oder – falls die Zahl zu groß war –, ihre Vertreter sich zusammenschlossen, konnte der Ruf der Unehrlichkeit gebannt werden. Aus diesem Grunde mußten z. B. 1561 in Frankfurt alle Schreinermeister einen Nagel in eine Tür schlagen. Da einer erst später kommen konnte, »ist ihme ein Nagel, den er zu seiner Wiederkunfft einschlagen müssen, gelassen worden, den er auch eingeschlagen, damit keiner den andern dieser Arbeit halber etwas fürzuwerfen Ursache haben möchte«.[74] Die gemeinsame Arbeit endete meist mit einem gemeinsamen Fest. In Nürnberg kamen 1690 168 Zimmerleute, darunter 16 Meister, 10 Meistersöhne und 142 Gesellen, 109 Landmeister, 69 Steinmetze und 4 Schlossergesellen mit Trommeln und Pfeifen nebst etlichen Schalmeienpfeifern zum Galgenbau zusammen. Dreimal wurde um das Hohe Gericht gegangen, bevor mit der Arbeit begonnen wurde.[75] Aufschlußreich ist auch das Zeremoniell in Ansbach. Zur Reparatur des Galgens hatten hier 1747 Bürgerschaft und Reiterei einen Kreis um den Richtplatz gebildet. Der Bannrichter sprach zu den Anwesenden »eine diesem geschäfft conventable kurze red«, stieg vom Pferd und versicherte den Maurern und Zimmerleuten, die mit dem Galgenbau beauftragt waren, »daß diese arbeit weder ihnen, noch ihren Angehörigen in geringsten nicht nachtheilig seye, sondern sie gegen alle unziemln Vorwurff von Herrschafft und Amtswegen protegiret – und verteidiget werden sollen«. Darauf schlug er je einen Hieb in das alte Halsgericht, in das frische neue Holz und auf den Quaderstein, also insgesamt 3 Hiebe, »als einen im nahmen hochfürstl. gn. Herrschafft, den 2. in nahmen des Hochf. Oberamts, und den 3. in nahmen eines gesamten E. Maurer- und resp. Zimmer Handwerks vollführet, welche 3 hiebe der Rath und Stadtvogt in seines Handwerck Richter Amts gleichmässig verrichtet, und die Beede Handwerkere zu Vollführung und beschleinigung der arbeit anmahnet«.[76]

Das aufwendigste Galgenfest beging Frankfurt 1720.[77] 1328 Handwerker beteiligten sich daran: Steindecker, Zimmerleute, Schlosser, Schmiede, Maurer, Steinmetze und Schreiner. Der streng geordnete Zug zur Richtstätte und zurück nahm geradezu den Charakter eines Umzugs an. Zahlreiche Musikanten begleiteten die Handwerker, selbst ein Harlekin als Platzmeister, zwei wilde Männer sowie ein Schäfer und eine Schäferin, in ihrem Gefolge ein Cupido zogen mit. Auf die Degen, die die kleinen Meistersöhne zumeist mit sich führten, waren Zitronen gesteckt. Damit keines Handwerks Ehre verunreinigt wurde, wurde das Hochgericht durch den Stadtschreiber dadurch gereinigt, daß er eine Fahne mit dem Stadtwappen in alle vier Himmelsrichtungen schwenkte und die vier Säulen des Gerichts mit der Hand berührte. Die Arbeit der Handwerker dauerte fünf Tage, während deren sie kostenlos verköstigt wurden. »Viele Tausende Menschen« schauten zu. Der Bau endete mit einem Richtfest. In einer feierlichen Zeremonie setzten die Handwerker einen Kranz aus Rosmarin »starck mit Gold und Silber vergult ringsum mit weiß und roth Daffet-Band Schluppen darin gemacht« auf die Richtstätte. Die Errichtung des unehrenhaften Galgens war damit völlig überdeckt von dem Festgebaren der Handwerker, die darin sowohl einen Schutz vor der Infamierung suchten, wie die Gelegenheit wahrnahmen, sich ihrer Bedeutung entsprechend darzustellen.

Die Obrigkeit sah ihrerseits hier eine Möglichkeit, die Einheit der Stadt zu demonstrieren.[78]

Wenngleich derartige feierliche Galgenfeste selten waren, so war doch in der Regel beim Galgenbau eine große Anzahl von Handwerkern beteiligt, die ihre Arbeit nach einem strengen Ritual unter Begleitung von Lärm und Musik vollführten.[79] Die ganze Zeremonie mündete zumeist ein in ein Essen. Zwar war der ursprüngliche Sinn eines rechtssymbolischen Aktes, der die Rechtshoheit zum Ausdruck bringen und den Schutz vor Infamierung garantieren sollte, im Frankfurter Fall nur noch schwach erkennbar, aber daß es überhaupt zu solchen kostspieligen Demonstrationen kam, gründet im hoheitlichen Interesse, die Gemeinsamkeit von Obrigkeit und Volk hervorzukehren.

IV.

Nach der öffentlichen Urteilsverkündung, dem Stabbrechen und der Henkersmahlzeit formierte sich unter Glockenschlagen in der Regel am Morgen der Armesünderzug vom Gefängnis bzw. Rathaus zur Richtstätte. Zumeist hatte sich schon Stunden vorher viel Volk versammelt, darunter nicht selten auch Angehörige des Verurteilten. Soldaten zogen auf und sicherten alle wichtigen Punkte der Stadt. Die meisten Tore wurden geschlossen und die Richtstätte kreisförmig abgeriegelt, nicht nur um evtl. Unruhen vorzubeugen, sondern um der Hinrichtung einen zeremoniellen Rahmen zu geben.[80] (Daß die Richtstätte so abgeriegelt wurde, war allerdings eine relative Spätererscheinung, alte Stiche zeigen, daß in früherer Zeit nicht selten das Volk unmittelbar vorm Schafott stand.) Der Gang zur Hinrichtungsstätte war ebenso streng geregelt wie die Urteilsverkündigung bzw. die Hinrichtung selbst, nicht selten erließ die Obrigkeit deswegen eigene Verordnungen.[81] Sicherlich ging der Zug zur Richtstätte im 16. Jahrhundert nicht so feierlich und geordnet wie im 18. Jahrhundert zu; doch stets wollte er seine Wirkung auf das Publikum nicht verfehlen. Drei verschiedene Beispiele aus späterer Zeit lassen den hohen Aufwand erkennen, mit dem die Obrigkeit das Hinrichtungstheater beging, der aber vom Volk auch erwartet wurde.

In Frankfurt wurde am 14. Januar 1771 der Kindsmörderin Brandt um 6 Uhr morgens das Todesurteil, das sie allerdings schon vorher kannte, vorgelesen. Der Richter erschien in Exekutionskleidung, d. h. in einem schwarzen Gewand, mit Stiefeln und Sporen und einem roten Mantel, auf den das große Stadtwappen geheftet war. Die Arme Sünderin trug ein Toten-Kleid, d. h. eine weiße Haube, eine weiße leinene Jacke mit einer schwarzen Schleife und einen weißen Rock sowie weiße Handschuhe, mit denen sie beim Zug ein zusammengefaltetes Sacktuch und eine große Zitrone tragen sollte.[82] Um 8 Uhr folgte die Mahlzeit, bis ab 9 Uhr die Kirchenglocke alle Viertelstunde dreimal mit drei Anschlägen schlug, die zum Aufbruch riefen. Ein Kommando von 30 Grenadieren stellte sich ein.

Die Verurteilte wurde an beiden Händen gebunden auf die Straße geführt. Der Richter mit einem großen Zepter in der Hand stieg mit anderen städtischen Beamten (Einspännigen) in roten Röcken auf die Pferde. Grenadiere umgaben die von Geistlichen und dem Knecht des Scharfrichters begleitete Arme Sünderin. Unter ständigem Singen, Beten und Zurufen der Geistlichkeit ging der Zug direkt zur Richtstätte. Während dessen hatte der Scharfrichter mit seinen Söhnen und anderen Knechten unter dem Schutz von 6 Grenadieren auf dem Richtplatz alles vorbereitet. Weitere Soldaten hatten um das Gerüst einen großen Kreis gebildet. Als die Malefikantin eine halbe Stunde später ankam, segneten sie die Geistlichen, und der Scharfrichter führte sie mit der Hand zu einem Stuhl, band sie fest und entblößte ihr Hals und Kopf. Darauf wurde, unter »beständigen Zurufen« der Pfarrer, ihr Kopf durch einen Streich des Scharfrichters »glücklich und wohl« abgeschlagen. Auf die Frage des Henkers, ob er das ihm Befohlene richtig ausgeführt habe, antwortete der Richter: »Er hat sein Amt wohl verricht und gethan, was Gott und die Obrigkeit befohlen hat.«[83]

Nicht minder feierlich vollzog sich die Hinrichtungsprozedur in der katholischen Herrschaft Kronburg bei Illerbeuren 1777. Nachdem am 18. Dezember morgens um 6 Uhr alle Gerichtsteilnehmer sich im Rathaus versammelt hatten, dann eine Messe in der Pfarrkirche besucht und um 8 Uhr im Wirtshaus ihr Urteil gebildet hatten, wurde die Malefikantin neben den Pranger gestellt. Im Beisein einer großen Menge wurde ihr das Urteil verlesen und sie dann unter Glockengeläut dem Scharfrichter übergeben. Der Armesünderzug setzte sich zusammen aus einer starken Bewachung, drei Geistlichen, der Verurteilten und dem Scharfrichter. Da die Prozession zu Fuß ging und die Arme Sünderin vielmals betete und beichtete, wie es heißt, dauerte der Zug von Kronburg bis zum Hochgericht zu Illerbeuren 4 Stunden. Angesichts »vieler tausend Personen« wurde sie dann durch den Scharfrichter

»ganz meisterlich« enthauptet, worauf ein Geistlicher die Feierlichkeit mit einem »schönen Sermon« beschloß.[84]

Besonders militärisch formiert zeigt sich als letztes Beispiel das Hinrichtungszeremoniell in Ansbach 1798. Ein amtlicher »Entwurff, der bei der Hinrichtung des Mörders Klaus zu beobachtenden Feierlichkeiten« ist erhalten.[85] Nachdem das Gericht das Urteil gesprochen hatte, ging der Zug nach dem Rabenstein in folgender Ordnung: Voraus zog eine Bürgermiliz, es folgte der rotgekleidete Richter und einige Schöffen in schwarzer Kleidung mit einem Degen. Eine weitere Bürgermiliz trennte diese Gruppe von der nächsten, die aus dem Malefikanten und dem Kommandanten der Bürgermiliz bestand. Den Schluß bildete der Rest der Miliz. Am Rabenstein hatte das Militär einen Kreis gezogen, um den herum bei Ankunft des Zuges die Bürgermiliz einen zweiten Kreis schloß, um das Volk fernzuhalten. Nach der Exekution durch das Schwert wurde der Körper auf einen Karren geworfen und zum Rad, das unweit aufgestellt war, transportiert. Auch hier hatte die Bürgermiliz einen Kreis um das Rad geschlossen. Nach »geendigtem Vollzug der Strafe« gingen Bürgermiliz und Militär in voriger Ordnung nach Hause.[86]

Der Armesünderzug führte in der Regel auf dem kürzesten Weg zur Richtstätte. Richter, Henker und der Verurteilte waren durch ihre Kleidung weithin sichtbar. Entweder mußte der Delinquent zu Fuß gehen oder er wurde auf einem Wagen gefahren, was Teil der Strafe war. Es galt als Schande, im Armesündergewand mit dem Scharfrichter gesehen zu werden. Spott und Hohn von seiten der Zuschauer waren möglich, aber nicht minder auch mitleidiges Zurufen oder das Einfallen in das von Geistlichen angestimmte Lied.[87] So ein Lied, das vor allem die Schuljugend, die im 18. Jahrhundert mitgehen mußte, sang, lautete:

»Gelassen will ich von dir scheiden,
Von dir, und deinen tausend Leiden
Welt, eine Wüste warst du mir,
Wo ich voll Glut, voll Durst und Bangen
Im heißen Sand umhergegangen
Im schnöden Drange der Begier.

Nun kommt die Ruh
Der Stillen Nacht
Es ist vollbracht.«[88]

Der Trauerzug konnte aber auch durch die ganze Stadt geführt werden, entweder am Wohnhaus des Delinquenten oder am Ort der Straftat vorbei. Besonders makaber wurde es, wenn ein Delinquent, als Strafverschärfung, zur Richtstätte geschleift wurde, was höchst schmerzhaft war,[89] oder während des Zuges durch Zwacken mit glühenden Zangen malträtiert wurde. So wurde ein Malefikant 1588 in Memmingen, bevor er auf der Richtstätte gerädert wurde, auf einen Wagen gebunden und auf dem Rathausplatz gab man ihm »mit glüender Zangen in beede seine Arm, in jedem ain griff«, führte »demnach ine von dannen füer die behausung (darinn er das erschockhlich und greylich mordt begangen), und [tat] vor demselben abermal mit glüenden Zangen in beede seine brüst und in jeder einen griff«.[90] Auch in Frankfurt wurde ein zum Tod verurteilter Mörder im Jahre 1600 »uf einen Karn gesezt, und erstlichen bey der Meelwagen, darnach vorm Römer, zum dritten mahl uf dem lieben Frauen Berg, um leztlich ufm Roßmarkt, in Jeder Arm zweymahl mit glüenden Zangen gepfetzt«, bevor er dann zur Richtstätte geführt wurde.[91] Derartige Strafverschärfungen nahmen im 18. Jahrhundert allerdings ab; alle Marter vollzog sich nur noch auf dem Richtplatz.

Bevor im Zeichen bürgerlicher Gleichheit aller Menschen die Guillotine eingeführt wurde, gab es bis Ende des 18. Jahrhunderts, z. T. bis ins 19. Jahrhundert hinein, höchst unterschiedliche Hinrichtungsarten, die aus einem religiös-symbolischen Weltverständnis ihren Sinn bezogen.[92] Zwar hatte die ›Humanisierung‹ die Strafen eingeebnet und den symbolischen Sinn der körperlichen Strafen verdeckt, doch bis ins 18. Jahrhundert hinein blieb das alte System rechtlich gültig. Wer wie die Aufklärer nur die das Volk verrohende Grausamkeit der Hinrichtung sah, verkannte, daß in der Welt symbolischer Kultur des Volkes, die neuen Strafen, die die Verbrechen nicht mehr sichtbar machen (wie der Freiheitsentzug durch das Gefängnis), kaum verstanden werden konnten.[93] Das Volk wollte die Hinrichtung unterstützen und miterleben, wie am menschlichen Körper das Verbrechen gestraft und die Rechtsordnung wiederhergestellt wurde. Dies gründet weniger in der schauervollen Spannung als darin, eine ›saubere‹ (gerechte) Hinrichtung zu sichern, Zeuge eines Urteilsvollzugs um Leben und Tod, wie er jeden selbst treffen konnte, zu sein[94] und die letzten Worte eines Verurteilten als Zeugnis der Wahrheit zu vernehmen.[95]

Ursprünglich spiegelte sich in den Straf- und Hinrichtungsarten das dem Malefikanten vorgeworfene Verbrechen.[96] Es kam dabei zu höchst komplexen Verbindungen. Zum einen gab es unehrenhafte schändliche Tötungsarten, wie das Erhängen, für mehr oder weniger heimlich verübte Verbrechen wie Diebstahl oder Einbruch, und ehrenhafte, die Ehre des Delinquenten und seine Familie nicht verletzende Strafen wie das Enthaupten vor allem für in aller Öffentlichkeit begangene Taten wie Totschlag. Mehr oder weniger unterschied man auch Strafen für Männer oder Frauen; das Erhängen, das Rädern und die Vierteilung waren typische Männerstrafen, während Frauen zumeist den Tod durch Ertränken, Verbrennen oder Pfählen (Lebendigbegraben) erlitten. Schließlich konnten Strafen eigenartig kumuliert werden, körperliche Marter konnte der Hinrichtung vorausgehen oder ihr nachfolgen, bzw. bei schweren Delikten z. B. die Enthauptung mit dem Rädern verbunden werden oder der Strafe am lebendigen Körper (Rädern) Strafen am toten Körper (Enthauptung/Verbrennung) folgen.[97] Ob der Malefikant tot war oder nicht, war für das Strafsystem von nur geringer Bedeutung, so sehr die Tötung vor dem Rädern eine Gnade war. Die Marter am toten Körper wurde genauso ernst genommen wie am lebendigen Leib. Ging es doch mehr darum, das ›gräßliche‹ Verbrechen zu sühnen, als dem Verbrecher Schmerzen zuzufügen. Jedes Verbrechen verlangte eine entsprechende Strafe.
Alte Strafpraktiken waren das Lebendigbegraben, das Ertränken und die Verbrennung.[98] Sie wurden zwar noch im 16. Jahrhundert, zum Teil auch noch im frühen 17. Jahrhundert ausgeübt, verloren seither aber an Bedeutung. Als Reinigungsrituale der Gesellschaft wurden sie zunehmend disfunktional in einer auf Theatralik, Einschüchterung und moralische Erbauung angelegten Hinrichtungspraxis der staatlichen Obrigkeiten der frühen Neuzeit.
Der Frauenstrafe des Lebendigbegrabens entsprach als Gegenstück das Rädern bei schweren Mord- oder Sittlichkeitsdelikten.[99] »Der Mann auf das Rad, die Frau in den Sand.«[100] Verbunden mit dem Eingraben war die Pfählung. Meist wurde die Delinquentin entkleidet und auf dem Rücken liegend unter dem Galgen mit Dornen bedeckt von den Füßen an begraben. Der Pfahl wurde von oben dann durchs Herz oder auch durch den Nabel oder die Brust gestoßen. Dadurch sollte eine Wiederkehr verhindert, zugleich aber auch dem langsamen Erstikkungstod vorgebeugt werden. Ein solcher Fall ist aus dem Jahre 1585 aus Frankfurt bekannt. Eine Hausfrau hatte mit 65 Stichen ihren Mann

ermordet. Sie wurde auf der Richtstätte »lebendig begraben und Ir ein langer spitziger Pfahl durch den Leib geschlagen«.[101]
Ebenfalls bei Frauen vor allem angewandte Strafe war das Ertränken.[102] »Den Dieb soll man hencken und die Hur ertränken.«[103] Nicht selten trat diese Strafe anstelle des alten Lebendigbegrabens bei Mord und Kindesmord. Aber auch sie wurde im 17. Jahrhundert sukzessive eingeschränkt. In Nürnberg wurde sie auf Empfehlung des Henkers 1580, in Frankfurt 1613 abgeschafft.[104] Offensichtlich war dies eine qualvolle Form der Hinrichtung, dazu zu unsicher. »So ward sie«, heißt es aus Elbing 1521, »bis zur roten Fischerbude getragen und dort noch lebendig ans Land geworfen. Der Büttel wollte sie zwar von neuem in den Fluß stürzen, aber das Volk, das nachgefolgt war, da es den klaren Beweis der Unschuld vor Augen hatte, entriß das Weib seinen Händen und lösete dessen Bande«.[105] Die Malefikantin wurde in ein Faß oder einen Sack gesteckt, hier und da zur Schande zusammen mit einem Hund, einer Katze und einem Hahn,[106] und von der Mitte einer Brücke in den Fluß geworfen. Beim Ertränken in fließendem Wasser verband sich die Tötung mit der Schuldabwaschung und der Beerdigung in einem strömenden Element, das zugleich den Toten wegtrug.
Verbreiteter war die Verbrennung wegen Hexerei, Ketzerei, Giftmischerei, Sodomie und Falschmünzerei verurteilter Personen.[107] Sie konnte Männer wie Frauen treffen. Ihre »große« Zeit hatte diese Strafe im 16. Jahrhundert, der Zeit der Gegenreformation, seither wurde, sofern überhaupt noch Verbrennungen stattfanden, der Malefikant vorher erwürgt oder ihm ein Säckchen Pulver um den Hals gebunden, damit der Tod schneller eintrete. Denn eine Verbrennung konnte sehr lange dauern und sehr schmerzhaft sein. In Nürnberg wurde 1659 ein junger Hirte »ein grausamer und abscheulicher Sodomit auff einem hierzu verordneten Scheiterhauffen gesezet und mit Feuer lebendig verbranndt und vom Leben zum Todt gebracht und hingerichtet, ihme selbsten zu einer gar wohl verdienenden straff, sondern aber bey so starck einreissenden und im schwang-gehenden abscheulichen Lastern zur Warnung, Abscheu und Exempel, sich von dergleichen schändlichen Mißhandlungen und hochsträfflichen übelthaten desto mehr zu hüten«. Wie ein Zeuge berichtete, muß er eines »jämmerlichen und grausamen Todes« gestorben sein, »indeme ihm nicht nur allein die band und stricke an händen und füssen herabgebronnen, sondern auch, daß er wie ihme händ, Füsse und der Leib vom Feuer auff gesprungen gleichwohln noch gelebet hat«.[108] Mit der Verbrennung wollte man den

Verbrecher, das Verbrechen und jede Erinnerung daran völlig vernichten. Aus diesem Grunde wurde selbst die Asche entweder vergraben oder in einen Fluß geworfen. Damit »die gedächtnüß einer so schandbaren That gänzlich vertilget werde«[109], erfolgte bei Sodomie auch die Verbrennung des Tieres. Daß Hinrichtungen Selbstreinigungsakte der Gesellschaft sind, wird am Fall der Verbrennung besonders deutlich. In Danzig wurde eine Hinrichtung so begründet, »daß damit der Gottes Zorn und Strafe von dieser Stadt und Landt möge abgewandt werden«.[110]

Nicht minder alte Hinrichtungsrituale waren, aber nur an Männern geübt, die Vierteilung und das Rädern. Während die Vierteilung in Deutschland seit dem 16. Jahrhundert kaum noch praktiziert wurde, blieb das Rädern bis weit ins 18. Jahrhundert hinein eine, wenn auch nicht häufig geübte, Strafform für schwere Verbrechen.

Die Vierteilung wurde seit dem 16. Jahrhundert zumeist an bereits vorher getöteten Delinquenten vollzogen.[111] Sie traf vor allem Landesverräter und kam in Härte und Grausamkeit dem Rädern gleich. Bekannt ist die Hinrichtung des Adeligen Grumbach 1567 in Gotha.[112] Diese Vierteilung richtete sich als Warnung vorwiegend an den Adel. Mit einem Beil und Messer wurde in der Regel nach einem komplizierten Ritual der Körper geöffnet, das Herz herausgerissen, der Körper in vier Teile zerhackt oder von Pferden auseinandergerissen und die einzelnen Teile zur Abschreckung an weit entfernten, zumeist wichtigen Punkten wie auf einer Brücke oder an den Stadttoren aller vier Himmelsrichtungen aufgesteckt.

Das Rädern war eine schmachvolle Strafe für schweren Mord, für Raubmörder oder Gattenmörder.[113] Seit dem 17. Jahrhundert wurde der zum Rädern Verurteilte nicht selten vorher enthauptet oder aber erdrosselt, was das Publikum aber nicht immer erfuhr.[114] Der Verurteilte wurde dabei zumeist nackt an Pflöcke auf die Erde gebunden und sodann ein schweres Rad auf seine Glieder gestoßen, oder der Delinquent wurde auf eine radähnliche Unterlage gelegt, und seine Glieder wurden von unten nach oben oder umgekehrt zerschlagen. Das Rad mußte unbenützt sein.[115] Mit zum Ritual gehörte dann die Aufrichtung des am Rad festgebundenen oder eingeflochtenen Sterbenden oder Toten, der so wie am Galgen den Vögeln überlassen wurde. Genau festgelegt im Urteil wurde die Zahl der Stöße, die ein Delinquent erhalten sollte. 1597 erhielt ein zwanzigfacher Mörder 32 Stöße.[116] Strafverschärfungen waren das Schleifen und Zwacken vor der Hinrichtung,

bzw. eine nachträgliche Enthauptung. In diesem Fall wurde der Kopf auf einer Stange oberhalb des Rades aufgespießt. Gelegentlich wurden die Glieder nicht nur gebrochen, sondern vom Körper gelöst und dann einzeln aufgehängt.[117] Wenn dies noch verbunden war mit der Entnahme der Eingeweide, kam die Hinrichtung einem regelrechten Schlachtfest gleich, was aber nur selten vorkam.[118]
Diese kumulativen Strafen fanden Anwendung, wenn z. B. ein Mörder zugleich ein Dieb war oder Blutschande getrieben hatte. Als Strafverschärfung galt es auch, wenn ein Galgen über dem aufgerichteten Rad errichtet bzw. der Zerschlagene noch verbrannt wurde.
Ein bekanntes Beispiel war das »große Spectaculum der Hinrichtung« des Baierischen Hiesl am 6. September 1771 in Dillingen. Nach der Urteilsverkündung vor dem Rathaus wurde der Verurteilte in eine frisch abgezogene Kuhhaut gewickelt und auf einer »Schleife« zum Hochgericht außerhalb der Stadt gezogen. Dort war ein großes, mit blutrotem Tuch verhängtes Schafott aufgebaut, auf dem eine eigens für Hiesl konstruierte »Radbrechmaschine« aufgestellt war. Sie bestand aus zwei überkreuzten Holzbalken. Der Delinquent wurde an Armen und Beinen gebunden, bevor aber die Tortur begann, mit einer Schlinge von unten erdrosselt. Darauf zerschlug der Henker mit einer an einem schweren Rad befestigten scharfen Eisenschar den leblosen Körper nach unten in fünf Teile: Kopf, Arme und Beine. Der Rumpf wurde ausgeweidet und die Eingeweide neben dem Schafott vergraben. Zur »männiglichen Abschröckung« wurde zum Schluß das Haupt des Toten auf eine Stange gesteckt und die anderen Teile: der Rumpf, Arme und Beine – auch die der anderen mit Hiesl verurteilten Personen – an den anderen Richtstätten des Hochstifts Augsburg in Schwabmünchen, Oberndorf und Füssen aufgesteckt.[119]
Die häufigsten Todesstrafen waren das Erhängen am Galgen und die Hinrichtung mit dem Schwert. Zwar gab es sie seit je, aber seit dem 17. Jahrhundert – als die Hinrichtung nur noch Sache der Obrigkeiten war – wurden sie vorherrschend. Auch hier gab es bemerkenswerte Änderungen. Die früher am meisten geübte Todesstrafe, das Erhängen am Galgen, wurde wegen seiner Schändlichkeit seit dem 17. Jahrhundert zugunsten der Enthauptung zurückgedrängt.[120] Jene Strafe traf nicht nur das Leben und die Ehre des Delinquenten, sondern auch die Ehre seiner ganzen Familie. Der Erhängte wurde »den Vögeln zum Fraße« überlassen, ihm wurde das Begräbnis verweigert und seiner Seele keine Ruhe gewährt. In einem Urteil aus dem Aargau heißt es über einen

»bösen« Dieb: »Ich urteile das und dünkt mich recht, daß man diesen armen Menschen solle an den liechten Galgen hencken mit einem neuen Strick zwischen Himmel und Erdenreich so hoch, daß das Haubt ohnegefähr den Galgen berühre und unter ihm Laub und Gras wachsen möge und solle allda am Strick zum Tode erwürget werden, daß er daran sterb und verderb und seinen Leib lassen am Galgen hängen, damit er den Vögeln im Luft erlaubt und dem Erdenreich entzogen werde, also daß fürhin weder Leut noch Gut von diesem Menschen geschädigt und andere seinesgleichen ab dieser Straf ein Schrecken und Wahrung empfahen.«[121] Dementsprechend bedeutete es eine Begnadigung, wenn der Leichnam nach einiger Zeit abgenommen werden durfte, bzw. sogar unmittelbar nach dem Tod unter dem Galgen beerdigt wurde. Ein christliches Begräbnis blieb ihm aber verwehrt. Nicht selten stahlen Familienangehörige den Leichnam, um die Ehre der Familie wiederherzustellen und dem Verwandten die Seelenruhe zu verschaffen.[122] Dagegen geht das Stehlen einzelner Glieder auf Personen zurück, die sich von diesen Teilen irgendeine Heilwirkung versprachen. Die Hinrichtung erfolgte zumeist auf freiem Feld an einem drei- oder vierbeinigen Galgen. Ursprünglich mußte ein frisches Hanfseil verwendet werden, was nicht unproblematisch war, weil es leicht reißen konnte, später wurden deswegen Ketten benutzt. Mißlang eine Hinrichtung, so kam es zu Auseinandersetzungen mit den Zuschauern, aber auch mit Angehörigen des Verurteilten, die auf Gnade bestehen konnten.

Die seit dem 17. Jahrhundert dominierende Hinrichtungsart war die Enthauptung durch das Schwert, sie war die leichteste und ehrbarste Todesstrafe.[123] Nicht selten trat sie bei Gnadenerweis an die Stelle des Erhängens, des Räderns, aber auch der Verbrennung. Wie beim Hängen wurden dem Delinquenten die Augen verbunden, die Hände auf den Rücken gefesselt und der Hals entblößt. Der Delinquent erwartete die Enthauptung entweder stehend, kniend oder auf einem Stuhl sitzend. Es war nicht leicht, die Enthauptung mit einem einzigen Streich durchzuführen. Ein Delinquent konnte überraschend den Kopf bewegen. Mißlang dem Scharfrichter eine Enthauptung, war sein Leben gefährdet, während ein meistlicher Streich Anerkennung bei Volk und Obrigkeit fand. Als einem neuen Henker in Memmingen 1710 eine Hinrichtung »ganz glücklich und wol« gelang, waren »nicht allein Wir uns sondern auch der große und volkreiche zuschauenden Umstand sich über dises jungen Menschen so herzhaft und sehr glücklich vollbrachte richtung und Decollation sehr verwundert«.[124] Jedenfalls sollte

Öffentliche Hinrichtung von M. Klostermeyer in Dillingen, 1721

bei der Hinrichtung mit dem Schwert der Scharfrichter den Übeltäter, wie es in einem Urteilspruch heißt, »mit dem Schwert vom Leben zum Tod hinrichten, also daß er ihm soll abhauen sein Haubt und aus ihm in einem Schlag zwei Stücke machen, daß zwischen Haubt und Leib mag passiren frei ein Wagenrad«. [125] Enthauptet wurden Totschläger, Räuber, Blutschänder, Kindsmörderinnen (seit dem 17. Jh.), aber auch Betrüger. Meist erfolgte ein ehrliches Begräbnis. Zusätzlich bestraft konnte ein zur Enthauptung Verurteilter dadurch werden, daß sein Kopf auf einen Pfahl gespießt oder auf den Galgen gesteckt wurde und sein Körper auf ein Rad gebunden bzw. unter dem Galgen beerdigt wurde.[126] Es gab die vielfältigsten Kombinationen, wobei allerdings oft Spuren einer spiegelnden Strafe sichtbar blieben.

Die Todesstrafe fungierte als Strafe zur Sühne für ein todeswürdiges Verbrechen, ohne daß allerdings klar wurde, warum dieses oder jenes Verbrechen todeswürdig war. Genaue Begründungen werden in den Urteilen nicht mitgeteilt. Es geschah nicht selten, daß ein Diebstahl von minderem Wert in einer Stadt mit dem Tod bestraft wurde und in einer anderen ein schwerer Diebstahl nur die Landesverweisung nach sich zog.[127] Das alte System ist nach unseren Gerechtigkeitsvorstellungen nicht zu bewerten.

Jede Hinrichtung eines Delinquenten aus dem Volk – der Adel machte zumeist eine Ausnahme[128] – vollzog sich vor der Öffentlichkeit. Große Menschenmengen drängten sich zumeist auf die Richtstätte, so daß »bei dem großen Zulauff der Leute sich unterschiedliche beschädiget, teils ja zerquetschet und zertreten worden«[129]. Vor allem die Hexenhinrichtungen waren große Volksschauspiele, zu denen regelmäßig viele Tausende zusammenströmten. Aber auch zu anderen Exekutionen kamen »viele tausend Personen«.[130] In Clingen sollen 1788 bei einer Hinrichtung 20000 Zuschauer anwesend gewesen sein[131], in Basel war 1819 die ganze Einwohnerschaft bei der letzten Hinrichtung.[132] Einige nutzten diese Gelegenheit, um Tribünen zu bauen und dafür Eintrittsgeld zu verlangen. Andere erreichten einen beträchtlichen Umsatz von Speisen und Getränken. Die letzte öffentliche Hinrichtung in Wien (1868) nahm geradezu jahrmarktsähnliche Züge an, »bei welchem Hunderte von Buden errichtet waren, alles rund um die Leiche herum, die bis zum Sonnenuntergang hängen blieb. Da wurde gezecht, gejubelt, gesungen, von Verkäufern wurden ›Armesünderwürstel‹ und ›Galgenbier‹ angeboten, und schließlich endete das Ganze, wie alle Volksfeste, in wüsten Balgereien und Raufhändel, so daß die Justiz-

verwaltung sich schließlich genötigt sah, dem Unfug ein Ende zu bereiten, indem sie die öffentlichen Hinrichtungen überhaupt sistierte und deren Schauplatz in den kleinen Lichthof des Landesgerichtes für Strafsachen verlegte, in den nur wenige Bevorzugte Einlaß fanden«.[133] Obwohl das Volk bereits seit dem 16. Jahrhundert keinen unmittelbaren Einfluß mehr auf öffentliche Hinrichtungen ausüben konnte, ließ es sich aber damit, weil es ja als Publikum dennoch gegenwärtig sein sollte und mußte, noch keineswegs auf eine passive Zuschauerrolle festlegen.
Dabei sei nicht geleugnet, daß mit zunehmender Übermächtigung des Volkes der Spielraum unmittelbarer aktiver Teilnahme geringer wurde. Aber obwohl mit der Theatralisierung d. h. mit der Degeneration des Hinrichtungszeremoniells zum moralischen Schauspiel, wie es im 18. Jahrhundert sich zeigte, eine Identifikation des Volkes mit dem Verurteilten immer schwieriger wird, ließ es sich nie ganz auf eine passive Zuschauerrolle reduzieren.
In der Tat kann man davon ausgehen, daß das Volk aktiver Zuschauer war. »Der Verurteilte bekam es zu merken, ob das Volk guter oder schlechter Laune war, da man ihn je nachdem mit Beifalls- und Mitleidsrufen, bald mit Schimpf- und Zornesrufen überschüttete«.[134] Es war selten vorher auszumachen, wie das Volk sich zum Delinquenten verhalten würde. Allerdings gab es selten größere Störungen von Hinrichtungen, auch wenn bekannt war, daß ein Malefikant unschuldig war; weitgehend stimmten die Rechtsanschauungen der Richter mit denen des Volkes überein; wenn ein Dieb oder Mörder gerichtet wurde, trug es keine Bedenken und verfolgte die Hinrichtung mit Spannung. Dennoch lassen sich auch manchmal beträchtliche Unterschiede im Rechtsbewußtsein des Volkes und dem der Richter feststellen, die hier und da bei Hinrichtungen zu Konflikten führten. Zwar gibt es keine Äußerungen von seiten des zuschauenden Volkes, aber bestimmte Aktionen, die bis zu Tumulten anwachsen konnten, lassen eine von der frühneuzeitlichen Gerichtspraxis unterschiedene Rechtsvorstellung sichtbar werden. Es geht da um das Recht des Losheiratens, um die Begnadigung eines Delinquenten, wenn ein Strick riß, oder um das Recht, bei üblem Richten den Henker selbst zu bestrafen, also um Rechte, die bis ins 18. Jahrhundert hinein spürbar blieben und ein Indiz dafür sind, daß trotz aller Theatralik die Situation, der »Kampf« zwischen Henker und Delinquenten, noch potentiell offen schien.
Bis ins 19. Jahrhundert hinein hielt sich die Überzeugung im Volk, daß ein zum Tode Verurteilter durch eine Jungfrau, bzw. eine Delinquen-

tin durch einen jungen Mann über eine Heirat begnadigt werden konnte.[135] Gleicherweise konnte auch der Henker eine Verurteilte befreien, wenn er sie zur Ehefrau nahm.[136] »Es pflegt«, heißt es in einem Landrecht von 1622, »bey dem gemeinen Mann diser falsche wahn vil im schwang zugehen, daß wann ein Übelthäter seiner begangenen Mißhandlung halben zum Todt, durch richterliche Erkandtnuß verurtheylt, dem Nachrichter an die Hand gelifert worden, unnd jetzt gebunden zur gewöhnlichen Richtstatt außgeführt werde, so seye zugelassen, daß ein Weibsbild (welche ihn zur Ehe begehre) solchen dem Nachrichter unversehens vom Strick abschneyde, unnd also von der zuerkandten Lebenstraff erledige. Dieweil aber solcher wahn falsch und da er solte practiciret, der heylsamen Justicien ihr lauff nicht wenig würde gesperret werden, so wöllen wir hiermit ernstlich gebotten haben, daß solches gleich wie biß anhero, also auch inns künfftig inn unserem Fürstenthumb und Landen nicht gestattet, sondern da ein Weibsperson, sich entweder underwinden thette, dieselbe gefänglich eingezogen und gegen den Übelthäter, die execution der außgesprochenen Urthel einen Weg wie den andern, gebührlich vorgenommen und vollzogen werde«.[137]

Obwohl die Ehe mit einem Delinquenten letztlich den Ausschluß aus der politischen Gemeinschaft nach sich zog, das heißt, daß das Paar die Stadt verlassen mußte bzw. eine verurteilte Frau, die der Henker heiratete, das Schicksal eines unehrlichen Lebens tragen mußte, dies also kein leichter Weg der Befreiung war, sind doch eine Reihe von derartigen Fällen bis ins 19. Jahrhundert hinein bekannt. 1555 befreiten so zwei Jungfrauen zwei wegen politischer Vergehen zum Tod Verurteilte, eine von ihnen erschien bereits im Brautschmuck.[138] Obwohl die Richter schon seit dem 16. Jahrhundert gegen diesen Brauch Stellung bezogen, gab die Obrigkeit den Volkswünschen noch lange nach. Erst im 18. Jahrhundert unterband der Staat entschieden diese Sitte. Die letzten Eheangebote von Frauen sind aus den Jahren 1834 bzw. 1864 in Dresden bzw. Marburg bekannt.[139]

Ein spektakulärer Fall ereignete sich 1561 in Köln. Der junge Tilman Isenhaupt war mit seinem Buchhändler in einen blutigen Streit geraten, der sich im Dom fortsetzte und dort zur Verwundung von 5–6 Menschen führte. Bei der Gerichtsverhandlung kamen zwei Mägde, »begerten siner zu der eren und zu ehe und baten vur ihn«. Während die Schöffen durchaus einwilligten und ihn begnadigen wollten, lehnte der Delinquent diese Art von Rettung ab: »sagt, sei mogt im uffruppen«.

Als er nun auf das Schafott stieg, und das Volk den Gerichtsvorsitzenden bedrängte: »Gnade, Gnade und gein Recht, lieber Greif, Gnade«, drängte dieser den Henker, das zu tun, was ihm befohlen sei. Es kam zu einer handgreiflichen Auseinandersetzung zwischen Iserhaupt und dem Scharfrichter, als dieser sich dem Richter widersetzte: »Ich kans nit doin und darfs nit doin.« Das Volk begann, den Richter zu bedrohen und den Henker mit Steinen und Erdklumpen zu bewerfen. Die Situation löste sich erst, als mitten im Tumult ein Bauer auf das Schafott stieg und den bereits umgelegten Strick durchschnitt, und Tilman Isenhaupt vom Volk unterstützt herunter sprang und entkam.[140]
Es entsprach also durchaus dem Volkswillen, wenn ein Delinquent durch Losheiraten befreit wurde. Ebenso bestand die Vorstellung, daß der einmal gerichtete Delinquent seine Strafe ausgestanden habe: Wenn der Strick riß oder ein ins Wasser Gestoßener nicht ertrank, durfte er nicht noch einmal hingerichtet werden.[141] Ob das Volk hierin ein Gottesurteil erkannte, ist nicht sicher, ein Zeichen Gottes sah man wenigsten darin. Als in Jena 1591 ein Verurteilter zum vierten Mal aufgeknüpft werden sollte, nachdem er dreimal »am Gericht hin und her geschwebet« und immer wieder heruntergefallen war, wurde dies vom »Volk« verhindert. Der Delinquent wurde befreit, kam nochmals vor Gericht und wurde ›nur‹ des Landes verwiesen.[142] Nicht zur Befreiung des Verurteilten, aber fast zur Steinigung des Henkers führte eine Urteilsvollstreckung 1620 in Nürnberg, als der Scharfrichter mit aller Kraft und ›unbarmherzig‹ den Körper herunterzog, bis er den Delinquenten erwürgte, was reichlich lange dauerte. Jedermann hatte »ein groß mißfallen an seinem henken gehabt, uf ihn den henker gescholten, geflucht und alles übels gewünscht, das nit viel gefehlet, man hätte ihn gar gesteinigt, wan man die gefroren erdschollen hatte gewinnen können.[143] Obwohl nur wenige Fälle bekannt sind, wo dieses Gnadenrecht vom Volk tatsächlich durchgesetzt und auch von der Obrigkeit anerkannt wurde – meistens wurde erneut gehängt –, spielte es in der juristischen Diskussion bis ins 18. Jahrhundert hinein eine so große Rolle, daß man annehmen muß, daß die Gerichte immer wieder konkret mit dieser Vorstellung konfrontiert wurden.[144] Begnadigungen waren auf dem Wege der Fürsprache bei der Urteilsbildung durch Petitionen möglich, Eingriffe in die Urteilsvollstreckung von außen her aber wurden abgelehnt. Das Landrecht von Preußen 1721 wandte sich scharf gegen die Tumulte des umstehenden »Volkes«, wenn der Henker bei der Hinrichtung durch den Strang »übel und ungerade richtet«. Solche

Unruhen, bei denen ja mancher Henker »todt geblieben«, wären ein Verstoß gegen die Obrigkeit, der allein das Recht zusteht, zu strafen.[145] Noch deutlicher wird die Constitutio Criminalis Theresiana von 1768: sie spricht von einem »Irrwahn« des Volkes, daß bei einer mißlungenen Hinrichtung durch den Strang der Delinquent begnadigt sei, und verbietet jeden Tumult des »gemeinen Pöbels«, sie besteht darauf, daß »die einmal zuerkannte Todesstraffe dessen allen ungeachtet an dem Übelthäter wirklich vollzogen werde«.[146]

Im Unterschied zum Hängen gibt es beim ›übeln Richten‹ durch das Schwert zahlreiche Fälle, bei denen es nicht nur zu lauten Protesten des Volkes, sondern sogar zu tätlichen Angriffen gegen den Henker kam.[147] Hier spielte allerdings nicht das mittelalterliche Begnadigungsrecht unmittelbar eine Rolle. Wenn der Delinquent durch einen Fehlschlag schwer getroffen, nicht aber getötet war und der Henker zum zweiten Mal ausholte, dann galt es nicht ein Zeichen Gottes anzunehmen, sondern eine Strafverschärfung durch den Henker und seine Blutrünstigkeit zu rächen. Entsprechend griff das zuschauende Volk meist nicht unmittelbar und spontan ein, sondern wartete die ganze Prozedur ab – also auch noch einen möglicherweise dritten Schlag –, um dann erst den Henker seinerseits zu bestrafen. »In aller Regel scheint es sich vielmehr um eine Art durch lange Übung verfestigter Sanktion gegen schlechte Amtsausübung des Henkers gehandelt zu haben, die den Vorgang als einen Fall von Volksjustiz erscheinen läßt«.[148]

Einen der frühesten Fälle kennen wir aus dem Jahre 1464 aus Augsburg. Nach einem Fehlschlag bewarf das Volk den Henker zunächst mit Erdklumpen, dann mit Steinen, schließlich erschlug ihn ein Bleichknecht mit einer hölzernen Stange. Zur Sühne werden die Totschläger nach Rom für Buße und Ablaß ihrer Sünden geschickt.[149] Besonders zahlreich sind die Fälle im 16. und frühen 17. Jahrhundert. Obwohl immer wieder vom Richter ausdrücklich verboten wurde, den Henker bei einer mißlungenen Hinrichtung anzugreifen, und die Obrigkeit ihn unter ihren besonderen Schutz stellte, kam es in Nürnberg 1506 zu einem »Aufruhr unter dem gemeinen Volk wider den Scharfrichter«, den der Stadtrichter nur mühsam abwenden konnte.[150] Wenig später, 1527, wiederholte sich der Vorfall, das Volk bewarf den Scharfrichter, aber auch die Kapläne und Stadtknechte – es war tiefer Winter – mit Schneebällen. Darauf wurde angeordnet, künftig »sich zu unterstehen, solches mit der geringen anzahl der schützen und stattknecht unter einer so großen menge volcks, die sich allweg mit hemern, peikeln und andern waffen zu richtstatt versamblet, gewaltsamlich oder ernstlicherweise zu wehren; dann sich gar leichtlich ein solcher tumult und zusammenlauf darob erheben kündt, das alle eins raths diener ufm platz pleiben müssen.«[151] In Lübeck wurden 1533 anläßlich einer schlechten Exekution gleich fünf Scharfrichter erschlagen.[152] Als der Scharfrichter in Gräfenthal 1569 einen Mörder nicht mit einem Streich töten konnte, wurde das Volk unruhig und ging auf ihn los. Der Henker aber versuchte sich mit seinem Schwert zu wehren, »worauf das pöbel Volck als ganz ergrimmt, auf Ihm loos geschlagen, daß er auf den platz getödtet wurde«.[153] Dasselbe geschah in Frankfurt 1590. Der Henker hatte einen Armen Sünder nicht richtig getroffen. Als darauf »etliches leichtfertiges Gesindlein« ihn mit Steinen bewarf, setzten er und seine Helfer sich mit dem Richtschwert zur Wehr und konnten sich nur mit Mühe retten. »Da ist männiglich angeholffen gewesen, mit Stein werffen an sie zusetzen und den Scharff-Richter biß in die Galgenwart getrieben.« Aufschlußreich ist das Nachspiel; der schwer verwundete Scharfrichter wurde entlassen und ein neuer, der zugleich ein »guter Pferds Artzt« war, angestellt, aber auch die »anfenger dieses tumults« wurden bestraft und der Messerschmied, der bei der Flucht des Henkers das Richtschwert aufhob, von seiner Zunft für »unredlich« erklärt.[154] Damit dies nie wieder vorkomme, bat der neue Henker 1612 bei einem üblen Richten den Rat, »daß man vermög der peinlichen Hals-Gericht-Ordnung die Vorsehung thun, darmit er dessen versichert seyn möchte, auch zu dem Ende uff den Zünfften, die Bedrohungen, Stein lesen und andere Thätlichkeiten mit Ernst verbiethen und zu mehrerem Ansehen und Effect die Soldner mit hinaus reiten lassen wolle: soll man da er zum Fall kommt, solches uff den Zunfften anzeigen, auch öffentlich ausruffen und die Soldner hinaus reiten lassen«.[155]

Besonders prekär wurde es dann, wenn Zweifel am Urteil über den Delinquenten bestanden. Als so in Anwesenheit einer großen Menschenmenge ein Verurteilter in Weißensee 1601 hingerichtet werden sollte und seine Ehefrau rief: »Er solle hinziehen und der ihn richten würde, solle keinen mehr richten, sondern sein Leben bei ihm lassen«, wurde der Henker unruhig und schlug in der Tat fehl. Als er aber dem Delinquenten unmittelbar auf der Erde das Haupt abschneiden wollte, wurde er von den Zuschauern überwältigt. Weder Richter noch Ratsgenossen konnten ihm helfen. Als er fliehen konnte, wurde er mit Steinen überschüttet, in einem Stall erschlagen und sein Leichnam aufgehängt. Die anschließende Untersuchung blieb ohne Ergebnis. Die Witwe des

Steinigung eines Scharfrichters, 1575

Ermordeten beschwerte sich: »Nunmehr will es niemand gethan haben, ob aber die armen Leute dieselbigen Personen (nicht) gekannt haben oder ob es ihnen auszusagen verboten ist, kann ich nicht wissen«.[156]

Die Obrigkeit hat zwar oft versucht, Volksunruhen zu unterbinden, aber wenn nach üblem Richten ein Henker getötet wurde, fiel die Bestrafung, wenn es überhaupt dazu kam, relativ gelinde aus.[157] Besonders grausam war das Ende des Scharfrichters in Zellerfeld, als er 1607 einen Mörder auch nach fünf Hieben nicht tötete. Wütende Bergleute schleppten ihn auf die Gasse und zerhackten ihn in Stücke. Diesmal kam es zur Bestrafung. Zwei der Bergleute wurden auf dem Marktplatz enthauptet, einer wurde gerädert und einige des Landes verwiesen.[158] Das gleiche Schicksal erlitten die »Rädelsführer und Hauptschreier«, die 1611 bei Magdeburg einen Scharfrichter angegriffen und getötet hatten. Als der Henker vier Hiebe ausführen mußte, um einen Malefikanten zu töten, »ist unterm gemeinen Volck, deren etlich Tausent beysammen zur stell gewesen, ein grosse empörung entstanden und hat sich ein gefährlich tumult erhoben ... Der Diebshenker, der Schelm soll sterben, er muss sterben« schrieen einige, das Volk warf mit Steinen »grimmig und unsinnig« und verschonte weder die Knechte noch den Prediger. Der Henker flüchtete zunächst ins Gewölbe des Rabensteins, doch wurde er, als auch er sich mit seinem Schwert wehren wollte, von einem Stein so getroffen, daß er stürzte. Ein Aufrührer zertrümmerte darauf seinen Schädel. Zwei der Aufrührer wurden zum Tode verurteilt.[159]

In allen diesen Fällen wird dem Henker das üble Richten angelastet, wobei durchaus Mitleid mit dem Delinquenten mitspielen kann. Diesen aber nach einer fehlgeschlagenen Enthauptung zu befreien, auf diese Idee kamen die Zuschauer, anders als beim Erhängen, nicht. Nur ein Beispiel aus Hamburg von 1681 ist bekannt. Wegen Totschlags war ein Mann zum Tode verurteilt worden. Als der Scharfrichter ihn köpfen wollte, traf er nur die Platte des Schädels. Diese Gelegenheit nutzten seine Freunde, um ihn unter dem Vorwand zu befreien: »er habe ja nun sein Recht ausgestanden«. Er wurde nach Hause gebracht und von einem Chirurgen geheilt.[160] Ein Protest von seiten der Obrigkeit ist nicht bekannt.

Seit der Mitte des 17. Jahrhunderts, als zunehmend eine größere Zahl von Soldaten die Richtstätte abschirmte, nahmen die Angriffe auf den Henker bei mißlungenen Hinrichtungen merklich ab. Es sind nur noch wenige Beispiele bekannt. Daß aber noch bis in die Mitte des 19. Jahrhunderts hinein jeder Henker die Volkswut fürchten mußte, wenn ihm eine Hinrichtung mißlang, zeigt die »Decollation« eines Raubmörders in München 1854. Der Henker mußte siebenmal zuschlagen, ehe der Kopf fiel. Nur dank der anwesenden Soldaten konnte verhindert werden, daß die wütenden Zuschauer über ihn herfielen. Zur Rede gestellt, entschuldigte er sich: Er habe den Kopf des Verurteilten zweimal gesehen und »wußte daher nicht, welcher von beiden der wirkliche war«.[161]

Bei der Bedrohung oder Steinigung des Henkers im Zusammenhang mißlungener Hinrichtungen handelt es sich nicht um willkürliche, ungeordnete Aktionen der Zuschauer, sondern meistens wartete man die endgültige Tötung des Delinquenten ab, bis man sich auf den Scharfrichter stürzte. Daran wird deutlich, daß der Angriff nicht den Absichten der Obrigkeit, bzw. dem Urteil galt. Wogegen das Volk protestierte, war die nicht im Urteil legitimierte ›grausame‹ Hinrichtung, zu der es durch das üble Richten kam. Zunächst drohte man dem Henker, wenn er zu einem neuen Hieb ansetzte, oder sich zu wehren suchte, endete der Protest nicht selten in einer Steinigung des Henkers.

Daß es überhaupt zu so vielen Fehlrichtungen kam – die Quellen berichten reichlich davon, ohne daß sie allerdings alle zu Tumulten führten, – gründete in der Überforderung des Henkers, unter den Blicken einer großen, oft stark emotionalisierten Zuschauerschaft, mit einem Hieb einen Kopf abzuschlagen. Irritiert wurde der Scharfrichter außerdem vielfältig durch das zurufende Publikum, durch das bedauernswerte Verhalten des Armen Sünders, dessen Blick er mehr als alles sonst fürchtete. Um dem vorzubeugen, entschuldigte er sich oft beim Delinquenten für seine Handlung: eine Geste, die das Volk verstand, aber die Obrigkeit, vor allem die Richter oft nicht tolerierten, weil es keinen Zweifel für sie gab, daß der Henker das Recht vertrat.

Die meisten mißlungenen Hinrichtungen geschahen bei der Enthauptung von Kindsmörderinnen. Wenn sie schön und jung waren, das Volk für sie großes Mitleid empfand oder gar der Henker die Strafe für zu streng hielt, verunsicherte ihn dies beträchtlich. So nimmt es auch nicht wunder, daß die Obrigkeit zum Schutze der von ihr angestellten Scharfrichter und zur Aufrechterhaltung der Ordnung bei der Hinrichtung zunehmend Soldaten aufmarschieren ließ. Die Androhung von Strafen bei Verletzung des Nachrichterfriedens reichte allein kaum aus. Geringer wurde diese Gefahr natürlich, als seit der zweiten Hälfte des

17. Jahrhunderts das Hinrichtungszeremoniell ausgebaut, die Distanz zwischen Richtstätte und Zuschauern größer wurde und vor allem aus der Hinrichtung als einem Akt zur Wiederherstellung von Ordnung und Wahrheit ›nur‹ ein Schauspiel des Todes wurde, das Schauer und Erschütterung verbreitete.

Unverkennbar war der Wunsch der Obrigkeit, das Schauspiel des Todes sinnfällig darzustellen, um das Volk zu belehren und abzuschrecken. Während in der Frühzeit die Wiederherstellung der sozialen Ordnung, der Akt der Reinigung und die Abschreckung des Volkes dominant waren, trat der pädagogisch-didaktische Zug des Schauspiels zunehmend hervor. Geistliche und auch Aufklärer suchten die Hinrichtung für ihre erbaulichen Zwecke zu nutzen.[162] Aus diesem Grunde wurde das Volk zum Kommen aufgerufen: die Hinrichtung fand ja zumeist an Werktagen statt, so daß viele Zuschauer in der Stadt waren. Wenn vorzugsweise der Freitag gewählt wurde, waren religiöse erbauliche Zwecke unverkennbar.[163] Nicht selten kamen auch die Honoratioren, vor allem aber die Schuljugend, der das Lehrstück des Verbrechens und der Strafe nicht vorenthalten werden sollte, wenngleich dieser Brauch im 19. Jahrhundert wieder verboten wurde. In Bayern erging bereits 1814 eine Instruktion: »Alle feierlichen Begleitungen des Delinquenten, das hin und wieder übliche Mitziehen der Honoratioren der Stadt, der Schuljugend und dergleichen, ferner das Absingen von Sterbe-Liedern, wird hiermit verboten«.[164] Die moralische Erbauung hatte die Abschreckungsabsichten verdrängt, die Erhöhung des Delinquenten zum mitleiderweckenden Sünder oder unerschrockenen Helden widersprach der Intention, einen Verbrecher abzustrafen, vor allem aber die Schrecklichkeit des Verbrechens herauszustellen. Ebenso verkehrte die zu einem Volksfest ›entartete‹ Hinrichtung den Ernst der Exekution als herrschaftlich-rechtlichen Akt. Aber bevor diese Zweifel den Sinn öffentlicher Hinrichtungen in Frage stellten, vollzog sich im 18. Jahrhundert, vor allem mit Unterstützung der Kirche, noch ein Höhepunkt des ›erbaulichen Sterbens‹ auf der Hinrichtungsstätte:
Es erhöhte die Wirkung des Schauspiels, gleichzeitig aber auch die Sicherheit seines Ablaufs, wenn der Delinquent, vom Geistlichen bis aufs Schafott begleitet, dort sich öffentlich beim Volk wie bei der Obrigkeit bedankte und um Entschuldigung bat, das Volk sogar segnete, sich von der eigenen Familie verabschiedete, einige Worte an das Volk richtete, daß es an ihm die Verderbtheit des Verbrechens erkennen könne und

schließlich versprach, wenn er bald gereinigt von allen Sünden vor Gott trete, sich für diejenigen einzusetzen, die er im Leben geschädigt habe.[165] Das alles erwartete man von einem vorbildlichen Delinquenten. Zwar gab diese Situation manchem Delinquenten die große Gelegenheit, sich zur Schau zu stellen und wenigstens die letzte Stunde seines Lebens einmal aus der Anonymität herauszutreten, aber es gab doch viele Fälle, wo einer tatsächlich als reumütiger Christ auf die ›Schlachtbank‹ ging und das würdige Zeugnis eines christlichen Sterbens ablegte.[166] In diesen Fällen dachte das Volk nicht mehr an den Schurken und den ruchlosen Mörder, sondern sah ihn als Bekehrten, als reumütigen Christen, zumal die Vorstellung herrschte, daß ein Delinquent nach Beichte und Abendmahl sowie durch das geduldige Abbüßen seiner irdischen Strafe sofort die Seligkeit erlangen würde.[167] »Unzweifelhaft mischte sich solchen falsch angewandten religiösen Vorstellungen auch die fromme Eitelkeit eines Märtyrertums bei, das bei dem öffentlichen Hinrichtungsakt vor aller Welt eindrucksvoll in Erscheinung treten würde«.[168]

Den Charakter einer religiös erbaulichen Volksfeier unterstrich schließlich auch die Schlußrede, die der Geistliche bei der Hinrichtung, oft anknüpfend an die Äußerungen des Delinquenten, vor dem Volk hielt: »Ja ihr, die ihr nicht noch auf der Welt und an eurem Ende ein Scheusal der Natur, eine Verachtung des Volckes, und ein Schandfleck eurer Freundschaft werden wollt, schaffet und machet, daß ihr unter den Händen eurer Freunde euren Geist aufgeben könnet, als daß ihr unter den Händen der Peiniger solches thun müsset. Schaffet und machet, daß ihr frölich, sannft und stille auf eurem Bette oder Stroh aus dieser Welt fahren könnet, als daß ihr auf einen solch schauerischen Richtplatz mit Furcht und Herzenleid, euer Leben endigen müßet. Schaffet und machet, daß eure entseelte Leiber auf den Schultern ehrlicher Christen zu Grab getragen werden können, als, daß solche durch die Henkersknechte dahin gebracht werden müßen. Schaffet und machet, daß eure erkaltete Gebeine ein Räumlein bey den geheiligten Gräbern frommer Christen dort auf den Gottesacker bekommen können, als daß solche zur Schmach und Schande unter den Galgen verscharret werden und daselbst verwesen müssen«.[169]

Die Hinrichtung als moralisch-religiöse Veranstaltung wird besonders deutlich an einem Fall in Dillingen.[170] Ein Delinquent hatte nach vier Jahren Gefängnis und Tortur seine Schuld immer noch nicht eingestanden. Als er nun dennoch verurteilt werden sollte, erbat er sich als Geistlichen den Stadtpfarrer. Da diesem der Antrag »unangenehm« war, »einem solchen blutigen Schauspiele anzuwohnen«, wurde der bekannte Moraltheologe J. M. Sailer beordert, ob er »den hartnäckigen Verbrecher nicht zurecht bringen« könne. Dieser stellte dem Delinquenten »mit innigsten Mitleid« vor, daß das Urteil endgültig sei und er nur komme, ihm die Dienste der Kirche anzubieten. Der Delinquent faßte Vertrauen und legt ein »aufrichtiges« Bekenntnis seiner Sünden ab und stellte sich gefaßt auf den Tod ein. »In dem Vertrauen auf Jesus, der ihm seine vielen und großen Sünden verzeihe und ihn zu Gnaden aufnehmen werde, fand er diese Ruhe.« Als die Armesünderglocke läutete, verabschiedete sich der Delinquent von seiner Frau. Wohlvorbereitet auf den Tod, sagte er dem Geistlichen: »Ich bin nun, obgleich meinem Körper der Tod bevorsteht, so gefaßt, daß ich, wenn man mir das Leben schenkte, Anstand nähme, ob ich von dieser Gnade Gebrauch machen wollte.« Er nahm ein kleines Kreuz in die Hand, das er nach seinem Tod seiner Tochter vermacht haben wollte »als ein Andenken von ihrem unglücklichen Vater«, als Erinnerung an die letzten Worte: »Fürchte Gott. Habe Gott vor Augen, Bete gern! Halte seine heiligen Gebothe! Hüte dich auch vor den kleinsten Sünden. Wer kleine Sünden für gering achtet, fällt nach und nach in die größten Verbrechen«. Sailer begleitete den Verurteilten auf dem Armesünderkarren. Nachdem der Stab gebrochen war, unterwarf der Delinquent sich »der verdienten Strafe« und dankte seiner »gnädigen Obrigkeit«. Auf der Richtstätte dankte der Delinquent dann auch seinen treuen Begleitern und für den Trost, der ihm zuteil wurde. Bevor er sich auf den Stuhl setzte und das Halstuch abnahm, richtete er noch einige Worte an die »unzähle Volksmenge«: »Bethet Alle für mich. Ich hoffe zu Gott zu kommen und werde dann so gleich auch für Euch bethen, und Euch so baarer Münze bezahlen.« Auch Sailer nutzte diese Gelegenheit, vor der versammelten Volksmenge eine »tiefergreifende, erschütternde Anrede« zu halten. Jeder, der den sündlichen Neigungen nachgibt, könne so schauerlich enden. Hochmut, Wollust, Geiz, Arbeitsscheu, Spielsucht, Nichtachten der Gewissensbisse, dies alles könne den Menschen auf die Richtstätte führen. Gleichzeitig stellte Sailer aber auch den Delinquenten als Beispiel wahrer Buße vor. Er lobte an ihm die gänzliche Sinnesänderung, das aufrichtige Bekenntnis seiner Vergehen, die schmerzliche Reue, das Vertrauen auf den Erlöser und die Bereitwilligkeit, mit der er sich der Todesstrafe unterzog. »Die Zuschauer kehrten erschüttert und voll guter Vorsätze von der Richtstätte zurück.«[171]

V. Öffentliche Hinrichtungen zählten zu den größten Volksschaustellungen der traditionalen Gesellschaft. Obwohl sie stets etwas Besonderes waren. Es gab kaum jemanden, der nicht zumindest einmal in seinem Leben eine Hinrichtung miterlebte und von ihr tief beeindruckt war. Es ging ja nicht einfach nur um die Liquidierung eines Verbrechers, sondern um die Präsentation eines komplizierten Zeremonielles, um die Verdeutlichung höchst komplexer Sinn- und Lebenszusammenhänge. Sieht man in der Hinrichtung allein ein Zeichen der Grausamkeit der Zeit, sieht man allein die Roheit und Blutrünstigkeit des Volkes, zu denen diese Art von Abschreckung führte, so verfehlt man die Intention und Bedeutung der Hinrichtung auch in der Zeit, in der sie zwar eine zeremonielle Überhöhung erfuhr, aber immer noch von symbolisch-rechtlicher Verbindlichkeit war. Trotz allem Formalismus hatte das Hinrichtungsritual durchaus seine Funktion, die nicht nur in der Abstrafung eines Verbrechers begründet war.
Ihr vornehmlicher Zweck war die Sühne und der Wunsch der Obrigkeit, aber auch des Volkes, die Ruchlosigkeit eines Verbrechens sinnfällig zu demonstrieren. Jedermann sollte sehen, wohin es führt und mit welchen Strafen einer bestraft wird, wenn er die Rechtsordnung verletzt. Darüber hinaus wollte die Todesstrafe in Form der öffentlichen Hinrichtung Recht und Ordnung wiederherstellen, wobei der Gedanke einer Besänftigung des Zorns Gottes durch die Reinigung der Gesellschaft von dem Bösen mit eine Rolle spielte. Das Volk wurde also keineswegs eingeladen, um ein blutrünstiges Schauspiel als Zeitvertreib mitzuerleben, sondern sollte Zeuge der Wiederherstellung von Recht und Ordnung sein. Die Hinrichtungsrituale verpflichteten das Volk auf die Strafpraxis und die in ihr sichtbar werdende Wiedergutmachung als eine es zentral angehende Sache. Deswegen waren Hinrichtungen nicht allein Demonstrationen zur Einschüchterung des Volkes, sondern Schaustellungen, die erst durch die Teilnahme des Volkes die Verbindlichkeit erlangten, die zur Rechtsgültigkeit einer Hinrichtung nötig war. Der spätere Ausbau des Hinrichtungszeremoniells war ein Versuch, diese Gefahr durch hoheitliche Objektivierung zu bannen und das Volk durch Teilnahme am Todesschauspiel moralisch zu binden.
Die Entwicklung des Hinrichtungszeremoniells zu einer großen Schaustellung des Sterbens seit dem 17. Jahrhundert, so können wir abschließend sagen, steht in engem Bezug zum Abbau der körperlichen Marter und der ›grausamen‹ Hinrichtungsarten. Einerseits waren sie zur Demonstration herrschaftlicher Macht nicht mehr nötig, mit der

Festigung des frühmodernen Staats- und Rechtswesens dienten die Hinrichtungen ›nur‹ zur Bestätigung des Machtanspruchs und seiner sinnfälligen Darstellung, andererseits hat die Zunahme der Gnadenerweise den Wahrheitsgehalt der Strafe in der Weise zurückgedrängt, daß in ihr sich das Verbrechen nur noch bedingt widerspiegelte. Zur Verschleierung der ›grausamen‹, auf die Taten und ihre Intentionen konzentrierten Hinrichtung diente die zunehmende Theatralisierung. Sie war deswegen keineswegs nur Ausdruck der Schau- und Spiellust der Zeit, sondern darüber hinaus ein wirksames Instrument, das Volk dem Staat als Träger und Vollstrecker des Gerichtswesens zu unterwerfen, die Objektivität des Urteils zu unterstreichen und das Volk durch einen feierlichen Akt zu beeindrucken. Aus dem ritualisierten Zweikampf zur Wiederherstellung der ›alten‹ Ordnung, dessen Ausgang offen war, wurde ein Schauspiel der Ars moriendi, in dem der Arme Sünder seine Schuld bekannte und würdig in den Tod ging.
Das war die Konsequenz (erstens) einer lange vor der Aufklärung (seit Ende des 16. Jh.) einsetzenden Humanisierung der Strafpraxis, die in den Strafen nicht mehr die Straftaten erkennen ließ, (zweitens) einer zunehmenden Theatralisierung der Hinrichtung, die das Sterben zum politisch-religiösen Schauspiel erhob, und (drittens) einer moralisch-sittlichen Überhöhung der Abstrafung, die Mitleid und Schauer im Volk auslöste, die die alten Hinrichtungsrituale selbst in Frage stellte und den Wahrheitsgehalt der auf den Körper bezogenen Strafpraxis wie die Abschreckungsidee der öffentlichen Hinrichtung vor Entstehung der bürgerlichen Gesellschaft bereits untergrub.

Gottfried Korff

»Heraus zum 1. Mai«

Maibrauch zwischen Volkskultur, bürgerlicher Folklore und Arbeiterbewegung

I. Bei der Einführung des »roten Mai« in den 90er Jahren des vorigen Jahrhunderts wurde nicht selten auf die kultur- und brauchgeschichtlichen Wurzeln der neubegründeten sozialistischen Feiertagstradition hingewiesen.[1] Insbesondere das Feuilleton der Parteipresse erinnerte gern an das in der Antike nachweisbare Mai- und Frühlingsbrauchtum, und auch die zahlreichen bildhaften Maiallegorien, die die Titelblätter des »Wahren Jacob« oder die jährlich massenhaft verlegten Bildpostkarten schmückten, zehrten in aller Regel vom mythologisch oder naturmystizistisch aufgeladenen Formenbestand traditioneller Ikonographie. Die »Neue Zeit«, das theoretische Zentralorgan der deutschen Sozialdemokratie, verkündete 1892, daß »aus uralten, aber niemals völlig erloschenen Empfindungen und Erinnerungen heraus die Wahl des proletarischen Festtags auf den ersten Mai« gefallen und deshalb das Proletariat aufgerufen sei, den »Maitag der Vorzeit auf höherer und weiterer Stufenleiter« zu erneuern.[2] Wie das kulturhistorische und ethnologische Denken jener Zeit, schätzt auch die sozialistische Feiertagsideologie den Griff in die mythengeschwängerten Nebel der Vorzeit, um durch kühne Kontinuitätsbasteleien den Anspruch des neuen Festtags in eine umfassende historische Perspektive zu stellen. Die Ausstaffierung des Ersten Mai mit uralt-mythologischen Weihen, wie sie den parteioffiziellen Interpretationen eigen ist, erklärt sich zu einem nicht geringen Teil aus dem Selbstverständnis der »neuen Klasse«, die ihre Aktionen stets in eine welt- und menschheitsgeschichtliche Sicht einzuordnen liebte. Nicht umsonst spricht die Parteilyrik vom »Völkerfrühling« und von »der Menschheit Frühzeit«. Ebenso ist auch die zuweilen überschwengliche Naturbegeisterung verständlich, weil diese dem neuen Fest deutlich die Kontur eines Konträrerlebnisses zum grauen Arbeiteralltag zu geben vermochte. »Um unser verstaubtes Haar sollen die freien Winde wehen«, dichtete Karl Bröger 1922 für die Mainummer des Berliner Vorwärts.[3]

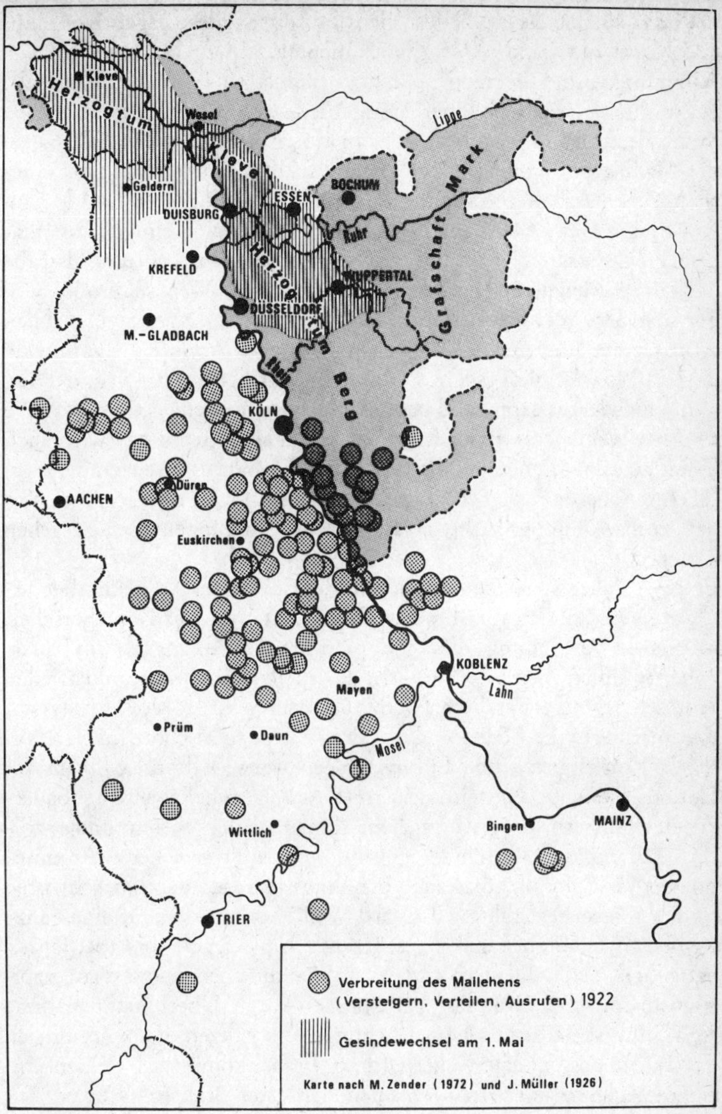

Verbreitung des Mailehns in den Rheinlanden, um 1920 (Aufnahme 1922)

Daß das sozialistische Maifest nicht nur durch diese vagen Kontinuitäts-Konstrukte und unbestimmte mentale Entsprechungen mit den Stimmungs- und Formelementen vorindustrieller Frühjahrsbräuche verknüpft sei, war eine Überlegung, die Gabriel Deville erstmals 1896 in die Festtagsanalyse einbrachte. In einem Bericht über die Anfänge der Maifeierbewegung machte er darauf aufmerksam, daß in der amerikanischen Arbeiterbewegung »le 1er mai ... était connu sous le nom de Moving Day«.[4] Und tatsächlich war der 1. Mai in einigen amerikanischen Oststaaten (New Jersey, New York), gewissermaßen als Erbe der europäischen Volkskultur, ein traditioneller Wechseltermin, wobei sich der Wechsel vor allem auf die Wohnung, aber auch auf den Arbeitsplatz und den Arbeitsvertrag beziehen konnte. Als ›moving day‹ galt, so definiert es The Dictionary of American English, der Tag »on which leases expire and people who have not renewed theirs move to other residences«.[5] Der Kern des 1. Mai als Moving-day wird auch in der amerikanischen Überlieferung ein Gesindewechseltermin gewesen sein, aus dem sich folgerichtig andere ›movings‹, also Änderungen von Wohnung, Arbeitsplatz, Pachtbedingungen usw., ergeben hatten.
Etwa 50 Jahre später argumentierte der Schweizer Volkskundler Richard Weiß ähnlich und brachte das Arbeiterfest mit Brauchererscheinungen in Verbindung, die – gruppiert um den Anfangstermin bäuerlicher Sommerarbeiten – eine wichtige rituelle Zäsur im vorindustriellen Jahresrhythmus darstellten. Weiß nahm den Begriff ›Moving day‹ auf und markierte die Bedeutung des Ersten Mai als Stichtag für den Abschluß von Arbeits- und Lohnverträgen, verwies darüber hinaus auf Gefühlsmomente, Gestaltungsformen und Brauchelemente der bäuerlichen Maifeiern, die auch im Arbeitermai wiederkehrten, und er folgerte daraus, daß »durch den gewählten Termin mancherlei Anknüpfungen an altvolkstümliche Frühlingsbräuche heraufbeschworen sind«.[6] Diese Feststellung Richard Weiß' konnte sich auf eine ganze Reihe von Maibrauchanalysen stützen, die in den 20er und 30er Jahren in der Schweiz, in Deutschland und in Skandinavien, zumeist auf empirisch-historischer Grundlage, entstanden waren. Überblickt man diese recht unterschiedlichen Untersuchungen im ganzen, dann ergibt sich das Bild eines äußerst vielgestaltigen Brauchkomplexes, dessen einzelne Elemente sich zu den verschiedenartigsten Brauchfiguren zusammengefügt und sich höchst differenten sozialen und kulturellen Kontexten angepaßt haben. Bei solch einer Formenvielfalt, Überlieferungs-

breite und Plastizität, was Motive und Intentionen angeht, ist der Nachweis von Verbindungen zwischen vorindustriell-bäuerlichem Maibrauch und sozialistischem Feiertag tatsächlich nicht schwer – allerdings sind mit diesem Nachweis kaum präzise Einsichten in Art und Grund möglicher Persistenzen oder aber in Anlaß und Umfang von Brüchen und Verwerfungen gewonnen.

Daß die Überlieferungslinien beim Maibrauch keineswegs gerade und ungebrochen verlaufen, legen Befunde der historischen Brauchforschung nahe. Es kann noch nicht einmal als ausgemacht gelten, daß die Maibräuche überhaupt einen dörflich-agraren Entstehungskern haben. Insbesondere Hans Moser hat anhand zahlreicher Detailbelege nachgewiesen[7], daß viele Handlungselemente und Brauchrequisiten des dörflichen Maibrauchtums dem städtisch-zünftischen Bereich und dem höfisch feudalen Umkreis entstammen. Die bäuerlich-dörflichen Maibräuche sind Moser zufolge eine relativ junge Erscheinung, nicht vor dem 15. Jahrhundert belegt, und sie tragen allesamt die Züge eines Imports aus jenen Sozialbereichen, »in denen starke ständische Organisationen und ein kräftiges Standesbewußtsein gegeben waren«.[8] Wer dörfliches Maibrauchtum als ursprünglich ansieht, erliegt – so Moser – einer Fiktion volkskundlichen und kulturgeschichtlichen Forschens, wie es das 19. Jahrhundert ausgebildet hatte: »Seit den Tagen der Romantik identifizierte man das Bauerntum und das Dorf schlechthin und sah das ursprüngliche Brauchtum in solcher Einheit beheimatet«.[9]

In den Arbeitermai, wie er seit dem Ende des 19. Jahrhunderts gefeiert wird, sind also auch Traditionen zünftisch-städtischer Herkunft eingeflossen, wobei dieses Handwerker-Brauchtum, dessen Akteure im 18. und 19. Jahrhundert vorwiegend die Gesellenschaften waren, seinerseits oftmals Ableger eines höfischen oder patrizischen Maifestes sein kann.[10] Am Beispiel eines Maigrafenfestes im pommerschen Stolp aus dem Jahre 1784 hat Andreas Grießinger kürzlich nachgezeichnet, in welch starkem Maß überlieferte städtische Brauchformen zum »interaktiven Symbolzentrum« einer Sozialgruppe, in diesem Fall der Stolper Schuhmachergesellen, werden können.[11] Dabei benutzen diese Gruppen das traditionelle Festmuster durchaus für die Artikulation aktueller, lagebedingter Ansprüche. Mit Traditionen dieser Art verfügte der Maibrauch über eine politisch aktivierbare Substanz, von der auch das Arbeiterfest profitieren konnte. Man wird deshalb davon ausgehen können, daß sich im »roten Mai« nicht nur Stimmungen und Formen aus dem dörflich-bäuerlichen Brauchmilieu gemeldet haben, wie Delville und Weiß annahmen, sondern daß darin auch Traditionsstränge aus anderen sozialen Kontexten eingegangen sind, und zwar solche Traditionsstränge, in denen eine offensive politische Stoßrichtung schon angelegt war.

Schließlich muß daran erinnert werden, daß nicht nur der Arbeitermai, dessen Erstfeier auf dem Pariser Sozialistenkongress von 1889 beschlossen wurde, Erbfolger des vielgestaltigen Maibrauchtums der vorindustriellen Gesellschaft ist, sondern daß sich auch das Bürgertum des 19. Jahrhunderts – rückgreifend auf ältere Rituale – ein eigenes Arsenal an Maibräuchen schuf. Neben der Arbeitermarseillaise von Audorf wurden am ersten Mai auch die Mai-Couplets der Wiener und der Berliner Operetten gesungen. Einer der weitestverbreiteten Überblicke über das »Festliche Jahr« des späten 19. Jahrhunderts zählt den Wiener Pratergang am 1. Mai – zu Fuß, zu Wagen und zu Pferde – zu den beliebtesten Jahresvergnügungen.[12] Die bürgerlichen Maispaziergänge blieben nicht auf Wien begrenzt; sie fanden auch im wilhelminischen Deutschland, das ja mit Energie bürgerlichen Ritualen Vorschub leistete, eine starke Resonanz, vermochten dort freilich nie eine solch ausgeprägt politische Kontur zu gewinnen wie in der kuk-Monarchie, wo die bürgerlichen Maifeste ab 1890 durchaus in Opposition zum Arbeiter-Mai geraten konnten.[13] Der Arbeiter-Mai wurde durch diese Konstellation keineswegs nur behindert, im Gegenteil: durch eine Art Aufschaukelung konnte er sogar begünstigt und in manchen Einzelzügen auch profiliert werden.

Bei aller kontextuellen und funktionalen Variabilität des Maibrauchs läßt sich jedoch eine Konstante in den Fest- und Brauchmustern ausmachen. Im Unterschied zu der Mehrzahl der im Ancien régime geübten Festbräuche und Brauchrituale mit fester Terminbindung und allgemeiner Verbreitung war der Erste Mai weder in seinem Ursprung noch irgendwann in seiner belegbaren Entwicklungsgeschichte jemals in kirchlich-religiöse Bezüge eingebunden (sieht man einmal ab von vereinzelten Lokalbräuchen und dem Vatikanischen Versuch von 1955, den 1. Mai als Fest Josef des Arbeiters liturgisch zu vereinnahmen).[14] Diese Profanität wird nicht wenig dazu beigetragen haben, daß der Brauch – je nach Kontext – mit unterschiedlich politisch-sozialen Intentionen aufgeladen und zum »interaktiven Symbolkern« für soziale Lagedeutungen werden konnte. Das Fehlen zentraldirigistischer Mechanismen[15], wie sie typisch für kirchlich formierte Bräuche sind, er-

möglichte dem Maitag eben jene hohe Kontext-Offenheit, die Voraussetzung für seinen jeweiligen sozialen und politischen Zuschnitt war. Daß die profane Struktur des Brauchs dessen politische Motivik mitbedinge, hat der schwedische Religionshistoriker und Volkskundler Martin P. Nilsson angedeutet. »Dieses Fest«, so resümiert er seine Durchmusterung europäischer Brauchbelege, »knüpft an keinen kirchlichen Feiertag an, es war von Anfang an profan, sozial«.[16]
Wie elastisch und variabel der »alte« Maibrauch war, welch unterschiedlichen sozialen Situationen er sich anschmiegen konnte, und in welch starkem Maße er so zum Medium gruppen- und schichtspezifischer Interessenartikulation wurde, diesen Fragen soll anhand dreier Beispiele nachgegangen werden, die den ersten Mai jeweils in verschiedenen Milieubindungen zeigen: Das Mailehn aus der Eifel repräsentiert den dörflich-bäuerlichen Brauch, das Maiabendfest in Bochum steht für den städtisch-bürgerlichen Brauch und der Wuppertaler Maitag vertritt die städtisch-plebejische Variante. Alle drei Beispiele stammen aus dem rheinisch-westfälischen Raum: der Mailehnbrauch aus einem der rückständigsten Agrargebiete der ehemaligen Rheinprovinz, das Bochumer Maiabendfest aus der rheinisch-westfälischen Grenzzone und der ›Umzugsbrauch‹ in Wuppertal-Elberfeld aus einem der frühesten Industriegebiete des Rheinlands überhaupt. Mit diesen Hinweisen ist das jeweilige Brauchmilieu zwar angedeutet, aber keineswegs präzisiert. Eine Brauchforschung, die sich nicht des kulturellen, sozialen und wirtschaftlichen Beziehungsgeflechts ihres Gegenstandes vergewissert, gibt ein nur pittoreskes Bild vergangener Brauchtumsformen, und solch ein Verfahren muß sich den Vorwurf der idyllisch-verklärenden Überzeichnung gefallen lassen. Bräuche sind in den »engen Zusammenhang von Arbeit, Geselligkeit und freier Zeit«[17] eingelagert, und nur über dessen Analyse lassen sich Aufschlüsse über die jeweilige Funktion und Bedeutung der Bräuche gewinnen. Von der schwedischen ›Folklivforskning‹ stammt die Forderung, »Bräuche und Glaubensvorstellungen« auf dem Hintergrund ihres Funktionsmilieus zu beschreiben.[18] Dies ist eine Forderung, die sich als überzeugende Forschungsstrategie vor allem dann erwiesen hat, wenn es darum geht, die Bedeutungsmodifikation eines Brauchs in regional oder temporal unterschiedlichen Situationen nachzuweisen.

II. In einer der bahnbrechenden schwedischen Untersuchungen zur vergleichenden Brauchsforschung aus den dreißiger Jahren wird das rheinische Mailehn ausführlich geschildert und als ritualisierte Form der Eheeinleitung beschrieben.[19] K. Robert V. Wikman, der Autor dieser heute noch als Pionierarbeit geltenden Studie, deutet den Brauch im Zusammenhang einer spezifisch ländlichen Sexualkultur, die den unverheirateten Jugendlichen beiderlei Geschlechts bestimmte regional tradierte Verhaltensmuster für die Partnerwahl vorschrieb.[20] Kernstück des Mailehns war die Versteigerung der ledigen Mädchen unter den Junggesellen eines Dorfes am ersten Mai oder – häufiger – an dessen Vorabend. Eine der ersten zuverlässigen Darstellungen dieses Brauchs verdanken wir Gottfried Kinkel, der als Bonner Privatdozent Anfang der vierziger Jahre des 19. Jahrhunderts die Ahr und den Eifelrand erwanderte und dabei Zeuge einer Mädchenversteigerung in Altenahr wurde. »Besonders hoch aber gilt der erste Mai, hier Maitag genannt. Am Vorabend desselben sammeln sich alle Jungen des Dorfes unter der Linde oder vor der Kirchentür, ein gewählter Schöffe bietet nun die sämtlichen Mädchen aus. Das schönste zuerst, und der Reichste trägt sie meist davon, wo nicht eine besondere Herzensneigung zu großen Geldopfern anspornt. So gehen in absteigender Linie alle Mädchen ab: von dem einkommenden Gelde werden die Musikanten für den Takt bezahlt und der Überschuß verbraucht, um die Maifrauen (so heißen die angesteigerten Mädchen) mit Wein und Speisen zu bewirten.«[21] Die Altenahrer Maifrauen heißen andernorts Mailehn, und dieser Begriff – wortverwandt mit »leihen«, »lehnen« – wurde namengebend für den im Rheinland ehemals weit verbreiteten Brauch.
Die ersteigerten Mädchen, die Mailehn also, mußten sich ›ihren‹ Junggesellen für eine bestimmte Zeit als Partner in der Öffentlichkeit verpflichten. Die Dauer der Verpflichtung reichte in keinem Fall über ein Jahr und war in aller Regel sehr viel kürzer: bis zur Dicke-Bohnen-Blüte, bis zur Heuernte oder zur Weinlese, zumeist aber nur bis Ende Mai.[22] Es war also keine Partnerwahl fürs Leben, die das Mailehen regulierte, sondern ein Kontakt auf Zeit, der streng ritualisierten Zwängen innerhalb der Dorföffentlichkeit unterlag. 1856 notierte ein Regionalethnograph in der Eifel: »Der Ansteigerer hatte das Recht, mit dem ersteigerten Mädchen während des Frühlings und Sommers zu tanzen und bei allen Gelegenheiten als ihr Bevorzugter zu gelten.«[23] Der Kontakt, den der Mailehn-Brauch zuließ, bezog sich vor allem auf das gesellige Verhalten und schloß sexuell motivierte Individualhandlungen

weitgehend aus. Abweichungen vom Ehrenkodex und Normensystem, die dem Brauch zugrunde lagen, hatten rigide Sanktionen und demütigende Rügebräuche insbesondere für den weiblichen Teil der Brauchakteure zur Folge, wie die Mai-Notiz aus der Eifel weiter ausführt: »Kommt im Laufe des Jahres ein Mädchen zum Fallen und zeigt sich, daß sie schon beim Maifeste ihr Kränzlein eingebüßt hatte, so wird die Dorflinde ›gescheuert‹, d. h. der Rasen oder das Pflaster um dieselbe aufgebrochen und erneuert. Überhaupt wird beim Mailehen auf's Strengste auf Ordnung und Sittlichkeit gesehen.«[24] Gottfried Kinkel hatte seine Beobachtungen in Altenahr ebenfalls um die Bemerkung ergänzt: »Die Ehrbarkeit ist bei allem dem viel größer als beim Landvolk in Süddeutschland und in der Schweiz: ein unglückliches Mädchen ist im Ahrtal sehr verachtet, und der Fall soll selten sein.«[25] Was solcherart kundige Brauch- und Sittenexperten für die Eifel des 19. Jahrhunderts protokolliert haben, wird durch die volkskundlichen Analysen aus der Zeit um die Jahrhundertwende bestätigt. Übereinstimmend ist dort von nur latent vorhandenen erotischen Impulsen die Rede, wohingegen die nicht sexuell bezogenen Kommunikationsakte des Brauchs unterstrichen werden. In diesem Zusammenhang wird stets auch auf das dörfliche Kontrollsystem hingewiesen: Zu den Pflichten des Junggesellen gehörte es u. a., daß er dem ersteigerten Mailehn an zwei festen Tagen der Woche einen Besuch abstattete. Diese Besuchstage hießen »Kommovende« (Kommabende), hatten aber mit den sexuellen Konnotationen der im Süddeutschen bekannten Komm- oder Probenächte nichts gemein.[26] Der familiäre Kreis und mehr noch die eigens für diesen Zweck aus dem Kreis der Junggesellen ausgewählten Kontrolleure wachten über Sitte und Anstand bei den Besuchen. »Von seiner Anwesenheit überzeugt sich der Bott oder Schütze, ebenso davon, daß zwischen dem Freier und seiner Erwählten wenigstens ein Stuhl breit Abstand ist, daß er um 9 (10) Uhr das Haus verläßt.«[27] Brauchschilderungen dieser Art, die oftmals die dörfliche Prüderie verklären und dem sittlichen Verhalten der Landbewohner ein von jedem Makel ungetrübtes Zeugnis ausstellen, treffen – auch wenn sie als antistädtisches und antimodernes Klischee gelesen werden wollen – sehr genau den Kern der dörflichen Sexualität, deren Eckwerte, jedenfalls im Rheinland des 19. Jahrhunderts, eine überaus strenge Geschlechtsmoral und eine unerbittliche soziale Kontrolle waren. Der Mailehnbrauch stabilisierte dieses System rigoroser Sexualnormen, und er hatte keineswegs, wie das mitunter angenommen wurde[28], die Funktion einer Ventilsitte – derart, daß die ortsüblichen Normen auf Zeit außer Kraft gesetzt und freiere Sexualkontakte möglich gewesen wären. Trotzdem mag man der Annahme zustimmen, die 1931 mit Nachdruck in einer Studie aus dem Kreis Leopold von Wieses vorgetragen wurde, daß nämlich das Mailehnsritual darauf abziele, »die individuellen Begehrungen« so zu organisieren, daß eine »Anknüpfung von Paarbeziehungen« innerhalb der »strengen dörflichen Sexualordnung« möglich ist.[29] Der Autor Leo Hilberath stammt selbst aus einem Mailehn-Dorf und beschreibt, nicht ohne Betroffenheit, die Brauchaktivitäten der Burschenschaften und Junggesellenvereine, die vielerorts die Ausrichtung des Brauchs übernommen haben. Die eigene Betroffenheit führt einerseits zu einer exakt-sensiblen Beschreibung, andererseits verleitet sie jedoch auch zu einer zu kurz geschlossenen These. Hilberath sieht nämlich die Funktion des Mailehns vor allem in der per Brauch ›maskierten‹ Absicht, die klerikal vermittelte Sexualmoral in den kleinbäuerlichen Eifeldörfern trickreich zu unterlaufen. Diese Deutung mag für den einen oder anderen Ort zutreffen, übersieht jedoch eine zentrale Funktion, die der Brauch im 19. und frühen 20. Jahrhundert angenommen hatte.

Überblickt man nämlich die Belege zum Brauch der Mädchenversteigerung am 1. Mai in toto, so ist es weniger der Antriebsimpuls einer »individuellen Begehrung«[30], die dem Brauch Form und Richtung gibt, als vielmehr dessen Funktion im Rahmen der dörflich-kollektiven Partnerwahl. Denn nicht das Bedürfnis des Einzelnen wurde im Mailehen seinem Recht zugeführt, sondern die Interessen der gesamten Dorfgemeinschaft hatten sich mit dem Brauch ein spielmäßiges System geschaffen, dessen Ziel die lokal-gebundene Partnerwahl war und zwar in dem Sinne, daß die gesamte Junggesellschaft eines Dorfes durch den Jahr für Jahr wiederholten Versteigerungsakt und die sich daran anschließenden Geselligkeitsformen auf einen örtlich definierten Kreis von Heiratsfähigen eingeschworen wurde. Das Mailehen erscheint so als sinnlich-präsentatives Instrument zur Einübung von Endogamieregeln. Der Zweck des Brauches war nicht die individuelle Einleitung einer befristeten oder lebenslangen Sexualbeziehung, sondern die Interaktion und Kommunikation zwischen den Angehörigen eines lokalumgrenzten Heiratskreises. Das schloß nicht aus, daß Maipartner zu Ehepartnern wurden, wie es das im Verbreitungsgebiet des Brauchs kursierende Sprichwort kündete: »Dieses Jahr zum Lehen, übers Jahr zur Ehen.«[31] Aber primär war die Einleitung der Ehe unter allen Angehörigen einer Dorfgemeinschaft das Ziel der jährlich inszenierten Brauchübung, wobei die einzelne Ansteigerung eine dauerhafte Paarbeziehung zur Folge haben konnte (was jedoch keinesfalls die Regel war). Generell also trifft die Beobachtung zu, die 1907 in einer volkskundlichen Zeitschrift mitgeteilt wurde: »Es lag somit in dem Brauche eine Art Heiratsbureau des platten Landes, allerdings in einer ganz eigentümlichen Gestaltung.«[32]

Diese »eigentümliche Gestaltung« war nicht immer gleich. Matthias Zender hat in einer komprimierten, aber dennoch aufschlußreichen Skizze[33] nachgewiesen, daß der Mailehenbrauch (ursprünglich sogar an anderen Terminen, etwa an Fasnacht oder Ostern, ausgeübt) ab dem 15. Jahrhundert, der Zeit seiner allgemeinen Verbreitung im Rheinland, eine stets wechselnde Form gezeigt hat, wobei insbesondere auch städtische und höfische Einflüsse festzustellen sind. Auf die höfische Ausgangskonstellation des Mailehens hatte auch schon Karl Robert V. Wikman aufmerksam gemacht, indem er nachdrücklich auf die Bedeutung feudaler Geselligkeitsformen für die Herausbildung der erotisch ausgerichteten Jugendsitten in Mitteleuropa verwiesen hatte.[34] In jedem Fall bilden Versteigerung, Verlosung oder Ausgebot der Mailehen das Zentrum des Brauchs, dem sich jedoch in verschiedenen Phasen neue Formen angeheftet haben, wie beispielsweise das Maibaumstekken, das eine – möglicherweise aus dem bürgerlichen Umkreis stammende – Zutat des ausgehenden 18. Jahrhunderts ist.[35] Selbst der im 19. Jahrhundert von allen Beobachtern konstatierte asexuelle Zuschnitt des um den Brauch angesiedelten Norm- und Handlungsgefüges scheint das Ergebnis einer Zurichtung »von oben« zu sein, denn offenkundig sind die ehemals durchaus vorhandenen sexuell-körperlichen Äußerungsformen des Brauchs durch obrigkeitliche Maßnahmen, strenge Kontrollen und Verbote liquidiert worden. Solch eine Entsexualisierung der ländlichen Jugendkultur durch herrschaftlich-sittenpolizeiliche Eingriffe hat Hans Medick kürzlich am Beispiel der Spinn- und Kunkelstuben dargelegt.[36] Denn auch die vielfältigen Verordnungen, mit denen die Ausübung des Mailehenbrauches im Ancien régime bekämpft und eingeschränkt werden sollte, nehmen deutlich und expressis verbis dessen sexuelle Unarten ins Visier.[37]

Gegenstand der Verbote, Regelungen und Anweisungen, die für das 17. und 18. Jahrhundert in nicht geringer Zahl belegt sind, war der mit der Versteigerung oder dem Ausrufen der Mailehen verbundene nächtliche Unfug, »nachtliches herumbvagieren ohngeheyratheter Söhne unndt knechten«, wie es in einer am 29. April 1718 erlassenen Verordnung für die Stadt Sinzig heißt.[38] Vom 16. Juni 1749 stammt ein kurkölnisches Edikt, das die »so genante Lehne oder junge Töchter und Mägde per sortem aut licitationem für jeden Purst, Sohn und Knecht außzutheilen, und öffentlich außzuruffen« bei Geldstrafe, im Wiederholungsfall sogar mit dem »stockhauß zu Kayserswerth« verbietet.[39] In diesem Edikt ist nicht nur die Rede vom Versteigern, sondern auch von der älteren Form des Ausrufens, die nach Zender im Verlauf des 18. Jahrhunderts allmählich von der Versteigerung zurückgedrängt wurde. Aufschlußreich ist das Edikt von 1749 dann besonders deswegen, weil es den Burschen untersagt, »zur Abends- und Nachts-zeit ... ihren sogenannten Lehen nachzugehen, an denen Fensteren, so gar über die Tächer in die Häuser hinein zu steigen sich freventlich unterstehen tuen«. Die fast wortgleiche Erneuerung des Edikts am 17. April 1762[40] unter Kurfürst Maximilian Friedrich läßt vermuten, daß das »freventliche Lehn-Ausrufen und Besuchen der Mailehnen« eine starke ›plebejische‹ Kraft entwickelt hat, die nur durch Anstrengung, nämlich durch ständige Überwachung und Kontrolle, reglementierbar war.

Resultat dieser Eingriffe von oben ist einmal ein drastischer Schwund der Brauchformen im 18. und frühen 19. Jahrhundert und zum andern eine »Versittlichung« des verbleibenden Rests. Dort, wo der Brauch obrigkeitlichen Eingriffen standhielt, kam es gleichwohl zu einer Veränderung: zu einer Purifizierung durch Selbstzensur. Aufschluß darüber geben die Statuten der Junggesellenvereine, die im 18. Jahrhundert, vor allem im späten 18. Jahrhundert, die formelle Organisation des Mailehens übernehmen und dabei »Sitte und Anstand« zu Richtwerten ihres Brauchverständnisses machen. Der erste Artikel der Junggesellensatzung aus dem Dorf Impekoven bei Bonn, niedergeschrieben 1793, führt deutlich, jedoch mit Ironie gegen den Kanzleistil und die Selbstzensur, aus: »Es wird uns Junggesellen und einem jeden kundt und zu wissen gedahn, das auf vielen Dörfern ... viele freveltliche und vermessene Unheile durch verführliche Liederlichkeiten der Jugend viele junge Burschen und unvernünftig lieben in Unglück geraten ... Unmäßige und ungebührliche Aufruhr und Nachtschwärmerei soll bei Junggesellen zur Selbstbestrafung ganz ausgeschlossen und verboten sein.«[41]

Die Versittlichung, d. h. die Reduktion des Brauchs um seine exzessiven Rituale konnte um so eher greifen, als sie die Funktion des Mailehens als Agentur einer kollektiven Partnervermittlung in keiner Weise beeinträchtigte. Ab 1750 scheint nämlich dies die dominante Funktion des Brauchs geworden zu sein. Als Sexualbrauch kann das Mailehn nur insofern angesehen werden, als es der langfristigen Sicherung von sozial legitimierten Geschlechtsbeziehungen oder, in der Terminologie Karl R. Wikmans, der ›Einleitung der Ehe‹ dient.

Ein Blick auf die Verbreitungskarte bestätigt diese Deutung. Der nach Matthias Zender[42] für die Zeit des Ancien régime im gesamten Rheinland nachweisbare Brauch wurde im Laufe des 19. Jahrhunderts auf nur wenige Gebiete an den nördlichen Mittelgebirgsrändern zurückgedrängt. Die aus den frühen zwanziger Jahren stammende Verbreitungsübersicht zeigt den Brauch dicht belegt im Raum um Bonn, exakter in den heutigen Kreisen Ahrweiler, Bonn, Euskirchen und Rhein-Sieg. Gemeinsam war diesen Gebieten eine kleinbäuerliche Vergangenheit, die insbesondere im 19. Jahrhundert durch eine extreme Besitzverkleinerung und -zersplitterung gekennzeichnet war. Die Ursachen dafür waren eine rapide Bevölkerungszunahme im frühen 19. Jahrhundert und das regional praktizierte Erbteilungssystem, das bei jedem Erbgang die Aufteilung des realen Besitzes unter alle Erbberechtigten vorsah. Bei Bevölkerungsdruck führte dieses Erbsystem rasch an die Grenzen des Existenzminimums, weil die Aufteilung, Zersplitterung und Verkleinerung des Besitzes bei jedem Erbgang fortschritt.[43] Winzige Parzellen in Gemengelage ließen nur eine äußerst dürftige Landwirtschaft zu, deren Erträge in keinem Verhältnis zum Arbeitsaufwand standen. Um der fortschreitenden Besitzzersplitterung entgegenzuwirken, mußten die Heiraten zweckmäßigerweise unter Dorfangehörigen erfolgen. So ließ sich der Gemeindebesitz wenigstens einigermaßen zusammenhalten. Der agrarische Kollektivismus, überhaupt in Regionen mit einer einfachen Dreifelderwirtschaft stark ausgeprägt, erheischt die Binnenheirat und deren Habitualisierung durch ein plausibles Brauchsystem. Dies war insbesondere dort notwendig, wo Gemeinden mit Kleinst- und Streubesitz an relativ wohlhabende Gebiete angrenzten, wie das an den rheinischen Mittelgebirgsrändern der Fall war.

Rigide Endogamieregeln werden durch die regionale Sitte erzwungen und durch das regionale Brauchsystem dem einzelnen verinnerlicht – entweder durch Rügebräuche, die ein Abweichen von der ortsüblichen Norm ahnden, oder durch Spiel- und Scherzbräuche, die das erwünschte Verhalten sinnlich-plausibel, durch stets spielerische Wiederholung, einüben. In diesen Rahmen fügt sich die Mädchenversteigerung als wichtiges Kontakt-Spektakel. Durch die Versteigerung wie auch die zeitweilig geübte Form der Auslosung werden die potentiellen Partner eines Heiratskreises in einen dichten Interaktionszusammenhang gebracht, der die Voraussetzung für die dörfliche Strategie zur ›Einleitung der Ehe‹ schafft. Robert Muchembled hat französischen Maibräuchen eine ähnliche Intention und Funktion abgelesen: »Die unverheirateten jungen Männer hatten die Aufgabe, den Zusammenhalt der Dorfgemeinschaft neu zu bestätigen. Dies geschah unter anderem, indem sie ihr Vorrecht auf die heiratsfähigen Mädchen des Dorfes kundtaten.«[44]

Aufschlußreich sind auch die Verbindungen, die das Mailehn mit andern Brauchformen eingegangen ist. Erwähnt wurde schon Maienstecken, das nachweisbar seit Mitte des 19. Jahrhunderts in den meisten Mailehn-Dörfern praktiziert wird und zwar bis in die Zeit nach dem Zweiten Weltkrieg vielfach in »kollektiver« Form: nicht ein einzelner Bursche setzte ›seinem‹ Mädchen das Ehrenzeichen, sondern die gesamte Junggesellenschaft versorgte jede einzelne Heiratsfähige des Dorfes – in gemeinschaftlicher Aktion – mit einem geschmückten Baum oder Zweig. Mancherorts schlossen sich unmittelbar an den Mailehnbrauch Handlungen an, die ganz direkt und unmißverständlich der wirtschaftlichen Sicherung des Gemeindeverbundes galten. So war es in Kirchheim und in Ober-Kastenholz (Kreis Euskirchen) üblich, daß in Verbindung mit dem Maibrauch jeweils auch das Hohnsprotokoll verlesen wurde. Das Hohnsprotokoll (Sammlung der örtlichen Rechtsvorschriften) schärfte den Brauchakteuren die Grenzen und Besitzungen des Dorfes samt den dort geltenden Rechten und Pflichten ein.[45]

Es ist kein Zufall, daß die gleichen Gebiete, in denen sich das Mailehen im 19. und frühen 20. Jahrhundert gehalten hat, auch brauchmäßige Sanktionen in strenger Form gegen ortsfremde Ehepartner kennt. ›Et Dier jagen‹, Eselshochzeit und Katzenmusik sind die Rituale[46], die die peer-group der Dorfjugend gegen diejenigen in Einsatz bringt, die der Regel der Binnenheirat zuwiderhandeln und ihren Partner auch nicht ›freikaufen‹. Schon Gottfried Kinkel hatten den Komplementärcharakter von Rüge- und Spielbrauch erkannt und vom Mailehen als der ›schöneren‹ Kehrseite der Bräuche gesprochen, in denen »das Volk selbst eine Art Polizei übt«.[47] Wo beim Rügebrauch der Knüppel droht, da bietet das Mailehn Wein, Weib und Gesang und macht sich auf leisen Sohlen an den Einzelnen heran, um ihm die Normen und Formen dörflichen Zusammenlebens und Zusammenwirtschaftens ein-

zuprägen. Die dörfliche Gemeinschaft als wirtschaftlicher Not- und Zwangsverband verlangt von jedem einzelnen die Einordnung in den agrarischen Kollektivismus, auch in jenen Handlungsfeldern, die im bürgerlichen Verständnis als ›privat‹ und ›individuell‹ gelten. Selbst die Sphäre der Gefühle und Antriebs-Impulse hatte ihren Bezugsrahmen im ökonomischen Verbund des Dorfkollektivs. »There can be little doubt that marriage in a peasant society was a matter in which serious economic considerations often took precedence over emotional attachements ...«[48] Der Brauch übersetzt dabei die Sprache der ökonomischen Rationalität in die der symbolischen Erlebnisformen.
Unter den zahlreichen Brauchbeispielen, die Edward P. Thompson im Rahmen seiner Theorie der »plebejischen Kultur« beschrieben und analysiert hat, findet sich auch das Ritual einer Frauenversteigerung.[49] Dieser im England des 18. und 19. Jahrhunderts häufig belegte Brauch zielt – ganz im Gegensatz zur rheinischen Mädchenversteigerung – auf die Trennung einer Ehe, auf »einen legitimen Transfer von Heiratspartnern«. In einem System, das die Scheidung modo iuridico nur als Ausnahme zuließ, waren brauchmäßige Maskierungen nötig, um einen »einvernehmlichen Tausch von Partnern zu regulieren«. »In den meisten Fällen war die vorausgegangene Ehe schon zerbrochen, und es läßt sich zeigen, daß die ›offene‹ Aktion nur fiktiv war – der Käufer der Frau stand von vornherein fest und auch in vielen Fällen auch schon ihr Liebhaber.« In Thompsons ausführlich dargelegtem Versteigerungs-Fall geht es um eine individuelle Partnerschaftslösung, die sich eines überkommenen und deshalb anerkannten, ›legitimierten‹ Rituals bedient; die im Rheinland praktizierte Form der Versteigerung funktioniert als kollektive Partnerwahl, die gleichwohl den Rahmen für individuelle Heiratsbeziehungen bildet. Gemeinsam ist beiden Bräuchen die ›Versteckheit‹ ihrer Bedeutung und ihres Sinns. Der Zweck des Brauchs kann jeweils nur durch eine Kontextanalyse erschlossen werden. Wichtig dabei ist der Hinweis Thompsons, daß die Bedeutung eines Brauchs – je nach sozialem oder historischem Milieu – wechseln kann, und daß deshalb die Motive und Absichten der Brauchakteure nicht identisch mit dem Zweck des Brauchs sein müssen. Hinter den manifesten Symbolformen – hier die Formen der Versteigerung – können sich höchst unterschiedliche soziale Funktionen verbergen, die nur dann erkundet werden können, wenn die Brauchformen nicht mehr als »Fragmente von Volkstum, als ›Überreste‹ betrachtet und wieder in ihren totalen Kontext eingegliedert werden«.[50]

III. In nicht wenigen rheinischen Städten sind für das späte 19. Jahrhundert Maibräuche und -spiele belegt, bei denen es sich um ›verbürgerlichte‹ Umformungen des dörflichen Mailehens handelt. Die Verlaufs- und Einzelformen sind dabei so umgestaltet, daß sie sich mühelos kleinbürgerlichen Strukturen anpassen konnten. Die Brauchaktionen sind im ganzen viel komplizierter und ritualisierter als beim dörflichen Brauch; um den eigentlichen Versteigerungsakt sind zahlreiche andere Handlungselemente montiert wie Maibaumsetzen, Parodien auf Schieds- und Strafverhandlungen, Maigerichte, Scherzbräuche, Handwerksneckereien u. ä. Den Requisiten, Kostümen und Satzungsformeln ist unschwer anzusehen, daß sie dem Handwerks- und Handlungsmilieu entstammen. Schon für das 17. Jahrhundert hat Matthias Zender im Kölner Raum stadtspezifische Neu- und Umbildungen des Mailehens registriert und dabei eine frühe Tendenz zur Familiarisierung öffentlicher Feste beobachten können, wie sie im späten 18. und frühen 19. Jahrhundert typisch für die bürgerliche Geselligkeit wird.[51]

Aus dem letzten Drittel des 19. Jahrhunderts sind Maispielsatzungen aus rechtsrheinischen Kölner Vororten überliefert, die deutlich den kleinbürgerlichen Zuschnitt des dem städtischen Kontext angepaßten Brauchs zeigen.[52] Dörfliche Traditionen werden nach dem Leitbild der bürgerlichen Vereinskultur zurechtgestutzt. Verändert hat sich vor allem das Verhältnis zur lokalen Öffentlichkeit; durch die Vereinsorganisation wird der Brauch »exkludiert« und nicht mehr von dem gesamten Ort praktiziert. Der Brauch wird in gewisser Weise zelebriert, aufgeführt und nicht mehr ausgeführt. Bewußte Rückgriffe ins Arsenal der lokalen Alltagsgeschichte verschaffen dem Brauch eine historistisch – folkloristische Signatur, die besonders evident im Kostümierungs- und Kleiderstil wird, der die Brauchaktivitäten pittoresk macht und mit hypertrophem Milieudekor überhöht. »Die militärischen Chargen legten die betreffenden Uniformen an, während die bürgerlichen Beamten in alten, mit bunten Bändern geschmückten Trachten erschienen. Der Aufzug sah in den bunten Kleidungen einem Karnevalsaufzug nicht unähnlich, nur war das Treiben zwar fröhlich, aber nicht ausgelassen und entbehrte nicht der nötigen Würde und des Ernstes.«[53] Die theatralische Entfaltung, die zum Kennzeichen des Brauchs im städtischen Umfeld wird, ist wesentlich vom Selbstbewußtsein der brauchtragenden Gruppen geprägt.[54] Die Affinität des Kleinbürgers zum Lokalismus und Traditionalismus, die Benita Luckmann als konstitutiv für das kleinstädtischen Brauch- und Festwesen des 19. Jahrhunderts herausarbeitete[55], meldet sich auch in diesen städtischen Mutationen des dörflichen Mailehens. Häufig sind derartige Brauchumformungen in Gemeinden anzutreffen, die von einer Verstädterung im Zeichen des industriellen Take-Off zwischen 1860 und 1890 erfaßt worden sind – so etwa im Kölner, Bonner und Aachener Umland. Die zeitweilige Prosperität des lokalen Handwerks fand im umgestalteten Brauch ein angemessenes Medium der Selbstdarstellung und historischen Selbstvergewisserung, bewirkt durch die Verstädterung. Man brauchte die Historisierung, um mit der Modernisierung der Gesellschaft fertig zu werden.

Ähnliche Mechanismen liegen dem Maiabendfest im westfälischen Bochum zugrunde. Auch dieses Fest wurde im 19. Jahrhundert auf kleinstädtisches Maß zurechtgebogen, obwohl die Brauchüberlieferung und deren historischer Kern ganz anders gelagert sind. Den Ausgangspunkt bildet hier kein Mailehnbrauch, sondern ein vermutlich mittelalterliches Holzschlagrecht, das in Form eines Aufzugs am 1. Mai (oder an dessen Vorabend) überliefert worden ist, weil dieser Tag im Gebiet der alten Grafschaft Mark als Ablöse-, Zins- und Pachttermin vorgegeben war. Archivalisch belegt ist der Brauch relativ spät, nämlich erst 1716 durch eine Stadtrechnung, die die Auszahlung von drei Reichstalern »an die Soldaten« festhält, die Häuser und Straßen des Orts anläßlich des Aufzugs mit »Mayenbäumen« geschmückt haben.[56] Eine topographisch-historische Abhandlung des Jahres 1790 enthält eine ausführliche Beschreibung des Brauchs: »Seit undenklichen Jahren hatten die Bürger-Junggesellen das Recht, in einem eine Stunde weit von der Stadt gelegenen Walde, in der Bauernschaft Harpen gelegen, das Bockholt genannt, den besten Baum einmal im Jahr zu wählen, welchen sie den Maibaum nannten. Sie hieben denselben um, brachten ihn in die Stadt, machten einem Vornehmen damit ein Geschenk und erhielten dafür ein besseres Gegengeschenk an Gelde zur Verzehrung.«[57] Auch hier waren es Junggesellen, die den Brauch ausübten, jedoch waren sie – wie die Brauchbeschreibung von 1790 mitteilt – in Form einer festen »Gesellschaft« organisiert: Ein gewählter Hauptmann leitete die streng ritualisierte Aktion, und gewählte Offiziere überwachten die Brauchmanöver. Es ist anzunehmen, daß eine schon im 16. Jahrhundert urkundlich genannte Schützengesellschaft die Folie für die vereinsmäßige Organisation der Junggesellen bildete.

Nachdem das Maibaumeinholen schon Tage vor dem Brauchtermin

durch »Trommelschlag und Ausruf« annonciert worden war, versammelten sich die Junggesellen vor dem Haus des Hauptmanns, um von dort gemeinschaftlich den Baum aus dem »Bockholt« zu holen. Sein Transport in die Stadt war mit Spielen und Späßen angereichert; es gab scherzhafte Schikanen und Wegsperren, aufgerichtet von den Frauen des Orts, und es gab die »nassen« Zechen, bezahlt aus dem Erlös des Maibaums. Hans Moser hat mit Recht darauf hingewiesen, daß es sich bei diesem Baum jedoch nicht um einen »Maibaum in der speziellen Bedeutung« gehandelt haben kann, weil dieser nämlich nicht verkauft, sondern zunächst einmal als Ehrenzeichen aufgestellt worden wäre. In Analogie zu ähnlichen Bräuchen andernorts schloß er auf ein altes Waldnutzungsrecht, das im Bewußtsein der Brauchakteure nicht mehr präsent war und im späten 19. Jahrhundert auch prompt naturmythologisch bzw. als germanische Kontinuität ausgedeutet wurde.[58] Einer Stadtgeschichte aus dem Jahre 1888 gilt das Maiabendfest als »eine augenscheinliche Erinnerung an die altheidnische Maifeier, an den im Sinnbilde des Maibaums dem Waldversteck wieder entrissenen und Lenz und Liebe mit seiner Wiederkehr neu entfachenden Wodan.«[59]

Die 1790 vorgetragene Geschichte des Bochumer Maiabendfestes hatte mit derlei Deutungen noch nichts im Sinn. Korrekt werden der Ablauf und die historische Überlieferung des Festes geschildert, obwohl auch dort die Brauchbeschreibung der Erinnerung folgt. Denn schon im Jahre 1768 war der Maiumzug in der Weise geändert worden, daß auf das Einholen des Baumes verzichtet wurde und der Junggesellenumzug in der Folgezeit ohne das ehemals zentrale Requisit auskommen mußte. Man wird auch bei dieser Brauchänderung mit Eingriffen von oben rechnen müssen, denn der schon mehrfach erwähnte Lokalchronist von 1790 spricht ausdrücklich von »Unordnungen«, die dazu führten, daß dieser »sonderbare Gebrauch vor etwa 20 Jahren abgeschafft« worden sei. Der unmittelbare Anlaß für den Verzicht auf den Baum war allerdings die 1768 erfolgte Aufteilung des ehemaligen Gemeindewaldes unter zwölf Berechtigten der Bauernschaft Harpen. Dieser Gemeinheitsteilung lag eine aus dem Jahre 1764 stammende Verordnung der königlich-preußischen Regierung für das Gebiet des ehemaligen Herzogtums Kleve zugrunde, durch die die Aufhebung und Aufteilung der Markenwälder und Allmenden verfügt wurde. Die Forderung der Bochumer Junggesellen nach einem Finanzausgleich für den jährlichen Maibaum wurde von den Harpener Bauern zunächst nicht anerkannt.

Es kam zu einem Rechtsstreit, der die Kammern in Berlin und Kleve beschäftigte und in dessen Verlauf von seiten der Behörden mit den Begriffen »Mißbrauch, Unfug und Unordnung« argumentiert wurde. Nachdem die Bochumer jedoch nachdrücklich auf ihrer »alten Gewohnheit« insistiert hatten, veranlaßte die Bezirksregierung einen Kompromiß über das »prätendierte Servitut«.[60]
Vom 4. März 1769 datiert ein notariell beglaubigtes Abkommen, durch das sich die Bochumer Junggesellen von der Dorfschaft Harpen einen Geldbetrag von 8 Reichstalern zusichern ließen, die jährlich an Stelle des Baumes in einem festlichen Zuge abgeholt und anschließend verzehrt werden sollten. Diesen Betrag besorgte sich die Gemeinde durch Verpachtung eines Stücks des Waldes an einen Kötter »vor den Maibaum, so die Stadt Bochumschen Junggesellen Maiabend in natura anholeten, jetzt aber durch einen Vergleich mit Gelde bezahlet wird.«[61] Dieses Pachtverhältnis endete 1846 durch eine ›Kapitalablösung‹. Die 25fache Summe der jährlichen Miete wurde vom damaligen Pächter ausbezahlt und von der Junggesellenschaft bzw. dem Schützenverein festverzinslich angelegt – zunächst bei einem Gastwirt, später bei der städtischen Sparkasse Bochum.[62] Die Festlegung des Betrages bei der Sparkasse führte Mitte der 1870er Jahre zu einem Fortfall des Fußmarsches nach Harpen. Dieser wurde jedoch mit dem Argument der Traditionspflege einige Jahre später (1882) wieder eingeführt.
Im Verlauf des späten 19. Jahrhunderts wird der Maiumzug mehr und mehr zu einem Volksfest, das der identitätssichernden Selbstdarstellung des örtlichen Bürgertums dient. Diese Funktionsverschiebung erklärt sich aus Bochums Wandel vom kleinen Marktflecken zu einer der wichtigsten Industriestädte des Ruhrgebiets. Innerhalb weniger Jahrzehnte hatte sich die Bevölkerung immens vermehrt. »Mit 2107 Einwohnern«, so kommentiert Helmuth Croon die Bevölkerungszahl von 1818, »gehörte Bochum zu den kleinen Städten, während Dortmund, Essen und Duisburg etwa 4000 bis 4500 Einwohner zählte.«[63] Im Jahr der Reichsgründung hatte Bochum 21 192 und kurz nach der Jahrhundertwende (1905) 72730 Einwohner. Noch um 1840 dominierte das Kleinbürgertum; im letzten Drittel des Jahrhunderts beherrschte jedoch die Schwerindustrie – Kohlebergbau und Stahlproduktion – völlig das städtische Wirtschaftsleben. »Bereits in den sechziger Jahren entdeckten die Bochumer, daß ihr materieller Wohlstand jetzt vom Wirtschaftszyklus der Schwerindustrie abhing und daß die Stadt unmittelbar von der Entwicklung betroffen wurde, die von der nationalen und

Weltwirtschaft ausgingen und von denen die meisten von ihnen nur sehr wenig wußten oder verstanden.«[64]

Daß dieser rasche Strukturwandel eine Identitätsbedrohung und Verunsicherung der alteingesessenen Bevölkerung zur Folge hatte, ist ebenso verständlich wie die Art und Weise, mit der auf diese Verunsicherung reagiert wurde – nämlich mit einem forcierten Traditionalismus, der sich nicht nur in politischen Haltungen äußerte, sondern auch im Bekenntnis zu althergebrachten Brauch- und Festformen. Das Maiabendfest gewinnt so eine identitätsstiftende Funktion für die Alt-Einwohner, vor allem für die ehemalige kleinstädtische Elite, die den Festumzug zur stolzen Selbstdarstellung nutzt. Die kleinbürgerliche Lebenswelt – in einer Zwischenstellung zwischen den zuwandernden Arbeitermassen und den industriellen Führungsschichten verängstigt – sieht im überlieferten Brauch ein effektvolles Mittel zur Dokumentation sozialer Ansprüche, die durch die neue Umwelt bedroht sind. Die Einbuße an Prestige, Macht und Einfluß konnte, zumindest modo symbolico, durch selbstbewußtes Auftreten innerhalb des Festbrauchs ausgeglichen werden. Das Mairitual wirkte solcherart reibungslos als Ersatzhandlung. Es konnte aufwendig inszeniert werden, weil Finanzkraft vorhanden war, denn die Industrialisierung hatte den Trägergruppen des Maifestes, Handwerkern, Ladenbesitzern und Kaufleuten, eine bescheidene Prosperität verschafft – zumindest bis zur Großen Depression in den späten 70er Jahren.[65] Bezeichnend für den Brauch wird eine starke Ritualisierung, die im Kostümstil, im festen Chargenbestand und in einem hohen Organisationsgrad ihren Ausdruck findet. Auch die häufigen Konflikte der Organisatoren untereinander (die Bürgerschützengesellschaft hatte 1834 die Junggesellenkompanie vereinnahmt, mußte aber ständig mit Absplitterungen kämpfen) beeinträchtigten den Bochumer Maibrauch keineswegs; er behauptete sich unangefochten als traditionsreiche und farbenprächtige Veranstaltung des altansässigen Mittelstandes. So wie sich die Zu- und Eingewanderten eigene Vereine und Aktionsformen schufen, um mit den neuen Verhaltenszumutungen in einer Ruhrgebietsstadt fertig zu werden, so reorientierten sich die Alteingesessenen oftmals an der lokalen Brauchüberlieferung und an den etablierten Vereinen. Der Maibrauch diente als Mittel der kulturellen Gegensteuerung zum Vertrautheitsverlust, den die rapide Urbanisierung bewirkt hatte.

In den gleichen Rahmen wie die hochgradige Ritualisierung und Ästhetisierung fügt sich auch die Ausstaffierung des Festes mit historischer

Patina, vor allem dessen Anbindung an eine Entstehungslegende, die Germanisches und Hochmittelalterliches perfekt miteinander verknüpft. Topoi des Germanenkults, willkürlich auf die lokalen Gegebenheiten hinkonstruiert, werden mit Belegen aus der mittelalterlichen Stadtgeschichte unterfüttert.[66] So wird dem Maiabendfest Ende des 19. Jahrhunderts ein Stifter erfunden. Ihm, dem Grafen Engelbert III von der Mark, setzt man an zentraler Stelle ein Denkmal, um mit Bronze und Stein zu erweisen, was historisch nicht belegbar und noch nicht einmal plausibel war. Ab Mitte der 80er Jahre wird das Maiabendfest als Volksfest gefeiert. Diese Art der integrativen »vaterstädtischen« Großveranstaltung bot dem agierenden alteingesessenen Mittelstand die Möglichkeit zur kommunalen Repräsentation und den zugewanderten die Möglichkeit zur peripheren Partizipation. In den lokalen Brauchbeschreibungen werden die Alt-Bochumer auch heute noch gerne »Urindianer« genannt[67] : mit dieser zu Ende des 19. Jahrhunderts aufkommenden Bezeichnung wird das Fest deutlich ins Spannungsfeld von bedrohtem Eigenmilieu und innovativem Fremdeinfluß gerückt. Erst Mitte der 50er Jahre konstatierte der Volkskundler Brepohl die Integration auch von Zugewanderten in das Maiabendfest: »Noch heute sind die Angehörigen alter Bochumer Familien die Träger dieses Brauchs, der aber jetzt auch auf die später eingetroffenen Bürger ausgedehnt wird.«[68]

Voll ins Bild des vom Mittelstand arrangierten Volksfestes mit seinen ausgeprägten Appellen an Lokalismus und Traditionalismus paßt schließlich auch die nationale Ideologie, die nach der Reichsgründung dem Festverständnis in massiver Weise aufgesetzt wurde. Vaterstädtische und vaterländische Ziele werden in einer nationalkonservativen Feierprogrammatik verquickt. »Treu der Sitte unserer Väter, die uns immer heilig sei«, heißt die Losung, die der Bochumer Brauchhistoriker Max Seippel 1881 ins Zentrum seiner Überlegungen zum Maiabendfest stellte.[69] Nicht minder deutlich waren seine Texte: »Wo finden wir wohl ein anderes Volksfest, das wie dieses während einer solch langen Zeit allen Stürmen widerstanden hat, welche doch gewiß auch uns im Laufe der Jahre, welche so viele gewaltige Änderungen hervorgebracht haben, nicht erspart blieben.«[70] Der emphatische Verweis auf die ›vaterstädtische‹ Lokalsitte dient vaterländischen Zwecken, denn als Leitwerte des Volksfestes gelten »Nächstenliebe, Liebe zur Heimat und Liebe zu Kaiser und Reich«. Als Beweis muß das historische Exempel der Höder-/Nobiling-Attentate auf Kaiser Wilhelm im Jahre

1878 herhalten, deren Zusammenhang mit dem Bochumer Maiabendfest gewaltsam und degoutant hergestellt wird: »Da, wo Arm und Reich, wo Hoch und Niedrig gemeinsam schöne Volksfeste in Eintracht und Frieden begehen, kann nimmer eine Saat gesäet werden, welche solche Früchte zeitigt, wie sie vor einigen Jahren durch das ruchlose Vorgehen gegen das Leben unseres allgeliebten Kaisers einen so schrecklichen und blutigen Ausdruck fanden. Der allgemeine Ursprung der Volksfeste gründet sich auf dem wirklichen nationalen Bedürfnisse ...«[71] Bei den Festkommersen wurden kaisertreue Trinksprüche vorgebracht, und die politischen Repräsentanten wurden jährlich als Fest- und Ehrengäste zu den ›solennen‹ Feiern eingeladen. Gerade die nationalen Töne, die das Maiabendfest im letzten Drittel des 19. Jahrhunderts anschlug, bildeten eine starke ideologische Barriere für den unterbürgerlichen Bevölkerungsteil, insbesondere die politisch motivierte Arbeiterschaft. Obwohl der politische Organisationsgrad der Bochumer Arbeiter bis 1900 gering war, hielt diese Gruppe auffällig Distanz zu den bürgerlichen Aktivitäten im Umkreis des Maifestes.
Es ist freilich nicht ausgeschlossen, daß das Maiabendfest dennoch den sozialistischen 1. Mai in seiner örtlichen Entwicklung beeinflußt hat. In den ersten Jahren der roten Maifeier sind für Bochum wie auch für andere Städte des Ruhrgebietes kaum größere Manifestationen belegt; gleichwohl gab es Maiumzüge, die nicht so sehr von der Opposition, sondern vom Vorbild des Maifestes geprägt waren. In der Zeit vor dem ersten Weltkrieg gestaltete sich der Bochumer Arbeitermai vielfach in Form von Ausflügen und Spaziergängen zu Wirtshäusern der umliegenden Dörfer.[72] Dabei war freilich der Ansatz der Ausflüge politisch orientiert; politisch gehalten waren auch die Flugblätter, die bei dem Gang über die Dörfer verteilt wurden, politisch motiviert war vor allem die behördliche Überwachung dieser Maiumzüge, die mit rührender Detailfreudigkeit in den Polizeiberichten festgehalten wurden. In Form und Gestaltung waren die sozialdemokratischen Maiaktivitäten durchaus vom (klein-)bürgerlichen Vorbild bestimmt, jedenfalls in der Zeit um die Jahrhundertwende. Auch in anderen Gebieten, beispielsweise in Böhmen und Württemberg[73], läßt sich beobachten, daß in der Gestaltung des »Weltfeiertages« lokale Traditionen durchschlagen, daß also die jeweilige örtliche Kontur sowohl der »internationalen« wie auch lokalen Überlieferungen verpflichtet war.

IV. ›Moving day‹ im engeren Sinne, so sahen wir, bezeichnet einen Umzugstermin, den Tag eines Haus- oder Wohnungswechsels. Als wichtigster »Moving day« gilt dem Oxford English Dictionary »the first of May, being the usual day in New York for household removals«.[74] Diese knappe Definition trifft auch für das Wuppertal zu, wo der 1. Mai bis in die Zeit vor dem Ersten Weltkrieg der brauchmäßige und im späten 19. Jahrhundert vom Magistrat der Wupperstädte immer wieder bestätigte Termin für den Wohnungs- bzw. Mieterwechsel war. Für Elberfeld, seit 1929 einer der Stadtteile der damals neu gebildeten Stadt Wuppertal, ist der Brauch ausführlich beschrieben. Es verwundert allerdings, daß die regionalen Volkskunden von dem »Ortsgebrauch« kaum Notiz genommen haben, sieht man einmal ab von den äußerst kurzen Erwähnungen und Ursprungsdeutungen des bergischen Heimatforschers Otto Schell.[75] Beachtung fand der Brauch hingegen in den politischen und gesellschaftskritischen Magazinen des Vormärz und in den bürgerlichen Unterhaltungsblättern der Kaiserzeit. Wahrscheinlich ist es das politisch-engagierte Interesse an den sozialen Zuständen des Wuppertals, dem wir die ersten und ausführlichen Schilderungen des Maibrauchs in Elberfeld verdanken. Denn der Umzug am ersten Mai galt den Berichterstattern lange Zeit als aufschlußreicher Indikator für das soziale Elend der neuen Zeit, das mit den ersten großen Textilfabriken um 1800 in die Städte des Wuppertales gekommen war.

Elberfeld war freilich nicht der einzige Ort, in dem der Wohnungswechsel in dieser ritualisierten Form stattfand – für Bochum, für Hilden, für Solingen, für Recklinghausen, für Remscheid ist ähnliches belegt. Eine Rekonstruktion des ehemaligen Verbreitungsgebiets indes ist mit Mitteln des Atlas der Deutschen Volkskunde nicht möglich, weil entsprechende Angaben fehlen: Vermutlich wurde der Umzugsbrauch wegen seiner Trägergruppen, den städtischen Unterschichten, als nicht ›sitte- und brauchwürdig‹ angesehen. Die zufällig bekannten Belege lassen jedoch den Schluß zu, daß der Brauch im Gebiet des alten Herzogtums Berg und der Grafschaft Mark verbreitet war. Ein Mundartgedicht aus der Zeit um die Jahrhundertwende spricht tatsächlich noch vom »ganzen Berg'schen«, wo am »Maidag ongetaulde Müs' on Wanzen ömgebreit«, also ›ungezählte Mäuse und Wanzen umgebracht‹ wurden – als Bild für die beim Wohnungswechsel üblichen hygienischen Maßnahmen.[76] Wie das Bergische scheint auch das benachbarte Mark[77], beides übrigens Regionen mit einer frühen Industrialisierung, den Brauch gekannt zu haben.

Seinen Ursprung hat dieser Maibrauch in einem ehemaligen Zinstermin, der in beiden Territorien durch vielerlei Pacht- und Mietverträge vom späten 15. Jahrhundert an belegt ist.[78] Zinsen und Jahresrenten wurden an diesem Termin fällig, der in den Urkunden unterschiedliche Namen trägt: primo May, Sent Walburgen Missen, Maitag usw. Eingewirkt hat auf den Brauch sicher auch der im Gebiet des Herzogtums Kleve und im nördlichen Teil des Herzogtums Berg übliche Gesindewechseltermin.[79] Bei der geringen Mobilität traditioneller Gesellschaften war der Wohnungswechsel und Umzug eine Seltenheit und wurde allenfalls beim jährlichen (oder halbjährlichen) »Ziehtag« praktiziert. Beim Beginn eines neuen Dienstverhältnisses kam es naturgemäß auch zum Wechsel der Wohnstätte. Die Verbindung von überliefertem Gesindewechseltermin und ehemaligem Zinstag bildet die Ausgangskonstellation für den Umzugsbrauch, der freilich sein eigentliches Profil erst durch defizitäre Wohnungsversorgung im Zeichen der Urbanisierung gewinnen konnte. Reine Spekulation ist jedenfalls die Ursprungsdeutung, wie sie in der regionalen Volkskunde vertreten wird, indem sie im Wuppertaler Maitag eine »Übertragung des Hirtenlebens auf das Stadtleben« sieht.[80] Tatsächlich nämlich stellt sich die Keimzelle des Brauchs als ein alter Rechtstermin dar, der durch Brauchformen aus dem Umkreis des Gesindewesens überlagert und auf eine spezifisch urbane Situation zugeschnitten wurde. Genetisch gehört der Brauch also in den gleichen Umkreis wie der Bochumer Maiabend, dessen Ausgangskonstellation ein termingebundenes Servitut, ein seit alters verbürgtes Holzschlagrecht war.

»Wohnungs- und Gesindewechsel« lautet die Überschrift einer Verfügung des Elberfelder Magistrats aus dem Jahre 1844, die noch deutlich auf die Gegebenheiten des Gesindewechsels bezogen ist. Im ersten Abschnitt heißt es: »Da in diesem Jahr der 1. Mai auf den allgemeinen Buß- und Bettag fällt, so findet nach Ortsgebrauch der Wechsel der Wohnungen da, wo zwischen Verpächter und Anpächter sich nicht ... gütlich geeinigt wird, folgenden Tages den 2. Mai bis Mittag 12 Uhr statt.« Direkt auf den Gesindewechsel zielt der zweite Abschnitt: »Das Gesinde darf mit Genehmigung der Brodherrschaft am 30. April seinen Dienst wechseln, andernfalls ist es bis zum 2. Mai Mittags zu bleiben verbunden.«[81] Regelungen dieser Art wurden per Anschlag und per Inserat immer wieder veröffentlicht, vor allem auch um den Maibrauch komplikationslos ins Gefüge der anderen überlieferten Feiertage einzuordnen. Kirchliche Feiertage hatten dabei immer ein Vorrecht, wie etwa der Himmelfahrtstag oder der erwähnte Buß- und Bettag, bei dem es sich übrigens um einen der vier ehemaligen evangelischen Landesbußtage handelt. Kollisionen wurden auch, wenn immer möglich, mit ›bürgerlichen‹ Terminen vermieden, etwa mit der Wahl des Bürgermeisters, die in Elberfeld traditionell am 1. Mai stattfand, ebenso wie die ortsüblichen Ballotagen des Gemeinderats oder jährlich sich wiederholende Festlichkeiten von kommunaler Bedeutung.[82] 1848 wurden die Wahlen zur preußischen Staatsverfassung und zur Frankfurter Nationalversammlung ebenfalls auf den 1. Mai gelegt und der Umzugsbrauch auf den 2. Mai verschoben. Wiederum unter der Überschrift »Wohnungs- und Gesindewechsel« wurde aus diesem Anlaß mitgeteilt: »Da am bevorstehenden ersten Mai die Wahlen für die Versammlung zur Vereinbarung der Preussischen Staatsverfassung sowohl als der Abgeordneten zur deutschen Nationalversammlung in Frankfurt am Main die hiesige Bürgerschaft in Anspruch nehmen werden, so fällt nach Ortsgebrauch der Wohnungs- und Gesindewechsel auf den 2. Mai, mittags 12 Uhr.«[83] Ein störungsfreier Ablauf der kirchlichen Feiertage und der staatlichen Wahltermine (zu denen in Preußen jedoch nur bestimmte Bevölkerungsgruppen zugelassen waren) sollte gewährleistet sein, denn, so hieß es in einer Eingabe an das Bürgermeisteramt, »der erste Maitag ist für unsere Stadt und Umgebung der unruhigste Tag des Jahres«.[84] Am 1. Mai 1849 fand schließlich jene folgenreiche Sitzung des Elberfelder Gemeinderats statt, an die sich die überaus teilnehmerstarken Volks- und Landwehrversammlungen anschlossen, die zum Bau von Barrikaden, zu ›organisiertem Aufruhr‹ und zum Hissen von roten Fahnen führten.[85] Ob sich die plebejische Unruhe des traditionellen Maitags auf die politischen Manifestationen der Elberfelder Bürgerschaft übertragen hat, ist nicht mit Sicherheit auszumachen, aber wohl eher auszuschließen, da die politischen Aktionen der »Maivorfälle« 1849 vor allem von bürgerlichen Gruppen initiiert und getragen wurden. Im Vorfeld der Wuppertaler Ereignisse waren freilich derartige Zusammenhänge in Betracht gezogen worden: »Die Befürchtungen, die man hier wegen etwaiger Unruhen, die am ersten Mai, dem Tag des Wohnungswechsels, ausbrechen möchten, gehegt hatte, sind glücklicherweise nicht in Erfüllung gegangen; die Stadt blieb ruhig.«[86] Befürchtungen dieser Art waren durchaus nicht unbegründet, denn in den 40er Jahren war gerade der Maitag ein heftig diskutierter Topos in der sozialpolitischen Auseinandersetzung. Am 1. Mai, so konnte man in liberalen und sozialistischen Blättern lesen, trete die Arbeiternot auf

die Straße, und es werde öffentlich dokumentiert, was sonst in den eigenen vier Wänden verborgen bleibe. Die elende Lage der besitzlosen Unterschichten werde offenkundig, wenn man den dürftigen und bescheidenen Hausrat sähe, der beim Umzug – meist auf klapprigen Handwagen – durch die Straßen transportiert werde. Über die unzureichenden Wohnverhältnisse wurde ebenso Klage geführt wie über die wirtschaftlichen Zustände des ›vierten Standes‹ im allgemeinen.
Eine dieser ausführlichen und politisch motivierten Maitagsschilderungen stammt aus dem »Gesellschaftsspiegel«, einer Zeitschrift, die von Moses Hess herausgegeben und nach zwölfmonatigem Erscheinen verboten wurde.[87] Im 11. Heft des Jahres 1846 liest man: »Welch' ein Lärmen und Rennen heute in allen Straßen der Stadt, welches Drängen der Möbel und Karren aller Art. Es ist heute allgemeiner Wohnungswechsel – und wiederum ist es nicht die Classe der Besitzenden, sondern fast nur die ärmere Classe, welche aus ihren bisherigen Spelunken in andere zieht; man erkennt das leicht an dem schlechten Hausgeräthe aller Art, das oft nicht einmal soviel wert zu sein scheint, daß es von einem Hause zum andern geschleppt wird. Wer die Armuth Elberfelds in ihrer ganzen Ausdehnung kennen lernen will, gehe an diesem Tage in die s. g. Gathe, welche fast nur von Arbeitern bewohnt ist. ... Am ersten Mai ist die Miethe fällig, der Hausherr dringt unbarmherzig auf Bezahlung. Ein Jahr lang sauere, anstrengende Arbeit im Dienste der Reichen, und nicht einmal soviel können die rüstigen, thätigen Hände schaffen, daß der Arbeiter ruhig in seiner elenden Hütte wohnen kann.«[88] Was in dieser Beschreibung drastisch ausgemalt und auch in den bedingenden Ursachen und Voraussetzungen dargestellt wird, ist in anderen Schilderungen oftmals aufs Pittoreske verkürzt und allein ins Kurios-Komische gewendet. Als derb-volkstümliche Szenerie wird dort offeriert, was in Wirklichkeit der Ausdruck miserabler Wohnbedingungen in einer der frühesten Industriestädte der Rheinprovinz war. Ein Holzschnitt der Allgemeinen Illustrierten Zeitung / Ueber Land und Meer, der Anfang der 70er Jahre erschien, gewinnt dem »1. Mai im Wupperthal« lediglich die heiter gemütvollen Seiten ab und zeigt das Chaos des Wohnungswechsels als humorige Bilderfolge, die die Not der Mieter als belächelnswertes Mißgeschick darstellt. »Großes Chaos, aber – es ordnet sich alles«, so ist das Zentralmotiv des Bilderbogens unterschrieben, auf dem ein wirres Möbel- und Menschendurcheinander dargestellt ist.[89] Ähnlich ist der Tenor eines Gedichts, das die Monatsschrift des Bergischen Geschichtsvereins 1909 nach einer »Hand-

schrift aus dem frühen 19. Jahrhundert« veröffentlichte. Nach der Frage »Wo werd ich armer Tropf das Haupt am Abend legen?« heißt es in den beiden letzten Strophen:

Es wird schon gehen, kommt Zeit, kommt Rat,
ha, welch ein Wirrwarr in der Stadt,
heut an dem ersten Maytag!
hier räumt man, dort wird aufgepackt
hiers ists, wie in der Kirche nackt
am heiligen Charfreitag.

Man trinkt den Abschiedsbrantwein,
man ziehet aus, man ziehet ein.
Es geht just wie zu Babel.
Der Fleiß hat überall sein Brod
hier trifft ihn wirklich keine Noth
im Beutel und im Schnabel.[90]

Wolfgang Köllmann hat in seinen aufschlußreichen Untersuchungen zur Wirtschafts- und Sozialgeschichte der Wupperstädte Barmen und Elberfeld auf die jahrzehntelang anhaltende Wohnungsmisere hingewiesen.[91] Beide Städte hatten 1816 eine Gesamteinwohnerzahl von 53000, und 1871 zählten sie insgesamt 172000 Einwohner. Diesem rapiden Wachstum konnte die Wohnungsproduktion nicht folgen; ein katastrophales Wohnungselend wurde zur »bleibenden Calamität« des Jahrhunderts. »Vor allem das Wohnungselend muß, als der Zuwandererstrom mit dem Ausgang der 50er Jahre anwuchs, fast unvorstellbar gewesen sein. Ein Zeitungsbericht aus dem Jahre 1862 gab an, daß allein in Barmen 260 Häuser als überfüllt anzusehen seien, 3 Jahre später wurden bei einer Revision allein in einer Straße Unterbarmens 15 solcher Elendwohnungen geräumt.«[92] Zur Wohnungsnot als strukturellem Problem des Mißverhältnisses zwischen Bevölkerungswachstum und Wohnungsversorgung tritt die jeweils individuelle Abhängigkeit von der Willkür des Vermieters. Oftmals wird berichtet, daß die Verpächter die schlechte Versorgungslage mit Wohnungen zum Zwecke der Bereicherung ausgenutzt und zudem hartnäckig auf fristgerechter Zahlung der ausgemachten Jahresmiete bestanden hätten. Wer den Forderungen der Hausbesitzer nicht nachkam, wurde kurzerhand auf die Straße gesetzt. In aller Deutlichkeit offenbarte sich so

Der 1. Ma

Originalzeic

„Expreß-Kompagnie"
5 Sgr. pro Mann die Stunde.

Carambolage.

Ein ungleiches Paar.

Ein Familienvater, der eine Wohnung sucht.

Letzter Termin. (12 Uhr Mittags.)
„Und bist Du nicht willig, so brauch' ich Gewalt!"

Fertig, um das nächste Jahr wieder auf's Neue zu beginnen.

Bilderfolge aus: Der 1. Mai im Wupperthal, von H. Würz, 1872

pperthal.

Würz.

Großes Chaos, aber — es ordnet sich Alles.

Die thuns!

Endlich, aber, aber — zu groß!

Meister und Geselle.
Im Tritt, aber aus dem Takt.

Abfahrt 4 Uhr Morgens — Ankunft — ??

am 1. Mai das Wohnungselend und die wirtschaftlich klägliche Lage des Proletariats. Dabei wurde nicht nur dessen Wohnungsmisere vorgeführt, sondern auch dessen bescheidenes und ärmliches Hab und Gut. Für die Betroffenen wird der Brauch jedoch auch eine entlastende Funktion gehabt haben: das Ritual ließ das Einzelelend als Kollektiv-Schicksal erscheinen. Der Gemeinschaftscharakter des Brauchs senkte die Schamgrenze der individuell empfundenen Armut. Diese sozialregulative Funktion des Wuppertaler Maitags machte die Not der Einzelfamilie, die wegen Armut zum Wohnungswechsel gezwungen war, subjektiv erträglicher und kanalisierte möglichen Unmut im traditionell legitimierten ›Ortsgebrauch‹. Darüber hinaus gab der Maibrauch der Barmer und Elberfelder Arbeiterschaft die Möglichkeit, die »condition ouvrière«[93] in symbolisch überhöhter Weise der kommunalen Öffentlichkeit vorzustellen. Immer wieder regte sich denn auch in der liberal-bürgerlichen Presse das »schlechte Gewissen«, und immer wieder wurde anläßlich der Berichte über den Maitag zu verstärktem Wohnungsbau und zu anderen sozialen Maßnahmen aufgerufen; regelmäßig wurde auf die gesteigerte Wohnungsproduktion hingewiesen, doch ebenso regelmäßig erschreckten am 1. Mai die Masse der Wohnungssuchenden und die Erbärmlichkeit des Wohnungsinventars. Ab 1885–90 registrierten die örtlichen Zeitungen weniger Umzüge und weniger Umtrieb am 1. Mai. Das lag einerseits an einer »Regierungs-Verordnung betreffend das Meldewesen vom 14. März 1874«, die jeden Wohnungswechsel meldepflichtig machte – Anlaß für das Elberfelder Einwohnermeldeamt, auf eine zeitliche Ausweitung des örtlich überlieferten Umzugstermins zu drängen.[94] Zum anderen war das Wohnungsproblem gegen Ende des Jahrhunderts tatsächlich immer mehr entschärft worden; zwar fehlte es auch weiterhin noch an ausreichendem Wohnraum, aber die Wohnungsnot zeigte insgesamt keine so harten Konturen mehr wie noch zur Zeit der Reichsgründung.

Am 2. Mai 1890 notierte der »Tägliche Anzeiger für Berg und Mark«: »Unsere Stadt stand gestern im Zeichen des Maiumzuges ... Der Umzug war übrigens nach allgemeinen Beobachtungen ... nicht so lebhaft wir in früheren Jahren; gar mancher hatte den Wohnungswechsel schon in den letzten Tagen vornehmen können, ein Umstand, aus welchem man zugleich schließen darf, daß ein Mangel an Wohnungen nicht vorhanden ist.« Ein Jahr später war das Blatt dann nicht mehr so skeptisch, sondern ließ nicht ohne Stolz verlauten: »An Wohnungen ist infolge der lebhaften Bauthätigkeit im vorigen Sommer ein Mangel nicht vorhanden.« In Restformen hat sich der Umzugsbrauch am Maitag bis in die Zeit vor dem Ersten Weltkrieg gehalten. »Bis ca. 1906«, so informiert das Rheinische Wörterbuch, sei in Barmen und Elberfeld jedem die mundartliche Redensart »vi donnt Maitag« (für ›umziehen‹) bekannt und verständlich gewesen.

Direkte Berührungspunkte zwischen dem überlieferten Wuppertaler Maitag und dem politisch-proletarischen Maifeiertag sind nicht nachweisbar. Beide Formen scheinen zwischen 1890 und 1914 beziehungslos nebeneinander existiert zu haben. Doch auch wenn sich der traditionelle bergische ›Moving-Day‹ nicht unmittelbar und formal im örtlichen roten Maifeiertag fortsetzte, so sind dessen plebejische Energien und Antriebe doch unmerklich, aber wirksam in den sozialistischen Festtag eingeflossen. Das Bewußtsein, daß die Straße am 1. Mai der Arbeiter-Manifestation gehört, ist im Wuppertaler Brauch vorgeprägt worden – und zwar ganz massiv. »Proletarische Öffentlichkeit«, um den Begriff von Negt/Kluge zu gebrauchen[95], hat es im Wuppertal am 1. Mai schon immer gegeben. Ein wesentlicher Unterschied wird allerdings darin bestanden haben, daß der überlieferte Maitag stets die Kontur eines duldsam ertragenen Armutstages, und der neue Maitag deutlich die Kontur eines offensiven Feiertags trug. Im alten ›Moving-Day‹ mußten sich die Wuppertaler Arbeiter als Objekt der wirtschaftlichen und sozialen Zustände sehen, im neuen Kampf- und Feiertag konnten sie sich stolz als Subjekt einer neuen Welt definieren: am alten Maitag wurden sie »auf die Straße gesetzt«, am neuen Maitag »gingen« sie auf die Straße – selbstbewußt und in freier Aktion.

Jedenfalls wird man davon ausgehen können, daß sich die Impulse des alten »Moving-Day«, wie politisch unbestimmt diese auch waren, in die rote Maifeier übertragen haben. Von Georg Simmel stammt die Beobachtung, daß alle wirksamen Massenaktionen zunächst einmal durch »Negation« motiviert sind; diese negativen Antriebe bilden oftmals erst – so Simmel – die innovative Energie für kollektive Verhaltensweisen, die allmählich, durch Lernprozesse, in die strukturierte Form eines politischen Programms überführt werden.[96] Von diesem Mechanismus sind zweifellos auch die Anfänge des roten Mai im Wuppertal geprägt gewesen. Die Städte Barmen und Elberfeld konnten schon früh mit beeindruckenden Maiumzügen aufwarten; allein in Elberfeld wurden 1891 zehntausend Demonstranten gezählt – bei einem Fest, das »in der schönsten Weise ohne jeden Mißton« verlief[97], wie es ein zeitgenössischer Chronist notierte. Peter Friedemann, der die frühen Maifeiern im Wuppertal untersucht hat, deutet die starken Teilnehmerzahlen als Indiz dafür, daß »die Arbeiterschaft von der ›Hoffnungsideologie‹ des Sozialismus erreicht worden war«.[98] Getragen wurde diese neue Hoffnungsideologie auch von den jahrzehntelangen Erfahrungen eines Mairituals, das den Arbeitern immer nur ihre elende Lage vor Augen gebracht hatte. Den Maitag »in der schönsten Weise ohne jeden Mißton« verlaufen zu lassen, dies war tatsächlich ein neues Erlebnis, dem die Hoffnungsideologie eine neue Richtung und eine neue Färbung zu geben vermochte.

Daneben gab es auch noch die »kulturpolitisch« regulierte, gewissermaßen die »sentimentalische« Anknüpfung an die alte Maitradition. Ebenfalls im Jahre 1891 wurde am Maifeiertag ein Theaterstück aufgeführt, hinter dessen Titel »Ein Maitag in Barmen oder so lebt man im Wuppertal«[99] sich eine Szenenfolge über den örtlichen Umzugs-Brauch verbarg. Auf der Bühne sahen die Wuppertaler Arbeiter Bilder aus ihrer eigenen Vergangenheit, gewissermaßen als Rückerinnerung an überwundene Zeiten, denen man sich in Form der Theaterposse nun vergnüglich zuwenden konnte.

Das Beispiel des Wuppertaler Brauchs macht klar, wieso die sozialistische Mai-Theorie (aber auch die kulturhistorische Forschung) dem »Moving-Day« eine wichtige Bedeutung in der Entstehungsgeschichte der Maifeier zumaß. Von ihm wird man am ehesten sagen können, daß er das ›missing link‹ zwischen altem und neuem Maibrauch bildet. Gleichwohl wären die faktischen Zusammenhänge nicht getroffen, wollte man eine Beziehung zwischen dem Maitag der vorindustriellen Volkskultur und dem der Arbeiterkultur nur über den »Moving-Day« herstellen. Auch aus anderen Maibräuchen hat der Arbeiterfeiertag Motive und Formen bezogen: sei es aus der Konfrontation mit dem Bürger-Mai wie in Bochum, sei es durch Übernahme von Handlungs- und Symbolelementen aus älteren Handwerker- oder Dorfbräuchen.

V. Am Beispiel der drei in ihren wesentlichen Formen und Funktionen skizzierten Maibräuchen lassen sich einige Überlegungen zum Verhältnis von traditioneller Volkskultur und Arbeiterkultur ableiten:

1. Der Überblick über die drei Brauchkomplexe und ihren steten Form- und Bedeutungswandel zeigt die Flexibilität und Variabilität des Maibrauchs auch schon im 18. und 19. Jahrhundert (nur war in weitgehend stationären Gesellschaften die Wandlungsgeschwindigkeit geringer). Allen drei Maibräuchen ist gemeinsam, daß sie auf Probleme des Alltags in je verschiedenen sozialen und wirtschaftlichen Kontexten bezogen sind. Darüberhinaus verbindet sie eine identitäts- und solidaritätsstiftende Funktion: In jedem Fall wird Gruppenidentität modo symbolico hergestellt, die im weitesten Sinn auf die Lösung wirtschaftlicher Probleme hinzielt. Neben diesen »Konstanten« zeigen die vorgestellten Maibräuche aber deutlich auch ihre Wechselhaftigkeit, wobei sich insbesondere die Motive und Intentionen ändern, d. h. sich jeweils unterschiedlichen sozialen und kulturellen Situationen anpassen.

2. Die drei Mai-Beispiele machen weiterhin klar, daß der »alte« Maibrauch von Landschaft zu Landschaft, sogar von Ort zu Ort ein je eigenes Profil aufwies. Es ist zu vermuten, daß eine ähnliche Feststellung sich auch für die jeweils lokale Gestaltung der proletarischen Maifeiern treffen läßt. Lokale Brauchüberlieferungen färbten sich auf Ortsebene auch im international beschlossenen und geforderten Arbeiterfeiertag ab. Wie die Maifeiern in den einzelnen Orten aussahen, wird deshalb auch von den jeweils regionalen Kultur- und Feststilen abhängig gewesen sein. Daß bei der Etablierung neuer Symbol- und Verhaltensorientierungen stets auch die Prägekraft der lokalen Überlieferungen wirksam ist, wurde in Arbeiten der neueren Arbeiterkulturforschung immer wieder herausgestellt. Erst kürzlich hat Lutz Niethammer auf das Prinzip der »Parochialität«, d. h., des durchschlagenden Charakters des jeweiligen Gemeindeteils bei der Herausbildung der politischen Kultur des Ruhrgebiets hingewiesen.[100]

3. Ähnlich wie es Hans Trümpy für den Freiheitsbaum beobachtet hat, gilt auch für die sozialistische Maifeier, daß sie »kein völlig wurzelloses Gebilde« war.[101] So wie der Freiheitsbaum war auch der 1. Mai der »Internationale« in Amerika und Frankreich vorgedacht – und die einzelnen Feierformen waren von der Dynamik regionaler und lokaler Überlieferungen mitbestimmt. Der Zusammenhang zwischen dem Maifest der vorindustriellen Volkskultur und dem der Arbeiterkultur stellt sich

freilich nicht als geradlinige Ab- oder Erbfolge dar, sondern eher als der Prozeß einer diffusen Beeinflussung, die verschiedene Gelenke und Relaisstationen kannte und die von Fall zu Fall unterschiedliche Intensität und Form annahm. Auf einer ersten Ebene ist der Termin in Anlehnung an einen aus den europäischen Volkskulturen stammenden Gesinde-Zieh-Tag / Moving-Day gewählt worden, auf einer zweiten Ebene sind Symbolformen, Vorstellungs- und Allegorie-Muster in die Deutung des neuen Festes eingegangen (über die Parteipresse und Agitationsrhetorik), auf einer dritten Ebene ist der Einfluß formaler Grundstrukturen, wie sie im volkstümlichen Festbrauch gang und gäbe waren, wirksam geworden (Festzug, Fahnen- und Blumenschmuck), auf einer vierten Ebene konnten schließlich die unterschiedlichen »Ortsgebräuche« sinn- und formbestimmend sein. Diese jeweils unterschiedliche Sinn- und Formorientierung konnte vom Vorbild traditioneller Maibräuche ausgehen oder von einer bewußten Konfrontation. Formbestimmend waren dabei oftmals auch brauchmäßige Kleinformen, wie etwa in den vielerorts bekannten Fällen, in denen nach Art des lokal überlieferten Mainacht-Schabernacks rote Fahnen auf das Rathaus, auf die Kirche oder auf die Fabrik gesetzt wurden.

4. Zudem blieben selbst die Geselligkeitsformen im Banne des traditionellen Festbrauchs. Das »Fest als Veranlassung sinnlicher Lebensfreude, als außergewöhnlicher Ausdruck von Gemeinschaftsbewußtsein und, nicht zuletzt, Vermittlungsort erotischer Kontakte«[102] war trotz aller unterschiedlicher Sinngebungen ein festes Ritual im dörflichen, im kleinstädtischen und im industriellen Milieu. Die festlichen, spielerischen und vergnüglichen Züge des traditionellen Maibrauchs werden schließlich insgesamt den geselligen Charakter des Arbeiterfeiertags bestimmt haben – bis hin zur Familienzentriertheit, der Frauen- und Kinderbeteiligung. Keine Aktion innerhalb der Arbeiterbewegungskultur wies ein solch hohes Maß an »Geselligkeit« auf wie das Maifest. Im Bildarchiv Preußischer Kulturbesitz befindet sich eine Folge einfacher Bleistiftzeichnungen von E. Hosang, auf denen maifeiernde Arbeiter in der Zeit vor der Jahrhundertwende dargestellt sind – beim Tanz, beim Familienausflug, beim Waldspaziergang. Die dort ins Bild gesetzten Szenen unterscheiden sich in keiner Weise von dörflichen Brauch- und Geselligkeitsformen am Maitag.

Diese Beobachtungen und Überlegungen kollidieren ganz auffallend mit der Feststellung von Friedrich Giovanoli, der in seiner material- und kenntnisreichen Abhandlung über die Geschichte des 1. Mai apo-

Sozialistische Maifeier, 1892, in einem Vorort von Berlin
(Zeichnung von E. Hosang)

diktisch formuliert hatte: »Ein Anknüpfen der Maifeierbewegung des Proletariats an die vorhandenen und aus früheren Jahrhunderten stammenden Maifeste und Maifestbräuche ist in dieser Arbeit nicht zu finden. Es wird zu zeigen sein, daß der erste Mai der Arbeiterbewegung nicht aus solchen Vorstellungen heraus entstanden ist, wenn sich späterhin auch solche Ideologien hinzugesellt haben ...«.[103] Was sich als krasser Widerspruch ausnimmt, klärt sich indes bei differenzierterer Sicht der historisch-empirischen Daten. Giovanolis Materialgrundlage bilden in erster Linie die politischen Eigenäußerungen der frühen Sozialdemokratie – Reden, Zeitschriftenartikel, Festgedichte und parteioffizielle Festtagsinterpretationen. Dort dominiert die politisch-offensive Argumentation; dort werden in kämpferischer Form sozialistische Forderungen artikuliert; dort steht der vorwärtsweisende Charakter der sozialdemokratischen Aktionen im Vordergrund. Und selbst wo

Kontinuitätsbehauptungen angestellt werden, behauptet sich der neue Anspruch: die Dichotomisierung von alter und neuer Kultur im Bild der Menschheitsgeschichte. Auf der Ebene der Theorie – der politischen und symbolischen Rhetorik – stellt sich der 1. Mai ganz anders dar als in seinen tatsächlichen Gestaltungsformen. Jedenfalls ist die Realität des Arbeitermai nur halb getroffen, wenn nicht auch die »normalen« Geselligkeits- und Verkehrsformen unterhalb der Schwelle parteioffizieller, d. h. aber auch zentraldirigistischer, Form- und Sinngebung berücksichtigt werden. Giovanoli hatte den kämpferischen Mai der sich im Kaiserreich konsolidierenden Arbeiterbewegung vor Augen, und er sah bei einer politischen Gewichtung primär die innovativen Aspekte der Maifeierbewegung. Der Blick auf die vielfältigen Brauch- und Geselligkeitsformen, die sich dem Arbeitermai inkorporiert haben, zeigt jedoch, daß es Zusammenhänge zwischen dem Mai der traditionellen Volkskultur und dem der Arbeiterbewegung gibt. Solch ein Hinweis verkennt keineswegs die große Eigenständigkeit, die die Arbeiterkultur in ihrem Vereinsleben und in ihren Feieraktivitäten aufwies.

Das Verhältnis von Volkskultur und Arbeiterkultur am 1. Mai ist nicht nur ein Problem der Jahrhundertwende. Auch für die Zeit des Nationalsozialismus und für die Nachkriegszeit lassen sich grundlegende Verschiebungen und gegenseitige Beeinflussungen nachweisen. Bei der Herrichtung des proletarischen Maifeiertags zum »Tag der deutschen Arbeit« wurde vielfach auch auf die regionalen Feierformen zurückgegriffen. So läßt sich für den Raum Bonn beispielsweise der politische Einsatz der dörflichen Mailehn-Bräuche konstatieren[104], und auch in einigen Dörfern der Eifel wurde im Zeichen nationalsozialistischer Brauchpflege die Mädchenversteigerung wieder eingeführt.[105] Stolz kündete eine volkskundliche Dissertation im Jahre 1936: »... in den Großstädten wurde der 1. Mai zu üblen politischen Demonstrationszügen und -versammlungen mißbraucht. Das Verdienst des Nationalsozialismus und seiner Kulturträger ist es nun, die durch eine gewisse Brauchmüdigkeit, durch Verstädterung, Verbote, Unkosten und politische Tendenzgebung hervorgerufene Abnahme und teilweise Entstellung des Maifestes erneuert und in das rechte Gleis gewiesen zu haben. Heute ist der 1. Mai der Tag der Arbeit und des Volkes.«[106]

Durchgängig ist nach 1945 ein Verzicht auf Wiederherstellung der kämpferischen Formen der Frühphase der Maifeierbewegung zu beobachten. Die Nachkriegsgeschichte des Arbeitermai ist eher dessen Integration in die Gesamtkultur, verstanden als »System von gegenseitig anerkannten und untereinander verschränkten Kulturen«.[107] Bei diesem Vorgang konnten nun wiederum die traditionellen Maifeste vom sozialistischen Feiertag profitieren: der arbeitsfreie Tag begünstigte die alten Brauchübungen, und zumal für die Mädchenversteigerung im Bonner Umland läßt sich eine auffallende Brauchaktivierung ausmachen. Was lange Zeit nur noch ein kümmerliches und peripheres Dasein zu fristen schien, ist durch die »Freizeit« am 1. Mai zu einem beliebten Spielbrauch geworden – nun oftmals getragen von Stimmungslagen eines neuen Traditions- und Heimatbewußtseins, von Stimmungslagen, die ihrerseits durchaus auch sozialen Unmut von »Individuen aus allen Schichten«[108] im Rahmen des Protestes gegen administrative und politische Strukturen des Hier und Jetzt ausdrücken können.[109]

Robert W. Malcolmson

Volkskultur im Kreuzfeuer

Der Kampf um die Abschaffung des Bullenrennens in Stamford im 18. und 19. Jahrhundert*

Freizeit und Vergnügen verdienen mehr Aufmerksamkeit von den Sozialhistorikern, als diese ihnen gewöhnlich einräumten. Denn eine Kultur wird nicht nur durch die Arbeitsprozesse und durch den Sinn geformt, der sich mit der Arbeit verbindet, sondern auch durch die Anlässe für Spiel und Festlichkeit, die den Kreislauf und die Routine der Handarbeit unterbrechen und manchmal eng mit ihnen verknüpft sind. Die Freizeitvergnügungen in ihren verschiedenen Formen bildeten einen wichtigen Bestandteil der plebejischen Kultur; sie ergänzten die Zwänge der Arbeit und boten spezifische Möglichkeiten der Bedürfnisbefriedigung, die vom arbeitenden Volk hochgeschätzt wurden. Festliche Anlässe waren stets in besonderem Ausmaß Zeiten der Freiheit: sie befreiten Männer und Frauen für eine bestimmte Zeit von ihren gewohnten Sorgen und Zwängen, sie halfen die Eintönigkeit des grauen Alltags zu lindern, sie gaben Gelegenheit zu individuellem Wohlleben und schufen Momente der Erregung, der Fröhlichkeit und des Spektakels – Augenblicke, in denen man sein Leben genoß, auf die man sich freute und an die man sich gern erinnerte. Es waren Zeiten, in denen die Gesellschaft sich selbst ›aufhob‹, in denen der einzelne die Zwänge des Lebens überschreiten konnte. In einem gewissen Sinne ermöglichten Spiel und Fest eine alternative Wirklichkeit gegenüber der Realität der fortdauernden Arbeit. Ein Festtag, ein Jahrmarkt, eine kommunale Feier, ein großes Sportereignis – das waren die bekanntesten Anlässe zum Feiern – gaben einem arbeitenden Menschen, wie ein Schriftsteller treffend bemerkte, »die Gelegenheit, etwas anderes zu sein als das, was die Arbeit aus einem machte«.[1]

Fast während des ganzen 18. Jahrhunderts waren diese Anlässe für Spiel und Fest in England weit verbreitet und erfreuten sich allgemeiner Zustimmung. Trotz der früheren Angriffe der puritanischen Reformer auf die Volkskultur standen die meisten traditionellen Formen der

* Übersetzt aus dem Englischen von Ingeborg Schindler.

Volksbelustigung während des Jahrhunderts nach der Restauration nach wie vor in voller Blüte. Der althergebrachte Festkalender, dessen Charakter stark durch die saisonalen Rhythmen der Landwirtschaft und die Feierlichkeiten des Kirchenjahres bestimmt war, stellte einen wesentlichen Rahmen für den Jahreszyklus der öffentlichen Festlichkeiten bereit. Weihnachten, Karneval, Ostern, Maifeiertage, Pfingsten, Erntedank: all diese Feste wurden fast überall begangen, und jedes einzelne war durch eigene Bräuche, Rituale und Freizeitattraktionen charakterisiert. Dazu kommt noch, daß die jährlichen Gemeindefeste (oder Kirchweihen) nahezu überall abgehalten wurden, im allgemeinen entweder im späten Frühjahr oder im Spätsommer bzw. Frühherbst, und als hervorragende Gelegenheiten für reichliches Essen und Trinken, für Sport und Unterhaltung dienten und dazu, die Gastfreundschaft gegenüber Freunden und Verwandten unter Beweis zu stellen, die zu Besuch kamen. Im frühen 18. Jahrhundert beging man in wenigstens zwei Dritteln der Gemeinden von Northhamptonshire ein Fest dieser Art; um 1730 verzeichnete Thomas Hearne für 132 Orte innerhalb Oxfordshires oder an dessen Grenzen einen solchen Festtag, und von mindestens 122 Orten in Devon weiß man ebenfalls, daß sie um 1750 einen Festtag hatten.[2] Jahrmärkte waren ebenfalls sehr weit verbreitet – in den Jahren um 1750 gab es etwa 300 in den drei Grafschaften Essex, Suffolk und Norfolk, und einige von ihnen fungierten, zumindest teilweise, als Gelegenheiten für Feste, Unterhaltung und Geselligkeit. Es gab auch eine beträchtliche Vielfalt von Betätigungsmöglichkeiten und Vergnügungen für das einfache Volk; einige davon waren eng mit speziellen Festtagen verknüpft, andere wurden zu verschiedenen Anlässen das ganze Jahr über ausgeübt. Fußball war sehr bekannt, Cricket nicht weniger; Ringen und Stockfechten oder Fechten mit »backswords«* waren in einigen Gegenden sehr beliebt, und an Wurfringspielen, Kegeln und »Glockenläuten« erfreute man sich wahrscheinlich weit und breit. Stierhetzen und Hahnenkämpfe waren die am meisten verbreiteten Tierwettkämpfe. Und vielerorts beging man zusätzlich alljährlich einen charakteristischen Brauch, nämlich einen Festtag, der bestimmte eigenständige, in lokalen Bräuchen und Traditionen verwurzelte Gepflogenheiten zur Darstellung brachte: z. B. »Bishop-Blaze-Feste« bei den Wollkämmern (am 3. Februar), das Bullenrennen in Stamford in Lincolnshire (am 13. November), das »Whipping Toms«

* Schwert mit nur einer Schneide; Anm. d. Ü.

in Leicester (am Faschingsdienstag), die »Haxey-Hood-Bräuche« auf der Isle of Axholm / Lincolnshire (am Dreikönigstag). Die meisten dieser verschiedenen Wettkämpfe, Lustbarkeiten und Feste hatten wahrscheinlich seit Generationen existiert, in vielen Fällen bereits vor 1500, obwohl wir aus der Zeit vor dem 18. Jahrhundert immer noch verhältnismäßig wenig über ihre Ausübung und ihren Charakter wissen. Man kann jedoch aufgrund der verfügbaren Quellen mit einiger Sicherheit davon ausgehen, daß diese traditionellen Freizeitveranstaltungen in England noch um die Mitte des 18. Jahrhunderts blühten, fest verwurzelt waren und weithin ausgeübt wurden.[3]

Seit dem späten 18. Jahrhundert wurde jedoch vielen dieser traditionellen Vergnügungen allmählich der Boden entzogen. Es gibt zahlreiche Gründe für diesen Wandlungsprozeß, aber eine der Haupterklärungen für den Verfall vieler dieser Lustbarkeiten besteht eindeutig darin, daß die Besitzenden der Ausübung dieser Bräuche immer ablehnender gegenüberstanden. Früher hatten die meisten Vertreter der besseren Gesellschaft die ausgelassenen Bräuche der einfachen Leute zumindest toleriert; tatsächlich begünstigten und unterstützten einige der Herren bestimmte Festveranstaltungen und sportliche Ereignisse oder finanzierten sie sogar mit. Aber im Laufe der Zeit änderte sich diese Haltung; vormals akzeptierte Bräuche wurden nun in Frage gestellt und häufig nachdrücklich verurteilt. Die Volksbelustigungen wurden einer strengen moralischen Überprüfung unterworfen, und man prangerte ihre zahlreichen Unzulänglichkeiten weithin öffentlich an. (Von zentraler Bedeutung für diesen kulturellen Wandel war die von einem pietistischen Geist getragene Erweckungsbewegung: sie wurde seit dem späten 18. Jahrhundert immer stärker, und sie präsentierte eine entschiedene und mit starkem Rückhalt versehene Kritik am Freizeitverhalten der Leute.) Einige Gewohnheiten, wie z. B. Tiere in Grausamkeiten zu verwickeln, waren den Angriffen der Reformer ganz besonders ausgesetzt, wenngleich die Sittenreformer ihre Aufmerksamkeit nicht nur auf die blutigen Wettkämpfe beschränkten: sie beschäftigten sich mit einer breiten Skala volkstümlicher Verhaltensweisen, die neben der Beachtung der Sonntagsgebote auch die Jahrmarktvergnügungen und viele andere typische Äußerungen der ›weltlichen‹ Vergnügungssucht einschlossen. Während dieser Zeit gingen die meisten Männer von Rang und Namen – obwohl von unterschiedlichen politischen und religiösen Überzeugungen – dazu über, die traditionellen Freizeitmuster als Zeit- und Geldverschwendung, als nutzlosen und üppigen

Luxus, als Bedrohung von Besitz und öffentlicher Ordnung und als Überbleibsel einer primitiven Vergangenheit zu betrachten. Man hielt die Volksvergnügungen für unvereinbar mit einer angemessenen Arbeitsdisziplin und mit dem ›Geist des Fortschritts‹; sie waren unerträglich für Männer eines aufgeklärten Zeitalters; sie sollten ausgemerzt – und mit einigen von ihnen geschah dies auch – oder wenigstens mit allen zur Verfügung stehenden Mitteln verhindert werden. Wenn reformbereite Männer im 19. Jahrhundert Freizeitveranstaltungen überhaupt einen Wert zubilligten, dann sprachen sie meist von ›vernünftiger Freizeitgestaltung‹, einer Konzeption, die gänzlich neugeschaffene Vorstellungen von Vergnügen und Zerstreuung nach sich zog. Aber am allermeisten ging es ihnen um ›Ehrbarkeit‹; und die Ehrbarkeit und die Männer, die sich an diesen Kodex hielten, standen für gewöhnlich in direkter Opposition zu allem, was mit den Lustbarkeiten etwas zu tun hatte: nämlich zu ihrem Ungestüm, ihrer ›Pöbelhaftigkeit‹ und ›Grausamkeit‹, ihrer ›Unordentlichkeit‹, ihrer ungezügelten Ausgelassenheit. Genau hier, in dieser prononcierten Feindseligkeit, lag eine der Hauptursachen für die Aushöhlung vieler traditioneller Freizeitvergnügen. Die Absicht der folgenden Diskussion besteht darin, diese Feindseligkeit im Hinblick auf einen speziellen Freizeitbrauch zu untersuchen – den des alljährlichen Bullenrennens in Stamford (Lincolnshire).

In England waren Bullenrennen ein besonders augenfälliger Zeitvertreib in Tutbury (Staffordshire), Stamford (Lincolnshire) und vielleicht in ein oder zwei anderen Städten. Das Bullenrennen in Stamford, das alljährlich am 13. November abgehalten wurde, war ein bedeutender festlicher Anlaß für die Stadt und ihr Umland, der jedes Jahr Hunderte von Zuschauern und Teilnehmern anzog. Die Veranstaltung bestand im wesentlichen in einem offenen Stierkampf, der ohne Waffen oder höchstens mit Stöcken und schweren Stangen ausgetragen wurde; er scheint eine starke Ähnlichkeit mit den unblutigen Stierkämpfen besessen zu haben, wie man sie bis vor kurzem (oder auch noch heute) in Teilen Frankreichs und Spaniens vorfand, und er war durch eine ähnliche Karnevalsatmosphäre charakterisiert. Am Morgen des 13. wurden die auf die Hauptstraßen führenden Häusereingänge verbarrikadiert und die Läden geschlossen, und um elf Uhr kündigte der Glockenschlag von St. Mary das Erscheinen des Bullen an. Er wurde dann aus einem Stall auf die Menge der Zuschauer und Wettkampfteilnehmer (sie hießen ›bullards‹) losgelassen, die sich in den Straßen drängten. Das Durcheinander und die Unordnung, die nun folgten, führten zu einer allgemeinen Erregung, ebenso wie die Mutproben, mit denen man den Bullen quälte – indem man etwa Wurfgeschosse gegen ihn schleuderte oder ihn mit einem roten Gegenstand reizte und ihm dann geschickt auswich. Ein talentierter Stierkämpfer etwa konnte sich selbst in ein offenes Faß hineinzwängen und es dem Stier entgegenrollen: dabei bestand das Ziel darin, ihn dazu zu bringen, das Faß wegzuschleudern und dennoch gleichzeitig nicht herausgeworfen oder übel zugerichtet zu werden. »Wenn er zu zahm ist«, schrieb ein feindseliger Beobachter im Jahr 1819, »wird er bald von der Kanaille umringt und ›beladen‹ (loaded), wie die Stierkämpfer das nennen; das heißt, einige halten ihn an den Hörnern fest, andere an den Ohren, manche schlagen ihm mit Knüppeln in die Seiten und andere hängen sich an seinen Schwanz.«[4] Geriet jemand in Bedrängnis, so kamen ihm seine Freunde mit den verschiedenartigsten Possen zu Hilfe. Manchmal wurde der Stier von ganzen Gruppen bestürmt, und häufig wurde er auch nur einfach durch die Straßen gejagt. Der Festtag bot zweifellos zahlreiche Gelegenheiten, um persönlichen Mut und Einfallsreichtum zu demonstrieren; wie viele Volksfeste lieferte er aussagekräftiges Rohmaterial für die Einschätzung des gesellschaftlichen Status. Wie ein Geistlicher 1830 klagte, »gewinnt derjenige, der am meisten Mut beweist, wenn er dem aufgebrachten Tier gegenübersteht, eine Art von beneidenswerter Aufmerksamkeit unter seinen Mitstreitern, die ihn zu neuen abenteuerlichen Taten veranlaßt«.[5] Nach einer Mittagspause wurde der Bulle erneut losgelassen, aber diesmal wurde er auf die Hauptbrücke zugetrieben, die den Welland überspannte. Die Wettkämpfer umringten ihn auf der Brücke, hoben ihn gemeinsam über das Geländer und warfen ihn ins Wasser; das war das bekannte »brigging the bull«. Er pflegte dann auf dem kürzesten Weg zur angrenzenden Weide zu laufen, wo manchmal einige Hunde auf ihn angesetzt wurden (obwohl er nicht gefesselt war), und wo die Stierkämpfer eine Zeitlang in den sumpfigen Flußauen Jagd auf ihn machten. Am Spätnachmittag geleitete man ihn in die Stadt zurück; er war zweifellos frustriert und erschöpft, aber für gewöhnlich nicht verstümmelt. Dann wurde er geschlachtet, und manchmal verkaufte man das Fleisch billig an die Armen oder tischte es in den Gasthäusern auf. Wenn ein Stier doch einmal dem »brigging« widerstand, schenkte man ihm das Leben.[6]

Das Bullenrennen von Stamford hatte über viele Generationen hinweg ohne bemerkenswerte Opposition Bestand. Obwohl einige frühere Beobachter ihr Mißfallen an dem Geschehen geäußert hatten, wurde erst 1788 ein Versuch unternommen, seine Abschaffung zu erwirken. Das war dann der eigentliche Beginn einer langwierigen und beherzten Auseinandersetzung in der Stadt zwischen den zunehmenden Reformgedanken einerseits und einem entschlossenen, im Volk weit verbreiteten Konservativismus andererseits – einer Art von Konservativismus und Traditionsverbundenheit, die den herkömmlichen Vergnügungen ihre außergewöhnliche Dynamik und Widerstandskraft verlieh. Vom Bezirksgericht des Borough wurde im Januar eine Verordnung herausgebracht, die diesen Brauch für die Zukunft verbot, und von Anfang Oktober an führte die Obrigkeit eine scharfe Kampagne gegen den herannahenden Festtag. (Der Hauptverfechter des Verbots scheint der Earl of Exeter gewesen zu sein, Stamfords Oberaristokrat, dessen beeindruckender Landsitz gleich außerhalb der Stadt lag.) Auf der Gerichtssitzung vom 6. Oktober wurde das Rennen mit der Begründung verboten, daß es »Laster, Sittenlosigkeit, Unmoral, Unordnung, Aufruhr, Trunkenheit und Unheil bei vielen Leuten, den Einwohnern dieses Bezirks und seiner Nachbarschaft befördert und alle möglichen Unmenschlichkeiten in den niederen Volksklassen einem unglücklichen Tier gegenüber sowie große Belästigungen, Gefahren und Verzögerungen für alle Reisenden, die die Chaussee in diesem Bezirk einherzogen, hervorgebracht habe«.[7] In sämtlichen Straßen durften keine Hindernisse mehr errichtet werden, und um die Durchsetzung der Verfügung zu erleichtern, wurden achtundvierzig Hilfspolizisten vereidigt, die den zwölf regulären Konstablern beistehen sollten. An die Gastwirte erging die Anweisung, am 13. niemanden in ihren Häusern herumlungern zu lassen, und den Geschäftsleuten riet man, ihre Läden geöffnet zu halten und ihren Geschäften wie gewohnt nachzugehen. Am Ende des Monats wurde in Erwiderung der vielen Unmutskundgebungen und der Gerüchte, daß eine Subskription für den Erwerb eines Stieres im Gange sei, eine weitere Verlautbarung herausgegeben, die allen Zuwiderhandelnden aufgrund des Gesetzes gegen Landfriedensbruch bzw. öffentliche Unruhen (Riot Act) Verfolgung androhte. Am 8. November kam es zu Unruhen vor dem Amtssitz des Bürgermeisters: Man sandte ein Hilfsgesuch an das Kriegsministerium, und am 12. traf eine Dragonertruppe aus Newark ein. Am 13. schlugen die Wogen der Aufregung hoch, und wenige Stunden lang hatte es den Anschein, als könnte die

Obrigkeit sich durchsetzen. Während jedoch um die Mittagszeit die Soldaten und Polizisten einen verdächtig aussehenden Stier südlich der Stadt ausmachten, schleuste man einen anderen vom Westen ein und ließ ihn frei durch die Straßen laufen.[8] Als die Obrigkeit diesem Gang der Ereignisse Einhalt gebot, kam es zu einem Handgemenge, und Lord Exeter und Sir Samuel Fludyer wurden vom Pöbel »mißhandelt«; der Stier wurde beschlagnahmt, verschiedene Arreststrafen wurden verhängt, und die Menge zerstreute sich nach und nach.[9] Am nächsten Tag zollte der Stamford Mercury der Entschlossenheit der Richter Beifall und berichtete, daß »der Pöbel vergangene Nacht und heute Morgen sehr ruhig war, und wir sind zuversichtlich, daß es nun endgültig vorbei ist mit einem Brauch, der lange genug der Stadt Stamford Schande gemacht hat«. Im Januar wurden über vier Teilnehmer an den Unruhen des 8. November Gefängnisstrafen zwischen zwei Wochen und drei Monaten verhängt.[10]

Im Jahre 1789 wiederholten die Richter die Vorsichts- und Verbotsmaßnahmen des Vorjahres. Aber trotz der massiven Warnungen und der Präsenz der Dragoner soll, so zumindest Reverend John Swann, auch der Festtag in diesem Jahr »dieselbe Szene geboten haben, mit fast noch verwegenerem Mut des Pöbels, der ein Schloß aufbrach und einen Stier des Bauern Wright in Scotgate herausließ ... Tatsächlich trieben sie den Bullen einige Stunden lang durch alle Stadtteile und boten dem Bürgermeister, den Ratsherren und dem Stadtrichter Lord Exeter mit der vollendetsten Unverfrorenheit Trotz, wofür einige am darauffolgenden Tag zu Gefängnis verurteilt wurden.«[11] Eine korpulente Frau namens Ann Blades, die mit einem grellblauen Kittel bekleidet war, hatte den Stier und seine Verfolger in die Stadt geführt; dort traf die Menge auf den Bürgermeister, auf Polizei und Militär. Der Dragonerhauptmann war jedoch offensichtlich mehr vom ordentlichen Auftreten der Stierkämpfer als vom Anliegen des Bürgermeisters beeindruckt, und so lehnte er es ab, ihnen Widerstand entgegenzusetzen und entließ seine Männer aus dem Dienst, die sich auch sofort dem Bullenrennen anschlossen.[12] Im Januar wurden drei Männer wegen Aufruhrs verurteilt; der eine zu sechs Monaten, die anderen zu einem Monat Gefängnis.[13]

Es scheint, als ob die Richter nun allmählich entmutigt und von ihrem Erfolg nicht mehr so überzeugt gewesen wären. 1790 zog man die Dragoner erneut zusammen, aber sie verließen die Stadt, ohne zum Einsatz gekommen zu sein. Am 13. November, so Swann, »setzte der Pöbel seine bösen Absichten mit äußerster Entschlossenheit fort, brachte

einen Stier von Ryhall herein und jagte ihn mehrmals durch alle Stadtteile ohne den geringsten Widerstand des Bürgermeisters usw., der so klug war, den Leuten ihren Willen zu lassen. Er dachte wohl, man könne diesen wilden Zeitvertreib noch am ehesten dadurch unterdrükken, daß man keinerlei Notiz von ihm nahm«.[14]
Die Obrigkeiten waren geschlagen, und das Volk schwelgte im Gefühl seines Sieges. Mehrere Flugblätter und Balladen rühmten den Erfolg und prophezeiten für den Fall künftiger Zusammenstöße ein ähnliches Ergebnis. Ein satirisches Flugblatt mit dem Titel »Das Bullenrennen ist wieder da« präsentierte einen Lord Wing (alias Earl of Exeter), der, als man einen freilaufenden Stier ausmachte, folgendes verdrossene Selbstgespräch führte:

»Ach Gott, wie elend mein erhabener Rang doch ist,
Ich glaubte zu herrschen, ich dachte, ich wäre mächtig:
Gestern noch konnte ich auf mein Geheiß den Wogen
Einhalt gebieten und alle Menschen zu Sklaven machen;
Die ärmliche Bettlerkate, die Gefängniszelle
Paßt zu ihrem niedrigen Stolz,
Und sie fühlen sich sogar noch wohl darin:
Denn diese armseligen Kerle finden mehr Spaß an ihrem Spektakel
Als ich in meinem goldenen Käfig ...«[15]

Ähnliche Gesinnungen bestanden unvermindert bis ins nächste Jahrhundert fort. John Drakards »Stamford News« vom 11. November 1825 enthielten den respektlosen Beitrag eines anonymen Poeten:

»Es sprach Martin von Galway[16] zu Richter Conant,
Ich möchte dem Bullenrennen in Stamford ein Ende machen.
Ich bin ganz Eurer Meinung, Herr Martin, antwortete die ›Große Perücke‹,
Aber die Stierkämpfer von Stamford haben sich über Euer Recht hinweggesetzt;
Sie gebieten uns, wir sollen uns nicht einmischen, und schwören,
Daß, wenn wir es doch tun,
Mich die Hunde festhalten werden und Euch der Stier umwerfen wird.
Nun, auf diese Weise am Boden festgehalten und in die Luft geschleudert zu werden,

Das werdet Ihr zugeben, mein lieber Freund, ist wirklich kein Spaß.
Wir sollten deshalb lieber ganz ruhig sein und uns nicht von der Stelle rühren.«

Um das Bullenrennen herum entstand eine Subkultur populärer Selbstdarstellung. Manchen der ortsüblichen Trinkgefäße wurde der patriotische Slogan eingraviert »Lang lebe der Stier«; unternehmungslustige Jugendliche malten mit Wasserfarben Szenen von bestimmten Vorfällen beim Bullenrennen und verkauften sie für ein paar Pfennige an einheimische Liebhaber.[17] Die Gegnerschaft flaute ab und scheint sich für längere Zeit in diskretes Schweigen gehüllt zu haben. Immer wiederkehrende Moralpredigten und Leserbriefe an die Zeitungen verdammten den Brauch zwar nach wie vor, aber während der ersten dreißig Jahre des 19. Jahrhunderts war das Fest keinen ernsthaften Herausforderungen mehr ausgesetzt.
Während der zwanziger und dreißiger Jahre meinten einige Beobachter, das Bullenrennen büße allmählich an Popularität ein. Als Gründe für diese Entwicklung wurden Geschmacks- und Interessenveränderungen sowie kultiviertere Manieren angeführt. Zwei Wochen vor dem Festtag von 1833 hieß es, die Stierkämpfer hätten Schwierigkeiten, genügend Geld aufzubringen, um das Rennen auszurichten. Aber diese schleichende Apathie schwächte sich bald ab, als Anfang November gemeldet wurde, daß der Tierschutzverein (R. S. P. C. A.*) beabsichtige, gegen das diesjährige Bullenrennen einzuschreiten. Diese Ankündigung bewirkte eine dermaßen großzügige Subskription für den Festtag, daß das Gerücht entstand, es sei ausreichend Geld gesammelt worden, um das Vergnügen für weitere zwei oder drei Jahre zu finanzieren. Ein gewisser Charles Wheeler, den man für einen Agenten des Tierschutzvereins hielt, der in Wirklichkeit aber ein Betrüger war (trotz allem war er ein gutgläubiger, wenngleich verschlagener Agitator gegen blutige Wettkämpfe)[18], kam nach Stamford, um sich mit der Obrigkeit auseinanderzusetzen, aber die Einwohner bereiteten ihm einen derart unfreundlichen Empfang, daß er es für zweckmäßig erachtete, sich aus der Stadt zu entfernen. Dem Lincolnshire Chronicle vom 15. November zufolge zeigte sich am 13. November eine »wilde Art von Corpsgeist unter den ›Stierkämpfern‹, und beim diesjährigen Rennen nahm die ganze Sache das Ausmaß eines Eklats an, der in den ver-

* Royal Society for the Prevention of Cruelty to Animals; Anm. d. Ü.

gangenen alljährlichen Veranstaltungen ohne Beispiel war«. Spontan formierten sich Zusammenschlüsse ausdrücklich zu dem Zweck, den Fortbestand des Rennens zu gewährleisten. Indem sie sich der Lehren von 1788–90 erinnerte, äußerte sich die Lokalpresse über die zwar ehrenwerten Motive, aber gleichzeitig auch über das ungeschickte Vorgehen der Londoner Behörden. Eine Redensart aus der eigenen Überlieferung der Stierkämpfer sollte zur Mäßigung beitragen, nämlich »daß der Stier zwar umkommen, aber nicht getötet werden darf«. In einem empörten Brief sprach Wheeler von »Aufruhr, Durcheinander, Plünderung und Blutvergießen« und schloß mit der Beschwerde, daß »man mich für meine bescheidenen Bemühungen, die Stierhetze zu verhindern, persönlich mit Gewalt bedrohte und daß von den grausamen und blutrünstigen Stierhetzern Stamfords die schrecklichsten Verwünschungen gegen mich ausgestoßen wurden«.[19]

Obwohl die Intervention von 1833 als solche das Rennen kaum wirklich gefährdete, gab es eine echte und wachsende Möglichkeit für die einflußreicheren Londoner Reformer, wirkungsvoll einzugreifen. Im Jahr 1830 waren ein Reporter vom Christian Advocate und ein Vertreter des Tierschutzvereins nach Stamford gesandt worden; der erstere, um über das Bullenrennen zu berichten, und der andere, um die Unterstützung der Richterschaft zu suchen.[20] Der Tierschutzverein erhielt sein Interesse an Stamford aufrecht: sein Komitee bekräftigte in der Antwort auf einen Brief im Frühjahr 1834 erneut seinen Widerstand gegenüber dem Bullenrennen; es räumte jedoch ein, daß »sie befürchten, daß die derzeit geltenden Gesetze nicht hinlänglich stark genug sind, es zu unterbinden ... und sie bedauern auch sagen zu müssen, daß die begrenzten Geldmittel, die sie gegenwärtig zur Verfügung hätten, es nicht rechtfertigten, weitere Ausgaben für ein fortgesetztes Einschreiten (gegen das Rennen) auf sich zu nehmen«.[21] Während der nächsten beiden Jahre wurden diese Unzulänglichkeiten größtenteils beseitigt: Das 1835 erlassene Tierschutzgesetz (Cruelty to Animals Act) schuf eine solide Rechtsgrundlage für Strafmaßnahmen, und der Eingang eines Vermächtnisses von 1000 Pfund im Oktober 1836 versetzte den Verein in die Lage, eine leidenschaftlichere und aggressivere Politik zu verfolgen.[22] (Sein Sekretär und ein Beobachter waren von ihren Recherchen beim Bullenrennen 1835 mit Informationen über die achtundzwanzig aktivsten Teilnehmer zurückgekehrt, aber aus finanziellen Erwägungen mußte die Idee einer legalen Aktion fallengelassen werden).[23] Danach machte der Verein mit seiner Kampagne ernst. 1837

wurden gegen acht Männer Gerichtsverfahren wegen ihrer Beteiligung am vorausgegangenen Bullenrennen eingeleitet. Bei den Sommersitzungen des Assisengerichts in Lincoln wurden fünf freigesprochen und drei für schuldig befunden; die Urteile wurden ausgesetzt, um den Stierkämpfern Gelegenheit zu geben, darüber nachzudenken, ob ihre Dickköpfigkeit wirklich klug war.[24] Zu dieser Zeit hatte der Tierschutzverein für die Stamforder Angelegenheit (der Auftakt zu einer beachtlichen Serie von Fällen) schon mindestens 350 Pfund ausgegeben, und 1837 war ihr fast ein Viertel der Gesamtausgaben des Vereins zuzuschreiben.[25]
Noch vor dem Bullenrennen von 1837 sahen sich die Richter von Stamford durch das Innenministerium, an das der Tierschutzverein mit einer Eingabe herangetreten war, zum Handeln genötigt.[26] Ein Brief des Innenministeriums vom 2. November verlangte harte Maßnahmen und erkundigte sich nach der Stärke der städtischen Polizeikräfte. Die Antwort der Richter war voller Zweifel darüber, ob sich das Fest tatsächlich abschaffen ließe: »Ihro Ehren glauben nicht, daß die (vierzig) bereits vereidigten Hilfspolizisten wirkungsvoll handeln würden, um den Volksauflauf beim Bullenrennen zu unterbinden oder ihm vorzubeugen, und sie wollen nicht verhehlen, daß große Schwierigkeiten auftreten würden, wollte man hinreichende Kräfte organisieren, die stark genug wären, das Rennen zu verhindern. Der Polizeichef (hat) angeboten zu beeiden, daß man sich in dieser Sache weder auf die reguläre Polizei noch auf die Hilfspolizei verlassen könne ...«[27]
Die unentschlossene Haltung der Richter wurde im nächsten Brief des Innenministeriums scharf kritisiert, und daraufhin bekräftigten sie ihren guten Willen dahingehend, daß sie Bekanntmachungen veröffentlichten, in denen schwere Strafen für das Bullenrennen angedroht wurden. Außerdem rekrutierten sie weitere zweihundertvierzig ehrenamtliche Hilfspolizisten, »im allgemeinen die angesehensten und viele der wohlhabendsten Einwohner der Stadt«.[28] Zur selben Zeit legte Richard Newcomb, der Herausgeber des »Stamford Mercury«, in einem privaten Schreiben an den Tierschutzverein eine Insider-Version der örtlichen Umstände dar:
»Ich bin einer der Richter des Borough, und ich bedaure sagen zu müssen, daß ich der einzige bin, der der Fortsetzung des Bullenrennens nicht geneigt ist. Durch meine Anregung in einem Brief, den ich nach London sandte, ist eine Korrespondenz entstanden, die zur Zeit zwischen dem Staatssekretär ... und den Richtern von Stamford fortgeführt wird ... Dieser Briefwechsel hat einen Gegensatz zwischen

meinen Amtskollegen und mir verursacht; und die Bekundungen ihrer Anteilnahme an diesem abscheulichen organisierten Massenwahn hatten es darauf abgesehen, den kommenden Jahrestag des Fests ohne ein direktes Eingreifen von seiten der Regierung über die Runden zu bringen ... Einige von ihnen (der Bürgermeister eingeschlossen) werden, davon bin ich überzeugt, alles tun, was in ihrer Macht steht, um die Fortführung des grausamen Brauchs zu unterstützen aufgrund ihrer ausdrücklichen Überzeugung, daß dieser durch Verfassung und Gesetz sanktioniert ist und daß Mr. Phillips (der hochgelehrte Unterstaatssekretär) sich irrt, wenn er ihn ›ungesetzlich‹ nennt. Sie dringen bei Lord John Russel darauf, eine Gesetzesvorlage einzubringen, die das Rennen rechtswidrig macht !!! und nur auf diese Weise, so deuten sie an, und nicht anders könne es in Stamford abgeschafft werden.
Ebenso behaupten sie, daß sich in den Kreisen derjenigen Leute keine Hilfspolizisten ... finden ließen, von denen man eigentlich erwarten sollte, daß sie ihren Eid ernstnehmen: eine plumpe Verleumdung vieler ehrbarer Stadtbürger, die bereitwillig an diesem Tag ihren Amtseid leisten, freilich nur unter der Voraussetzung, daß die Obrigkeit ernsthafte Anstalten macht, sie davor zu bewahren, daß man sie umbringt ...«[29]
Newcombs Darstellung der Haltung der anderen Richter wurde während eines Interviews bekräftigt, das der Sekretär des Tierschutzvereins am 12. November 1837 mit den Stadtvätern führte. Sie zeigten sich teilnahmslos allen seinen Vorschlägen gegenüber: »Es war ganz augenfällig«, berichtete er später, »daß die Mehrheit der Richter nichts unternehmen wollte, um das Bullenrennen zu verhindern oder die Missetäter dingfest zu machen«.[30] Am 13. November versammelten sich um 9 Uhr morgens etwa dreihundert Hilfspolizisten am Rathaus, aber (so die Richter) »die allgemeine Stimmung und Entschlossenheit, mit der sie ihre Vorliebe für das Bullenrennen zum Ausdruck brachten (obwohl sie ihre Bereitschaft erklärten, das Eigentum etc. zu schützen), sollte offenbar auf einen schlagenden Beweis dafür hinauslaufen, daß im Ernstfall kein Verlaß auf sie sei«.[31] Die Vertreter des Tierschutzvereins berichteten, daß »die Hilfspolizisten ... vor die Richter zitiert wurden, und bald darauf kamen sie rennend und stampfend die Treppe herunter und riefen gellend: ›Es lebe der Stier! Hurra, hurra‹«.[32] Zu Mittag liefen Stier und Treiber unbehelligt in der Stadt herum. Am Nachmittag wurde der Stier durch die Straßen eskortiert und vor dem Rathaus zur Schau gestellt, wozu die Leute »wiederholt gellend schrien, höhnten und murrten«.[33] Am 25. November wurden sechs Männer im völlig überfüllten

Rathaus aufgrund des 1835 erlassenen Tierschutzgesetzes vor Gericht gestellt. Vier von ihnen wurden freigesprochen, die beiden anderen für schuldig erklärt und mit einer Geldstrafe belegt; eine dieser Geldbußen wurde sofort aus einer Sammlung, die man noch im Gerichtssaal abhielt, bezahlt.[34]

Im Jahr 1838 wurde der Angriff auf breiterer Basis und besser begründet vorgetragen. Als Ergebnis eines Einspruchs gegen die Verurteilung vor dem königlichen Assisengericht 1837 wurde das Bullenrennen nun vom Gerichtshof der Queen's Bench ausdrücklich für illegal erklärt.[35] Anfang November beorderte das Innenministerium unter dem Druck des Tierschutzvereins zwölf Londoner Polizeibeamte und fünfunddreißig Dragoner nach Stamford; die Richter rangen sich zu einer härteren Gangart durch und stellten sechzig Hilfspolizisten in Dienst.[36] Briefe von Richard Newcomb an den Tierschutzverein vom 2. und 7. November gaben sich ungewöhnlich optimistisch: »Ein wunderbarer Gesinnungswandel ist bei den Richtern eingetreten... Sie sind ganz umgewandelt und sehen jetzt die Gefahr für ihre Stellung, wenn sie nicht ihren Pflichten entsprechend handeln, und d. h. die Absicht der Regierung unterstützen, die von ihr so deutlich und nachdrücklich bekundet wurde.«[37] Bis um 1 Uhr tauchte am 13. kein Stier auf. Dann entdeckte man durch einen bloßen Zufall einen offensichtlich arglosen Knecht, der gerade eine Herde von neun Kühen und einem Stier durch die Stadt trieb. Einige Leute erleichterten ihn um den Bullen, und es gelang ihnen, diesen durch den größten Teil der Stadt laufen zu lassen, bevor sie von Polizei und Militär daran gehindert wurden. Der Stier wurde beschlagnahmt, und die Gesetzeshüter wurden von einer aufgebrachten Menge mit Steinen beworfen. Newcomb war mit den an diesem Tag unternommenen Anstrengungen zufrieden und glaubte, die Tradition sei nun wirkungsvoll durchbrochen worden.[38] Auf dem Bezirksgerichtstag vom Januar wurden vier Personen wegen Aufruhrs angeklagt, aber die ihnen wohlgesonnenen Geschworenen sprachen sie alle frei.[39]

Die Vorbereitungen von 1839 nahmen das Ausmaß einer kleineren Belagerung an: Zwanzig Polizisten aus der Hauptstadt und dreiundvierzig Dragoner kamen nach Stamford, um den neunzig örtlichen Hilfspolizisten zur Seite zu stehen. Am 12. November wurden Verlautbarungen verteilt, die die Rechte und Pflichten der Hilfspolizisten zusammenfaßten und in einigen Einzelheiten den Gesamtplan beschrieben, wie die Ordnung am nächsten Tag aufrechterhalten werden sollte (er beinhaltete Vorkehrungen für Boten, sah Späher an allen Zufahrtsstraßen vor und schloß Maßnahmen ein, wie man durchziehendes Vieh in sicheren Gewahrsam nehmen sollte).[40] Und dennoch versagten die Vorsichtsmaßnahmen wieder einmal. In den frühen Nachmittagsstunden wurde ein Stier heimlich in die Stadt eingeschleust und in der herkömmlichen Weise gejagt.[41] Die Polizei versuchte erfolglos, den Bullen zu beschlagnahmen, deshalb mußte man die Dragoner auf den Plan rufen; sie erschienen gerade rechtzeitig, um die Freilassung eines weiteren Stiers zu verhindern. Auf der nächsten Sitzung eines desillusionierten Stadtrates kam es zu ausgedehnten, verwirrten Debatten über das Bullenrennen. Im Mittelpunkt der Auseinandersetzung standen die steigenden Kosten für die Versuche, das Rennen abzuschaffen. Im vorhergehenden Jahr waren schon fast 150 Pfund ausgegeben worden, und es stand zu erwarten, daß der Mißerfolg in diesem Jahr doppelt soviel kosten würde; von den Steuerzahlern mußte ein zusätzlicher Sixpence pro Pfund erhoben werden.[42] (Verärgerte Tories interpretierten den Druck des Ministeriums als einen Racheakt der Whigs an der Stadt für die Wahl zweier Konservativer.)[43]

Letztendlich war es dieser finanzielle Druck, der zu einem gemeinsamen Angriff auf das Bullenrennen führte. Anfang November 1840 unterzeichneten sechshundertsiebzig Einwohner eine Petition mit der festen Zusage, persönlich für die Abschaffung einzutreten, und mit der Bitte, daß keine auswärtigen Sicherheitskräfte mehr zu Hilfe gerufen werden sollten. Die Unterschriften dürften wohl die überwiegende Mehrheit der städtischen Steuerzahler repräsentiert haben. Die Obrigkeit, der Tierschutzverein und der Innenminister (Lord Normanby) nahmen die Bürgschaft an, und am 13. erwies sich dieser breit angelegte und angewandte Druck als wirksam.[44] Ein Brief von einem Mitglied des Tierschutzvereins-Komitees, das dem Ereignis beigewohnt hatte, berichtete, »daß der Brief Lord Normanbys (der davor warnte, weiterhin hartnäckig auf dem Rennen zu bestehen) in jedem Schaufenster gewesen sei; daß anscheinend keine Sitzung der richterlichen Obrigkeit stattfand; daß hier und da sich Gruppen der niederen Stände bildeten, die von Zeit zu Zeit spaßeshalber ausriefen: ›Ein Stier, ein Stier!‹, und daß all die ehrbaren Leute, mit denen er gesprochen habe, danach verlangten, daß kein Bullenrennen mehr stattfinden sollte; er sagte, daß um ca. 6 Uhr eine Gruppe von Jugendlichen einen Stier durch die Straßen trieb, der jedoch bald eingesperrt wurde, und daß einer der Jungen in Gewahrsam genommen wurde. Zweifellos geschah dies, um das uralte Recht aufrechtzuerhalten und um sagen zu können, daß es keine

Unterbrechung des Brauches gegeben habe. Alles in allem ist es ein großer Triumph für den Verein.«[45]

Danach fand kein ernsthafter Versuch mehr statt, den Festtag wieder aufleben zu lassen. Das Spektakel war beendet, aber seine Freuden und Traditionen lebten in der Erinnerung der Leute fort. Das ›Lied vom Bullenrennen‹, fast eine Lokalhymne, wurde in späteren Jahren häufig bei öffentlichen Veranstaltungen gesungen; es blieb im Gedächtnis und wurde bis in die achtziger Jahre hinein manchmal wieder angestimmt.[46]

Obwohl der Widerstand gegen die Angriffe auf das Stamforder Bullenrennen, was seine Verbreitung, seine markante Entschlossenheit und seinen leidenschaftlichen Rückhalt in der Bevölkerung angeht, außergewöhnlich war, handelte es sich dabei um einen repräsentativen Ausdruck jener Art von glühendem Konservativismus, der sich in geringerem Ausmaß bei vielen Anlässen zeigte, wo blutige Wettkämpfe direkt bedroht waren. So hielten beispielsweise in den West-Midlands die Leute fast ebenso hartnäckig an ihren Stierhatz-Bräuchen fest. Das besondere Beharrungsvermögen und die hohe Anpassungsfähigkeit des Bullenrennens leiten sich offensichtlich von einer Reihe verhältnismäßig atypischer Umstände her. Wegen der auffallend großen Volksmengen, die das Ereignis anzog – es erhielt nicht nur von einer ansehnlichen Marktstadt, sondern auch von einem Großteil der Bevölkerung aus der Umgebung Unterstützung – waren die Schwierigkeiten, ein Verbot durchzusetzen, ungewöhnlich groß. Unter solchen Bedingungen hatte der öffentliche Widerstand des Volkes eine größere Chance, sich über die Anweisungen von oben hinwegzusetzen. »Das alljährliche Bullenrennen zu Stamford«, beobachtete der Stadtsyndikus 1837, »wird von einer großen und mächtigen Ansammlung von Leuten aus den niederen Gesellschaftsschichten besucht; viele kommen vom Land und sind durch und durch von der Vorstellung geprägt, daß es sich bei ihrem Tun um einen rechtmäßigen uralten Brauch handle, der sich auf eine sechshundertjährige Tradition stützen könne, ... und dessen man sie nicht berauben dürfe, außer durch eine ausdrückliche gesetzliche Verfügung«.[47] Tatsächlich scheint die lokale Begeisterung für das Fest ungemein stark gewesen zu sein. Um 1730 hatte William Stukeley von den »geliebten Bullenrennen« der Bürger gesprochen, und 1809 wies der »Stamford Mercury« auf »die außergewöhnliche Hingabe der Bewohner dieser Stadt an ihr weithin berühmtes Bullenrennen« hin.[48] Darüber hinaus begingen und förderten nicht nur die einfachen Leute den

Festtag. »Die Voreingenommenheit für diesen barbarischen Brauch war so stark«, berichtete der Tierschutzverein 1836, »daß sogar der Bürgermeister sowie verschiedene Ratsherrn als Gönner des alljährlichen ›Sportes‹ auftraten, wie man ihn nannte; und es wäre [angeblich] gefährlich für jeden, öffentlich mit dem Bestreben aufzutreten, ihn zu verhindern oder zu unterbinden«.[49] Einige Ratsherrensöhne waren aktive Teilnehmer an diesem Zeitvertreib.[50] »In Stamford«, so klagte der »Stamford Mercury« am 20. November 1812, »laufen Personen von Rang und Namen hinter dem Stier her, die man beleidigen würde mit der Unterstellung, daß sie irgend etwas dergleichen tun würden.« Das war ein Umstand, den die Reformer gelegentlich mit Bedauern zur Kenntnis nahmen – viele Teilnehmer an dem Bullenrennen von 1835 waren, wie der Tierschutzvereins-Vertreter berichtete, »ihrer äußeren Erscheinung nach sehr ehrbare Leute, die übrigen waren niedrigster Herkunft« – und 1830 stellte man fest, daß sich »in den Fenstern, die eine gute Aussicht auf das Ereignis boten, viele gutgekleidete Personen drängten«.[51] Die Sonderpolizisten waren zum größten Teil Anhänger des Festtags, obwohl sie sich doch aus den namhafteren Bürgern der Stadt rekrutierten. Tatsächlich war die Einstellung der »Ehrbarkeit« dem Bullenrennen gegenüber bemerkenswert wohlwollend, und sie trug wesentlich dazu bei, die Widerstandskraft des Brauches zu stärken und ihn mit einem Grad von Legitimität auszustatten, der nur wenigen anderen Veranstaltungen in diesem Umfang zuteil wurde. Wo sich die Tradition des Volkes mit dem Konservativismus der Oberschichten verband, hatten die Angriffe der Reformer erst nach heftigen, langwierigen, diese Allianz aufsprengenden Auseinandersetzungen Aussicht auf Erfolg – obwohl letzten Endes, wie in Stamford, die Sache der Reformer fast immer den Sieg davontrug.[52]

Seit dem späteren 18. Jahrhundert gibt es in ganz England viele Anzeichen einer wachsenden Bereitschaft unter den Vertretern der Obrigkeit, gegen die brauchförmigen Volksbelustigungen einzuschreiten. Aus den verschiedensten Gründen sah sich dieses Brauchtum zahlreichen direkten Angriffen ausgesetzt. Viele kritische Urteile über das Bullenrennen – ebenso wie über gewisse andere Feste und Tierwettkämpfe – erwuchsen aus moralischen und religiösen Erwägungen, deren Würdigung keine großen Schwierigkeiten bereitet. Solche Vergnügungen galten den Obrigkeiten immer mehr als ›barbarisch‹, ›unmenschlich‹, ›unzivilisiert‹ und grundsätzlich unvereinbar mit der aufgeklärten Moral. Sie beinhalteten »Szenen, in denen sich die Menschheit dem Barbarischen und Wilden beugte und Szenen, die gänzlich den Gesetzen der Natur, der Religion und denen eines zivilisierten Volkes widersprachen«.[53] »Ein derartiger Brauch mag zur Barbarei und Finsternis vergangener Zeiten passen«, räumte ein Kritiker des Bullenrennens ein, »er mag dem Zeitgeist einer unzivilisierten und kriegerischen Gattung angemessen sein; aber er muß mit Sicherheit als unauslöschlicher Makel in der Geschichte eines aufgeklärten und erklärt christlichen Volkes angesehen werden.«[54] Das war eine wohlbekannte Argumentationsführung: Der ›geistige Fortschritt‹ sollte solche primitiven Verhaltensweisen überwinden. Darüber hinaus betrachtete man öffentliche Zusammenkünfte dieser Art mehr und mehr als Bedrohung des geregelten Geschäftslebens, der produktiven Arbeit und der Wohlanständigkeit. Ein Beobachter des Bullenrennens von 1829 führte darüber Klage, daß sich sogar »viele junge Frauen in der Menge befanden, deren Verhalten alles andere als gesittet war. Tatsächlich sah es so aus, als ob an diesem Tag alle Schichten der Bevölkerung die Freiheit besäßen, sich jeden Anscheins von Anstand und Ordnung zu entledigen und sich hemmungslos und ohne jedes Schamgefühl in alle möglichen aufrührerischen Exzesse zu stürzen.«[55] Nun setzten sich allmählich neue Ordnungsmaßstäbe durch, während die älteren Formen öffentlicher Lustbarkeit immer mehr verurteilt werden sollten. Um die Mitte des 19. Jahrhunderts existierten die meisten traditionellen Volksbelustigungen entweder gar nicht mehr, oder sie hatten ihre Bedeutung weitgehend verloren bzw. waren offensichtlich im Verschwinden begriffen. Und nur wenige neue Lustbarkeiten waren bis dahin entstanden und hatten Wurzeln geschlagen. Der Wandel der Freizeitgestaltung in England – ein Wandel, der den neuen Bedingungen einer nichtagrarischen, durch und durch kapitalistischen Gesellschaftsordnung korrespondierte – war im großen und ganzen ein Phänomen der Epoche nach 1850.

Rudolf Braun

Die Fabrik als Lebensform

Nach einer intensiven Phase der Frühindustrialisierung auf der Grundlage von Verlagsgewerbe und Heimarbeit setzt mit der Entwicklung der »großen Industrie«, d. h. der Durchsetzung der maschinellen Produktionsweise in Fabrikbetrieben, im 19. Jahrhundert auch im Zürcher Oberland ein tiefgreifender sozialer Strukturwandel ein. Die Arbeit, bislang weit über die Region verstreut und in ihrer sozialen und kulturellen Ausgestaltung trotz aller ökonomischen Zwänge weitgehend der ›freien‹ Verfügung der Produzenten überlassen, wird nunmehr an bestimmten Orten konzentriert, neu organisiert und der umfassenden Kontrolle des Fabriksystems unterworfen. Wie die Arbeit mehr und mehr unter das Diktat der Maschinen gerät, so wird die industriell-betriebliche Normierung der Arbeitsabläufe zum Kern einer neuen Fabrikdisziplin, die nicht auf die Produktionsstätte beschränkt bleibt. Das Fabrikwesen revolutioniert nicht nur die technischen und wirtschaftlichen Voraussetzungen der Produktion, es verändert mit der Form der Arbeit auch die gesamte Lebensweise der in ihr Beschäftigten. Dieser kulturelle und soziale Wandel, der die Entstehung der industriellen Arbeiterkultur kennzeichnet, erstreckt sich vom veränderten Zeitgefühl über die Wohnkultur bis tief ins Familienleben hinein; er erfaßt Nahrung-, Kleidungs- und Schlafgewohnheiten ebenso wie Hygienevorstellungen, Sexualität, Freizeitgestaltung und Brauchtumspraxis. Kaum ein Bereich des Alltags bleibt ausgespart. Die physischen und psychischen Erfahrungen und Belastungen der Fabrikarbeit setzen sich bis in die feinsten Regungen des individuellen und kollektiven Bewußtseins hinein fort: Sie bestimmen das Selbstwertgefühl, beeinflussen die Moral- und Wertvorstellungen, und selbst der umgangssprachliche Wortschatz wird von ihnen imprägniert.

Andererseits sollte nicht außer acht gelassen werden, daß die Menschen, die den Gang in die Fabrik anzutreten gezwungen sind, durch ihre herkömmlichen, zumeist protoindustriellen Erfahrungen, Verhaltenseigenarten und Leitbilder der Lebens- und Arbeitsgestaltung ihrerseits auf das Betriebsleben, die Arbeitsgestaltung und die Produk-

tionsprozesse einwirken, beispielsweise um Zeitmessungen bzw. Akkordfestsetzungen zu beeinflussen, bei Formen verdeckten Widerstandes gegen Leistungsanforderungen und Disziplinierung oder bei der Sicherung von Dispositionsfreiheiten der Arbeitsgestaltung.
Die Wechselbeziehungen zwischen dem Fabrikbetrieb mit seinen Ordnungen, Ansprüchen, Freiheitsgraden und Bindungen einerseits sowie dem Volksleben und der Volkskultur andererseits stehen im Mittelpunkt dieser Untersuchung. Wie verändert der Fabrikbetrieb und die Fabrikarbeit eine Volkskultur, die zwar schon stark protoindustriell durchsetzt war, aber noch immer viele traditionelle Merkmale aufwies? Und welche Wirkungen gehen umgekehrt von diesem im Umbruch befindlichen Volksleben auf den Fabrikbetrieb und die Fabrikarbeit aus? Diese doppelte Fragestellung enthält die beiden Spannungspole, deren wir uns im folgenden immer wieder bewußt sein müssen. Die Fabrikarbeit zeichnet sich allgemein durch eine Trennung von Arbeits- und Wohnstätte sowie durch eine zeitliche und räumliche Fixierung der Arbeitsleistung aus. Zeit und Raum geben uns einen Schlüssel, der den Zugang zum Thema öffnet.

I. Am 11. Oktober 1858 sieht sich der Regierungsrat veranlaßt, eine Verfügung herauszugeben, welche die Zeit zum Inhalt hat: bei der Fabrikverordnung von 1837 wurde »als selbstverständlich vorausgesetzt, daß die Arbeitszeit in den Fabriken nach der gewöhnlichen Uhr und nicht nach einer willkürlich gestellten Fabrikuhr geregelt werde«. Es habe der Justizdirektor Kenntnis davon erhalten, »daß Herr Bebié in Engstringen in seiner Baumwollspinnerei die Arbeitszeit nicht nach der gewöhnlichen Uhr, sondern willkürlich nach einer Fabrikuhr berechne, welche das ganze Jahr hindurch bei Tagesanbruch ½ 6 Uhr gestellt und nach welcher dann die Arbeit mindestens so lange fortgesetzt werde, bis die Fabrikuhr ¼ nach 9 Uhr zeige ... Das Statthalteramt Zürich wird daher eingeladen, dem Herrn Bebié unter Androhung von Strafe anzubefehlen: Seine Fabrikuhr mit der gewöhnlichen Uhr in Einklang zu bringen«.[1] Solche Manipulationen mit der Zeit sind keine singulären Erscheinungen. In der Diskussion über Hirzels Vortrag vor der Prediger-Gesellschaft (1853) stellt Pfarrer Meier von Gebistorf (Kanton Aargau) an die Adresse der Fabrikbesitzer die besorgte Mahnung, die Uhren nicht willkürlich zu ändern.[2] Von Kyburg wird der Fabrikkommission berichtet, daß die Fabrikarbeiter gezwungen werden, sich nach einer Fabrikuhr zu richten, »die das ganze Jahr hindurch nie geht, wie anderer Leute Uhren; am Montag gehe sie etwa eine Stunde vor, am Samstag käme niemand mehr daraus«.[3] Der Verdacht, daß der Fabrikbesitzer seine Arbeiter mit falsch gestellten Uhren betrüge, ist in der Frühzeit des Fabrikwesens so volkläufig, daß er als Motiv in Volkssagen von wiederkehrenden Toten Eingang findet.

Für unsere Betrachtungsweise und Problemstellung ist es unwichtig zu wissen, wieweit der Verdacht der Zeitbetrügerei berechtigt ist. Von Interesse ist lediglich das Phänomen, daß die Zeit – zunächst völlig unbezogen und isoliert – mit dem Fabrikwesen in den ländlichen Industriegebieten eine neue Bedeutung erhält. Im ersten Band[4] haben wir ausführlich die Arbeit und das Arbeitsverhalten der heimindustriebetreibenden Bevölkerung untersucht und vom Wesen der herkömmlichen ländlich-bäuerlichen Arbeit mit ihren entsprechenden Verhaltensformen abgehoben. Schon dort war der Zeitfaktor ein wichtiges Unterscheidungskriterium: der Heimarbeiter braucht in seiner Zeiteinteilung nicht wie der Bauer dem natürlichen Rhythmus des Tages- und Jahresverlaufes Rechnung zu tragen. Nicht mehr die naturgegebenen Termine der Tages- und Jahreszeiten gliedern seinen Arbeitstag und sein Arbeitsjahr. Rein quantitative, zweckrational festgelegte Arbeitsmaße (Schneller, Elle, Wupp, Tagesrast usf.; letztlich das bare Geld, welches sich aus diesen Arbeitsmaßen errechnen läßt) sind für ihn Fixpunkte im Strome der Zeit. In kühler quantitativer Sacheinschätzung bringt der Heimarbeiter die Zeit mit seiner Arbeit in Verbindung: Zeit ist Geld. Die Rechnung führt noch über ein Arbeitsmaß; die arbeitsgebundene Zeit steht in direktem Zusammenhang mit dem Arbeitserlös, und die Zeitordnung des Arbeitstages und -jahres erhält von hier Freiheit und Bindung.[5]

In dieses Bezugsverhältnis zwischen Zeit und Arbeit bringt das Fabrikwesen eine Veränderung: Zeiteinteilung wird terminmäßig fixiert und die Arbeitszeit in ihrer Dauer festgelegt. Der Kampf um den »Normalarbeitstag« nimmt in der Fabrikindustrie seinen Anfang. Von den täglich 15 und mehr Arbeitsstunden zu Beginn der Fabrikindustrie reduziert sich bis 1877 der (gesetzlich verordnete) Normalarbeitstag auf 11 Stunden. Nicht erst die Fabrikindustrie bringt lange Arbeitszeiten, macht die Nacht zum Arbeitstag und den Tag zur Schlafzeit, läßt den Sonntag zum Arbeitstag und den Wochentag zum Ruhe- und »Feier«-tag werden – all dies findet sich schon in der Heimindustrie vor. Was immer jedoch den Heimarbeiter dazu bewegt, seine Arbeitszeit gegen den natürlichen bzw. christlichen Zeitrhythmus zu ordnen: er trifft den Entscheid selbst, durch seinen individuellen Lebensrhythmus gesteuert. Das neue Element, welches mit dem Fabrikwesen auftritt, ist die starre Regelung der Arbeitszeit. Sie ist dem Willen des Arbeiters weitgehend entzogen: der Zeitraum ist fixiert und teilt sich durch die Fabrikdampfpfeife und Sirene der Umwelt mit. Wer längere Zeit in einem Fabrikgebiet mit Schichtbetrieb gelebt hat, der weiß, wie der Ton der Fabriksirene das eigene Zeitgefühl bestimmt, unabhängig davon, ob man an die Fabrikzeitordnung gebunden ist oder nicht. Zum Kulturbestand und zum Lebensgefühl der spätmittelalterlichen Stadt gehört das Geläute der Kirchenglocken, welches in christlichen Sinnbezügen die Menschen zum Arbeiten, Beten und Ruhen auffordert. In der Fabrikindustrie-Landschaft ergänzt und ersetzt teilweise die Fabriksirene das Glockengeläute. Sie ist Teil des Kulturbestandes dieser Landschaft: ein akustisches Zeichen, welches offenbart, daß der Lebensrhythmus eines Teiles der Bewohner einer Zeitordnung unterworfen ist, die nicht den Gesetzen der Natur oder der christlichen Kirche folgt.

Als sich 1917 die Leitung des Krankenasyls Wald darüber beschwert, daß die Kranken durch die Fabrikpfeife erwachen, erscheint im »Volksblatt vom Bachtel« ein Gedicht »An die Dampfpfeife in Laupen«, worin es heißt: »Gewiß, Du tust nur Deine Pflicht, doch nötig ist Dein Pfeifen nicht, weil auch der ärmste Arbeitsmann jetzt eine Uhr sich kaufen kann.«[6] Können wir auch der Logik dieses Gelegenheits- oder Zweckgedichtes nicht ganz folgen, so enthält es doch einen bemerkenswerten Hinweis: die Bedeutung, welche die Uhr, besonders auch die Weckuhr, im Leben des Fabrikarbeiters gewinnt. Die auf das Existenzminimum beschränkte Lebenskostenrechnung für einen Fabrikarbeiter, welche 1857 der Pfarrer von Kyburg aufstellt, enthält bezeichnenderweise auch den Ausgabenposten für eine Uhr. Sie sei für den Fabrikarbeiter »unentbehrlich«, wird hinzugefügt.[7] Als eigentliche Dienstleistungsgewerbe für die täglichen Bedürfnisse kommen mit dem Fabrikwesen Uhrmacher und Uhrenverkäufer ins Oberland. Funktional erhält die Uhr für die Fabrikbevölkerung die Bedeutung eines Arbeitsgerätes.

Die Fabrikindustrie bringt in das Volksleben ein neues, zweckrationales und künstliches Zeitgefüge mit einer Fülle von Folge- und Begleiterscheinungen. Am augenfälligsten ist zunächst, daß Anfangs- und Endzeiten des Arbeitens fixiert sind. Wir haben gesehen, daß die Fabrikverordnungen der Frühzeit schon Bußenandrohungen für zu spätes Erscheinen und zu frühes Weggehen enthalten.[8] Je nach Fabrikbetrieb wird die Kontrolle rigoros oder lax gehandhabt. Die langen Arbeitszeiten, die oft schwierigen Wegverhältnisse sowie technisch-betriebliche Sonderheiten des frühindustriellen Fabrikwesens – wozu auch die Absenz von arbeitsrechtlichen Beschränkungen gehört – geben dem Arbeitstag eine gewisse Federspannung. Der wassergetriebene Betrieb ist von klimatischen Verhältnissen abhängig. Oft kommen die Fabrikarbeiter »mitten im Tage heim, weil der niedere Wasserstand des Stadtbaches (Rapperswil) nicht mehr die Kraft hatte, das Wasserrad zu treiben«.[9] Um diese unfreiwilligen und selbstverständlich unbezahlten »Ferien« auszugleichen, verlängert sich nach Niederschlägen die tägliche Arbeitszeit über das gewöhnliche Maß. Fabrikbesitzer wie Arbeiter sind in gleicher Weise daran interessiert. Um den Betrieb auch bei Wassermangel aufrechterhalten zu können, werden Dampfmaschinen installiert. Bis diese jedoch in Funktion gesetzt sind, vergeht Zeit. Ist es noch früh am Tage, so legt sich »der Weber hinter der Fabrik zu einem Schläfchen«[10] nieder; lohnt sich die Wartezeit nicht, so gibt es früher Feierabend. Neben solchen technischen Gründen, die in der Frühzeit des Maschinen- und Fabrikwesens dem Arbeitstag seine Federspannung geben, kann auch die Auftragslage die tägliche Präsenzzeit des Fabrikarbeiters verlängern oder verkürzen.

Technisch-betriebliche Verbesserungen, gesetzliche Einführung des »Normalarbeitstages« mit ständiger Verkürzung der Arbeitszeit führen langsam zu einer stärkeren Fixierung und genaueren Kontrolle der Anfangs- und Endzeiten der Arbeitsschicht. Durch neue Betriebskalkulationen und Rationalisierungsmaßnahmen des 20. Jahrhunderts, welche unter anderem auch die Arbeitszeitkontrollen versachlichen, wird dem Fabrikarbeiter jede Einflußmöglichkeit genommen: bis auf die Minute genau hält die Stempeluhr seinen täglichen Arbeitsantritt und sein Weggehen aus der Fabrik fest. Die Stempeluhren haben relativ spät in der Oberländer Textilindustrie Eingang gefunden. Die Retardierung hängt einerseits mit den überblickbaren menschlich-organisatorischen Betriebsverhältnissen der Oberländer Industrie zusammen und läßt sich andererseits von produktionstechnischen Eigenarten der Textilindustrie her erklären.[11] Es ist bekannt, daß der Stempeluhr vom Arbeitnehmer mit stark negativen Emotionen begegnet wurde und wird. Nicht die Unbestechlichkeit und Versachlichung der Zeitkontrolle ruft die Ablehnung hervor. Sekundär ist auch, daß man gleich dem Gesslerhut einem kleinen Maschinenkobold viermal täglich die Reverenz erweisen muß. Begleiterscheinungen, die nur wenig oder nichts mit der Zeitkontrolle zu tun haben, sind primär für das Verhalten verantwortlich: das Gefühl, nur noch Nummer XY der Stempelkarte zu sein, vor allem jedoch das Gefühl einer beruflich-sozialen Deklassierung, sofern die Meister und übrigen Arbeitnehmer im Angestelltenverhältnis davon dispensiert sind. Das Stempeln war und ist teilweise noch heute ein inner- wie außerbetriebliches Statussymbol (ähnlich wie das blaue Überkleid). Ein rein betriebliches Zweckinstrument erhält durch seine Anwendungspraxis im Volksleben eine Bedeutung, die außerhalb der konzipierten Funktion dieses Sachgutes liegt. Nachdem in den letzten Jahren immer mehr Arbeitnehmer in Angestelltenpositionen zum Stempeln gezwungen werden, verliert jedoch die maschinelle Zeitkontrolle ihr beruflich-soziales Stigma.

Mit der Stempeluhr erhält die Arbeitszeitfixierung ihre letzte Präzision und Konkretisierung. Als Spulereihilfsarbeiter in einer Oberländer Weberei mußte der Verfasser selbstverständlich auch stempeln. Die Arbeitszeit begann morgens um 6.30 Uhr. Unter dem jeweiligen Datum stempelte die Maschine bis 6.29 Uhr auf normaler Höhe. 6.30 Uhr sprang die Zifferfolge jedoch eine Rechteckreihe tiefer; jedes spätere Stechen – und sei es auch nur um Sekunden – wurde als isoliertes Zeichen für zu spätes Erscheinen markiert und zog eine Verwarnung nach sich. Die Mittagspause begann um 11 Uhr. Ein Glockenzeichen verkündete sie im Saal. Wer sofort den Arbeitsplatz verließ, konnte nicht gleich stempeln, denn erst um 11.01 setzte der Apparat seine Ziffern an die richtige Stelle. Es gehört zum täglich wiederkehrenden Bild, daß einige Arbeiter und Arbeiterinnen vor der Stempeluhr standen (der erste jeweils mit der Kontrollkarte schon im Schlitz) und darauf warteten, bis dieser stählerne Wächter von 11.00 auf 11.01 Uhr sprang und den Weg freigab.

Hier wird sinnfällig, wie die Arbeitszeit – isoliert von Arbeitsleistung und Arbeitseffekt – eine feste Größe ist (»tückisch reihend aus Minuten«), der mit einer entsprechenden Verhaltensanpassung zu begegnen ist: nicht mehr das Arbeitsmaß ist die Markierung im Strome der Zeit, sondern die Kontrolluhr, welche heute nach der meteorologischen Zentralanstalt und nicht mehr nach »der Willkür« des Fabrikbesitzers gerichtet ist. Auch die Akkordlöhner, zu denen die meisten Textilarbeiter gehören, sind in das chronometrische Kontrollsystem eingespannt. Trotz des Leistungslohnes muß der festgesetzte Zeitraum durchmessen werden, und der »Kampf gegen die Uhr« ist auch ihnen nicht fremd. Gerade beim Akkordarbeiter zeigt sich am schärfsten, wie in bezug auf

das Zeiterlebnis der Arbeitseffekt eine perverse Umwertung erhalten kann. »Am schnellsten verging mir die Zeit«, so berichtete dem Verfasser ein ehemaliger Weber, »wenn ich ein großes Nest (Webfehler) hatte und es auflösen mußte; ich verdiente dann allerdings nichts; lief die Arbeit gut, wollte es oft kaum Feierabend werden«. Das brauchmäßige, durch solidarischen Zwang gelenkte Verhalten, nicht über die Zeit hinaus zu arbeiten, findet sich beim Leistungslöhner so gut wie beim Zeitlöhner. Es ist eine Reaktion gegen die Fixierung der Arbeitszeit, eine geistig-seelische Verhaltensanpassung: so genau und kleinlich wie die Stempeluhr wird mit der Zeit gerechnet; nicht vor dem Glockenzeichen wird mit der Arbeit begonnen und nach Ertönen des Schluß- oder Pausenzeichens wird die Arbeit sofort eingestellt.
Der Zeitfaktor wurde bis jetzt isoliert betrachtet. Die bedeutsamsten Folge- und Begleiterscheinungen der fixierten Arbeitszeit treten jedoch erst zutage, wenn die Zeit- mit der Ortsbindung in Beziehung gesetzt wird: arbeitsgebundene Zeit bedeutet für den Fabrikarbeiter eine Trennung vom Wohnplatz und ein Gefesseltsein an den Fabrikbetrieb mit seiner eigenen menschlich-dinglichen Ordnung. Wir geben uns wohl kaum genügend Rechenschaft darüber, wie diese Trennung von Arbeits- und Wohnplatz mittelbar und unmittelbar tiefgreifende Veränderungen im Volksleben und in der Volkskultur auslöst.
Fixierte Arbeitszeit und die Trennung von Arbeits- und Wohnplatz geben der Tageseinteilung des Fabrikarbeiters eine besondere Schizophrenie. Schon vom Zeiterlebnis her ist der Tag in zwei verschiedene Teile gespalten: Warten und Sehnen, bis die Arbeitszeit vorbei ist, wobei das Gefühl aufkommt, die Uhr stände still; in der arbeitsfreien Zeit jedoch Eilen und Hetzen, um die dringendsten Lebensbedürfnisse zu befriedigen. Bis in den Schlaf hinein wirkt dieses Gehetztsein nach. Wo immer zeitgenössische Berichte das frühindustrielle Fabrikleben schildern, findet diese Zeitnot Erwähnung. Es liegt auf der Hand, daß unter diesem Druck die Fabrikbevölkerung versucht, so viel wie möglich während der arbeitsgebundenen Zeit die Ansprüche an das Leben zu stillen und den Zwiespalt der Zeitdynamik ihres Tageslaufes auszugleichen. In den frühindustriellen Fabrikbetrieb strömt deshalb eine Summe von Lebensäußerungen, die nicht arbeitsbezogen sind. An den Nahrungsgewohnheiten und Eßterminen der Fabrikbevölkerung soll dies zunächst illustriert werden, wobei die Wechselbeziehungen zwischen inner- und außerbetrieblichem Leben wichtig sind.
Essen und Trinken während der Arbeitszeit haben für den Fabrikarbei-

ter neben der Befriedigung von Hunger- und Durstgefühlen zwei weitere Funktionen: Zeitsparen und Zeit überwinden. Die Fabrikordnung kennt in der Regel nur eine Mittagspause (bei Schichtarbeit eine Mittarbeitszeitpause). Inoffiziell – mit oder ohne Einverständnis der Vorgesetzten – wird jedoch auch während der Arbeitszeit gegessen, getrunken und vor allem genascht. Gerade die Arbeit in der Textilindustrie gibt dazu Gelegenheit und Anreiz. Immer wieder entstehen für den Weber, Zettler, Spuler und (mit Einschränkungen) Spinner Zeiträume, in denen er nicht in den Produktionsgang einzugreifen hat: endlos reiht sich das Garn oder Tuch auf Spindel, Zettel- und Webbaum. Essen und Trinken geben dem Arbeitstag Zäsuren und Spannung. Gedörrtes Obst, Brot, in guten Zeiten herkömmliches Gebäck und Süßigkeiten sind solche Zeittöter und Meßuhren der Fabrikarbeiter in der Frühzeit. Gegen Ende des 19. Jahrhunderts ergänzen oder ersetzen Milchschokolade, Biskuit, Schleckwaren sowie fremdes Obst – frisch und gedörrt – die lokalen und hausgemachten Naschereien. Die Textilarbeiter gehören zu den besten Konsumenten all dieser Spezereien. »Die alten Glarner Leckerbissen, Birnenbrod, Butterbrod mit Honig etc. reichten nicht mehr hin«, so schreibt 1872 Fabrikinspektor Dr. med. F. Schuler über die Konsumgewohnheiten der Glarner Fabrikarbeiter, »es tauchten eine Unzahl Zuckerbäckereien auf, die vorzugsweise unter der Fabrikbevölkerung ihren Absatz fanden«.[12] Das gleiche Phänomen sehen wir im Oberland: Brot- und Zuckerbäcker sowie Spezereiwarenhändler (auch viele fahrende) werden von der Textilindustrie angezogen.[13] Eine Krise im Textilgewerbe bedeutet auch für diese Geschäfte eine Existenzgefährdung. Zum Essen gesellt sich das Trinken. Für die Fabrikarbeiterinnen sind Kaffee und Tee die beliebtesten Getränke; sie stimulieren. Die Arbeiter halten weniger von Tee und »Kafilötsch«; das gilt als Weibergesüff und gebe keine Kraft. Bier und Wein sind zu teuer, und so hilft man sich vielfach mit Most und Schnaps. »Aus fremden Trockenbeeren, Trestern, Hefe, mit Zusatz von Zucker oder zuckerhaltigen Stoffen, wobei der Alkoholgehalt mit Spritzzugabe erhöht wird«, stellen die Fabrikarbeiter einen eigenen Hausbrand her.[14] Im »Bobinentrückli« oder an einem andern versteckten Ort ist die Flasche griffbereit; ein Schluck hilft dem Weber, das von Lärm, Vibration oder Hunger »dumme Gefühl« im Magen zu verscheuchen. Viele kleine Schnapsbrenner und -hausierer leben von diesem »dummen Gefühl« der Fabrikarbeiter.[15] Das Alkoholgesetz von 1885 versucht, der Schnapspest Herr zu werden, doch erst mit Entwicklung der Bier-,

Süßmost- und Mineralwasserindustrie, die sich in Preis, Verpackungs- und Lieferform den neuen Konsumentenschichten und Konsumgewohnheiten anpaßt, klingt die Schnapswelle ab. Für die Volksgesundheit wird dieser Wandel von unschätzbarer Bedeutung.
Dieses brauchmäßige Essen und Trinken neben der Arbeit hat auf die Nahrungs- und Genußmittelindustrie einen nicht unwesentlichen Einfluß, denn die Konsumgewohnheiten lassen sich nicht allein auf die arbeitsgebundene Zeit beschränken. In quantitativer und qualitativer Hinsicht werden an diese Naschereien bestimmte Ansprüche gestellt. Nicht der Nährwert wird gesucht, sondern mehr die stimulierende Nachwirkung. Ferner müssen die Genußmittel handlich sein und in kleinen Dosierungen eingenommen werden können. Dies erfordert der Arbeitsgang und – je nach Fabrikdisziplin – die Heimlichkeit des Essens oder Trinkens. Wenn auch die Fabrikverordnungen Essen und Trinken während der Arbeitszeit verbieten, so wird doch bei der praktischen Handhabung dieser Ordnung in der Regel ein Auge oder gar beide Augen zugedrückt. [...]
Bei den langen Arbeitszeiten der Frühindustrie ohne offizielle »Znüni-« (Morgen-) und Vesperpause sieht sich der Arbeiter gezwungen, während seiner Beschäftigung an der Spinn-, Spul-, Zettel- oder Webmaschine auch Nährbedürfnisse zu stillen. Der herkömmliche Rhythmus der Hauptmahlzeiten ist gestört. Schon das Frühstück muß zur Unzeit eingenommen werden. 1868 erscheint im »Volksblatt vom Bachtel« eine »Einsendung von seitens eines Arbeiters«. Die 13stündige Arbeitszeit, so heißt es darin, rufe bei den Spinnerei- und Webereiarbeitern keine Klagen hervor, wohl aber ein anderes Problem: Der Magen des Arbeiters empfinde am frühen Morgen, wenn er um halbfünf aufstehe, noch nicht die gehörige Lust zum Morgenessen. Man könne von manchem hören: »I mag weiß Gott nonig esse.« Den Meistern sei erlaubt, in Ruhe eine Frühstückspause einzuschalten, »aber unserein werde das nicht gestattet. Schon als große Gunst müsse es angesehen werden, wenn ein humaner Direktor gestatte, etwa ein Krüglein mit Kaffee auf den Dampfofen zu stellen, um es etwa um 7 Uhr zu genießen.« Als am 6. 8. 1868 im »Volksblatt vom Bachtel« ein Inserat erscheint, in dem die Walder Fabrikarbeiter zu einer Versammlung zwecks Gründung eines Arbeitervereins aufgerufen werden, findet sich drei Tage später im gleichen Blatt eine Einsendung von »mehreren Arbeitern der Fabrik Kühweid«. Auch diese Arbeiter lehnen jede Arbeitszeitverkürzung ab, »in dem unsers Wissens bis dato in unserer Web-

fabrik noch gar nie über Arbeitszeit geklagt wurde ... Gern aber würden wir uns dazu beilassen, um einige schon gerügte Übelstände betreffs das Morgenessen etc. durch Vereinbarung der Herren Fabrikbesitzer auf legalem Wege ordnen zu helfen, wozu dieselben, wir sind dessen versichert, gerne Hand bieten werden ... Nur in diesem Sinne werden wir die Versammlung am nächsten Sonntag besuchen«.[17] An dieser Gründungsversammlung werden, wie erwähnt, jene Störenfriede, die den 12-Stunden-Tag fordern, des Saales verwiesen, jedoch einstimmig wird der Antrag angenommen, »den Wunsch auszusprechen, daß die Fabrikbesitzer zwischen 7 und 8 Uhr Morgens einen passenden Moment einräumen möchten für Genuß des Morgenessens, damit die Arbeiter nicht mehr gezwungen seien, schon vor 5 Uhr zu speisen«.[18]
Für das Mittagessen ist in der Regel eine Stunde Freizeit eingeräumt. Jene Arbeiter, welche nahe genug bei der Fabrik wohnen, essen zu Hause. Brauchmäßig, jedoch nicht nach offizieller Verordnung, können Ehefrauen und Mütter eine halbe Stunde vorher weggehen, um das Mahl vorzubereiten: »Zeit und Übung«, so schreiben 1853 die Fabrikbesitzer in ihrer Petition gegen Bluntschlis Zivilgesetzbuch, »haben aber auch schon hierin in den meisten Etablissements Rücksicht genommen auf bestehende Bedürfnisse, und wird den Ehefrauen und Müttern, welche erweislich Niemanden zum Besorgen ihrer Hausgeschäfte haben, Morgens und Mittags im Gehen und Kommen die nötige Zeit und Freiheit gestattet«. Die Fabrikkommission will in das Fabrikgesetz von 1859 den Artikel aufnehmen, daß »Ehefrauen und Mütter, welche außerhalb der Fabrik Familienpflichten zu erfüllen haben, des Mittags die Fabrik eine halbe Stunde früher verlassen dürfen«. Später wird dieser Passus jedoch wieder gestrichen und die Pausenordnung den Fabrikbesitzern überlassen.[19] [...]
Die Fabrikarbeiter, welche zu Hause ihr Mittagessen einnehmen können, sind trotz allem in einer besseren Lage als jene, denen dies nicht möglich ist. Die weiten Arbeitswege in der Frühzeit des Fabrikwesens, die schlechten Wegverhältnisse und das Fehlen von zeitsparenden Transportmitteln gestatten vielen Arbeitern nicht, über Mittag nach Hause zu gehen. Soweit Witterung und Jahreszeit es zulassen, können sie im Freien essen. Bei Regenwetter und im Winter sind sie jedoch gezwungen, in dem mit Öldampf und Staub geschwängerten Fabriksaal, zwischen den Maschinen, im Dampfhaus oder auf der Treppe ihre mitgebrachten Speisen zu verzehren. Obwohl philanthropische Sozialreformer die Fabrikbesitzer ermahnen, »Einrichtungen zu treffen, daß

die Arbeiter im Winter in gewärmten Räumen sich aufhalten, wo sie warme Speisen bereiten können« [20], geschieht in dieser Hinsicht wenig. Die Möglichkeiten, sich Speisen zu wärmen, sind äußerst primitiv; oft ist nicht einmal Trinkwasser im Fabrikgebäude vorhanden, dafür gesellen sich Mäuse und Flöhe als ungebetene Kostgänger zum Mahl: »Trinkwasser gab es zu jener Zeit im Neuthal (Weberei) nicht«, so schreibt ein alter Fabrikarbeiter in seiner Firmenzeitung über die gute alte Zeit, »wenn der Durst groß oder die Arbeit zu streng war, spazierte ein ganzes Trüppchen über die Wiese zu Thurthaler's Brunnen. Da kein Wasser vorhanden war, durften die Arbeiter bei Frl. Lina Honegger (Schwester des Firmeninhabers) im Volksmund als ›Jungfere Honegger‹ bekannt, Most holen ... Trotzdem die Weber jeden Samstag selber putzen mußten, war es nicht möglich, den Flöhen und Mäusen Herr zu werden«. Erst als während des ersten Weltkrieges Holzzementböden eingezogen wurden, »händ die cheibe Flöh Abschied gnoh«. [21] Speiseanstalten und Volksküchen, in Städten zahlreich von Arbeitervereinen gegründet und geführt, sind im Oberland selten. [22] Je nach Umständen finden Fabrikarbeiter in einem Kostheim für Ledige während der Mittagspause Unterschlupf. Auch das Wirtshaus wird, allerdings nur ausnahmsweise, aufgesucht, so daß »die zahllosen Wirthschaften unseres Landes nicht nur immer mehr Wein und andere Getränke zum Verkehr bringen, sondern ebenfalls zu häufigem Genuß von Speisen aus der Wirthsküche einladen«. [23]

Wenn sich abends für den Fabrikarbeiter »sein Zwinger öffnet« [24], so ist er oft zu müde und lustlos für ein sorgfältiges Rüsten und Kochen der Speisen. All diese Zeit geht nur von dem ersehnten und viel zu kurzen Schlaf ab. Ohnehin sind die Hungergefühle durch das Essen und Trinken während der Arbeit gestillt oder abgetötet worden, so daß der Anreiz zu »großen Kochereien« fehlt. Es liegt auf der Hand, daß diese Verhältnisse – das eilige Kochen zu Hause sowie das Essen und Trinken in der Fabrik – zu neuen Nahrungsbedürfnissen und Gewohnheiten führen. Allerdings darf nicht der bäuerliche Speisezettel als Vergleich herangezogen werden, sondern jener der Heimarbeiter, denn für die Fabrikarbeiter ist dieser herkömmlich. Die Veränderungen, bedingt durch den Übergang von der Heim- zur Fabrikindustrie, sind weniger fundamental. Eine ganz beträchtliche Aufwertung erhält das Brot. War Brot für die Heimarbeiter noch ein relativ seltenes Genußmittel [25], so wird es nun im 19. Jahrhundert zum Volksnahrungsmittel. Die Fabrikarbeiter können die Bitte: »Gib uns unser täglich Brot«, wörtlich ver-

stehen. Für ihre Bedürfnisse besitzt Brot hervorragende Qualitäten: es ist handlich, leicht transportabel, eßbereit, nahrhaft, sättigend und kann mit verschiedenen Zulagen genossen werden. Brot ist anfänglich vor allem als Speise wichtig, die man zur Arbeit mit in die Fabrik nimmt. Für die Hauptmahlzeiten zu Hause ist es noch zu teuer. Der »Heiland der Armuth« [26] – die Kartoffel und später Mais [27] – hat beim Frühstücks-, Mittags- und Nachtmahl den beherrschenden Platz. Immer mehr gewinnt jedoch das Brot an Bedeutung. »Die Kartoffeln dominieren nicht mehr in dem Maße, wie vor 20 Jahren oder im Beginn des Jahrhunderts«, schreibt 1872 Schuler, »zum Theil sind sie vom Brod verdrängt, das im Verhältnis zu andern Nahrungsmittel immer wohlfeiler geworden ist. Mit dem steigenden Verbrauch des Brodes ist aber auch, wie mir scheint, dessen Qualität eine bessere geworden«.[28]
Die Bedeutung des Brotes für die Fabrikbevölkerung läßt sich schon an den Aktienbäckereien ermessen, welche von Handwerkern und Arbeitern in Städten und auf dem Land errichtet werden. Der Brothandel nimmt einen starken Aufschwung. Zahlreiche Brotträger ziehen von Haus zu Haus und von Fabrik zu Fabrik. Am Brothandel beteiligen sich neben Bäckern und Spezereihändlern teilweise auch Fabrikbesitzer.[29]
Mit der Kommerzialisierung des Brothandels kommen verschiedene Brotsorten auf den Markt. Die tägliche Verwendung als Speise in der Fabrik läßt das Bedürfnis nach Abwechslung wachsen. Die Aktienbäkkerei des Arbeitervereins Rüti gibt z. B. kurz nach der Gründung im »Allmann« (17. 6. 1865) bekannt, »daß von Heute an auf unbestimmte Zeit nebst dem bis anhin verkauften Weiß- und Mittelbrot noch eine zweite Qualität 4pfündiges Mittelbrot zu 50 Rp. verkauft wird«.
Auch der Milch-, Butter- und Käseverkauf gelangt in den Industriegebieten mehr und mehr in die Hände von Zwischenhändlern: »Der Milchverkauf ist – und zwar gerade für die arbeitende Classe – zu einem großen Theil Sache spezieller Milchhändler geworden, kaum zum Vortheil für die Qualität der Milch.«[30] Milch mit viel Kaffeezusatz ist als Arbeitsgetränk, aber auch für die Hauptmahlzeiten zu Hause wichtig: Butter- und Käsekonsum steigen mit dem Brotkonsum.
Schon die Heimarbeiter des Ancien régime fielen den Zeitbeobachtern durch ihren Fleischkonsum auf. Sie konnten sich in guten Zeiten frisches Fleisch kaufen, während der Bauer nur bei Schlachtterminen in den Genuß von Frischfleisch kam und somit vom Stock des Rauchfleisches lebte. In gesteigertem Maß ist dies im 19. Jahrhundert in den Industriegebieten der Fall. »Das geschlachtete Nutzvieh, dessen zähes

Fleisch früher in den meisten Haushaltungen in großen Quantitäten gekauft und geräuchert wurde, lieferte immer mehr nur noch ein Nahrungsmittel für Bauernsame, während immer zahlreicher die Metzger ihren Absatz von Fleisch von importiertem Schlachtvieh fanden ...« Trotz vergleichsweise hohen Preisen »scheint aus der beständigen Vermehrung der Zahl der Metzger sowohl als der kleinen Fleischhändler hervorzugehen, daß der Fleischkonsum von Jahr zu Jahr zunimmt. Und dieser Verbrauchskonsum betrifft hauptsächlich das frische Fleisch, während das geräucherte im Verhältnis zu demselben immer mehr zurücktritt«. Es ist wiederum Schuler, der uns diese genauen Beobachtungen gibt. »Die Fleischspeisen«, so fährt der Verfasser fort, »sind natürlich nur für die besser situierten Arbeiter tägliche Nahrung, und zwar meist als Siedfleisch mit möglichst großem Quantum fader Suppe. Die ärmere Klasse genießt meist nur Sonntags Fleisch oder in den Wochentagen Schweinefleisch oder anderes fettes Fleisch in kleiner Menge als Beilage zu Gemüsen. Sehr viele, vielleicht die meisten, ärmeren Arbeiter begnügen sich aber dann nicht mit gesottenem Fleisch, sondern sie braten das mit unendlichem Wasserschwall fast zu purem Leim gekochte Fleisch in etwas heißer Butter, um ihm etwas mehr Geschmack zu verleihen.«[31] Quellen aus dem Oberland bestätigen Schulers Beobachtungen, daß für die Fabrikarbeiter Fleisch eine regelmäßige, ohne jahreszeitliche Bindung genossene Nahrung ist, doch bildet sie einen Markstein in der kulinarischen Wocheneinteilung.
Otto Kunz, der uns seine Jugenderlebnisse schildert, erzählt, wie seine Geschwister und wohl auch er selbst sehnsüchtig und mit wässerigem Mund vor der Metzgerei Kunz in Wald stehen und »zu den frischglänzenden Strangen Cervelats« hinaufblicken, hoffend, daß »eine Perle von der Stange ihnen in den Schoß« falle. Dieser Wunsch erfüllt sich zuweilen, indem Metzger Kunz »ihnen ein Schnäfeli Wurst zum Stücklein Brot ins umgehängte Sammettäschlein« legt, mit dem die Kinder glücklich in den Fabrikkindergarten Sagenrain ziehen.[32] Die »frischglänzenden Strangen Cervelats« des Metzgers Kunz sind für die veränderten Verhältnisse charakteristisch: Neben den herkömmlichen bäuerlichen Schlachtwürsten, die geräuchert haltbar gemacht werden, treten feinere, nur kurzfristig haltbare Wurstsorten. Sie eignen sich besonders für eilige Mahlzeiten zu Hause oder am Arbeitsplatz. Der »Cervelat« und der »Aufschnitt« (möglichst von verschiedenen Wurstsorten) sowie Streichwürste werden für den Speisezettel der Fabrikbevölkerung immer wichtiger. Schon die Namen der Würste verraten,

wie der lokale Rahmen gesprengt wird und das Fremde lockt: Von Lyon bis Wien und von Mailand bis Frankfurt reichen die Horizonte. In den letzten Dezennien des 19. Jahrhunderts kommen auch immer mehr amerikanische Fleischkonserven in die Haushaltungen der ländlichen Fabrikbevölkerung.[33]

Zeitnot und die mit ihr in Verbindung stehende Nachfrage nach vorpräparierten Lebensmitteln zeigt sich auch bei den Mehlspeisen, die neben Kartoffel- und Maisgerichten zu den wichtigsten Grundelementen der Hauptmahlzeiten gehören. »Am öftersten erscheinen Mehlspeisen«, schreibt Schuler, »bei denen sich aber am allermeisten die mangelhafte Kochkunst der Fabrikweiber offenbart. Ein schlecht, weil all zu eilig gewirkter Teig wird in Butter gebacken, die übermäßig erhitzt worden, um die Speise recht bald fertig zu haben. Innen der rohe Teig, außen eine halbverbrannte Masse, das ist das Backwerk, das der Familie vorgesetzt wird.«[34] Nach dieser Schilderung ist es verständlich, daß die junge Teigwarenindustrie bei der Fabrikbevölkerung einen guten Kundenkreis findet. Schon 1884 schreibt die »Nachrichten vom Zürichsee«, daß »die Mehlspeisen von ehemals je länger je mehr durch Teigwaren ersetzt werden«.[35]

Durch gemeinnützige Gesellschaften unermüdlich propagiert, geben Fabrikbesitzer Pflanzland an Fabrikarbeiter ab. Für die überwiegende Mehrzahl der Oberländer Fabrikarbeiter ist ein kleiner Gemüsegarten die einzige direkte Verbindung zur Urproduktion. Allein – auch hier bringen Zeitnot und der Wunsch nach Abwechslung eine Veränderung: »In die Gemüse ist weit mehr Abwechslung gekommen, seit so reichlich Zufuhr von außen stattfindet, aber sie haben in den meisten Haushaltungen nicht mehr die vorragende Wichtigkeit für die Ernährung, da sie eben immer häufiger gekauft, statt selbst gepflanzt sind und ihr Nährwert vom Arbeiter nicht so hoch veranschlagt wird, als daß er sein Geld nicht lieber für nährendere und zugleich weniger Zubereitung erheischende Stoffe verwenden sollte.«[36] Das zeitraubende Rüsten und Kochen steigert die Nachfrage und fördert den Konsum von Konservengemüse. Ein Gleiches gilt für selbstgekochte Suppen sowie für »Eingemachtes«: Suppenpräparate (1866 Julius Maggi und Co.) ersetzen je länger je mehr die selbstgekochten Gemüse-, Kartoffel- oder Brotsuppen, und industriell hergestellte Konfitüre (1885 Henckell und Zeiler in Lenzburg) findet trotz des Beeren- und Obstreichtums in den Oberländer Fabrikgemeinden ihren Markt. Das Konservenzeitalter in der Nahrungsbedarfsdeckung beginnt in der zweiten Hälfte des 19.

Jahrhunderts (eine starke Innovation kommt von Amerika) und wird heute langsam durch ein solches der Tiefkühlspeisen ersetzt. Der stärkste Impuls geht auch hier von Amerika aus. Kurz – in dem mächtigen Aufschwung, den die Nahrungs- und Genußmittelindustrie in der zweiten Hälfte des 19. Jahrhunderts nimmt, spiegelt sich das wider, was wir eben zu zeigen versuchten: das Bedürfnis der Fabrikbevölkerung nach präparierten und konservierten Nahrungsmitteln; die Entwicklung des gesamten Industriezweiges ist von der Nachfrage dieser Konsumentenschicht abhängig.
Selbstverständlich ist der Welthandel bzw. der Fortschritt im Transportwesen eine wichtige Voraussetzung für die Entstehung der neuen Lebensmittelindustrie. Schon in der Bezeichnung »Kolonialwarengeschäft« anstelle von Spezereihandlung manifestieren sich ein Stück Wirtschafts- und Weltgeschichte des 19. Jahrhunderts und die kulinarischen Expeditionen breiter Volksschichten in ferne Länder. Für unsere Betrachtungsweise ist jedoch wichtig zu sehen, wie sehr die Industrialisierung allgemein und das Fabrikwesen im besonderen diese Entwicklung vorantrieben: für die Fabrikbevölkerung ergibt sich am frühesten und dringendsten das Bedürfnis nach vorpräparierten, koch- bzw. speisefertigen Lebensmitteln. Es ist nicht allein der Zwang, am Arbeitsplatz zu essen, und Zeitnot zu Hause, welche Nachfrage und Konsum dieser vorpräparierten Lebensmittel steigern, hinzu kommt noch, daß die Fabrikarbeiterin im Kochen ungeübt ist. Seit frühester Kindheit an die Maschine und die Fabrik gefesselt, lernt sie nur ungenügend das Kochen und andere Hausgeschäfte. Wir kennen diese Klagen allerdings schon von den Heimarbeiterinnen des Ancien régime[37], mit dem Fabrikwesen werden sie jedoch noch eindringlicher: »Und wo soll das Mädchen das Kochen lernen, das stets in der Fabrik beschäftigt ist? Einmal Hausmutter geworden, wird es mit vielen Kosten nur eine schlechte, unschmackhafte Kost auf den Tisch bringen.« Schuler stellt dies neben vielen andern Beobachtern fest. Es werden von den Fabrikarbeitern »im großen ganzen bessere Nahrungsmittel consumiert«, und »man sollte nach all dem denken, daß die Ernährung unserer Arbeiter bedeutend besser geworden sei; bis auf einen Punkt ist dies richtig, aber der Mangel einer gehörigen Zubereitung der an sich besseren Nahrungsmittel hebt den Gewinn zum Theil wieder auf. Vor Zeiten war und blieb die Hausfrau im Hause ... Heute steht die ganze Haushaltung in der Fabrik.« Es finden sich deshalb »zahllose Übelstände in der Auswahl, Bereitung und Zusammenstellung der Speisen«. Oft genug

werden in schlechten Zeiten dann die »kostspieligeren warmen, gekochten Speisen durch eine wohlfeilere Combination von Brod und Kartoffeln und den ebenso wärmenden ›Fusel‹ ersetzt«.[38]
All diese Koch- und Ernährungsprobleme stellen sich besonders dringend in den Textilindustriegebieten mit ihrem hohen Prozentsatz von Frauenarbeit. Nach O. Hägi sind in den Zürcher Oberländer Spinnereien 57% der Arbeitnehmer weiblichen Geschlechtes, und in den Webereien ist der Prozentsatz noch höher (65%).[39] Endlos findet sich denn in den Quellen folgende Klage: »Noch ein Punkt muß hier berührt werden, nämlich der Einfluß des Fabrikwesens auf die Bildung des weiblichen Geschlechts. Diese muß dadurch sehr leiden, daß die Mädchen zu früh dem häuslichen Leben und den Obliegenheiten einer guten Hausmutter entfremdet werden. Solche Mädchen können unmöglich gute Hausmütter werden, und dies ist dann die Quelle von häuslichem Unfrieden und ökonomischem Zerfall des Hauswesens, dessen Gedeihen so sehr von der Wirksamkeit einer guten Hausfrau bedingt wird.«[40] Daß Ehefrauen und Mütter die Fabrik weiterhin besuchen, ist für die Oberländer Fabrikarbeiterfamilie eine brauchmäßige Norm.[41]

II. Dies führt uns zum nächsten Aspekt in den Wechselbeziehungen von Fabrikbetrieb und Volksleben; zu den Veränderungen im Familienleben durch die fixierten Arbeitszeiten und die Trennung von Arbeits- und Wohnplatz. Der Einfluß des Fabrikwesens auf das Familienleben wird von den zeitgenössischen Beobachtern in den düstersten Farben gemalt: »Die Industrie überhaupt«, so schreibt H. Hirzel, »lockert das Familienband, die Maschinenindustrie löst es fast vollends auf. Denn das ist doch wahrlich nur noch ein Schatten von Hausstand, wenn die 12- bis 17jährigen Kinder am Morgen früh vielleicht mit der Mutter oder dem Vater in die Fabrik ziehen, einander geschwind sehen beim Mittag- und späten Nachtessen, und damit Punktum. Die kleinen Kinder sind sich selbst überlassen, die Schulgenössigen ganz der Schule und dem Zufall. Wo die Mutter in die Fabrik geht, kocht vielleicht der Vater oder eines der dazu halbtauglichen Kinder und wo der Vater seinen Verdienst dort hat, kehrt er Abends spät nicht als Vater heim, sondern als hungriger, schlaffer, schlafbedürftiger Mann. So reißt das Fabrikleben alles zumal auseinander, Mann und Frau, Kinder und Eltern,

Bruder und Schwester.«[42] In fast wörtlich gleicher Formulierung könnten noch viele Quellen zitiert werden. Wo immer über Segen oder Fluch des Maschinen- und Fabrikwesens diskutiert wird, taucht die Klage über den Zerfall des Familienlebens, insbesondere auch in Hinsicht auf die Eltern-Kind-Beziehung auf. Es sei dies, so wird allgemein gesagt, das eigentliche Krebsübel. Ein weiteres Beispiel muß genügen: »Der Fabrikarbeiter lebt von seiner Familie fast den ganzen Tag getrennt. Hat er seinen Wohnort nicht ganz in der Nähe der Fabrik, so gestattet ihm die kurze Ruhezeit nicht einmal das Mittagsmahl mit seiner Familie zu nehmen. Oft bleibt auch die Mutter nicht bei den Kindern zu Haus, sondern diese müssen, insofern sie nicht selbst schon ebenfalls ihr Brot in der Fabrik suchen, entweder sich selbst überlassen oder jemand anderm zur Aufsicht übergeben werden. So werden die Kinder den Eltern entfremdet, entbehren oft der nothwendigsten Pflege und von einer ordentlichen Erziehung kann keine Rede sein. Das Kind wird als eine Waare, deren Werth in pekuniäre Berechnung fällt, betrachtet und daher alles Andere dem Verdienst hintangesetzt ... Was das Übel vollendet, ist das, daß das ganze Hausleben auch dem heilsamen Einfluß religiöser Übung durch das Fabrikleben entzogen wird. Die schöne und wohlthätige Sitte der häuslichen Andacht kann in dem Hause einer fabrikarbeitenden Familie nicht geübt werden. Früh des morgens werden die Kinder schlaftrunken aus dem Bette in die Fabrik getrieben und abends spät, wenn sie nach Hause kommen, sinken sie erschöpft auf ihr Lager.«[43]

So eindringlich, allgemein und einleuchtend auch diese Klagen sind, so können wir sie doch nicht unbesehen hinnehmen. Zunächst sei daran erinnert, daß herkommensmäßig die ersten Fabrikarbeiter sich gerade durch schwache Familienbindungen auszeichnen. Nur bedingt läßt sich dies allerdings vom zweiten Fabrikarbeiterschub sagen; jene Heimweber, welche um die Jahrhundertmitte in den mechanischen Webereien eine neue Existenz finden, kennen herkommensmäßig eine weit stärkere Familienkohäsion. Ferner wäre in diesem Zusammenhang an die mannigfachen Übergangs- und Entwicklungserscheinungen des neuen Produktionssystems zu erinnern. Es läßt sich nun allerdings nicht leugnen, daß das Familienleben der Fabrikbevölkerung völlig neuen Belastungen ausgesetzt ist. Die Pflege des Kleinkindes ist das schwierigste Problem. Die Heimarbeiterin hat trotz aller Zeitnot Gelegenheit, ihr Neugeborenes selbst zu pflegen. Für die Fabrikarbeiterin ist dies nicht oder nur noch ungenügend möglich. »Das neugeborene

Kind kommt selten an die Mutterbrust, denn nach 2 bis 3 Wochen würde das Säugen doch wieder aufhören müssen, wenn die Mutter ihrer Arbeit nachgeht, wenn sie sogar riskieren muß, eine mit giftigem Farbstoff besudelte Brust ihrem Sprößling zu reichen ... Der Säugling bekommt Kuh- oder Ziegenmilch – aber zugleich geht er in die Hände einer Gäumerin über, meist einer alten Frau, die, zu allem andern untauglich, um kleinen Lohn einige Kinder pflegt. Die Pflege wird so unregelmäßig. Sie liegt vorzugsweise einer Person ob voll alter Vorurtheile und Aberglaube ... Kann das Kind des Fabrikarbeiters gehen, so ist es gewöhnlich bald den Händen seiner Wärterin entwischt. Es treibt sich überall herum, ohne Aufsicht und Pflege, schmutzig, es gewöhnt sich an alle Unsitten und Roheiten und ist oft schon so verwildert, daß es sich zu beengt fühlt, wenn es endlich mit 3 bis 4 Jahren der Kleinkinderschule oder Bewährungsanstalt übergeben wird ... Mit seinen Eltern kommt das Kind gar wenig in Berührung außer an Sonntagen. Bei der eiligen Mahlzeit am Abend sind die ersten oft so müde, sie haben es zu eilig, als daß sie sich freundlich mit den Kindern einlassen möchte, weit öfters werden diese durch rohes Anfahren zurückgeschreckt. Sonntags ist die Familie beieinander. Vater und Mutter freuen sich ihres Kindes, aber ganz gewöhnlich ist es dann ihr Abgott.«[44] [...]

Die Anstellung einer Magd oder Gäumerin lohnt sich jedoch nur, wenn mehrere Kleinkinder vorhanden sind. Viel häufiger »verkostgelden« Fabrikmütter ihre Säuglinge bei Bauern in der näheren und weiteren Nachbarschaft. [...] »Meine Kinder habe ich bei Bauern verkostgelden müssen«, so erzählte dem Verfasser eine Weberin, »denn wir gingen ja beide in die Fabrik. Übers Wochenende haben wir sie dann heimgeholt. Mit drei Jahren konnten wir sie in die Fabrikkinderschule zur Tante schicken. So ist es eben bei uns Fabriklern.« Es ist kein Zufall, daß zwei aus Wald gebürtige Lehrerinnen 1910 in Zürich einen »Verein für gute Versorgung armer Kostkinder in Stadt und Kanton Zürich« gründen, sind sie doch von Jugend her mit dem brauchmäßigen Verkostgelden Oberländer Fabrikarbeiterkinder vertraut.[45] Wenn der Fabrikbetrieb sich unmittelbar auf das Familienleben auswirkt, so wird umgekehrt das Betriebsleben in der Fabrik unter dem Druck dieser Verhältnisse beeinflußt: das Familienleben nistet sich in die Fabrik ein. »Mein Onkel Heinrich Kunz (geb. 1890) erzählt, wie ihn seine Mutter um 5 Uhr aus dem Bette genommen und im Fabriksaal auf ein Kissen gebettet, bis sie ihm das Morgenessen gegeben habe. Bis die Kleinkinderschule begann,

durfte er vielleicht etwas zeichnen, wenn er sich ruhig verhielt. Zur Mittagszeit wurde er bei Bekannten verköstigt, weil ja die Mutter nicht Zeit hatte, etwas Kräftiges zu kochen. Wenn dann abends die Fabrik aus war, kamen die Eltern gerade recht, um die Kinder ins Bett zu spedieren.«[46] Solchen Berichten, die zeigen, wie die Fabrik zu einem eigentlichen Wohnstubenersatz wird, begegnen wir oft. [...]
Fabrikluft und Maschinenlärm sind dem Textilarbeiterkind vertraute Dinge. Hier in der Arbeitswelt seiner Eltern fühlt es sich geborgen und zu Hause. Mit den Arbeitsgeräten spielt es und weiß früh schon über den Gang der Maschine und der Arbeit Bescheid. »Ich habe meine Kinder oft in die Fabrik genommen«, erzählte dem Verfasser eine ältere Weberin, »habe sie auf den Fenstersims neben meine Stühle gesetzt und ihnen Bobinli zum Spielen gegeben. Sie blieben dort, bis der Direktor dann kam und sagte, es sei nun wieder genug für einmal. Auch nach der Schule kamen sie oft in die Fabrik und konnten mir dann schon den Faden ins Schifflein legen und den Stuhl bedienen. Sie fragen nur: Was muß ich machen. Damals ging das noch, doch heute ist alles anders.«
Fabrikherren und Vorgesetzte drücken um so leichter ein Auge zu, als mit diesem Familienleben in der Fabrik auch unmittelbare Gewinne für das Geschäft verbunden sind: die Anlernzeit für die nachfolgende Fabrikarbeitergeneration wird verkürzt, und das Kind ist schon vor der Arbeitseinstellung geistig-seelisch an den Fabrikbetrieb gebunden und für die Arbeitswelt vorbereitet. Die Fabrikherren sind äußerst interessiert daran, einen Arbeiterstamm heranzubilden, bei dem sich die Erfahrungen von einer Generation zur andern fortpflanzen: »Eine Mutter nämlich, die ihr Kind anlernen kann, scheut keine Mühe, ihm alles gründlich beizubringen und es auf alles aufmerksam zu machen, womit eine gute Arbeit und dadurch bald ein hoher Lohn erzielt wird. Sie sucht deshalb alle ›Voerteli‹ (Vorteile), die sie sich im Laufe der Zeit angeeignet hat, dem Kinde mitzuteilen, so daß dieses von Anfang an da weiterbauen kann, wo jene aufgehört hat.«[47] Unter dem Zwang der Verhältnisse oder – um eine positive Formulierung zu verwenden – durch die natürlichen Eltern-Kind-Beziehungen, wird die Fabrik zur Wohn- und Erziehungsstätte. Ein Stück vom hausindustriellen Produktionsverband findet im Fabrikbetrieb seine Fortsetzung. Sei es im Websaal, in der Schlichterei, beim Zetteln, Spulen oder in der Spinnerei – überall begegnen uns in der Oberländer Textilindustrie familiäre Anlern- und Arbeitsgemeinschaften. »Als 14jähriges Mädchen habe ich am Uznacher Berg in einer Spinnerei gearbeitet«, so berichtet dem Ver-

fasser eine ältere Weberin; »der Vater war Spinner, zwei meiner Schwestern drehten an und ich steckte auf. Vor den Schlägen meines Vaters habe ich mich gefürchtet, und ich mußte oft zu Notlügen Zuflucht nehmen, wenn mir etwas verquer ging bei der Arbeit.« Der »Familienbetrieb« ist für die Oberländer Fabrikindustrie charakteristisch. Wie es dazu kommt, und welche Mittel die Fabrikbesitzer verwenden, um diesen Prozeß zu fördern, bleibt vorderhand dahingestellt. Wir halten lediglich das Phänomen fest, daß in der zweiten Hälfte des 19. Jahrhunderts die Oberländer Textilfabriken zu eigentlichen Familienbetrieben werden. Im engen Sinne heißt dies, daß zu ihnen ein betriebsgebundener, seßhafter Arbeiterstamm gehört. Oft arbeiten in der gleichen Fabrik drei Generationen, und neben der Kernfamilie sind auch noch Glieder der weiteren Verwandtschaft tätig. Neben diesen früh seßhaften (oder gar nie entwurzelten) Fabrikarbeiter-Familien gibt es viele, die von Ort zu Ort ziehen, bis sie endlich Wurzeln fassen. Sofern die Familie bei dieser Mobilität zusammenbleibt und nicht zerstreut wird, treten in der Regel alle arbeitsfähigen Glieder in die gleiche Fabrik ein, die für kürzere oder längere Zeit wieder »Familienbetrieb« im weiteren Sinne wird. Die Verhältnisse zwingen diese Familien dazu: Sie sind auf eine fabrikeigene Wohnung angewiesen; die Mietbedingungen solcher Arbeiter- und Kosthauswohnungen verlangen, daß mindestens zwei, in einzelnen Verträgen alle arbeitsfähigen Familienglieder beim Wohnungseigentümer arbeiten.[48] Die Familie Küng zieht geschlossen von ihrem Heimatdorf Wald weg, findet in einer neuen Kosthauswohnung Unterschlupf und bei einem neuen Herrn Arbeit und Brot ... Hier findet sie eine Bleibe. Der Fabrikbesitzer ist froh über diesen Zuzug, denn »eine erste Feinweberin (Barbara), ein tüchtiger, gelernter Fabrikschlosser (ihr Mann Schang), drei fabrikreife, lebhafte, gesunde Buben, drei weitere in Reserve und eine sinngemäß benützte Kosthauswohnung in einer Zeit wachsenden Textilarbeitermangels sind gewichtige Faktoren.«[49]

Diese letzte Bemerkung zeigt, wie sehr sich die Verhältnisse seit den Anfängen des Maschinen- und Fabrikwesens gewandelt haben: In der Frühzeit besitzen die Fabrikherren weder genügend Mittel noch Interesse, ihre Arbeiter zu binden. In der zweiten Hälfte des 19. Jahrhunderts, mit zunehmender Verknappung des Arbeitskräftereservoirs und mit zunehmendem Arbeitskräftebedarf im Oberland, sind die Fabrikbesitzer an der Seßhaftigkeit und Betriebsbindung ihrer Arbeiter immer stärker interessiert. Ihnen stehen nun auch geeignete Instrumente

zur Verfügung, um diese Bindung zu erreichen, wie uns dies z. B. eben die fabrikeigenen Wohnungen gezeigt haben. Das Interesse an einem Arbeiterstamm sowie der Verhaltenswandel als Ergebnis sozialpädagogischer Bemühungen führen dazu, daß die Fabrikherren eine weit »humanere« Betriebsordnung schaffen. Anderseits sind auch die Fabrikarbeiter in ihrem Verhalten und in ihrer sozialen Zusammensetzung von den ersten Fabrikarbeitern verschieden: mit der stärkeren Familienkohäsion (des zweiten Arbeiterschubes und bedingt durch die Fabrikwohnung) verstärkt sich auch der Wille, jenen Kräften entgegenzuwirken, die das Familienleben stören und die Familienbande zu sprengen drohen. Die bessere soziale, ökonomische und politische Stellung der Fabrikbevölkerung in der zweiten Hälfte des 19. Jahrhunderts sowie die Arbeiterstammpolitik der Unternehmer unterstützen diesen Willen.
Es braucht kaum hervorgehoben zu werden, welch zusätzliche Belastung für das Familienleben und die Haushaltsführung durch die Schichtarbeit hinzukommt. Schon in den ersten Jahrzehnten des Maschinen- und Fabrikwesens arbeiten einige mechanische Spinnereien in zwei Schichten 24 Stunden durchlaufend. Die Schichten dauern entweder von 0 bis 12 Uhr und von 12 bis 24 Uhr oder von 6 bis 18 Uhr und von 18 bis 6 Uhr.[50] Es sind keine technischen Notwendigkeiten, sondern wirtschaftliche Kriterien, welche dazu führen, daß bis heute bzw. heute wiederum in einzelnen Betrieben der Textilindustrie in Doppelschicht produziert wird. In der Regel dauern heute die Schichten von 6 bis 14 Uhr und von 14 bis 22 Uhr. In einigen Fabriken bestehen für Ehefrauen und Mütter besondere Schichtregelungen.[51] Auf die medizinisch-biologischen und soziologisch-anthropologischen Auswirkungen der Schichtarbeit näher einzugehen, fehlt der Raum.[52] Es sei lediglich darauf hingewiesen, daß trotz aller Belastungen, welche mit der Schichtarbeit für das Familienleben und die Haushaltsführung verbunden sind, diese Arbeitszeitregelung immerhin der Oberländer Fabrikarbeiter-Familie Möglichkeiten gibt, die Kinder bei sich zu behalten und zu überwachen. In einer Familie mit Kleinkindern ziehen es die Eltern vor, in getrennten Schichten zu arbeiten. Aus Gründen der Haushaltsführung ist dies teilweise auch später noch der Fall.
Es liegt nahe, daß die Situation der Oberländer Textilarbeiter mit all den beschränkten Freiheitsgraden erhöhte Anforderungen an das Gemeinschafts- und Solidaritätsgefühl sowie an die gegenseitige Verantwortung und Hilfsbereitschaft der Familienglieder stellt. Neben allen

Anpassungen in der äußeren Lebensführung und Gestaltung der Familienbeziehungen ist es vor allem eine geistig-seelische Umstellung, die von der Fabrikarbeiter-Familie verlangt wird: eine Anpassung ihrer Ansprüche an das Familienleben auf die Möglichkeiten und Grenzen ihrer neuen Existenz. Daß die Heimindustrie dazu den Boden vorbereitet und die Anpassung erleichtert, braucht kaum mehr hervorgehoben zu werden.[53] Bis ins 20. Jahrhundert geht von der Heimindustrie auch eine gewisse Pufferungswirkung aus: in zahlreichen Familien kann zum mindesten ein erwachsenes, weibliches Familienglied sich mit Heimarbeit beschäftigen und die Kinder überwachen, während die übrigen arbeitsfähigen Glieder in die Fabrik gehen. Seidenhandweben sowie verschiedene Heimarbeiten für die Stickereiindustrie, auch Ausbesserungs- und Flickarbeiten maschinengewobener Tücher bilden das Arbeitsangebot. Solche Verhältnisse treffen jedoch fast ausnahmslos auf ein Milieu zu, das noch eine Verwurzelung in Haus und Grundbesitz kennt, und sind typische Übergangserscheinungen: die älteste Generation ist teilweise noch mit Heimarbeit beschäftigt, während die nachfolgenden Generationen ausschließlich im Fabrikverdienst ihre Existenz finden. Familien, die auf Arbeiter- und Kosthauswohnungen angewiesen sind, haben dazu nicht die sachlichen Voraussetzungen. Diesen Übergang vom kleinbäuerlich-heimindustriellen Milieu zur »Fabrikler«-Familie als Generationenproblem zeigt uns Hans Kunz: »Mein Großvater (geb. 1857) wohnt nach seiner Trauung anno 1884 noch auf dem väterlichen Gut in Hischwil, von wo aus er täglich den Weg nach Laupen / Wald in die Weberei Hubwies macht, während seine Frau daheim Seide webt.« Nach dem Tod der Großmutter (um 1895) »wird auch der Webstuhl nicht mehr lange in Ehren gehalten: die junge Generation sucht in der Fabrik ihren Verdienst. So genießt meine Mutter auch noch 3 Jahre lang die Fabrikluft.«[54]
Es sind zwei sich ergänzende und sich in ihrer Wirkung steigernde Kräfte, welche die Kohäsion der Fabrikarbeiter-Familie lockern: die eine wird von den Belastungen gebildet, welche die Fabrikler-Existenz für die Familienbeziehungen bringen; die andere ist die leichte Möglichkeit, Familienbindungen frühzeitig zu lösen. Unsere stichwortartigen Bemerkungen ließen jedoch erkennen, daß nach den Übergangskrisen der Frühzeit die Kernfamilie noch genügend natürliche Kohäsionskraft besitzt, um dieser Spannung zu widerstehen: mit dem Fabrikwesen ist nicht notwendigerweise ein Verfall des Familienlebens verbunden, wie dies die meisten Beobachter der frühindustriellen

Fabrikverhältnisse befürchten. Allerdings kann das herkömmliche, christliche Familienbild, von dem aus diese Beobachter urteilen und werten, kein Maßstab für die Welt der Fabrikarbeiter sein. Die Vorstellung von der Mutter am häuslichen Herd, ausschließlich damit beschäftigt, die Kinder zu erziehen, die Töchter auf Ehe und Haushaltsführung vorzubereiten usf. – dieses Genrebild war für diese Menschen auch vor dem Maschinen- und Fabrikwesen nie Realität. Ferner müssen wir uns bewußt sein, daß die Fabrikbevölkerung am frühesten und unter ganz besonders großen Belastungen eine Arbeits- und Lebenssituation zu meistern hat, die sich nach und nach auch für andere Berufsgruppen stellt: fixierte Arbeitszeit, Trennung von Arbeits- und Wohnplatz sowie Arbeit der Ehefrauen und Mütter.

III. Zeit- und Ortsbindung bedingen, daß der frühindustrielle Fabrikbetrieb zu einem Zentrum des Familienlebens wird. Zu einem guten Teil bedeutet Familienleben Fabrikarbeit und vice versa. Ein Gleiches läßt sich vom Volksleben allgemein sagen: je weniger Freizeit dem Fabrikarbeiter für die Befriedigung seiner Geselligkeitsbedürfnisse zur Verfügung steht, desto mehr ist er gezwungen, in der arbeitsgebundenen Zeit einen Ersatz zu suchen. Unter dem Druck der Verhältnisse wird der Fabrikbetrieb zu einem wichtigen Schauplatz des geselligen Lebens.
Eine kleine Begebenheit in und um die Weberei Neuthal illustriert anschaulich, wie die Fabrik dem Druck volkstümlichen Geselligkeitsbedürfnisses und lokalen Brauchtums ausgesetzt ist. »In jener Zeit (um 1900) spielte sich die Fastnacht auf der Straße ab«, so schreibt ein Arbeiter der Weberei Neuthal. »Es kam oft vor, daß die ›Böggen‹ am Dienstag vor die Fabrik kamen und die Arbeiter bei ihrer Arbeit störten. Einmal gab ihnen der Prinzipal Hatz ein Geldstück, damit die Maskierten sich entfernten. Sie gingen in die Breite, kamen dann wieder zurück, so daß Herr Hatz gezwungen war, auch am Fastnachtdienstag den Betrieb einzustellen.«[55] Wie wir sehen, ist ohne die an den Betrieb gebundenen Fabrikarbeiter keine Spannung im »Böggen«. Der Druck des Brauchtums ist so stark, daß er sogar zur Betriebseinstellung führt – immerhin bemerkenswert für eine Zeit, die weder Fabrikferien noch arbeitsfreie Samstagnachmittage kennt. »Ferien gab es damals noch keine. An einigen Nachmittagen wurde nicht gearbeitet: Kirchweih,

Jahrmarkt, Fastnacht« (Mittwoch), so leitet unser Gewährsmann seine Fastnachtsepisode ein; gewiß keine zufällige Gedanken-Assoziation. Daß an Kirchweih, Jahrmarkt und Fastnacht die Nachmittage arbeitsfrei sind, ist ein eigentlicher Gradmesser für die Bedeutung dieser Termine im lokalen Brauchkalender.

Für die Oberländer Textilarbeiter ist das »Fabriksilvester« zu einem Brauch geworden, der trotz aller Rationalisierungsmaßnahmen hartnäckig sich hält – nicht zuletzt deshalb, weil neben den Arbeitern auch die Herren eine gewisse Pietät vor dem »alten« Brauch empfinden. »Früher wurde allerdings viel mehr gefeiert, weil jeder mit dem Putzen beginnen konnte wann er wollte. Jetzt ist die Putzzeit genau festgesetzt, keiner kann vorher anfangen, und so hat man kaum mehr Zeit zum richtigen Feiern«, so berichtet dem Verfasser ein Weber und bringt einige Müsterchen früherer Silvesterstimmung, wo noch gesungen, getrunken und getanzt wurde. Wenn auch der Zeitnot einiges am Gehalt des »Fabriksilvesters« zum Opfer gefallen sein mag, das wichtigste Brauchelement, der »Rosoli«, hat seinen »Gehalt« bewahrt und sorgt wie eh und je für Stimmung. »Rosoli« ist ein hausgemachter Gewürzbranntwein[56], der brauchtümlich im Zürcher Oberland zum Jahreswechsel gehört. Zum »Fabriksilvester« gehört, daß die Arbeiterinnen »Rosoli« mitbringen und davon den Arbeitern heimlich und unheimlich ausschenken. Jede setzt ihren Ehrgeiz darein, einen »Rosoli« zu brauen, der es in sich hat. Es braucht kaum erwähnt zu werden, daß das Ausmaß der Stimmung und die Art des Feierns von der jeweiligen Fabrikherrengeneration und den Obermeistern des Betriebes abhing und abhängt.

Es ist für das »industrielle Volksleben« symptomatisch, daß gerade Silvester von der Fabrikbevölkerung als Brauchtermin gewählt wird: ihr Arbeitsjahr hat wie jenes der Heimarbeiter keine Beziehung mehr zum bäuerlichen Arbeits- und Festkalender; der Eintritt in ein neues Kalenderjahr – der zugleich mit einem Zahltag zusammenfällt – ist für sie eine um so bedeutendere Zäsur. Das Bedürfnis der Fabrikarbeiter, von ihrer Arbeits- und Lebenswelt her dem Jahreslauf Akzente zu geben, manifestiert sich in einem andern Festtermin: der Generalversammlung der Fabrikkrankenkasse. Für unsere Betrachtungsweise ist dieses Beispiel in zwiefacher Hinsicht recht aufschlußreich. Es veranschaulicht, wie in sekundärer Anlagerung eine völlig zweckrationale Zusammenkunft – aus den Bedürfnissen der Zeit entstanden – zu einem brauchmäßigen Festtermin wird. Anderseits sehen wir, wie der primäre Anlaß der Zusammenkunft – wiederum durch die Bedürfnisse einer neuen Zeit –

wegfällt, wodurch der Festkalender des Fabrikarbeiters in Mitleidenschaft gezogen wird.[57]

Zu Ende des 19. Jahrhunderts gibt es im Oberland kaum eine Fabrik, welche diese Einrichtung nicht kennt. Bei der Generalversammlung kommen die Kassenmitglieder, d. h. die Belegschaft, zusammen, um die Jahresrechnung entgegenzunehmen, den Vorstand und die Krankenbesucher zu wählen. Dieses sicherlich nicht attraktive Routinegeschäft entwickelt sich in kürzester Zeit zu einem Höhepunkt des Betriebslebens. »Man soll die Feste feiern, wie sie fallen«; und bessere Gelegenheiten des geselligen Zusammenseins kennt der Fabrikbetrieb eben nicht: »Wenn die Frühlingssonne den Kreuzsaal im Riedt erwärmt hatte, wurde die Krankenkassenversammlung abgehalten. Das war natürlich ein großes Fest für die Neuthaler. An Essen und Trinken fehlte es auch damals (um 1900) nicht, und mancher sonst solide Arbeiter hat den Heimweg im Schrägmarsch angetreten.«[58] Bei diesem gemütlichen Teil der Generalversammlung wird nicht nur gegessen, getrunken und getanzt, sondern es gibt auch ein Unterhaltungsprogramm ganz im Stile der Oberländer Vereinsabende: Musikvorträge, Theateraufführung, Kostümduett, Gedicht- und Gesangseinlagen etc. Wie sehr der eigentliche Zweck der Versammlung in den Hintergrund tritt und das (laut Programm) »Gemütlich im Schwung mit allerlei Überraschungen«[59] ins Zentrum rückt, geht schon daraus hervor, daß die Generalversammlung »Kassenball« genannt wird. Der »Kassenball« oder die Krankenkassenversammlung ist im Festkalender der Oberländer Fabrikbevölkerung ein wichtiger Termin, von dem man lange vorher und nachher spricht (von Fabrik zu Fabrik ist das Datum verschieden). Allein – das Fest fällt der modernen Entwicklung zum Opfer: mit dem Ausbau des Versicherungs- und Sozialversicherungswesens ist für solche eigenständigen Fabrikkrankenkassen kein Platz mehr vorhanden. [...]

»Fabriksilvester« und »Kassenball« zeigen beispielhaft, wie aus einer gemeinschafts- und traditionsgebundenen Geisteshaltung heraus neues Brauchtum entsteht. Voraussetzung dazu ist die Sicherung einer Kontinuität durch einen Stamm betriebsgebundener Arbeiter und – was hier gleichfalls wichtig ist – durch einen Unternehmerstamm. Der Fabrikbetrieb und die Fabrikindustrie als Ganzes müssen eine Kontinuität aufweisen.

Die Wechselbeziehungen bei dieser Brauchbildung sind offensichtlich: Kontinuität führt zu brauchmäßiger Verfestigung von Lebensäußerungen, und umgekehrt sichert Brauch die Kontinuität der Trägergemeinschaft. Wenn der Fabrikbetrieb in dieser Weise zum Brauchinitianten und -träger wird, so läßt sich daraus ersehen, daß dieser Produktionsverband als Sozialgefüge das Bedürfnis hat, über die zweckhaften Arbeitsbeziehungen und Kooperationsformen hinaus Bindungen einzugehen – und zwar horizontale wie vertikale Bindungen. Der Fabrikbetrieb ist mehr als nur ein Produktionsverband und eine Verdienstquelle; er wird ein wichtiger Rahmen für Leben und Zusammenleben. Aus der Belegschaft heraus entstehen offizielle Vereine: Männer-, Frauen-, Gemischte Chöre, Musikkapellen, Theatergruppen, Jassklubs etc. Im »Volksblatt von Bachtel«, um nur ein Beispiel zu nennen, lesen wir, daß am 22. Februar 1879 sich unter den Fabrikarbeitern im Tobel »ein Gesangsverein gebildet hat«.[60] Betriebsfeste wie der »Kassenball« geben teilweise den unmittelbaren Anstoß zu solchen vereinsmäßigen Verbindungen: Aus Proben für die Abendunterhaltung entsteht ein mehr oder weniger festgefügter und dauerhafter Verein, mit Statuten und Mitgliederbeiträgen. Daneben erwachsen aus der Belegschaft losere Geselligkeitsverbindungen: Regelmäßige Theaterbesuche in Zürich oder Einsiedeln, Fahrten ins Blaue, Jass- und Kegelabende usf. Der Jassklub einer Fabrik in Laupen z. B. verwendet seine Spielkasse zu einem jährlichen Ausflug; gewöhnlich nimmt an dieser Fahrt ein Mehrfaches der Klubmitgliederzahl teil. An den offiziellen Betriebsausflügen manifestiert sich, daß die Belegschaft durch vielfältige Geselligkeitsverbindungen eine Festtradition besitzt: ohne ein von oben gesteuertes Programm wird in spontaner Selbstverständlichkeit gesungen, musiziert, getanzt, auch Scherz- und Pfänderspiele kommen zum Zuge; das Wetter spielt eine völlig untergeordnete Rolle, denn für die Stimmung ist es irrelevant. Betriebsausflüge sind in der Oberländer Textilindustrie nicht das Produkt eines modernen »public relation managements«, sondern reichen zurück ins 19. Jahrhundert.[61] Sie gehören zum Rankenwerk der patriarchalischen Betriebsverhältnisse wie die Fabrikkindergarten-Weihnachtsfeier mit Krippenspiel, die Weihnachtsgeschenke an die Arbeiter, die Nachtessen zu Anlaß der Hochzeit eines Prinzipals (oder dessen Sohnes), Jubiläumsfeiern, Veteranentage usf. – sie alle reichen gleichfalls ins 19. Jahrhundert zurück und haben eine brauchmäßige Ausformung und Regelmäßigkeit erhalten.[62] Sie zeigen uns, daß auch die Fabrikherren ihren Betrieb nicht nur als Verdienstquelle betrachten, sondern eine geistig-seelische Beziehung stärkerer Art zu ihrer menschlichen und dinglichen Arbeitswelt haben.

Wie für den betriebsgebundenen Arbeiterstamm, so wird auch für die Unternehmerdynastie das Sozialgefüge ihres Familienbetriebes der geistig-seelische Wurzelgrund ihres Welterlebens. Wir betonen dies deshalb so stark, weil wir als Erbstück des Klassenkampfes einen Sehfehler besitzen, der uns allzusehr Arbeitnehmer und Arbeitgeber als getrennte Welten erscheinen läßt; der Blick ist getrübt für den Fabrikbetrieb als eigene soziale Größe. Erst mit der Korrektur dieses Sehfehlers läßt sich jedoch der Oberländer Fabrikbetrieb mit seinen patriarchalischen Elementen als soziale Größe verstehen: hinter den festlichen Geselligkeiten, offiziellen oder inoffiziellen, steht das Bedürfnis nach Bindung und das Erlebnis einer Ordnung, der man verpflichtet ist. Als 1864 der Weber Brandenberger von Pfungen nach Wald zieht, schreibt er ein Abschiedsgedicht. Er widmet dem Buchhalter, dem Oberaufseher, dem Meister, dem Tuchbeschauer, den Webern und den Fabrikherren je eine Strophe. Als Vorbild dient ihm das Lied »Ihr Berge lebt wohl«. Die letzte Strophe an die »Prinzipalen« lautet:

Prinzipalen lebt wohl, lebt wohl.
Der Segen von oben,
Der hoch Sie erhoben,
Der grün Ihnen fort
Hienieden und dort.
Beim Spinnen und beim Weben
Läßt sich's bei Ihnen leben,
Ihre Achtung grünt voll.
Prinzipalen, lebt wohl.[63]

In eindringlicher Weise geben diese Zeilen Einblick in den Erlebnisraum des Patriarchalismus, wie er sich in der Oberländer Fabrikindustrie entwickelt: »Der Segen von oben, der grün Ihnen fort, hienieden und dort« – eine Welthaltung, welche die soziale Verschiedenheit anerkennt und sie einordnet in das Weltverständnis. Als eigentliches Gegenstück zu dieser Strophe mag das Schreiben eines Fabrikbesitzers dienen, in dem er den Arbeitern zu Anlaß seines Arbeitsjubiläums eine Spende anzeigt. Wie die Betriebsfeste so werden auch solche Spenden und Legate zu verschiedenen Anlässen in der zweiten Hälfte des 19. Jahrhunderts ein eigentlicher Brauch, mit dem die Fabrikarbeiter rechnen. »In diesen Tagen«, so heißt es im Schreiben vom 22. Dezember 1917, »werden es 20 Jahre sein, seit ich meine Tätigkeit in der Firma X begann. Ich will diesen Anlaß nicht vorbeigehen lassen, ohne unserer Arbeiterschaft zu gedenken und ihr für stets treu geleistete Arbeit zu danken. Meiner Dankbarkeit möchte ich dadurch Ausdruck geben, daß ich jedem heute bei X in Arbeit stehenden und jedem zum Bezug aus der Alters- und Invalidenkasse berechtigten Arbeiter ein Guthaben von 30 Fr. pro bei unserer Firma geleistetem Arbeitsjahr eröffne. Es werden Kassabüchlein ausgestellt werden, die an einem Zahltag des Monats Januar zur Auszahlung kommen. ... Ich möchte die Arbeiterschaft sehr bitten (unterstrichen), bezüglich dieser Angelegenheit nichts in der Zeitung erscheinen zu lassen, und sich auch Dritten gegenüber nicht zu äußern. Das ist eine Sache, welche ich gerne unter uns haben möchte.«[64]

Die Beispiele zeigen, wie aus dem Oberländer Fabrikbetrieb heraus Erlebnissphären und geistig-seelische Bindungen erwachsen, welche die Ungleichheit in einem gegenseitigen Anerkennungsverhältnis sanktionieren. Das Sanktionieren kann hier durchaus mit religiösem Sinngehalt verstanden werden. Ferner läßt sich erkennen, wie die geistig-seelische Bindung des Fabrikherrn an seine Belegschaft nicht nur Ursache, sondern auch Folge einer Arbeiterstammbildung ist. Damit entgehen wir der Gefahr, die Vergabungen, Gratifikationen, Veteranentage, Fabrikweihnachtsfeiern, Betriebsausflüge etc. lediglich als Mittel einer Arbeiterstammpolitik zu deklarieren. Hinter dem Feiern steht ein echt menschliches Anliegen: »Freud und Leid« mit seiner Welt zu teilen.[65] An Namens- und Geburtstagen wird zuweilen die Maschine der Gefeierten bekränzt. Für Hochzeit und Todesfälle sammelt der Betrieb. Das Geschenk bzw. die Kränze stehen im Fabriksaal oder im Heizraum zur Besichtigung. Am Begräbnis eines Betriebsangehörigen nimmt gewöhnlich ein Glied der Familie teil, auch wenn damit ein Arbeits- und Lohnausfall verbunden ist. Auch die Herren kommen. Beim Tod des Firmeninhabers nimmt die Belegschaft gewöhnlich vollzählig am Begräbnis teil. Eine Hochzeit ist selbstverständlich immer ein Ereignis, das ausgiebig Gesprächsstoff liefert. Kommt der Hochzeitszug vorbei, wurden früher die Maschinen abgestellt und »gespannt«; heute versucht man unbemerkt ein Auge voll zu erhaschen. Später verteilt die Braut jedem, der etwas gespendet hat, »Feuersteine« (Süßigkeiten).

Das Verflochtensein von Fabrik- und Volksleben zeigt sich jedoch nicht nur in Fest, Freude und Trauer; alltäglicheres Leben drängt in der arbeitsgebundenen Zeit nach Äußerung. Wir müssen uns bewußt sein, daß erst im Mai 1917 der freie Samtstagnachmittag in den Spinnereien und Webereien von Wald und Umgebung eingeführt und bei dieser Gelegenheit die wöchentliche Arbeitszeit von 60 auf 59 Stunden verkürzt wird.[66] Noch später und nur mit Schützenhilfe der Gewerkschaften gelangt die Oberländer Textilarbeiterschaft in den Genuß von Ferientagen. Nach Verhandlungen vor dem Einigungsamt wird 1924 folgende Ferienregelung für die Walder Fabrikindustrie getroffen[67]:

Vom 1. bis 5. Dienstjahr	2 Tage bezahlte Ferien
Vom 5. bis 10. Dienstjahr	3 Tage bezahlte Ferien
Vom 10. bis 15. Dienstjahr	4 Tage bezahlte Ferien
Vom 15. bis 20. Dienstjahr	5 Tage bezahlte Ferien
Über 20 Dienstjahre	6 Tage bezahlte Ferien

Durch diese lange Betriebsbindung erhält die Fabrik als Lebensraum erhöhte Bedeutung und vermehrte, nicht produktionsbezogene Funktionen. Mangel an Zeit führt dazu, daß sich die Dienstleistungen für den täglichen Lebensbedarf in und um die Fabrik konzentrieren. »Dienstag und Samstag kam der Metzger Zuberbühler, Mittwoch und Samstag der Gemüsehändler Maroni« (vor die Fabrik), so berichtet ein Arbeiter der Weberei Neuthal von der Zeit um 1900. »Wenn die Kirschen reif waren, kam es vor, daß an einem Tag 2 bis 3 Händler vor der Fabrik standen, und die Arbeiter kauften während der Arbeitszeit.«[68] »Nach dem Elfuhrschulschluß ging Jaköbli immer voll Spannung auf die Post, um die neuesten Zeitungen zu holen und schnurstracks damit in die Fabrik, sie zu verkaufen«, so schreibt Otto Kunz über die Jugendzeit seines Onkels in Bäretswil (um 1870).[69] Der Oberländer Fabrikbetrieb ist bis heute – trotz allem Wandel – in bescheidenem Maße noch ein Ort zentraler Dienste: Migroswagen und fahrende Händler warten vor der Fabrik auf den Arbeitsschluß; Verträger von Wochenblättern liefern ihre »Heftli« in der Fabrik ab; der Heizer nimmt die Sporttotozettel entgegen usf.
Die Leistungserwartungen des Betriebes können den Menschen nicht voll mit Beschlag belegen; er ist kein ausschließlich zweckgerichtetes Werkzeug. Geselligkeitsbedürfnisse und eine Summe von Lebensansprüchen drängen in den langen Arbeitsstunden zur Äußerung. In den Fabrikbetrieb nistet sich leistungsunbezogenes Volksleben ein. Hinweise darüber haben uns schon – in negativer Form – die Fabrikverordnungen gegeben: »Sitten- und ordnungswidriges Geschwätz und Geberden, Gesang von unsittlichen Liedern, Ausbrüche von Roheit und

Sittenlosigkeit, Zänkerei, Reiz zu Ärgernis, Empfang von Besuchen in der Fabrik, das Herumstehen und Schwatzen während der Arbeit« und anderes mehr wird als betriebswidriges Verhalten erklärt.[70] Das gesellige Leben läßt sich aber trotz der Beschränkungen durch Fabrikordnung, Maschinenlärm und Leistungsanspruch nicht unterdrücken. Für Singen und Schwatzen, heimliche Liebesbezeugungen und giftige Zänkereien, mutwillige Streiche und allerlei Schabernack bietet der Fabrikbetrieb als Arbeitsverband und menschliches Kooperationsgefüge nicht nur Gelegenheit, sondern auch Anreiz.[71] Die Beobachter des frühindustriellen Fabrikwesens sehen darin eine der Gefahren dieses Produktionssystems für die Gesellschaft. Der Fabrikbetrieb, so ist die allgemeine Klage, gebe mit einer Arbeitsorganisation Anreiz und Gelegenheit zu unzüchtigen Reden und Taten, zu Laster und Liederlichkeit. Am stärksten sei davon das Kind betroffen, welches mit der Fabrikarbeit in eine Welt hineinwachse, für die es noch nicht reif ist. Verrohung und sittliche Verderbnis wären zwangsläufige Folgen: »Von bedeutendem Einfluß ist das Fabrikwesen auf die Sittlichkeit, namentlich in sexualer Beziehung. Schon die Art der Beschäftigung und der Lebensweise, mehr aber noch das Zusammenleben und Arbeiten der beiden Geschlechter, die unsittlichen Reden und der Anblick unkeuscher Handlungen weckt bei Fabrikarbeitern in der Regel früher als bei andern den Geschlechtstrieb.«[72] Wir kennen diese Klagen von den Heimarbeitern, insbesondere den Heimspinnern des Ancien régime, und auch hier wird der Arbeitsverband und die Art der Beschäftigung für die Übelstände verantwortlich gemacht: Spinnplätze und Spinnstuben mit ihren nach Geschlecht und Alter gemischten Gesellschaften sind Brutstätten des Lasters und der Unsittlichkeit, heißt es in den Quellen des 18. Jahrhunderts.[73] Im 19. Jahrhundert wird die Heimarbeit mehr und mehr in den Berichten zu einer Schule der Tugend, während die Klagen über Unsittlichkeit, Verrohung und Liederlichkeit sich fast ausschließlich auf Fabrikarbeit und Fabrikbevölkerung beziehen. Dieser Wertungswandel kann nicht allein damit erklärt werden, daß die Beobachter des Fabrikwesens diesem neuen Produktionssystem kritischer oder gar von vornherein ablehnend gegenüberstehen. Objektiv-sachliche Momente liegen vor: Spinnplätze und Spinnstuben gehören in dieser Zeit der Vergangenheit an; die Heimarbeit ist Weben (mit Zusatzdiensten) – eine Beschäftigung also, die an die Stube und den Keller gebunden ist. Raumnot und Arbeitslärm beschränken die Geselligkeit. Andererseits ist der Wertungswandel bedingt durch die Zusammenset-

zung der Fabrikarbeiter (bzw. der Heimarbeiter), die sich anfänglich, wie wir wissen, vorwiegend aus jenem Heimspinner-Milieu rekrutieren, welches im Ancien régime zu den erwähnten Klagen Anlaß gab. [...]
Die von den Zeitgenossen so oft und so sehr gerügte Sittenlosigkeit und Verrohung der frühindustriellen Fabrikarbeiter ist eine Verhaltensanpassung, die auf heimindustrielle Arbeits- und Lebensverhältnisse zurückgeht und durchaus auch ihre positiven Werte besitzt. Fabrikinspektor Schuler weist darauf mit allem Nachdruck hin: »Es ist überhaupt auffallend, wie wenig der Fabrikarbeiter sich scheut, seinem Kinde einen Einblick in alle möglichen Verhältnisse zu gewähren, wie er vor ihm über alles und jedes ungeniert sich äußert. Das Kind wird so in der eigenen Familie oder bei Besuchen seiner Eltern und Angehörigen in den Fabrikräumen inne und spricht davon, was das Bauernkind zwar gewöhnlich auch erfährt, aber mit der unschuldigsten Miene für sich behält. Die Fabrikkinder scheinen (gesperrt gedruckt) daher oft viel roher und sittenloser, als die Bauern (wie dies bei den erwachsenen Fabrikarbeitern und Bauern in gleicher Weise der Fall ist), während nach meinen Erfahrungen gerade bei letzteren geheime Sünden und Laster weit mehr im Schwange gehen. Daß der Geschlechtstrieb der Kinder auf diese Weise früher entwickelt wird, ist unbestreitbar.«[74] Der Verhaltenswandel, den Schuler hier beschreibt, läßt sich – wiederum in zeitlicher Retardierung – bei anderen Berufs- und Sozialgruppen beobachten. Die bürgerliche und bäuerliche Prüderie, ein Erbgut christlich-puritanischer Welthaltung, mit all ihren verdeckten Nöten und versteckten Lastern, welche aus der Diskrepanz zwischen Schein und Sein entspringen, wird aufgeweicht. In Verbindung mit anderen Faktoren ist dies nicht zuletzt das Resultat des industriellen Arbeitsangebotes, welches in Hinsicht auf Arbeitsteilung und Arbeitskooperation die Altersklassen und die Geschlechter nach neuen Kriterien zusammenführen. Dies bringt einerseits eine entsprechende Verhaltensanpassung mit sich, durch die sich Leitbilder und Wertbegriffe ändern; anderseits ruft die neue Umweltsituation nach entsprechenden Erziehungs- und Vorbereitungsmaßnahmen, um den Gefahren begegnen zu können: bewußte (nicht zwangsweise) Koedukation und frühzeitige, ebenfalls bewußt prophylaktische Aufklärung.
Schulers Beobachtungen beziehen sich auf die Fabrikarbeiter, doch hätten sie ebensogut Geltung für die Heimspinner des 18. Jahrhunderts. Das Fabrikwesen bringt jedoch in das gesellige Zusammenleben eine besondere Spannung und Dynamik. Obgleich keine Fabrikordnung,

kein Aufseher und kein Herr erreichen kann und vielfach auch nicht will, daß der Weber »neben dem mageren Znüni sein lebensfrohes Gemüt ins Trückli zur Verwahrung« legt[75], so sind dem Fabrikarbeiter doch Freiheitsgrade genommen, die der Heimarbeiter noch besitzt. Seine arbeitsfreien Stunden erhalten dadurch eine Aufladung an Lebensdrang und Geselligkeitsansprüchen sowie eine besondere funktionale Bedeutung. Am Beispiel der Arbeitswege (besonders des Nachhauseweges) soll dies zunächst verfolgt werden.

Mit dem Ertönen der Fabriksirene löst sich ein Arbeitsverband von Menschen in Gruppen, Grüppchen und Paare auf, die durch eine gleiche Erlebnissituation verbunden sind: Ihr »Zwinger« hat sich geöffnet. Nun kann sich all das an Geselligkeitserwartungen und Lebensdrang ungehemmt entfalten, was durch die Fabrikverordnung und den Leistungsanspruch der Arbeitsfunktion unterdrückt werden mußte: Liebe, von der man geträumt, Streit, der sich ergab, Streiche, die man ausgeheckt, Gespräche, die abgerissen usf. Der Rückstau von Lebensdrang ergießt sich um so stärker auf dem Heimweg, je weniger die Zeit-, Arbeits- und Wohnverhältnisse der Fabrikarbeiter die Möglichkeit geben, zu anderen Zeiten und an anderen Orten ihre Bedürfnisse nach Leben und Zusammenleben abzureagieren. Besonders für die Fabrikarbeiter der Frühzeit, welche kaum genügend Zeit zum Schlafen haben und zumeist in mißlichen Wohnverhältnissen zu leben gezwungen sind[76], bekommt der Heimweg eine vermehrte funktionale Bedeutung. Die Spannungsdichte ist erhöht durch die nächtliche Stunde[77], die nach Geschlecht gemischte Gesellschaft und durch den großen Anteil an jugendlichen Elementen. Es ist deshalb nicht verwunderlich, daß mit den ersten Spinnfabriken auch die Klagen und Beschwerden über Unfug und Sittenlosigkeit der »aus den Maschinen kommenden« Fabrikarbeiter beginnen. 1813 meldet der Pfarrer von Stäfa, daß »nach eigener Beobachtung und lauten Klagen der Leute Obstfrevel, Unreinlichkeit auf der Straße, Gelärm, Unzucht und rohe Worte seit Errichtung der Maschine merklich zugenommen« haben. Im gleichen Jahr kommt vom Pfarramt Grüningen folgender Bericht: »Ehrbare Leute werden durch die groben, zotigen Reden, das Schimpfen und Zanken auf der Straße von den aus den Maschinen kommenden Kindern geärgert und bei Nacht beunruhigt.«[78] In den Arbeitswegen mit ihrem überbordenden Treiben wird nichts Geringeres als ein Grundübel des Fabrikwesens gesehen: »Aber noch eine schlimmere Frucht jenes Zusammenlebens in Fabriken als die frühzeitigen Ehen ist das häufigere Vorkommen geschlechtlicher Unzucht, die nicht gerade in den Fabriken selbst, aber außer den selben auf dem Hin- und Herweg bei nächtlicher Zeit und soweiter verübt wird.«[79]

Das Treiben der Fabrikarbeiter sticht den Beobachtern um so eher in die Augen, als die Zeiten konzentriert und fixiert sind und die Dinge sich durch die Bindung an den Arbeitsweg in der Öffentlichkeit abspielen. Die Beschwerden solcher »ehrbaren Leute« führen – wie wir wissen – dazu, daß in den Fabrikordnungen auch ein »stilles und sittliches Betragen« auf dem Wege zu und von der Fabrik festgesetzt wird. Detaillierte Angaben diesbezüglicher Ordnungsbestimmungen spiegeln geradezu die Formulierung der Beschwerden wider.[80]

Wie die Arbeitswege so erhalten auch die Sonn- und Feiertage für den Fabrikarbeiter der Frühzeit eine besondere Bedeutung und Gestaltung – und entsprechend lauten die zeitgenössischen Urteile: für die Fabrikarbeit sei der Sonntag ein »Tag der Liederlichkeit«.[81] »Maschinendienst, Essen und Trinken, Schlafen und den Geschlechtstrieb befriedigen – das ist des bloßen Fabrikarbeiters ödes Leben. Den heiligen Ruhetag weiß er nicht anders zuzubringen.«[82] Die Morgenpredigt werde verschlafen und die übrigen Stunden mit Essen, Trinken, Spielen und Geselligkeit hingebracht; der religiöse Sinngehalt des Sonntags gehe verlustig. [...]

IV. Was uns hier interessierte, war das Spannungsverhältnis zwischen leistungsbezogener und leistungsunbezogener Aktivität, welche sich durch die fixierten Arbeitszeiten, die Trennung des Arbeitsplatzes vom Wohnplatz und durch die Arbeitsorganisation des Fabrikbetriebes ergibt. Je kürzer die Arbeitszeiten werden, um so mehr bedeutet für den Fabrikarbeiter die arbeitsgebundene Zeit leistungsbezogenes Verhalten. Mehr und mehr wird die Arbeitswelt der Fabrik vom übrigen Volksleben isoliert. Einerseits steht dem Fabrikarbeiter mehr Freizeit für seine Geselligkeits- und Lebensbedürfnisse zur Verfügung; andererseits sieht sich der Betrieb immer mehr gezwungen, mit Minuten und Sekunden zu rechnen. Wenn früher der Weber seine drei oder vier Stühle abstellte, um Kirschen zu kaufen oder sich den Hochzeitszug anzusehen, so fiel dies betriebskalkulatorisch weniger ins Gewicht als heute, wo er zehn und zwölf Webautomaten zu bedienen hat. Die technische und betriebswirtschaftliche Entwicklung – besonders

im 20. Jahrhundert – erreicht, daß in zunehmendem Maße der ganze Mensch durch den Leistungsanspruch seiner Betriebsfunktion absorbiert werden kann. Hand in Hand damit steigert sich die Verhaltensschizophrenie zwischen Arbeitszeit und Freizeit.
Von diesem Aspekt her erfahren die Arbeits- und Lebensverhältnisse des frühindustriellen Fabrikwesens eine Aufhellung: Maschinen und Betrieb sind noch in einem Stadium, die den Menschen nicht voll beanspruchen können. Dies gilt besonders für die Anfänge der mechanischen Weberei, über die uns Fabrikarbeiter Schilderungen geben, die beinahe idyllisch anmuten: »Im Jahre 1854 trat ich als Weber in die mechanische Weberei des Herrn Oberholzer und Spörri in Diezikon bei Wald in die Arbeit«, so schreibt Heinrich Brandenberger in seinen autobiographischen Skizzen; »dort lebte ich wie alle anderen Arbeiter fröhlich auf. Die Freiheit war in diesem Geschäft noch nicht getötet, die Herren waren seelengut und sprachen ohne Stolz mit ihren Untergebenen, und der damalige Oberaufseher Kindlimann war die Liebe und Güte selber; Zeitungen und Bücher durfte man bei der Arbeit ungeniert lesen, selbst nähen und stricken wurde bewilligt, wann nur die Arbeit fehlerfrei geliefert wurde. Dort machte ich meine ersten Versuche zur Versemacherei.«[83] Wenn auch diese laxe Betriebsaufsicht in der Weberei Diezikon nicht die Regel, sondern eher eine Ausnahme ist, so kann doch auch die strengste Betriebsdisziplin die Freiheitsgrade nicht rauben, welche die Maschine gewährt [...]
Noch brachte der Rhythmus der Maschine, so sehr er den Arbeitsalltag bestimmte, es nicht fertig, den Fabrikarbeiter auf sein bloßes ökonomisches Dasein, auf die Verausgabung seiner Arbeitskraft zu reduzieren. Im Gegenteil, die anfangs nur langsam und schrittweise vollzogene Durchsetzung der Fabrikdisziplin bot dem Fabrikvolk die Gelegenheit, sich allmählich mit der Industriewelt und ihren Zwängen vertraut zu machen und in sie gleichsam ›hineinzuwachsen‹, ohne allzu abrupt mit den überkommenen Lebensgewohnheiten brechen zu müssen. Diese gleitenden Übergänge mit ihren eigentümlichen, zum großen Teil unbeabsichtigten Sozialisationseffekten förderten die Entwicklung einer Kultur der Arbeit, die von den Betroffenen keineswegs als totale Entfremdungssituation bzw. Fremdbestimmung der eigenen Tätigkeit erfahren wurde, sondern ihnen die Möglichkeit gab, sich über weite Strecken positiv mit ihrer Arbeit zu identifizieren. Das Ausmaß dieser Fabriksozialisation läßt sich etwa daran ablesen, wie stark der umgangssprachliche Wortschatz vom Berufsvokabular der industriellen

Arbeitswelt und den mit ihr verbundenen sozialen Erfahrungen imprägniert wurde. Seit der Verlagsindustrie des Ancien régime hat sich in das Sprachgut des Oberlandes ein industriebezogener, technischer Wortschatz integriert, der jeden Uneingeweihten seine Fremdheit spüren läßt. Die Ausdrücke bleiben zum Teil noch im Gebrauch, obgleich sie durch die technisch-betriebliche Entwicklung der Industrie längst obsolet wurden. 1932 stellte z. B. die Weberei Diezikon auf Schokolade- und Biskuitfabrikation um; der Begriff »Ausferggen« für Zahltag ist jedoch bei den Arbeitern dieser Fabrik noch heute im Sprachgebrauch zu finden. Es handelt sich um ein sehr spezielles Berufsvokabular, das im Oberland Gemeingut des Redens und Denkens wird, gleich jenem speziellen Wortschatz und jenen Denkbildern in alten Bergbaulandschaften oder in Fischereigebieten. Von der Arbeit her interpretiert der Textilarbeiter seine Lebenswelt und vice versa. Von ihr bezieht er auch sein Selbstwertgefühl, jenen charakteristischen Arbeitsstolz, der aus der hautnahen Kenntnis der Produktionsabläufe, aus den Möglichkeiten, sie zu kontrollieren und zu beherrschen, resultiert und der von den Arbeiterdichtern aus den eigenen Reihen immer wieder besungen worden ist. Heinrich Brandenberger (1826–1882), der vom 12. Lebensjahr an sein Brot als Heimweber verdiente und später ein unstetes Fabrikarbeiterleben führte, berichtet in seinen Webergedichten mit heiterem Stolz von der eigenen Arbeit und Arbeitswelt. In seinen Versen, die bei der Oberländer Fabrikbevölkerung großen Anklang fanden, ist keine Spur davon zu finden, daß sich der Weber als »Werkzeug« oder als bloßes Anhängsel der Maschine betrachtet. Brandenberger fühlt sich nicht einer solchen Objektsituation ausgeliefert – im Gegenteil: voll rührender Selbstgefälligkeit wird beschrieben, wie der Weber seine Maschine beherrscht und jede Schraube an ihr kennt – oft sogar besser als der Meister.

Von hier aus, von der Identifikation der Arbeiter mit ihrer Arbeit, lassen sich auch – als Teilantwort allerdings nur – deren innere Widerstände gegen technische Neuerungen im Produktionsprozeß erklären. Es ist von symptomatischer Relevanz, daß der einzige Streik in der Walder Textilindustrie von einiger Bedeutung und Dauer, der sogenannte Bleichestreik, die Einführung neuer Maschinen bzw. die Neuordnung der Maschinenzuteilung zum Anlaß hatte.

Es ist nicht allein die Mehrarbeit oder der (in Relation zur Leistung) geringere Lohn, welche den Widerstand und die Empörung gegen die technisch-betrieblichen Veränderungen auslösen. Im Hintergrund steht die Bindung an die Maschine: der Arbeiter kennt seine Maschine bis in jede Einzelheit; er hat sich eingestellt auf die Freiheit und Bindung dieser Maschine; ja, er ist sogar fähig, die vorgegebenen Freiheitsgrade der Maschine durch allerlei Kniffe und Tricks zu erweitern.[84] Mit technisch-betrieblichen Veränderungen werden diese Bindungen und Sicherungen gestört. Der Arbeiter muß von neuem die Maschine kennenlernen; einen geistig-seelischen Bezug zu ihr finden; seinen Arbeitsrhythmus auf sie abstimmen, Kniffe suchen, welche die Arbeit erleichtern oder den Lohn erhöhen usf. Jede Veränderung der Arbeits- und Arbeitsplatzgestaltung führt zu dieser marginalen Unsicherheit. Gleichsam mit negativer Beweisführung manifestiert sich darin die Verhaltensanpassung und die geistig-seelische Bindung zur Maschine und zur Maschinenarbeit.

Damit ist jedoch erst eine Seite der Arbeitswelt beleuchtet, wie sie der Fabrikarbeiter erlebt. Ein wichtiger Komplementäraspekt betrifft die soziale Differenzierung durch die Maschine und Fabrikarbeit. Mit gleicher Hartnäckigkeit wie das Denkmuster der »Entseelung« und »Entfremdung« hat sich jenes von der Nivellierung der Menschen durch Maschine und Maschinenarbeit festgesetzt und gehalten. Die These wird in weiten Kreisen mit axiomatischer Selbstverständlichkeit gebraucht, obgleich auch nur eine oberflächliche Anschauung der realen Verhältnisse das Gegenteil beweist: durch das Arbeiten mit und an der Maschine sowie durch die technisch-betriebliche Organisation der Arbeit zur Erreichung des Betriebszweckes entsteht ein vielfältig differenziertes und abgestimmtes soziales Struktur- und Wertsystem, welches nicht nur im Fabrikbetrieb seine Geltung hat, sondern auch außerbetrieblich im Volksleben seinen Niederschlag findet. Die Belegschaften der Spinnereien und Webereien bestehen zu ca. 95 % aus angelernten Arbeitern; die restlichen 5 % setzen sich aus Vorgesetzten und gelernten Spezialarbeitern zusammen.[85] Gerade weil der Anteil an ungelernten, d. h. mehr oder weniger einseitig angelernten Arbeitern in den Textilfabriken so groß ist, illustrieren diese Produktionsverbände die soziale Differenzierungskraft der Maschine und der Arbeitsorganisation um so besser. Nur einige Hinweise können gegeben werden.

Die Spinnmaschinen kennen eine hierarchische Schichtung vom Aufstecker über den Ansetzer zum Spinner. Die Vorwerksarbeiter stehen in der Status- und Prestigeskala des Betriebes unter dem Spinner, und auch hier gibt es feine Nuancierungen durch die Art der Maschine: von der Wickeldoublier zur Wickelstreckmaschine. Die Packer und Arbeiter am Opner befinden sich auf dieser Stufenleiter höher als Ansetzer usf. In der Spulerei muß die Zettlerin eine gewisse Zeit gespult haben. Sowohl die verschiedenen Spul- und Zettelmaschinen, die in diesem Produktionsprozeß zur Anwendung kommen, wirken qualitativ selektionierend. Die Nuancen sind gering und das Prestigegefälle besteht oft nur in den Augen des Funktionsträgers, doch weist jede Maschine mit ihren Anforderungen dem Arbeiter eine Rolle, einen Status und eine Verhaltensnorm zu – um diese, von der Betriebssoziologie übernommenen Begriffe hier zu verwenden[86] –, die das Leben und die Struktur der Spulerei mitprägen. Es sei nur noch erwähnt, daß die Funktionen an den Maschinen und im Betrieb teilweise auch eine Differenzierung nach Geschlechtern bedingen: das Spinnen am Selfaktor, das Schlichten oder Zettelauflegen ist z. B. ausschließlich Männerarbeit, während Spulen, Zetteln oder Andrehen ausschließlich Frauenarbeit ist.

Die Stichworte zeigen, wie durch die Maschinen und die formale Betriebsorganisation ein Sozialgefüge mit einer eigenen Wertordnung vorgegeben wird, das – wie später zu zeigen ist – durch informelle Einflußfaktoren moduliert wird. Dazu gesellt sich ferner die hierarchische Autoritätsstruktur des Betriebes: die Hilfsmeister, Meister, Obermeister, Direktoren und Firmeninhaber (»Herren«).

Es liegt auf der Hand, daß diese formale, durch Maschinen und den Betriebszweck bestimmte Sozialordnung der Fabrik mit ihrer hierarchischen Schichtung, ihren Autoritätsbezügen, Statussymbolen und Verhaltenserwartungen das Volksleben in vielfacher Weise beeinflussen und mitgestalten. Insbesondere ist dies bei der ländlichen Fabrikindustrie der Fall, wo in Weiler, Dorf und Gemeinde jeder jeden kennt, und wo in Kosthäusern und Arbeitersiedlungen ein Großteil der Belegschaft zusammen wohnt. Man weiß, was jeder ist, kann und zählt im Betrieb; seine Arbeit und sein Lohn lassen sich abschätzen. Man begegnet dem Tuchbeschauer, welcher die Abzüge festsetzt, oder dem Meister, auf dessen Arbeitszuteilung man angewiesen ist, im Verein oder in der Wirtschaft anders als dem Aufstecker, den man als Spinner überwacht, oder dem Zudiener, der einem die Garnkisten oder die Walzen bringt. Aus der Stellung und Funktion der Familienglieder im Betrieb wird Nutzen gezogen: Man ist im Konsumgeschäft nicht die Spulerin, sondern die Frau des Schlichters. Die Betriebsfunktion und der Status – besonders wenn sie sich in klingender Münze auszahlen[87] – sind wichtige Heiratskriterien. »Min Ma hät amig gseit, er wett halt eini, wo viel verdieni«, sagte Frau Grimm, welche als zuverlässige, tüchtige Webe-

rin »immer gute Artikel hatte«.[88] Das Statussymbol kann sich auch in der Zuteilung einer besseren oder schlechteren fabrikeigenen Arbeiterwohnung ausdrücken und gleichfalls ein Heiratskriterium sein. Doch auch ohne solche materiellen Gesichtspunkte kann die Funktion im Betrieb für die Partnerwahl bestimmend sein: Von ausgesprochenen Männerfunktionen wie Heizer, Schlosser, Schlichter mit ihren Verhaltensnormen geht mehr erotische Anziehungskraft aus als von den »Weiberberufen« wie z. B. dem Weben, wo man »mit feinen Fingerchen die gebrochenen Zettelfäden knüpfen, mit spitzem Mund den Eintragsfaden durch die Öse des Weberschiffchens saugen, die verfluchten Nester im Gewebe mit unerträglicher Geduld auflösen, das Schifflein behutsam in die Schlagbahn einlegen und mit Handgefühl die Weblatte in Gang bringen« muß.[89] Auch die Familienhierarchie bleibt nicht unbeeinflußt, wenn die Frau als geschickte Weberin mit mehr Stühlen oder besseren Artikeln einen größeren Zahltag nach Hause bringt als der Mann – eine in der Oberländer Textilindustrie keineswegs singuläre Erscheinung. [...]
Als komplementäres Element zu der oben erwähnten Bindung der Maschine tragen vorder- oder hintergründig die Statuswerte, welche mit der Funktion an der alten Maschine bzw. am alten Arbeitsplatz verbunden sind, zum Widerstand gegen die Einführung von neuen Maschinen, gegen betriebstechnische Umstellungen oder gegen Versetzung an andere Arbeitsplätze bei. Für Uneingeweihte sind diese Motive oft kaum bemerkbar und noch häufiger kaum verständlich. Es wird nicht realisiert, daß der Funktionsträger aus seiner Stellung und dem mit ihr verbundenen Status einen erheblichen Teil seiner geistig-seelischen Verankerung, seiner sozialen Integration im Betrieb selbst und – wie wir eben andeutungsweise gezeigt haben – auch außerhalb des Betriebes bezieht. Von der Lohnfindung und -auszahlung bis zum Anlernverfahren, von der Stuhlzahl bis zum Kleiderschrank bringt jede Umstellung ihre inner- und außerbetrieblichen Folgeerscheinungen und Anpassungsvorgänge mit sich. Von diesem Blickwinkel her erhält die Dynamik der technisch-betrieblichen Veränderungen im Maschinen- und Fabrikwesen für unsere Betrachtungsweise ihre besondere Bedeutung: die Dynamik überträgt sich auch auf das Volksleben mit seinen Wertvorstellungen und Verhaltensnormen. Der Marginalzustand, in dem sich der anpassungs- und leistungsfähige Fabrikbetrieb dauernd befindet, verlangt vom Arbeiter ein erhebliches Maß an Anpassungs- und Reintegrationsvermögen.

Die Arbeitsorganisation zur Erreichung des Betriebszweckes bringt nicht nur hierarchische Schichtungen, sondern auch formale, d. h. durch den Betriebszweck festgelegte Gruppenbeziehungen und Kooperationsgefüge (engere und weitere; isolierte und solche, die sich gegenseitig überschneiden): die Bedienungsgruppe an der Spinnmaschine z. B., die Schlichter in der Schlichterei, die Ferggstuben-Leute, die Packer usf. Diese Arbeitsgruppen entwickeln – gesteuert durch die Arbeitsanforderungen und -beziehungen – ein soziales Eigenleben mit seinem besonderen Gruppengeist und seiner Atmosphäre. Als Beispiel mag die Andreherei einer Weberei dienen, in welcher der Verfasser arbeitete: die sechs Andreherinnen befinden sich in einem durch einen langen Korridor getrennten Raum. Mit Ausnahme einiger Handreichungen und Hilfestellungen arbeitet jede für sich. Arbeitsgeräusche sind minimal. Es kann viel gesungen und geplaudert werden. Allerdings verlangt die Arbeit, daß Fäden gezählt werden, wodurch die Kommunikation limitiert wird und gegenseitige Rücksichtnahme erforderlich ist. Obwohl vom Arbeitsraum der Korridor überblickbar ist und somit das Herannahen des Vorgesetzten frühzeitig angekündigt werden kann, haben die Andreherinnen eine eigene brauchmäßige Ordnung mit Bußen festgelegt, die einer Neueintretenden gleich am ersten Tag mitgeteilt wird. Wer vor 8 Uhr sein »z'Nüni« ißt, wer das Licht nicht löscht etc., zahlt 5 Rp. in eine Kasse. An jeder Zahltagsperiode werden in die Gruppenkasse zusätzlich 20 Rp. einbezahlt. Das Geld wird für Geburtstagsgeschenke verwendet; was übrigbleibt, ist für die Fabriksilvesterfeier.
Bei den Schlichtern – ebenfalls angelernte Arbeiter – entwickelt sich ein besonderer Gruppengeist; sie betrachten sich gleichsam als eine Aristokratie in der Weberei: »Jä en Schlichter muess Grüz im Kopf und Haar a de Zähne ha.«[90] Mentalitätsmäßig – durch die Selektion der Arbeitsanforderungen bedingt – stehen die Schlichter in der Nähe gelernter Handwerker. Dies manifestiert sich in der Gründung einer »Schlichtergilde des Zürcher Oberlandes«. 1918 wird in einer Versammlung in Wald ein Schweizerischer Schlichterverband gegründet. Berufsstolz, Arbeitsethos und Gruppengefühl finden im Vereinsorgan »Der Schlichter« ihren Ausdruck. 1924 macht der Schlichterverband Wald an 17 Firmen den Antrag, in bezug auf die Ferien den Webermeistern gleichgestellt zu werden, was jedoch mit der Begründung abgelehnt wird, daß es ungerecht wäre, eine Gruppe der Arbeiter zu privilegieren.[91]

Solche durch die Arbeitsorganisation und die Arbeitsfunktion bestimmten formalen Gruppenbeziehungen mit ihrem Eigenleben geben dem Fabrikarbeiter Halt und Sicherheit – wiederum mit einer außerbetrieblichen Komponente: Geselligkeitsverbindungen wie Jassgemeinschaften, Patenschaften, gemeinsame Ferien usf. können formale innerbetriebliche Gruppenbeziehungen zum Ausgangspunkt haben. Die Betriebssoziologie trennt die Beziehungen, welche aus der formalen Organisationsstruktur des Betriebes erwachsen, von sogenannt »informellen«, d. h. Beziehungen, die nicht durch die Organisation zur Erlangung des Betriebszweckes vorgegeben sind. Die informellen Gruppenbeziehungen entstehen auf Grund gegenseitiger Sympathien, Interessen, Bedürfnisse usf. Die Trennung ist eine analytische, denn im realen Betriebsleben durchdringen sich beide Beziehungsfelder.[92] In das formale Ordnungs- und Beziehungssystem mit seinen Erwartungsnormen dringt betriebsfremdes Volksleben ein und fördert oder hemmt den Produktionsgang und das Betriebsleben. [...] Nachbarschafts-, Vereins-, Kirchen-, Dorf- und Gemeindebeziehungen integrieren sich in das Betriebsleben und beeinflussen das formale Ordnungsgefüge – im Guten wie im Schlechten. Nachbarschaftshilfe findet in der Fabrik ein neues Wirkungsfeld, Nachbarschaftszwistigkeiten einen Kampfplatz, der seine besonderen Waffen, Hinterhalte und Streitführung kennt. Gerade im ländlich-dörflichen Milieu, wo nicht so schnell etwas vergessen werden wird und Zwistigkeiten sich oft über Jahre und Jahrzehnte hinziehen, lagert sich mancher Sand im Getriebe des Betriebes an. Als Zudiener in der Spulerei war für den Verfasser das Wissen um bestehende Sympathien und Antipathien geradezu ein Teil des Anlernprozesses zur Ausübung seiner Funktion. [...]

Dem Funktionsträger stellt sich nicht nur die Aufgabe, sich an formale Verhaltenserwartung seiner Betriebsfunktion anzupassen, sondern auch seine außerbetrieblichen und informellen Beziehungen und Verhaltensweisen damit in Einklang zu bringen: wenn die informellen Beziehungen zu manchen Konflikten führen, so helfen sie andererseits, die Anpassung an die Funktion und die Integrierung in den Betrieb zu gewährleisten. Charakteristisch für den Oberländer Fabrikbetrieb ist, daß seine formale technisch-betriebliche Organisation mit ihren neutralen Sachbezügen überwuchert wird von sachlichen und menschlichen Beziehungen, die in keinem direkten Zusammenhang mit dem Betriebsziel stehen: von der Fabrikkinderschule bis zur Fabrikwohnung, von der eigenen Krankenkasse bis zum Einkauf von Wintervor-

räten und der Einrichtung von Fabrikbibliotheken – die Fabrik ist Hilfe in allen Lebenslagen. In einem Fabriksaal hält der lokale Gesangsverein seine Proben ab; auf dem Fabrikofen dörren die Arbeiter – durch ein besonderes Schreiben der Firma darauf hingewiesen – ihre »Stückli« (Äpfel- und Birnenschnitze) für den Winter[93]; die Firmenzeitung bringt belehrende Artikel über gesunde Ernährung[94]; der Fabrikbesitzer ist Sektengründer und Religionslehrer[95] usf. All diese Elemente wachsen in einem historischen Entwicklungsprozeß aus den sozialen, kulturellen, wirtschaftlichen und politischen Verhältnissen des Oberlandes mit ihren lokalen Eigenarten. Daß diese Elemente einen Einfluß auf das Betriebsleben haben, ist selbstverständlich, und man muß sich davor hüten, in diesen Verhältnissen eine reine Idylle zu sehen. Viel Krebsgeschwür wuchert neben gesundem Gewebe. [...]
Tuchbeschauer, Staber und Meister haben direkten Einfluß auf den Verdienst des Webers (Zuteilung von guten und schlechten Artikeln oder Zetteln, Webfehlerabzüge und Tuchmessung). Die Verhaltenserwartungen, welche an diese Funktionen gestellt werden, betreffen u. a. eine unbestechliche Sachlichkeit. Die Aufsichts-, Kontroll- und Führungskräfte der Oberländer Textilindustrie stehen in einem besonderen Spannungsfeld außer- und innerbetrieblicher Verhaltenserwartung. Sie wachsen in der Regel aus der angelernten Arbeiterschaft hervor. Beruflich und charakterlich geeignete Stammarbeiter werden ausgewählt und – je nach dem Stand der Schulungsmöglichkeiten (heute auf Spinn- und Webschulen) – fachlich für ihre Vorgesetztenfunktionen vorbereitet. Es ist für die Aufsteigenden nicht leicht, den Sprung vom Arbeiter zum Meister mit seinen Funktions-, Status- und Verhaltensanpassungen (inner- und außerbetrieblich) zu bewältigen. Für die Belegschaft ist es ebenfalls nicht leicht, den neuen Status- und Autoritätswert ihres früheren Mitarbeiters anzuerkennen. Es kommt deshalb vor (ist jedoch nicht die Regel), daß Meister von andern Oberländer Betrieben herangeholt werden. Die traditionelle Praxis, Vorgesetzte aus dem Arbeiterstamm zu rekrutieren, korrespondiert mit dem Familienbetrieb und dem Patriarchalismus der Oberländer Textilindustrie; sie ist mit ein Instrument der Arbeiterstammbildung. [...] Es braucht kaum erwähnt zu werden, daß das soziale Betriebsleben und die Autoritätsstruktur durch diese Verhältnisse charakteristische Züge erhalten: der Meister wird nicht nur nach seinem innerbetrieblichen, sondern auch nach seinem außerbetrieblichen Verhalten beurteilt; der Arbeiter stellt inner- und außerbetriebliche Verhaltenserwartungen an den Vorgesetzten.

Das Leitbild des guten bzw. schlechten Meisters findet seine Ergänzung beim Herrn; das Bild des Herrn ist wiederum nicht allein von arbeits- und betriebsbezogenen Kriterien bestimmt. Die außerbetrieblichen Verhaltenserwartungen, die an den Herrn gestellt werden, sind mindestens ebenso wichtig. Hier zeigt sich das geistig-seelische Fundament des Oberländer Patriarchalismus am klarsten. Wie an den Herrscher Tugenden gebunden und Heilserwartungen gestellt werden, so auch an den Oberländer Fabrikherrn. Dieses Bild – durch das Wirken seiner Vorfahren geschaffen – muß der Oberländer Fabrikunternehmerstamm erfüllen. Die Sagen vom hartherzigen, stolzen Fabrikherrn, der über die Not seiner Arbeiter spottet, ist ein negativer Beweis für die Ansprüche bzw. die Leitbilder, welche sich im Bewußtsein der Fabrikarbeiter verankern. Sie erinnern an Sagen von bösen Landvögten und Zwingherren. In »Barbara die Feinweberin« erzählt Otto Kunz eine solche sagenartige Geschichte. Sie werde in gleichlautender Form »von Uster bis Wald und von Gibswil bis Sennhof« in allen Fabrikdörfern des Oberlandes in lokaler Bezogenheit erzählt. Allerdings, so fügt Kunz hinzu, werden diese Anekdoten nur »im Kreise gelernter, besser bezahlter Arbeiter« herumgeboten, nur dort sei es üblich, die »Textilfabrikanten durchzuhächeln«. Der gewöhnliche Oberländer Fabrikarbeiter wage sich »selten mit seinen Aussetzungen an den eigenen Herrn«. Sein erster Gegner sei »der arme Nebenarbeiter« oder etwa ein »raubautziger oder parteiischer Meister«.[96]
Otto Kunz, aus einem Oberländer Fabrikarbeitermilieu stammend, ist aktiv in der Textilarbeitergewerkschaft tätig. Manche Akzentsetzungen entspringen bewußt oder unbewußt diesem Engagement. Das Verhalten der Oberländer Fabrikarbeiter zu ihrem Herrn, eine beinahe mystische Ergebenheit, welche Kunz schildert, muß jedoch zu ihrem Nennwert genommen werden. Die Oberländer Fabrikindustrie mit ihren Trägern ist nicht nur ein Produktionsverband, sondern eine Lebens- und Schicksalsgemeinschaft, in die der Herr mit eingeschlossen ist. Auch der mangelnde Solidaritätswille der Oberländer Fabrikarbeiter, welchen Kunz oft in seinem Buche anführt, ist nicht die zweckhafte Fiktion eines um Solidarität bemühten Gewerkschaftssekretärs, sondern die Kehrseite der geistig-seelischen Bindung an den Herrn. Der giftigste Ausfluß dieses Verhaltens ist ein brauchtümlich-selbstverständliches Verzeigen von Mitarbeitern bei Vorgesetzten. Von seiten des Herrn wurde und wird teilweise noch heute dieses Denunzieren mit Vertrauen verwechselt. Das brauchmäßige »Täfele«

(Verzeigen) ist zweifellos auch ein Erziehungsprodukt: erinnern wir uns an die Fabrikverordnungen, welche dem Arbeiter das Verzeigen von Mitarbeitern zur Pflicht machen und dafür noch Belohnung versprechen.[97]
Das soziale Betriebsleben mit seinen außerbetrieblichen Komponenten kann nicht weiter verfolgt werden; die Hinweise reichen aus, um den sozialen Habitus des Oberländer Fabrikbetriebes und seine Bedeutung im Volksleben zu erkennen. Es hat sich gezeigt, daß die technisch-organisatorische Arbeitswelt dem Menschen nicht »als bloße Objekte und Sachverhältnisse« gegenübersteht, sondern von ihm mitgeformt, relativiert und umgewertet wird. Der Fabrikarbeiter »schafft sich aus seinen sozialen Kontakten und Gruppenbeziehungen eine soziale Umwelt«.[98] Mit seinen Verhaltensnormen, Leitbildern und Erwartungsansprüchen ist er aktiv gestaltend an der Ausformung des Patriarchalismus beteiligt, der so charakteristisch für die Oberländer Fabrikindustrie ist.

V. In enger Verbindung mit diesen Problemen steht unser letzter Fragenkomplex: Welche Wechselwirkungen finden sich zwischen den Arbeitsbedingungen, den Leistungsansprüchen und der Verhaltensordnung des Fabrikbetriebes einerseits und dem Volksleben und der Volkskultur der Fabrikbevölkerung andererseits?
Zu dieser Kernfrage liefert uns die Beobachtung eines Oberländer Fabrikanten einen Schlüssel. »Er taxiere«, so bemerkt der Fabrikant zu Oskar Hägi, »mit Bestimmtheit die Ordnung einer Weberin in ihrem Haushalt nach der Güte der abgelieferten Gewebe.«[99] Der Glarner Fabrikinspektor Schuler schreibt in seinem Gutachten (die Jahre 1867 bis 1870 betreffend), daß bei den Fabrikarbeitersfrauen das Reinigen, Putzen und Scheuern des Fußbodens »zu einer wahren Manie geworden« sei. Er macht diese Bemerkung im Zusammenhang mit Veränderungen der Wohnkultur, die er bei der Fabrikbevölkerung feststellt: »Auf Reinlichkeit wird in unsern Arbeiterwohnungen von Jahr zu Jahr mehr gesehen. Der Fabrikarbeiter hat im Ganzen mehr Sinn für das Schöne, für ein gefälliges Äußeres, als der Bauer. Er hält etwas darauf, daß es um seine Wohnung ordentlich aussehe. Er hält auch darauf, seine Wohnung zu schmücken. Er liebt hübsche Möbel – in unseren größeren Ortschaften versteigt er sich nicht selten zu übertriebenem Luxus –, er belegt gern seinen Boden mit einem Teppich und wenn er auch nur aus

bunteingefaßtem Packtuch bestehen sollte; eine Blumenvase oder ein prunkendes Glas auf der Commode darf nicht fehlen, oder einige Blumentöpfe vor dem Fenster. So versteht es sich denn auch von selbst, daß eine ordentliche Arbeiterfrau fleißig die Fußböden ihres Hauses scheuert. Ja, es ist dies zu einer wahren Manie geworden.«[100]

Das sind wichtige Veränderungen im Volksleben und der Volkskultur, die Schuler hier bei der Fabrikbevölkerung beobachtet. Sich der Bemerkung des Oberländer Fabrikanten erinnernd, ist es naheliegend, das Ordnungs-, Reinlichkeits- und Schmuckbedürfnis der Fabrikarbeiter mit ihrer Arbeit in Verbindung zu bringen. Die verschiedenen Funktionen in den Spinnereien und Webereien erheischen vom Arbeiter Reinlichkeit, Sorgfalt und Ordnung, sei es am Arbeitsplatz, an der Maschine, mit Garn, Zettel und Tuch, oder sei es beim Schlichten, Staben und Verpacken. In handgreiflicher Form, durch Bußen, werden dem Textilarbeiter diese Eigenschaften und Verhaltensnormen beigebracht. Zudem bestimmt die Fabrikordnung regelmäßiges Putzen der Maschinen, des Arbeitsplatzes und des Fußbodens. Der Erziehungswille kann sich, wie wir wissen, in Hinsicht »auf Reinlichkeit und Ordnung« bis ins Hauswesen erstrecken, wenn der Fabrikarbeiter in einer firmeneigenen Wohnung zur Miete ist.[101]

Sind diese Zusammenhänge auch einleuchtend, so genügen sie doch nicht, den historischen Wandel in der Wohnkultur zu fassen. Wie bei den Nahrungs- und Geselligkeitsgewohnheiten, so ist auch bei der Wohnkultur von den heimindustriellen und nicht von bäuerlichen Verhältnissen auszugehen. Von den Heimarbeitern des Ancien régime ist bekannt, daß sie sich durch eine erhöhte Wohnkultur auszeichnen. Die zeitgenössischen Beobachter führen dies auf die Arbeit zurück. Der Umgang mit dem feinen Material fördere beim Heimspinner und -weber den Sinn für Schmücken und Zieren, für Luxus und verfeinerten Lebensstil. Die Arbeit bilde auch einen Reinlichkeits- und Ordnungssinn aus, doch manifestiere es sich nur bei der Arbeit selbst und am Arbeitsplatz. Beim Wettlauf um das tägliche Arbeitsquantum werde der Hausstand vernachlässigt. Der Arbeitseifer und die Jagd nach dem Geld läßt die Erziehung zur Reinlichkeit, Ordnung und Exaktheit im Haushalt nicht zur Wirkung gelangen.[102] Der Fabrikarbeiter der Frühzeit findet sich in einer ähnlichen Situation. Was seine Arbeit und die Fabrikaufsicht ihm beibringen, kann sich nicht auf die Wohnverhältnisse übertragen. Es fehlt die Zeit und – ungleich dem Heimarbeiter – auch der Anreiz, denn die Wohnung ist ja kaum mehr als eine Schlaf-

stätte.[103] Eine Wohnkultur kann sich erst entwickeln, wenn die Fabrikbevölkerung auch Gelegenheit zum Wohnen hat.
Ein weiterer, mindestens ebenso wichtiger historischer Faktor kommt hinzu: eine flottante, von Ort zu Ort ziehende Fabrikbevölkerung führt – als Anpassung an ihre Existenz – nur die elementarsten Sachgüter mit sich. Am wichtigsten für den Fabrikarbeiter der Frühzeit ist das Bett.[104] Das Bedürfnis und der Anreiz zum Ankauf eines größeren Hausrates fehlt jedoch bei der flottanten Fabrikbevölkerung; ihre ökonomischen Verhältnisse geben ohnehin dazu wenig Möglichkeiten. Erst mit der Seßhaftigkeit kann sich der Hausrat erweitern, die Wohnkultur steigern und eine innere Beziehung zur Wohnung gefunden werden, die sich in Reinlichkeit, Schmücken und Zieren manifestiert. Das frühindustrielle Fabrikwesen wirkt somit neben seinen langen Arbeitszeiten auch durch die Mobilität, die es auslöst, negativ auf die Sach- und Wohnkultur ein.
Das sind jedoch Übergangserscheinungen. Nach wenigen Jahrzehnten bestehen andere Verhältnisse: mit der Ausdehnung, Konzentrierung und Stabilisierung der Fabrikindustrie sehen sich die Oberländer Unternehmer immer mehr gezwungen, firmeneigene Wohnungen zu errichten und diese als Instrumente der Arbeiterstammbildung zu verwenden. Sie sind eine notwendige Investition, um überhaupt produzieren zu können, ein »integrirender Bestandtheil der Fabrik«, wie 1858 im Kreise der Zürcher Fabrikkommission festgestellt wird: »Arbeiterwohnungen und Kosthäuser entstehen in der Regel da, wo in der Nähe sich nicht die erforderliche Anzahl Arbeiter findet, und wo man solche aus weiter Entfernung herbeiziehen muß. Ein indirekter Zwang zur Benutzung solcher Häuser ist auch da vorhanden, wo sich in der Nähe der Fabriken keine Wohnungen finden.«[105] Der Bau- bzw. Mietzwang, aus den besonderen Verhältnissen der Oberländer Industrialisierung erwachsend, wirkt sich mittelbar und unmittelbar auf die Wohnkultur der Fabrikbevölkerung aus: Die Beschaffenheit beeinflußt das Wohnverhalten; die Raumverhältnisse selektionieren das Mobiliar; die Seßhaftigkeit und der Ankauf von Möbeln wie Hausrat wird gefördert; das Bedürfnis nach Reinlichkeit und Ordnung wird durch die neue Wohnung selbst entwickelt oder durch ihre Mietbedingungen anerzogen. All diese Faktoren und nicht nur Aspekte des Arbeitsverhaltens müssen in Rechnung gezogen werden, um die Veränderungen in der Wohnkultur, welche Schuler »von Jahr zu Jahr« beobachtet, in ihrer historischen Perspektive zu verstehen. Die Zeit um 1870, in der Schuler seine Beob-

achtungen macht, sind Jahre raschen Wandels, denn es wirken mehrere Faktoren zusammen: Verkürzung der Arbeitszeit; Stabilisierung der Industrie nach dem Übergang zur mechanischen Weberei; zunehmende Seßhaftigkeit der Fabrikarbeiter bei einer Verknappung des qualifizierten Arbeitskräftereservoirs; guter Geschäftsgang und damit die Möglichkeit, Geld und Kredite für Arbeitersiedlungen zu verwenden; nicht zuletzt aber auch ein Angebot serien- und fabrikmäßig hergestellter Möbel (auch ausländischer), welche für den Fabrikarbeiter erschwinglich sind. Immer zahlreicher erscheinen in den Lokalzeitungen der ländlichen Industriegebiete nach der Jahrhundertmitte Geschäftsanzeigen von Möbelverkäufern, die Hinweise auf die neuen Konsumbedürfnisse geben.[106]

In diesen Bereich des Volkslebens und der Volkskultur gehören Fragen der Kleidung und der Körperpflege. Die Arbeitsbedingungen und Betriebsverhältnisse des Fabrikwesens nehmen auch hier Einfluß. Stichworte müssen genügen: die warme, mit Baumwollstaub und Öl geschwängerte Fabrikluft »ist übel berüchtigt auch beim oberflächlichen Kenner unserer Industrie«, eine Klage, die in zahlreichen Quellen auftaucht. An diese Atmosphäre gewöhnt, kann es nicht überraschen, daß »die Nasen unserer Arbeiterfrauen noch nicht so cultiviert sind wie ihre Augen«. »Auf reine Luft (in den Fabrikarbeiterwohnungen) wird äußerst wenig gehalten.«[107] Die Fabrikverhältnisse der Frühzeit wirken in dieser Hinsicht, wie wir sehen, keineswegs erzieherisch. Sozialpädagogen, vor allem Mitglieder der Gemeinnützigen Gesellschaft, ermahnen früh und eindringlich, der Ventilation in den »mit möglichst vielen Arbeitsmaschinen und Arbeitern angefüllten Arbeitslocalen«[108] genügend Beachtung zu schenken. 1860 kann denn Dr. Rahn-Escher melden, daß »die Luftzüge jetzt schon viel besser als früher« seien.[109] Allerdings werden die Ventilationssysteme (Luftkamine, Luftheizungen etc.) vom Arbeiter oft außer Betrieb gesetzt. Man müsse bei der Wahl solcher Ventilationsanlagen in Betracht ziehen, »welche (Anlage) dem Arbeiter genehm, welche auch seinem Eingreifen ausgesetzt sei oder nicht«, schreibt der Glarner Fabrikinspektor: »Der Fabrikarbeiter, leicht bekleidet, meist sehr rasch arbeitend und daher oft sehr stark transpirierend, durch den beständigen Aufenthalt in heißer, feuchter Luft verweichlicht, ist außerordentlich empfindlich gegen die geringste Zugluft, zugleich hat er keine Idee von der Bedeutung der Ventilation für sein Wohlbefinden, und so kommt es, daß er sich derselben oft widersetzt, wo der Fabrikant sie fördern will. So findet man die Luft-

kamine nicht selten mit Lumpen verstopft, sogar mit Brettern vernagelt.«[110] Schuler wird hier vor allem die Spinnereien im Auge haben, doch gilt sein Bericht mit Einschränkungen auch für die Webereien.
Aufs engste mit diesem Problem verknüpft ist die Reinlichkeit des Körpers und der Leibwäsche. Auf der transpirierenden Haut setzt sich Öl und Baumwollstaub nieder, zumal ja der Fabrikarbeiter leicht bekleidet ist. »Die Hitze im Saal ließ alle barfuß gehen, Unterhosen hatte man keine an, nur einen Ärmelschutz und ein Hemdchen«, so berichtet dem Verfasser eine Fabrikarbeiterin von ihrer Jugendzeit in einer Spinnerei (ca. 1910). Im Fabrikbetrieb fehlen jedoch die notwendigsten Einrichtungen zum Reinigen des Körpers und zum Wechseln der Leibwäsche nach der Arbeit. Dazu kommt, daß viele fabrikeigene Kosthäuser und Arbeiterwohnungen bis ins 20. Jahrhundert kein fließendes Wasser, sondern lediglich einen Gemeinschaftsbrunnen vor dem Hause haben. Es kann deshalb nicht verwundern, daß die Fabrikarbeiter die Körperpflege vernachlässigen.[111]
Ein gleiches ist von der Leibwäsche zu sagen. Als Fabrikinspektor und Arzt besitzt Schuler hier besonders intime Berufserfahrungen. Im Gegensatz zur Reinlichkeit im Haushalt, so schreibt Schuler in seinem Gutachten, geschehe »unendlich wenig in Bezug auf Reinlichkeit der Alltagskleidung«. Besonders die Leibwäsche sei »mangelhaft«. Die Hemden werden selten gewechselt«, oft besitzen die Arbeiter nur ein Arbeitshemd, »das getragen wird, so lange es zusammenhält«. Mancher Fabrikarbeiter »arbeitet in den bloßen Unterkleidern und zieht sich erst beim Nachhausegehen besser an«. Er »bequemt sich nicht dazu, die theuren aber starken Leinenstoffe zu tragen, welche der Bauer benutzt; er zieht dünne unsolide Baumwollgewebe vor ... Die Werthlosigkeit des Kleidungsstückes verleitet ihn dann, allzu wenig auch auf dessen Beschaffenheit zu achten, und so kommt es, daß man oft bei Leuten, die von außen noch so hübsch aufgeputzt aussehen, auf eine erschreckende Unreinlichkeit ihrer Wäsche stößt – ein Umstand, der für die Gesundheit der Träger von nicht zu unterschätzender Bedeutung ist.«[112]
Eine eigentliche Berufskleidung kennen die Textilarbeiter nicht, wenn auch Schürzen bei den Frauen und Überhosen bei den Männern vorherrschend sind. Die geselligen Funktionen des Arbeitsweges wirken sich in fördernder Weise auf das Kleiden an Werktagen aus; die Wegverhältnisse (in Verbindung mit den Umkleidemöglichkeiten) setzen jedoch Grenzen. [...]

Das Stilempfinden, die Ansprüche und das Konsumverhalten der Heimarbeiter sind an städtische Modeströmungen gebunden. Das von der Arbeit her geweckte und geförderte Schmuck-, Zier- und Modebedürfnis findet hier seinen Ausdruck.[113] Vom heimindustriellen Milieu herkommend, zeichnet sich der Fabrikarbeiter selbstverständlich durch ein gleiches Verhalten aus. Die Fabrikbevölkerung hat »durchweg die Kleidung angenommen, wie sie ringsum der Städter trägt. Leider fragt aber der Arbeiter mehr nach der Mode, als nach der Zweckmäßigkeit derselben. Werktags begnügt er sich mit der elendsten Kleidung, wenn er nur Sonntags möglichste Eleganz zur Schau tragen kann.«[114] Dem Fabrikarbeiter ist auch diese Diskrepanz zwischen Arbeits- bzw. Werktags- und Sonntagskleidung von der Heimindustrie vertraut – sofern wir an Heimweben denken, denn die Spinnplätze und Spinnstuben geben – wie wir wissen – Anreiz und Gelegenheit, modischen Tand, »Kleiderpracht« und »Flitterstaat« zur Schau zu stellen. Über all diese Dinge bedarf es keiner Worte mehr.

Schwer zu erfassen sind die psycho-physischen Anpassungs- und Folgeerscheinungen der Maschinen- und Fabrikarbeit in ihrer Wirkung auf das Volksleben und die Volkskultur. Wir können lediglich andeuten, in welcher Richtung die Probleme zu suchen sind. Es fehlen noch weitgehend arbeitsphysiologische und arbeitspsychologische Studien, welche der kulturhistorischen Dimension genügend Bedeutung beimessen, wofür nicht nur wissenschaftsgeschichtliche, sondern auch sachlich-methodische Gründe verantwortlich sind. Um so bemerkenswerter ist es, daß schon 1870 Fabrikinspektor Schuler diese Aspekte sieht. Sein Beruf als Arzt gibt ihm das nötige naturwissenschaftliche Fachwissen und das geschulte Auge; sein Amt als Fabrikinspektor konfrontiert ihn mit sozial-kulturellen Problemen. Dieser Verbindung verdanken wir folgende bedeutsame Beobachtungen und Analysen: Es werde »fast allgemein angenommen«, daß durch das Maschinen- und Fabrikwesen »nicht nur der Gesundheitszustand der Einzelnen«, sondern »die Race« verschlechtert werde: blasses, blutarmes und kränkliches Aussehen, verkrüppelte, zwerghafte, scrophulose Gestalt, geistige Stupidität. Wir kennen solche Quellen und wissen auch, daß allgemein für die Phänomene die Fabrikverhältnisse verantwortlich gemacht werden«.[115] [...] Es sei »nicht in Abrede zu stellen, daß gewisse Mißbildungen des Körpers durch die Fabrikbeschäftigungen leicht provoziert werden. Sie verdanken ihren Ursprung besonders der vorwiegenden Bethätigung einzelner Muskelgruppen. So finden sich ganz gewöhnlich bei unsern Arbeitern schlechte dünne Waden, bei sehr entwickelter, stark hervortretender Brust- und Armmuskulatur, krumme Haltung, beträchtliche Eindrücke der untern Thoraxpartie. Dieses Verhalten prägt sich bei der jüngeren Generation immer schärfer aus, und mag man von den Einflüssen der Fabrikarbeit auf die Kraft und Gesundheit einer Race denken wie man will – soviel ist gewiß, daß sie in bezug auf Symmetrie des Baues, auf kräftige Entwicklung des ganzen Körpers nur einen verschlechternden Einfluß hat ... in einer (unterstrichen) Hinsicht ist sogar das Aussehen der Kinder seit der Einführung der Industrie in den Fabrikorten entschieden besser geworden: es gibt dort weit mehr hübsche, intelligent aussehende Kinder, die Züge haben sich verfeinert und belebt, wohl eine Folge der größern geistigen Thätigkeit, des lebendiger gewordenen Sinnes für Formschönheit bei ihren Erzeugern, zum Theil auch des lebhafteren Verkehrs mit Altersgenossen und andern Leuten.«[116]

Schulers Beobachtungen, die in wesentlichen Punkten von den gängigen zeitgenössischen Ansichten und Werturteilen abweichen, darf einiges Gewicht beigemessen werden, auch wenn die Aussagen allgemein gehalten sind und sich nicht auf spezifische (von Funktion zu Funktion variierende) Anforderungen der Maschinen- und Fabrikarbeit beziehen. Mit aller gebotenen Vorsicht und Einschränkungen lassen sich Schulers Bemerkungen mit Ergebnissen der modernen Großstadtforschung in Verbindung bringen: als Anpassungsphänomene an die Lebensverhältnisse der Großstadt mit ihren verschiedensten Umgebungseinflüssen, mit der hohen Beanspruchung sensorischer und psychomotorischer Organe durch atmosphärische, menschliche und dingliche Einwirkung, mit dem raschen Situationswechsel usf. werde in der großstädtischen Lebenswelt ein besonderer Menschentyp herausgebildet, dessen Verhaltensbereitschaft, Reaktionsfähigkeit, geistig-seelische Anpassungs- und Umstellungsmöglichkeit auf die Großstadtsituation abgestimmt und angepaßt sei.[117] Ohne den Vergleich allzusehr zu strapazieren, kann die Situation im Fabriksaal (mit ihrem Arbeitslärm, latenten Unfallgefahren, menschlichen Kontakten und Arbeitsanforderungen) mit der Großstadtsituation in Verbindung gebracht werden. Es kann deshalb nicht überraschen, daß eine gewisse Übereinstimmung der Ergebnisse sich feststellen läßt: Veränderungen in den Symmetrien und Proportionen des Körperbaues, Veränderungen der Physiognomie, Veränderungen der sensorischen und psychomotorischen Reaktionsfähigkeit sowie der geistigen Wendigkeiten können aus Schulers Analyse als Anpassungs- und Folgeerscheinungen der Industriearbeit herausdestilliert werden. Die Interpretation ist dabei allerdings an der Grenze der Überdehnung. Nehmen wir die Anpassungs- und Folgeerscheinungen für gesichert an, so müßten sie sich in sehr komplexer Weise im Volksleben und der Volkskultur manifestieren: verfeinertes Sensorium, erhöhte Bereitschaftsreaktion, gesteigerte Anpassungs- und Umstellungsfähigkeit müßten ihren Ausdruck in Leben und Zusammenleben vom Verhalten auf dem Sportplatz bis zur Jassrunde, vom Diskutierklub bis zum Vereinsabend finden. Hand in Hand ginge eine größere Gebrauchs- und Verbrauchsfähigkeit geistiger und dinglicher Kulturgüter vom Lied bis zur Vereinsmitgliedschaft, vom Lesestoff bis zur Wohnungseinrichtung. Die Möglichkeit und das Bedürfnis nach einem raschen Umsetzen der Volkskultur und einer stärkeren Flexibilität des Volkslebens wären gegeben. Ein weites Feld der Hypothesen und Spekulationen. Immerhin – der Vergleich mit dem »Großstadtmenschen« läßt die Rezeptionsfähigkeit und das Rezeptionsbedürfnis städtischer Kulturgüter und Lebensformen, die wir bei den ländlichen Heim- und Fabrikarbeitern feststellen können, u. a. von psycho-physischen Aspekten her verständlich werden. Fraglos hat die Verlagsindustrie des Ancien régime mit ihrem Arbeitsangebot auch in dieser Hinsicht den Boden vorbereitet. [...]

Den Oberländer Fabrikbetrieben steht von Beginn des Maschinen- und Fabrikwesens an ein Reservoir qualifizierter Arbeitskräfte zur Verfügung: die Handspinner zu Beginn des 19. Jahrhunderts, die Baumwollhandweber in der Mitte und die Seidenhandweber gegen Ende des 19. Jahrhunderts. Nach 1870 beginnt sich allerdings eine Verknappung der Arbeitskräfte abzuzeichnen, was vor allem die Spinnereibetriebe zu spüren bekommen. Unter Qualifikation im engeren Sinne werden die arbeitsbezogenen Fähigkeiten, Kenntnisse und Verhaltensweisen verstanden. In dieser Hinsicht sind die Oberländer Heimarbeiter auf ihre Aufgaben in der Fabrik in hervorragender Weise vorbereitet.[118] Auch der unqualifizierteste Handspinner, der nur gerade Radgarn spinnen kann, ist von Kind auf an den Umgang mit dem Baumwollfaden gewohnt, kennt alle seine Eigenschaften und hat sich ein Fingerspitzengefühl für die Behandlung dieser Materie angeeignet. In seinem ganzen Arbeitsverhalten hat er sich auf die zweckrational aufgeteilte Industriearbeit eingestellt.[119] Arbeitsmäßig noch besser qualifiziert sind die Heimweber des 19. Jahrhunderts, welche von den 40er Jahren an in die neuen mechanischen Webereien strömen. Seit Generationen sind diese Menschen mit dem Baumwollfaden verwachsen, mit der Mechanik des Webstuhls vertraut, an die Isolierung durch den Arbeitslärm gewohnt, zu reinlichem, exaktem Arbeiten erzogen. Sie wissen, wie ein schlechter Zettel nachgeschlichtet wird, wie man gerissene Fäden so knüpfen kann, daß die Bruchstelle im Gewebe verschwindet, wie ein Webfehler behoben oder vertuscht werden muß usf. Diese Kenntnisse, Fähigkeiten, Eigenschaften und Verhaltensweisen sind in ihrer besonderen Zusammensetzung seit der Verlagsindustrie des Ancien régime entwickelt worden; sie sind »historisch-kulturell bedingt«, wie Oskar Hägi sich ausdrückt. Er betont, daß diese Voraussetzungen »nicht bei jeder Bevölkerung anzutreffen sind«: »Erst nach langem Verwachsensein mit der Qualitätsweberei, nach einem durch Generationen hindurchgehenden Sichanpassen entwickeln und vereinigen sich die genannten Eigenschaften im einzelnen Arbeiter.«[120] Zu den arbeitsbezogenen Qualifikationsvoraussetzungen gehört ferner, daß Frauen-, Mütter-, Kinder- und Greisenarbeit eine brauchmäßige Selbstverständlichkeit bei den Heimarbeitern und, wie wir wissen, mit dem spezifischen Arbeitsethos eng verknüpft ist.

Das ist jedoch nur eine Seite; mindestens ebenso wichtig für die Qualifikation sind Eigenschaften, Verhaltensweisen, Lebensformen, Wert- und Glaubensvorstellungen, welche nur in mittelbarer Beziehung zur Arbeit stehen: Zeiterlebnis, Familienstruktur und -kohäsion, Haushaltsführung, Konsumgewohnheiten, Geselligkeitsverhalten usf. Es wurde gezeigt, wie wichtig es für den Fabrikbetrieb und seine Träger ist, daß sich all diese Bereiche des Volkslebens und der Volkskultur an die Verhältnisse des Maschinen- und Fabrikwesens anpassen. Es wurde uns dabei bewußt, wie all die genannten Lebensbereiche durch die Heimindustrie schon in Richtung auf das Kommende hin orientiert sind. Die Oberländer Bevölkerung ist auch von dieser Seite her vorbereitet und qualifiziert, Träger der Fabrikindustrie zu werden und zu bleiben. Was Heinrich Pestalozzi von den Heimarbeitern des 18. Jahrhunderts sagt, behält seine Bedeutung auch für die Heim- und Fabrikarbeiter des 19. und 20. Jahrhunderts: »Der Mechanismus eines elenden Fabrikhandgriffs schien tausend und tausend Menschen genugtuend für die ewige Sicherstellung des Glücks ihrer Kinder und ihres Landes.«[121]

Werfen wir zum Schluß noch einen Blick auf die Mentalität, auf die charakteristischen Einstellungen und Haltungen der Fabrikbevölkerung, welche dafür verantwortlich sind, daß die Fabrikindustrie ins

Oberländer Volksleben integriert werden konnte. Als 1866 Barbara zwölfjährig wird, heißt es: »Bäbeli, du muesch i d'Fabrik go verdiene«; fünf Jahre später kommt die Reihe an den jüngeren Bruder: »Jacob, du muesch i's Spoerris go spuele«, wird ihm gesagt.[122] Für die Oberländer Fabrikbevölkerung ist dies eine selbstverständliche Formel. Von Wetzikon bis Uster, von Wald bis Gossau heißt es für die kleinen Bäbeli und Joköbli, wenn die Zeit gekommen ist: »Du mueschst i's Kuenze, i's Honeggers, i's Bühlers, in Sagerai, i'd Huebwies« usf. Bis zur Mitte des 20. Jahrhunderts bleibt dies die Lebenserwartung eines Fabriklerkindes – eine brauchmäßige Determination, der sich nur wenige zu entziehen vermögen bzw. zu entziehen gewillt sind. [...] Ein gleicher brauchmäßiger Zwang findet sich bei der Frauen- und Mütterarbeit: Wenn das junge Fabrikmädchen von Liebe, Ehe und Mutterglück träumt, so verbindet sich bei ihm damit nicht die Vorstellung, dem Fabriksaal Lebwohl sagen zu können. Es weiß, was von ihm auch als Ehefrau und Mutter erwartet wird: weiterhin an den Webstühlen stehen, um die Spulmaschinen kreisen und Fäden knüpfen oder an der Zettelmaschine den endlosen Fadenstrom beobachten, der sich auf die Walze windet. Fraglos ist diese Determination durch ein rein materielles Motiv bedingt: Der Verdienst der Frau und Mutter ist für den Unterhalt der Familie – zum mindesten während der ersten Jahre der Ehe- und Familiengemeinschaft – unentbehrlich; und es wird selbstverständlich mit dem Verdienst der Frau und Mutter gerechnet. Damit läßt sich der brauchmäßige Zwang jedoch nicht allein erklären. Gleichviel ob der Verdienst der Ehefrau und Mutter entbehrlich oder unentbehrlich ist, »man« geht in die Fabrik, weil »man« dies von einem erwartet. »Arbeitet eine Frau im Dorf nicht, so heißt es gleich: ›die könnte doch wohl auch noch in die Fabrik gehen‹«, so sagte dem Verfasser eine Weberin und bekannte, daß sie eigentlich nach dem 40jährigen Arbeitsjubiläum aufhören wollte, »aber dann heißt es im Dorf, ich sei faul«.

Es braucht kaum erwähnt zu werden, daß hinter dieser Verhaltenserwartung jenes Arbeitsethos steht, welches im Ancien régime ausgebildet wurde. Es ist zutiefst in der Oberländer Fabrikbevölkerung verwurzelt. Die Formel: »Du muesch i d'Fabrik go verdiene« umspannt ein Schicksal, das bis ins hohe Alter, vielfach bis zum Tode reicht. Durchblättert man Firmenzeitungen der Oberländer Textilbetriebe, so stößt man serienweise auf Gruppen- und Einzelbilder von Arbeitsjubilaren. Die Bilder haben etwas wahrhaft Bewegendes. In ihrem Sonntagsgewand stehen die Jubilare da, heiter und voll berechtigten Stolzes auf ein Leben voll Arbeit zurückblickend. Unter der Fotografie steht dann z. B.: »Auf dem Bild, sitzend von links nach rechts: Honegger Alfred mit 52 Arbeitsjahren (sic!), Ebnöther Otto mit 65 Arbeitsjahren ...«[123] Hinter solchen Bildlegenden folgen dann kürzere und längere Lebensskizzen und Würdigungen der Verdienste. Nur eine wollen wir zitieren:

»Gübeli Rosa hat, wie ihre Schwester, seit ihrem Eintritt am 5. April 1913 bei uns immer gewoben, insgesamt 48 Jahre lang. Wenn man alle von ihr gelieferten Stücke aneinander reihen könnte, würde die Tuchbahn von hier bis ins ferne Spanien hinunter reichen. Auch Rosa Gübeli hat sich immer durch exakte und saubere Arbeit ausgezeichnet.«[124]

Welche Summe von Freud und Leid ist in diese Tuchbahn gewoben, die von Wald bis Spanien reicht! Sind wir nicht auf solche Vorstellungsstützen angewiesen, um zu verstehen, was der Fabrikbetrieb für das Volksleben und das Volksleben für den Fabrikbetrieb bedeutet? Alles, was wir hier zu zeigen versuchten, erhält erst sein volles Gewicht und seine Bedeutung, wenn wir es aus der Perspektive dieser endlosen Tuchbahn betrachten. An allen Stationen des Lebensweges steht die Fabrik: von der Fabrikkinderschule bis zum Nekrolog in der Firmenzeitung. Der Fabrikbetrieb ist mit all seinen Ansprüchen, Freiheiten und Bindungen seit Generationen in das Volksleben der Oberländer Fabrikbevölkerung integriert. Er hat seine Einordnung in die Lebensform und Welthaltung dieser Menschen gefunden und sie entscheidend geprägt.

Werner K. Blessing

Fest und Vergnügen der »kleinen Leute«

Wandlungen vom 18. bis zum 20. Jahrhundert

I. Das Bedürfnis nach Vergnügen und Geselligkeit ist in allen Kulturen eine »gleichsam natürliche Anlage« und spielt »eine wichtige Rolle innerhalb des seelischen Haushalts und zwar im rhythmischen Wechsel mit Arbeit und Anstrengung«.[1] Wie es befriedigt wird, bestimmen die Möglichkeiten in der jeweiligen Gesellschaft. Doch die Vielfalt der historischen Formen kann auf einige Grundmuster zurückgeführt werden.[2] Am elementarsten äußert sich das Streben nach Lebenslust in den »kultivierten Trieben«, in den mannigfachen Genußformen des Essens, des Trinkens, der Sexualität, wie sie in der Familie oder in außerhäuslicher Geselligkeit geübt werden. Musik, Tanz und Schauspiel drücken gesteigerte Daseinsfreude aus – von moderater Kurzweil bis zur Ekstase. Kultische Feste und Umzüge, sakral oder profan, bringen Glanz und Erregung. Wettkampfspiele erzeugen, indem sie agonale Emotionen entbinden, gespannte Hochstimmung. Und gesellige Zusammenkünfte, welchem Zweck sie auch dienen und wie unterschiedlich sie auch ritualisiert sein mögen, unterhalten, erheitern, befriedigen den Gesellungsdrang.[3]
Auch die Anlässe, um nach diesen Grundmustern sich zu vergnügen und zu feiern, lassen sich in wenige Typen ordnen. Neben den Übergangsriten[4] im Lebenslauf des einzelnen – Geburt, Initiation, Heirat oder Tod – wie im Gruppenleben stehen die Termine, welche der Arbeitsrhythmus, der Zyklus der Natur, die Höhepunkte religiöser und politischer Existenz setzen. Soziale Gemeinschaften aller Größen begehen festliche Integrationsriten. Schließlich bieten Wirte, Musikanten, Schauspieler, die von der Lebenslust der anderen leben, ständig oder in periodischer Folge mannigfach weitere Gelegenheiten.
Besonders die Erscheinungsformen der Muße bei den kleinen Leuten, von breiter gesellschaftlicher Bedeutung und trotzdem noch unzulänglich untersucht, können als wichtiger Bereich der Volkskultur unser Interesse beanspruchen. Diese kleinen Leute lebten in Deutschland noch lange im 19. Jahrhundert meist in Dorf, Markt und kleiner Stadt.[5]

Im folgenden werden deshalb, gestützt auf bayerische Quellen, vorrangig ländliche und kleinstädtische Vergnügungen und Feste untersucht, wie sie sich vom 18. zum 20. Jahrhundert zwischen Traditionsbeharrung und Neuerungssog entwickelt haben; die Freizeit in der Großstadt kommt vor allem bei den neuen Formen im Rahmen bürgerlicher und industrieller Lebenswelt zur Sprache.
Dabei lassen sich – das ist die das Folgende gliedernde Hypothese – entsprechend dem gesellschaftlichen Wandel drei Grundtypen unterscheiden. Die alteuropäische Tradition, bäuerlich-kleingewerblich, religions- und arbeitsgeleitet und von der Aufklärung zwar beschnitten, aber keineswegs gebrochen, lebte vielfältig im 19. Jahrhundert weiter. In sie schoben sich dann Formen aus der bürgerlichen Kultur, die, von ständischen Horizonten entbunden und nach dem Assoziationsprinzip organisiert, diesem Jahrhundert vorbildlich wurden und die alten Verhaltensweisen zunehmend verdrängten. Schließlich verbreiteten sich mit der industriellen Gesellschaft die Attraktionen einer technisierten und kommerzialisierten Popularkultur.

II.

Lustbarkeit und Festlichkeit im frühneuzeitlichen Europa waren in hohem Maß sozial gebunden und geboten.[6] Nach Arbeitsweise, sozialer Lage, Konfession, der materiellen und mentalen Ausstattung der Menschen differenzierten sie sich in ständische Szenerien. Im agrarischen und im gewerblichen Milieu, bei »ehrbaren« und bei »armen« Leuten, bei Katholiken und Protestanten waren jeweils bestimmte Formen gebräuchlich. Doch die Teilkulturen, die solche horizontale Bindung fügte, standen in den vertikalen Bindungen einer klar gestuften, relativ geschlossenen Gesellschaft. Von deren führenden Ständen hingen Einstellungen und Verhalten durchgehend ab. Barockes Volksleben vollzog sich, wenn man feierte und sich vergnügte, allenthalben in der Spannung zwischen der Vitalität der »kleinen Leute« und den Vorbildern und Zwängen durch Herrschaft und Kirche. Kirchlicher Kult, fürstliche Repräsentation, der Stil von Adelsfesten und Ratsfeiern, das Gepränge des Militärs prägten seine Formen so vielfältig mit, daß genuin volkstümliche Elemente und »gesunkenes Kulturgut«[7] häufig kaum zu scheiden sind. Es ist deshalb – solange nur die Abhängigkeit der Breitenkultur von der Elitenkultur als solche bewußt bleibt – weniger fruchtbar, der Herkunft einzelner Formen im

Dickicht dieser Verflechtungen nachzuspüren, als nach ihrer jeweiligen gesellschaftlichen Rolle zu fragen.

Wie verbrachte die breite Bevölkerung um 1800 ihre Zeit der Muße, und inwieweit lebte, was damals galt, in traditionaler Umwelt im 19. Jahrhundert weiter? In einer Gesellschaft, der vorrangig die Kirche Weltanschauung und Verhaltensregeln gab, bestimmte das Kirchenjahr am markantesten Festlichkeit und Lebensgenuß. Die hohen Kirchenfeste zogen nicht nur durch liturgischen Glanz in ihren Bann und durch Attraktion wie die Weihnachtskrippe, das Heilige Grab, die unter Orgelklang vom Kirchengewölbe herabschwebende Pfingsttaube, welche ebenso der Andacht wie der Ergötzung dienten und sich im Sinnenreiz frommer Bräuche in Haus und Hof fortsetzten. Diese Feste, an denen selbst in der Landwirtschaft nur das Nötigste gearbeitet wurde, boten Speisen und Getränke, wie sie ein Großteil der »kleinen Leute« sonst nie sah, ausgiebige Geselligkeit und zum Teil Geschenke für die Kinder. »Man ißt hier die ganze Woche mäßig und begnügt sich mit elender Kost; aber an Feiertagen, Hochzeiten und Festtagen betrinkt man sich gerne«.[8] Weltliche Vergnügungen folgten eng dem religiösen Kult.

Das galt vor allem an Kirchweih, dem Höhepunkt des Jahres, nach dem man selbst Ereignisse in Familie und Gemeinde datierte. Es war das »lustig ausgelassenste Fest des Jahres«, das »gar häufig die Nothigkeit und Freudlosigkeit eines ganzen Jahres durch Übermaaß auszugleichen hatte«.[9] Tage vorher schon wurde geschlachtet, gebacken, geputzt, man ging in seiner besten Kleidung in die festlich geschmückte Kirche und dann ins Wirtshaus, wo bis tief in die Nacht Tanzboden und Kegelbahn dröhnten. Man drängte sich um die Krämerbuden und die Schausteller der Kirchweihdult, am Schießstand krachten die Stutzen, und in den reichen Dörfern Niederbayerns wurden regelrechte Pferderennen veranstaltet.[10] Verwandte und Bekannte kamen stundenweit her. Während sie, reich beschenkt, heimzogen, trieben Nachtschwärmer noch in den Gassen und an Kammerfenstern ihr erregtes Wesen. Am frühen Montag begann der Kirchweihbetrieb erneut und dauerte oft bis zum Mittwoch. Die Obrigkeit, um Zucht und Sitte besorgt, sah freilich oft nur das derbe Vergnügen und beklagte, daß besonders im Sommer und Herbst »beinahe kein Sonntag vorübergeht, auf welchen nicht in einem Umkreise von 4 bis 5 Stunden die Feyer einer Kirchweih fällt, die dann nicht durch Gebet in der Kirche, sondern durch Schwelgerey und Unzucht, auf dem Tanzboden begangen wird, ... umso verderblicher ..., je weiter der Heimweg ist, den der Bauernbursche mit dem Mädchen in

dunkler Nacht durch Feld und Wald von Bier und Tanzmusik erhitzt nach Hause zurückzulegen hat«.[11] In einem niederbayerischen Dekanat von drei Wegstunden Ausdehnung etwa fanden von Juli bis Oktober fünfzig Kirchweihen statt, in Nürnberg »folgten die Kirchweihen der sieben Pfarreien sieben Wochen ohne Unterbruch nacheinander«.[12] Kirchweih war so sehr synonym für Vergnügen, daß manche Wirte sich angwöhnten, »zu jeder Tanzmusik, die ihnen in den Monaten September und Oktober gestattet wird, mit dem Beifügen öffentlich einzuladen, daß Kirchweih gehalten werde. »Die Kirche«, klagte ein protestantischer Pfarrer, »erscheint hiedurch verunehrt«.[13]
Zu den jährlich wiederkehrenden Festen kamen vor allem in den katholischen Gebieten dann und wann Kirchenjubiläen und Altarweihen, bei denen nicht nur der Bischof und der Ablaß viele aus einem weiten Umkreis anzogen, sondern auch eine Dult.[14] Wallfahrten führten aus der dörflichen Enge hinaus und befriedigten Schaulust und allerlei Kaufwünsche, sie boten intensive Geselligkeit und brachten nachts auf dem Massenlager die Geschlechter sehr nahe zusammen.[15]
Religiöse Feier und weltliches Fest, Frömmigkeit und pralle Lebenslust vermischten sich auch bei den Übergangsriten, die von der Kirche zelebriert wurden, aber zugleich sozial vollzogen werden mußten. Taufen führten vom Gotteshaus unmittelbar in eine fröhliche Wirtshausrunde. Hochzeiten reicher Bauern vereinten fünfzig, ja hundert und mehr Gäste beim Schmaus.[16] Leichenbegängnisse, wichtigster Ausweis der Ehre eines Hauses, boten ein streng zeremoniöses Schauspiel, üppiges Essen und Trinken und lebhafte Geselligkeit.[17] Von der gesamten Bevölkerung festlich begangen wurden Geburt und Tod, Heirat und Jubiläen im Herrscherhaus. Kirchlicher Kult, Militärparade, Beamtenrepräsentation verschränkten sich in Machtprätention und Volkshuldigung zu einer suggestiven Loyalitätsfeier. Auch an sie schlossen sich Vergnügungen im Wirtshaus- und Jahrmarktstil, die die patriotische Hochstimmung mit ›gewöhnlicher‹ Lebensfreude vermitteln und so ins alltägliche Leben einmünden lassen sollten.[18]
Andere Feste und Geselligkeiten knüpften sich an die Arbeit. Diese gab ja neben dem kirchlichen Feiertagsgebot hauptsächlich den Rhythmus von Anspannung und Entspannung vor, ihren Erfolg galt es zu beschwören und dann zu feiern, um sie fügten sich teilweise Korporationen mit ihren Zeremonien. Auf dem Land und bis ins Ackerbürgertum der Städte begleiteten Bräuche den naturgegebenen Kreis von Aussaat, Ernte und Dreschen: große Feste mit Kirchenprunk und Wirtshaus-

Biergesellschaft im Münchner Vormärz. Der Bockkeller um 1830 (Gemälde von P. Ellmer)

treiben und alltägliche Riten, die die Arbeit in Haus und Hof gliedern, beleben und magisch schützen sollten. »Mit sonderlichem Brauche und etlicher Freudigkeit kennzeichnet der Bauer ... jene Momente, welche für seine Arbeit auf Feld und Wiese lohnverheißend und segensverkündend sind. Dabei wird vorzugsweise auf die Ehalten [=Dienstboten] Rücksicht genommen«.[19] Neckspiele und Geschenke zwischen Knechten und Mägden bei der Ernte, der Glanz des Erntedankfestes, die Rundgesänge der Drescher auf der Tenne überhöhten die harte bäuerliche Arbeit durch religiöse und materielle Belohnung, durch Heiterkeit und Sinnenstimulation. Sonderkulturen hatten noch ihr eigenes Brauchtum; Weinlese oder Almabtrieb vermittelten Arbeitserfolg und hochgestimmte Lebensfreude besonders eng. Der jährliche Pfingstumritt, als »feierliche Umreitung der Gränzen der Markgenossenschaft« zunächst besitzsichernder und die Arbeitsgemeinschaft in der Flur dokumentierender Rechtsakt, war häufig zu einem bunten Zug symbolischer Figuren geworden, die Geschichte und Gegenwart bäuerlichen Lebens halb magisch, halb komisch, aber immer reizvoll vorführten.

»Die Lust an solchen Aufzügen ist überhaupt lebendig in unserem Landvolk.« Sie zeigte sich mit ihren agonalen Spektakeln auch »bei den Feldumgängen, welche man seit uralter Zeit durch ganz Oberbayern mit Kreuz und Fahne während des Sommers mit der Bitte um Gedeihen der Saat – gewöhnlich alle Samstage – hält«; dabei »lieben es die Buben ... ungeheuer hohe Tannenstangen, oben mit einem schwanken Fähnlein geziert, umherzutragen und wetteifern in der Kunst ... geschickten Tragen und Balancirens. Denn diese ›Palmstangen‹ verscheuchen für's ganze Jahr Hagel- und Wetterschlag von den Feldern«.[20]

Im städtischen Gewerbe regelten die Zünfte nicht nur die Bedingungen und die Formen der Arbeit. Sie prägten unter dem Leitwert Ehre alle Lebensbereiche mit korporativen Normen, so daß die berufsständische Position dem Mann samt Familie und Gesinde gesellschaftliche Identität und Orientierung gab.[21] Auch Vergnügungen und Feste vollzogen sich weitgehend in zünftiger Meister- oder Gesellentradition: Feierabendkurzweil in Haus und Herberge; zeremonielle Standesgeselligkeit, die zu bestimmten Tagen den Lebensbund immer neu verwirklichte wie der Tänzeltag der Gesellen, »wo die Zunftmännigen feyerlich angekleidet, und in Ordnung, gewöhnlich mit Musik ... nach der Kirche, dann zum feyerlichen Mahl und zum Tanz ziehen«[22]; öffentliche Repräsentation bei kirchlichen oder weltlichen Aufzügen, wo die Bedeutung der Zunft im Kosmos der Stadt demonstriert wurde. Noch bei den großen Festzügen anläßlich der Jubiläen im Königshaus vergegenwärtigten sie im endenden 19. Jahrhundert diese Tradition, die »Weiß- und Rothgerber, Schuhmacher, Handschuhmacher, Taschner, Säckler, Sattler, Wagenbauer, ... Müller, Melber und Bäcker, Conditoren, Lebzelter und Wachszieher, Metzger, Schweinmetzger und Garköche, Bierbrauer, Gastwirthe, Weinwirthe« usw.[23] Die Arbeit wirkte schließlich über die Gewerbeverfassung mit ihren Realgerechtigkeiten sogar bis in die Freuden der Schlafkammer, wenn junge Meister mit alten Witwen ein laues Ehebett teilten.

Obgleich die Zünfte im 19. Jahrhundert rasch ihre lebensprägende Rolle verloren, als moderner Staat und bürgerlicher Wirtschaftsliberalismus sie in ihren Kompetenzen beschränkten oder auflösten, überlebten ihre Muster gerade an Feierabend und Festtag lange. Vor allem in kleineren Städten, im Windschatten der Zeit wurden noch bis ins späte Jahrhundert Zunftfeste als feierliche Selbstdarstellung des alten Handwerks begangen, man schritt hinter ehrwürdigen Zunftfahnen korporativ in der Fronleichnamsprozession, Meister übten eine patriarchalische Kontrolle über die Vergnügungen ihrer Gesellen. Diese Formen erstarrten freilich, je mehr durch die Industrialisierung ihre wirtschaftliche und soziale Grundlage schwand. Besonders die Gesellen pflegten noch eine intensive Standesgeselligkeit, aus der Biergelage wurden, deren Zeremoniell den Zunftstil oft nur mehr karikierte.

In der Zeit zwischen den Kirchenfesten, Familienfeiern und berufsständischen Geselligkeiten kam man am Feierabend in der Nachbarschaft zu Gespräch, Scherz und Gesang zusammen, und die Männer gingen Sonntag für Sonntag ins Wirtshaus.[24] Sie spielten, je nach Stand und Besitz an getrennten Tischen[25], bei Bier oder Wein Karten, oder sie standen in der Kegelbahn. Sie besprachen ihren Wirtschaftsalltag, der Schullehrer las aus dem Wochenblatt Getreidepreise, erbauliche Geschichten und die Sensationen der großen Welt vor, durchziehende Handwerksgesellen oder Hausierhändler brachten Neuigkeiten. Oft belebten Musikanten solch gesellige Kurzweil. Vor allem aber machten sie, wenn sie in den sogenannten Freinächten mit Pfeifen, Fiedel und Hackbrett der Jugend zum Tanz aufspielten, Lebenslust in der öffentlich wohl intensivsten Form möglich, die dann häufig in eine sehr private – und doch brauchmäßig geformte – mündete: »Die nähern Bekanntschaften werden gewöhnlich beim Tanz und Nachhausegehen gemacht. Der Bursche geht jederzeit voraus, das Mädchen folgt ihm; ... kommen sie aber in die Büsche oder ins Thal, wo sie sich ungesehen glauben, dann wandeln sie Arm in Arm fort. Sie überlassen sich dem Genuß der Liebe ohne Rücksicht, und leider! oft gar zu frühe.« Zeitgenossen schrieben diesen Nächten zwei Drittel der zahlreichen unehelichen Geburten zu.[26] Der Tanzboden wurde auch häufig zur Wettkampfarena, in der man in ritualisierter Steigerung mit Reizsymbolen wie Spielhahnfedern, mit Spottliedern, mit provokantem Auftrumpfen und schließlich mit brachialer Gewalt, mit Prügeln und Messern um Mädchen, das eigene Prestige und die Dorfehre stritt. Nicht selten schlug dann freilich die gellende Fröhlichkeit in Entsetzen um, wenn einer tot auf dem Platz blieb. Im Wirtshaus oder vor ihm produzierten sich die fahrenden Schausteller. Alt und Jung lief zu den Puppenspielern, Seiltänzern, Bärenführern und Karusselleuten, zu den Drehorgelmännern, Bänkelsängern und Guckkastenträgern, die u. a. »die schauerlichsten Verbrechen« drastisch vorstellten »und dieselben überdieß durch das Absingen von Liedern in erhöhtem Maaße der allgemeinen Aufmerksamkeit und Erinnerung« einprägten.[27]

Das Wirtshaus war der »Mittelpunkt aller öffentlichen und Privatlustbarkeiten«[28], der Schauplatz großer und kleiner Sensationen, im Dorf wie in der Stadt. Hier lockten außerdem noch Sommerkeller mit ihrem lebhaften Treiben und Ausflugsidyllen wie z. B.: »Neuberghausen oberhalb Brunnthal ist sehr fleißig von den Münchnern besucht, von ferne schon ertönt die Musik und ladet zum Besuche ein«; und weiter »Föhring, 1¼ Stunde Isar abwärts, der Weg ist im Sommer im Isarbett sehr angenehm und die dortigen gebratenen Hühner haben Ruf«.[29]
Viehmärkte brachten den Wirten und Schaustellern, diesen wichtigsten kommerziellen Anbietern von Geselligkeit und Unterhaltung, einen besonderen Zulauf aus einem Umkreis von mehreren Stunden. An manche Märkte schlossen sich große Volksfeste, wo wie etwa in Erlangen sich eine Woche lang Tausende von Besuchern vergnügten. Dabei machten auch allerlei Quacksalber und Mädchen von zweifelhaftem Ruf gute Geschäfte, die Schule fiel aus und die Kirchen blieben leer.[30]
Wie Berufsgruppen und Bünde, so hatten in einer ständisch gebundenen Gesellschaft auch die Lebensstände ihre eigene Geselligkeit. Die bäuerlichen Hausväter z. B. hielten ihren jährlichen Bauerntag, die Dienstboten nutzten die freien Tage beim Dienstwechsel an Mariae Lichtmeß zu Tanz und Spiel, die verheirateten Frauen trafen sich an den Titularfesten der religiösen Korporationen in ehrsam-vergnügter Runde.[31]
Von besonderer Bedeutung, auch für die Kurzweil der gesamten Gemeinde, war die winterliche Abendgeselligkeit der erwachsenen Jugend in den Spinnstuben. Hier wurden nicht nur die Geschlechter durch Scherz und Tanz brauchnormiert und damit sozial kontrolliert in den Umgang miteinander eingeübt und Ehen angebahnt.[32] Hier vor allem agierte die rituell verfestigte Burschenschaft als wichtiger Träger lokaler Unterhaltung und Festlichkeit. In den Spinnstuben plante sie ihre Auftritte als Kerngruppe von Hochzeitszügen und Erntefeiern, hier leitete sie Rügebräuche gegen Ehebrecher und in Verruf geratene Mädchen ein, hier wurden die Fastnachtsumzüge ausgeheckt, mit denen die Burschen in wilder Vermummung mit Honoratiorenschelte und Schabernack ein besonderes Spektakel boten.[33] Die Burschen in erster Linie führten auch das magische ländliche Terminbrauchtum durch: das Schießen in der Neujahrsnacht und in anderen Losnächten, das Hexen und Unholde abwehren sollte und ein Hauptspektakel mit ausgelassenem Treiben in den Gassen war, das Aufstellen eines Maibaumes als Fruchtbarkeitssymbol mit Tanz und Spiel, das Sonnwendfeuer in der

Johannisnacht, in dessen Schein die jungen Leute eine »allgemeine tolle Lust« ergriff.[34] Und auch in den Wirtshäusern und auf den Tanzböden der Umgebung traten die Burschen in der Regel geschlossen als Repräsentanten ihrer Gemeinde auf. Schließlich führten in erster Linie sie die Volksschauspiele, diese suggestive Unterhaltung der kleinen Leute auf, wenn auch Initiative und Leitung oft bei Honoratioren lag. Vor allem im bayerischen Oberland mit seiner »an Talent, Phantasie und Lebenslust« besonders begabten Bevölkerung, wo es unter Handwerkern und Söldnern ganze Schauspielerdynastien und vielbeschäftigte Autoren gab, inszenierten sie ebenso blutrünstige wie moralische Ritterstücke und erbauliche Märtyrerspiele.[35]

Diese Vergnügungen und Feste, wie unterschiedlich ihr Aufwand, ihre Reichweite, die Teilnehmer auch waren, verband, daß sie als überkommener Brauch bestimmten sozialen und kulturellen Konfigurationen fest zugeordnet waren.[36] Nicht nur beim Ernst des Lebens hatte »jede Verrichtung ihren Tag und ... beinahe jeder Tag im Jahre seine hergebrachte Verrichtung«; auch die Formen der Muße hatten jeweils ihre Zeit und ihren Ort. Sie folgten unmittelbar aus Religionsausübung und Untertanenpflicht, aus sozialem Status und Korporationsstellung, aus Lebenskreis, Jahreslauf und Arbeitsrhythmus, aus den milieutypischen Bedingungen des »gewöhnlichen« Lebens also, welches sie überhöhten und kontrastierten. Den Menschen bot sich Entspannung, Genuß, Hochstimmung im Rahmen und im Maß eng umgrenzter Lebenswelt, die im allgemeinen keinen Ausbruch zuließ.

Muße gestaltete sich, Lebensfreude ereignete sich so traditionsverortet wie Arbeit, häusliches Leben und Frömmigkeit. Noch trat sie den von Mühsal und Pflicht bestimmten Bereichen nicht gegenüber, sondern war in der Regel nur in bezug auf diese möglich. Der Werktag wurde nicht verdrängt, sondern »aufgehoben«. Verhaltensweisen, die meist auf mittelalterliche Wurzeln zurückgingen, doch in der Ständegesellschaft stark gebunden, schichtspezifischer, d. h. von denen der Eliten schärfer geschieden und durch weltliche und geistliche Obrigkeit in gewissem Maß »gebändigt«, mancher Exzessivität entkleidet, mancher Vitalität beraubt worden waren, galten so, wie sie sich im 18. Jahrhundert geformt hatten, in ihren Grundzügen vielfach im 19. Jahrhundert weiter. Wo ihre gesellschaftlichen Grundlagen wenig erschüttert wurden, waren sie lebensprägende Elemente alteuropäischer Kontinuität.

III. Allerdings unterlag die barocke Volkskultur, so lebendig sie in traditionsgeleiteter Umwelt auch im 19. Jahrhundert weiterlebte, seit dem späten 18. Jahrhundert einem starken Veränderungsdruck.[37] Bereits seit dem 16. Jahrhundert hatten die Kirchen – die reformatorischen wie die tridentinisch reformierte katholische – und der Fürstenstaat, gleichsinnig und im Zeichen des Konfessionalismus interessenverbunden auf eine stärkere Verfügung über die breite Bevölkerung bedacht, vor allem deren Vergnügungen entschiedener zu regeln gesucht.[38] Aber erst mit der Wirkung der Aufklärung im spätabsolutistischen Staat, in den Kirchen und durch die bürgerliche Öffentlichkeit wurde solche Reglementierung einschneidend. Leidenschaftlicher Philanthropismus, der Ordnungszwang des Rationalismus und utilitaristisches Erfolgsstreben trieben zum Verdikt über altes Feiertags- und Feierabendverhalten. Im Rahmen einer umfassenden Gesellschaftsreform nach den Prinzipien Vernunft und Leistung sollten Ergötzung und Lustbarkeit aus der religiösen Sphäre verbannt, bei den Übergangsriten, Arbeitsfesten und Korporationsfeiern verfeinert und ganz allgemein stark beschränkt und geläutert werden. Sie galten so, wie sie das Volk liebte, den aufgeklärten Moralisten als vulgäre Zeitvergeudung, als Gefahr für Wohlstand, Sitte und öffentliche Ordnung. Maßvolle Vergnügungen sollten die Arbeitskraft regenerieren, den Sinn erheitern, die Seele erbauen.[39] Mit den Mitteln, die nun durch die Rationalisierung der Institutionen und Medien so wirkungsvoll zu Verfügung standen, kämpften Beamte, Geistliche, Lehrer, Schriftsteller, adelige und bürgerliche Dienstherren für eine neue Volkskultur. Gesetz und Predigt, Schulbuch, Zeitung und populäre Literatur, persönliches Vorbild und wirtschaftlicher Druck verbanden sich zur umfassenden Umerziehung.

Besonders nachdrücklich gingen weltliche und geistliche Obrigkeit in »dem unausgesetzten Streben, die Gottesverehrung auf jene Reinheit zurückzuführen, die allein der Erhabenheit jener entspricht«, gegen die Sinnenhaftigkeit von Kirchenkult und Volksfrömmigkeit vor: gegen die »zwecklosen und andachtstörenden« Spektakel im Gottesdienst, gegen die Wallfahrten als Deckmantel von Trunk und Unzucht, gegen die vielen Andachten, mit denen »großer Unfug getrieben, die Zeit mit Hinlaufen auch in die entferntesten Kirchen verschwendet« werde. Zahlreiche Feiertage wurden abgeschafft, damit »unsere Unterthanen ... an Zeit und Gelegenheit zur Äußerung ihres Gewerbefleißes gewinnen«.[40] Für Hochzeiten und Beerdigungen beschnitt man den Auf-

wand: »Der ebenso sittenwidrige, als in ökonomischer und gesundheitspolitischer Beziehung nachtheilige Mißbrauch der sogenannten Leichschmäuse ...«.[41] Schaustellungen aller Art und die Volksschauspiele galten als Verführung zu Sensationsgier und Müßiggang; selbst kleinbürgerliche Liebhabertheater traf dieses Urteil: »Der Mann, statt seinen Kopf beim Gewerbe zu haben, studiert die Rolle eines Bretterhelden ... Die Bürgerstochter, statt an Arbeit u. häusliches Leben sich zu gewöhnen, wird zur Kokette gemacht.« Den Spinnstuben und Tanzmusiken gab man eine Hauptschuld daran, daß »an der Stelle heiterer Erholung von den Mühen des Lebens und gesitteter Lustbarkeit ... die rohesten Ausschweifungen« herrschen.[42]
Gegen solch unnützen und unmoralischen Zeitvertreib wurde die Attraktivität patriotischer Feiern propagiert. Um die Loyalität zu Fürst und Land zu fördern und das Verhalten der Untertanen in der Öffentlichkeit zu veredeln, wurde der tradierte Fürstenkult, wurden Königsgeburtstag, Funeralien und dynastische Jubiläen barocker Üppigkeit entkleidet und pädagogisch ausgerichtet. Hinzu kam am Beginn des 19. Jahrhunderts der Typ des politischen Integrationsfestes. Anschlußfeiern, zum Teil regelmäßig wiederholt und getragen von ehrgeizigen Beamten, paradesüchtigen Offizieren und berechnend staatsbeflissenen Gewerbebürgern, übten speziell in den neuen Landesteilen einen idealen Staat und seinen Herrscher als Garanten des Glücks ein – Bayern als heile Welt.[43] Vor allem aber brachte die jährliche Feier der Verfassung von 1818 mit patriotischen Reden und Riten und artigen Vergnügungen einen massiven Loyalitätsappell an Gemeinde und Schuljugend.[44] Auch landwirtschaftliche und gewerbliche Musterausstellungen und Wettbewerbe, die sich häufig mit politischen Festen verbanden, dienten deren Zweck, wenn sie wirtschaftliche Leistung in der Aura des Königs und seiner Beamten vorführten und prämierten, d. h. aktiven und passiven Teilnehmern Selbstbewußtsein als Gemeinschaftsbewußtsein gaben. Außerdem boten auch sie manche Volksfestgenüsse, da ein wenig Hedonismus dem Utilitarismus nur nutzen konnte. Das Vorbild all solcher Feste war das Münchner Oktoberfest. Aus einem glänzenden Akt des monarchischen Kults (der Hochzeit des späteren Königs Ludwigs I.), einer zentralen Landwirtschaftsmesse und einem großen Preisschießen wurde es forciert zum bayerischen Nationalfest mit Repräsentanten aller Regionen und einem Zulauf aus dem ganzen Land ausgebaut. Ragendes Zeichen dieser politischen Bedeutung geselliger Vergnügungen wurde *das* bayerische Identitätssym-

bol: Über der Festwiese krönten Bavaria und Ruhmeshalle heroisch den patriotischen Bannkreis, der sich zwischen Königszelt und vaterländischem Festspiel um Bierbuden, Schausteller und Pferderennen schloß und mit Festabzeichen und Preisen vielfältig im Land weiterwirkte.[45] Öffentliche Aufzüge wurden auch sonst bei festlichen Ereignissen gerne bedeutsam arrangiert, um den ›kleinen Leuten‹ die lokalen Autoritäten besonders wirkungsvoll zu präsentieren und sie an einen würdigen Stil des Feierns zu gewöhnen.

Diese nachdrückliche Umwertung von Feiertag und Feierabend fand freilich einen nur begrenzten Erfolg. Zwar ging der pralle barocke Stil religiöser wie weltlicher Art stark zurück. Doch fügte sich die breite Bevölkerung oft lediglich dem kirchlichen und vor allem staatlichen Verbot, wie etwa das Wiederaufleben von Wallfahrten, Kirchweihlust und Hochzeitsprunk zeigte, sobald nur mit dem Ende des Rationalismus jener Druck sich lockerte.[46] Konfessionelle und soziale Unterschiede sind dabei allerdings unverkennbar. Nachhaltiger als in katholischen Gebieten verloren die alten Formen ihre Geltung in protestantischen. Hier waren schon vor der Aufklärung trotz altkirchlicher Kontinuität Vergnügungen und Feste karger gewesen. Und hier griff dann der Rationalismus weit tiefer ein, ja verhalf erst eigentlich einem spezifisch protestantischen Lebensstil zum Durchbruch. Ebenso wirkten die rational begründeten Reformen weit mehr als auf dem Land, wo traditionale Lebensbedingungen herrschten, bei den »kleinen Leuten« in der Stadt – besonders den protestantischen –, denen aufgeklärte Bildungsbürger Vorbild waren. Die ideale Norm nützlicher und moralischer Unterhaltung allerdings setzte sich nirgends dauerhaft durch. Warum erreichten die aufgeklärten Volkserzieher in Amtsstuben, auf Kanzeln und in Vereinen ihr Ziel nur zum Teil, und auch das mehr durch Zwang als durch Überzeugung?

Zunächst waren ihre Mittel der Erfahrungswelt der unteren Schichten, einer sinnenhaft-pragmatischen Mentalität oft nicht angemessen. Sie agierten in der Regel mehr intellektuell als sensuell, zu ideenfixiert und zu wenig auf den Alltag der breiten Bevölkerung bezogen, um zumal die ländliche Bevölkerung und damit die große Mehrheit entscheidend treffen zu können. So waren etwa die Menschen auf dem Land durch die Natur und damit auch durch die Religion weit mehr betroffen als durch den Staat, weshalb u. a. die politischen Feiern im Schatten der Arbeits- und der Kirchenfeste blieben. Mit einem Menschenbild, in dem Vernunft und Moral durchschlagend waren, und voll missionari-

scher Ungeduld überforderten die aufgeklärten Reformer vielfach ihre Adressaten – gerade da, wo es um Lust und Lebensfreude ging.[47] Dennoch konnten sie dort gewisse bleibende Verhaltensänderungen erreichen, wo die Einwirkung unter günstigen Bedingungen so intensiv und konsequent war wie im protestantischen Kleinbürgertum.
Dessen Reaktion verweist nun auf die Erfolgsschranken, die nicht in der Methode der Beeinflussung selbst lagen. Denn der beschriebene Einfluß war, vor allem soweit er durch die katholische Kirche erfolgte, die sich der Aufklärung nur zum Teil öffnete, von Anfang an ziemlich begrenzt. Aber auch im Wirkungsbereich der protestantischen Kirche, der bürgerlichen Öffentlichkeit und selbst der Staatsbürokratie herrschte er zwar vor, aber beherrschte nicht alles Handeln. Und dann fand er, wo er griff, nicht hinreichend Zeit zur Durchdringung zäher Gewohnheiten, weil ihm ein neuer »Zeitgeist« und eine neue Politik, weil ihm Romantik und Restauration ein Ende setzten.[48] Vergnügungen und Geselligkeit der »kleinen Leute« wurden so, sieht man von den Fällen vorübergehender Unterdrückung ab, im späten 18. und frühen 19. Jahrhundert teilweise überformt, aber nicht durchgehend umgeformt. War demnach die ›vernünftige‹ Umerziehung aussichtslos, oder hätte eine längere und dichtere Einwirkung sie erreicht? Da sie in Bereichen, wo ein institutionell starker Einfluß unter günstigen soziokulturellen Bedingungen erfolgte, relativ weit fortschritt, erscheint die Umlenkung der Volkskultur auch auf dem schwierigen, disziplinierungswidrigen Feld vitaler Grundbedürfnisse möglich.

IV.

Die vor allem von weltlicher und geistlicher Obrigkeit betriebene Reform aus dem Geist des Rationalismus also war im Vormärz versandet. Wesentlich verwandelt wurden die Volksvergnügungen erst durch andere, durch gesellschaftliche Kräfte, die der wirtschaftlichen und sozialen Modernisierung entsprangen: durch Verbürgerlichung und Industrialisierung der Lebensformen. Die Muße der »kleinen Leute« geriet zunächst in den Sog des arrivierten Bürgertums; dessen kulturelle Muster drangen, häufig vulgarisiert, ins Kleinbürgertum, in die städtischen Unterschichten und bis in die ländliche Bevölkerung ein. Denn der Lebensstil des Adels verblaßte als Leitbild der gesamten Gesellschaft allmählich vor dem bürgerlichen (der freilich selbst von jenem vielfältig abhing). Urbane Umwelt und industrieller

Alltag entzogen den agrarisch-kleingewerblich geprägten Verhaltensweisen zunehmend Boden.

Grundlegend war in diesem Wandel ein Vorgang, der die Muße aus religiösen, korporativen, ständischen Ordnungen löste. Seit der Aufklärung, in der eine neue, säkularisierte und dekorporierte kulturelle Elite entstanden war, tendierten Vergnügungen und Geselligkeit überall dort, wo die Tradition als Richtschnur schwand, dazu, »freie Zeit« zu werden im Sinn einer individuell freien Verfügung über ihre Gestaltung. Die moderne Freizeit trat an die Stelle des alten Feierabends und Feiertags.[49] Je nach wirtschaftlicher und sozialer Entwicklung erfolgte diese Freisetzung in den verschiedenen Lebenswelten sehr unterschiedlich nach Ausmaß, Tempo und Teilbewahrung alter Formen. Aber prinzipiell verlor ein seit Jahrhunderten gültiges kulturelles Modell seine Verbindlichkeit, so daß die Riten der Lebensfreude sich tiefgreifend verwandelten.

Um das Bedürfnis nach geselliger Muße zu befriedigen, mußte jedoch auch die Freizeit, sieht man von individualistischem Zeitvertreib bildungsbürgerlicher Art wie Lesen oder Hausmusik ab, »verfaßt« werden, also Menschen geregelt um Attraktionen versammeln. Das leisteten in erster Linie die freiwillig und zweckorientiert gebildeten Assoziationen, mit denen die bürgerliche Gesellschaft jenseits ständisch-korporativen Brauchzwanges und gegen die Normierung durch Staat und Kirche ihre Interessen zu finden und zu verfolgen suchte: die Vereine.[50] Sie waren vom 18. bis zum 20. Jahrhundert die wichtigsten Träger organisierter Freizeit. Das traf zu, ob sie nun lockere Zirkel oder feste Organisationen mit Statuten waren, ob sie speziell der Freizeitgestaltung dienten oder, wie es in der frühen, der Phase der Mehrzweckvereine üblich und auch später häufig war, mit Festen und Unterhaltung einen anderen Zweck zu überhöhen und die Gruppenbildung zu stärken suchten.[51] Die Vereine boten ihren Mitgliedern, abgekoppelt von Herkunft, Berufsleben und sozialem Status, vertraute Geselligkeit wie öffentliche Repräsentation und mit dieser Freizeitrolle eine besondere Identität, die manche gesellschaftliche Versagung kompensieren konnte. Außerdem inszenierten sie weit über diesen Kreis hinaus auch für Bekannte, die Gemeinde und auswärtige Gäste neue Feiern und Vergnügungen. Diese reihten sich neben Kirchen-, Familien-, Arbeitsfeste, durchdrangen sie zum Teil oder verdrängten sie.

Zwar setzten auch sie sich überwiegend aus gewohnten Elementen zusammen – aus Wirtshausgeselligkeit, Musik und Tanz, Umzügen, Ansprachen und »bedeutenden« Zeremonien. Aber die alten Formen fügten sich zu einer neuen Szene. Sie wurden nach den von Aufklärung und Romantik geprägten Mustern bürgerlicher Selbstdarstellung durch Symbole und Riten stilisiert, die jeder Festlichkeit und Lustbarkeit ein typisches Pathos, ein hochgestimmtes Gemeinschaftsgefühl verliehen und sie zu Schauplätzen eines säkularisierten Heilskults machten. Auch die Lebensfreude drückte sich im Bannkreis der Ideen aus, die den Vereinszweck bestimmten, stand im Dienst einer Ideologie. Dafür konnten in einer Gesellschaft, in der die Religion noch starken Einfluß hatte, durchaus auch kultischer Glanz und Legitimationskraft der Kirche eingesetzt werden.

Bereits die erste, nach meist elitären Vorläufern breiter wirksame Vereinswelle zeigte die Alltagsvirulenz der bürgerlichen Ideen sehr deutlich. Vom Vormärz bis ins Kaiserreich prägten Vereine aus liberalem und nationalem Geist auch die Freizeit von Kleinbürgern, dann auch in den städtischen Unterschichten und schließlich in der bäuerlichen Bevölkerung. Sänger pflegten in Wirtshausnebenzimmern »das erhabene deutsche Lied in geselliger Runde«[52], Schützen und Turner trafen sich im Schießstand, auf einer Wiese vor dem Tor oder in den später errichteten Turnhallen und begaben sich anschließend zum Bier. Sie veranstalteten unabhängig vom Festzyklus des Kirchen- wie des Arbeitsjahres Feste, deren Stil die Kultur des bürgerlichen Jahrhunderts hervorragend repräsentierte. »Es war ein Fest« – das 1. deutsche Gesangsfest 1845 in Würzburg –, »das die Deutschen einander näherbrachte und es ihnen möglich machte, zu sehen und zu fühlen, was sie bisher hörten und lasen, daß sie einer einzigen großen Nation angehörten«.[53] Vom lokalen Stiftungsfest bis zum deutschen Bundesfest entfalteten sie mit den gleichen Requisiten und Riten eine vaterländische Szenerie. Sinnsprüche und Reden auf deutsches Wesen, Eichenlaub und Fahnen mit nationalen Emblemen, Lieder, die, oft in hundertstimmigem Massengesang, die Heldenzeit von 1813 oder 1870 beschworen oder den Rhein mit seinen Burgen und alter Kaiserherrlichkeit, den Inbegriff Deutschlands – solche Suggestivsymbolik zog auch die Freuden am Biertisch und auf dem Tanzboden in die nationale Aura: »Rasch wurde dann die Gesangeshalle zur Speisehalle umgewandelt, bei dem Mahle folgten kräftige und heitere Reden ..., ein dreifach Hoch dem theuren Vaterland«.[54] Vaterländische Begeisterung spannte sich übers Land, wenn die Vereine, wie erstmals im Aufbruch des Jahres 1848, mit wehender Fahne und schallendem Lied von Fest zu Fest zogen. So kam eine neue Mobilität neben der alten der Wallfahrten und des Zulaufs zu Kirchweihen auf und wurde bald durch die Eisenbahn noch erheblich gesteigert. Zum 1. bayerischen Turnfest etwa versammelten sich 1862 rund sechshundert Turner um schwarz-rot-goldene Fahnen und die Büste des Turnvaters Jahn, führten »schulgerechtes Riegenturnen« vor, sangen »Deutschland, Deutschland über alles« und »Der Gott, der Eisen wachsen ließ, der wollte keine Knechte« von Ernst Moritz Arndt, schworen, »Gut und Blut für's Vaterland zu opfern«, kneipten fröhlich und hörten dabei eine Rede über die sittliche Wirkung der Turnerei, über »Opferwilligkeit, Enthaltsamkeit u. Mäßigkeit«.[55]

Wie stark die Prägekraft dieser Feste national-liberaler Provenienz war, zeigt sich daran, daß die späteren Vereinstypen im 19. Jahrhundert ihrem Stil weithin folgten. Sie trug wesentlich zur sektoralen Verbürgerlichung der Mentalität der breiten Bevölkerung bei und öffnete damit etwa auch das katholische Altbayern an einer wichtigen Stelle dem deutschen Horizont. Hervorragend wirkten in diesem Sinn nach 1871 das Sedanfest, wie es zuerst das protestantische Bürgertum als Nationalfest einführte, und die Veteranenvereine, die den Reichskult mit Festzugspomp und der Errichtung von Kriegerdenkmälern zelebrierten.[56]

Neben die vaterländischen Vereine schob sich, vor allem als in der Zeit der Reaktion politikverdächtige Gruppierungen verboten waren, seit der Jahrhundertmitte eine weitere Welle aus reinen Geselligkeitsvereinen sowie Selbsthilfevereinen. Diese organisierten eine Sicherung in Not und Gefahr, da Schutz- und Beistandsbrauch in Haus, Nachbarschaft und Korporation verfielen: Krankenunterstützungsvereine, Leichenkassen, Sparclubs und vor allem die Freiwilligen Feuerwehren, die zusammen mit den Veteranenvereinen in erster Linie das Assoziationsprinzip in die ländliche Gesellschaft einführten. Auch sie pflegten für ihre Mitglieder eine rege Wirtshausgeselligkeit und boten ihrer Umwelt mit Stiftungsfesten und Fahnenweihen festliche Höhepunkte des Jahres.[57] Ähnliches entfaltete sich im Umkreis der Kirchen in Gesellen-, Arbeiter-, Jugendvereinen, mit denen jene das bürgerliche Vereinswesen für die sozialen Gruppen adaptierten, auf welche die alten Bruderschaften nicht mehr paßten. So war z. B. »der Zweck ... die sittliche und religiöse Fortbildung der Gesellen zu fördern und mit geselliger Unterhaltung die Verbreitung nützlicher, für den Gewerbsmann nöthiger Kenntnisse zu verbinden ... wer sich ein Bild von den Leistungen des Vereins entwerfen will, dem rathen wir, sich in die Unterhaltungsstunden an den Montag-Abenden einführen zu lassen, in denen Vorträge, Gesang, Citherspiel und Besprechungen miteinander abwechseln«.[58]

Schließlich ging seit dem späten 19. Jahrhundert eine Welle politischer Parteien und Verbände über die breite Bevölkerung: Nationalliberale und Freisinn, Katholische Casinos, Konservative und Sozialdemokraten, Bauernvereine und mittelständische Bürgervereine, Alldeutsche und Antisemiten.[59] Auch diese Organisationen gaben weitere Anlässe zu Wirtshausgeselligkeit und brachten durch ihre zunehmend populäre Agitation mit Bier, Musik und allerlei Schaustellerei vor allem in Wahlkampfzeiten in den Städten und Märkten Volksfestatmosphäre. Dabei wurden nun allerdings viele Menschen auch im Vergnügen in gegnerische Gruppen getrennt. Die Ideologie als Weltbild und Verhaltensanleitung, von Anfang an im Hintergrund jeder Vereinskultur, bemächtigte sich nun, als die Politisierung bis in die unteren Schichten griff, auch der Freizeit und stellte sie in den Dienst der offenen politischen

Kleinbürgerliche Vereinsgeselligkeit im Kaiserreich. Der Verein »Die schwarzen Reutter« in Bamberg

Konkurrenz. Zwar setzten noch lange soziale Stellung und kulturelle Tradition starke Präferenzen – für das katholische Lager oder die sozialdemokratische Arbeiterbewegung, für nationale Verbände oder Bauernbünde. Dennoch bedeutete dieser grundsätzliche Pluralismus einen deutlichen Schritt zur wirklich frei verfügbaren Freizeit. Denn die Ablösung der Muße von Arbeit, Nachbarschaft und Kirche, wie sie bisher hauptsächlich die Vereine bürgerlichen Typs eingeleitet hatten, erfolgte im Rahmen der Klassengesellschaft. Feste und Vergnügungen blieben noch relativ eng an Klassenordnung und die herrschenden Werte und Normen gebunden. Sie waren für die kleinen Leute nicht mehr ständisch vorgegeben und doch noch nicht ganz beliebig wählbar.

V. Eine starke Nivellierung und Veralltäglichung brachte der Sport.[60] Zwar kristallisierte sich um einige teuere Sportarten im Zeichen adelig-bourgeoiser Anglomanie exklusive Oberschichtenentspannung. Aber Fußball, Radfahren, Leichtathletik, Schwimmen, Bergsteigen entfalteten sich seit dem Ende des 19. Jahrhunderts von den großen Städten aus rasch zum typischen Massenvergnügen der Industriegesellschaft, deren rational-dynamischer Grundeinstellung das Wettkampf- und Rekordprinzip entspricht. Das geschah teilweise im Schoß alter Turnvereine, aber auch durch neue und neuartige Vereine mit meist großer sozialer Spannweite.[61] Daß im Lebenskreis der Arbeiterbewegung und im katholischen Milieu zum Teil eigene Sportvereine entstanden, ideologisierte zwar die Freizeit, aber verbreitete, da die Formen voll imitiert wurden, die Faszination des Sports auch bei den Außenseitern der deutschen Gesellschaft.[62] Turnen zwar erfreute sich im Kaiserreich staatlicher Förderung, machte aber mit seinem disziplinierenden Gleichmaß meist nur bei Festauftritten breitenwirksam Effekt. Weit darüber hinaus brachte der Sport zahlreiche Menschen aus Fabrikhallen, Amtsstuben, Läden als Ausübende und besonders als Zuschauer in entspannende Spannung und in eine durch gemeinsame Stimulation erregte Nähe. Zunächst auf Wiesen und Vorstadtstraßen improvisiert, später in Vereinsanlagen etabliert, erfuhr er als aktive wie passive Freizeitgestaltung einen starken Auftrieb, als schließlich im Rahmen kommunaler Versorgungsbetriebe öffentliche Sportstätten entstanden. Der Sport wurde dadurch zugleich qualitativ wesentlich attraktiver und von den Vereinen soweit unabhängig, daß anspruchsvolle Erholung nun auch ohne diese »klassische« Freizeitorganisation möglich war. Die im Zeitalter des »Munizipalsozialismus«[63] entstehende städtische Infrastruktur entzog hier wie in anderen Bereichen den Selbsthilfemitteln der bürgerlichen Gesellschaft Funktionen, machte auch relativ frei wählbare Gruppenbindungen entbehrlich. Die ersten Hallenbäder etwa entstanden vor dem Ersten Weltkrieg als wahre Prunkstätten kollektiver und anonymer urbaner Freizeit. Das Müllersche Volksbad in München z. B., »diese großzügig angelegte, ... im Äußeren und Inneren mit feinem künstlerischen Empfinden ausgestaltete Bauanlage enthält eine große Männerschwimmhalle, eine Frauenschwimmhalle, 86 Wannenbäder und 18 Brausebäder ..., ein Dampf- und römisch-irisches Bad ... sowie eine Hundebadeanstalt«.[64]

Solch offene Freizeitgestaltung, an der durch sinkende Arbeitszeit und zum Teil steigende Realeinkommen sowie durch den Aufbau eines öffentlichen Verkehrsmittels, der Straßenbahn, nun auch die städtischen Unterschichten zunehmend teilhaben konnten, verwischte vertikal und horizontal soziale Grenzen. Ebenso wie die Angehörigen des Mittelstandes konnten sich auch Arbeiter und Dienstmädchen für ein paar Stunden in Hochstimmung versetzen lassen. Das galt, aufgrund eines reichen kommerziellen Angebots, vor allem für Musik und Tanz, Schauspiel und Schaustellung. Sie fand man nicht nur in Hoftheatern, vornehmen Ballsälen und Luxusvarietés. Volkstheater führten oft schon seit dem frühen 19. Jahrhundert »Singspiele, Possen, Ritter- und Räuberstücke« auf, glitzernde Tingeltangel lockten mit kessen Revuen, auf Vorstadtredouten erlebte man rauschende Faschingsnächte, und jeden Sonntag zogen die Standkonzerte der Militärkapellen festtäglich geputzte Scharen an. Aus dem Bärenführer von einst war ein imposanter Zirkus mit Exotik und Nervenkitzel geworden.[65]

Die Sensationen aus der großen Welt, die Schlachten, Katastrophen, Naturschauspiele, wie sie früher Bänkelsänger vorgestellt hatten, entrollten sich nun suggestiv in lebensgroßen Rundgemälden, im Panorama. Der »gebannte historische Augenblick« und die vergegenwärtigte Naturszene präsentierten jedermann jederzeit das zeitlich und räumlich Entfernte in einem bisher unerhörten Realismus: »Neapel mit Aussicht auf den Golf und Vesuv. Täglich bis zur Dämmerung geöffnet« oder »Panorama Deutscher Kolonien. Kolossal-Rundgemälde« oder »Erstürmung von Bazeilles 1. September 1870« oder »Der Weg des Herrn zu Golgatha und sein Kreuzes-Tod«.[66] Ja, schließlich konnten die Einwohner großer Städte im sog. Kaiserpanorama in wechselndem Programm ganze Serien kolorierter und diaphaner stereoskopischer Bilder von pittoresken Orten und sensationellen Ereignissen durch Gucklöcher in rascher Folge an sich vorüberziehen lassen. »Das Kaiserpanorama bringt in der neuen Woche eine Reise in Amerika. New-York, der Niagarafall, in seiner ganzen Ausdehnung von allen möglichen Seiten beleuchtet, Richmond, Washington, St. Paul, Philadelphia u. s. w. zeigen sich unseren Blicken, und immer an hochinteressanten Landschaftsbildern vorbei gelangen wir zu dem Stamm der Mormonen am Salzsee. Der Hudsonfluß mit seinen eigenartigen Ufern, Californiens wildromantische Gebirgsgegenden, die Pacificbahn, Urwald, das weltberühmte Schiff Great Eastern auf hoher See ...«[67] Die Welt war bilderreicher denn je im deutschen Alltag gegenwärtig; nur noch ein Schritt, ein technischer Kunstgriff fehlte zum Kino. Der Reiz des Fremden, von den Oberschichten schon immer auf Reisen und durch einzelne importierte Teile materieller wie ritueller Kultur genossen, wurde nun auch den unteren Schichten weit über flüchtige Zufallsbegegnungen hinaus zugänglich. Das Ferne war auch nah, wenn Zigeunermusik in Bierlokalen aufspielte und große Volksfeste einen Negerkral oder eine Wild-West-Schau boten. Selbst das eigene Land erschien »exotisch« verfremdet. Am Ende des 19. Jahrhunderts, als die Volkstrachten kaum mehr getragen wurden, blühte in den Städten ein folkloristischer Trachten- und Heimatkult auf. Er holte, wenn etwa an einem Münchner Vergnügungsort ein romantisch verklärtes Almleben inszeniert wurde, ländliche Vergangenheit pittoresk in eine urbane Lebenswelt herein.[68]

All diese Unterhaltungsformen verband *die* großstädtische Freizeitattraktion, die Theater-Varietés und Vergnügungsparks nach dem Vorbild der englischen music halls. Biergeselligkeit bei populärer Musik und »mit ungarischer Bedienung«, Spannung in Zirkus und Theater »mit den allerbesten Kunstcapacitäten der Welt«, »Deklamationen, Lust und Scherz«, Gruselschauer im anatomischen Museum, Kuriositäten und »Volksbelustigungen aller Art« waren ständig verfügbar wie z. B. im Münchner Volksgarten Nymphenburg, der zwanzigtausend Personen faßte und durch eine der ersten Dampfstraßenbahnen rasch erreichbar war.[69] Im endenden 19. und zu Beginn des 20. Jahrhunderts wurden außerdem riesige Bierhallen für Massengeselligkeit bei Marschmusik und Schaudarbietungen errichtet. Der zu den großen Turner- und Sängertreffen im Freien, auf Plätzen und Straßen arrangierte Festraum übertraf nun mit dem Prunk seiner Dekorationen und Illuminationen, mit Umzügen und Vorführungen alles Frühere. Vor allem aber vervielfältigten die großen Volksfeste ihr Vergnügungsangebot und erweiterten es noch vor der Jahrhundertwende um neue, technische Attraktionen: »Volksfest Nürnberg 1896 ... reich dekorierter Festplatz. Malerische Festbauten im Alt-Nürnberger Stil ... elektrische Beleuchtung des Festplatzes ... zahlreiche Wirtschaftsplätze, Wein- und Bier-Restaurants, Cafés, Erfrischungshallen, Häringsbratereien ... Berg's weltbekannte Menagerie, Schichtl's Zaubertheater. Neuste Dampfkarroussells mit besonderen großartigen Lichteffekten ..., Neueste Japanesische Schiffsschaukeln, Doppel-Panorama, ... Hippodrom. Veloziped-Cirkus. Aufsteigen des berühmten Luftschiffers Joseph Bronner aus Wien mit seinem Riesen-Luftballon ›Meteor‹. Fesselfahrten bis 500 Meter Höhe. Große italienische Nacht. Feenhafte Illumination sämmtl. Bauten ... Volksfest-Schießen ... in reichausgestatteter, über 50 Meter breiter Schützenhalle ...«[70]

Neue, aufwendige Vergnügungsstätten mit einer breiten Auswahl beliebig verfügbarer Reize traten so, zumal in den größeren Städten, neben die alten Schauplätze brauchgeregelter Lustbarkeit und Feierlichkeit, neben Marktplatz, Wirtshaus, Kirche. Ihre Wirkung streute dank der Eisenbahn, deren Netz sich um 1900 durch Lokalbahnen rasch verdichtete, weit hinaus ins flache Land. Zuerst aus Kleinstädten und Märkten, bald aber auch aus den Dörfern zog es vor allem Männer, von denen nicht wenige aus ihrer Militärzeit urbane Vergnügungen kannten, zu diesen Attraktionen. Und umgekehrt boten den Städtern viele kleinere Volksfeste zusätzliche Zerstreuung, die im Umkreis rasch aufkamen und florierten, wie z. B. bei München das Volksfest Moosach 1910 mit »Preiskegelscheiben, humoristisches Pferderennen, zum erstenmal Saurennen ... nebst großen Regimentsmusik-Concerten der Burenkapelle, abends täglich 5 Uhr Vorführung des Halleyschen Kometen mit darauffolgender Schlacht zwischen Engländern und Buren mit echten Kanonensalven ... außerdem Fahr- und Schaugeschäfte aller Art«.[71]

All das schlug jedoch der Kinematograph. »Als die Bilder laufen lernten«, strömte gerade die breite Bevölkerung in die Bretterbuden, in denen sich das Bioskop zuerst etablierte, und bald auch in die Filmpaläste. Sie fanden hier unerhört suggestiv ihr Bedürfnis nach Zerstreuung und Belustigung gestillt, ihre Neugierden befriedigt, ihre »Tagträume« erfüllt.[72] Da sie nahezu alles, was das eigene Leben nicht bot, jederzeit für eine kurze alltagsentrückte Spanne verfügbar machte, behielt die flimmernde Scheinwelt für Jahrzehnte ihren Zauber wie keine andere Freizeitform. Arbeiter und Ladenmädchen drängten in sie, Dienstboten liefen jede freie Minute hin, und Schulkinder saßen trotz Verbots ganze Nachmittage vor der Leinwand. Bereits 1910 hatte z. B. München 14 ständige Kinos, und noch vor dem Ersten Weltkrieg griff diese Attraktion vor allem durch Wanderkinos auch auf das flache Land über.[73] Die Schaustellerei, mit Sensation und Illusion, mit Komik und Gruseln stets in besonderem Maß vergnüglich, hatte durch die Technik eine ganz neue Dimension erreicht. Die vervielfältigte und deshalb so leicht zugängliche, scheinbar so realistische und doch expressiv übersteigerte Vorstellung fremder Wirklichkeit übte eine enorme Faszination aus; der Tonfilm machte sie dann perfekt.

Damit konnte Freizeit nun vollends frei vom jeweiligen Lebenszuschnitt, von sozialem Status und kulturellem Vermögen gestaltet und beliebig als ein eigenes, ja eigentliches Leben genossen werden. Sie erlaubte vorübergehend den immer erneuten Ausbruch aus den Schranken, wie sie auch noch im 20. Jahrhundert Herkunft, Bildung, Arbeit oft sehr eng zogen, in eine Lebensfreude, die weder brauchnormiert noch statusgeregelt war und Klassen nicht nur verband, sondern ignorierte. Gerade die Menschen der unteren Schichten fanden hier eine Befreiung von Alltagszwängen, die berauschte. Ihr Sog erfaßte auch sozialdemokratische Arbeiter, die sich zwar mit ihrer Parteizeitung über Luxus und Unmoral der Herrschenden empörten und dennoch im Kino gebannt gräflichen Amouren in Pariser Demimonde-Séparées folgten. Das Vergnügen konnte, wenn es so attraktiv eine Gegenwelt präsentierte, auch aus einer ansonst »totalen« Weltanschauung ausgeklinkt werden. Hier zeigten sich die Grenzen einer politisch geleiteten Arbeiterkultur besonders deutlich.[74] Sie hatte Entspannung und Geselligkeit in Vereinen entfaltet, deren Gehäuse nun aufgebrochen wurde, deren Freizeitmonopol verschwand. Auch wenn das neue Medium in der Arbeiterbewegung bald für Agitation und ideologisch »richtiges« Amüsement eingesetzt wurde, entwickelte sich kein öffentlicher Arbeiterfilm. Vielmehr trug gerade das Kino offenbar erheblich dazu bei, daß Industriearbeiter, auch wenn sie proletarisch dachten, im Privaten oft genug kleinbürgerlich fühlten. Das kommerzielle Massenunterhaltungsmittel bedrängte die ideell gebundene Freizeit, wie diese einst den Feierabendbrauch bedrängt hatte.

Wie die Verselbständigung der Freizeit im Zusammenhang mit der

Exotismus im frühen Film (Filmplakat um 1910)

Ausdifferenzierung lebensbereichbezogener Rollen auch in den unteren Schichten einst die Ausbreitung der bürgerlichen Vereinskultur gefördert hatte, so gab diese Trennung jetzt, als sie in der industriellen Arbeitswelt in zeitlicher wie normativer Hinsicht ihren Höhepunkt erreichte, jenem neuen Vergnügungsangebot breite Resonanz. Erst eine im Vergleich zur alten Arbeitsweise in Landwirtschaft, Handwerk und Herrschaftsdienst klare und saisonunabhängige Trennung von Arbeit und Nichtarbeit – von Arbeitsplatz und Wohnung, von Kontrolle und Ungebundenheit, von Zeitdruck und einer »leeren« Zeit ohne vorgegebene Bräuche, von Konzentrationszwang und Zerstreuungsbedürfnis – schuf ein großes Publikum für die Massenvergnügungen.[75] Disziplinierung wechselte mit Langeweile, die sich ausbreitete, wo kaum mehr überkommene Riten die Muße auffingen und ein ständiger, erhöhter Entspannungs- und Unterhaltungsanspruch, ein permanentes Genußverlangen ohne den Rhythmus fester Höhepunkte entstand. Unter den Bedingungen urbaner Lebenswelt im Industriezeitalter bestimmten offene, anonyme, stets verfügbare Formen zunehmend die Freizeit der »kleinen Leute«. Das schied zunächst die Stadt vom Land schärfer als bisher und gab ihr eine besondere Attraktivität, die neben dem Arbeitsangebot viele zur Landflucht bewegte. Allerdings drangen jene Formen vereinfacht auch in Kleinstadt und Markt und bis in die Dörfer, wo sie zumindest so weit übernommen wurden, daß sie sich in gewohnte Vergnügungen schoben. Wanderkino und Edisonwalzen mit populären Melodien etwa bereicherten bald überall die Jahrmarktszenerie. Das neue Freizeitverhalten leitete so in einem relativ zugänglichen, weil nicht existenzsichernden Bereich am Beginn des 20. Jahrhunderts eine Angleichung der ländlichen an urbane Lebensformen ein, die viel tiefer ging als die partielle Verbürgerlichung im 19. Jahrhundert und die dann um die Jahrhundertmitte sich ganz durchsetzen sollte. Vor allem die Jugend erlag der Faszination frei verfügbarer Zerstreuung.[76]

So frei, wie diese äußerlich erschien, war sie nun freilich nicht. Brauch und Sitte, Ideen und Statuten fehlten zwar. Doch die Behörden, die die Wirkungskraft der neuen Unterhaltungsmittel früh erkannten, und eine pädagogisch motivierte Öffentlichkeit in ihrem Kampf gegen »Schmutz und Schund« erzwangen enge moralische und – zumal im Krieg – auch politische Schranken. Das schlug sich besonders in der frühen Filmzensur nieder. Solche Normierung stand in der Aufsichts- und Fürsorgetradition von Staat, Kirchen und gesellschaftlichen Eliten.[77] Neu aber und folgenreicher war, daß diese Vergnügungen weit über frühere hinaus kommerziell veranstaltet, ja organisiert und entsprechend vom Profitinteresse bestimmt waren. Massenpublikum, Kapital und Technik ermöglichten einen Freizeitbetrieb, der, um erfolgreich zu sein, den typischen Wünschen der breiten Bevölkerung folgen mußte. Zeitpunkt und Auswahl des Vergnügens standen wie vorher nie im Belieben des einzelnen; aber Formen und Inhalte folgten kollektiven Einstellungen, die er kaum mehr als früher beeinflussen konnte. Statt des Brauchs herrschten Moden, statt nationaler Werte geschickt stilisierte psychische Stereotypen. Die zweifellos umwälzende Auflösung vieler sozialer Bindungen bedeutete nur bedingt eine Individualisierung der Muße. Unterschwellig wurde diese höchst suggestiven Mustern unterworfen, die nicht weniger nachdrücklich prägen als die Werte und Riten des alten Feierabends und der Vereinsgeselligkeit.

Zwar konnte man sich dem Freizeitbetrieb jederzeit entziehen und war insofern wirklich frei. Aber die meisten in der breiten Bevölkerung wollten das nicht und konnten es ohne die kulturellen Privilegien höherer Bildung gar nicht wollen. Sie folgten willig vorgegebenen Normen, weil diese ihren eigenen typischen Bedürfnissen entsprachen, die so, profitabel erregt, verfestigt wurden.

Auch anderes neues Freizeitverhalten machte nicht so frei, wie es Emanzipationsbegeisterte hofften. Die allmähliche Verlängerung der arbeitsfreien Zeit, die über bloße Regenerationsspannen hinaus zunehmend disponible Freizeit schuf, erlaubte auch den Unterschichten eine ungewohnte Freizügigkeit. Der Spaziergang, seit der Aufklärung eine klassische Form zweckfreier bürgerlicher Muße, wurde auch Arbeitern zur Gewohnheit, steigerte sich zum regelmäßigen Sonntagsausflug und wuchs schließlich zur Lebensweise auf Zeit, als mit dem Urlaub Sommerfrische und Reisen allgemein zu werden begannen.[78] Auch diese »Ungebundenheit« blieb typisiert. Sie drängte zwar Alkoholismus und exzessive Sexualität, diese oft sozial zwanghaften Männervergnügungen städtischer Unterschichten[79], zurück zugunsten heiterer Familienintimität. Doch rasch verbreitete und modisch wechselnde Präferenzen für Ausflugsziele und Urlaubsorte, die Bevorzugung bestimmter Kleidungsformen, Zerstreuungsweisen oder Sportarten und ein bürgerlich gefühlvoller, häufig sentimentaler Stil in der Familie mit sehr festen Rollenbildern, ja der soziale Druck zu solcher Freizügigkeit selbst banden den einzelnen wieder in vorgegebene Muster.

VI. Die beschriebenen drei Typen – der alte Feierabend und Feiertag, die um den bürgerlichen Verein zentrierte Freizeit und die Freizeitindustrie – folgten zwar historisch aufeinander, aber lösten sich nicht einfach ab. Ältere und neue Formen galten nebeneinander und mischten sich vielfältig. Ausgehend von den Zentren der gesellschaftlichen Entwicklung, über das kulturelle Diffusionsnetz[80] verbreitet und aufgrund ihrer Attraktivität auch in stagnierenden Zonen, die eigentlich noch nicht »reif« waren, aufgenommen, dominierten die neuen Feste und Vergnügungen allmählich die Muße. Doch sie stellten sie nicht ausschließlich dar. Denn nicht nur behielten die überlieferten Muster in traditionaler Lebenswelt ein starkes Gewicht; sie spielten auch dort, wo die neuen vorherrschten, weiterhin eine Rolle. Formen unterschiedlicher sozialer und kultureller Herkunft, Ausprägungen verschiedener historischer Entwicklungstufen wurden von der breiten Bevölkerung pragmatisch angepaßt, in ihrem Reiz so kumuliert und miteinander erlebt, gelebt. Das war seit dem 19. Jahrhundert aufgrund der steigenden Verfügbarkeit sozial, räumlich und zeitlich fremder Kultur wie vorher nie möglich. Auf dem Land etwa drangen vaterländisches Vereinswesen und später das Wanderkino ins Kirchweihfest, und umgekehrt ging man in der Stadt nicht nur ins Kino und auf den Sportplatz, sondern auch noch zur Fronleichnamsprozession.

Die oft triviale Formel von der »Gleichzeitigkeit des Ungleichzeitigen«, die im Grunde jede historische Situation trifft, hat für die Muße im 19. und 20. Jahrhundert tatsächlich Erkenntniswert. Weit mehr als in Arbeit, Status und öffentlicher Existenz, wo trennende Zwänge ökonomischer, sozialer, politischer Art herrschten, konnten seit der Auflösung ständischer Schranken Verhaltensmuster »spielerisch« angeboten und innerhalb einer Lebenswelt breit praktiziert werden, sofern sie nur attraktiv waren. Noch heute bietet jedes Volksfest jene Vielfalt an Formen unterschiedlicher historischer Herkunft.[81]

Vergnügungen und Feste des Volkes standen, wie eingangs bemerkt, als Elemente der Volkskultur stets in dieser eigentümlichen Spannung zwischen Eliten- und Breitenverhalten. Denn »Volk« besteht zwar überwiegend aus kleinen Leuten, denen die Aufmerksamkeit jeder »Volkskunde« vornehmlich zu gelten hat. Aber es umfaßt auch die oberen Schichten mit ihrer Leitbildkraft und Normierungskompetenz, die ja nicht nur von oben nach unten wirkt, sondern auch durch die stilisierende Aufnahme und damit Aufwertung mancher Formen der unteren Schichten. Wo der Begriff Volkskultur nur die unteren Schichten

meint, gerät jene Wechselwirkung zur repressiven Manipulation in einer antagonistischen Gesellschaft. Damit wird zwar gegenüber dem Harmonismus volkstümelnder Art ein zentraler Widerspruch der Klassengesellschaft aufgedeckt. Vertikale Kulturvermittlung allgemein kann dieser Zugriff jedoch nicht hinreichend erklären.[82]
Das kulturelle Binnenverhältnis in der Gesellschaft Mitteleuropas, soweit es die Formen der Muße zeigen, veränderte sich entsprechend dem gesellschaftlichen Wandel in charakteristischer Weise. Während der frühen Neuzeit hatten die Differenzierung der Institutionen und Funktionen, der Ausbau von Herrschaft und die ständische Verfestigung eine expansive Elitenkultur verselbständigt, was die Breitenkultur abwertete, verengte, schwächte. Man kann das beklagen. Doch es war der Preis für eine Sublimierung, die langfristig die gesamte Volkskultur verfeinerte.[83] Daß die kulturelle Vitalität der kleinen Leute nicht gebrochen war, zeigte sich im nur begrenzten Erfolg der so angestrengten Umerziehung aus dem Geist der Aufklärung. Weit wirksamer war der allmähliche Gesellschaftswandel durch staatliche Einebnung und den Aufstieg des Bürgertums, durch Urbanisierung und Industrialisierung. Die Breitenschichten der Volkskultur wurden zunächst vor allem durch eine partielle Verbürgerlichung aus ständischen Zuordnungen gelöst und gingen schließlich in eine Popularkultur mit nivellierten Formen und Trägern über.[84] Auch sie blieb von der Elitenkultur abhängig. Doch wurde diese nun anders rezipiert, ihre Muster nicht mehr in den Alltag der unteren Schichten eingeschmolzen, sondern lediglich vulgarisiert übernommen.[85] Da sich die Lebenswelten in der bürgerlich-industriellen Gesellschaft zunehmend anglichen, konnte die Transformation kultureller Elemente zum Transfer vereinfacht und beschleunigt werden.
Popularkultur ist in erheblichem Umfang von einer Veranstaltung des Volkes zu einer Veranstaltung für das Volk geworden, zum Konsum in der Freizeitindustrie, den gerne kulturpessimistische Verurteilung trifft. Aber in einer Gesellschaft mit durchgehend hoher Spezialisierung, Professionalisierung und Kommerzialisierung, die die Selbständigkeit des einzelnen auf wenige Rollen eingrenzen, ist das jedoch nur konsequent. Das gilt ebenso für die Tatsache, daß Privatisierung und Entritualisierung der »Nichtarbeit« die repräsentative Gemeinschaftsfunktion aus Fest und geselligem Vergnügen ausrinnen lassen. Auch der beklagte Kreativitätsverlust ist unter der Rücksicht zu sehen, daß die individuelle Variation in einem vorgegebenen Rahmen[86], wie sie

auch früher allein möglich war, sich auf Auswahl und Aneignung in einem breiten, zwar vorgeformten, aber nicht starren Angebot verlagert hat. Moderne Freizeitformen sind im Feld ihrer Gesellschaft durchaus funktionale Äquivalente des alten Feierabends, Feiertags und des Vereinslebens. Auch sie bieten Erholung, Lust und gleichsinnige »Zustimmung zur Welt«[87], auch sie dienen der gesellschaftlichen Bindung, auch sie unterliegen – weit mehr als die permissive Oberfläche zeigt – sozialer Norm und Kontrolle. Ihre Vermittlung von Lebensfreude, ihre kollektive Ausdruckskraft, ihre identitätsstiftende Leistung sollten nicht mit der Elle einer romantisch verklärten alteuropäischen Volkskultur gemessen werden.

Nachwort

Der Band hätte nicht so gelingen können, wenn die mitarbeitenden Autoren sich nicht bereitwillig auf das Experiment eingelassen und ihm ihre volle Unterstützung gewährt hätten. Dafür sei ihnen herzlich gedankt. Dank gilt auch den Übersetzerinnen Nele Löw-Beer, Sieglinde Graf, Andrea van Dülmen und Ingeborg Schindler. Ihr Engagement, einen lesbaren und adäquaten Text zu präsentieren, ging weit über eine normale Übersetzungsleistung hinaus. Der 'Diogène' (Paris), die 'Social History' (London) und die Verlage Stanford University Press (Stanford, Cal.), Cambridge University Press (Cambridge), E. Rentsch (Erlenbach-Zürich) und E. Klett (Stuttgart) erteilten entgegenkommenderweise Übersetzungs- bzw. Nachdruckerlaubnisse. Schließlich sei all denen gedankt, die mit Rat und Hilfen das Unternehmen unterstützten, so vor allem Claudia Honegger, Etienne François, Hans Medick, Wolfgang Bonß, Beate und Hermann Heidrich, Günther Lottes, Eva Labouvie und Walter H. Pehle.

Anmerkungen

Norbert Schindler: Spuren in die Geschichte der ›anderen‹ Zivilisation

1 *Cl. Geertz,* Thick Description: Toward an Interpretive Theory of Culture, in: ders., The Interpretation of Cultures. Selected Essays, New York 1973, 17f. (deutsch: Frankfurt 1983). 2 *E. P. Thompson,* Volkskunde, Anthropologie und Sozialgeschichte, in: ders., Plebeische Kultur und moralische Ökonomie. Aufsätze zur englischen Sozialgeschichte des 18. und 19. Jahrhunderts, hg. v. *D. Groh,* Frankfurt/Berlin/Wien 1980, 295. 3 Zur geschärften Wahrnehmung solcher Diskrepanzen durch einen ethnologisch geschulten Blick vgl. etwa: *G. Spittler,* Abstraktes Wissen als Herrschaftsbasis. Zur Entstehungsgeschichte bürokratischer Herrschaft im Bauernstaat Preußen, in: KZSS 32 (1980), 574–604. 4 *E. P. Thompson,* Anthropology and the Discipline of Historical Context, in: Midland History I (1971/72), 41–55. 5 *Cl. Lévi-Strauss,* Das wilde Denken, Frankfurt 1973, 11ff. 6 *C. Poni,* Maß gegen Maß: Wie der Seidenfaden rund und dünn wurde, in: *Berdahl/Lüdtke* u. a., Klassen und Kultur. Sozialanthropologische Perspektiven in der Geschichtsschreibung, Frankfurt 1982, 44. 7 Theoretisch grundlegend: *P. Bourdieu,* Entwurf einer Theorie der Praxis auf der ethnologischen Grundlage der kabylischen Gesellschaft, Frankfurt 1976, bes. 335–377. Vgl. auch: *K. Polanyi,* The Great Transformation. Politische und ökonomische Ursprünge von Gesellschaften und Wirtschaftssystemen, Frankfurt 1978, bes. 75ff. 8 Dies als Leitmotiv der Kooperation von Sozialanthropologie und Geschichte in: *Berdahl* u. a., Klassen und Kultur, 9ff. Vgl. auch: *M. Godelier,* Zur Rationalität der ökonomischen Systeme. Gegenstand und Methode der ökonomischen Anthropologie, in: ders. Rationalität und Irrationalität in der Ökonomie, Frankfurt 1972, 281–368. 9 Vgl. *J. Habermas,* Erkenntnis und Interesse, Frankfurt 1973, 36–87; ders., Theorie und Praxis. Sozialphilosophische Studien, Frankfurt/M. 1971, 266f.; *A. Wellmer,* Kritische Gesellschaftstheorie und Positivismus, Frankfurt 1969, 69ff.; *O. Negt,* Marxismus als Legitimationswissenschaft. Zur Genese der stalinistischen Philosophie, in: *N. Bucharin/A. Deborin,* Kontroversen über dialektischen und mechanistischen Materialismus, Frankfurt 1974, 7–48. 10 Ein Interview mit *E. P. Thompson,* in: Ästhetik und Kommunikation 33 (1978), 21–32, hier: 30. 11 Dazu auch: *R. Williams,* Zur Basis-Überbau-These in der marxistischen Kulturtheorie, in: ders., Innovationen. Über den Prozeßcharakter von Literatur und Kultur, Frankfurt 1977, 183–201. 12 *E. P. Thompson,* Das Elend der Theorie. Zur Produktion geschichtlicher Erfahrung, Frankfurt/New York 1980. Zum politischen Hintergrund der englischen ›New Left‹ vgl. die Einleitung von *M. Vester* (ebd. 13–38), ferner die Beiträge in: Ästhetik und Kommunikation 24 (1976) und 33 (1978); zu den literatur- und ästhetikkritischen Entstehungsbedingungen ihres Kultur-Konzepts: *H. G. Klaus,* Über Raymond Williams, in: *Williams,* Innovationen, 203–224; zum sozialgeschichtlichen Diskussionszusammenhang: *D. Groh,* Zur Einführung, in: *Thompson,* Plebeische Kultur und moralische Ökonomie, 5–31; *H. Medick,* Plebejische Kultur, plebejische Öffentlichkeit, plebejische Ökonomie. Über Erfahrungen und Verhaltensweisen Besitzarmer und Besitzloser in der Übergangsphase zum Kapitalismus, in: *Berdahl* u. a., Klassen und Kultur, bes. 159ff. und 164ff.; *G. Lottes,* Popular Culture in England vom 16.–19. Jahrhundert. Zu neuen Wegen der englischen Sozialgeschichte, in: Francia (1984). Zu den aktuellen politischen Kontroversen auch: *R. Samuel* (Hg.), People's History and Socialist Theory, London 1981, 375–408. 13 So *Thompsons* Kritik an *Williams'* Kultur-Begriff in dessen Arbeit The Long Revolution (1961), in: New Left Review 9 (1961), 33. 14 *Thompson,* Volkskunde, Anthropologie und Sozialgeschichte, 314. 15 Ebd. 314f. 16 *Thompson,* Die ›moralische Ökonomie‹ der englischen Unterschichten im 18. Jahrhundert, in: ders., Plebeische Kultur und

moralische Ökonomie, 67–130. 17 *N. Z. Davis*, The Rites of Violence, in: dies., Society and Culture in Early Modern France, Stanford (Cal.) 1975, 152–187 (dt. Übersetzung erscheint vermutlich 1984). 18 *E. Le Roy Ladurie*, Montaillou. Ein Dorf vor dem Inquisitor 1294 bis 1324, Frankfurt/Berlin/Wien 1980; ders., Karneval in Romans. Von Lichtmeß bis Aschermittwoch, 1579–1580, Stuttgart 1982. 19 *C. Ginzburg*, Der Käse und die Würmer. Die Welt eines Müllers um 1600, Frankfurt 1979. Kritisch dazu: *H. Medick*, Ketzerei und ›wilde Hermeneutik‹ in der Volkskultur der frühen Neuzeit, in: Journal für Geschichte 4 (1980), 32–36. 20 Z. B.: *E. Hobsbawm*, Sozialrebellen. Archaische Sozialbewegungen im 19. und 20. Jahrhundert, Neuwied 1962; *K. Thomas*, Religion and the Decline of Magic. Studies in Popular Beliefs in Sixteenth and Seventeenth-Century England, Harmondsworth 1973; *D. Hay* u. a., Albion's Fatal Tree. Crime and Society in Eighteenth-Century England, Harmondsworth 1977 (EA 1975); *Y. M. Bercé*, Fêtes et révolte. Des mentalités populaires du XVIe au XVIIIe siècle, Paris 1976; *D. Puls* (Hg.), Wahrnehmungsformen und Protestverhalten. Studien zur Lage der Unterschichten im 18. und 19. Jahrhundert, Frankfurt 1979; *C. Ginzburg*, Die Benandanti. Feldkulte und Hexenwesen im 16. und 17. Jahrhundert, Frankfurt 1981. 21 *Geertz*, Thick Description (vgl. Anm. 1), 3–30. 22 Die theoretischen und wissenschaftsgeschichtlichen Ambivalenzen in der Entwicklung der empirischen Sozialforschung und die verdrängten Alternativen auf ihrem Weg zur normal science herausgearbeitet bei: *W. Bonß*, Die Einübung des Tatsachenblicks. Zur Struktur und Veränderung empirischer Sozialforschung, Frankfurt 1982. Zusammenfassend: ders., Kritische Theorie als empirische Wissenschaft. Zur Methodologie ›postkonventioneller‹ Sozialforschung, in: Soziale Welt 34,1 (1983), 57–89. 23 *Geertz*, Thick Description, 14. 24 Ebd. 25. 25 Ebd. 9. 26 *H.-U. Wehler*, Neoromantik und Pseudorealismus in der neuen ›Alltagsgeschichte‹, in: ders., Preußen ist wieder chic ... Politik und Polemik, Frankfurt 1983, 99–106. Dem sei hier nur die schüchterne Frage angefügt, ob es nicht auch so etwas wie einen ›Pseudorealismus der Macht‹ gibt, dem gerade die Geschichtsschreibung ausgiebig gehuldigt hat, und ob es denn wirklich so schwer zu verstehen ist, wenn die Alltagskulturforschung heute über einen Politik-Begriff hinausdrängt, der die Vielfalt menschlicher Bedürfnisse auf die Konkurrenz organisationsfähiger Interessen reduziert. Vgl. auch die Polemik über den Stellenwert der Alltagsgeschichte zwischen *J. Kocka* und *M. Broszat* in: Merkur 412 (1982), 955–965 und 414 (1982), 1244–1248 sowie: *A. Lüdtke*, Rekonstruktion von Alltagswirklichkeit – Entpolitisierung der Sozialgeschichte?, in: *Berdahl* u. a., Klassen und Kultur, 321–353. 27 *D. Grohs* Konzept der ›sozialen Logik‹, das »strukturtheoretische und handlungstheoretische Konzepte zu integrieren« und dadurch »sowohl objektivistische als auch subjektivistische Dilemmata (zu vermeiden)« bestrebt ist (Groh, Zur Einführung, 26; ders., Die soziale Logik des Alltäglichen, Ms. Konstanz 1978; *A. Grießinger*, Das symbolische Kapital der Ehre. Streikbewegungen und kollektives Bewußtsein deutscher Handwerksgesellen im 18. Jahrhundert, Frankfurt/Berlin/Wien 1981, 42ff.), unterschätzt m. E. die strukturelle Inkongruenz von Struktur- und Handlungsebene, von objektivem und subjektivem Sinn, die sich ihrerseits nicht aus unzureichender Reflexion, sondern aus der Art und Weise herleitet, in der die gesellschaftlichen Widersprüche reproduziert und real erfahren werden. Insofern kann er auch *Bourdieus* aus der Objektivismus*kritik* gewonnenen Habitus-Begriff, der positive Vermittlungsinstanz nur soweit ist, wie er zugleich die ›Grenzwertbestimmung‹ objektiver Erkenntnis vornimmt, nur beschränkt für sich reklamieren. Das Problem ist doch, daß sich das Verhältnis von Struktur- und Handlungsebene unterschiedlich darstellt, je nachdem auf welcher Ebene es thematisiert wird – eine Art ›gesellschaftstheoretischer Unschärferelation‹, die sich nicht ohne weiteres metatheoretisch harmonisieren läßt. Jedenfalls ist das methodische Postulat der *Gleichrangigkeit* von Struktur- und Handlungsebene, und d. h. letztendlich der positiven Explizierbarkeit gesellschaftlicher Totalität, ein denkbar sicherer Weg zur *Unterordnung* des subjektiven Sinns unter die Herrschaft des objektiven (das – und nicht wohlfeile Stilkritik – ließe sich an Grießingers Arbeit dokumentieren). – Schon deshalb kann Alltagsgeschichte nicht lediglich eine ›wichtige Ergänzung‹ bisheriger Strukturgeschichte (Wehler) sein, selbst wenn ihr danach zumute wäre. 28 Vgl. *Thomp-*

son, Das Elend der Theorie. Zum Begriff des ›praktischen Wissens‹: Bourdieu, Entwurf einer Theorie der Praxis, 139ff. und 228ff. 29 Ebd. 148f. 30 *B. Brecht*, Gesammelte Werke, Bd. 18, Frankfurt 1967, 222–239, hier: 231. 31 Vgl. etwa: *M. Broszat*, Eine Insel in der Geschichte? Der Historiker in der Spannung zwischen Verstehen und Bewerten der Hitlerzeit, in: Süddeutsche Zeitung (Wochenendbeil.) vom 7./8.5.1983, 137. 32 Deutlicher als in vielen Büchern über ein ›schwieriges Vaterland‹ dürfte dies an den Kontroversen geworden sein, die durch die provokative Kritik von *D. Blackbourn/G. Eley* (Mythen deutscher Geschichtsschreibung. Die gescheiterte bürgerliche Revolution von 1848, Frankfurt/Berlin/Wien 1980) an der Vorstellung vom ›deutschen Sonderweg‹ und den mit ihr einhergehenden historischen Blickverengungen ausgelöst wurden. 33 Vgl. auch: *R. Johnson*, Culture and the Historians, in: *J. Clarke* u. a. (Hg.), Working-Class Culture. Studies in History and Theory, London 1979, 41–71; *G. Lottes*, Popular Culture in England. 34 *St. Hall*, Notes on Deconstructing ›the Popular‹, in: *Samuel* (Hg.), People's History, 227; vgl. auch: *G. Lottes*, Popular Culture and the Early Modern State in Sixteenth-Century Germany, in: *St. Kaplan* (Hg.), Popular Culture (erscheint: Paris 1983). 35 Comparative Studies in Society and History 2 (1982), 183 (Ü. d. A.). 36 Dazu und zur Kritik dichotomischer Entwicklungsvorstellungen: *J. Goody*, The Domestication of the Savage Mind, Cambridge 1977. 37 *N. Z. Davis*, Spruchweisheiten und populäre Irrtümer, in diesem Band. 38 Zur Wissenschaftsgeschichte: *I. Weber-Kellermann*, Deutsche Volkskunde zwischen Germanistik und Sozialwissenschaften, Stuttgart 1969; *H. Bausinger*, Volkskunde. Von der Altertumsforschung zur Kulturanalyse, Tübingen 1979 (EA 1971), 12–73; *G. Wiegelmann/M. Zender/G. Heilfurth*, Volkskunde. Eine Einführung, Berlin 1977, 11–38 (dort weitere Lit.). 39 *W. Emmerich*, Germanistische Volkstumsideologie. Genese und Kritik der Volksforschung im Dritten Reich, Tübingen 1968; ders., Zur Kritik der Volkstumsideologie, Frankfurt 1971; *H. Bausinger*, Volksideologie und Volksforschung. Zur nationalsozialistischen Volkskunde, in: Zs. f. Volkskunde 61 (1965), 177–204. 40 *F. Kramer*, Verkehrte Welten. Zur imaginären Ethnographie des 19. Jahrhunderts, Frankfurt 1977. Vgl. auch: *K.-H. Kohl*, Entzauberter Blick. Das Bild vom Guten Wilden und die Erfahrung der Zivilisation, Berlin 1981. 41 *W. H. Riehl*, Die Volkskunde als Wissenschaft (1858), in: *G. Lutz* (Hg.), Volkskunde. Ein Handbuch zur Geschichte ihrer Probleme, Berlin 1958, 29. 42 Vgl. *Bausinger*, Volkskunde, 88–105; *H. Möller*, Gemeinschaft, Folk Society und das Problem der ›kleinen Gemeinde‹, in: Folk-Liv 1964/65, 135–145. 43 »Volkskunde wurde zu der Wissenschaft, die die Verbindung zum Eigentlichen wenigstens ideell wieder herzustellen trachtete. Sie wurde so etwas wie eine Anti-Alltags-Wissenschaft, die dem Volk anlastete, daß es im Alltag nicht mehr Volk im Sinne der Volkskunde war und daß der Materiallieferant in Sachen Volksseele nicht mehr das brachte, was man bestellt hatte: Märchen, Lieder, Sprüche, Aberglauben.« (*U. Jeggle* in: *H. Bausinger* u. a., Grundzüge der Volkskunde, Darmstadt 1978, 92f.). Vgl. auch: *H. Bausinger*, Kritik der Tradition. Anmerkungen zur Situation der Volkskunde, in: Zs. f. Volkskunde 65 (1969), 232–250. 44 *Bausinger* u. a., Grundzüge der Volkskunde, 9; *Emmerich*, Kritik der Volkstumsideologie, 29ff. 45 Im Unterschied zum primitiven bricoleur (Bastler) im Sinne von *Lévi-Strauss* (Das wilde Denken, 29ff.), für den das Ziel seiner Tätigkeit konstitutiv an die zufällig verfügbaren Mittel gebunden bleibt, war den bürgerlichen Traditionsbastlern, die so gesehen eher ›Geistes-Ingenieuren‹ glichen, nahezu jedes Mittel recht, um dem vorgefaßten Zweck zu huldigen. 46 *Bausinger*, Volkskunde, 87. Frappierend daran die Ungleichzeitigkeit, d. h. die heimliche Entsprechung des scheinbar so altertumsfixiert-altertümlichen Gebarens zur parallellaufenden ›industriellen‹ Veränderung der Wahrnehmungsformen (vgl. *W. Schivelbusch*, Geschichte der Eisenbahnreise. Zur Industrialisierung von Raum und Zeit im 19. Jahrhundert, Frankfurt/Berlin/Wien 1979, bes. 51ff.). 47 Als sozialgeschichtliche Kritik: *I. Weber-Kellermann*, Erntebrauch in der ländlichen Arbeitswelt des 19. Jahrhunderts. Auf Grund des Mannhardtmaterials von 1865, Marburg 1965. 48 *H. Bausinger/W. Brückner* (Hg.), Kontinuität? Geschichtlichkeit und Dauer als volkskundliches Problem, Berlin 1969, bes. den Beitrag von *W. Brückner*, Kontinuitätsproblem und Kulturbegriff in der Volkskunde, 31–46.

49 Zur Ethnozentrismus-Kritik vgl. etwa: *F. Kramer*, Die social anthropology und das Problem der Darstellung anderer Gesellschaften, in: ders. / *Chr. Sigrist* (Hg.), Gesellschaften ohne Staat, Bd. 1, Frankfurt 1978, 9–27; ders., Verkehrte Welten, bes. 55 ff.; *M. Leiris*, Die eigene und die fremde Kultur. Ethnologische Schriften, Frankfurt 1977; ders., Das Auge des Ethnographen. Ethnologische Schriften II, Frankfurt 1978; *H. P. Duerr*, Traumzeit. Über die Grenze zwischen Wildnis und Zivilisation, Frankfurt 1978. 50 Vgl. *Bausinger*, Volkskunde, 141 ff.; *K. Köstlin*, Relikte. Die Gleichzeitigkeit des Ungleichzeitigen, in: Kieler Bl. z. Volkskde. V (1973), 135–157. 51 *P. Bourdieu*, Die feinen Unterschiede. Kritik der gesellschaftlichen Urteilskraft, Frankfurt 1982, bes. 401 ff. und 727 ff. 52 »Objektiv, historisch allgemein ist Exotismus Ausdruck imperialistischer, kolonialistischer Machtwünsche und, wird er heute auf die Konservierung alter Kulturen (in ihrem ›Urzustand‹) angewandt, Primitivismus; damit korrespondiert das Verlangen nach bloßer Adaption ... Exotik benennt die Verzerrung des Fremden zum ›guten Wilden‹ ... oder allgemein die Degradierung zum Projektionsobjekt. Die exotisch motivierte Begegnung gründet nicht darauf, etwas über den Anderen in dessen Ordnungen und über sich selbst erfahren zu wollen. Exotik ist ethnozentristische Ausschmückung und Verabenteuerung ...« (*H.-J. Heinrichs*, Einleitung zu: *Leiris*, Auge des Ethnographen, 13 f.; vgl. auch: ders., in: *Leiris*, Die eigene und die fremde Kultur, 39 ff.). Zur folkloristischen Exotisierung der Volkskultur: *H. Moser*, Vom Folklorismus in unserer Zeit, in: Zs. f. Volkskde. 58 (1962), 177–209; *H. Bausinger*, Volkskultur in der industriellen Welt, Stuttgart 1961, 76 ff. Daß auch die Linke heute gegen solche Exotismus-Effekte keineswegs gefeit ist, mag man etwa in dem Band: Die Rückkehr des Imaginären. Märchen, Magie, Mystik, Mythos, Anfänge einer anderen Politik, München 1981 nachlesen, wo »die Töne« angeschlagen werden, »die uns weg aus unserem technisch abstrakten Diesseits, hin in die Gefilde eines sinnlichen Jenseits führen sollen« (ebd. 17). Wir wünschen eine angenehme Reise! 53 »Wenn überhaupt eine spezifische Wissenschaft vom Volk entstehen konnte, so ist zumindest die Frage zu stellen, ob dahinter nicht von Anfang an eine Auffassung stand, die an der gesellschaftlichen Realität vorbeizielte.« (*Bausinger*, Volksideologie und Volksforschung, 177). 54 Geringfügig gekürzter Nachdruck bei: *Lutz*, Volkskunde. Ein Handbuch, 43–78. 55 Ebd. 50 und 54. 56 Ebd. 69. 57 Ebd. 60. 58 Ebd. 58. 59 Ebd. 76. 60 *H. Naumann*, Grundzüge der deutschen Volkskunde, Leipzig 1929[2] (EA 1922). Passagenweise identische Formulierungen schon in: ders., Primitive Gemeinschaftskultur. Beiträge zur Volkskunde und Mythologie, Jena 1921. 61 *Naumann*, Grundzüge, 8. 62 Vgl. *Weber-Kellermann*, Deutsche Volkskunde, 39 ff. Zu *Bastian* auch: *Kramer*, Verkehrte Welten, 74 ff. 63 *Naumann*, Grundzüge, 9 f. 64 Ders., Primitive Gemeinschaftskultur, 17. 65 Ebd. 66 Ders., Grundzüge, 57 f.; Primitive Gemeinschaftskultur, 150 f. Wer solche abschätzig-arroganten Töne heute für endgültig überholt hält, muß sich durch gewisse Kreise einer neokonservativen Publizistik leider eines ›Besseren‹ belehren lassen (vgl. *N. German*, Der mündige Bürger – ein Phantom, in: Süddeutsche Zeitung 41 v. 19./20. 2. 1983 (Wochenendbeilage), 101, wo *Naumanns* ›Rudeltheorie‹ ein dubioses politisches Comeback feiert). 67 *Naumann*, Grundzüge, 58. 68 Ebd. desgl. bei der Charakterisierung des Bauernhauses – ›Schwalbennester, Bienenzellen, Schneckenhäuser‹ (Primitive Gemeinschaftskultur, 150). 69 Ders., Grundzüge 11. 70 Zu diesem elitären Denken gehört auch der wegen des – angeblich imitativen – ›Luxus‹ der Unterschichten gegen die Oberschichten erhobene pädagogische Zeigefinger: »Aber die Schuld liegt gar nicht auf der Seite des Bauern; wenn wir ihm nichts Besseres bieten, kann er nichts Besseres übernehmen«, (ebd. 27). 71 *Bausinger* u. a., Grundzüge der Volkskunde, 10. 72 Ebd. 93 f.; *Weber-Kellermann*, Deutsche Volkskunde, 63 ff. und 81. 73 Ebd. 81; *M. Scharfe*, Auf dem Weg zur Kulturgeschichtsschreibung. Notizen zum Stand der Volkskunde in den deutschsprachigen Ländern, in: Bl. f. württembergische Kirchengeschichte 77 (1977), 185–200, hier: 188 (engl. in: Social History 4 (1979), 333–343). 74 Vgl. etwa das unter dem Stichwort der ›Kulturraumforschung‹ seit 1927 laufende Großprojekt des ›Atlas der deutschen Volkskunde‹ (*G. Wiegelmann*, The Atlas der deutschen Volkskunde and the Geographical Research Method, in: Journal of the Folklore Insti-

tute (Indiana University) V (1968), 187–197. 75 *Emmerich,* Germanistische Volkstumsideologie, 94ff.; Bausinger, Volksideologie und Volksforschung (der den »Bündelcharakter der nationalsozialsozialistischen Ideologie« betont – ebd. 202). 76 *Th. Kuhn,* Die Struktur wissenschaftlicher Revolutionen, Frankfurt 1973, bes. 28ff.; *G. Böhme* u. a., Die Finalisierung der Wissenschaft, in: Zs. f. Soziologie 2,2 (1973), 128–144; dies., Experimentelle Philosophie. Ursprünge autonomer Wissenschaftsentwicklung, Frankfurt 1977, 183ff.; *G. Böhme* u. a., Die gesellschaftliche Orientierung des wissenschaftlichen Fortschritts (= Starnberger Studien 1), Frankfurt 1978, 12ff., 226ff., 380ff. 77 Diese – auch wegen ihrer weitreichenden organisatorischen Konsequenzen – fast durchweg negative Resonanz auslösende Forderung erhob zuerst: *H. Maus,* Zur Situation der deutschen Volkskunde, in: Die Umschau 1 (1946), 349–359. Bezeichnender für die ›Vergangenheitsbewältigung‹ des Fachs war die lehrbetriebliche Kanonisierung der von dem Schweizer (!) Volkskundler *Richard Weiss* verfaßten ›Volkskunde der Schweiz‹ (Erlenbach-Zürich 1946), die durch ihre psychologisch-anthropologische Ausrichtung auf »das Volkstümliche im Menschen« (ebd. 10) und ihre unprätentiöse Darstellungsform eine Brücke zwischen den alten ›Gemeinschafts‹- und ›Traditions‹-Orientierungen und einer vorsichtigen und thematisch begrenzten Hinwendung zur nüchtern-empirischen Untersuchung der modernen Alltagskultur zu schlagen versprach. 78 *Bausinger,* Kritik der Tradition, 233. 79 *W. Steinitz,* Deutsche Volkslieder demokratischen Charakters aus sechs Jahrhunderten, 2 Bde., Berlin/DDR 1954/62. Zusammenfassend zur literarisch-philologisch orientierten Forschungsrichtung der DDR-Volkskunde jetzt: Autorenkollektiv (Hg.), Deutsche Volksdichtung. Eine Einführung, Frankfurt 1979. Vgl. auch: *Scharfe,* Auf dem Weg zur Kulturgeschichtsschreibung, 188ff. 80 *W. Steinitz,* Die volkskundliche Arbeit in der Deutschen Demokratischen Republik, Leipzig 1955², 30. 81 *W. Jacobeit,* Bäuerliche Arbeit und Wirtschaft. Ein Beitrag zur Wissenschaftsgeschichte der deutschen Volkskunde, Berlin/DDR 1965, bes. 147ff. *Jacobeit* promovierte 1948 bei *Peuckert* in Göttingen mit einer gerätekundlichen Arbeit über ›Das Joch. Entwicklung, Alter und Verbreitung dargestellt vornehmlich für den mitteleuropäischen Raum‹. Hauptwerk: Schafhaltung und Schäfer in Zentraleuropa bis zum Beginn des 20. Jahrhunderts, Berlin/DDR 1961. 82 *D. Mühlberg,* zit. n.: *W. Jacobeit/U. Mohrmann,* Zum Gegenstand und zur Aufgabenstellung der Volkskunde in der DDR, in: Letopis. Jahresschr. d. Inst. f. sorbische Volksforschung 11/12 (1968/69), 99. 83 *W. Jacobeit/U. Mohrmann,* Kultur und Lebensweise des Proletariats. Kulturhistorisch-volkskundliche Studien und Materialien, Berlin/DDR 1973, 13; dies., Zum Gegenstand, 100f.; differenzierend: *H. Plaul,* Landarbeiterleben im 19. Jahrhundert. Eine volkskundliche Untersuchung über Veränderungen in der Lebensweise der einheimischen Landarbeiterschaft in den Dörfern der Magdeburger Börde unter den Bedingungen der Herausbildung und Konsolidierung des Kapitalismus in der Landwirtschaft, Berlin/DDR 1979, 12–16. 84 *W. Jacobeit,* Die Volkskunde – eine eigenständige historische Disziplin, in: Zs. f. Geschichtswiss. 22,4 (1974), 443–447. 85 *E. Hofmann,* Das Proletariat als Forschungsgegenstand der bürgerlichen deutschen Volkskunde. Ein Beitrag zur Wissenschaftsgeschichte von 1917 bis 1945, in: *Jacobeit/Mohrmann,* Kultur und Lebensweise des Proletariats, 20–60. Zur Abkehr von der konservativen Agrarideologie vgl. auch: *W. Jacobeit,* ›Traditionelle‹ Verhaltensweisen und konservative Ideologie. Marginalien aus dem Bereich der bäuerlichen Arbeit und Wirtschaft, in: *Bausinger/Brückner* (Hg.), Kontinuität? Geschichtlichkeit und Dauer, 67–75. 86 Aus der Akademie-Reihe ›Veröffentlichungen zur Volkskunde und Kulturgeschichte‹ seien hier nur die Bde. 59, 64 und 65 hervorgehoben: *B. Schöne,* Kultur und Lebensweise Lausitzer Bandweber (1750–1850), Berlin/DDR 1977; *Plaul,* Landarbeiterleben im 19. Jahrhundert; *H. Strobach* (Hg.), Der arm man 1525. Volkskundliche Studien, Berlin/DDR 1975. Überblicksdarstellung: Zur Geschichte der Kultur und Lebensweise der werktätigen Klassen und Schichten des deutschen Volkes vom 11. Jahrhundert bis 1945. Ein Abriß, Berlin/DDR 1972. 87 *G. Lutz,* Volkskunde und Geschichte. Zur Frage einer als ›historische Wissenschaft‹ verstandenen Volkskunde, in: *D. Harmening* u. a. (Hg.), Volkskultur und Geschichte, Berlin 1970, 22 und 25. Als Ausnahme ist nicht nur wegen seiner literarischen Ambitionen und der ausgeprägten Vorliebe für alternative geistesgeschichtliche Traditionen, sondern vor allem auch aufgrund seiner weitgespannten kultur- und geschichtsphilosophischen Interessen *W.-E. Peuckert* zu nennen (Hauptwerk: Die Große Wende. Das apokalyptische Saeculum und Luther, Hamburg 1948). Die Volkskunde der Nachkriegszeit verdankt ihm wesentliche Impulse 1. für die Überwindung agrarromantischer Vorstellungen und die Erweiterung ihres Gegenstandsbereichs auf die Unterschichtenkultur der industriellen Ära (ders., Volkskunde des Proletariats, Frankfurt 1931), 2. für die Erforschung der materiellen Kultur (vgl. Anm. 81; *Jacobeit*, Bäuerliche Arbeit, 144–146), 3. für die Rezeption der skandinavischen Folklivsforskning (*S. Erixon* u. a.), die aus der Kritik der mythologischen Schule und unter dem Einfluß der englischen Sozialanthropologie Radcliffe-Browns und Malinowskis eine funktionalistische Betrachtungsweise der sozialen Zusammenhänge entwickelt hatte (*H. Möller*, Untersuchungen zum Funktionalismus in der Volkskunde, Diss. Göttingen 1954). – Zur Bibliographie: *H. Dölker* (Hg.), Festschrift für Will-Erich Peuckert zum 60. Geb., Berlin 1955, 162–164. **88** *H. Moser*, Gedanken zur heutigen Volkskunde. Ihre Situation, ihre Problematik, ihre Aufgaben, in: Bayer. Jb. f. Volkskunde 1954, 208–234. **89** Ebd. 213, 217, 226. **90** Ebd. 214. **91** Ebd. 218. **92** *K.-S. Kramer*, Zur Problematik historischer Volkskunde. Einige Bemerkungen zu Hermann Bausingers gleichnamigem Aufsatz im ›Abschied vom Volksleben‹, in: Zs. f. Volkskunde 67 (1971), 58. **93** *Moser*, Gedanken zur heutigen Volkskunde, 218. **94** Ebd. 227. **95** Als Beispiel: ders., Variationen um ein Thema vermeintlicher Brauchgeschichte – Das ›Weberschiff von Saint-Trond‹, in: *Harmening* u. a. (Hg.), Volkskultur und Geschichte, 236–266. Zusammenfassend: ders., Mein Weg zu brauchgeschichtlicher Forschung, in: Schönere Heimat 71,4 (1982), 475–484. Bibliographie der Arbeiten *Mosers* in: Bayer. Bl. f. Volkskunde 1 (1978), 16–37 und ergänzend in: ebd. 1 (1983), 18. **96** *Moser*, Gedanken zur heutigen Volkskunde, 221 ff. **97** Ders., Chronik von Kiefersfelden, Rosenheim 1959. **98** Ders., Gedanken zur heutigen Volkskunde, 218. **99** Ebd. 219. **100** Ebd. 228. **101** *Mosers* auffällige Zurückhaltung, ja streckenweise Abstinenz gegenüber weiterreichenden Interpretationsversuchen, sein Plädoyer für »Maßhalten und zu einer Selbstbescheidung« (ebd. 217) im Sinne eines »freiwilligen und nicht immer leichten Verzicht(s) auf die ohne Zweifel viel reizvollere Aufgabe des Arbeitens an den ›großen‹ Zusammenhängen« (ebd. 218), war auch gegen *Peuckerts* ›großlinige Kulturphilosophie‹ gerichtet (ebd. 215). Dieser wandte seinerseits ein, »daß es ein besserer Weg sei, ... die Grundsituationen denkerisch zu durchdringen, als aus archivalischen Quellen minutiöse Einzelheiten zu erheben, die gewiß da sein müssen, weil sie punktuell dies oder jenes Phänomen deutlicher machen, die aber vom Odem des Ganzen keinen Hauch verspüren lassen ...« (zit. n.: *K.-S. Kramer*, Zur Erforschung der historischen Volkskultur. Prinzipielles und Methodisches, in: Rheinisches Jb. f. Volkskunde 19 [1968], 8). **102** *Kramer*, Zur Problematik historischer Volkskunde, 60. **103** *K.-S. Kramer*, Bauern und Bürger im nachmittelalterlichen Unterfranken (= Beitr. z. Volkstumsforschung 11), Würzburg 1957; ders., Volksleben im Fürstentum Ansbach und seinen Nachbargebieten (1500–1800) (= Beitr. z. Volkstumsforsch. 13), Würzburg 1961; ders., Volksleben im Hochstift Bamberg und im Fürstentum Coburg (1500–1800) (= Beitr. z. Volkstumsforsch. 15), Würzburg 1967. Methodisch dazu: ders., Zur Erforschung der historischen Volkskultur, 7–41. **104** Schriftenverzeichnis bis 1975 in: *K. Köstlin / K.-D. Sievers* (Hg.), Das Recht der kleinen Leute. Beiträge zur Rechtlichen Volkskunde, Berlin 1976, 213–218. Hervorzuheben etwa als besonders kontextintensive Fallstudien: ders., Würzburger Volk im sechzehnten Jahrhundert, in: Mainfränkisches Jb. 7 (1955), 143–170; Würzburger Volk des 16. Jahrhunderts vor Gericht, in: Bayer. Jb. f. Volkskunde 1955, 141–156. **105** Ders., Volkskunde jenseits der Philologie, in: Zs. f. Volkskunde 64 (1968), 10 f. **106** Ders. / *U. Wilkens*, Volksleben in einem holsteinischen Gutsbezirk, Neumünster 1979. **107** *D. Kramer*, Wem nützt Volkskunde?, in: Zs. f. Volkskunde 66 (1970), 1–59 (mit Diskussion); *H. Bausinger* u. a. (Hg.), Abschied vom Volksleben, Tübingen 1970; *W. Brückner* (Hg.), Falkensteiner Protokolle, Frankfurt 1971; *M. Scharfe*, Notizen zur Volkskunde. Versuch der Begründung eines Standpunktes, in: Württemberg. Jb. f. Volkskde. 1970, 124–139. Zusammenfassend: ders., Auf dem Weg zur Kulturgeschichtsschreibung, 190ff.; *Bausinger*, Volkskunde, 74–140. 108 *M. Scharfe*, Kritik des Kanons, in: *Bausinger* u. a. (Hg.), Abschied vom Volksleben, 74–84. 109 *H. Bausinger*, Zur Problematik historischer Volkskunde, in: ebd. 155–172. 110 Ebd. 163. 111 *Kramer*, Zur Problematik historischer Volkskunde, 51–62, hier: 55 und 54. 112 Ebd. 56. 113 *Moser*, Gedanken zur heutigen Volkskunde, 232. 114 Vgl. *Kramer*, Volksleben im Hochstift Bamberg, 25ff. 115 Ders., Grundriß einer rechtlichen Volkskunde, Göttingen 1974. 116 Ebd. 152f. 117 Vgl. *Bourdieu*, Entwurf einer Theorie der Praxis, 189ff. und die Fallstudie 66ff.; zum Habitus-Begriff: ebd. 139ff.; ders., Zur Soziologie der symbolischen Formen, Frankfurt 1974, 125ff. – Jetzt auch: *J. Schlumbohm* (Hg.), Kinderstuben. Wie Kinder zu Bauern, Bürgern, Aristokraten wurden 1700–1850, München 1983, bes. 12ff., 67ff. und 213ff. 118 »Der legalistische Formalismus ist nie trügerischer als gerade dann, wenn er bei den homogensten Gesellschaften oder den am wenigsten differenzierten Sektoren differenzierter Gesellschaften zur Anwendung gebracht wird, Bereichen also, wo der größte Teil der Handlungen, einschließlich der scheinbar ritualisiertesten, der abgestimmten Improvisation der gemeinsamen Dispositionen überantwortet werden kann. Die Regel, hier nur ein Notbehelf, hat das partielle Versagen des Habitus zu regulieren, d. h. die Patzer wiedergutzumachen, die während der Einprägungsaktion geschehen sind, deren Aufgabe es ist, Habitusformen zu erzeugen, die jenseits ausdrücklicher Reglementierung und des institutionalisierten Aufrufs zur Regel geregelte Praktiken und Praxisformen hervorzubringen fähig sind.« (ders., Entwurf einer Theorie der Praxis, 203–227, hier: 214f.). 119 Vgl. die beiden (einzigen) Überblicksdarstellungen zur Geschichte der frühneuzeitlichen Volkskultur: *P. Burke*, Popular Culture in Early Modern Europe, London 1978 (deutsch: ders., Helden, Schurken und Narren. Europäische Volkskultur in der frühen Neuzeit, Stuttgart 1981); *R. Muchembled*, Kultur des Volks – Kultur der Eliten. Die Geschichte einer erfolgreichen Verdrängung, Stuttgart 1982. 120 Insofern kommt der Streitfrage, ob man die historische Reichweite der Archivquellen bis ca. 1500 zurück ausschöpfen und »die vorhandenen Energien zunächst auf die nachmittelalterliche Zeit als unmittelbare Vorstufe der Gegenwart ... konzentrieren« soll (*Kramer*, Zur Erforschung der historischen Volkskultur, 41, auch: 34) oder ob die Zeitskala zugunsten eines verstärkten Gegenwartsbezugs auf die letzten 200 Jahre und u. U. auch noch enger eingeschränkt werden sollte (*Bausinger*, Zur Problematik historischer Volkskunde, 169f.), mehr als nur verfahrenstechnische Bedeutung zu (vgl. auch: *Kramer*, Zur Problematik historischer Volkskunde, 61). 121 *R. Braun*, Industrialisierung und Volksleben. Veränderungen der Lebensformen unter Einwirkung der verlagsindustriellen Heimarbeit in einem ländlichen Industriegebiet (Zürcher Oberland) vor 1800, Erlenbach-Zürich / Stuttgart 1960 (Neuaufl. Göttingen 1979); ders., Sozialer und kultureller Wandel in einem ländlichen Industriegebiet (Zürcher Oberland) unter Einwirkung des Maschinen- und Fabrikwesens im 19. und 20. Jahrhundert, Erlenbach-Zürich / Stuttgart 1965. Vom ersten Band gingen wichtige Anstöße zur historisch-theoretischen Diskussion um die ›Proto-Industrialisierung‹ aus (vgl. Anm. 194); aus dem zweiten, weniger bekannten Band haben wir für diesen Reader ein (aus Umfangsgründen gekürztes) Kapitel (ebd. 185–254) ausgewählt, das die Fabriksozialisation der Arbeiter, d. h. die Zusammenhänge von Alltagskultur und Industrialisierung quellennah, gesättigt mit materialer Reflexion und unter Einbeziehung subjektiver Erfahrungen, die über den akademischen Horizont hinausweisen, schildert und daher – trotz der unverkennbaren Fortschritte, die die Forschung gerade auf diesem Gebiet in den letzten Jahren gemacht hat – nach wie vor wertvolle Anregungen bietet. 122 *H. Bausinger*, Volkskultur in der technischen Welt, Stuttgart 1961. 123 Vgl. Anm. 107. Allgemein zum Ludwig-Uhland-Institut: Ästhetik und Kommunikation 42 (1980), 96–144. 124 Ebd. 105. 125 *H. Bausinger / U. Jeggle / G. Korff / M. Scharfe*, Grundzüge der Volkskunde, Darmstadt 1978. 126 Anstelle zahlreicher Einzelveröffentlichungen hier nur: *M. Scharfe*, Die Religion des Volkes. Kleine Kultur- und Sozialgeschichte des Pietismus, Gütersloh 1980; *G. Korff*, Heiligenverehrung in der Gegenwart. Empirische Untersuchungen in der Diözese Rottenburg, Tübingen 1970; ders., Volkskultur und Arbeiterkultur – Überlegungen am Beispiel der sozialistischen Maifesttradition, in: Geschichte und Gesellschaft 5 (1979), 83–102. Vgl. auch den Beitrag in diesem Band. 127 *U. Jeggle*, Kiebingen – eine Heimatgeschichte. Zum Prozeß der Zivilisation in einem schwäbischen Dorf, Tübingen 1977; *A. Ilien / U. Jeggle*, Leben auf dem Dorf. Zur Sozialgeschichte des Dorfes und zur Sozialpsychologie seiner Bewohner, Opladen 1978. Vgl. auch: *H. Wunder*, ›Heimat‹ als ›Fremde‹ – Schwäbische Volkskunde als Ethnologie: Die Dorfstudien von Utz Jeggle und Albert Ilien, in: Sozialwissenschaftliche Informationen 2 (1982), 78–84. Zum Mössingen-Projekt: Ästhetik und Kommunikation 42 (1980), 121 ff. 128 *W. Kaschuba / C. Lipp*, Dörfliches Überleben. Zur Geschichte materieller und sozialer Reproduktion ländlicher Gesellschaft im 19. und frühen 20. Jahrhundert, Tübingen 1982. Zur Verfahrensweise: ebd. 293 ff. 129 Auf der Tagung der Geschichtswerkstatt in Göttingen am 12./13. 11. 1982 plädierte Jeggle dafür, daß es über das ›Recht der kleinen Leute auf wissenschaftliches Verstandenwerden‹ (ders. / *A. Ilien*, in: *Köstlin / Sievers* (Hg.), Das Recht der kleinen Leute, 89–97) hinaus auch ein Recht auf Nicht-Erforschtwerden gäbe. Vgl. auch: *Jeggle*, Kiebingen, 274 ff. 130 Ebd. 284. 131 Ebd. 214; *Ilien / Jeggle*, Leben auf dem Dorf, 32, 160. 132 Ebd. 59; auch: ebd. 98; *Jeggle*, Kiebingen, 225. 133 Ebd. 219. 134 *Ilien / Jeggle*, Leben auf dem Dorf, 45. 135 Ebd. 77; *Jeggle*, Kiebingen, 151, 159, 220, 226 ff. 136 *Ilien / Jeggle*, Leben auf dem Dorf, 70. 137 Ebd. 56, 78. 138 *Jeggle*, Kiebingen, 226 f. 139 Ebd. 175, 225 f., 230; *Ilien / Jeggle*, Leben auf dem Dorf, 57, 75. 140 *Bourdieu*, Entwurf einer Theorie der Praxis, bes. 228 ff. 141 Vgl. *H. Medick / D. Sabean*, Family and Kinship; Material Interest and Emotion, in: Peasant Studies 8,2 (1979), 139–160; dies., Neue Themen in der historisch-ethnologischen Familienforschung, in: Sozialwissenschaftliche Informationen 2 (1982), 91–100. – Am Modus des ›Teilens und Vereinens‹ beim Erbgang läßt sich der Kritikpunkt verdeutlichen: *Ilien* und *Jeggle* arbeiten zwar die dabei auftretenden Spannungen und Widersprüche zwischen verwandtschaftlichem Solidarprinzip und den Reproduktionsinteressen der einzelnen Familienmitglieder präzise heraus (Leben auf dem Dorf, 73 ff.; Kiebingen, 152 ff.), sie erkennen auch noch, daß die dörfliche Kultur dem Imperativ der Vereinbarkeit des Unvereinbaren unterstand, aber sie vermögen dieser ›situativen‹ Logik keinen eigenen Sinn mehr abzugewinnen bzw. verstellen sich die entscheidende Frage nach der *kulturellen Bewältigung* dieser Spannungen und Widersprüche dadurch, daß sie sie mit Vorstellungen von sozialen Beziehungen konfrontieren, die nur zu deutlich ihre eigenen sind: »Dennoch ging der ideale Kiebinger Charakter davon aus, daß diese beiden oppositionellen Sichtweisen integrierbar sein müßten, daß der Bruder Kooperator und Feind gleichzeitig sein konnte; das hieß natürlich (?), daß konsequente Beziehungen zwischen Menschen nicht möglich, sondern nur situativ erlebbar waren und nicht auf Dauer gestellt werden konnten … Die Struktur der Beziehungen war so widerspruchsvoll, daß nur ein widersprüchliches Bewußtsein damit zurecht kam. So etwas wie konsistentes Verhalten, das das bürgerliche Individuum angeblich und zum Teil tatsächlich (!) auszeichnet, wäre nicht in den Möglichkeiten und nicht in den Interessen der Akteure gelegen.« (ebd. 224 f.) Man lasse sich nicht täuschen: auch das dörfliche Stereotyp der ›feindlichen Brüder‹ (ebd. 158) unterliegt noch der ›Illusion der Regel‹ (*Bourdieu*), d. h. es bezeichnet nur eine extreme, tendenziell nichtkonforme Form der Konfliktbewältigung innerhalb eines sehr viel breiteren Spektrums von Handlungsalternativen, die dem kollektiven Bewußtsein als äußerste Möglichkeit und moralische Schranke gerade deshalb so tief eingraviert ist, weil sie das innerste Prinzip der Verwandtschaft, die *Verschleierung* der ihr zugrunde liegenden Interessengegensätze, durchbricht. Was das Dorf den ›feindlichen Brüdern‹ ankreidet, ist nicht die Tatsache, daß sie Konflikte haben (das ist normal und ›ihre Sache‹), sondern daß sie es nicht verstehen, sie innerhalb des üblichen Verwandtschaftsrahmens auszutragen, d. h. daß sie die ›Kunst‹ des praktischen Handelns nicht beherrschen, ihre internen Probleme auch intern, ohne die Dorföffentlichkeit damit zu belasten, zu regeln. 142 Ebd. 225. 143 *Berdahl* u. a., Klassen und Kultur, 11. 144 Am Beispiel der Eheanbahnungsriten: *R. Beck*, Illegitimität und voreheliche Sexualität auf dem Land, in: *R. van Dülmen* (Hg.), Kultur der einfachen Leute. Bayerisches Volksleben vom 16. bis zum 19. Jahrhundert, München 1983, 112–150 und 233 ff. 145 *H. Bausinger*, Zur Spezifik volkskundlicher Arbeit, in: Zs. f. Volkskunde 76

(1980), 1–21, hier: 20. Der Beitrag enthält einige grundsätzliche selbstkritische Überlegungen zur Neubestimmung der Position der ›Tübinger Schule‹. 146 Ders., in: Ästhetik und Kommunikation 42 (1980), 105. 147 *U. Jeggle*, Liebe auf dem Dorf. Vom Regelwerk der bäuerlichen Welt im 19. Jahrhundert, in: Journal für Geschichte 5 (1982), 11. 148 Neuester Forschungsüberblick bei: *M. Mitterauer/R. Sieder* (Hg.), Historische Familienforschung, Frankfurt 1982, 10–39; *H. Medick/D. Sabean*, Neue Themen in der historisch-ethnologischen Familienforschung, in: Sozialwiss. Informationen 2 (1982), 91–100; *K. Hausen*, Historische Familienforschung, in: *R. Rürup* (Hg.), Historische Sozialwissenschaft. Beiträge zur Einführung in die Forschungspraxis, Göttingen 1977, 59–95. Ausführliche Überblicksdarstellung: *H. Rosenbaum*, Formen der Familie. Untersuchungen zum Zusammenhang von Familienverhältnissen, Sozialstruktur und sozialem Wandel in der deutschen Gesellschaft des 19. Jahrhunderts, Frankfurt 1982 sowie die Sammelbände: *N. Bulst* u. a. (Hg.), Familie zwischen Tradition und Moderne. Studien zur Geschichte der Familie in Deutschland und Frankreich vom 16. bis zum 20. Jahrhundert, Göttingen 1981; *H. Reif* (Hg.), Die Familie in der Geschichte, Göttingen 1982. 149 *Mitterauer/Sieder*, Historische Familienforschung, 30. 150 *Mitterauer/Sieder*, Vom Patriarchat zur Partnerschaft. Zum Strukturwandel der Familie, München 1977, 38ff. 151 *E. Shorter*, Die Geburt der modernen Familie, Reinbek 1977. 152 *Mitterauer/Sieder*, Historische Familienforschung, 21ff. 153 *H. Medick/D. Sabean*, Family and Kinship; Material Interest and Emotion, in: Peasant Studies 8,2 (1979), 139–160. Angekündigt ist dazu ein Sammelband: dies. (Hg.), Emotion und materielle Interessen in Familie und Wirtschaft. Anthropologische und historische Beiträge zur Familienforschung, Göttingen 1984. 154 Vgl. etwa: *J. R. Gillis*, Geschichte der Jugend. Tradition und Wandel im Verhältnis der Altersgruppen und Generationen in Europa von der zweiten Hälfte des 18. Jahrhunderts bis zur Gegenwart, Weinheim/Basel 1980; *J.-L. Flandrin*, Familien. Soziologie-Ökonomie-Sexualität, Frankfurt/Berlin/Wien 1978; *Ph. Ariès*, Geschichte der Kindheit, München 1978; ders., Geschichte des Todes, München 1982; *M. Foucault*, Sexualität und Wahrheit, Frankfurt 1977; *E. Badinter*, Die Mutterliebe. Geschichte eines Gefühls vom 17. Jahrhundert bis heute, München 1981; *Cl. Meillassoux*, Die wilden Früchte der Frau. Über häusliche Produktion und kapitalistische Wirtschaft, Frankfurt 1976; *G. Bock/B. Duden*, Arbeit aus Liebe – Liebe als Arbeit. Zur Entstehung der Hausarbeit im Kapitalismus, in: Frauen und Wissenschaft. Beitr. z. Berliner Sommeruniversität für Frauen Juli 1976, Berlin 1977, 118–199; *K. Hausen*, Die Polarisierung der ›Geschlechtscharaktere‹ – Eine Spiegelung der Dissoziation von Erwerbs- und Familienleben, in: *W. Conze* (Hg.), Sozialgeschichte der Familie in der Neuzeit Europas, Stuttgart 1976, 363–393; dies. (Hg.), Frauen suchen ihre Geschichte. Historische Studien zum 19. und 20. Jahrhundert, München 1983 (mit Bericht zur historischen Frauenforschung v. *G. Bock*, ebd. 22–60); *Cl. Honegger/B. Heintz* (Hg.), Listen der Ohnmacht. Zur Sozialgeschichte weiblicher Widerstandsformen, Frankfurt 1981; *F. Loux*, Das Kind und sein Körper in der Volksmedizin, Stuttgart 1980; *Schlumbohm* (Hg.), Kinderstuben (vgl. Anm. 117). 155 Vgl. die Forschungsberichte von: *W. Schulze*, Europäische und deutsche Bauernrevolten der frühen Neuzeit – Probleme der vergleichenden Betrachtung, in: ders. (Hg.), Europäische Bauernrevolten der frühen Neuzeit, Frankfurt 1982, 10–60; *P. Bierbrauer*, Bäuerliche Revolten im Alten Reich. Ein Forschungsbericht, in: *P. Blickle* (Hg.), Aufruhr und Empörung? Studien zum bäuerlichen Widerstand im Alten Reich, München 1980, 1–68. Vgl. auch: *W. Schulze*, Bäuerlicher Widerstand und feudale Herrschaft in der frühen Neuzeit, Stuttgart 1980. 156 *P. Blickle*, Die politische Entmündigung des Bauern. Kritik und Revision einer These, in: ders. (Hg.), Revolte und Revolution in Europa, in: Hist. Zeitschr. Beiheft 4 NF (1975), 289–312; ders., Die Revolution von 1525, München/Wien 1975, 217ff. 157 In *Blickles* ›Kommunalismus‹-These bleibt die Rolle der Gemeinde allerdings auf eine verfassungspolitische Alternative begrenzt (ders., Deutsche Untertanen. Ein Widerspruch, München 1981, 112ff.) Vgl. dagegen zum Konzept der ›peasant society‹ etwa: *D. Sabean*, Die Dorfgemeinde als Basis der Bauernaufstände in Westeuropa bis zu Beginn des 19. Jahrhunderts, in: *Schulze*, Europäische Bauernrevolten, 191–205; ders., Landbesitz und Gesellschaft am Vorabend des Bauernkriegs. Eine Studie der sozialen Verhältnisse im südlichen Oberschwaben in den Jahren vor 1525, Stuttgart 1972, 103ff.; auch: *R. Hilton*, Die Natur mittelalterlicher Bauernwirtschaft (›peasant economy‹), in: *L. Kuchenbuch* (Hg.), Feudalismus – Materialien zur Theorie und Geschichte, Frankfurt/Berlin/Wien 1977, 481–522. 158 Vgl. den Abschnitt ›Revolten als Versuche politischer Integration‹ in: *Blickle*, Deutsche Untertanen, 92ff. – Das Dilemma des Buches läßt sich auf die kurze Formel bringen, daß es den Versuch darstellt, die Geschichte von unten mit den Begriffen von oben zu schreiben, denn der Begriff des ›Untertanen‹ ist nicht »an sich wertneutral« (ebd. 11), sondern ein Produkt obrigkeitlicher Politik, d. h. er ist lediglich die Rechtsform der (abhängigen) Subjekte im absolutistischen Staat. Da *Blickle* den Herrschaftscharakter, der bereits in den rechtsförmigen Kategorien steckt, nur unzureichend reflektiert, münden seine Ausführungen in die eigenartige Forderung, den Untertanen, der eigentlich keiner war, als Subjekt der Geschichte zu würdigen (ebd. 141f.). Plausibler erschiene doch das Gegenpostulat, daß die *Emanzipation* des Untertanen nur von einer Geschichte beschrieben werden kann, die sich davon emanzipiert, ihn nur als solchen beschreiben zu können. 159 *Schulze*, Europäische und deutsche Bauernrevolten, 38. Vgl. dazu: ders., Die veränderte Bedeutung sozialer Konflikte im 16. und 17. Jahrhundert, in: ebd. 276–308. Daß *Schulzes* Ablehnung des marxistischen Konzepts der ›niederen Formen des Klassenkampfs‹ auch die sehr viel weitergehende Weigerung einschließt, den Widerstandsbegriff auf die bäuerliche Alltagskultur zurückzubeziehen, und ihn statt dessen primär von der Rechtssphäre bzw. vom Staat her zu definieren versucht, wird noch deutlicher in seiner Rezension: ders., Aufruhr und Empörung? Neue Studien zum bäuerlichen Widerstand im Alten Reich, in: Zs. f. hist. Forschung 1 (1982), 63–72. Die dort reklamierte »Erheblichkeitsschwelle« des Protestverhaltens, die erst in der Kollision mit den Rechtsnormen der territorialstaatlichen Ordnung erreicht wird, verengt den bäuerlichen Widerstand erneut auf seine spektakulären Erscheinungsformen und stellt der Ausnahme der Rebellion als Regel »ein normales (!) Funktionieren der tradierten Verhaltensmechanismen von Herrschaft und Genossenschaft« (ebd. 67) gegenüber, das nicht weiter interessiert. Die Annahme der Tranquillität der Tradition jedoch ist ein Fundamentalirrtum aller Neuerer, und was ›von oben‹ als etatistische Sichtweise erscheint, verdichtet sich, ›von unten‹ betrachtet, zum Eindruck der Revoltensammlerei. 160 *K. Hausen*, Schwierigkeiten mit dem ›sozialen Protest‹. Kritische Anmerkungen zu einem historischen Forschungsansatz, in: Geschichte und Gesellschaft 3 (1977), 257–263. Daß »eine systematische, über die einzelne Erhebung hinausgehende Untersuchung der subjektiven Ziele revoltierender Bauern ... von der Forschung bisher nicht geleistet worden (ist)« betont auch *Bierbrauer* (Bäuerliche Revolten, 37). 161 *R. Wirtz*, ›Widersetzlichkeiten, Excesse, Crawalle, Tumulte und Skandale‹. Soziale Bewegung und gewalthafter sozialer Protest in Baden 1815–1848, Frankfurt/Berlin/Wien 1981, 10 und 15. 162 *Bierbrauer*, Bäuerliche Revolten, 28ff., bes. 32. 163 *Wirtz*, Widersetzlichkeiten, 16. 164 Ders., Widersetzlichkeiten; *Grießinger*, Das symbolische Kapital der Ehre; ders./*R. Reith*, Obrigkeitliche Ordnungskonzeptionen und handwerkliches Konfliktverhalten im 18. Jahrhundert, in: *R. Elkar* (Hg.), Deutsches Handwerk in Spätmittelalter und früher Neuzeit (erscheint: Göttingen 1984). Vgl. auch: *Puls* (Hg.), Wahrnehmungsformen und Protestverhalten. 165 Zum Forschungsstand: *G. A. Ritter* (Hg.), Arbeiterkultur, Königstein/Ts. 1979, bes. 15–39 u.d. von *K. Tenfelde* zusammengestellte Bibliographie 247–281; *J. Kocka* (Hg.), Arbeiterkultur im 19. Jahrhundert, in: Geschichte und Gesellschaft 5 (1979), bes. die Einleitung des Hg. (Arbeiterkultur als Forschungsthema, 5–11) sowie den Beitrag von *W. Lepenies*, Arbeiterkultur. Wissenschaftssoziologische Anmerkungen zur Konjunktur eines Begriffs, 125–136; *D. Kramer*, Literatur zur Kultursoziologie der Arbeiter, in: Zeitschr. f. Volkskunde 71 (1975), 88–103; ders., Geschichte der Arbeiterbewegung und Volkskultur. Ein Literaturbericht, in: ebd. 73 (1977), 246–261; *H. Rotermund*, Alltagskultur. Kritische Literaturhinweise, in: *W. F. Haug*/*K. Maase* (Hg.), Materialistische Kulturtheorie und Alltagskultur (= Argument-Sonderbd. 47), Berlin 1980, 122–136; *K. Tenfelde*, Anmerkungen zur Arbeiterkultur, in: *W. Ruppert* (Hg.), Erinnerungsarbeit. Geschichte und demokratische Identität in Deutschland, Opladen 1982, 107–134; *D. Peukert*, Arbeiteralltag – Mode oder Methode?, in: *H. Haumann* (Hg.), Arbeiteralltag in Stadt und Land. Neue Wege der Geschichtsschreibung (= Argument-Sonderbd. 94), Berlin 1982, 8–39. Von mehreren in letzter Zeit erschienenen Sammelbänden zum Thema seien nur drei hervorgehoben, die Probleme der Arbeiterkultur dezidiert in den Rahmen übergreifender alltagsgeschichtlicher Fragestellungen rücken: *J. Reulecke / W. Weber* (Hg.), Fabrik-Familie-Feierabend. Beiträge zur Sozialgeschichte des Alltags im Industriezeitalter, Wuppertal 1978; *L. Niethammer* (Hg.), Wohnen im Wandel. Beiträge zur Geschichte des Alltags in der bürgerlichen Gesellschaft, Wuppertal 1979; *G. Huck* (Hg.), Sozialgeschichte der Freizeit. Untersuchungen zum Wandel der Alltagskultur in Deutschland, Wuppertal 1982[2] (EA 1980). **166** Besonders deutlich wurde dieser Umbruch zuerst bei: *E. Lucas*, Arbeiterradikalismus – Zwei Formen von Radikalismus in der deutschen Arbeiterbewegung, Frankfurt 1976. Grundlegend: *A. Lüdtke*, Alltagswirklichkeit, Lebensweise und Bedürfnisartikulation. Ein Arbeitsprogramm zu den Bedingungen ›proletarischen Bewußtseins‹ in der Entfaltung der Fabrikindustrie, in: Gesellschaft. Beiträge zur Marxschen Theorie 11, Frankfurt 1978, 311–350; ders., Erfahrung von Industriearbeitern – Thesen zu einer vernachlässigten Dimension der Arbeitergeschichte, in: *W. Conze / U. Engelhardt* (Hg.), Arbeiter im Industrialisierungsprozeß. Herkunft, Lage und Verhalten, Stuttgart 1979, 494–512. **167** *Peukert*, Arbeiteralltag, 17. **168** So der Vorwurf bei: *J. Kocka*, Klassen oder Kultur? Durchbrüche und Sackgassen in der Arbeitergeschichte, in: Merkur 412 (1982), 955 bis 965. **169** *Peukert*, Arbeiteralltag, 18ff., bes. 24. **170** In der neueren Volkskunde gibt es einen deutlichen Trend, vor allem die belastete Vokabel ›Volk‹, aber auch ›Volkskultur‹ außer Gebrauch zu setzen: »Insgesamt scheint das volkskundliche Selbstverständnis heute von der Orientierung an einem spezifischen Objektbereich wegzustreben ...« (*H. Gerndt*, Zur Perspektive volkskundlicher Forschung, in: Zs. f. Volkskunde 76 (1980), 28; fast schon als Ausnahme kann gelten: *K. Guth*, Volk. Versuch einer Begriffs- und Funktionsbestimmung in gegenwärtiger Volksforschung, in: ders. / *Th. Korth* (Hg.), Lebendige Volkskultur, Bamberg 1980, 87–98). Obwohl die Argumente der (traditionellen) Befürworter des Volkskultur-Konzepts wenig Überzeugungskraft besitzen, wäre doch zweierlei zu bedenken: einmal kann auch dessen Substitution durch eine stärker historisierende Begrifflichkeit, z. B. von »hohen und niedern Standspersonen« (wie sie *W. Brückner* unlängst auf der Tagung ›Literatur und Volk im 17. Jahrhundert‹ in Wolfenbüttel vorschlug – vgl.: Bayer. Bl. f. Volkskunde 4 (1982), 225), das methodische Problem der Wertimplikationen nicht auflösen, bleibt doch das Ordnungsmodell der ›Ständegesellschaft‹ selbst der ›Sichtweise von oben‹ verhaftet; zum anderen ist nicht recht zu sehen, wie abstrakt bleibende erkenntnistheoretische Reflexionen, die sich nicht in veränderte materiale Forschungsperspektiven umsetzen, sondern den überkommenen volkskundlichen Kanon in terminologisch modernisierter Form weitgehend beibehalten, zur forschungspraktischen Reorientierung des Faches beitragen könnten (*H. Gerndt*, Kultur als Forschungsfeld. Über volkskundliches Denken und Arbeiten, München 1981). **171** *G. Duby / G. Lardreau*, Geschichte und Geschichtswissenschaft. Dialoge, Frankfurt 1982, 75ff. Hinter *Duby*s feinsinnigen Zweifeln, »ob die Gesellschaftsschichten, die man, ohne genau zu wissen, welche man damit meint, unter der Bezeichung ›Volk‹ in etwa zusammenfaßt, wirklich über die Mittel zur Ausbildung einer Kultur verfügten« (ebd. 76), scheint sich eine ähnliche Haltung zu verbergen, wie sie *H. Medick* für und wider *J. Kuczynski* treffend charakterisiert hat (ders., Plebejische Kultur, 159). **172** *Berdahl* u. a., Klassen und Kultur, 12. Zum Ursprung des Begriffs bei Gramsci vgl. auch: *S. Kebir* (Hg.), Antonio Gramsci. Marxismus und Literatur. Ideologie, Alltag, Literatur, Hamburg 1983, 56ff. und 201ff.; *G. Zamis* (Hg.), Antonio Gramsci. Zu Politik, Geschichte und Kultur. Ausgewählte Schriften, Leipzig 1980, bes. 222ff. und 251ff. Zur Bedeutung des Begriffs für die Praxis des Historikers auch: *L. Passerini*, Arbeitersubjektivität und Faschismus. Mündliche Quellen und deren Impulse für die historische Forschung, in: *L. Niethammer* (Hg.), Lebenserfahrung und kollektives Gedächtnis. Zur Praxis der ›Oral History‹, Frankfurt 1980, 214–248. **173** *E. P. Thompson*, Patrizische Gesellschaft, plebeische Kultur, in: ders., Plebeische Kultur und moralische Ökonomie (vgl. Anm. 2), 169–202; ders., Die englische Gesellschaft im 18. Jahrhundert: Klassenkampf ohne Klasse?, in: ebd. 247–289. **174** Ebd. 285f. und 373f. (Anm. 58); ders., Patrizische Gesellschaft, 185. **175** Ebd. 188. **176** Ebd. 198. **177** Ders., Klassenkampf ohne Klasse, 269. **178** Ders., Patrizische Gesellschaft, 188, auch 198. **179** Ders., Klassenkampf ohne Klasse, 274. **180** Ebd. 281f.; ders., Patrizische Gesellschaft, 178ff. und 194ff.; ders., Volkskunde, Anthropologie und Sozialgeschichte, in: ebd. 299ff. **181** Ders., Klassenkampf ohne Klasse, 281. **182** Ders., Patrizische Gesellschaft, 179. **183** Ders., Klassenkampf ohne Klasse, 286f. **184** Vgl. dazu – u. a. als ein Meisterstück, wie man Strukturen durch das Arrangement einzelner Handlungsfacetten hindurch erhellt, ohne die Handlungsintentionen kurzzuschließen: ders., Die ›moralische Ökonomie‹ der englischen Unterschichten im 18. Jahrhundert, in: ebd. 67–130. **185** Ders., Klassenkampf ohne Klasse, 275. **186** So z. B.: *H.-U. Wehler* (Hg.), Klassen in der europäischen Sozialgeschichte, Göttingen 1979. **187** *Thompson*, Klassenkampf ohne Klasse, 288. **188** *G. Sider*, Bande, die zusammenbinden. Kultur und Agrikultur, Eigenheit und Eigentum in der Dorffischerei Neufundlands, in: *Berdahl* u. a., Klassen und Kultur, 108–156; *H. Medick*, Plebejische Kultur, plebejische Öffentlichkeit, plebejische Ökonomie, in: ebd. 157–204. **189** *Sider*, Bande, die zusammenbinden, 134. **190** Dazu auch: ders., Christmas Mumming and the New Year in Outport Newfoundland, in: Past and Present 71 (1976), 102–125. **191** *Medick*, Plebejische Kultur, 162. **192** Ebd. **193** Ebd. 167. **194** Ebd. 173ff. und: ders., Spinnstuben auf dem Dorf. Jugendliche Sexualkultur und Feierabendbrauch in der ländlichen Gesellschaft der frühen Neuzeit, in: *Huck* (Hg.), Sozialgeschichte der Freizeit, 19–49. Zur Theorie der Familienwirtschaft in der Protoindustrialisierungsphase vgl.: ders., Die proto-industrielle Familienwirtschaft, in: *P. Kriedte* u. a., Industrialisierung vor der Industrialisierung. Gewerbliche Warenproduktion auf dem Land in der Formationsperiode des Kapitalismus, Göttingen 1977, 90–154, hier bes. 138ff.; ders., Familienwirtschaft als Kategorie einer historisch-politischen Ökonomie. Die hausindustrielle Familienwirtschaft in der Übergangsphase zum Kapitalismus, in: *Mitterauer/Sieder* (Hg.), Historische Familienforschung, 271–299; ders./*D. Sabean*, Family and Kinship; Material Interest and Emotion, 139–160; dies., Neue Themen in der historisch-ethnologischen Familienforschung, 91–100 (wie Anm. 141). **195** *Medick*, Plebejische Kultur, 167. **196** Ebd. 169. **197** Ebd. 170f. **198** Ebd. 171. **199** *Burke*, Popular Culture in Early Modern Europe, bes. 205ff. Noch deutlicher wird dies in: ders., The ›Discovery‹ of Popular Culture, in: *Samuel* (Hg.), People's History and Socialist Theory, 216–221, sowie in der anschließenden Diskussion (ebd. 221–226); ders., From Pioneers to Settlers: Recent Studies of the History of Popular Culture. A Review Article, in: Comp. Studies in Society and History 1 (1983), 181–187. **200** *Muchembled*, Kultur des Volks – Kultur der Eliten, 318. **201** Ebd. 309. **202** Vgl. etwa den Beitrag von *R. Malcolmson* in diesem Band. **203** Vgl. etwa die Beiträge in: *Puls* (Hg.), Wahrnehmungsformen und Protestverhalten, bes.: *G. Stedman Jones*, Kultur und Politik der Arbeiterklasse in London, in: ebd. 317–368. Dazu auch: *Medick*, Plebejische Kultur, 159ff.; *R. Wirtz*, Die Ordnung der Fabrik ist nicht die Fabrikordnung. Bemerkungen zur Erziehung in der Fabrik während der frühen Industrialisierung an südwestdeutschen Beispielen, in: *Haumann* (Hg.), Arbeiteralltag, 61–88. **204** Die Beschäftigung mit der Massenkultur setzte schon im ersten Band der ›Zeitschrift für Sozialforschung‹ 1932 mit Beiträgen *Th. W. Adornos*, *L. Löwenthals* und *A. Sternheims* zur gesellschaftlichen Lage der Musik und Literatur bzw. zum Problem der Freizeitgestaltung ein (*M. Horkheimer* (Hg.), Zeitschrift für Sozialforschung I (1932), Reprint München 1970, 103ff. und 356ff., 85ff., 336ff.), zog sich durch nahezu alle folgenden Nummern und fand ihren vorläufigen Höhepunkt im thematischen Sonderheft der Zeitschrift von 1941 (Zs. f. Sozialforschung, Bd. 9, Nachdruck München 1980). **205** *E. Fromm* u. a., Studien über Autorität und Familie. Forschungsberichte aus dem Institut für Sozialforschung (Raubdruck, 2 Bde.), Paris 1936. **206** Vgl. jetzt: *W. Bonß*, Psychoanalyse als Wissenschaft und Kritik. Zur Freudrezeption der Kritischen Theorie, in: ders./*A. Honneth* (Hg.), Sozialforschung als Kritik. Zum sozialwissenschaftlichen Potential der Kritischen Theorie, Frankfurt 1982, 367–425. **207** Dazu ausführlich: *M. Jay*, Dialektische

Phantasie. Die Geschichte der Frankfurter Schule und des Instituts für Sozialforschung 1923–1950, Frankfurt 1976, 209ff. 208 Vgl. den Abschnitt ›Kulturindustrie. Aufklärung als Massenbetrug‹ in: *M. Horkheimer/Th. W. Adorno*, Dialektik der Aufklärung. Philosophische Fragmente, Frankfurt 1971 (EA 1944), 108–150. 209 Vgl. *J. Habermas*, Bewußtmachende oder rettende Kritik – Die Aktualität Walter Benjamins, in: ders., Kultur und Kritik. Verstreute Aufsätze, Frankfurt 1973, 302–344, bes. 306ff. 210 *H. Dubiel*, Die Aufhebung des Überbaus. Zur Interpretation der Kultur in der Kritischen Theorie, in: *Bonß/Honneth* (Hg.), Sozialforschung als Kritik, 475. 211 *D. Kellner*, Kulturindustrie und Massenkommunikation. Die Kritische Theorie und ihre Folgen, in: ebd. 482–515, hier: 504ff. 212 Dies wie auch eine erstaunlich unkritische Projektion der eigenen Wertmuster auf die Unterschichtenkultur läßt sich schon anhand der frühen empirischen Untersuchungen des Frankfurter Instituts nachweisen (*E. Fromm*, Arbeiter und Angestellte am Vorabend des Dritten Reiches. Eine sozialpsychologische Untersuchung, hg. v. *W. Bonß*, Stuttgart 1980). Wieviel differenzierter man heute dem Problem des proletarischen Rigorismus bzw. Autoritarismus gegenübertritt, kann man etwa den Arbeiten von *P. Willis* entnehmen (ders., Spaß am Widerstand. Gegenkultur in der Arbeiterschule, Frankfurt 1979). 213 *Kellner*, Kulturindustrie und Massenkommunikation, 507f. 214 Ebd. 512. 215 Ebd. 513. 216 Mit zahlreichen krassen Beispielen: *H. Moser*, Vom Folklorismus in unserer Zeit, in: Zs. f. Volkskunde 58 (1962), 177–209; ders., Der Folklorismus als Forschungsproblem der Volkskunde, in: Hess. Bl. f. Volkskunde 55 (1964), 9–57. 217 *H. Bausinger*, Zur Kritik der Folklorismuskritik, in: ders. u. a. (Hg.), Populus revisus. Beiträge zur Erforschung der Gegenwart, Tübingen 1966, 61–75; ders., Volkskunde, 159–209. Vgl. auch: Scharfe, Auf dem Weg zur Kulturgeschichtsschreibung, 195; zur darauffolgenden Debatte zuletzt: *H. Strobach*, Folklore – Folklorepflege – Folklorismus. Tendenzen, Probleme und Fragen, in: Jb. f. Volkskunde u. Kulturgesch. 25 (1982), 9–52. 218 Vgl. etwa: *G. Huck*, Freizeit als Forschungsproblem, in: ders. (Hg.), Sozialgeschichte der Freizeit, 7–17; *D. Kramer*, Freizeit und Reproduktion der Arbeitskraft, Köln 1975; ders., Tourismus und Kultur, in: *Haug/Maase* (Hg.), Materialistische Kulturtheorie, 165–175; *G. Armanski*, Die kostbarsten Tage des Jahres, Berlin 1979; *H.-J. Knebel*, Soziologische Strukturwandlungen im modernen Tourismus, Stuttgart 1960. Zur Entstehung von Arbeiterurlaub und Massentourismus etwa: *J. Reulecke*, Vom blauen Montag zum Arbeiterurlaub. Vorgeschichte und Entstehung des Erholungsurlaubs für Arbeiter vor dem Ersten Weltkrieg, in: Archiv f. Sozialgesch. 16 (1976), 205–248; *H. Spode*, ›Der deutsche Arbeiter reist‹: Massentourismus im Dritten Reich, in: *Huck* (Hg.), Sozialgeschichte der Freizeit, 281–306. 219 So der bayerische Wirtschaftsminister *Jaumann* in der Bild-Zeitung vom 26. 3. 1983, S. 7. Garniert war dieser Artikel mit der dezenten Aufforderung ›Hereinspaziert!‹ und dem notorischen Watzmann-Postkartenbild, in das obendrein noch ein berucksackter Knabe mit Siebenmeilenstiefeln und weitaufgerissenem Mund – offenbar als Inkarnation touristischer Lebensfreude – fotomontiert wurde. In der gutbürgerlichen Presse las man's anders, ›nüchterner‹, doch nicht ohne den geschätzten unterkühlten Esprit: hier erfuhr man zwar, worum es eigentlich ging, nämlich um die Vorstellung eines amtlichen Reiseführers, verstand es aber auch noch, dieser eher mittelmäßigen Sensation durch die – auf den Ausgang der letzten Bundestagswahlen anspielende – Schlagzeile ›Die grüne Seite im weißblauen Bayern‹ eine leise ironische Pointe für den gebildeten Leser abzuringen (Süddeutsche Zeitung vom 31. 3/1. 4. 1983, S. 28). Fürwahr ein bezauberndes klassenkulturelles Kolorit! 220 Nur als Beispiel dafür, wie wörtlich der Begriff ›Kulisse‹ teilweise zu verstehen ist: Seit der Errichtung des Kraftwerks im Jahre 1924 fungiert der Walchensee (bei Kochel) als kostengünstiger natürlicher Wasserspeicher. Diese Bewirtschaftung brachte u. a. Wasserspiegelschwankungen bis zu 6,6 m mit sich. Um die touristische Illusion des ›unberührten Gebirgssees‹ zu wahren, erging an den das Kraftwerk betreibenden Energiekonzern die regierungsamtliche Auflage, »daß der See während der Fremdenverkehrszeit (!) von Juli bis November gefüllt sein muß bzw. der Spiegel nur ... etwa 50 cm schwanken darf« (*M.-L. Plessen* [Hg.], Die Isar – ein Lebenslauf, München 1983, 178). Übrigens trügt der Schein auch in puncto Wasserqualität: der Walchensee zählt inzwischen zu den stark verschmutzten bayerischen Gewässern – eine Folge der seit 1955/56 aus energiewirtschaftlichen Erwägungen vorgenommenen künstlichen Zuleitung belasteten Isarwassers. **221** Süddeutsche Zeitung vom 31.3./1.4.1983, S. 28. **222** Vgl. *O. Hufton*, The Poor of Eighteenth-Century France 1750–1789, Oxford 1974, 69ff. **223** *Bausinger*, Volkskunde, 176f. **224** Zur Kritik linearer Verbürgerlichungstheoreme (vor allem im Hinblick auf die Arbeiterkultur) vgl.: *H. Bausinger*, Verbürgerlichung – Folgen eines Interpretaments, in: *G. Wiegelmann* (Hg.), Kultureller Wandel im 19. Jahrhundert, Göttingen 1973, 24–49. **225** Ders., Kritik der Tradition, 233. **226** *Davis*, Spruchweisheiten, in diesem Bande, 115 **227** *L. Niethammer*, Anmerkungen zur Alltagsgeschichte, in: Geschichtsdidaktik 3 (1980), 231–242, hier: 239. **228** Als gelungenes Beispiel: Hochlarmarker Lesebuch – Kohle war nicht alles. 100 Jahre Ruhrgebietsgeschichte, Oberhausen 1981. **229** *Medick*, Plebejische Kultur, 161. **230** *P. Bourdieu*, Die feinen Unterschiede. Kritik der gesellschaftlichen Urteilskraft, Frankfurt 1982. **231** Ebd. 796. **232** *N. Elias*, Über den Prozeß der Zivilisation. Soziogenetische und psychogenetische Untersuchungen, 2 Bde., Frankfurt 1977. **233** *C. Ginzburg*, Spurensicherung. Der Jäger entziffert die Fährte, Sherlock Holmes nimmt die Lupe, Freud liest Morelli – die Wissenschaft auf der Suche nach sich selbst, in: Freibeuter 3 und 4 (1980), 7–17 und 11–36. **234** *Bourdieu*, Die feinen Unterschiede, 797.

Natalie Zemon Davis: Spruchweisheiten und populäre Irrtümer

1 Salomon et Marcolphus collocutores, o. O., o. J.; Bibl. nat., Rés. myc 289. Andere Ausgaben in der Bibliothèque Nationale: Collationes quas dicunt fecisse mutuo rex Salomon sapientissimus et Marcolphus facie deformis et turpissimus ..., o. O., o. J.; Les dictz de Salomon, Avecques les responces de Marcon fort ioyeuses, o. O., o. J.; Frag und antwort Salomonis unt Marcolf, Nürnberg 1487. In der Bibliothèque Méjanes/Aix-en-Provence: Dits de Salomon ..., Paris o. J.; *Fr. Rabelais*, Das höchst erstaunliche Leben des großen Gargantua, (München 1961), 33. Hauptstück. – Über dieses Zwiegespräch in Redensarten siehe *R. J. Menner* (Hg.), The Poetical Dialogues of Salomon and Saturn, New York 1941; *W. Benary*, (Hg.), Salomon et Marcolfus, Heidelberg 1914; *E. Welsford*, The Fool, His Social and Literary History, London 1935, 35–47; *J. Wardroper*, Jest upon Jest, London 1970, 74–78; *A. J. V. Le Roux de Lincy*, Le livre des proverbes français, Paris 1859², 1:viii-xi; *A. Taylor*, The Proverb, Cambridge Mass. 1931, 177–78. 2 Mémoires de l'Académie Celtique 1, 1807; 1–5, 63–64, 72–86. Auf die Académie Celtique wurde ich zuerst durch *Harry A. Senn* aufmerksam: The French School of Folklore to 1935 (unveröff. Diss., Universität von Kalifornien, Berkeley 1972). 3 *N. Taillepied*, Histoire de l'Estat et Republique des Druides ... Anciens François, Paris 1585; *J. Guénebauld*, Le Recueil de Chyndonax Prince des Vacies Druydes Celtiques Diionois, Dijon 1621; *A. Gosselin*, Historia Gallorum Veterum, Caen 1636; *M. Z. Boxhorn*, Originum Gallicarum Liber, Amsterdam 1654. 4 Siehe die Diskussion der Bedeutungen des sexuellen Symbolismus in *N. Z. Davis*, Women on Top, in dies., Society and Culture in Early Modern France, Stanford 1975, 124–151. 5 *H. de Gorinchem* (gest. 1431), Tractatus de superstitiosis (Auflagen zwischen etwa 1470 und 1490). Gorinchem war Professor an der Universität Köln. *J. B. Thiers*, Traité des superstitions, Paris 1679; ders., Traité des superstitions qui regardent les sacrements, Paris 1692. *Thiers* wird in seinem Buch von 1679, Avocat des Pauvres, als curé von Champrond und in einem späteren Werk als curé von Vibraie vorgestellt. *H. Bourne* (1694–1733), Antiquitates Vulgares; or the Antiquities of the Common People, Newcastle 1725. Zu *Bourne* siehe *R. M. Dorson*, The British Folklorists. A History, Chicago, Ill. 1968, 10–13. 6 *F. Lesure*, »Eléments populaires dans la chanson française au debut du 16e siècle«, in: Musique et poésie au XVIe siècle (Colloques internationaux du CNRS, Sciences Humaines, 5) Paris 1954, 169–75. *P. Coirault*, Recherches sur notre ancienne chanson populaire traditionelle, Paris 1927–33, 82–88; ders., Notre chanson

folklorique, Paris 1942, 158–66. Sowohl *Lesure* wie *Coirault* bezweifeln, daß diese frühen Liedersammlungen das bäuerliche Lied oder das Volkslied genau wiedergeben. *C. Sachs*, Eine Weltgeschichte des Tanzes, 1933, Nachdruck Hildesheim und New York 1976, 233. – *J. d'Arras'* Version der Mélusine (spätes 14. Jahrhundert), die im späten 15. Jahrhundert im Druck erschien, gab als Quelle »de vrayes croniques« an, die sich vom *Duc de Berri* und anderen herleiteten (Melusine nouvellement imprimee a Paris, Paris: Jean Petit, o. J.). *Ch. Perrault*, Histoire ou contes du temps passé. Avec des Moralit és, Paris 1697 ff. a ii^v– a iv^v; Mademoiselle *Lhéritier*, La Tour Tenebreuse; et les jours lumineux, Contes Anglois, Paris 1705, »Préface«, insbesondere ff. e iii^v – e iv^v. 7 *M. Soriano*, Les contes de Perrault. Culture savante et traditions populaires, Paris 1968. Eine wichtige Einschätzung der Arbeit von *Mandrou*, *Bollème* und *Soriano* und eine Abhandlung über die Probleme, die sich beim Studium der Volkskultur erheben, findet sich in *M. de Certeau / D. Julia / J. Revel*, La beauté du mort: Le concept de ›culture populaire‹, in: Politique aujourd'hui, Dez. 1970, 3–23; ders. Une politique de la langue. La Révolution française et les patois, Paris 1976. 8 *Le Roux de Lincy*, Proverbes, 1, xxxii–xxxii; 2, 547–48. *J. Bednar* hat für seine Dissertation für die Universität von Kalifornien, Berkeley, Li proverbes au vilain untersucht; er hat nachgewiesen, daß die Sammlung von einem Kleriker am Hofe von Philippe d'Alsace zusammengestellt wurde, und zwar irgendwann zwischen 1170 und 1180. Sie war dem Herzog gewidmet und vermutlich von ihm gefördert worden. Ich danke Mr. *Bednar* für diese Information. Einige Manuskripte schreiben die Sammlung dem Comte de Bretagne zu (*Le Roux de Lincy*, Proverbes, 2, 555). 9 Li proverbes au vilain, hg. *A. Tobler*, Leipzig 1895; *Le Roux de Lincy*, Proverbes, 2, 557. 10 Li proverbes au vilain, Nr. 28, 230, 247, 293. 11 Chrétien de Troyes' Verwendung von Sprichwörtern aus Li proverbes au vilain ist von *J. Bednar* nachgewiesen worden. 12 *W. G. Smith / J. E. Heseltine* (Kompilatoren) The Oxford Dictionary of English Proverbs Oxford 1935, 280; Li proverbes au vilain, Nr. 162. Zum Gebrauch von Sprichwörtern in lateinischen Predigten, siehe *H. Walther*, Proverbia sententiaeque Latinitatis Medii Aevi (Carmina Medii Aevi posterioris latina, 2) Göttingen 1963, xv (Ich danke *J. F. R. Coughlan* für diesen Hinweis). Zu Sprichwörtern in umgangssprachlichen Predigten siehe *G. R. Owst*, Literature and Pulpit in Medieval England, Oxford 1966, 41–46. 13 Li proverbes au vilain, Nr. 175; *Le Roux de Lincy*, Proverbes, 2, 106; *A. Loisel*, Institutes coutumières ... ou manuel de plusieurs et diverses règles, sentences et proverbes, tant anciens que modernes du droit coutumier, hg. *T. Dupin* und *E. Laboulaye*, Paris 1846 (1 Aufl. 1607), 1:i,31. Zur langsamen Verbreitung von professionellen Juristen und gens de justice im Spätmittelalter auf dem Land, siehe *B. Guenée*, Tribunaux et gens de justice dans le bailliage de Senlis à la fin du Moyen Age, Paris 1963. 14 *J. Truhlář*, Catalogus Codicum Manu Scriptorum Latinorum qui in C. R. Bibliotheca Publica atque Universitatis Pragensis Asserventur, Prag 1905–6, Nr. 2636 (14. Jahrhundert), Nr. 2655 (13. Jahrhundert); *Le Roux de Lincy*, Proverbes, 2:547–57. 15 *G. Boas*, Vox Populi. Essays in the History of an Idea, Baltimore Md. 1969, 8–25; Li proverbes au vilain, Nr. 280. 16 *E. Pasquier*, Les recherches de la France, Paris 1633, Buch 8, 704–5. 17 *J. Le Goff*, Culture cléricale et traditions folkloriques dans la civilisation mérovingienne, in: Annales 22 (1967), 788–89, und 789, Anm. 1; ders., Mélusine maternelle et défricheuse, in: Annales 26 (1971), 601–2, neu veröffentlicht in: *J. Le Goff*, Pour un autre Moyen Age Paris 1977, 223–235. *P. Brians* (Übers. und Hg.), Bawdy Tales from the Courts of Medieval France, New York 1972, vii–ix; *Per Nykrog*, Les Fabliaux: Etudes d'histoire littéraire et de stylistique médievale, Kopenhagen 1957; *Loisel*, Institutes coutumières, 1:i,22. 18 *J. W. Baldwin*, Masters, Princes and Merchants. The Social Views of Peter Chanter and His Circle, Baltimore Md. 1970, 1:37, 57. 19 *J. Le Goff*, Les intellectuels au Moyen Age, Paris 1957, 89–90. Zum kirchlichen Fest der Narren siehe: The Reasons of Misrule, in: *N. Z. Davis*, Society and Culture in Early Modern France, Stanford 1975, 97–123. 20 *Ph. Beroaldus*, Oratio proverbiorum, Bologna 1499; *P. Vergil*, Proverbiorum et adagiorum veterum ... libellus, Paris 1498. Als *Erasmus* 1500 seine Adagia veröffentlichte, wußte er nichts von *Vergils* früherem Werk. – Einige veröffentlichten einfach die mittelalterlichen Sammlungen in traditioneller oder leicht modifizierter Form. So besitzen wir von dem Dichter und Schauspieler *Pierre Gringoire* Les ditz et anctoritez (sic) des saiges philosophes, o. O., o. J., eine Version in Couplets; und von *P. Grosnet* besitzen wir Les motz dorez De Cathon en francoys et en latin, Paris 1530/31, mit lateinischen Sentenzen, die von französischen Versen gefolgt sind, unter vielen Ausgaben, die *Cato* zugeschrieben werden. Die Frage, ob der ältere *Cato* wirklich der Autor dieser »goldenen Worte« sei, stellte schließlich der Humanist und Erzieher *M. Cordier* in seiner Ausgabe von Disticha, mit einem lateinischen und französischen Kommentar, »Cato zugeschrieben« (sieben Auflagen, gedruckt von *Robert I. Estienne* zwischen 1534 und 1549; *E. Armstrong,* Robert Estienne, Royal Printer, Cambridge 1954, 105–6). Eine Bemühung um eine kritische Ausgabe unternahm der Herausgeber und Dichter *Charles Fontaine* in Les dits des sept sages, Ensemble Plusieurs autres sentences latines, extraites de divers, bons et anciens Auteurs, Lyon 1557. Er formulierte seine Übersetzungen in Prosa, weil er behauptete, daß die gereimten Versionen »ihren jungen modernen Sinn dem festen, kurzen und guten Sinn hinzufügten« und daß ihre Exposition »die armen unschuldigen Sentenzen in die Nase zwickte« (S. 4). 21 *Aristoteles,* Rhetorik, Werke, Bd. 1.2, Übers. *K. L. Roth,* Stuttgart 1833, 1:xv, 13–14; 2:xxi, 11–13. Zu *Aristoteles'* Ansichten siehe auch *R. E. Habenichts* Einleitung zu *J. Heywood,* A Dialogue of Proverbs, Berkeley Kalifornien 1963, 9; und *R. Pfeiffer,* History of Classical Scholarship, Oxford 1968, 83–84, 208 (Ich danke *Elizabeth Eisenstein* für diesen Hinweis). 22 *M. M. Phillips,* The »Adages« of Erasmus. A Study with Translations, Cambridge 1964, besonders 5–7, 27; dies., Erasmus on his Times. A Shortened Version of the Adages of Erasmus, Cambridge 1967, x–xi. *Phillips* faßt *Erasmus'* Ansichten vom Vorwort bis zu Adagiorum Collectanea (1500) und Quid sic paroemia in: Adagiorum Chiliades, Venedig 1508 zusammen. Siehe auch *Erasmus'* Diskussion von Festina lente, in: *E. von Rotterdam,* Ausgewählte Schriften, Bd. 7, Darmstadt 1972, 464; *Phillips,* Erasmus, 3 und von Ollas ostentare, ders., 142–43. Ebenso siehe *Erasmus'* Kommentar über Vulgarität des Stils in seiner Diskussion von Herculei labores, ders., 27. – Über das Interesse der Renaissance am Hieroglyphischen siehe unter vielen anderen Quellen The Hieroglyphics of Horapollo, übersetzt und eingeleitet von *G. Boas,* New York 1950. 23 Diskussion von Herculei labores in: *Phillips,* Erasmus, 22–24. *Phillips,* The »Adages«, 14, 19–22. 24 Um 1490 erschienen in Lyon und Paris gedruckte Ausgaben einer Manuskriptsammlung französischer Sprichwörter aus dem späten fünfzehnten Jahrhundert von *Jean de la Vaprie,* Prior von Clairvaux, unter dem Titel Les proverbes communs. *Gilles de Noyers* schöpfte gründlich, wenn auch keineswegs ausschließlich aus dieser Sammlung und könnte sie eher in der gedruckten als in der Manuskriptform verwendet haben. Siehe Anm. 25. 25 *Bonaspes* ist als Herausgeber und Korrektor des Buches von *P. Vergil* auf dem Titelblatt der Pariser Ausgabe von 1508 angeführt (Lathrop C. Harper, Inc., Katalog Nr. 212, 196). Er veröffentlichte außerdem ein Petit compost en françois (Paris 1516), Proverbia communia tam gallico quam latina sermone per ordinem alphabeticum o. O., Au Pellican, o. J.; Kopie in der Bernstein Kollektion, Jagiellonische Bibliothek, Krakau). Proverbia communia noviter aucta revisa et emendata ... a N. B. T. collectis, o. O. [Paris: Bernard Aubry] o. J., f. d. iii^v: signiert von *Bonaspes* vom Kollegium von Bayeux, 1513; ff. d vi^r–d vii^v: Eine Rede von *Joannis Egidius Nuceriensis* (= *Jean Gilles de Noyers*). Eine andere Ausgabe mit dem gleichen Titel, aber gedruckt von *Jean Merausse* in Paris befindet sich in der Bernstein Kollektion in Krakau. Andere Ausgaben wurden in Lyon gedruckt; von *Claude Nourry* (ca. 1525) und von *Barnabé Chaussard.* – Proverbia Gallicana secundum ordinem alphabeti reposita et ab Ioanne Aegidio Nuceriensi Latinis ... traducta, Lyon: *Jacques Maréschal* 1519–20. Einschließlich eines Briefs von *Josse Bade* an *Nicolas Dorigny,* Ratsherr des Parlaments von Paris und Herausgeber des Werks. *Bade* war der erste Verleger des Werks in Paris in jenem Jahr. Andere Ausgaben: Proverbia gallicana, Lyon: *Claude Nourry,* o. J.; Proverbia popularia, Lyon: *François Juste* 1539; Proverbia gallicana ... correcta et aucta per H. Sussannaeum, Paris 1522 und 1558 (Widmung von *Sussanneau,* datiert 1549); Proverbes communs et belles sentences ... par I. Nucerin, Lyon 1558 und 1582. *Gilles de Noyers* stellte eine Sammlung von größerer Vollständigkeit als *Bonaspes* zusammen, obwohl er einen Großteil von *Bonaspes'* Arbeit in seine einbezog. – Thresor de la langue francoyse, tant ancienne que moderne ... Reveu et augmente ... par Iean Nicot ... avec une grammaire francoyse et Latine et le recueil de vieux proverbes de la France, Paris: *David Douceur* 1606. **26** Über *Charles de Bouelles,* siehe *C. Dumont-Demaizière,* »Avant-propos« zu dem von ihr herausgegebenen und übersetzten Buch von *Bouelles* Liber de differentia vulgarium linguarum et Gallici sermonis varietate (Collection de la société de linguistique picarde, 14), Amiens 1972, 7–73; und *Madame La Porte,* Charles de Bouelles (1479–1566), in: Moreana 41 (1974), 34–47. Es ist schwer zu verstehen, warum *Madame Dumont-Demaizière* sagt, daß *Bouelles* nach 1520 von seinen Zeitgenossen langsam vergessen wurde. Er veröffentlichte nach diesem Datum zahlreiche Bücher, von denen einige (wie seine Géometrie practique) mehrere Auflagen erlebten. Er war ein enger Freund des Mathematikers *Oronce Finé* vom Collège de France, und der Dichter *Sussanneau* sprach von ihnen beiden als von »Orest und Pylades« in einem Gedicht, das er zu der Ausgabe von 1542 von *Bouelles* Géometrie beitrug. Er beeinflußte *Sussanneau* zweifellos dahingehend, eine Neuauflage von *Gilles de Noyers* Proverbia herauszugeben. Sowohl *François de La Croix du Maine* wie *Antoine du Verdier* widmeten ihm in den 80er Jahren Eintragungen in ihre Bibliothèques (Les bibliothèques françoises de LaCroix du Maine et de Du Verdier Sieur de Vauprivas, hg. von *R. de Juvigny*, Paris 1773, 1: 104; 3: 294). – Zu *Bouelles'* Ansichten zur Sprache siehe De differentia vulgarium, Widmung (datiert September 1531); Buch 1, Kap. 2, 18, 47–53. *Bouelles* glaubte, die einzige archetypische Sprache sei die, in der Gott bei der Schöpfung zu den Menschen gesprochen habe. Sie würde von den Gesegneten bei der Auferstehung von Neuem gesprochen werden. **27** *Ch. de Bouelles,* Proverbiorum Vulgarium Libri tres, Paris 1531. Widmung an den Juristen *Joachim Michon,* 16. Februar 1527/28; auch f. clxxi^{r}. Eine andere Ausgabe wurde 1558 in Paris gedruckt. Paucula proverbia von *Bouelles* wurden auch in die Ausgaben der Adagia von *Erasmus* einbezogen, die 1574 in Basel und 1579 in Paris gedruckt wurden. – Proverbes et dicts sententieux, avec l'interpretation d'iceux, Par Charles de Bouelle Chanoine de Noyon, Paris 1557, Carolus Bouillus benignis lectoribus S., f.*ii^{r-v}. Manche Forscher haben bezweifelt, daß *Bouelles* diese Ausgabe wirklich schrieb (*Dumont-Demaizère,* »Avant-propos«, 37–38). Sie mögen geglaubt haben, daß er zu diesem Zeitpunkt schon tot war (er wäre etwa 77 gewesen), aber *Madame La Porte* hat bewiesen, daß er nicht vor 1566 starb. Die Proverbes stehen ganz in der Tradition seiner früheren Arbeit; *La Croix du Maine, Du Verdier* und andere akzeptierten ihn als den wahren Autor, und die Proverbes von 1557 wurden von demselben Verleger – *Sébastien Nivelle* – herausgebracht, der auch für die zweite Auflage seiner Proverbia von 1558 verantwortlich war. Kurz, es gibt keinen Grund, die Aussage der Titelseite, daß die Proverbes das Werk von Bouelles seien, anzuzweifeln. **28** Proverbiorum Vulgarium Libri tres, Widmung; Proverbes, ff.4^{r}, 15^{r}, 23^{v}, 17^{v}. Zu »A longue voye ...« in einem Manuskript aus dem fünfzehnten Jahrhundert von *Jean Mielot,* Geistlicher in Lille, siehe *Le Roux de Lincy,* Proverbes, 1:81; 2: 548. **29** De differentia vulgarium, Buch 1, Kap. 17. **30** Explications morales d'aucuns proverbes communs en la langue francoyse, in: Thresor de la langue francoyse, separat paginiert nach *Gilles de Noyers* Proverbes, S. 17–23. Der Thresor ist eine stark erweiterte und verbesserte Version des Dictionnaire françois-latin, ursprünglich publiziert von *Robert I. Estienne. Jean Nicot* (1530–1604) war für den Thresor von 1606 verantwortlich, der nach seinem Tode veröffentlicht wurde, und aus diesem Grund nahm man an, daß er auch der Autor der Explications morales war. Ich glaube, das kann nicht gewesen sein. Die drei Sprichwörter, die sich wirklich auf geographische Lokalitäten beziehen, betreffen alle Troyes und die Champagne. (»De l'arbre d'un pressoir ...«, »Les cousteaux Iehan Colot, l'un vaut l'autre«, »Il ne craint ni les rez ni les tondus«). *Jean Nicot* wurde in Nîmes geboren, starb in Paris und lebte niemals in der Champagne. Weiteres zu *Nicot* und dem Thresor: siehe Dictionnaire des Lettres françaises, le seizième siècle, Paris 1951, 227–30, 537. **31** Zum Beispiel interpretierte *Pasquier* »Je veux qu'on me tonde« (»Ich will geschoren werden«, wenn das und das, was ich sage, nicht wahr ist, oder wenn ich das und das nicht tue) als eine Redensart »unserer Väter und Vorfahren«, die er in seiner Kindheit gehört habe, die aber nicht mehr gebräuchlich wäre. Das läge daran, daß langes Haar früher einmal geachtet gewesen war, und das gemeine Volk, das die Könige mit ihren langen Perücken sah, einen geschorenen Kopf für schmählich gehalten hätte. Heutzutage, wo jeder sein Haar kurz trüge, könne diese Redensart auf keine Strafe mehr hinweisen (Les recherches de la France, Paris 1633, Buch VIII, Kap. 9, S. 699–700). 32 *H. Estienne*, La précellence du langage françois (1579), hg. *E. Huguet*, Paris 1896, 201–49. *Pasquier*, Recherches Buch 8, 672–790. Zu *Pasquier*, siehe *G. Huppert*, The Idea of Perfect History, Urbana, Illinois 1970, 36–51, und *D. R. Kelley*, Foundations of Modern Historical Scholarship, New York 1970, 271–83, besonders wegen seiner Diskussion der Ansichten *Pasquiers'* zu Sprache und ihren Veränderungen. 33 Das früheste mir bekannte Beispiel für eine Sprichwörtersammlung in einem regionalen Dialekt ist *Voltoires* Liste der gaskonischen Sprichwörter (»Montets gasconns«) in seinem Traktat über den Handel, Le Marchand traictant des proprietez et particularitez de commerce et négoce (Toulouse 1607). Siehe *G. Brunet*, Anciens proverbes basques et gascons, recueillis par Voltoire (Paris 1845). Das früheste Beispiel für ein besonderes Slangwörterbuch ist *Pechon de Ruby*, La vie généreuse des mercelots, gueuz et boesmiens, contenans leur façon de vivre, subtilitez et gergon (Lyon 1596). 34 Bonne Response a tous propos. Livre fort plaisant ... auquel est contenu grand nombre des Proverbes, et sentences, ioyeuses ... Traduict de la langue Italienne et reduyt en nostre vulgaire françoys par ordre d'Alphabet, Paris 1547. Dieses Werk gibt italienische und französische Sprichwörter gleicher Bedeutung wieder. Zur Bereicherung der Sprache siehe »Aux lecteurs«, ff. A i^{v}–A iii^{v}. – *G. Meurier*, Recueil de sentences notables, dicts et dictons communs, Adages, Proverbes et Refrains, traduits la pluspart de Latin, Italien et Espagnol, et reduits selon l'ordre Alphabetic, Antwerpen 1568, »Au lecteur«, S. 3^{v}. Andere Ausgaben dieses Werks erschienen unter den Titeln Tresor des sentences dorees, proverbes et dits notables und Tresor de sentences dorees et dictons communs in Rouen 1579 und in Lyon 1577 und 1582. – *Fr. Goedthals*, Les proverbes anciens flamengs et françois correspondants de sentences les uns aux autres, Antwerpen: *Christophe Plantin* 1568. *Goedthals* war ein Bürger von Gent. Der Franzose *Plantin* lobt ihn dafür, daß sein Werk »les vrais proverbes accoustumés en Flameng« sammelt, und hält das Buch für »aggreable à tous ceux qui se delectent de la naîfveté des sententieuses manieres de parler des anciens« (Widmung, S. 3–6). Zu früheren Sammlungen in den Niederlanden siehe *R. Jente* (Hg.), Proverbia Communia, A Fifteenth Century Collection of Dutch Proverbs Together with the Low German Version (University of Indiana Publications, Folklore Series, Nr. 4) Bloomington 1947. – *Jean Le Bon*, Adages de Solon de Voge Par l'Hetropolitain, Premier livre, deux, trois et quatriesme. Reveuë par l'autheur, Paris: *Nicolas Bonfons*, o. J. Über diesen merkwürdigen Schriftsteller, Übersetzer und literarischen Polemiker siehe Les Bibliothèques de La Croix du Maine et Du Verdier, 1: 455–56; 4: 355. *La Croix* gibt das Jahr 1576 als das Erscheinungsdatum einer von Bonfons publizierten Ausgabe dieses Werks an. *Le Bon* war aus Autremont bei Chaumont en Bassigny gebürtig und war der Arzt des Kardinals *de Guise*. – *C. Oudin*, Refranes o Proverbios Castellanos. Traduzidos en lengua Francesa. Proverbes espagnols traducts en françois, Paris 1609^{2}. 35 *R. Doucet*, Les bibliothèques parisiennes au XVIe siècle, Paris 1956, Bibliothek von *Jean Férron*, Jurist im Parlament von Paris, Nr. 628, die Ausgabe von 1531 der Proverbiorum Vulgarium Libri tres von *Charles de Bouelles*, geschätzt auf 2 Sous. *Férron* hatte auch verschiedene Sammlungen gelehrter und biblischer Sprichwörter (Nr. 129, 273, 335, 480), darunter die Adagia des *Erasmus*. – Bonne reponse a tous propos in der Bibliothek von *Pierre Dumas*, Calvinistischer Regens in Béziers; Exemplar 1577 versteigert für 10 Denar. Auch er besaß die Adagia des *Erasmus*. (*P. Jourda*, La bibliothèque d'un regent Calviniste, in: Mélanges d'histoire littéraire de la Renaissance offerts à Henri Chamard, Paris 1951, 269–73 (Ich danke *Michael Hackenberg* für den Hinweis auf diese Bibliothek). – *Cl. de Rubys*, Les privileges, franchises et immunitez octroyees par les roys ... aux consuls, eschevins, manans et habitans ... de Lyon, Lyon 1573, 45. – *Pierre Pithous* Sammlung in der Bibl. Nat., Mss., Collection Dupuy, 630 ff. 183^{r}–201^{v}. *Loisels* Manuskriptsammlung von Proverbes ruraux, vulgaires, anciens et modernes erwähnt in: *Loisel*, Institutes coutumières lxii. Über *Pithou* und *Loisel* siehe *Kelley*, Foundations Kap. 9. 36 *Rabelais*, Le cinquiesme livre, Kap. 22, in: Œuvres, hg. *J. Boulenger / L.*

Scheler, Paris 1955; siehe auch *Rosalie Colies* Rabelais-Diskussion in: Paradoxia Epidemica. The Renaissance Tradition of Paradox, Princeton, New Jersey 1966, 45–47. *Brueghels* Die Sprichwörter wurde 1559 signiert und datiert. 37 *F. Brunot* u. a., Histoire de la langue française des origines à 1900, Paris 1905–53, 2: 174–75; *J. B. Atkinson*, Naïveté and Modernity: The French Renaissance Battle for a Literary Vernacular, in: Journal of the History of Ideas 35 (1974), 179 bis 98, diskutiert die verschiedenen Bedeutungen des Naiven im 16. Jahrhundert. 38 *C. Sachs*, Eine Weltgeschichte des Tanzes 300, 346–352; *Fr. A. Yates*, The Valois Tapestries, London 1959, 57–58. 39 *Loisel*, Institutes coutumières, xxxv–xxxvi und passim. *Atkinson*, Naïveté, Anm. 40. Les Lettres d'Estienne Pasquier, Lyon 1597, ff. 1r–4r, 202r–208v, 435v. Zu *Pasquier* und *Loisel* und ihrer Haltung zum Recht, siehe *Kelley*, Foundations, Kap. 9–10. 40 Abgesehen von den Proverbes communs des *Gilles de Noyers*, die schließlich ihren Weg in den Schatz der französischen Sprache fanden, enthalten die meisten der vorgelegten Sammlungen überhaupt keine derben Redensarten. Die Explications morales enthielten »On auroit aussitost un pet d'un asne mort« (»Man bekäme eher einen Furz von einem toten Esel« bezieht sich auf eine Person, die überhaupt nichts sagen will, egal wie oft sie gefragt wird) mit dem Kommentar: »Von den Sprichwörtern, die ein bißchen schmutzig sind, ist dies eines« (S. 20, siehe Anm. 30). Zur Frage der »Pöbel -« und »obszönen« Sprache im Renaissance-Schrifttum, siehe *M. Bakhtin*, Rabelais and His World, Cambridge/Mass. 1968. 41 Quellen für die folgenden Abschnitte sind: *A. Taylor*, The Proverb; *M. Tilley*, Elizabethan Proverb Lore, New York 1926, besonders 16–29; *Ch. G. Smith*, Shakespeare's Proverb Lore, Cambridge, Mass. 1963, »Introduction«; *R. E. Habenicht*, »Introduction« zu John Heywoods »A Dialogue of Proverbs«, Berkeley/Kalifornien 1963; *R. L. Colie*, The Resources of Kind. Genre-Theory in the Renaissance, Berkeley/Kalifornien 1973, 33–36. – *K. Burke*, The Philosophy of Literary Form, Baton Rouge/La. 1941, 293 bis 304: »Literature as equipment for living«, »Proverbs as strategies for dealing with situations«; *G. B. Milner*, What is a proverb?, in: New Society 332 (6. Feb. 1969) 199–202; *E. O. Arewa/Alan Dundes*, Proverbs and the Ethnography of Speaking Folklore, in: American Anthropologist 66, Nr. 6, Teil 2 (1964), 70–85 (Ich danke *Alan Dundes* für bibliographische Vorschläge); *J. C. Messenger*, Jr., The Role of Proverbs in a Nigerian Judical System, in: *Alan Dundes* (Hg.), The Study of Folklore, Englewood Cliffs/New Jersey 1965, 299–307; *P. Seitel*, Proverbs: A Social Use of Metaphor, in: Genre 2 (Juni 1969), 143–61; *R. Priebe*, The Horses of Speech: A Structural Analysis of the Proverb, in: Folklore Annual of the University Folklore Association (Center for Intercultural Studies in Folklore and Oral History) 3 (1971), 26–32 (Ich danke *Samuel Kinser* für diesen Hinweis); *R. Abrahams*, Proverbs and Proverbial Expression, in: *R. M. Dorson* (Hg.), Folklore and Folklife. An Introduction, Chicago 1972, 117–27. *V. R. Piskacek*, The Maasai, in: William Alanson White Newsletter, Winter 1973–74, 11–12; *E. Keenan*, Norm-Makers, Norm. Breakers: Uses of Speech by Men and Women in a Malagasy Community, in: *R. Bauman/J. Sherzer*, (Hg.) The Ethnography of Speaking, Cambridge 1974; *P. Seitel*, Saying Haya Sayings: Two Categories of Proverb Use, in: *J. David Sapir/J. Chr. Crocker* (Hg.), The Social Use of Metaphor, Philadelphia 1977, 75–99. 42 *Seitel*, Saying Haya Sayings. 43 Auris Batava in: *Philips*, Erasmus, 32–33 (siehe auch Herculei labores, 18). Explications morales, S. 23. 44 So ist sicherlich »Homme de porc et de boeuf« eine vieldeutige Redensart, obwohl der Autor der Explications morales sie nur auf eine Art interpretiert. »Mit diesen Worten weist man auf einen groben, unhöflichen, unehrlichen, ungebildeten Kerl hin, wie er sich gewöhnlich in der untersten Volksschicht findet. Denn das gewohnte Essen solcher Leute ist Schmalz, Schweinefleisch, Rindfleisch und andere schwere Fleischnahrung. Solche unterscheiden sich von Männern, die ehrlicher und feiner sind, ein gutes Leben und eine gute Lebensart haben und sich außerdem von feinerem Essen wie Hammel, Kapaun, Rebhuhn und anderem zarten Fleisch nähren.« (Explications morales, S. 18; vergleiche die unterschiedliche Bewertung von Hammel in Li proverbes au vilain, S. 232 oben. Im 16. Jahrhundert war Hammelfleisch teurer als Rindfleisch). 45 *Taylor*, Proverb, 87. Zu Bauern, die ein Urteil in ihren Auseinandersetzungen fällten, siehe *R. Choppin*, Traité de Privileges des Personnes Vivans aux Champs

(1575), in: Œuvres, Paris 1662, 3: 70–71. 46 Siehe Anm. 34 oben über Sammlungen von Juristen. *Taylor,* Proverb, 86–97; *P. Stein,* Regulae Iuris, From Juristic Rules to Legal Maxims, Edinburgh 1966, Kap. 9; *P. Kocher,* Francis Bacon on the Science of Jurisprudence, in: Journal of the History of Ideas 18 (1957), 3–26; *W. R. Prest,* The Inns of Court under Elizabeth I and the Early Stuarts, 1590–1640, London 1972, 116, 144 ff.; *A. Foth,* Gelehrtes römisch-kanonisches Recht in deutschen Rechtssprichwörtern, Tübingen 1971. *Aristoteles* sprach vom Gebrauch der Sprichwörter als »uralten Zeugen« bei gerichtlichen Fällen (Rhetorik, 1: xv, 13–14). 47 *Le Roux de Lincy,* Proverbes, 2: 548 (alphabetische Liste von *Jean Mielot*). Die meisten Listen ohne Kommentare waren alphabetisch. Bouelles ordnete seine Sprichwörter von 1531 manchmal thematisch, manchmal zufällig. Seine Sammlung von 1557 mit Kommentaren hatte wie die Explications morales eine zufällige Anordnung. Man beachte *Bacons* Kommentar darüber, warum er seine Maxims of the Law zufällig anordnete: »Unzusammenhängende Aphorismen lassen den Witz des Mannes frei dafür, sich zu drehen und zu wenden, und das, was so geboten wird, für zahlreichere Zwecke und Anwendungen zu gebrauchen« (zit. in: *Stein,* Regulae Iuris, 172). 48 *M. de Montaigne,* Essais, Buch 1, Kap. 54 in: Œuvres complètes, hg. *A. Thibaudet/M. Rat,* Paris 1962, 300. 49 *O. de Serres,* Theatre d'Agriculture et Mesnage des Champs, Paris 1600, »Preface«. 50 Unter vielen Quellen, siehe *Le Roux de Lincy,* Proverbes, 1: lxv–lxxx; *A. Adam,* Les libertins au XVIIe siècle, Paris 1964, 12–14; *P. Hazard,* Die Krise des europäischen Geistes, Hamburg 1939, bes. 149–190. *R. Mandrou,* Des humanistes aux hommes de sciences (XVIe et XVIIe siècles), Paris 1973, 154–62; *E. Auerbach,* La Cour et la Ville, in: Scenes from the Drama of European Literature, New York 1959, 133–79 (ausgezeichnet); *Brunot,* Histoire de la langue, 4.1, besonders 227–39, 312–24, 381–87; *C. Favre de Vaugelas,* Remarques sur la langue françoise utiles à ceux qui veulent bien parler et bien escrire, Paris 1647, »Preface«. 51 *D. Bouhours,* Remarques nouvelles sur la langue françoise, Paris 1676², 564. Ballet des Proverbes. Dansé par le Roy, le 17 Fevrier 1654, Paris 1654. 52 *Le Roux de Lincy,* Proverbes, 1: lxxx; [*Jacques Lagniet*], Recueil des plus illustres proverbes, divisees en trois livres, Paris; *Jacques Lagniet,* o. J. (Der Katalog der Bibliothèque Nationale gibt 1657 an; der Katalog der Bernstein Kollektion, Jagiellonische Bibliothek, Krakau, indessen 1667). 53 *A. Oudin,* Curiositez françoises, pour supplément aux Dictionnaires ...avec une infinité de Proverbes, Paris 1656, »Preface«, 23; Les illustres proverbes historiques, ou recueil de diverses questions curieuses, pour se divertir agreablement dans les Compagnies, Paris: *Pierre David* 1655, »Au lecteur«. Diese Ausgabe, die *Le Roux de Lincy* (1: xliv; 2: 574) unbekannt war, befindet sich in der Jagiellonischen Bibliothek, Krakau, in der Bernstein Kollektion. *Fleury de Bellingen,* L'Etymologie ou Explication des Proverbes françois ... en forme de Dialogue, La Haye 1656; Nouveaux proverbes espagnols et françois. Disposes selon l'ordre de l'Alphabet. Pour apprendre avec facilité à parler et escrire en ces langues, Paris 1660; Les illustres proverbes nouveaux et historiques, Paris 1665. (Das Vorwort unterscheidet sich von der Ausgabe von 1655); Proverbes choises. Explications etymologique, prose et vers, Paris 1703. 54 In Wirklichkeit waren zu einem früheren Zeitpunkt des Jahrhunderts einige baskische Sprichwörter in ein Werk von Voltoire einbezogen worden: Interprect ou traduction du Francois, Espagnol et Basque (Lyon o. J.), beschrieben von *Brunet,* Anciens proverbes basques. *Oihenarts* Begeisterung für die Sprache findet sich ebenfalls in dem ersten baskisch gedruckten Werk. Die Linguae Vasconum Primitiae von *Bernard Dechepare* (Bordeaux 1545) beginnt mit einer Widmung, in der *Dechepare* sagt, er schreibe, »um der Welt zur Kenntnis zu geben, daß sich diese Sprache ebensogut zum Schreiben eignet wie die anderen«. Er hofft, daß andere seinem Beispiel folgen und die Zahl der »publications euskariennes« vergrößern werden; *G. Brunet,* Poésies basques de Bernard Dechepare, Bordeaux 1847. Siehe auch *N. Z. Davis,* Printing and the People, in: dies., Society and Culture in Early Modern France, Stanford 1975, 189–226. 55 Les Proverbes Basques recueillis par le S^r^ D'Oihenart, plus les poesies Basques du mesme Auteur, Paris 1657, »Preface«. *Oihenart* war ein Jurist im Parlament von Navarre und hatte zuvor: Declaration historique de l'injuste usurpation et retention de la Navarre, faite par Espagne, o. O. 1625 und Notitia utriusque Vasconiae tum ibericae, tum aquitanicae qua, praeter situm regionis et alia scitu digna, Paris 1638 veröffentlicht. 56 »›Il est Normand, il a son dit et son dédit.‹ Es ist sehr ungerecht, daß ein Recht aus unseren alten Bräuchen, nämlich einen Vertrag binnen vierundzwanzig Stunden annullieren oder bestätigen zu können, in einen Vorwurf der Treulosigkeit gewendet worden ist.« (S. 56, siehe Anm. 57). 57 *Jacques Moisant de Brieux* (1614–74), Les origines de quelques coutumes anciennes, et de plusieurs façons de parler triviales. Avec un vieux manuscrit en vers, touchant l'Origine des Chavaliers Bannerets, Caen 1672, Widmung an den *Duc de Montausier*; S. 3–5, 21–24. *Moisant de Brieux* erwähnt, S. 3–5, daß er ein Jurist im Parlament von Rouen gewesen war. Beispiele für oder Hinweise auf normannische Redensarten oder Bräuche: S. 38, 53, 56, 95–96, 115, 142. Zu *Moisant de Brieux* siehe auch *N. Edelman*, Attitudes of Seventeenth Century France Toward the Middle Ages, New York 1946, 83, 83 Anm. 58 und 96, Anm. 5. 58 *J. B. Thiers*, Traité des superstitions qui regardent les sacrements, Paris 1741[5] (1692), 1: f. a iiii[r-v]. 59 *Moisant de Brieux*, Origines, 15, diskutiert Enfans de la Mate (Beutelschneider etc.): »La mate etoit autrefois une place a Paris ou ces sortes de gens avoient de coutume de s'assembler« (Die Mate war früher ein Ort in Paris, an dem sich solche Leute gewohnheitsmäßig trafen). Ders., 54, 140–41, diskutiert den »Aberglauben« »Faire les Rois avec quelqu' un« und »Bailler les Innocents ... une coutume badine et ridicule«. – *Fleury de Bellingens* Etymologie profitiert auch etwas vom Geist der Altertumsforschung, obwohl sie keineswegs ein so ernstzunehmendes Werk der Beobachtung und Diskussion ist wie das von *Moisant de Brieux*. Siehe zum Beispiel S. 56–57, den Abschnitt über »monter sur l'ours«, S. 56–57. – Über das Sammeln historischer Altertümer im 17. Jahrhundert, siehe *G. Huppert*, La liberté du cerveau: Notes on the psychology of Historical Erudition, in: Méthodologie de l'histoire et des sciences humaines: Mélanges en honneur de Fernand Braudel, Toulouse 1973, 267–77. 60 Empfindungen für die Region förderten nicht automatisch das Interesse an volkstümlichen Sitten. Geschichtsbücher über die Provence und Béarn erwähnen die Bauern und das städtische Volk nur beiläufig neben der politischen Darstellung (*Caesar de Nostradame*, L'histoire et chronique de Provence, Lyon 1624; *Antoine de Ruffi*, Histoire des Comtes de Provence, Aix-en-Provence 1655; *Pierre de Marca*, Histoire de Bearn, Paris 1640). Auf der anderen Seite eröffnete der Curé *Gabriel du Moulin* seine Histoire générale de Normandie, Rouen 1631, mit einer Darstellung zeitgenössischer Bräuche und regionaler Mentalität, die auch Material über bäuerliche Familien einschloß. 61 *G. Ménage*, Les origines de la langue françoise, Paris 1650, Widmungs-Epistel an *M. du Puy* und 18, 652, 546–47. *P. Borel*, Tresor de Recherches et Antiquitez Gauloises et Françoises, Reduites en ordre alphabetique, Paris 1655, f. k iii[r-v]. – Eine Ausgabe von 1694 der Arbeit von *Ménage*, nun unter dem Titel Dictionaire (sic) etymologique schließt die Origines de la langue française von *Pierre de Caseneuve* und ein Vocabulaire Hagiologique des Abbé *Claude Chastelain* ein. *Caseneuve* (1591 bis 1652), gebürtig aus Toulouse, war sehr stark an der Lokalgeschichte der Sprache des Languedoc wie des Provenzalischen interessiert. Sein Traktat über La Catalogne Françoise unterstützt, wie *Oihenarts* Traktat über das spanische Baskenland, französische Ansprüche auf das Gebiet – das heißt, er verband Loyalität zur Region mit Loyalität zu Frankreich. *Chastelains* Arbeit über die Heiligen gibt den lateinischen Namen für jeden Heiligen an, gewöhnlich gefolgt von Variationen des Namens, die in verschiedenen Teilen Frankreichs gebräuchlich waren. 62 *James Howell* (1594?–1666), Proverbs or Old Sayed Sawes and Adages in English (or the Saxon Toung), Italian, French and Spanish whereunto the British, for their great Antiquity and weight are added, London 1659. 63 Zu *Howells* Karriere, siehe das Dictionary of National Biography, 10: 109–14; *J. Howell*, A Survay of the Signorie of Venice, London 1651, 3. Royalistische Maibäume sind erwähnt in *Chr. Hill*, Society and Puritanism in Pre-Revolutionary England, London 1964, 186. 64 In Wirklichkeit umfaßte der höfische Tanzstil viel weniger Volkstanzelemente als in der Mitte des sechzehnten Jahrhunderts. Ein aristokratisches Ballett über Volkssprichwörter zu tanzen, war ein amüsanter Zeitvertreib. Nach *Curt Sachs* hatten »Branle, Courante ... Gavotte ... [und] Menuett ... ihre bäuerliche Herkunft vergessen und sich dem feierlichen Zeremoniell des Bal paré angepaßt.« Madame *de Sévigné* fand die bourrées, die sie in der Auvergne sah, reizend, aber sie kontrastierte sie mit dem, was am Hofe bekannt war; *C. Sachs*, Eine Weltgeschichte des Tanzes, 1933, Nachdruck Hildesheim und New York 1976, S. 267. **65** So hatte auch *Colbert* um »moderner Zwecke« willen ein Interesse an regionalen Traditionen. Auf der einen Seite wollte er, daß sich die französische Sprache in allen Ecken Frankreichs ausbreiten sollte, und versuchte französisch sprechende Priester dazu zu bringen, in der unteren Bretagne zu bleiben. (*F. Brunot* u. a., Histoire de la langue française, Paris 1905–53, 3: 719, Anm. 1). *Orest Ranum* wies mich darauf hin, daß er auf der anderen Seite in den 60er Jahren alles tat, was in seiner Macht stand, um das Aufschreiben regionaler Geschichte zu ermutigen, zum Teil aus Neugier und zum Teil, weil derlei Information als Grundlage der Politik dienen konnte. *O. Ranum* spricht über die Frage provinzieller und nationaler Identität in seiner »Einleitung« zu National Consciousness, History and Political Culture in Early Modern Europe, Baltimore/Md. 1974, und in Artisans of Glory: Historical Thinking and Politics in Seventeenth-Century – France, 1980. – *Soriano*, Contes de Perrault, Teil 3, Kap. 5–6; Teil 5, Kap. 1. **66** Ebd., S. 292, 490. **67** Dictionnaire des proverbes françois ... Par G.D.B. (Brüssel: *George de Backer*, 1710). *J. Le Roux*, Dictionnaire comique, satirique, critique, burlesque, libre et proverbial, Amsterdam 1718; *Joseph Panckoucke*, Dictionnaire des proverbes françois et des façons de parler comiques, burlesques et familières ..., Paris 1748 und Frankfurt 1750, Dictionnaire du sieur Dubois, Amsterdam 1728. **68** Encyclopédie ou Dictionnaire raisonné des sciences, des arts et des métiers, Neuchâtel 1765, 13: 510; 5: 910–12. **69** *Herders* Sammlung deutscher Volkslieder erschien zum ersten Mal 1778, aber die Publikation von *Ossian* hatte lange zuvor schon seine Aufmerksamkeit auf die Schönheit der Volkskunst gerichtet. **70** *Bernard Le Bovier de Fontenelle*, Poesies pastorales ... Avec un traité sur la Nature de L'Eglogue, Paris 1688, 151–54; *P. Van Tieghem*, Le sentiment de la Nature dans le Préromantisme européen, Paris 1960, besonders 218–21; Ders., Le romantisme dans la littérature européenne, Paris 1969, Kap. 1; *L. Gossman*, Medievalism and the Ideologies of the Enlightenment. The World and Work of La Curne de Sainte-Palaye, Baltimore/Md. 1968, bes. 332–48, und Teil 3, Kap. 7. *Anne Claude*, Comte de Caylus (1692–1765), Mémoire sur les fabliaux, in: Memoires de l'Académie des Inscriptions, 20: 358–59. – *Savour-André, Pellas* (Mitglied des Ordens von Minimes), Dictionnaire provençal et françois dans lequel on trouvera les mots Provençaux ... et Proverbes expliquez en François, Avignon 1723. *Grégoire de Rostrenin*, Dictionnaire françois-celtique ou françois-breton. Necessaire à tous ceux qui veulent apprendre à traduire le François en Celtique ou en langue Breton, pour Prêcher, Catechiser et Confesser, selon les differns Dialectes de chaque Diocèse, Rennes 1732. *Rostrenin*, ein Priester, erwähnt ein früheres Wörterbuch des Jesuiten *Julien Maunoir*, datiert Quimper, 1659; *M. de Châlons*, Dictionnaire Breton-François du Diocèse de Vannes ..., Vannes 1723, »Avertissement«. **71** *Claude Fauchet*, Recueil de l'origine de la langue et poesie françoise, ryme et romans, Paris 1581, 28; *Gossman*, Medievalism, Teil 3, Kap. 1, S. 191 und 191, Anm. 54; 211 und 211, Anm. 127. – Siehe auch *A. F. Jaults* Einleitung zu seiner Ausgabe des Dictionnaire etymologique de la langue française, Paris 1750, in der er über die Bedeutung der »divers idiomes de nos Provinces«, die regionalen Dialekte, spricht und über »le Langage même des habitants de la campagne et du bas peuple des villes«, als lauter Quellen für die ältere Geschichte des Französischen. *Antoine Court de Gébelin*, Le Monde primitif analysé et comparé avec le monde moderne consideré dans l'histoire naturelle de la Parole, (Le Monde primitif, 3) Paris 1775, 12–14; *L. M. C. de la Tour d'Auvergne*, Nouvelles recherches sur la Langue d'origine et les Antiquités des Bretons pour servir à l'histoire du Peuple, Bayonne 1792. **72** Einige der vielen Studien zu dieser wichtigen Frage sind *G. Boas*, Essays on primitivism and related Ideas in the Middle Ages, New York 1966 (1948[1]); *G. Chinard*, L'Amérique et le rêve exotique dans la littérature française au XVIIe et au XVIIIe siècles, Paris 1913; *G. Boas*, Vox Populi, 112–42; *F. E. Manuel*, The Eighteenth Century Confronts the Gods, New York 1967 (1959[1]), besonders 41–46, 141–42, 149–61, 184–209, 250–58; *M. Hodgen*, Early Anthropology in the Sixteenth and Seventeenth Centuries, Philadelphia 1964, besonders Kap. 8 und 12. – *Lancelot Voisin de La Popelinière*, L'Histoire des histoires, avec l'Idee de l'Histoire accomplie, Paris 1599, 25–34. 73 Zusätzlich zu den in Anm. 72 genannten Quellen; *Claude Guichard,* Funerailles et diverses manieres d'ensevelir des Rommains, Grecs et autres nations, tant anciennes que modernes, Lyon 1581, 463, wo er *Jean de Lérys* Histoire d'un voyage faict en la terre du Bresil (1578) zitiert. *Jean Jacques Rousseau,* Essai sur l'origine des langues, in: Œuvres complètes, Paris 1825, 1: 469–564, Kap. 2–4. – *Vico* diskutierte jedoch Sprichwörter nicht speziell in Beziehung auf eine seiner drei Arten von Gesellschaft oder Kultur (göttlich, heroisch, menschlich). Von »alten und modernen« Völkern gebraucht, waren sie Beweis »einer geistigen Sprache, die allen Nationen gemeinsam ist«. Sie enthielten überall ähnliche Bedeutungen, die aber je nach Nation einen höchst unterschiedlichen Ausdruck und Stil fanden. *G. Vico,* Die neue Wissenschaft über die gemeinschaftliche Natur der Völker, Reinbek 1966, Nr. 161, 445. Ich danke *Stephen Greenblatt,* der mich hierauf aufmerksam gemacht hat. 74 *Pasquier* hatte die Tatsache der Veränderung der Sprache und der Bräuche des Volkes betont, obwohl er nicht über die Frage der Kreativität nachgedacht hatte. Als das gelehrte Interesse wuchs, Spuren der fernen Vergangenheit in Sprache und Bräuchen des Volkes zu finden, wurden das »Alter« der Volkskultur und ihre Unveränderlichkeit immer mehr betont, und Erfindungsgeist in diesem Bereich schien immer weniger wahrscheinlich. 75 Zum Begriff der »Kultur« und seinem Verhältnis zu Gelehrsamkeit und Denken des achtzehnten Jahrhunderts, siehe *Gossman,* Medievalism, 176, 353, und *C. Geertz,* The Interpretation of Cultures. Selected Essays, New York 1973, Kap. 2–3. 76 *Jean-Charles-François Tuet,* Matinées Senonoises, ou proverbes françois, suivis de leur origine; de leur rapport avec ceux des langues anciennes et modernes, Paris 1789. 1742 in Ham geboren, lehrte *Tuet* Humanwissenschaften am Collège de Sens und starb 1797 in Sens. Unter seinen anderen Werken sind Eléments de poésie latine (1778) und Projet sur l'usage qui l'on peut faire des biens nationaux (1790). Dictionnaire des lettres françaises, Dix-huitième siècle, Paris 1960, L–Z, S. 598–99. – Zu einer interessanten Diskussion der »Obszönität« und ihrer Geschichte siehe *Charles de Brosses,* Traité de la formation méchanique des langues et des principes physiques de l'etymologie, Paris 1765, 2: 143–57. *De Brosses* meinte ebenfalls, es sei bedauerlich, wenn so viele Wörter tabuisiert würden. 77 Siehe die einleitenden Aufsätze der Bände 1 und 2 der Mémoires de l'Académie Celtique (1807–8) wegen ihrer Aussagen zu Zweck und Methodik. »Ce que nous méprisons aujourd'hui comme des contes populaires, comme des monuments grossiers, sont des vestiges précieux de la sagesse (des) anciens legislateurs« – »Was wir heute als Volksmärchen, als plumpe Grabmäler verachten, sind die kostbaren Spuren der Weisheit der alten Gesetzgeber« (1: 62–63). 1813 wurde die Académie zur Societé des Antiquaires. 78 Im Gegensatz nicht nur zu *Herder,* sondern auch zu *Michelets* späterem Ansatz in Le Peuple (1846). 79 *Jacques-Antoine Dulaure* (1755–1835), Archéographe du lieu de la Tombe, et de ses environs, in: Mémoires de l'Académie Celtique, 2 (1808), 446–57. Siehe auch sein Des divinités génératrices chez les anciens et les modernes (1825), Paris 1905, mit einer einführenden Notiz über sein Leben. Siehe auch Dictionnaire des lettres françaises. Le dix-neuvième siècle, 1971, A–K, 339–40. 80 *Anthelme Richerand,* (1779 bis 1840), Des erreurs populaires relatives à la médecine (1810), Paris 1812[2]. 81 Die verschiedenen Werke mit Erreurs populaires erlebten weniger Auflagen als Bücher mit Heilmitteln und Rezepten (siehe Anm. 83 und 96 unten). Signatur im Exemplar der Erreurs populaires (1578) des *Laurent Joubert* in der Academy of Medicine in Toronto: »Urbain hemard«. *N. Becquart,* Inventaire des effets d'un chirurgien de Périgueux en 1671, in: Bulletin de la societé historique et archéologique du Périgord 95 (1968) 290–93: Dieser Chirurg besaß *Jouberts* Erreurs populaires und ein anderes Buch mit einem ähnlichen Titel. 82 La grande chirurgie de M. Guy de Chauliac, medecin tres fameux de l'université de Montpelier, composée l'an de grace mil trois cens soixante trois. Restituée par M. Laurens Ioubert, Lyon 1580. – Le régime de santé beruht auf der gesunden Lebensführung der mittelalterlichen Schule von Salerno und erlebte im sechzehnten Jahrhundert zahlreiche Auflagen auf französisch und lateinisch. Der Tresor des povres wurde dem mittelalterlichen Arzt *Arnault de Villeneuve* zugeschrieben. Das Werk und seine Ausgaben werden in der Histoire littéraire de la France (Paris 1733–1941) 28, 96–98, diskutiert. Eine von zahlreichen Ausgaben: Le tresor des povres selon Arnoult de Villenove ... et plusieurs autres docteurs en medecine de Montpellier, Lyon: *Claude Nourry* 1512. Es gab auch Ausgaben in Paris (1512) und in Lyon (*Benoît Rigaud*, 1590). Unter den Ausgaben von »Albertus Magnus«, De secretis mulierum libellus ..., Lyon: *Barthélemy Vincent* 1571; Albertus Magnus de Secretis Mulierum..., Amsterdam 1665. **83** Zu diesem Werk siehe *J. Ferguson*, Bibliographical Notes on Histories of Inventions and Books of Secrets, London 1959. Das Werk erschien zuerst 1555 auf italienisch in Bologna; die erste französische Ausgabe wurde 1557 von *Christophe Plantin* in Antwerpen gedruckt und wurde von einer Reihe weiterer Ausgaben von *Guillaume Rouillé* und anderen gefolgt. Ich zitiere hier nach der englischen Ausgabe, die zuerst 1558 erschien: The Secrets of Alexis: Containing Many Excellent Remedies against Divers Diseases ..., London 1615, f. A 5r. – Unter den Büchern von Ärzten aus dem 16. Jahrhundert in der »Geheimnisse«-Tradition: La decoration Dhumaine nature et aornement des dames. Compile ... par Maistre Andre le Fournier docteur regent en la faculte de Medecin en Luniversite de Paris, Lyon 1532; *Jean Liébault*, Thrésor des remedes secrets pour les maladies des femmes, Paris 1587, sowie das medizinische Material, das er zu den späteren Ausgaben von *Charles Estiennes* Landwirtschaftshandbuch La Maison Rustique; Les secrets et merveilles de nature. Recueillis de divers Autheurs... par Iean Iacques Wecker de Basle, Medecin de Colmer. Traducts en François..., Lyon 1586. **84** Diskutiert von *Laurent Joubert*, Erreurs populaires au fait de la medecine et regime de la santé, Bordeaux 1578, Buch 1; und von *Luc d'Iharce*, Erreurs populaires sur la médecine, Paris 1783, 449–54. **85** *W. Wightman*, Science and the Renaissance, Edinburgh 1962, 1: 211 bis 13; *O. Temkin*, Galenism. Rise and Decline of a Medical Philosophy, Ithaca/New York 1973, 125–28. In seiner Précellence von 1579 (zitiert in Anm. 30), reagierte *Henri Estienne* auf dieses Werk der Reinigung (*Joubert* nannte es »eine Säuberung des Augiasstalls«): Ärzte finden vieles an den Vorschriften der Schule von Salerno kritikwürdig. Vielen von ihnen, die vor dreißig Jahren akzeptiert waren, wird nun allgemein widersprochen (213–15). **86** *P. Delaunay*, La médecine et l'église, Paris 1948, 81–83; *C. A. E. Wickersheimer*, La médecine et les médecins en France à l'époque de la Renaissance, Paris 1906, Kap. 3; *J. Céard*, »Introduction« zu: *Ambrose Paré*, Des monstres et prodiges, hg. *Jean Céard*, Genf 1971, xiv–xvi; *L. Joubert*, Erreurs populaires et propos vulgaires touchant la medecine et le regime de santé... Reveue corrigée et augmentée, Bordeaux 1579, 411. **87** *Temkin*, Galenism, 128–33. *Allen G. Debus*, The English Paracelsians, New York 1966, Kap. 1. *Paracelsus* war selbst auch nicht ohne professionelle Maßstäbe: Im Vorwort zu seiner Chirurgia minor unterschied er Scharlatane von den wahren Ärzten; erstere waren religieux, die mit Gebeten zu heilen versuchten, und Metzger und andere, die auf der Basis von ein bißchen Angelesenem zu praktizieren versuchten. **88** Vgl. *N. Z. Davis*, Printing and the People, in: dies., Society and Culture in Early Modern France, Stanford 1975, 189 bis 226. **89** *Laurent Joubert*, Segonde (sic) Partie des Erreurs populaires et propos vulgaires, touchant la Medecine et le regime de santé, Paris 1580. Zitat aus der Einleitung des Meisterchirurgen *Barthelemy Cabrol*, f. B iv. **90** Zu *Jouberts* Karriere, siehe *L. Dulieu*, Laurent Joubert, chancelier de Montpellier, in: BHR 31 (1969) 139–67; *Joubert*, Erreurs (1579), 1: 412–36; 2 c iv bis viv. Ders. Erreurs (1580), 159–87. **91** *Joubert* war nicht der Meinung, daß alle weibliche medizinische Praxis wertlos sei. Er widmete seine Grande Chirurgie de M. Guy de Chauliac seiner Mutter *Catherine de Genas* und lobte es, daß sie die Armen und Kranken verbunden hatte, lobte ihren Balsam für mal des tetins – Brustentzündung – (der so vielen armen Frauen geholfen hatte und nun überall in der Dauphiné, um Lyon und in der Provence bekannt war), ihren Kräuterwein und ihre Gelees (Widmung vom 1. August 1578). Das Werk wurde zum ersten Mal 1580 in Lyon veröffentlicht. – Auf der anderen Seite hatte *Joubert* nicht die geringste Sympathie für die Ansicht, die der Jurist *René Choppin* geäußert hatte, als er über eine Klage schrieb, die die medizinische Fakultät von Paris gegen eine die Medizin praktizierende Bauersfrau angestrengt hatte. *Choppin* kommentierte ... Wie viele medizinische Weise sind von einer einfachen alten Bauersfrau übertroffen worden, die mit einer einzigen Pflanze oder einem einzigen Kraut eine Medizin für Krankheiten fand, an denen die Ärzte verzweifelten«. Traité de Privileges des Personnes Vivans aux Champs (1575), in: Œuvres, Paris 1662, 3: 57). 92 *Joubert*, Erreurs (1579), 1: 408–12, 528, 196–97. 93 Über den Angriff auf *Jouberts* Werk wegen der Sprache, in der es sexuelle Dinge behandelte, siehe *Dulieu*, Joubert, 148–49; und *Joubert*, Erreurs (1579), 1: 3–11. De Gli Errori populari dell'Eccellentiss. sign. Lorenzo Gioberti, Florenz 1592. *Thomas Browne*, Pseudodoxia Epidemica or Enguiries into very many received tenents and commonly presumed truths, London 1658[4] (eine französische Übersetzung wurde 1735 und 1742 publiziert); *M. L. Castilhon*, Essai sur les erreurs et les superstitions anciennes et modernes, Frankfurt 1766. 94 *Jean de Rostagny* bezeichnete sich selbst auf der Titelseite des Traité de Primerose sur les erreurs vulgaires de la medecine (Lyon 1689) als Medecin de la Société Royale. Im Jahr zuvor war ein anderes Buch in der Tradition des »Korrigierens« veröffentlicht worden, das sich auch auf eine Königliche Gesellschaft der Medizin bezog: Secrets concernant la beauté et la santé. Recueillis et publiez par ordre de Monsieur Daquin, Conseiller du Roy ... et Premier Medecin de sa Majesté. Par *M. de Blegny*, Conseiller, Medecin ordinaire de Monsieur, et Directeur de la Société Royale de Medecine (Paris 1688). *Nicolas de Blégny* (1652–1722), ein Chirurg, Arzt und Medizinjournalist ordnete hier ausgewählte traditionelle Heilmittel nach Themen an und versuchte, für jedes von ihnen zu bestimmen, ob es funktionieren würde oder nicht. Offenbar bestand die Société, die in der Forschungsliteratur nicht diskutiert wird, nicht lange. Die spätere Société Royale de Médecine wurde 1776–77 gegründet. 95 *James Primerose* wurde in Bordeaux als Sohn eines schottischen Geistlichen geboren, und war später mit Montpellier verbunden. Sein De vulgi erroribus in Medicina Libri IV erschien 1639 in Amsterdam und 1658 in Rotterdam. Erste englische Übersetzung: Popular Errours, or the Errours of the People in Physik ... translated into English by Robert Wittie, London 1651. Traité de Primerose sur les erreurs vulgaires de la medecine, avec des additions très curieuses par M. de Rostagny, medecin de la Societé royale et de S. A. R. Madame de Guise, Lyon 1689, Widmung von *Jean de Rostagny* an den Bischof von Marseille, in der er sagt, daß er dieses Buch aus dem Englischen übersetzt hat. *Rostagny* veröffentlichte auch eine Übersetzung einer Arbeit von *Robert Boyle*. – *Iharce*, Erreurs populaires, 387 (Erwähnung der Edikte der Société Royale de Médecine); *Richerand*, Erreurs (1812), v–viii. – Über den medizinischen Beruf und seine Institutionen im achtzehnten Jahrhundert, siehe *R. Hahn*, The Anatomy of a Scientific Institution. The Paris Academy of Sciences, 1666–1803, Berkeley/Californien 1971, 102–3; *J. Meyer*, Une enquête de l'académie de Médecine sur les épidémies (1744–1794), in: Annales 21 (1966), 729–49; *J.-P. Peter*, Une enquête de la Société Royale de Médecine (1774–1794): Malades et maladies à la fin du XVIIIe siècle, in: Annales 22 (1967), 711–51 – abgedruckt in: *A. Imhof* (Hg.), Biologie des Menschen in der Geschichte. Beiträge zur Sozialgeschichte der Neuzeit aus Frankreich und Skandinavien, Stuttgart 1978, 274–359. *J.-P. Goubert*, The extent of medical practice in France around 1780, in: Journal of Social History 10 (1977), 410–27; *M. Ramsey*, Medical power and popular medicine: Illegal healers in nineteenth century France, in: ebd., 560–87. *T. Gelfand*, Medical professionals and charlatans. The Comité de Salubrité enquête of 1790–1791, in: Histoire sociale – Social History 11 (1978), 62–97; und die Sonderausgabe von Annales 32 Nr. 5 (1977) gewidmet »den Medizinern, der Medizin und der Gesellschaft in Frankreich im 18. und 19. Jahrhundert«. 96 Unter den Ausgaben von *Madame Fouquets* Werk: Recueil de Receptes, Choisies, Experimentées et Approuvées ... Reveue et Corrigee de Nouveau, Montauban 1676; Les remedes charitables de Madame Fouquet. Pour guerir a peu de frais toute sorte de Maux ... Experimentez par la Dame, Lyon 1681, einschließlich einer Widmung, datiert April 1680, an die Priester und Kleriker der Séminaires, in der sie gedrängt werden, sich um die Kranken zu sorgen; Recueillis par les Ordres Charitables de ... Madame Fouquet, pour soulager les Pauvres Malades, Dijon 1690, Widmung des Verlegers an »fromme und wohltätige Damen«. – Recueil des plus beaux secrets de medecine, pour la guerison de toutes les maladies ... Et la maniere de preparer facilement dans les Familles les remédes et medicamens, Paris 1695. – La Medecine et la Chirurgie des Pauvres Qui contiennent Des remèdes choisis, faciles à preparer et sans dépense, Paris 1749; und eine Neuauflage, Paris 1766. Dieses Werk ist nicht dasselbe wie *Philippe Hecquets* La Medecine, la chirurgie et la

Pharmacie des Pauvres, das trotz seines Titels ein Versuch war, die »Geheimnisse« von Neuem in einer Art zu schreiben, die befriedigender für aufgeklärte Ärzte war. 97 *Rostagny*, Erreurs, Buch 1, S. 20, Kap. 5–9; *Iharce*, Erreurs, 382–415; *Richerand*, Erreurs (1812), 312–15. 98 Die medizinischen Korrektoren glaubten nicht, daß sich populäre Irrlehren ausschließlich bei den Bauern oder dem menu peuple fänden. Junge Ärzte können von ihnen geplagt werden, sagte *Joubert*. Wenn Personen von hohem Rang an »Erreurs populaires« glauben, sagte *Iharce*, dann sind sie in dieser Beziehung einfach nur »Volk«. *Richerand* wollte die »vulgären Irrtümer« der Ärzte ebenso wie die des Volkes korrigieren. 99 *Rostagny*, Erreurs, S. 296, Buch 3, Kap. 3–4; *Richerand*, Erreurs (1812), 275. 100 *Iharce*, Erreurs, 421–26. Über »populäre Medizin« im späten achtzehnten und neunzehnten Jahrhundert siehe *M. Bouteillier*, Médecine populaire d'hier et d'aujourd'hui, Paris 1966, 11–107. 101 *Daniel Le Clerc*, Histoire de la médecine, Où l'on voit l'origine et le Progrès de cet, de Siècle en Siècle, Amsterdam 1702, Teil I und S. 25–46; *François Dujardin*, Histoire de le Chirurgie, Depuis son origine jusqu'à nos jours, Paris 1774, 2–29. 1804 schrieb *Etienne Tourtelle*, er meine, die Bauern verlören den Kontakt mit den alten überlieferten Traditionen der Kräutermedizin wegen »der Leichtigkeit, mit der sie zu einem Arzt laufen können«. So begannen sie damit, sich von der Medizin der »peuplades des sauvages« abzusetzen (Histoire philosophique de la médecine, Paris 1804, 3). *Iharce*, Erreurs, 456–57. 102 *Iharce*, Erreurs, 386–87. 103 *G. Bouchard*, Le village immobile: Sennely-en-Sologne au XVIIIe siècle, Paris 1972, 365. 104 Ebd., 120.

Bob Scribner: Reformation, Karneval und die ›verkehrte Welt‹

1 Der Begriff »Fastnacht« kann in zweifachem Sinn gebraucht werden: zur Bezeichnung der Zeit der Karnevalsfestlichkeiten vor Beginn der Fastenzeit, d. h. gewöhnlich die sechs Tage vor Aschermittwoch, oder zur Bezeichnung des Faschingsdienstags. Ich werde Fastnacht hier zur Bezeichnung des letztgenannten Datums verwenden. Moderne Erforschung der Fastnacht und des Karnevals in Deutschland überhaupt erfolgt erst seit jüngster Zeit. Einen Überblick zur Forschungslage geben: Fasnacht (= Beiträge des Tübinger Arbeitskreises für Fasnachtsforschung) Tübingen 1964; Dörfliche Fasnacht zwischen Neckar und Bodensee (= Beiträge des Tübinger Arbeitskreises für Fasnachtsforschung) Tübingen 1966; Masken zwischen Spiel und Ernst (= Beiträge des Tübinger Arbeitskreises für Fasnachtsforschung) Tübingen 1967. Die Erforschung der »Fastnachtsspiele« ging in verschiedene Richtungen, verfolgte insgesamt jedoch literarische Aspekte. Eine detaillierte Bibliographie zu Fastnachtsspielen enthält: *D. Wuttke* (Hg.), Fastnachtsspiele des 15. und 16. Jahrhunderts, Stuttgart 1973, 365–99. Zum Verhältnis von Karneval und Volkskultur vgl.: *P. Burke*, Popular Culture in Early Modern Europe (1978), 178–204; auf deutsch erschienen unter dem Titel: Helden, Schurken und Narren, Europäische Volkskultur in der frühen Neuzeit, Stuttgart 1981. Die Arbeit berührt zahlreiche der in meinem Aufsatz diskutierten Punkte, erschien jedoch zu spät, als daß ich mich eingehend auf sie hätte beziehen können. Ich möchte jedoch *Peter Burke* Dank sagen für die zahlreichen und fruchtbaren Diskussionen, die wir miteinander über dieses Thema geführt haben. 2 Hier sind einige Bemerkungen zu den Schwierigkeiten vonnöten, die die Quellen für unsere Vorfälle bieten. Die häufigsten offiziellen Quellen für den Karneval sind Ratsprotokolle und Gerichtsakten – etwa Strafgeld- und Verhörslisten sowie Gerichtsprotokolle –, gelegentlich auch Einträge in Rechnungsbüchern und, seltener, Bemerkungen in offiziellen Korrespondenzen. Einige Forscher betrachten diese (höchst seltenen) Aufzeichnungen jedoch als irreführend, da in ihnen nur außergewöhnliche Fälle vermerkt sind. Vgl. dazu: *H. Berner*, Fasnacht und Historia, in: Fasnacht 44. Das Trugschlußargument zitierend: quod non in actis, non est in mundo, bevorzugen sie die ›regressive Methode‹; vgl. dazu die Diskussion von *Peter Burke* in dessen Studie: Oblique approaches to the history of popular culture, in: *C. W. E. Bigsby* (Hg.), Approaches to popular

culture (1976), 79. – Zahlreiche Quellen für unsere Vorfälle sind Chroniken, die gewöhnlich einige Zeit nach den beschriebenen Ereignissen verfaßt wurden. Wo sie nicht durch ein den Ereignissen zeitlich entsprechendes Zeugnis bestätigt werden, sehen wir uns dem Problem konfrontiert, inwieweit den von ihnen angeführten Details Glauben geschenkt werden kann. Es besteht die Gefahr, daß eine solche Chronik einen Mythos oder Propaganda berichtet, die zwar ihrerseits für die Erforschung von Volkskultur wichtig sind, aber gänzlich andere Probleme aufwerfen als die, die in diesem Aufsatz behandelt werden. Wo es mir nicht gelang, die Vorfälle in offiziellen Quellen zu verifizieren, verließ ich mich auf folgende Sachverhalte: daß zwei oder mehr Chroniken einander bestätigten, ohne daß sie entsprechendes Material voneinander übernahmen; oder daß der Verfasser der Chronik Zugang zu offiziellen Aufzeichnungen hatte und die Chronik zumeist in einem zeitlichen Abstand von einer Generation zu dem betreffenden Ereignis verfaßte; oder daß der Chronist ein Augenzeuge des Ereignisses war. 3 Die Quellen für den Wittenberger Vorfall werden diskutiert von *M. Perlbach/J. Luther*, Ein neuer Bericht über Luthers Verbrennung der Bannbulle, in: Sitzungsberichte der königl. preuss. Akademie der Wissenschaften V (1902), 95–102. Vgl. auch: *O. Clemen*, Über die Verbrennung der Bannbulle durch Luther, in: Theol. Studien und Kritiken LXXXI (1908), 460–9. 4 Die Schilderung beruht auf dem ausführlichsten zeitgenössischen Bericht, dem Pamphlet ›Exustionis Antichristianorum decretalium acta‹, das in zwei gedruckten Ausgaben erschien; vgl. dazu: *M. Luther*, Werke. Kritische Gesamtausgabe, Weimar 1887ff. (abgekürzt als WA), VII, 184–5, sowie WA Briefwechsel II, 269 Anm. 19. 5 *Perlbach/Luther*, ebd., 97; WA Briefwechsel II, 269. 6 *Luther* an *Spalatin*, 17. Febr. 1521, in: WA Briefwechsel, II, 266. 7 Vgl. den Text bei *Clemen*, Verbrennung 466–9. 8 *G. C. F. Mohnike/E. H. Zober* (Hg.), Johann Berckmann Stralsundische Chronik, Stralsund 1833, 33. 9 *M. Perlbach/R. Philippi/B. Wagner* (Hg.), Simon Grunaus Preussische Chronik, 3 Bde., Leipzig 1875–89, II, 646–7, 664, 734–7. *Grunau* ist die unzuverlässigste unserer Karnevalsquellen, vor allem wegen seiner Schwäche zu fabulieren und seiner permanenten Polemik gegen den neuen Glauben. Andererseits war *Grunau* ein Franziskaner, der den größten Teil seines Lebens in Danzig und Elbing verbrachte und die dortige Gegend gut kannte. Sein Bericht über den Danziger Vorfall wird durch offizielle Quellen bestätigt, was zumindest die Wahrscheinlichkeit erhöht, daß die beiden anderen von ihm mitgeteilten Vorfälle als verläßliche Berichte gelten können. 10 *P. Merker* (Hg.), Thomas Murners deutsche Schriften, IX, Straßburg 1918, 313, interpretiert eine Passage aus Murners Satire von 1522 »Von dem grossen lutherischen Narren«, Zeilen 406–8, dahingehend, daß eine Puppe *Luther*s vor seinem Fenster auf und ab getragen wurde, um ihn zu ärgern. Bis dato konnte ich unabhängig davon keine Bestätigung dafür finden. 11 *L. Dacheux* (Hg.), Les chroniques Strasbourgeoises de Jacques Trausch et de Jean Wencker. Les Annales de Sébastien Brant, Straßburg 1892, 225, no. 3, 470. Brants »Annalen« sind Fragmente eines Ratsprotokolls. 12 *H. U. Roller*, Der Nürnberger Schembartlauf, Tübingen 1965, 140. 13 *S. L. Sumberg*, The Nuremberg Schembart Carnival, New York 1941, 107–8. Der Schembart-Karneval war ursprünglich ein von der Metzgerzunft aufgeführter Moriskentanz, der sich zu einem Umzug entwickelt hatte, bei dem die Tänzer von Läufern begleitet wurden, die als »Aufseher« fungierten. Zum Zug gehörten auch groteske Figuren sowie ein Gefährt, genannt »die Hölle«, das auf dem Höhepunkt des Festes auf dem Marktplatz gestürmt und zerstört wurde. 14 Vgl. *V. Anshelm*, Die Berner Chronik des Valerius Anshelm, IV, Bern 1893, 261, 475 dort die wichtigsten Fakten. Seine Datierung – statt 1522 nun 1523 – wurde richtiggestellt von *F. Vetter*, Über die zwei angeblich 1522 aufgeführten Fastnachtsspiele Niklaus Manuels, in: Beiträge zur Geschichte der deutschen Sprache und Literatur, XXIX (1904), 80–117. Vgl. auch: *C. A. Beerli*, Quelques aspects des jeux, fêtes et danses à Berne pendant la première moitié du XVIe siècle, in: *J. Jacquot* (Hg.), Les fêtes de la Renaissance, I (Paris 1956), 361–5. Die Texte der Fastnachtsspiele finden sich bei *F. Vetter* (Hg.), Niklaus Manuels Spiel evangelischer Freiheit. Die Totenfresser. Vom Papst und seiner Priesterschaft 1523, Leipzig 1923. 15 Vgl. »Balthasar Gans Chronik«, in: *F. A. Meckelburg* (Hg.), Die Königsberger Chroniken aus der Zeit des Herzogs Albrechts, Königsberg 1865, 164 Anm. 15. –

Gans war Sekretär des Herzogs von Preußen und vollendete seine Chronik 1547. Laut *P. Tschakkert*, Urkundenbuch zur Reformationsgeschichte des Herzogtums Preußen, I, Leipzig 1890, 83, beruht *Gans'* Chronik auf guten Quellen und ist im allgemeinen zuverlässig. 16 Die Beschreibung findet sich in dem Pamphlet von 1524, Von der rechten Erhebung Bennonis ein Sendbrief, in: *O. Clemen* (Hg.), Flugschriften aus den ersten Jahren der Reformation, I, Leipzig 1907, 185–209. Das Pamphlet beruht auf dem Augenzeugenbericht des lutherischen Predigers in Buchholz, *Friedrich Myconius. Myconius'* Originalbrief ist wiederabgedruckt bei *J. K. Seidemann*, Schriftstücke zur Reformationsgeschichte, in: Zeitschrift für die hist. Theologie XLIV (1874), 136–8. 17 Stadtarchiv Ulm, Ratsprotokolle, 8, 125: »Allen meinen herren den Rat ist by irem aide gepoten, wann sie erfaren wer der personen syennt, dy jungst in der fassnacht in gleichnuss als tragen sie das heillig Sacrament gangen sein, das sie an das meinen hern Burgermaister oder meinen herrn den funf annzeigen, und das dy selben in thurm geleget werden sollenn« (3. März 1525). – *C. T. Keim*, Die Reformation der Reichsstadt Ulm, Stuttgart 1851, 61, erwähnt, daß der Klerus zum Besten gehalten und das Sakrament als ein »fauler Gott« verspottet wurde, weil man es tragen müsse. *Keim* ist keine zuverlässige Quelle, und ich konnte den Ursprung seiner Informationen nicht eruieren. Bei *G. Bossert*, Württembergische Kirchengeschichte, Stuttgart 1893, 277, wird die Verspottung des Klerus erwähnt. Für diesen Hinweis danke ich *Kaspar von Greyerz*, Institut für europäische Geschichte, Mainz. 18 Vgl. das Nürnberger Ratsedikt vom 28. Febr. 1525: »zu erfaren, wem in diss vassnacht gespötsweise ein crucifix sei vorgetragen«, in: *G. Pfeiffer* (Hg.), Quellen zur Nürnberger Reformationsgeschichte, Nürnberg 1968, Ratsverlaß 361. 19 *Peter Schumanns* Chronik bei: *R. Falk*, Zwikkauer Chroniken aus dem 16. Jahrhundert, in: Alt-Zwickau 1923, 8. *Schumanns* Chronik ist relativ zuverlässig und wurde fast zeitgleich zu den Ereignissen verfaßt. Die relevanten Passagen sind auch erwähnt bei: *P. F. Doelle*, Reformationsgeschichtliches aus Kursachsen, Münster 1933, 97. 20 *M. Sixtus Braun*, Naumburger Annalen vom Jahre 799 bis 1619, Naumburg 1892, 193–4. *Braun* war 1578 Sekretärs-Syndikus in Naumburg und 1592 Bürgermeister und benutzte für seine Annalen offizielle Quellen. 21 *H. G. Wackernagel*, Altes Volkstum der Schweiz, Basel 1956, 250–65: »Die Pfeiferknaben von Boersch im Jahre 1525«, auf offiziellen Quellen beruhend. 22 Das Geschehen wird in mehreren zeitgenössischen Chroniken beschrieben und durch offizielle Quellen bestätigt: (1) Aufzeichnungen eines Basler Karthäusers aus der Reformationszeit, in: *W. Fischer / A. Stern* (Hg.), Basler Chroniken, Leipzig 1872, I, 447–8. (2) Die Chronik des Fridolin Ryff, in: ders., 57, 88. – *Ryff* war 1529 Beamter der Weberzunft, kurz darauf Zunftmeister. (3) Die Chronik Konrad Schnitts 1518–33, in: dies. VI, 116. – *Schnitt* war 1530 Meister der Malerzunft und 1530–36 Stadtrat. (4) *P. Roth* (Hg.), Aktensammlung zur Geschichte der Basler Reformation, IV, Basel 1941, 70: Zeugenaussagen vor Gericht zum Bildersturm, 26. August 1529. 23 *G. Cordes* (Hg.), Die Goslarer Chronik des Hans Geismar, Goslar 1954, 135. *Geismar* war 1522 geboren und lebte die meiste Zeit in Goslar. Sein Vater war ab 1503 Ältester der Schuhmacherzunft. *U. Hölscher*, Geschichte der Reformation in Goslar, Hannover 1902, 53–4, datiert den Vorfall fälschlich auf 1528. 24 *C. A. Cornelius*, Berichte der Augenzeugen über das Münsterische Täuferreich, Münster 1853, 9: »Meister Heinrich Gresbecks Bericht«. *Gresbeck* war ein Augenzeuge der Münsteraner Geschehnisse zur Zeit der Täuferherrschaft und sein Bericht gilt im großen und ganzen als zuverlässig. *H. Moser*, »Städtische Fasnacht des Mittelalters«, in: Masken zwischen Spiel und Ernst, 190, datiert das Geschehen auf 1535, doch aufgrund der Stelle, an der es in *Gresbecks* Bericht erscheint, muß es 1532 stattgefunden haben. *H. von Kerssenbroick*, Geschichte der Wiedertäufer zu Münster, Münster 1881, 467, erwähnt zwar nicht diesen Fall, doch berichtet er über den von 1534, der bei *Gresbeck* nicht erwähnt ist. *Kerssenbroicks* Geschichte erschien erstmals 1568 in Latein. Der Autor hatte bis 1533 in Münster studiert, doch vor der Täuferherrschaft die Stadt verlassen; später unterrichtete er 25 Jahre lang an der Domschule. Sein Bericht, sehr parteilich und voller Polemik gegen die Täufer, wird als weniger zuverlässig als der Gresbecks betrachtet. Vgl. dazu *R. Stupperichs* Vorwort zu dem Faksimile-Reprint von 1959, in: *Cornelius*, Berichte. 25 *J. Schlecht*, Der Hildesheimer Fasching 1545, in: Römische Quartalsschrift für christ. Altertumskunde X (1896), 170–7. Es enthält einen zeitgenössischen Bericht eines katholischen Beobachters; das von *Schlecht* angeführte Datum muß zu 1543 korrigiert werden, da dies das einzige Jahr war, in dem der Karneval mit dem Fest der Reinigung begann. **26** Vgl. *Dacheux*, Les chroniques Strasbourgeoises 225, no. 3, 335 (1, 504): »Item seind die spiel nach alten brauch jährlich auff Weihnachten (nacht vor dem Christtag) vorbotten worden, und auf den Christtag ausgeruffen.« Zu Weihnachtszeremonien in Basel, die sich nicht von denen im Elsaß unterschieden haben dürften, vgl.: *E. Hoffmann-Krayer*, Neujahrsfeier im alten Basel und Verwandtes, in: Kleine Schriften zur Volkskunde, Basel 1946, 95–125. **27** Ich bin dem Stadtarchivar von Northeim dankbar, der mir diesen Hinweis gegeben hat und mich auf den Vorfall in Goslar aufmerksam machte. Daß solche Vorfälle mit Zunftfeiern zusammenhängen konnten, zeigt ein Bericht von 1518, in dem es heißt, daß die Straßburger Schusterlehrlinge einen Bischof in ihrem Umzug vom 11. Januar mitführten: *Dacheux*, Les chronique Strasbourgeoises, 237, no. 3, 437. **28** Vgl. die Einleitung von *A. Götze* zu: Von der rechten Erhebung Bennonis, in: *Clemen* (Hg.), Flugschriften, 189. **29** Ebd., 185. **30** Beispielsweise in seiner »Narrenbeschwörung« von 1508. Zu karnevalesken Themen bei Murner vgl.: *J. Lefebvre*, Les fols et la folie, Paris 1968, 171–212. **31** *P. Weidkuhn*, Fastnacht-Revolte-Revolution, in: Zeitschrift für Religions- u. Geistesgeschichte II (1969), 293. *Weidkuhns* Argument läßt sich allerdings mit dem Maskengebrauch im Schweizerischen begründen. Vgl. dazu: *E. Hoffmann-Krayer*, Die Fastnachtsgebräuche in der Schweiz, in: Kleine Schriften zu Volkskunde, Basel 1946, 57–8; *H. G. Wackernagel*, Maskenkrieger und Knaben im Schwabenkriege von 1499, in: Altes Volkstum der Schweiz, Basel 1956, 247–9. **32** Meine Auflistung der Fälle von Travestie schließt die Darsteller in Fastnachtsspielen ein, da dabei das gleiche Phänomen auftritt. **33** Vgl. das Vorwort zu *R. Caillois*, Masques, Musée Guimet Paris 1965, bes. 3–5. Zu Masken allgemein vgl. *A. Lommel*, Masken, Zürich 1970; *L. Schmidt*, Masken in Mitteleuropa, Wien 1955. **34** *Dacheux*, Les chronique Strasbourgeoises 245: »ein pabst und cardinal umherschleiffen oder führen«. **35** Zur Diskussion dieses Problems vgl. *A. M. Nagler*, The Medieval Religious Stage, New Haven 1976, Kap. 4. **36** Dies impliziert *Grunaus* Bericht in: *Perlbach / Philippi / Wagner*, Simon Grunaus, 647: »als [das Spiel] vor das rahtthaus kam ...« **37** In Danzig wurden die Fastnachtsspiele gewöhnlich im Artushof, einer Art Stadthalle, aufgeführt: vgl. *P. Simson*, Der Artushof in Danzig und seine Brüderschaften, die Banken, Danzig 1900, 68. **38** *Schlecht*, »Hildesheimer Fasching«, 175. **39** *Wackernagel*, »Pfeiferknaben«, 254. **40** Zu Danzig vgl. *Simon*, Artushof; zu Nürnberg vgl. *Sumberg*, The Nuremberg Schembart, passim. **41** Zu Buchholz vgl. *Clemen* (Hg.), Flugschriften, 203, Z. 3: »iunges pobels«. – Zu Zwickau vgl. *Doelle*, Reformationsgeschichtliches, 597: »etliche Bürger und Bürgersöhne«. Schuhmann fügte hinzu, daß einige durch die Straßen zogen und »wie die michelskinder« sangen – die Bezugnahme galt dem Kinderfest am Michaelstag, den 29. September: ebd., 597 Anm. 138b. **42** *Cordes*, Goslarer Chronik 135. **43** *Wackernagel*, »Pfeiferknaben«, 235. **44** Bericht des polnischen Kanzlers, Bischof *Matthias von Lesslau*, 5. Febr. 1523, zit. bei *J. Bolte*, Das Danziger Theater im 16. und 17. Jahrhundert, Hamburg 1895, 2. **45** *Daucheux*, Les chroniques Strasbourgeoises, 245; *Pfeiffer*, Quellen, Ratserlaß 361. **46** Stadtarchiv Ulm, Ratsprotokolle, 8, 125, 267. **47** *Clemen* (Hg.), Flugschriften, 204, 209 Anm. 14. Wir sehen hier einen signifikanten Unterschied zwischen dem gedruckten Bericht und *Myconius*' Originalschreiben, in dem der Vorfall beschrieben wird. Ersterer unterdrückt das Faktum, daß es Myconius war, der dem sächsischen Beamten Bericht erstattete; er bietet statt dessen die Version, daß irgendjemand, »der noch schwach im Glauben war«, Bericht erstattete. **48** *Cordes*, Goslarer Chronik, 135. **49** Zur Osterparallele vgl. WA, VII, 185 Z. 34. **50** Vgl. dazu die in Anm. 1 aufgeführte Literatur sowie *M. Bachtin*, Rabelais and his World, Cambridge / Mass. 1968; *Y.-M. Bercé*, Fêtes et révolte. Des mentalités populaires du XVIe au XVIIIe siècle, Paris 1976; *C. Gaignebet*, Le Carnaval, Paris 1974. **51** Zum Narrenfest vgl. *H. Böhmer*, Narrenfeste, in: Realencyclopädia für prot. Theologie und Kirche XIII, Leipzig 1903, 650–3; *Gaignebet*, Le Carnaval, 42–3; *Bercé*,

Fêtes et révolte 24–36; *E. K. Chambers,* The Medieval Stage I, Oxford 1903, Kap. 13–15; *Lefebvre,* Les fols 43–7; *E. N. Welsford,* The Fool and his History, London 1935, 200–2. – Das Narrenfest war in Frankreich bekannter als in Deutschland. Weitere Literaturverweise bezüglich des französischen Bereichs gibt *N. Z. Davis,* The reasons of misrule: youth groups and charivaris in sixteenth-century France, in: Past and Present 1 (1971), 42 Anm. 2, wiederabgedruckt in: dies., Society and Culture in Early Modern France, Stanford 1975, 97–124. **52** Zu Initiationsritualen vgl. *F. Zarncke,* Die deutschen Universitäten im Mittelalter, Leipzig 1857, 4–10; zu Schein-Disputationen: ebd., 49–154. **53** Beim Erfurter Pfaffensturm wurden in zwei aufeinanderfolgenden Nächten, am 11. und 12. Juni 1521, Häuser von Geistlichen durch Studenten, Gesellen und Landvolk gestürmt, das sich zum Wochenmarkt in der Stadt aufhielt. Eine entsprechende Beschreibung findet sich in einer zeitgenössischen Ballade des Studenten Gothard Schmalz in: *Clemen* (Hg.), Flugschriften, 369–76. – Zu geheimen Jugendgruppen vgl. *H. G. Wackernagel,* Der Trinkelstierkrieg vom Jahre 1550, in: Altes Volkstum der Schweiz, 222–43; *E. Hoffmann-Krayer,* Knabenschaften und Volksjustiz in der Schweiz, in: Kleine Schriften zur Volkskunde, 124–59. **54** WA VII, 185 Z. 5–6. **55** *Weidkuhn,* Fastnacht, 292–3. **56** Vgl. das Zeugnis von *Conrad Ganser,* in: *Roth,* Aktensammlung 70: »Das es an der altenn vasznacht nechst-verschinen zu St. Theodor mit anderen knaben daselbe die bilder hinweg zu thun ze sachenn, gangen« (Hervorhebung B. S.). **57** *Davis,* The reasons of misrule, bes. 54–7. **58** *S. N. Eisenstadt,* Archetypal patterns of youth, in: *E. Erikson* (Hg.), Youth: Change and Challenge, New York 1963, 24–42, bes. 27., ders., From Generation to Generation, New York 1966, 31–2. Vgl. außerdem: *M. Mead,* Culture and Commitment. A Study of the Generation Gap, London 1970, bes. 3–4, auf deutsch erschienen unter dem Titel: Der Konflikt der Generationen, München 1974. – Zu Charivaris vgl. *Davis,* The reasons of misrule, 53–4; *E. P. Thompson,* »Rough Music«: Le Charivari anglais, in: Annales XXVII (1972), 285–312, dtsch. unter dem Titel: Rough Music oder englische Katzenmusik, in: Ders., Plebejische Kultur und moralische Ökonomie. Aufsätze zur englischen Sozialgeschichte des 18. und 19. Jahrhunderts, Frankfurt/Berlin/Wien 1980, 130–168. Ein auf den Ideen von *Marx* und *Gramsci* basierendes theoretisches Konstrukt zur Erforschung der Jugend als einer Subkultur könnte interessante Aufschlüsse über die frühe Neuzeit geben; vgl. dazu: *S. Hall/T. Jefferson* (Hg.), Resistance through Rituals. Youth Subculture in post-war Britain, London 1976. **59** *A. van Gennep,* The Rites of Passage, 1960, 114. Zur Begriffsgeschichte vgl. *M. Gluckman,* Essays on the Ritual of Social Relations, Manchester 1962, 1–52. **60** Zu Gesellen vgl. *G. Strauss,* Manifestations of Discontent in Germany on the Eve of the Reformation, Bloomington 1971, 130–8; vgl. außerdem *N. Z. Davis,* A trade union in sixteenth century France, in: Economic History Review, ser. ii, XIX (1966), 48–68. Zu Universitäten vgl. den Kölner Fall, der beschrieben wird bei *R. W. Scribner,* Why was there no Reformation in Cologne, in: Bulletin of the Institute of Historical Research XLIX (1976), 225–9. **61** *S. E. Ozment,* The Reformation in the Cities, New Haven 1975, 123: »the ideologically and socially mobile«. **62** *N. Z. Davis,* Some tasks and themes in the study of popular religion, in: *C. Trinkaus/H. A. Oberman* (Hg.), The Pursuit of Holiness, Leyden 1974, 323. Vgl. außerdem *R. C. Trexler,* Ritual in Florence: adolescence and salvation in the Renaissance, ebd., 200–64. **63** 1516 und 1522 erließ der Stadtrat Verbote gegen Fastnachtspiele, die Laien wie Kleriker erzürnten: *Simson,* Artushof 68. **64** *J. Klersch,* Die kölnische Fastnacht von ihren Anfängen bis zur Gegenwart, Köln 1961, 32. **65** *Moser,* Städtische Fasnacht, 176. **66** *Dacheux,* Les chronique strasbourgeoises 237, no. 3, 437. **67** *Bachtin,* Rabelais, 78. **68** *Moser,* Städtische Fasnacht, 163–4. **69** *J. Huizinga,* Homo ludens. Vom Ursprung der Kultur im Spiel, Reinbek 1962, 21–30. **70** *R. Callois,* Les jeux et les hommes, Paris 1967 gibt vier Kategorien des Spiels an: Wettstreit, Chance, Nachahmung und das Gefühl des Schwindels. – *J. Ehrmann,* Homo ludens revisited, in: Yale French Studies XLI (1968), 31, betrachtet Spiel als ein von spontanem zu kontrolliertem Handeln reichendes zeitliches Kontinuum. **71** *Ehrmann,* Homo ludens, 33. **72** *E. Fink,* The oasis of happiness: toward an ontology of play, in: Yale French Studies XLI (1968), 19–30, bes. 24. **73** *Bachtin,* Rabelais, 9.

74 Zit. bei *V. A. Kolve*, The Play called Corpus Christi, 1966, 21. 75 *Perlbach/Philippi/Wagner*, Simon Grunaus 137–8. Der Vorfall ereignete sich vermutlich um 1443. 76 Vgl. *Wackernagel*, Trinkelstierkrieg; *Hoffmann-Krayer*, Knabenschaften; *Davis*, Reasons of Misrule, 69. Zu englischen Beispielen vgl. *E. J. Hobsbawn/G. Rudé*, Captain Swing, 1973, 39, 40, 45–6. 77 Brief an Martin Dorp, Mai 1515, in: *P. S. Allen* (Hg.), Opus epistolarum des Erasmi Roterdami, III, Oxford 1910, 96–7, 105–5. 78 Eine interessante Untersuchung der Zusammenhänge zwischen Karneval und Rebellion findet sich bei *Bercé*, Fêtes Kap. 1 und 2: Karneval kann eine gefährliche Zeit sein, vor allem für die, die sich dem Lachen verweigern, doch führt er selten zur Rebellion. Daß Rebellion häufig Karnevalsformen annimmt, hat damit nichts zu tun. 79 Vgl. *M. Gluckman*, Rituals of Rebellion in Southeast Africa, Manchester 1952; ders., Essays on the Ritual of Social Relations, Manchester 1962, 46; ders., Politics, Law and Ritual in Tribal Society, Oxford 1965, Kap. 6, bes. 258–9. 80 Vgl. *H. Moser*, Archivalisches zu Jahreslaufbräuchen der Oberpfalz, in: Bayerisches Jahrbuch für Volkskunde (1955), 168–9; ders., Die Geschichte der Fasnacht im Spiegel von Archivforschungen, in: Fasnacht, Tübingen 1964, 28. 81 *Bachtin*, Rabelais 9. 82 *Sumberg*, The Nuremberg Schembart 33. 83 Ebd., 57. 84 *Moser*, Städtische Fasnacht, 147, 163. 85 *Sumberg*, The Nuremberg Schembart 60–1. 86 *Gluckman*, Rituals of Rebellion, 24, 31; ders., Essays, 46. 87 *P. Burckhardt*, Die Geschichte der Stadt Basel, Bd. II, Basel 1942, 17–18. 88 *K. Kaser*, Politische und soziale Bewegungen im deutschen Bürgertum zu Beginn des 16. Jht., Stuttgart 1899, 62, 167, 173. 89 *Burckhardt*, Geschichte der Stadt Basel, 19. 90 *Weidkuhn*, Fasnacht, 293, 301–2. 91 *J. Gebauer*, Geschichte der Stadt Hildesheim, I, Leipzig 1922, 311–12. 92 Vgl. z. B. den Erfurter Fall: *R. W. Scribner*, Civic unity and the Reformation in Erfurt, in: Past and Present LXVI (1975), 29–60, bes. 39. 93 *Davis*, Reasons of Misrule, 41, 49. 94 *Bachtin*, Rabelais, 9. 95 Ebd., 10, 19. 96 Ebd., 19–21. 97 *Z. Baumunt*, A note on mass culture: on infrastructure, in: D. McQuail (Hg.), Sociology of Mass Culture Communications (1972), 64–5. 98 *F. Alberoni*, The powerless elite, in: ebd., 82. 99 Vgl. die Forderung, daß Stadträte der versammelten Gemeinde jährlich einen Rechenschaftsbericht über ihre Regierung erstatten sollten: *Kaser*, Bewegungen, 183. 100 *Bachtin*, Rabelais, 5, 7. 101 *Simson*, Artushof, 68. 102 *P. Simson*, Geschichte der Stadt Danzig II, Danzig 1913, 50–1. 103 *F. Köster*, Beiträge zur Reformationsgeschichte Naumburgs von 1525 bis 1545, in: Zeitschrift für Kirchengeschichte XXII (1901), 149. *Doelle*, Reformationsgeschichtliches, 102. 104 *Ozment*, Reformation, 125. 105 *K. Drescher*, Das Nürnberger Schembartbuch, Weimar 1908, IX, 3b; der Wagen ist abgebildet auf S. 75b. 106 *Bachtin*, Rabelais, 19. 107 Vgl. dazu auch die Kommentare von *Davis*, Tasks and themes, 307–9, bezüglich der Kategorien, in denen Volksreligion diskutiert wird. 108 Das Schimpfwort »Fastnachtsbutz« für katholische Priester war weit verbreitet. Vgl. dazu den Vorfall in Ulm, wo 1524 eine wütende Menge einem Priester, der seine Predigt mit einem Ave Maria eröffnen wollte, Fastnachtsbutz entgegenschleuderte: Stadtarchiv Ulm, Ulmiensien 5314, 20a. 109 Vgl. dazu *M. Warnke*, Durchbrochene Geschichte? Die Bilderstürme der Wiedertäufer in Münster 1534/1535, in: ders., (Hg.), Bildersturm. Die Zerstörung des Kunstwerks, München 1973, 65–98; *H. Bredekamp*, Renaissancekultur als Hölle: Savonarolas Verbrennung der Eitelkeiten, in: ders., 41–64; *R. C. Trexler*, Florentine religious experience: the sacred image, in: Studies in the Renaissance XIX (1972), 7–41. 110 *M. Douglas*, Purity and Danger, 1966, 39–40. 111 Ebd., 40. 112 Die Interpretation der Reformation als »frühbürgerlicher Revolution« wird hier außer acht gelassen; vgl. dazu meine Rezension: Is there a social history of the Reformation, in: Social History IV (1977), 484–7, in der ich auf einige Probleme dieser Interpretation hinweise. 113 *Ozment*, Reformation, 116–20. 114 *N. Z. Davis*, The rites of violence in sixteenth century France, in: Past and Present LXIX (1973), 81–3; eine überarbeitete Fassung erschien auch in: Dies., Society and Culture in Early Modern France, Stanford 1975, 152–189. *Davis* diskutiert darin das Problem im Hinblick auf religiöse Aufstände in Frankreich. 115 Die offizielle rituelle Form solchen Wieder-in-Ordnung-Bringens erfolgte in den Städten mittels der Durch-

führung von Disputationen und Abstimmungen; sie waren formale Mittel zur Einführung der Reformation, und ihr Ergebnis stand zumeist von vornherein fest. 116 *E. R. Curtius*, Europäische Kultur und lateinisches Mittelalter, Bern 1948[1], 1954[2], 1961[3]. 117 *Bachtin*, Rabelais, 11. 118 Ebd., 213. 119 *T. S. R. Boase*, Death in the Middle Ages, 1972, 28–35, 45. 120 *Lefebvre*, Les fols, 89–91. 121 *W. E. Peuckert*, Die große Wende. Das apokalyptische Saeculum und Luther, Hamburg 1948, 225. 122 Vgl. »Die dreizehnst Sibylla«, in »Zwolff Sibyllen weissagung«, Faksimileedition, in: *A. Ritter* (Hg.), Collectio Vaticinorum, Berlin 1923. 123 *H. Preuss*, Die Vorstellung vom Antichrist im späteren Mittelalter, bei Luther und in der konfessionellen Polemik, Leipzig 1906, 10–27 (zum Wesen des Antichrist), 85–179 (zu Luthers Verwendung der Figur). 124 In dieser Hinsicht ist *E. P. Thompsons* Begriff der »sittlichen Ökonomie« vorindustrieller Unterschichten (moral economy of the preindustrial crowd) wichtig: vgl. *E. P. Thompson*, The moral economy of the English Crowd in the eighteenth century, in: Past and Present L (1971), 76–136; auf deutsch erschienen unter dem Titel: Die »sittliche Ökonomie« der englischen Unterschichten im 18. Jahrhundert, in: *D. Puls / E. P. Thompson* u. a., Wahrnehmungsformen und Protestverhalten, Studien zur Lage der Unterschichten im 18. und 19. Jahrhundert, Frankfurt 1979, 13–81. *Thompson* weist darauf hin, daß die Ideologie des Volks zum einen dem Einfluß der Herrschenden unterlag, daß sie sich zum anderen aber entscheidend davon absetzte, zumindest dadurch, daß sie direkte Aktion als legitim betrachtete. *Natalie Z. Davis* hat diese Ambivalenz auch bei den religiösen Aufständen in Frankreich festgestellt, wo die Unterschichten (the crowd) direkte Aktion als gerechtfertigt ansahen, zugleich aber überzeugt waren, die Rolle des Magistrats zu übernehmen, der an seinen Aufgaben gescheitert war. Auch der Karneval teilte diese Ambivalenz, wie ich im Aufsatz zu zeigen bemüht war, und diese Ambivalenz ist zweifellos ein zentrales Moment der Reformation, sofern man sie als Volksbewegung betrachtet. Doch dieser Aspekt bedarf einer eigenen detaillierten Untersuchung. 125 Vgl. *N. Z. Davis*, The Protestant printing workers of Lyon in 1551, in: Travaux d'humanisme et renaissance XXVIII–XXIX (1957–8), 251. 126 Vgl. *Gluckman*, Essays, 3. 127 *E. J. Hobsbawn*, Primitive Rebels, Manchester 1959, Kap. 3–6 (auf deutsch erschienen unter dem Titel: Sozialrebellen. Archaische Sozialbewegungen im 19. und 20. Jahrhundert, Neuwied / Berlin 1962, Gießen 1979) wies auf die Bedeutung des Millenarismus in sozialen Protestbewegungen hin, doch führte nicht jeder Millenarismus zu solchen Bewegungen: vgl. dazu *M. Reeves*, Joachim of Fiore and the Prophetic Future, 1976, vii.

Roger Chartier: Phantasie und Disziplin

1 *G. Duby*, Le dimanche de Bouvines, 27 juillet 1214, Paris 1973, bes. 13f. 2 *E. Le Roy Ladurie*, Le Carnaval de Romans. De la Chandeleur au mercredi des Cendres, 1579–1580, Paris 1979, 408; (auf deutsch: Karneval in Romans, Stuttgart 1982). 3 *A. Dupront*, Formes de la culture des masses: de la doléance politique au pèlerinage panique (XVIIIe–XXe siècle), in: Niveaux de culture et groupes sociaux, Paris 1967, 149–167. 4 *M. de Certeau*, Une culture très ordinaire, in: Esprit, (Okt. 1978) 3–26. 5 *J.-B. Thiers*, Traité des Jeux et des Divertissements, Paris 1696, und Traité des Superstitions selon l'Ecriture Sainte, les Décrets des Conciles et les sentiments des Saints Pères et des Théologiens, Paris 1679, 2. Aufl. in 4 Bden, Paris 1697–1704. Zu diesem letzten Text vgl. *J. Lebrun*, Le traité des Superstitions de Jean-Baptiste Thiers, contribution à l'ethnographie de la France du XVIIe siècle, in: Annales de Bretagne et des pays de l'Ouest (1976) 443–465, und *R. Chartier / J. Revel*, Le paysan, l'ours et saint Augustin, in: Actes du Colloque »La découverte de la France au XVIIe siècle«, Paris 1980, 259–264. 6 *Y. M. Bercé*, Fête et révolte. Des mentalités populaires du XVIe au XVIIIe siècle, Paris 1976, 170 bis 176. 7 *J. C. Schmitt*, Jeunes et danse des chevaux de bois. Le folklore méridional dans la littérature des exempla (XIIIe–XIVe siècle), in Cahiers de Fanjeaux 11, Toulouse 1976,

127–158. 8 *J. Delumeau* (Hg.), La mort des Pays de Cocagne. Comportements collectifs de la Renaissance à l'âge classique, Paris 1976, 14–29. 9 *Thiers*, Traité des Jeux, 440–451. 10 *J.-B. du Tilliot*, Mémoires pour servir à l'histoire de la fête des fous qui se faisait autrefois dans plusieurs églises, zit. nach *Bercé*, Fête et révolte, 140. 11 *Thiers*, Traité des Jeux, 331–341. Wie der Tanz werden auch die Karnevalsmasken zweifach verurteilt: Sie verkleiden den Körper des Menschen, sind also eine Lästerung des Schöpfers; und sie ermöglichen eine der gesellschaftlichen wie moralischen Ordnung äußerst gefährliche Zügellosigkeit. Zum Beweis zwei Texte: zunächst die Synodalkonstitutionen der Diözese von Annecy (Ausg. von 1773): »Schließlich ermahnen wir die hochwürdigen Erzpriester, Pfarrer und Vikare, ihr Bestes dazu zu tun, vor allem in den Dörfern und Städten den Mißbrauch der Maskeraden auszurotten, die nichts weiter als ein beschämendes Überbleibsel des Heidentums sind. Um damit Erfolg zu haben, sollen sie sich in ihren Predigten und Unterweisungen dagegen wenden, vor allem zwischen Epiphanias und der Fastenzeit; sie sollen das Lächerliche und Gefährliche daran herausstellen und dem Volk zeigen, daß diese Unordnung Gott beleidigt, dessen Abbilder sie entstellt; daß sie die Glieder Jesu Christi entehrt, indem sie ihnen burleske und unpassende Gestalten gibt; und daß sie die Ausschweifung begünstigt, indem sie das erleichtert, was die Sittsamkeit ins Wanken bringt« (zit. nach *R. Devos/C. Joisten*, Moeurs et coutumes de la Savoie du Nord au XIXe siècle. L'enquête de Mgr Rendu, Annecy-Grenoble 1978, 120); des weiteren das Vorwort einer Verordnung des Magistrats von Lille von 1681: »In Anbetracht dessen, daß es jedes Jahr einige Zeit vor der Fastenzeit zu viel Unordnung und Unschicklichkeit kommt, die dem Seelenheil wie dem öffentlichen Wohl schaden durch die Zügellosigkeit, mit der Personen beiderlei Geschlechts maskiert oder sonst verkleidet durch die Städte ziehen ...« (zit. nach *A. Lottin*, Chavatte, ouvrier lillois. Un contemporain de Louis XIV, Paris 1979, 322). 12 *J. Delumeau*, Le catholicisme entre Luther et Voltaire, Paris 1971, 259–261. 13 Diese abergläubischen Praktiken berichtet *Thiers*, Traité des superstitions I (1712), 298, und IV (1727), 404. 14 *T. Tackett*, Priest and parish in Eighteenth-Century France. A social and political study of the curés in a diocèse of Dauphiné, 1750–1791, Princeton 1977, 210–215; *D. Julia*, La réforme posttridentine en France d'après les procès-verbaux des visites pastorales: ordre et résistances, in: La Società religiosa nell' età moderna, Neapel 1973, 311–415, bes. 384 bis 388. 15 *M. Grinberg*, Carnaval et société urbaine, IXVe–XVIe siècle: le royaume dans la ville, in: Ethnologie française 3 (1974) 215–243. 16 Ebd., 229f. 17 Die grundlegenden Materialien für eine derartige Studie sind in dem Katalog zusammengestellt: Entrées royales et fêtes populaires à Lyon du XVe au XVIIIe siècle, Bibliothek der Stadt Lyon, Lyon 1970. 18 *N. Z. Davis*, The reasons of misrule, in: Dies., Society and Culture in Early Modern France, Stanford 1975, 97–123. 19 Entrées royales et fêtes 49f. Zwei bei *Davis*, The reasons of misrule, Anm. 70 und in dem Katalog Entrées royales et fêtes Nr. 22 zitierte Texte ermöglichen die genauere Vorstellung einer derartigen Narrenbruderschaft, die sich 1517 rue Mercière versammelte. 20 *N. Z. Davis*, Printing and the People, in: Dies., Society and Culture, 218. 21 *R. Chartier*, Une académie avant les lettres patentes. Une approche de la sociabilité des notables lyonnais à la fin du règne de Louis XIV, in: Marseille 101 (1975), 115–120. 22 Über die Rosenmädchenfeste vgl. *W. F. Everdell*, The Rosière Movement, 1766–1789. A clerical precursor of the revolutionary cults, in: French Historical Studies IX, 1 (1975), 23–36; *M. de Certeau/D. Julia/J. Revel*, La beauté du mort: le concept de ›culture populaire‹, in: Politique aujourd'hui (Dez. 1970), 3–23. 23 *M. Vovelle*, Les métamorphoses de la fête en Provence de 1750 à 1820, Paris 1976, 94–90. 24 *M. Ozouf*, La fête révolutionnaire 1789–1799, Paris 1976, 9. Das Zitat ist ein Wortspiel mit »feux d'artifice« (= »Feuerwerk«), in das der Gegensatz von lebendigem »Feuer« und »artifice«, d. h. »Kunstwerk«, »Künstlichkeit« hineingelegt wird (Anm. d. Übers.). 25 Diese beiden Texte werden zitiert und kommentiert von *B. Baczko*, Lumières de l'utopie, Paris 1978, 244–249. 26 *Baczko*, Lumières, Kap. 5; *J. Ehrard*, Les Lumières et la fête, in: Les fêtes de la Révolution, Colloque de Clermont-Ferrand 1974; gesammelte Akten bei *J. Ehrard/P. Viallaneix*, Paris 1977, 27–44. 27 *D. Fabre/C. Camberoque*, La fête en

Languedoc. Regards sur le Carnaval aujourd'hui, Toulouse 1977. 28 *D. Fabre / B. Traimond,* Contrôles sociaux et dynamique des rituels. Les charivaris de Gascogne occidentale (XIXe et XXe siècles), Beitrag zum Kolloquium: Le charivari (April 1977), Paris, Musée des Arts et Traditions Populaires, im Druck. 29 *Fabre / Camberoque,* La fête en Languedoc, 171. 30 *C. Gaignebet,* Le Carnaval, Paris 1974. 31 *D. Fabre,* Le Monde du Carnaval, in: Annales (1976) 389 bis 406 (zum Buch von C. Gaignebet). 32 *M. Agulhon,* Pénitents et Francs- Maçons de l'ancienne Provence, Paris 1968, 43–64. 33 *Le Roy Ladurie,* Carnaval de Romans; *L. S. Van Doren,* Revolt and réaction in the city of Romans, Dauphiné, 1579–1580, in: The Sixteenth Century Journal (1974), 71–100. 34 Vgl. *E. Cros,* L'aristocrate et le Carnaval des Gueux. Etude sur le ›Buscón de Quevedo‹, Etudes sociocritiques, Montpellier 1975. 35 *Ozouf,* Fête révolutionnaire, 108–114. 36 *Vovelle,* Métamorphoses, 269–294. 37 *Ozouf,* Fête révolutionnaire, 317–340. 38 *Baczko,* Lumières, 280–282. 39 *Robespierre,* Sur les rapports des idées religieuses et morales avec les principes républicains et sur les fêtes nationales, 7 mai 1794, in: Textes choisis III, Paris 1958, 175 f.

Klaus Tenfelde: Streik als Fest

1 Vgl. als kritische Zusammenfassung mit Hinweisen auf die neuere Literatur: *K. Tenfelde,* Anmerkungen zur Arbeiterkultur, in: *W. Ruppert* (Hg.), Erinnerungsarbeit. Geschichte und demokratische Identität in Deutschland, Opladen 1982, 107–134. 2 Vgl. allgemein am Beispiel des Charivari: *P. Burke,* Helden, Schurken und Narren. Europäische Volkskultur in der frühen Neuzeit, Stuttgart 1981, 214. 3 Ich möchte betonen, daß dieserAufsatz nicht auf eigenem Quellenstudium, sondern in erster Linie auf Durchsicht und Akzentuierung der Ergebnisse im vorliegenden Schrifttum beruht. Letzteres findet sich recht ausführlich in meinen Anm. 10 zitierten Beiträgen verzeichnet; deshalb habe ich mich hier auf einige zentrale Hinweise beschränkt. 4 Vgl. *L. Suhling,* Bergbau, Territorialherrschaft und technologischer Wandel. Prozeßinnovationen im Montanwesen der Renaissance am Beispiel der mitteleuropäischen Silberproduktion, in: *U. Troitzsch / G. Wohlauf* (Hg.), Technik-Geschichte. Historische Beiträge und neuere Ansätze, Frankfurt 1980, 139–179. 5 *W. von Stromer,* Eine »Industrielle Revolution« im Spätmittelalter?, in: *Troitzsch / Wohlauf* (Hg.), 105–138, hier nach S. 113–118; im allgemeinen jetzt: *R. van Dülmen,* Entstehung des frühneuzeitlichen Europa 1550–1648, Frankfurt 1982, 55–59; zusammenfassend ders., Formierung der europ. Gesellschaft in der frühen Neuzeit, in: Geschichte und Gesellschaft (1981), 5–41. 6 Zentral: *J. Strieder,* Die Entstehung eines deutschen frühkapitalistischen Montanunternehmertums im Zeitalter Jacob Fugger des Reichen (1459–1525), in: Beiträge zur Geschichte der Technik und Industrie 19 (1929), 1–12, sowie ders., Zur Genesis des modernen Kapitalismus. Forschungen zur Entstehung der großen bürgerlichen Kapitalvermögen am Ausgang des Mittelalters und zu Beginn der Neuzeit, zunächst in Augsburg, 2. Aufl. Berlin 1935; aus der jüngeren Forschung: *R. Dietrich,* Unternehmungen zum Frühkapitalismus im mitteldeutschen Erzbergbau und Metallhandel, in: Zs. f. Gesch. Mittel- u. Ostdeutschlands 7 (1958) bis 9/10 (1960/61). 7 Vgl. etwa *G. Heilfurth,* Mitteleuropäische Austauschvorgänge zwischen Süd und Nord in der sozialkulturellen Überlieferung des Erzgebirges, in: *K. Beitl* (Hg.), Volkskunde. Fakten und Analysen. Festgabe für L. Schmidt, Wien 1972, 30–45. 8 Vgl. bes. *S. Sieber,* Die Teilnahme erzgebirgischer Bergleute am Bauernkrieg 1525, in: Bergbau und Bergleute. Neue Beiträge zur Geschichte des Bergbaus und der Geologie, Berlin-DDR 1955, 83–106, 84; sowie *K. Schwarz,* Untersuchungen zur Geschichte der deutschen Bergleute im späteren Mittelalter, Berlin-DDR 1958, 43. 9 Vgl. schon *J. Hirn,* Erzherzog Ferdinand II. von Tirol, Geschichte seiner Regierung und seiner Länder, 2 Bde. Innsbruck 1885 / 1888, Bd. 1, z. B. 549–565; *M. Reichsritter von Wolfstrigl-Wolfskron,* Die Tiroler Erzbergbaue 1301–1665, Innsbruck 1903; *F. Tremel,* Der Frühkapitalismus in Innerösterreich, Graz 1954, 52–95; unter Ausdehnung der Betrachtung auf die Kämpfe zwischen Berg-

knappen und Gewerken: *L. Scheuermann*, Die Fugger als Montanindustrielle in Tirol und Kärnten, München/Leipzig 1929. 10 Vgl. im Überblick jüngst: *G. Heilfurth*, Der Bergbau und seine Kultur. Eine Welt zwischen Dunkel und Licht, Zürich/Freiburg i. B. 1981; als neueres, typisch euphorisiertes Beispiel etwa *K. Bax*, Schätze aus der Erde. Die Geschichte des Bergbaus, Düsseldorf/Wien 1981. Die Ausführungen im folgenden beruhen auf *K. Tenfelde*, Bergarbeiterkultur in Deutschland. Ein Überblick, in: Geschichte und Gesellschaft 5 (1979) S. 12–53; ders., »Das Fest der Bergleute. Studien zur Geselligkeit der Arbeiterschaft während der Industrialisierung am Beispiel des deutschen Bergbaus«, in: *G. A. Ritter* (Hg.), Arbeiterkultur, Königstein 1979, 209–245. Eine englische Fassung des letztgenannten Titels findet sich im Journal of Contemporary History 13 (1978), 377–412. 11 Vgl. etwa *H. Lommatzsch*, Der »allgemeine Harz-Berg-Kalender«, in: Der Anschnitt 29 (1977), 24–28; über Bergstädte u. a. *A. Laube*, Bergstädte und Landesherrschaft in Sachsen im 15./16. Jahrhundert, in: Zs. für Geschichtswissenschaft 17 (1968), 177–191; *K. Kratzsch*, Bergstädte des Erzgebirges, München 1972, sowie Anm. 17. 12 *G. Heilfurth* unter Mitarb. v. *I.-M. Greverus* (Hg.), Bergbau und Bergmann in der deutschsprachigen Sagenüberlieferung Mitteleuropas, Marburg 1967. 13 Vgl. etwa *G. Heilfurth*, Das Heilige und die Welt der Arbeit am Beispiel der Verehrung des Propheten Daniel im Montanwesen Mitteleuropas, 2. Aufl. Marburg 1965. 14 Vgl. *C. F. Mosch*, Zur Geschichte des Bergbaues in Deutschland, Bd. 2 Liegnitz 1829, 7, 11, 13–27; vgl. Anm. 33. 15 Zu den Anfängen etwa *H. Löscher*, Die Anfänge der erzgebirgischen Knappschaft, in: Zs. für Rechtsgeschichte 69 (1952), 223–238. 16 *G. Heilfurth*, Das Bergmannslied. Wesen, Leben, Funktion. Ein Beitrag zur Erhellung von Bestand und Wandel der soziokulturellen Elemente im Aufbau der industriellen Gesellschaft, Kassel 1954. 17 Zu Freiberg s. bes. *M. Unger*, Stadtgemeinde und Bergwesen Freibergs im Mittelalter, Weimar 1963. 18 Vgl. *Wappler*, Über den Streittag (22. Juli) der Bergleute, in: Mitteilungen des Freiberger Altertumsvereins 38 (1901), 1–55, 1. 19 S. *K. Tenfelde*, Adventus. Zur historischen Ikonologie des Festzugs, in: HZ 235 (1982), 45–84, 56–63. 20 Abbildung etwa bei *Heilfurth*, Der Bergbau und seine Kultur, 167, vgl. 171 f.; zur Mitwirkung *E. Heuchlers* an der Ausgestaltung des Streittages s. *Wappler*, 54; s. ferner *E. Heuchler*, Die Bergknappen in ihren Berufs- und Familienleben, 1867, Neudruck Essen 1975, Bild 46. 21 Einen ersten Überblick gab schon *O. Hue*, Die Bergarbeiter. Historische Darstellung der Bergarbeiter-Verhältnisse von der ältesten bis in die neueste Zeit, Bd. 1 Stuttgart 1910, 210 bis 213, 305–319. 22 Hierzu bes. *I. Mittenzwei*, Der Joachimsthaler Aufstand 1525. Seine Ursachen und Folgen, Berlin-DDR 1968, 58–63, vornehmlich anhand der Bergmannslieder. Auch *Mittenzwei* spricht S. 63 vom Mangel an Klarheit unter den Bergleuten angesichts der »unentwickelten, unreifen kapitalistischen Verhältnisse«. Zur Kritik dieser und anderer Auffassungen vgl. bes. *K.-H. Ludwig*, Bergleute im Bauernkrieg, in: Zs. für histor. Forschung 5 (1978), 23–47, 26f. 23 Hierzu bes. *H. Wilsdorf*, Georg Agricola und seine Zeit, Berlin-DDR 1956, 12–18; systematisch: *Mittenzwei*, 55 ff.; *A. Laube*, Studien über den erzgebirgischen Silberbergbau von 1470–1546. Seine Geschichte, seine Produktionsverhältnisse, seine Bedeutung für die gesellschaftlichen Veränderungen und Klassenkämpfe in Sachsen am Beginn der Übergangsperiode vom Feudalismus zum Kapitalismus, Berlin-DDR 1974, 182 ff.; für den habsburgischen Bergbau s. Anm. 6 u. 9. 24 Vgl. *Laube*, Studien, 206–214; *Unger*, 99–106; *H. Löscher*, Der landesherrliche Schiedsspruch vom 4. September 1469 im Streike der Knappen zu Altenberg (Erzgebirge), in: Bergbau und Bergleute, 35–44; *Schwarz*, 66–89. 25 *H. Wilsdorf*, Die Unterschlagungen des Joachimsthaler Zehntners Peter Hettersberger und ihr Zusammenhang mit dem Knappenaufstand 1522/1523, in: Bergbau und Bergleute, 45–82; *Mittenzwei*, 87 ff. 26 *E. Paterna*, Da stunden die Bergkleute auff. Die Klassenkämpfe im Mansfeldischen Kupferschieferbergbau von der Mitte des 15. Jahrhunderts bis 1622 und ihre ökonomischen und sozialen Ursachen, Bd. 1 Berlin-DDR 1960, 180–210. 27 S. etwa *Scheuermann*, passim, u. a. 242 ff. 28 Zum Protest »itio ad superiorem« jetzt zentral: *W. Schulze*, Herrschaft und Widerstand in der Sicht des »gemeinen Mannes« im 16./17. Jahrhundert, in: *H. Mommsen*/*W. Schulze* (Hg.), Vom Elend der Handarbeit. Probleme historischer Unterschichtenforschung, Stuttgart

1981, 182–198. 29 Vgl. zum Folgenden bes. die Arbeiten von *Laube*, Studien, 206ff., sowie *Mittenzwei*, 87ff. 30 Vgl. die Hinweise bei *G. Heilfurth*, Konflikte zwischen Klerus und Montanarbeiterschaft im alten Bestand der europäischen Erzählüberlieferung, in: ders. / *H. Siuts* (Hg.), Europäische Kulturverflechtungen im Bereich der volkstümlichen Überlieferung. Festschrift z. 65. Geb. v. Bruno Schiers, Göttingen 1967, 29–40. 31 Vgl. bes. *Laube*, Studien, 223. 32 Ebd. 241f.; generell zur Überprüfung der marxistisch-leninistischen Hypothese vom »Kampfbündnis« zwischen Bergleuten und Bauern s. *Ludwig*, 23–31. 33 *K.-H. Ludwig*, Der Bauernkrieg von 1525 im Montanbereich des Ostalpenraumes, in: Der Anschnitt 34 (1982) 98–106, 99, sowie ders., Bergleute, 31ff.; *A. Laube*, Zum Problem des Bündnisses von Bergarbeitern und Bauern im deutschen Bauernkrieg, in: *G. Heitz* u. a. (Hg.), Der Bauer im Klassenkampf, Berlin-DDR 1975, 107; ferner *Sieber* (Anm. 8) sowie, zum neuesten Forschungsstand, *R. Wohlfeil*, Einführung in die Geschichte der deutschen Reformation, München 1982, 169–199; *V. Dotterweich*, Literaturbericht: Renaissance und Reformation, in: Geschichte in Wissenschaft und Unterricht 33 (1982), 438–458, 441. 34 Im folgenden – wo nicht anders vermerkt – nach *Wappler* (wie Anm. 18). Alle nicht gekennzeichneten Zitate entstammen diesem Beitrag. 35 Zu dem berühmten Saturnusfest im Plauenschen Grund bei Dresden 1719 vgl. Vaterland der Sachsen 2 (1842), 47, 84–86, 103f.; *H. Winkelmann*, Das Saturnusfest und der Berghäuerzug 1719, in: Der Anschnitt 10 (1958) H. 4/5, 3–10; *K. E. Fritzsch / F. Sieber*, Bergmännische Trachten des 18. Jhs. im Erzgebirge und im Mansfeldischen, Berlin-DDR 1957, 25–37. 36 Über die Anzahl und Art der Festtage der Alten Welt, besonders an katholischen Beispielen, s. etwa *E. Eisentraut*, Die Feier der Sonn- und Festtage seit dem letzten Jahrhundert des Mittelalters, Würzburg 1914; *J. Mößner*, Sonn- und Feiertage in Österreich, Preußen und Bayern im Zeitalter der Aufklärung. Eine wirtschaftshistorische Studie, Berlin 1915 (S. 5 u. 44f.: in Niederbayern im 18. Jahrhundert 204 jährliche Feiertage!). 37 Vgl. *J. Reulecke*, Vom Blauen Montag zum Arbeiterurlaub. Vorgeschichte und Entstehung des Erholungsurlaubs für Arbeiter vor dem Ersten Weltkrieg, in: Archiv für Sozialgeschichte 16 (1976), 211f. 38 Vgl. Anm. 28 sowie den Literaturbericht von *W. Schulze*, Aufruhr und Empörung? Neue Studien zum bäuerlichen Widerstand im Alten Reich, in: Zs. für hist. Forschung 9 (1982), 63–72; über die Folgen des Bauernkriegs für das ländliche Konfliktverhalten ders., »Die veränderte Bedeutung sozialer Konflikte im 16. und 17. Jahrhundert«, in: *H.-U. Wehler* (Hg.), Der deutsche Bauernkrieg 1524–1526, Göttingen 1975, 277–302; über die Rechtlichkeit von Widerstand ders., »Der bäuerliche Widerstand und die ›Rechte der Menschheit‹«, in: *G. Birtsch* (Hg.), Zur Geschichte der Grund- und Freiheitsrechte, Göttingen 1981, 41–56; s. auch *P. Blickle*, »Handarbeit«, »gemeiner Mann« und »Widerstand« in der vorrevolutionären Gesellschaft, in: *Mommsen / Schulze* (Hg.), 234–241; ders., Deutsche Untertanen. Ein Widerspruch, München 1981. 39 Vgl. etwa über das Saargebiet: *E. Wächtler*, Fortschritt und Tradition im deutschen Bergbau von 1807 bis 1848, Leipzig 1970; thesenhaft in marxistischer Sicht ders., Montanistische Traditionen und die Bewegung der Bergarbeiter in der Revolution 1848/49, in: *M. Kossok* (Hg.), Rolle und Formen der Volksbewegung im bürgerlichen Revolutionsrhythmus, Glashütten/Ts. 1976, 190–193; zum Ruhrgebiet *K. Tenfelde*, Sozialgeschichte der Bergarbeiterschaft an der Ruhr im 19. Jahrhundert, Bonn 1981[2]; weitere Hinweise auf andere Bergreviere siehe ders., Bis vor die Stufen des Throns. Bittschriften und Beschwerden der Ruhrbergleute 1830 bis 1900, in: *K. Bergmann / R. Schörken* (Hg.), Geschichte im Alltag – Alltag in der Geschichte, Düsseldorf 1982, 30–56, 33f. 40 Zum Streikbegriff s. *K. Tenfelde / H. Volkmann* (Hg.), Streik. Zur Geschichte des Arbeitskampfes in Deutschland während der Industrialisierung, München 1981, 12–17 (Einleitung). 41 *A. Grießinger*, Das symbolische Kapital der Ehre. Streikbewegungen und kollektives Bewußtsein deutscher Handwerksgesellen im 18. Jahrhundert, Frankfurt/Berlin/Wien 1981, 115–120 zu einem Hamburger Generalstreik 1791, 411–414 in zusammenfassender Deutung. 42 Am Beispiel von Lyon s. *R. Chartier*, Discipline et invention. Les fêtes en France. XVe–XVIIIe siècle, in: Diogène 110 (1980), 51–71, 61ff., dt. Übers. in diesem Band. Allgemeiner: *H. Moulierac*, The Strike: War or Festival?, in: Diogène 98 (1977), 55–70. 43 Nach wie vor zentral: *W. Nahr-*

stedt, Freizeit und Aufklärung. Zum Funktionswandel der Feiertage seit dem 18. Jahrhundert in Hamburg (1743–1860), in: Vierteljahresschrift für Sozial- und Wirtschaftsgeschichte 57 (1970), 46–92; ders., Die Entstehung der Freizeit. Dargestellt am Beispiel Hamburgs, Göttingen 1972; zum Vergleich mit England s. die knappen Bemerkungen von *E. P. Thompson,* Patrician Society, Plebeian Culture, in: Journal of Social History 7 (1973/74), 392.

Richard van Dülmen: Das Schauspiel des Todes

1 Hinweise über frühneuzeitliche Hinrichtungsrituale vermitteln: u. a. *H. Knapp,* Das Lochgefängnis, Tortur und Richtung in Alt-Nürnberg, Nürnberg 1907; *H. Deichert,* Zur Geschichte der peinlichen Rechtspflege im alten Hannover, in: Hann. Geschichtsblätter 15 (1912) bes. 161ff.; *W. Renger,* Hinrichtungen als Volksfeste, in: Südd. Monatshefte 10 (1913) 8–21; *A. Keller,* Der Scharfrichter in der deutschen Kulturgeschichte, Bonn–Leipzig 1921, bes. 138ff.; *H. Schuhmann,* Der Scharfrichter. Seine Gestalt – seine Funktion, Kempten 1964, bes. 111ff.; *K.-S. Kramer,* Volksleben im Hochstift Bamberg und im Fürstentum Coburg (1500–1800), Würzburg 1967, bes. 241ff.; *W. Oppelt,* Über die ›Unehrlichkeit‹ des Scharfrichters, Lengfeld 1976, bes. 115ff.; *M. Foucault,* Überwachen und Strafen. Die Geburt des Gefängnisses, Frankfurt 1977, bes. 44ff.; *D. Hay* u. a., Albion's Fatal Tree. Crime and Society in Eighteenth-Century England, Harmondsworth 1977[2] – Weiteres Material in: *A. Meye,* Das Strafrecht der Stadt Danzig von der Carolina bis zur Vereinigung Danzigs mit der preußischen Monarchie (1532–1793), Danzig 1935, bes. 38ff.; *H. Fr. v. Tscharner,* Die Todesstrafe im alten Staate Bern, Diss. Bern 1936, bes. 101ff.; *Fr. Merzbacher,* Die Hexenprozesse in Franken, München 1957, bes. 134ff.; *K.-E. Meinhardt,* Das peinliche Strafrecht der Freien Reichsstadt Frankfurt am Main im Spiegel der Strafpraxis des 16. und 17. Jahrhunderts, Frankfurt 1957, bes. 113ff.; *E. Wettstein,* Die Geschichte der Todesstrafe im Kanton Zürich, Diss., Winterthur 1958, bes. 120ff.; *J. Gernhuber,* »Strafvollzug und Unehrlichkeit«, in: Zs. f. Rechtsgeschichte 74 (1957) 119–177; *H. Nordhoff-Behne,* Gerichtsbarkeit und Strafrechtspflege in der Reichsstadt Schwäbisch-Hall seit dem 15. Jahrhundert, Schwäbisch-Hall 1971, bes. 114ff.; – Im Unterschied zur Strafpraxis der großen deutschen Territorien, über die so gut wie keine Studien vorliegen, ist die Strafpflege in den Städten hinreichend erforscht. Unsere Untersuchung gründet deswegen vorwiegend auf städtischen Materialien aus dem Zeitraum vom 16. zum 18. Jahrhundert Deutschlands, unter besonderer Berücksichtigung der Verhältnisse in Nürnberg und Frankfurt. Im Mittelpunkt steht außerdem nicht die besonders »gräßliche« Hinrichtung, die eine Ausnahme bildete, sondern der »normale« Fall. Dadurch entzerrt sich das allgemeine Bild von der Grausamkeit der Strafpraxis der frühen Neuzeit. 2 Hinrichtungsrituale wurden bisher fast ausschließlich im Kontext der von Rechtshistorikern erarbeiteten Gerichtspraxis vom Spätmittelalter bis zum frühen 19. Jh. in Städten (und Territorien) bearbeitet, bei der die Durchsetzung der Carolina oder die Analyse des frühmodernen Gerichtswesens im Mittelpunkt steht, sozialhistorische Problemstellungen wurden dabei weitgehend vernachlässigt. Es gibt einige Ausnahmen, zu denen ich auch Vertreter der rechtlichen Volkskunde zählen möchte, wie vor allem *H. v. Hentig,* der in seinem zentralen Buch über die Strafe sowie in zahlreichen anderen Studien den kulturgeschichtlichen Zusammenhängen nachgehen will, aber über eine phänomenologische Betrachtungsweise nicht hinauskommt, wobei er seine Materialien zudem relativ willkürlich aus verschiedensten Kulturen von der Antike bis zur Gegenwart sammelt. 3 *Foucault,* Überwachen und Strafen 79; auch *W. Schild,* Alte Gerichtsbarkeit. Vom Gottesurteil bis zum Beginn der modernen Rechtsprechung, München 1980, 41f. 4 Klassische Urteile bei: *C. Beccaria,* Über Verbrechen und Strafen, Leipzig 1905; allgemein zum Problem der Grausamkeit auch *Schild,* Alte Gerichtsbarkeit, 93ff. 5 Einige allgemeine Angaben u. a. *D. Stokar,* Verbrechen und Strafen in Schaffhausen vom Mittelalter bis in die Neuzeit, in: Zs. f. Schweizer Strafrecht 5 (1892) 309–382; *Wettstein,* Die Geschichte der Todesstrafe (Zürich); *H. v. Hentig,* Kriminalstatistische Daten aus früheren Jahrhunderten,

in: ders., Studien zur Kriminalgeschichte, Bern 1962, 170–187; *G. Schormann*, Strafrechtspflege in Braunschweig-Wolfenbüttel 1599–1633, in: Braunschweig. Jb. 55 (1974) 90–112. Außerdem berufe ich mich auf eigene hier nicht näher dargelegte Untersuchungen der Verhältnisse in Nürnberg und Frankfurt. 6 *G. Radbruch* (Hg.), Die peinliche Gerichtsordnung Kaiser Karls V. von 1532 (Carolina), Stuttgart 1967; dazu *E. Schmidt*, Einführung in die Geschichte der deutschen Strafrechtspflege, Göttingen 1965³. 7 Allgemein dazu die Standardwerke von *R. His*, Geschichte des deutschen Strafrechts bis zur Karolina, München-Berlin 1928; ders., Das Strafrecht des deutschen Mittelalters, 2 Bde., Aalen 1964 (ND); auch *H. Knapp*, Die Zenten des Hochstifts Würzburg. Ein Beitrag zur Geschichte des süddeutschen Gerichtswesens und Strafrechts, 2 Bde., Berlin 1907; *Gg. Schindler*, Verbrechen und Strafen im Recht der Stadt Freiburg im Breisgau von der Einführung des neuen Stadtrechts bis zum Übergang an Baden (1520–1806), Freiburg 1937. 8 Die rechtshistorische Literatur verkennt die öffentliche Wirkung von Hinrichtungen, vor allem die Machtstrukturen des frühmodernen Staates in der Theatralik der Hinrichtungen und läßt allgemein die gesellschaftlichen Interessen am Vollzug der öffentlichen Strafe außer Acht. Allein »Volkskundler« haben ein Gespür für die Bedeutung der Rituale, begreifen sie aber weniger aus dem sozialen Kontext, ihr Interesse richtet sich insbesondere auf die Entstehung der Rituale. 9 Wichtige Hinweise in: *G. Radbruch*, Ars moriendi. Scharfrichter – Seelsorger – Arme-Sünder-Volk, in: Schweizer Zs. f. Strafrecht 59 (1945), 460–495; *Oppelt*, ›Unehrlichkeit‹, 145 ff. 10 Die Bedeutung des »Begnadigungswesens« für die Strafpraxis, überhaupt für das Herrschaftstheater, ist bisher unzureichend untersucht worden. Wichtig noch immer *K. Schué*, Das Gnadenbitten in Recht, Sage, Dichtung und Kunst, Ein Beitrag zur Rechts- und Kunstgeschichte, in: Aachener Geschichtsverein 40 (1918) 143 ff.; weiterhin: *Schindler*, Verbrechen und Strafen (Freiburg) 148 ff.; *v. Tscharner*, Die Todesstrafe (Bern), 116 ff.; *Nordhoff-Behne*, Gerichtsbarkeit und Strafrechtspflege (Schw. Hall), 166 ff.; *Oppelt*, Unehrlichkeit 79 ff. 11 Das hier ausgebreitete Material reicht m. E. zwar noch nicht aus, die Interdependenz zwischen Humanisierung und Theatralisierung ausreichend als Verschleierung herrschaftlicher Macht aufzuzeigen. Doch die Indizien sind eindeutig. 12 Über die frühmoderne Prozeßführung: *Fr. Byloff*, Das Verbrechen der Zauberei (crimen magiae). Ein Beitrag zur Geschichte der Strafrechtspflege in Steiermark, Graz 1902, 194 ff.; *E. Lindgren*, Die Breslauer Strafrechtspflege unter der Carolina und der Gemeinen Strafrechtswissenschaft bis zum Inkrafttreten der Josephina von 1708, Breslau o. J. 24 ff.; *Knapp*, Die Zenten des Hochstifts Würzburg II; *Merzbacher*, Hexenprozesse, 96 ff.; *Nordhoff-Behne*, Gerichtsbarkeit und Strafrechtspflege (Schw.-Hall), 101 ff.; *Meinhard*, Das peinliche Strafrecht (Frankfurt), 59 ff.; *Schmidt*, Einführung in die Geschichte der deutschen Strafrechtspflege, 70 ff. 13 *Merzbacher*, Hexenprozesse, 126, spricht von einer »leeren Komödie«; *Schmidt*, Einführung 101. »Der endliche Rechtstag war daher nur noch ein der Öffentlichkeit gebotenes formales Schaustück, auf dem die alten Formen gewahrt, teilweise in völliger Erstarrung eines hyperformalistischen Ritus beibehalten blieben« (101/2). Beispiel eines alten »Prozesses« von 1548 in: *K. Kroeschell*, Deutsche Rechtsgeschichte 2 (1250–1650), Reinbek 1973, 272–276. 14 Vgl. u. a.: *Meinhardt*, Das peinliche Strafrecht (Frankfurt), 1133 ff.; *Schuhmann*, Scharfrichter, 168 ff.; *Nordhoff-Behne*, Gerichtsbarkeit und Strafrechtspflege (Schw. Hall), 114 ff.; *K. Kühne*, Das Kriminalverfahren und der Strafvollzug in der Stadt Konstanz im 18. Jh., Sigmaringen 1979, 125 ff.; *K. S. Kramer / U. Wilkens*, Volksleben in einem holsteinischen Gutsbezirk, Neumünster 1979, 72 ff. 15 Das ›Strafenbuch‹ von Frankfurt (1562–1696) im Stadtarchiv Frankfurt, MS fol. 221. 16 Beispiel: *Deichert*, Zur Geschichte der peinlichen Rechtspflege (Hannover), 163 ff. 17 Beispiel: *Kühne*, Kriminalverfahren (Konstanz), 103 f. 18 Weitgehend folgte man dem in der Carolina festgeschriebenen Muster; hier CCC 83. 19 *Deichert*, Zur Geschichte der peinlichen Rechtspflege (Hannover), 165. 20 *S. Birkner* (Hg.), Leben und Sterben der Kindsmörderin Susanna Margaretha Brandt, Frankfurt 1973, 88 (bringt ausführliche Aktenauszüge). 21 Zit. *Schuhmann*, Scharfrichter, 171. 22 *E. v. Möller*, Die Rechtssitte des Stabbrechens, in: Zs. f. Rechtsgesch. Germ. Abt. 21 (1900), 27 ff. 23 So in Ansbach: vgl. *Oppelt*, Unehrlichkeit, 133; auch in Schwäbisch

Hall (1667) vgl. *Nordhoff-Behne*, Gerichtsbarkeit und Strafrechtspflege, 118f. **24** Carolina 97. **25** So in Ansbach: vgl. *Oppelt*, Unehrlichkeit, 134. **26** *H. Gwinner*, Der Einfluß des Standes im gemeinen Strafrecht, Breslau-Neukirch 1934; *Schindler*, Verbrechen und Strafen (Freiburg), 148ff.; *v. Tscharner*, Todesstrafe (Bern), 25ff.; *Meinhardt*, Das peinliche Strafrecht (Frankfurt), 161ff.; *Wettstein*, Geschichte der Todesstrafe (Zürich), 39ff. **27** Vor allem: *Schué*, Das Gnadenbitten, 149ff. **28** Vor allem wird dies deutlich in Nürnberg. Siehe die Malefizurteile von 1600–1692, zusammengestellt von *Gg. Frommoder* StaN Amts- und Standbücher, 226. **29** Beispiele bei *Schué*, Das Gnadenbitten, 178ff. **30** Zwar versuchte man immer die Unkosten zu Lasten des Verurteilten gehen zu lassen, aber in den meisten Fällen war von den Delinquenten nichts zu holen. Eine Unkostenliste bringt: *Nordhoff-Behne*, Gerichtsbarkeit und Strafrechtspflege, 122ff. **31** Hierzu auch: *D. Hay*, Property, Authority and the Criminal Law, in: ders., Albion's fatal tree, Harmondsworth 1977², 17–63. **32** Vgl. Anm. 127. **33** Vgl. u. a. *Foucault*, Überwachen und Strafen 102ff. **34** Siehe u. a. *Wettstein*, Geschichte der Todesstrafe (Zürich), 114. **35** U. a. *Meye*, Das Strafrecht der Stadt Danzig, 43. **36** *H. v. Hentig*, Die Strafe I. Frühformen und kulturgeschichtliche Zusammenhänge, Berlin 1954, 369ff.; *Oppelt*, Unehrlichkeit, 149ff.; *H. v. Hentig*, Vom Ursprung der Henkersmahlzeit, Tübingen 1958, 161ff. Besonders gefürchtet war die Ladung ins Tal Josaphat, ebd., 168ff. **37** Siehe *Knapp*, Lochgefängnis, 19; *v. Hentig*, Henkersmahlzeit, 189ff. **38** Vgl. *Meinhardt*, Das peinliche Strafrecht (Frankfurt), 181f.; *J. Dieselhorst*, Die Bestrafung der Selbstmörder im Territorium der Reichsstadt Nürnberg, in: Mitt. d. Vereins f. Gesch. d. Stadt Nürnberg 44 (1953), 58–230. **39** Carolina, 79. **40** Dazu die Hinweise bei *Radbruch*, Ars moriendi; *Oppelt*, Unehrlichkeit, 145ff. **41** Bes. deutlich im »Memorial« des Nürnberger Geistlichen *Hagedorn* von 1605–1620 (Bibl. d. Germ. Museums Nürnberg HS 3837). Dazu auch: *Th. Hampe*, Die Nürnberger Malefizbücher als Quellen der reichsstädtischen Sittengeschichte vom 14. bis zum 18. Jahrhundert, Bamberg 1927. **42** Vgl. u. a. *Keller*, Der Scharfrichter, 171; *Oppelt*, Unehrlichkeit, 182ff. **43** Zit. nach: *v. Hentig*, Henkersmahlzeit, 161. **44** Germ. Museum Nürnberg: HS 3837, fol. 108. **45** Vgl. u. a. *v. Hentig*, Henkersmahlzeit, 78ff. **46** Ebd. 69ff.; *Schuhmann*, Scharfrichter, 117. **47** Beispiele in: *Schuhmann*, Scharfrichter, 127ff.; *Oppelt*, Unehrlichkeit, 676ff. **48** Zit. nach *Nordhoff-Behne*, Gerichtsbarkeit und Strafrechtspflege, 116. **49** Zit. nach *Schuhmann*, Scharfrichter; vgl. auch Carolina, 79. **50** Allgemein: *v. Hentig*, Henkersmahlzeit; auch *Keller*, Scharfrichter, 138ff.; *Schuhmann*, Scharfrichter, 127ff.; *Oppelt*, Unehrlichkeit, 675ff. **51** *Birkner* (Hg.), Leben und Sterben, 115f. **52** *v. Hentig*, Henkersmahlzeit, 272. **53** Allgemein vgl. *Keller*, Scharfrichter; *Schuhmann*, Scharfrichter; *Oppelt*, Unehrlichkeit; auch *E. Angstmann*, Der Henker in der Volksmeinung. Seine Namen und seine Vorkommen in der mündlichen Volksüberlieferung, Halle 1928; *Joh. Glenzdorf/Fr. Treichel*, Henker, Schinder und arme Sünder, 2 Bde., Bad Münder 1970; *Gernhuber*, Strafvollzug und Unehrlichkeit; *Ch. Helfer*, Henker-Studien, in: AKG 46 (1964), 334–359; 47 (1965), 86–117; *G. Wilbertz*, Standesehre und Handwerkerkunst. Zur Berufsideologie des Scharfrichters, in: AKG 58 (1976), 154–177; dies., Scharfrichter und Abdecker im Hochstift Osnabrück. Untersuchungen zur Sozialgeschichte zweier ›unehrlicher‹ Berufe im nordwestdeutschen Raum vom 16. bis zum 19. Jahrhundert, Osnabrück 1979. **54** *Schuhmann*, Scharfrichter, 161ff. **55** *Gernhuber*, Strafvollzug und Unehrlichkeit; *R. Wissel*, Des alten Handwerks Recht und Gewohnheit, 1 Bd. Berlin 1971², 186ff.; *Oppelt*, Unehrlichkeit. **56** So bei *Schuhamnn*, Scharfrichter, und *Oppelt*, Unehrlichkeit. **57** Zuletzt: *Wilbertz*, Scharfrichter und Abdecker. **58** Hierzu u. a.: *v. Hentig*, Henkersmahlzeit, 112ff. **59** Zit. nach *Oppelt*, Unehrlichkeit, 694. **60** Vor allem: *Glenzdorf-Treichel*, Henker. **61** Näheres dazu: *Oppelt*, Unehrlichkeit, 373ff.; *Schuhmann*, Scharfrichter, 215ff.; *A. John* (Hg.), Die Schrift ›Vom Aberglauben‹ von Karl Huß, Prag 1910. **62** *O. Beneke*, Von unehrlichen Leuten. Culturhistorische Studien und Geschichten aus vergangenen Tagen deutscher Gewerbe und Dienste, Berlin 1889², 354ff. **63** Zit. nach *Oppelt*, Unehrlichkeit, 376. **64** *John*, Die Schrift ›Vom Aberglauben‹; *Oppelt*, Unehrlichkeit, 659ff.; auch *Keller*, Scharfrichter, 224ff. **65** Mit einer

Verurteilung war jedenfalls noch nicht entschieden, wie der »Kampf« zwischen Henker und Delinquenten ausging. Vgl. *v. Hentig*, Henkersmahlzeit, 92ff. **66** Zit. nach *v. Hentig*, Henkersmahlzeit, 189. **67** Carolina, 98. **68** *Chr. Helfer*, Formen und Funktionen des Galgenplatzes am unteren Mittelrhein, in: Bonner Gesch.blätter 18 (1964), 16–38; auch *H. v. Hentig*, Der Rabenstein. Eine kriminal-geographische Studie, in: ders., Studien, 9–22. **69** Dazu: *H. v. Hentig*, Vom nordwärts gerichteten Galgen, in: Monatsschr. f. Kriminalpsych. u. StRref. 23 (1932), 106ff.; *Chr. Helfer*, Positionsmerkmale des Galgenplatzes am unteren Mittelrhein, in: Rhein. Jb. f. Volkskunde 13/14 (1962/3), 39–59. **70** *Helfer*, Formen, 19. **71** Zum »Galgenfest« vgl. *Keller*, Scharfrichter, 208ff.; *Schuhmann*, Scharfrichter, 69ff.; *Oppelt*, Unehrlichkeit, 548ff.; auch *v. Hentig*, Henkersmahlzeit, 203ff.; *Kramer*, Volksleben im Hochstift Bamberg, 245ff. **72** Carolina, 215. **73** *R. Quanter*, Die Schand- und Ehrenstrafen in der deutschen Rechtspflege, Aalen 1970², 86ff. **74** *Keller*, Scharfrichter, 210f. **75** Germ. Museum Nürnberg HS 3837 fol. 247–248. **76** *Oppelt*, Unehrlichkeit, 555. **77** *Keller*, Scharfrichter, 211ff. **78** *H. Lenhardt*, Feste und Feiern des Frankfurter Handwerks, in: Arch. f. Frankft. Gesch. u. Kunst 1951, 33f. **79** Zur Funktion von Lärm und Musik vgl. *H. v. Hentig*, Gerichtliche Klänge und Geräusche. Eine kriminalgeschichtliche Studie, in: Schweizer Zs. f. Strafrecht 63 (1948), 121–138. **80** Bes. deutlich in Ansbach: *Oppelt*, Unehrlichkeit, 125ff.; und Frankfurt: *Birkner*, Leben und Sterben, 104f. **81** Wie im Fall von Ansbach; *Oppelt*, Unehrlichkeit, 129ff. **82** Wenig hilfreich: *A. Schwammberger*, Vom Brauchtum mit der Zitrone, Nürnberg 1965, 31f. **83** Nach: *Birkner*, Leben und Sterben, 108–119. **84** *Schuhmann*, Scharfrichter, 175f. **85** Vgl. *Oppelt*, Unehrlichkeit, 129f. **86** Über das Kreisschlagen bei Hinrichtungen: *L. Andresen*, Das Kreisschlagen bei Hinrichtungen, in: Heimat 38 (1928) 166f.; *Th. O. Achelis*, Das Schlagen des Kreises bei Hinrichtungen, in: Heimat 39 (1929) 131ff. **87** *Radbruch*, Ars moriendi, 471ff. **88** Zit. nach *v. Hentig*, Henkersmahlzeit, 188. **89** Auf einer Hürde oder auf einer Kuhhaut vgl. *v. Hentig*, Strafe I, 347f. **90** Zit. nach *Schuhmann*, Scharfrichter, 85. **91** Frankfurter ›Strafenbuch‹ fol. 63. **92** Allgemein zum Strafsystem vor allem *v. Hentig*, Strafe I; *His*, Strafrecht; *Schild*, Alte Gerichtsbarkeit; *L. Barring*, Götterspruch und Henkerhand. Die Todesstrafen in der Geschichte der Menschheit, Essen 1980, 147ff. **93** Dazu: *Foucault*, Verbrechen und Strafen. **94** Ebd.; *Schild*, Alte Gerichtsbarkeit; *Oppelt*, Unehrlichkeit, 116ff. **95** *G. Bataille*, Gilles de Rais. Leben und Prozeß eines Kindermörders, Hamburg 1967, 99. **96** Vgl. dazu allgemein: *Schild*, Alte Gerichtsbarkeit, 197f. **97** Vgl. u. a. *v. Hentig*, Strafe I; *Wettstein*, Geschichte der Todesstrafe, 131; *Schuhmann*, Scharfrichter, 85. **98** Da die Literatur primär nach den Ursprüngen der Strafarten fragt, bleibt unklar, was der Gesellschaft vom 16.–18. Jh. sie noch bedeuteten. **99** Allgemein *v. Hentig*, Strafe, 320ff.; *Schuhmann*, Scharfrichter, 81f.; *D. Feucht*, Grube und Pfahl. Ein Beitrag zur Geschichte der deutschen Hinrichtungsbräuche, Tübingen 1967. **100** Ebd. **101** Zit. nach *Meinhardt*, Das peinliche Strafrecht, 133. **102** Allgemein vgl. *v. Tscharner*, Todesstrafe, 111; *Schindler*, Verbrechen und Strafen, 53ff.; *v. Hentig*, Strafe I, 296ff.; *Meinhardt*, Das peinliche Strafrecht, 127f.; *Wettstein*, Geschichte der Todesstrafe, 122ff.; *Schild*, Alte Gerichtsbarkeit, 204. **103** *K. Fr. W. Wander*, Deutsches Sprichwörter-Lexikon I, ND, Darmstadt 1977, 584. **104** In Nürnberg wurde diese Strafe auf Anregung des Scharfrichters abgeschafft. Vgl. Das Tagebuch des Meister Franz Scharfrichter zu Nürnberg, Hg. J. C. Jacobs–H. Rölleke, Harenberg 1980, 11f.; dazu auch *Knapp*, Lochgefängnis, 74; *Meinhardt*, Das peinliche Strafrecht, 128. **105** *v. Hentig*, Strafe I, 299ff. **106** Über ihre Bedeutung vgl. ebd. 305; Über Katze und Hund als Urheber von Unehrlichkeit vgl. *Wissel*, Des alten Handwerks I, 215ff. **107** Allgemein u. a. *v. Tscharner*, Todesstrafe (Bern), 110; *Schindler*, Verbrechen und Strafen (Freiburg), 56; *v. Hentig*, Strafe I, 310ff.; *Meinhardt*, Das peinliche Strafrecht (Frankfurt), 129; *Wettstein*, Geschichte der Todesstrafe (Zürich), 125; *Schild*, Alte Gerichtsbarkeit, 204. **108** Frankfurter ›Strafenbuch‹ 161. **109** Zit.: nach *Meye*, Das Strafrecht der Stadt Danzig, 90. **110** Ebd. **111** Dazu: *v. Hentig*, Strafe I, 338ff.; *Wettstein*, Geschichte der Todesstrafe, 130; *Schuhmann*, Scharfrichter. 84f.

112 *Keller*, Scharfrichter, 187. 113 Allgemein u. a. *v. Tscharner*, Todesstrafe (Bern), 105 f.; *v. Hentig*, Strafe I, 288 ff.; *Wettstein*, Geschichte der Todesstrafe (Zürich), 124; *Schuhmann*, Scharfrichter, 76 ff.; *Schild*, Alte Gerichtsbarkeit, 202 ff. 114 So wurde bei der öffentlichen Verkündung der Todesstrafe über den bayrischen *Hiesl* (laut Flugblatt) nicht bekanntgegeben, daß er vorher erwürgt wurde. *Keller*, Scharfrichter, 263: »Weswegen derselbe zu seiner wohlverdienten Strafe, andern aber zum abscheuenden Beispiel dem Scharfrichter zu Handen und Banden übergeben, zur Richtstatt geschleifet, daselbst mit dem Rad, durch Zerstoßung seiner Glieder, von oben herab, vom Leben zum Tod gerichtet, alsdann der Kopf von dem Körper abgesondert, dieser aber in 4 Stücke zerhauen und auf den Landstraßen aufgehangen, der Kopf hingegen auf den Galgen gesteckt werden solle«. 115 *v. Hentig*, Strafe I, 288. Seine magisch-mythologische Interpretation überzeugt hier nicht. 116 *Schuhmann*, Scharfrichter, 77. 117 Das Rädern kam dann der Vierteilung gleich. 118 Vgl. Fälle Grumbach und Klostermaier. 119 Vgl. *P. E. Rattelmüller*, Matthäus Klostermaier, München 1971. 120 Allgemein: *Keller*, Scharfrichter, 169 f.; *Meye*, Strafrecht der Stadt Danzig, 38 f.; *Lindgen*, Die Breslauer Strafrechtspflege, 70 f.; *v. Tscharner*, Die Todesstrafe (Bern), 108 f.; *Schindler*, Verbrechen und Strafen (Freiburg), 46 f.; *v. Hentig*, Strafe I, 206 ff.; *G. Appenzeller*, Strafvollzug und Gefängniswesen im Kanton Solothurn vom 15. Jahrhundert bis zur Gegenwart, in: Jb. f. Solothurner Gesch. 30 (1957), 53; *Meinhardt*, Das peinliche Strafrecht (Frankfurt), 121 f.; *Wettstein*, Die Geschichte der Todesstrafe (Zürich), 123; *Schuhmann*, Scharfrichter, 60 ff.; *Oppelt*, Unehrlichkeit, 169 ff.; *Hinckeldey*, Strafjustiz, 136. 121 Zit. nach *v. Hentig*, Strafe I, 223 f. 122 Ein merkwürdiger Fall ist uns aus Frankfurt (›Strafenbuch‹ fol. 139, v. 15. 3. 1637) bekannt. Der Frankfurter Bürger *B. Grünich* hatte in der Registratur Stube eingebrochen. Ihm wurde darauf »die rechte hand vor dem Römer jenseit des Bergs uff einen karch, daruff man Ihn geführet abgehawen, und er hernach mit dem Strang vom Leben zum todt hingerichtet, an den Galgen mitten in das Creutz gehenckt, und die abgehawene hand uber Ihn uff eine Spize gesteckt worden«. Eineinhalb Jahre später (7. 7. 1638) wird berichtet, daß »vor dem Strick dergestalt abgerissen worden, daß der Kopf in der hohe hengen blieben, der Corper aber uff dem Hochgericht gelegen, und weil man ... vernommen, daß solches mit gewalt, und außer Zweiffel durch anstalt bemeltes Bartel Grünichs Freundschaft und Kinder geschehen, alß ist er den 10 dieses in der nacht durch den Scharfrichter mit einer Ketten unter den armen wiederumb in die höhe und uffgehencket worden«. 123 Allgemein: *Keller*, Scharfrichter, 137; *v. Tscharner*, Die Todesstrafe (Bern), 104; *Schindler*, Verbrechen und Strafen (Freiburg), 46 ff.; *v. Hentig*, Strafe I, 261 ff.; *Appenzeller*, Strafvollzug (Solothurn), 51; *Meinhardt*, Das peinliche Strafrecht (Frankfurt), 126 ff.; *Wettstein*, Geschichte der Todesstrafe (Zürich), 120: *Schuhmann*, Scharfrichter, 49 ff.; *Oppelt*, Unehrlichkeit, 233 ff.; *Schild*, Alte Gerichtsbarkeit, 198 ff. 124 Zit. nach *Schuhmann*, Scharfrichter, 275. 125 Zit. nach *E. Osenbrüggen*, Studien zur deutschen und schweizerischen Rechtsgeschichte, Schaffhausen 1868, 289. 126 Zwei Beispiele aus dem Nürnberger HS 3837. Eine Mörderin wurde zum Tod verurteilt, und zwar »aus sonderbaren Gnaden mit dem Schwerdt vom Leben zum Todt hingerichtet, und enthauptet, behebens auch die rechte hand abgehauen, hernacher aber das Haupt samt der handt auff einem hier zu verordneten Nagel, auff das hohe Gericht gestecket, und der Cörper auff einem Scheitterhauffen geworffen, und zu Pulver und Aschen verbrandt worden« (fol. 134 f.). Vom 5./15. 12. 1631. Ein Mörder wurde »mit dem Schwerdt vom Leben zum Todt hingerichtet und enthauptet, dessen Cörper aber hernacher auff das Radt gelegt und der Kopf auff das hohe Gericht gestecket« worden (StaN Amts- und Standbücher 226, fol. 109). Vom 4. 12. 1607: »andern zur Abscheu, Ime, erstlich vorm Römer am springenden Bronnen die 2. Finger in der rechten Faust, damit er geschworen, abgehauen, darnach fort hinausgefürt, und Ime uffn Gericht der Kopf abgeschlagen, derselbe aber aufm Gericht in eine listerne Spitz gesteckt, die abgeschlagenen finger, darbey affigirt, und also das gesicht am kopf zu der strassen zu bewendet, und darauff der todte Cörper under den Galgen begraben worden« (Frankfurter ›Strafenbuch‹ fol. 81). 127 Am 1. 2. 1696 wurde in Frankfurt eine Zigeunerin »Diebstahls halben« verurteilt, »daß Man Sie an das Halseißen stellen und durch den Stocker der

Stadt hinausfuhren laßen sollte, welches den 5. darauf an ihr exequirt worden der diebstahl, den Sie verübet, sey geringen werth geweßen, jedoch weilen das stehlen alzu gemein werden will, auch der Diebstahl mit abreißung eines schlosses beschehen, ist dieselbe andern zum exempel an den pranger gestellt worden, alwo sie ihr säugendes kleines Kind, so ihrer Anzeige und vorgeben nach Nur ein halb Jahr alt sein solle in denen Armen bey sich gehalten«. (Ebd. fol. 245). **128** Vgl. *Gwinner*, Einfluß des Standes im gemeinen Strafrecht, 82ff. **129** Zit. nach: *Keller*, Scharfrichter, 150. **130** Vgl. *Solden-Heppe*, Geschichte der Hexenprozesse, 2 Bde., München 1912[3], II, 136. **131** Vgl. *Renger*, Hinrichtungen als Volksfeste, 19. **132** Vgl. *V. Lötscher*, Der Henker von Basel, in: Basler Stadtbuch (1968), 109. **133** *O. Schalk*, Scharfrichter Joseph Langs Erinnerungen, Leipzig–Wien 1920[10], 75f. **134** *Oppelt*, Unehrlichkeit, 118. **135** Über das Losheiraten: *Schué*, Das Gnadenbitten, 209ff.; *Schuhmann*, Scharfrichter, 84ff. **136** *Keller*, Scharfrichter, 147; *Oppelt*, Unehrlichkeit, 87f. **137** Zit. nach *Oppelt*, Unehrlichkeit, 91. **138** *Schué*, »Das Gnadenbitten«, 214. **139** Ebd. 222. **140** Vgl. *Keller*, Scharfrichter, 147f.; *Schué*, »Das Gnadenbitten«, 215; *v. Hentig*, Henkersmahlzeit, 98f. **141** Vgl. *Oppelt*, Unehrlichkeit, 200ff.; *D. Marschall*, De laqueo rupto. Die mißlungene Hinrichtung durch den Strang, Bonn 1968. **142** *Glendorf-Treichel*, Henker, 79. **143** Zit. nach: *A. Keller* (Hg.), Maister Franntzn Schmidts Nachrichters inn Nürmberg all sein Richten, Leipzig 1913, XIII. **144** Vgl. *Marschall*, De laqueo rupto. **145** Zit. nach ebd., 123. **146** Ebd., 125. **147** Bei *Beneke*, Von unehrlichen Leuten, 137, heißt es »Es kamen Beispiele der schrecklichsten Ausbrüche ungezügelter Volkswut vor; unglückliche Exequenten wurden unmenschlich gemartert, endlich gesteinigt, oder buchstäblich in Stücke zerrissen, andere noch greulichere Todesarten nicht zu gedenken. Und wie häufig waren selbst einige hundert Soldaten zu Fuß und zu Roß gegen die tausend und abertausend fanatisierten Zuschauer viel zu schwach«. Allgemein dazu: *Keller*, Scharfrichter, 158ff.; *Schuhmann*, Scharfrichter, 223ff.; *Oppelt*, Unehrlichkeit, 34ff., 200ff., 247ff.; *Glenzdorf-Treichel*, Henker, 71ff.; vor allem *Helfer*, Henker-Studien. **148** *Helfer*, Henker-Studien, 179. **149** *Schuhmann*, Scharfrichter, 223; *Oppelt*, Unehrlichkeit, 260f. **150** *Hampe*, Malefizbücher, 78. **151** *Knapp*, Lochgefängnis, 63; *Oppelt*, Unehrlichkeit, 250f. **152** *Oppelt*, Unehrlichkeit, 266; *Helfer*, Henker-Studien, 338. **153** *Glendorf-Treichel*, Henker, 76; *Helfer*, Henker-Studien, 336. **154** *Meinhardt*, Das peinliche Strafrecht, 43. **155** *Keller*, Scharfrichter, 166. **156** Der Neue Pitaval (1862), Bd. 31, 363f., dazu *v. Hentig*, Henkersmahlzeit, 164. **157** So z. B. 1606 in Saalfeld, vgl. *Glenzdorf-Treichel*, Henker, 77. **158** *Keller*, Scharfrichter, 164; *Glenzdorf-Treichel*, Henker, 77f.; *Helfer*, Henker-Studien, 336f. **159** *Oppelt*, Unehrlichkeit, 266f.; *Glenzdorf-Treichel*, Henker 78; *Helfer*, Henker-Studien, 339. **160** *Beneke*, Unehrliche Leute, 255f.; *Keller*, Scharfrichter, 162f.; *Oppelt*, Unehrlichkeit, 264f. **161** *Oppelt*, Unehrlichkeit, 255f. **162** Dazu allgemein: *Radbruch*, Ars moriendi; auch *Oppelt*, Unehrlichkeit, 137ff.; *Keller*, Scharfrichter, 152; aufschlußreich: *Chr. F. Weiße*, Hinrichtung eines Mörders in Leipzig, in: *M. L. Könneker* (Hg.) Kinderschaukel 1. Ein Lesebuch zur Geschichte der Kindheit in Deutschland 1745–1860, Darmstadt–Neuwied 1976, 193–202. **163** Vgl. *Radbruch*, »Ars moriendi«, 473. **164** Nach *Oppelt*, Unehrlichkeit, 139. **165** Ein Delinquent hatte sich 1605 vor Gericht »gegen die herrn Schöpffen des gnädigen Urteilshalber zum höchsten und fleißigsten bedanket, andächtig gebettet, und auf dem Rabenstein jedermann eine gute Nacht gegeben« (StA Nürnberg Amts- und Standbücher 226, fol. 23). Ein anderer hatte 1608: »Im hinaus ... die Leute viel und oftmahls gesegnet, sonderlich er die Rathhausstiegen herab gegangen, und wann er unterwegens bekandte Bauersleute gesehen, hat er innen sein Weib und kinder befohlen, ist ohne aller Zweiffel wol und christlich gestorben« (GNM Nürnberg, HS 3837 fol. 126). Ein Dieb starb 1679 »nachdem er grosse Reu und Leid über sein Verbrechen erwiesen und mit einer feinen Rede jedermänniglich vor der gleichen verwarnet« (Frankfurt Strafenbuch, fol. 187). Ein Mörder wurde 1691 mit dem Schwert hingerichtet, »nachdem Er sich mit singen und betten zum Todt ungemein wohl bereitet auch auff der Richtstätt eine bewegliche und wohl abgefaßte oration zu dem volcke gethon hatte« (Ebd., fol. 232). **166** So vor allem auch das »Memorial« von

Hagendorn, das eine Edition verdient. 167 *Radbruch,* Ars moriendi, 480. 168 Ebd., 493. 169 Zit. nach: *Oppelt,* Unehrlichkeit, 141. 170 *Ch. v. Schmid,* Erinnerungen aus meinem Leben I, Augsburg 1853, 84–91. 171 Ebd., 91.

Gottfried Korff: »Heraus zum 1. Mai«

1 Vgl. dazu neuerdings *D. Fricke,* Kleine Geschichte des Ersten Mai. Die Maifeier in der deutschen und internationalen Arbeiterbewegung, Berlin (DDR) 1980, 6–68; *P. Friedemann,* Feste und Feiern im rheinisch-westfälischen Industriegebiet 1890–1914, in: *G. Huck* (Hg.): Sozialgeschichte der Freizeit. Untersuchungen zum Wandel der Alltagskultur in Deutschland, Wuppertal 1980, 161–186; *G. Korff,* Volkskultur und Arbeiterkultur. Überlegungen am Beispiel der sozialistischen Maifesttradition, in: Gesch. u. Gesellsch. 5 (1979), 83–102. Ging es in diesem Aufsatz um die Aspekte einer »neuen« Kultur, entwickelt und getragen von der Arbeiterbewegung, so wird hier der umgekehrte Weg eingeschlagen: Untersuchungsgegenstand sind hier nicht die proletarischen Maifeiern, sondern Maibräuche der vorindustriellen Zeit. Die hier vorgetragenen Überlegungen sind die notwendige »historische« Ergänzung zu dem Aufsatz von 1979 – insbesondere was das Problem der Kontinuität bzw. Persistenz angeht. 2 Das Maifest des Proletariats, in: Die Neue Zeit, XI. Jg., 2. Bd., S. 97f. 3 Berliner Vorwärts vom 30. April 1922 (Nr. 203). 4 *G. Deville,* Historique du Premier Mai, in: Le Devenir social 2 (1896), S. 291. 5 A Dictionary of American English on Historical Principles, Vol. III, Oxford/London 1942, 1558; in *Webster*'s New International Dictionary of the English Language, Springfield/Mass. 1960, wird definiert: »A day when one's residential, store, or office effects are transported to another location.« 6 *R. Weiß,* Volkskunde der Schweiz, Erlenbach/Zürich 1946, 117 und speziell zum Thema ders.: Sozialistische Maifeier und Volksbrauch, in: Schweizer Monatszeitschrift »Du« 3 (1943), 56f. 7 Einen detaillierten Überblick über Forschungen zum Maibrauchtum gibt *H. Moser,* Maibaum und Maibrauch. Beiträge und Erörterungen zur Brauchforschung, in: Bayr. Jb. für Volkskunde 1961, 115–159. 8 Ebd. 9 Ebd., 128. 10 Ebd., 127. 11 *A. Grießinger,* Das symbolische Kapital der Ehre. Streikbewegungen und kollektives Bewußtsein deutscher Handwerksgesellen im 18. Jahrhundert, Frankfurt/Berlin/Wien 1981, 109f. In diesem Zusammenhang ist nachdrücklich hinzuweisen auf die solide und materialreiche, nur in ihrer Ursprungsdeutung überholte Brauchmonographie von *E. Pabst,* Die Volksfeste des Maigrafen in Norddeutschland, Preußen, Livland, Dänemark und Schweden, Berlin 1865. 12 *D. Freiherr von Reinsberg-Düringsfeld,* Das festliche Jahr. In Sitten, Gebräuchen und Festen der Germanischen Völker, Leipzig 1863, 123–128. 13 Vgl. dazu *H. Mommsen,* Die Sozialdemokratie und die Nationalitätenfrage im Habsburgischen Vielvölkerstaat, Wien 1963, 165. »Adler hatte die Anregung des Pariser Kongresses der II. Internationalen, den Ersten Mai als Arbeiterfeiertag zur Erringung des Achtstundentages zu begehen, mit großer Energie aufgenommen, zumal dieser Tag in Österreich in bürgerlichen Kreisen vielfach als Feiertag galt.« 14 Vgl. dazu *G. Korff,* Heiligenverehrung in der Gegenwart. Empirische Untersuchungen in der Diözese Rottenburg, Tübingen 1970, 78f. Zu kirchlichen Bräuchen am 1. Mai ganz allgemein vgl. *E. Hoffmann-Krayer,* Schweizerische Maibräuche, in: *P. Geiger* (Hg.): Kleine Schriften zur Volkskunde von Eduard Hoffmann-Krayer, Basel 1946, 190–204, s. 204. – Im Gegensatz zum Tag selbst war der Monat insgesamt jedoch seit Mitte des 18. Jahrhunderts liturgisch konturiert und zwar als Marienmonat mit kirchlichen Feiern und marianischen Privatandachten (Maiandachten). 15 Zum Begriff der Zentraldirigierung vgl. *G. Wiegelmann* u. a. Volkskunde. Eine Einführung, Berlin 1977, S. 44f. 16 M. P. Nilsson, Der erste Mai, in: Hess. Bl. für Volkskunde 49/50 (1958), 203–206, s 205. 16a Die hier ausgebreiteten Belege stammen zumeist aus der Eifel und deren Nachbargebieten. Über die exakte Verbreitung des Mailehns in den Rheinlanden informiert die Karte auf S. 247. 17 *H. Medick,* Spinnstuben auf dem Dorf. Jugendliche Sexualkultur und Feierabendbrauch in der ländlichen Gesellschaft der frühen Neuzeit, in: *G. Huck*

(Hg.), Sozialgeschichte der Freizeit 19–50, 19. **18** Vgl. dazu *S. Erixon*, Technik und Gemeinschaftsbildung im schwedischen Traditionsmilieu, Stockholm 1957 und die deutsche Rezeption der skandinavischen Forschungsansätze in: *I. Weber-Kellermann*, Erntebrauch in der ländlichen Arbeitswelt des 19. Jahrhunderts auf Grund der Mannhardtbefragung in Deutschland vor 1865, 9–40. Zu neueren Ansätzen der historisch-empirischen Brauchforschung *Ed. P. Thompson*, Plebejische Kultur und moralische Ökonomie. Aufsätze zur englischen Sozialgeschichte des 18. und 19. Jahrhunderts, Frankfurt/Berlin/Wien 1980 (darin insbesondere der Aufsatz: Volkskunde, Anthropologie und Sozialgeschichte, 290–318); *Ernst Hinrichs*, Le charivari et les usages de réprimande en Allemagne. Etat et perspectives de la recherche, in: *J. Le Goff/J.-Cl. Schmitt* (Hg.), Le charivari. Actes de la table ronde organisée à Paris par l'Ecole des Hautes Etudes en Sciences Sociales et le Centre National de la Recherche Scientifique, Paris/La Haye/New York 1981, 297–306. **19** *K. R. V. Wikman*, Die Einleitung der Ehe. Eine vergleichende ethnosoziologische Untersuchung über die Vorstufen der Ehe in den Sitten des schwedischen Volkstums, Abo 1937. **20** Ebd., 259f. **20a** Bei der Versteigerung handelt es sich um eine Sonderform der brauchmäßigen Verteilung der ledigen Mädchen. Daneben existieren noch die Verlosung und das Ausrufen (s. u.). **21** *G. Kinkel*, Die Ahr. Landschaft, Geschichte und Volksleben. Zugleich ein Führer für Ahrreisende, Bonn 1849, 160f. **22** Zu weiteren Einzelheiten des Brauchs vgl. *Fr. Dierker*, Das rheinische Mailehen nach seinem Wesen, seiner Verbreitung und seiner Stellung in der Gemeinschaft, Phil. Diss. Köln 1939; *H. Weber*, Die Hauptgruppen der rheinischen Maibräuche in kulturgeschichtlicher und kulturgeographischer Betrachtung, Köln 1936; *A. Wrede*, Eifeler Volkskunde, Bonn und Leipzig 1924, 219ff. **23** *J. H. Schmitz*, Sitten und Bräuche, Lieder, Sprichwörter und Räthsel des Eifler Volkes, Trier 1856, 32. **24** Ebd. **25** *G. Kinkel*, Die Ahr. Landschaft, Geschichte und Volksleben, 161. **26** Vgl. dazu *W.-E. Peuckert*, Ehe, Hamburg 1955, 325f. **27** *J. Müller*, Rheinisches Maibrauchtum, in: Westdeutsche Zs. für Volkskunde 33 (1936), 12–32, 30f. **28** *H. Schurtz*, Alterklassen und Männerbünde. Eine Darstellung der Grundformen der Gesellschaft, Berlin 1902, 114 und 117. **29** *L. Hilberath*, Der Junggesellenverein in der Eifel. Ein Beitrag zur Soziologie der Männerbünde, Altersklassen und der Geschlechter, Soz.-wiss. Diss. Köln 1931, 17 und 66. **30** Ebd., 30. **31** *J. Müller*, Beitrag zur Geschichte der Mädchen- oder Mailehn, in: Zs. d. Vereins f. rhein. und westfäl. Volkskunde 4 (1907), 208–211, 210 (dort sind noch weitere das Mailehn betreffende Redensarten mitgeteilt). **32** *H. Niessen*, Die Mädchen- oder Mailehen, in: Zs. d. Vereins f. rhein. und westfäl. Volkskunde 4 (1907), 62–67, S. 65f. **33** *M. Zender*, Das kölnische »Niederland« in Gestalt und Sonderart seines Volkslebens, in: Rhein. Vierteljahrsblätter 36 (1972), 249–280, s. 249–255. **34** *Wikman*, Die Einleitung der Ehe, 343. **35** Vgl. dazu *Moser*, Maibaum und Maibrauch, 144f. **36** *Medick*, Spinnstuben auf dem Dorf. **37** Vgl. dazu die Beispiele bei *Fr. Dierker*, Das rheinische Mailehen, 31 und 154f. **38** Chronik der Stadt Sinzig. Mitgetheilt von Dr. *G. Eckertz*, in: Annalen des hist. Vereins für den Niederrhein 13 (1863), 248–270, 267. **39** Vollständige Sammlung deren die Verfassung des Hohen Erzstifts Cöllen betreffenden Stucken [...], Cölln am Rhein 1773, 42–44. **40** Ebd., S. 44–45. **41** Protokollum ex Impenkhoven von 1793, in: *R. Thomas*, Geschichte des Ortes und der Bürgermeisterei Oedekoven, Oedekoven 1979 (Stadtarchiv Bonn 116/80), 268–287. Im Plitterdorfer Junggesellenbuch, schon aus dem Jahre 1737, heißt es: »Es wird gebeten im Verbote hier bei den Knechten und Junggesellen, daß keiner sich wird finden lassen bei den Jungfrauen, auch daß er sie in ungebührlicher Art und Weise angreifen täte.« Zit. nach *Dierker*, Das rheinische Mailehen, 70. **42** *M. Zender*, Das kölnische »Niederland« in Gestalt und Sonderart seines Volkslebens, 251 (Verbreitungskarte S. 250) – Zur Mädchenversteigerung in Hessen vgl. *I. Weber-Kellermann/W. Stoll*, Volksleben in Hessen 1970. Arbeit, Werktag und Fest in traditioneller und industrieller Gesellschaft, Göttingen 1971, 103–114, insbes. 108f. Für die ritualisierte »Mädchenzuteilung« in der Schweiz vgl. *E. Hoffmann-Krayer*, Knabenschaften und Volksjustiz in der Schweiz, in: *Geiger* (Hg.): Kleine Schriften zur Volkskunde, 124–159, 152f. **43** Zur Wirtschaftsstruktur vgl. die weiterführende Literatur in *G. Korff*, Wohnalltag in der Eifel, in: Rhein.

Jb. f. Volkskunde 22 (1977), 103–124. 44 *R. Muchembled*, Kultur des Volks – Kultur der Eliten, Stuttgart 1982, 55. 45 Vgl. *Zender*, Das Kölnische »Niederland« in Gestalt und Sonderart seines Volkslebens, 105. 46 Zum Problem der Eifler Rügebräuche vgl. die prinzipielle Studie von *G. Lutz*, Sitte, Recht und Brauch. Zur Eselshochzeit von Hütten in der Eifel, in: Zs. f. Volkskunde 56 (1960), 74–88. 47 *Kinkel*, Die Ahr. Landschaft, Geschichte und Volksleben, 161. 48 *R. McC. Netting*, Balancing on an Alp. Ecological change and continity in a Swiss mountain community, Cambridge University Press 1981, 175. 49 *Thompson*, Volkskunde, Anthropologie und Sozialgeschichte, 296–298. 50 Ebd. S. 298. 51 *Zender*, Das Kölnische »Niederland« in Gestalt und Sonderart seines Volkslebens, 251f. 52 *J. Klein*, Maispielfeier in den rechtsrheinischen Nachbarorten Cölns, in: Zs. d. Vereins für rhein. und westfäl. Volkskunde 6 (1909), 127–136. 53 Ebd. S. 136. 54 Zu Fragen der unterschiedlichen sozialen Reichweite des ländlichen und städtischen Maibrauchtums und daraus resultierenden unterschiedlichen »Schauwerten« vgl. *J. Ruland*, Vom Winzerleben an der Ahr, in: *E. Ennen/G. Wiegelmann* (Hg.), Festschrift Matthias Zender. Studien zur Volkskultur, Sprache und Landesgeschichte, Bonn 1972, 609–632, 621. 55 *B. Luckmann*, Politik in einer deutschen Kleinstadt, Stuttgart 1970, 224–256. 56 *Fr. Darpe*, Geschichte der Stadt Bochum, Bochum 1888, S. 314. Vgl. dazu auch *A. Peddinghaus*, Das Maiabendfest in Bochum, in: Niedersachsen 16 (1910/11), 326f. 57 *K.A. Kortum*, Nachricht vom ehemaligen und jetzigen Zustande der Stadt Bochum, in: Neues Westphälisches Magazin zur Geographie, Historie und Statistik, Bd. 2, Leipzig, Lemgo, Berlin und Bielefeld 1790, S. 131–133 (§ 28: Gewohnheiten, besondere Gebräuche und Zeitvertreibe). 58 *Moser*, Maibaum und Maibrauch, 131f. 59 *Darpe*, Geschichte der Stadt Bochum, 436. 60 Die Darstellung folgt weitgehend dem Bericht, den Dr. *Günter Höfken* im »Maischützen«, Nr. 1 (1971), 47, aufgrund eines Archivbesuchs im Zentralen Staatsarchiv Merseburg veröffentlicht hat. Die Akten, die den Teilungskonflikt zwischen Harpen und Bochum behandeln, liegen nach Dr. *Höfken* im ZSA Merseburg, Forstdepartment Grafschaft Mark, Titel 5, Nr. 16. 61 *Darpe*, Geschichte der Stadt Bochum, 436. 62 Vgl. dazu »Das Bochumer Maiabendfest«, hg. zum 563. Maiabendfest von der Bochumer Maiabendgesellschaft 1388 e. V., S. 31–40, Stadtarchiv Bochum 111 II 1. 63 *H. Croon*, Studien zur Sozial- und Siedlungsgeschichte der Stadt Bochum, in: Bochum und das mittlere Ruhrgebiet. Festschrift zum 35. Deutschen Geographentag, Paderborn 1965, 85–114, 86. 64 *D.F. Crew*, Bochum. Sozialgeschichte einer Industriestadt 1860–1914, Frankfurt/Berlin/Wien 1980, S. 32f. Zu den in Bochum besonders stark hervortretenden Problemen des städtischen Strukturwandels und des Elite-Wechsels vgl. *H. Croon*, Städtewandlung und Städtebildung im Ruhrgebiet im 19. Jahrhundert, in: Aus Geschichte und Landeskunde. Forschungen und Darstellungen. Franz Steinbach zum 65. Geburtstag, Bonn 1960, 484–501, 494. 65 Wie abhängig, zumal über die Kaufkraft, die wirtschaftliche Lage des Bochumer Mittelstandes von der allgemeinen konjunkturellen Entwicklung war, belegt *Crew* (wie Anm. 64, 150f.) mit eindrucksvollen Zahlen. 66 Vgl. dazu *Peddinghaus*, Das Maiabendfest in Bochum, 326f. 67 Vgl. dazu etwa »Das Bochumer Maiabendfest«, hg. zum 563. Maiabendfest (wie Anm. 62), S. 48. 68 *W. Brepohl*, Industrievolk im Wandel von der agraren zur industriellen Daseinsform dargestellt am Ruhrgebiet, Tübingen 1957, 238. 69 *M. Seippel*, Das Maiabendfest in Bochum. Nach vorhandenen Quellen bearbeitet und herausgegeben, Bochum 1881, Stadtarchiv Bochum K VIII d 2. 70 Ebd. 75f. 71 Ebd. 76. 72 Zu den ersten sozialistischen Maifeiern in Bochum und Umgebung vgl. *P. Friedemann*, Feste und Feiern im rheinisch-westfälischen Industriegebiet 1890–1914, S. 171f. 73 Vgl. dazu *Fr. Giovanoli*, Die Maifeierbewegung. Ihre wirtschaftlichen und soziologischen Ursprünge und Wirkungen, Karlsruhe 1925. 74 *J.A.H. Murray* (Ed.), The Oxford English Dictionary, Vol. IV, Oxford 1908, Sp. 730. 75 Die Stadt Elberfeld. Festschrift zur Dreijahrhundert-Feier 1910, Elberfeld 1910, S. 234; *O. Schell*, Bergische Volkskunde, Elberfeld 1924, S. 100; *O. Schell/E. Lorenzen* (Hg.), Bergisch-Märkische Volkskunde, Bielefeld/Leipzig 1929, S. 179. 76 *Fr. Storck*, Pitzepatzen, Elberfeld 1895, 198. 77 Vgl. etwa für Bochum die Berichte im »Märkischen Sprecher. Bochumer

Zeitung und Kreisblatt« vom 1. Mai 1890 und vom 2. Mai 1895. 78 Vgl. dazu etwa die Zins- und Zahltermine in *H. Strangmaier* (Hg.), Agrargeschichtliche Quellen von Hilden und Umgebung, 3 Bde., Hilden 1979. 79 *J. Müller*, Gesindetermine, in: *H. Aubin/Th. Frings/J. Müller*, Kulturströmungen und Kulturprovinzen in den Rheinlanden, Bonn (Fotomech. Nachdruck) 1966, 197–208, 207f. 80 *Schell/Lorenzen* (Hg.), Bergisch-Märkische Volkskunde, 179. 81 Stadtarchiv Wuppertal J X 519. 82 Am 28. April 1844 lädt die Elberfelder Zeitung beispielsweise ein zu einem »Festmahl von Bürgern Elberfelds zu Ehren unseres geschätzten Herrn Oberbürgermeisters von Carnap in dankbarer Anerkennung seiner erfolgreichen Bemühungen in der wichtigen Angelegenheit der Elberfeld-Dortmunder Eisenbahn«. Das Festmahl fand statt am Mittwoch, 1. Mai 1844, 3 Uhr. 83 Stadtarchiv Wuppertal J X 519/2. 84 Stadtarchiv Wuppertal J X 519 (6/203). 85 Vgl. dazu *Kl. Goebel/M. Wichelhaus* (Hg.), Aufstand der Bürger. Revolution 1849 im westdeutschen Industriezentrum, Wuppertal 1974. 86 Elberfeld in den 40er Jahren des 19. Jahrhunderts, in: Monatsschr. des Bergischen Geschichtsvereins 20 (1913), S. 128. Dort auf S. 143 auch der Ausdruck »Maivorfälle« für die Elberfelder Revolution. 87 Zu dieser Zeitschrift vgl.: Preußen – Versuch einer Bilanz, Katalog zur Preußen-Ausstellung 1981 in Berlin, Bd. 1, Reinbek 1981, 318f. 88 Der erste Mai in Elberfeld in: »Gesellschaftsspiegel«, Elberfeld 1846, Heft 11, S. 137–140, S. 137. 89 »Der 1. Mai im Wupperthal«, Originalzeichnung von H. Würz, in: Über Land und Meer. Allgemeine Illustrierte Zeitung Nr. 34 von 1872, S. 13. 90 Monatsschr. des Bergischen Geschichtsvereins 16 (1909), S. 96. 91 *W. Köllmann*, Sozialgeschichte der Stadt Barmen im 19. Jahrhundert, Tübingen 1960, 146f.; ders.: Aus dem Alltag der Unterschichten in der Vor- und Frühindustrialisierungsphase, in: *J. Reulecke/W. Weber* (Hg.), Fabrik, Familie, Feierabend. Beiträge zu einer Sozialgeschichte des Alltags, Wuppertal 1978, 11–37, 24–29. Zum Problem der Wohnungsversorgung in der Industrialisierungsphase jetzt neuerdings *Cl. Wischermann*, Wohnungsnot und Städtewachstum. Standards und soziale Indikatoren städtischer Wohnungsversorgung im späten 19. Jahrhundert, in: *W. Conze/U. Engelhardt* (Hg.): Arbeiter im Industrialisierungsprozeß, Stuttgart 1979, 201–226. Allgemein zu den Wohnbedingungen in Industriestädten *S. G. Checkland*, Die Lebensbedingungen in den Städten, in: *R. Braun* u. a. (Hg.): Gesellschaft in der industriellen Revolution, Köln 1973, 259–266. Allgemein zur Sozialgeschichte der Wupperstädte *K. Wittenstein:* Die Entstehung der sozialen Frage und Bewegung im Wuppertal in den vierziger Jahren des 19. Jahrhunderts und ihre wirtschaftlichen Grundlagen, in: Zs. d. Berg. Geschichtsvereins 54 (1923/24), 118–187. 92 *W. Köllmann*, Wirtschafts- und Sozialgeschichte der Stadt Wuppertal von den Anfängen bis zum ersten Weltkrieg, in: *G. Werner* u. a., Heimatchronik der Stadt Wuppertal, Köln 1959, 134–228, s. 183f. 93 Zu diesem aus der französischen Soziologie stammenden Begriff, der die Komplexität des Arbeiterdaseins in umfassenden wirtschaftlichen, sozialen und kulturellen Bezügen anvisiert, vgl. *O. Negt*, Soziologische Phantasie und exemplarisches Lernen, Frankfurt 1969, S. 45. 94 Allgemein dazu und zu neuen Formen des wupperstädtischen Mietrechts Polizeikommissar Retzlaff: Das Elberfeld-Barmer Mietrecht, Remscheid 1891. 95 *O. Negt/A. Kluge*, Öffentlichkeit und Erfahrung. Zur Organisationsanalyse von bürgerlicher und proletarischer Öffentlichkeit, Frankfurt 1972. 96 *G. Simmel*, Untersuchungen über die Formen der Vergesellschaftung, München/Leipzig 1922², 359f. 97 Freie Presse vom 5. Mai 1891. 98 *Friedemann*, Feste und Feiern im rheinisch-westfälischen Industriegebiet 1890–1914, 180. 99 Freie Presse vom 5. Mai 1891. 100 »Alltagserfahrung und politische Kultur-Beispiele aus dem Ruhrgebiet«, Vortrag auf der Historiker-Tagung »Rheinland-Westfalen im Zeitalter der Industrialisierung« vom 1.–5. Juni 1982 in Essen. 101 *H. Trümpy*, Der Freiheitsbaum, in: Schweizerisches Archiv für Volkskunde 57 (1961), 103–122, 111; vgl. dazu auch speziell unter dem Gesichtspunkt der Kontinuität *M. Ozouf*, Du mai de liberté à l'arbre de la liberté: symbolisme révolutionnaire et tradition paysanne, in: Ethnologie française, V (1975), 9–32. 102 *Kl. Tenfelde*, Das Fest der Bergleute. Studien zur Geselligkeit der Arbeiterschaft während der Industrialisierung am Beispiel des deutschen Bergbaus, in: *G. A. Ritter* (Hg.), Arbeiterkultur, Königstein/Ts. 1979, s. 209–245, 210. 103 *Giovanoli*, Die Maifeierbewegung, X. 104 Vgl. dazu etwa das Material der Zeitungs-Ausschnitt-Sammlung im Stadtarchiv Bonn. 105 *M. Zender*, Die volkskundliche Struktur des Kreises Schleiden, in: Rheinisch-westfälische Zs. f. Volkskunde 1 (1954), 19–31, 29. 106 *Weber*, Rheinische Maibräuche, 104. 107 *D. Langewiesche*, Arbeiterkultur in Österreich: Aspekte, Tendenzen und Thesen, in: *Ritter* (Hg.), Arbeiterkultur, 40–57, 40. 108 Diese Formulierung benützt *J. Habermas* bei der Beschreibung sozialer und ökologischer Bewegungen und deren Rückgriff auf traditionelle Lebens- und Kulturformen. *J. Habermas*, Einleitung, in: Ders. (Hg.), Stichworte zur geistigen Situation der Zeit, Band 1, Frankfurt 1979, 7–35, 24. 109 Ausführlich zur Gegenwartssituation des Mailehnbrauchs vgl. *M. Faber/T. Ziegler*, Junggesellenvereine und ihre Aktionen im Mai, in: Rheinisch-westfälische Zs. f. Volkskunde 25 (1979/80), 147–197.

Robert W. Malcolmson: Volkskultur im Kreuzfeuer

1 *J. Mott*, Miners, weavers and pigeon racing, in: *M. A. Smith* u. a. (Hg.), Leisure and Society in Britain, London 1973, 94–95. 2 *R. W. Malcolmson*, Popular Recreations in English Society 1700–1850, Cambridge 1973, 17–18; *E. P. Thompson*, Patrician Society, Plebeian Culture, in: Journal of Social History, 7, 4 (1974), 392, sowie: Bodleian Library, MSS. Top. Devon b. 1–2. Vgl. auch *Fr. Hill*, Georgian Lincoln, Cambridge 1966, 52–54. 3 Material zu diesem Überblick über Wettkämpfe und Festveranstaltungen bei: *Malcolmson*, Popular Recreations, bes. Kap. 2 und 3. 4 Fireside Magazine; or Monthly Entertainer, (Stamford), Februar 1819, 46 bis 47. 5 Voice of Humanity (London), I (1830–31), 69. 6 Diese Darstellung beruht hauptsächlich auf der Berichterstattung der Lokalpresse, besonders des »Stamford Mercury«, von 1785 bis 1840. Im Vergleich dazu ist das Bullenrennen von Tutbury nur spärlich dokumentiert, u. a. deshalb, weil es schon zu einem relativ frühen Zeitpunkt, nämlich 1778, verboten wurde. Es wurde alljährlich im August abgehalten, und im Laufe des 18. Jahrhunderts wurde es offensichtlich zum Auslöser eines Karnevalstreibens in den umliegenden Gemeinden in Staffordshire und Derbyshire. Genaueres dazu bei: *R. Plot*, The Natural History of Staffordshire, Oxford 1686, 436–40; *St. Shaw*, The History and Antiquities of Staffordshire, 2 Bde., London 1798–1801, I, Teil II; und Sir *O. Mosley*, History of the Castle, Priory, and Town of Tutbury, London 1832, 88–90. Wisbech hatte anscheinend eine bescheidenere Form des Bullenrennens besessen: vgl. *Fr. J. Gardiner*, History of Wisbech and Neighbourhood, During the last Fifty Years 1848–1898, Wisbech/London 1898, 25 und 52. 7 Stamford Mercury vom 10. Oktober 1788. 8 Ms. Anmerkungen des Geistlichen *John Swann* in Harrod's History of Stamford, übertragen in einen Band mit Ausschnitten und vermischten Bemerkungen zum Bullenrennen, Nr. 183 in der Phillips-Collection, Stamford Town Hall. Die Seiten in diesem Band sind nicht numeriert, aber die Notizen sind grob chronologisch geordnet und ohne weiteres zu finden. 9 Auszug aus dem Ms. Tagebuch von *Maurice Pollard* von der St.-Martins-Gemeinde; Phillips-Collection Nr. 183. 10 Stamford Mercury vom 16. Januar 1789. 11 Phillips-Collection Nr. 183; Stamford Mercury vom 20. November 1789. 12 Phillips-Collection Nr. 183 (Ms. Tagebuch *Pollards*); *G. Burton*, Chronology of Stamford, Stamford 1846, 52. 13 Stamford Mercury vom 15. Januar 1790. 14 Phillips-Collection Nr. 183; vgl. *Burton*, Chronology of Stamford, 53. 15 Phillips-Collection Nr. 183. 16 Der Parlamentsabgeordnete *Richard Martin of Galway*, der Hauptförderer der Gesetzesvorlage »Cruel Treatment of Cattle Bill« (1822), brachte während der 20er Jahre des 19. Jahrhunderts beharrlich Gesetze gegen blutige Wettkämpfe ein. 17 *G. Burton* (Hg.), Old Lincolnshire, A Pictorial Quarterly Magazine, Stamford 1883–85, 165; Phillips-Collection Nr. 183. 18 Obwohl der Tierschutzverein (R. S. P. C. A.) offizielle königliche Privilegien erst 1840 erlangte, werden seine bekannteren Initialen durchgehend in unserer Abhandlung verwendet. 19 Dieser Abschnitt stützt sich hauptsächlich auf die Berichte im Lincolnshire Chronicle vom 15. und 22. November 1833 und

im Stamford Mercury vom 15. November 1833. **20** Christian Advocate vom 15. November 1830; Ms. Protokollbuch (Minute Book) des R. S. P. C. A. für 1824–1832, 128–130; Voice of Humanity, I (1830–31), 14–23 und 67–75. **21** R. S. P. C. A., Ms. Protokollbuch Nr. 1, 131–32. **22** R. S. P. C. A., Ms. Protokollbuch Nr. 2, 92–93. **23** Ebd. 19–26 u. 34; Tenth Annual Report of the S. P. C. A. von 1836. **24** *Rex v. Richardson* u. a. (Hg.), Stamford Bull-Running, Report of a Criminal Prosecution, Trial at Lincoln Summer Assizes, July 18, 1837, Stamford 1837. Eine Abschrift davon wird in der Stamford Town Hall aufbewahrt. *Burton*, Chronology of Stamford, 55; R. S. P. C. A., Ms. Protokollbuch Nr. 2, 124 und 179–180. **25** Twelfth Annual Report of the S. P. C. A., 1838, 14ff. **26** Stamford Mercury vom 10. November 1837; R. S. P. C. A., Ms. Protokollbuch Nr. 2, 89–92, 98–101 und 196–199. **27** Public Record Office (P. R. O.), H. O. 52/34, Lincolnshire bundle, Brief vom 4. November 1837. **28** Phillips Collection Nr. 183, Brief v. 21. November 1837. **29** R. S. P. C. A., Ms. Protokollbuch Nr. 2, 200–201. *Newcomb* schrieb ähnliche Briefe an das Innenministerium; zwei seiner Amtskollegen traten aus Protest gegen diese heimlichen Aktivitäten zurück (P. R. O., H. O. 52/34. Lincolnshire bundle). **30** R. S. P. C. A., Ms. Protokollbuch Nr. 2, 217. **31** Phillips Collection Nr. 183, Brief vom 21. November 1837. **32** P. R. O., H. O. 44/30, Lincolnshire bundle, 7 eines Berichts über die Vorgänge von 1837; vgl. auch R. S. P. C. A., Ms. Protokollbuch Nr. 2, 214–227, wo sich ein detaillierter Rechenschaftsbericht über die Vorgänge in diesem Jahr findet. **33** R. S. P. C. A., Ms. Protokollbuch Nr. 2, 221; vgl. Stamford Mercury vom 17. November 1837. **34** Stamford Mercury vom 1. Dezember 1837. **35** Stamford Mercury vom 9. November 1838; R. S. P. C. A., Ms. Protokollbuch Nr. 2, 242ff. **36** Thirteenth Annual Report of the S. P. C. A., 1839, 10; R. S. P. C. A., Ms. Protokollbuch Nr. 3, 3, 11–12 und 18–22; Stamford Mercury vom 9. November 1838; und P. R. O., H. O. 52/37, Lincolnshire bundle, im besonderen der Bericht des Magistrats über die Vorgänge von 1838. **37** R. S. P. C. A., Ms. Protokollbuch Nr. 3, 33–34 und 36–37. **38** Stamford Mercury vom 16. November 1838; Lincolnshire Chronicle vom 16. November 1838; The Times vom 16.–17. November 1838; und R. S. P. C. A., Ms. Protokollbuch Nr. 3, 39–40. **39** Lincolnshire Chronicle vom 11. Januar 1839. **40** Phillips Collection Nr. 183. **41** Stamford Mercury vom 15. November 1839; P. R. O., H. O. 52/43, bundle ›S‹, bei den Akten über Stamford für 1839. **42** Stamford Mercury vom 22. November 1839 und 17. Januar 1840; Stamford Town Hall, Ms. Protokollbuch, Bd. VI, Ratssitzung vom 16. November 1839. **43** Lincolnshire Chronicle vom 22. November 1839. **44** R. S. P. C. A., Ms. Protokollbuch Nr. 4, 51–56; Stamford Mercury vom 6., 13. und 20. November 1840; Lincolnshire Chronicle vom 20. November 1840. **45** R. S. P. C. A., Ms. Protokollbuch Nr. 4, 60. **46** *Burton*, Chronology of Stamford, 66; und *Burton* (Hg.), Old Lincolnshire, 133. **47** P. R. O., H. O. 52/34, Lincolnshire bundle, Brief vom 4. November 1837; vgl. Stamford Mercury vom 18. November 1836. **48** The Family Memoirs of the Rev. William Stukely, (3 Bde., Veröffentlichungen der Surtees Society, LXXIII, LXXVI u. LXXX, 1882–87), LXXIII, 118; Stamford Mercury vom 3. März 1809; vgl. Stamford Mercury vom 18. November 1836. In einem groben Flugblatt, offensichtlich aus den 1790er Jahren datierend, wurde gefragt: »Soll in späteren Jahren behauptet werden, wir seien Feiglinge gewesen und hätten etwas aufgegeben, woran unsere Vorfahren so oft große Freude hatten ...? Nein, unsere Kinder sollen nicht sagen, daß wir Angst haben, sondern wir werden ihnen ein Beispiel geben, es aufrechtzuerhalten und wahrhafte Stamforder sein.« (Phillips Collection Nr. 183). **49** Tenth Annual Report of the S. P. C. A., 1836, 64. **50** Christian Advocate vom 15. November 1830; Voice of Humanity, I (1830/31), 67, 73 und 74; R. S. P. C. A., Ms. Protokollbuch Nr. 2, 25. **51** R. S. P. C. A., Ms. Protokollbuch Nr. 2, 23; Voice of Humanity, I (1830–31), 72–73; vgl. *Burton* (Hg.), Old Lincolnshire, 165, und *J. F. Winks*, The Bull Running at Stamford, a Transgression of the Divine Laws, and a Subject of Christian Grief; Being the Substance of a Sermon Delivered in the General Baptist Meeting-House, Stamford, on Lord's Day Evening, Nov. 15, 1829, London o. J., 16. **52** Eine ausführliche Diskussion über die Aushöhlung der verschiedenen brauchförmigen Vergnügungen und den Charakter der gegen sie gerichteten Kräfte bei: *Malcolmson*, Popular Recreations, Kap. 6–8. 53 Stamford Mercury vom 13. November 1789. 54 Ebd., 12. November 1814. 55 *Winks*, The Bull Running at Stamford, 16.

Rudolf Braun: Die Fabrik als Lebensform

1 Mitteilungen aus den Akten der Zürcherischen Fabrikkommission. Zusammengestellt und bearbeitet von *J. J. Treichler*, Zürich 1858, Bd. I, 286ff. 2 Vgl. Diskussion über *Hirzels* Vortrag in: Verhandlungen der schweizerischen reformierten Prediger-Gesellschaft, in der 14. Jahresversammlung, den 19. und 20. Juli 1853, Glarus 1853, 124. 3 Staatsarchiv Zürich N 37f. 4 *R. Braun*, Industrialisierung und Volksleben. Veränderungen der Lebensformen unter Einwirkung der verlagsindustriellen Heimarbeit in einem ländlichen Industriegebiet (Zürcher Oberland) vor 1800, Erlenbach/Zürich 1960 (2. A. 1979). 5 Vgl. ebd., Kap. V. 6 Volksblatt vom Bachtel vom 30. Mai 1917. 7 St. A. Z., N. 37a, sub Kyburg. 8 *R. Braun*, Sozialer und kultureller Wandel in einem ländlichen Industriegebiet, Erlenbach, Zürich–Stuttgart 1965, 52. 9 *Gottlieb Keller* (1863 bis 1940), Erinnerungen aus meinem Leben, in: Volksblatt vom Bachtel (Unterhaltungsbeilage) vom 17. Januar 1947. 10 Aus der guten alten Zeit, Erinnerungen eines Arbeiters der Weberei Neuthal; in: Neuthaler Schifflein (Firmenzeitung der Weberei Neuthal), Nr. 16 und 17. 11 Überwiegend von relativ eigenständigen Arbeitsfunktionen mit nur schwachen interdependenten Kooperationsgefügen; d. h. die Maschinenaggregate werden mehrteils nur von einer Person bedient und können selbständig an- und abgestellt werden, ohne daß der übrige Produktionsgang dadurch beeinflußt wird. Es ist z. B. symptomatisch, daß in der Schokoladen- und Biskuitfabrik in Diezikon (eine ehemalige Weberei) die Stempeluhr einige Jahre früher eingeführt wurde als in den zwei Webereibetrieben, die der gleichen Firma gehören und in dem gleichen Weilerkomplex der Gemeinde Wald stehen. 12 *F. Schuler*, Die glarnerische Baumwollindustrie und ihr Einfluß auf die Gesundheit deren Arbeiter. Mitteilungen aus den Fabrikinspectionsberichten der Jahre 1867 bis 1870 zu Handen der medicinischen Cantorialgesellschaft in Glarus, in: Zs. f. schweizerische Statistik (1872) 215; über die Entwicklung der schweizerischen Schokoladeindustrie vgl. *W. Bodmer*, Schweizerische Industriegesellschaft, Zürich 1960, 412. 13 1864 erscheint z. B. im »Allmann« – dem »obligatorischen Publicationsmittel der Gemeinden Bäretswil, Bubikon, Dürnten, Gossau, Grüningen, Hinwil, Rüti, Seegraben, Wetzikon« – eine Geschäftsanzeige, die uns diese Bedürfnisse manifestiert; es wird u. a. empfohlen: »Thee, Chocolade, Südfrüchte, wie Pomeranzenschalen, Zitronen, Weinbeeren, Rosinen etc., ferner Malaga, Rum, Cognac und Punschessenz, verschiedene Liqueure: Parfait d'amour, Anisette, Doppel-Kümmel, Nuss- und Kirschwasser etc.« (Nr. I 12. Jhg. 1864). 14 *O. Kunz*, Barbara die Feinweberin, Luzern 1942, 126 bzw. 135. 15 Z. B. der Onkel von »Barbara« betreibt in Bäretswil eine solche Schnapsbrennerei, verbunden mit einem Spezereiwarengeschäft und früher auch noch mit dem Baumwollverlagsgeschäft (vgl. *Kunz*, Barbara, 70ff. u. 135ff.). 16 Volksblatt vom Bachtel vom 6. August 1968. 17 Ebd., 9. Juni 1868. 18 Ebd., 13. August 1868; vgl. Kp. III (= Verhandlungen über das Gesetz betreffend die Verhältnisse der Fabrikarbeiter im Kanton Zürich), Zürich 1862, 137. 19 Akten, Bd. I, S. 21 bzw. Bd. III, Verhandlungen 1862, 47. 20 Verhandlungen 1860 (12. März), 16. 21 Aus der guten alten Zeit, in: Neuthaler Schifflein, Nr. 16 und 17. 22 1872 wird im Arbeitsverein Wald die Einrichtung einer Volksküche beraten; vgl. Volksblatt vom Bachtel vom 1. Dezember 1872. 23 *Schuler*, Baumwollindustrie, 215; das Zitat wurde in der Wortfolge umgestellt und von der Vergangenheit in die Gegenwart gesetzt. 24 St. A. Z., N 37a, sub Kyburg. 25 Vgl. *Braun*, Industrialisierung, 97. 26 Eine Formulierung von *Theodor Mügge*. 27 Mais setzt sich als Volksnahrung und Armenspeise besonders in den 40er Jahren des 19. Jahrhunderts durch. Er ist eine ausgesprochene Krisen-Nahrung. Wie die Kartoffel wurde der Mais zu allen drei Hauptmahlzeiten als

Grundstock verwendet. 28 *Schuler,* Baumwollindustrie, 215. 29 St. A. Z., N 37a, sub Kyburg. 30 *Schuler,* Baumwollindustrie, 215. 31 Ebd., 215. 32 *Kunz,* Barbara, 121. 33 Vgl. *A. Hauser,* Die wirtschaftliche und soziale Entwicklung eines Bauerndorfes zur Industriegemeinde, in: XII. Neujahrsblatt der Lesegesellschaft Wädenswil für 1956, 261. 34 *Schuler,* Baumwollindustrie, 216. 35 Vgl. Nachrichten vom Zürichsee, Nr. 55 und 56. *Bodmer,* Industriegesellschaft, 414; über die Entwicklung der Suppen- und Konservenindustrie vgl. ebd., 414. 36 *Schuler,* Baumwollindustrie, 215. 37 Vgl. *Braun,* Industrialisierung, 194. 38 *Schuler,* Baumwollindustrie, 215ff.; vgl. z. B. auch St. A. Z., N 37a, sub Bäretswil; und Verhandlungen 1843 (17. Juli), 51. 39 *O. Hägi,* Die Entwicklung der Zürcher-Oberländischen Baumwollindustrie, Diss. Bern 1924, 170; die Zahlen beziehen sich auf die frühen 20er Jahre des 20. Jahrhunderts. 40 Verhandlungen 1843 (17. Juli), 51. 41 Vgl. dazu S. 253. 42 *H. Hirzel,* Über die Wechselwirkungen der protestantischen Kirche und dem sozialbürgerlichen Leben, mit besonderer Berücksichtigung auf die Fabrikindustrie, in: Verh. der schweizerischen reformierten Trediser-Gesellschaft, 14. Jahresversammlung am 19. und 20. Juli 1853, Glarus 1853, 32. 43 Verhandlungen 1843 (17. Juli), 49; auch St. A. Z., N 37a, sub Rüti. 44 *Schuler,* Baumwollindustrie, 221ff. 45 1949 wird der Verein zeitgemäß in »Verein für Pflegekinderhilfe« umbenannt; vgl. Volksblatt vom Bachtel, 37. Heimatblatt, vom 22. November 1950. 46 *H. Kunz,* Meine Vorfahren und die Geschichte der Textilindustriearbeiter im Zürcher Oberland (Prüfungsarbeit am Seminar, Unterstrass. Frühjahr 1946), Walder Ortschronik Mscr. 12, 13. 47 *Hägi,* Baumwollindustrie, 178. 48 Vgl. Kp. I, 53. 49 *Kunz,* Barbara, 187. 50 Vgl. z. B. St. A. Z., U 28, Umfrage 1834 sub Uster, Töss, Kollbrunn. 51 Eine Fabrik in Wald arbeitet z. B. von 5 bis 9 Uhr und von 13 bis 18 Uhr bzw. von 9 bis 13 Uhr und von 18 bis 22 Uhr. 52 Vgl. dazu *O. Neuloh/R. Braun/E. Werner,* Die durchlaufende Arbeitsweise; obgleich es sich hier um Heißarbeiter der Stahlindustrie handelt, zeigen die Antworten der befragten Arbeiter doch eindrücklich die medizinisch-biologischen und soziologischen Aspekte der Schichtarbeit allgemein. Hier finden sich auch Literaturangaben über die Schichtarbeit. 53 Vgl. *Braun,* Industrialisierung, Kp. II. 54 *Kunz,* Meine Vorfahren; Walder Ortschronik, Mscr. 12. 55 Aus der guten alten Zeit, siehe Anmerkung 10. 56 Eine Einheit Wasser wird mit gedörrten Kirschen, braunem Zucker, Zimmtstengel und Nelken gekocht, abgekühlt und mit der gleichen Einheit Branntwein vermischt. 57 Selbstverständlich ist der Jahreswechsel ein alter, vorindustrieller Fest- und Brauchtermin; es ist jedoch symptomatisch, daß die Fabrikarbeiter gerade diesem Termin (unter vielen andern) ein besonderes Gewicht beilegten. 58 Aus der guten alten Zeit, siehe Anmerkung 10. 59 Vgl. z. B. Fabrikkrankenkasse Sagenrain, Jahresberichte etc.; Walder Ortschronik, Ms. 80; es finden sich hier detaillierte Programmanzeigen. 60 Volksblatt vom Bachtel vom 24. Februar 1879. 61 Vgl. z. B. Volksblatt vom Bachtel vom 22. Mai 1872 und 26. Juni 1883, wobei es sich hier bestimmt nicht um die ersten Betriebsausflüge handeln kann. 62 Vgl. z. B. Volksblatt vom Bachtel vom 27. Dezember 1870 (Weihnachtsfeier), 24. Oktober 1889 (Essen für die Arbeiter zu Anlaß der Hochzeit des Juniorchefs). 63 *H. Brandenberger,* Heitere Stunden, Heft 2, 29ff. 64 Walder Ortschronik, Chronik-Mappe II (*Spoerry* und *Schaufelberger*). 65 *H. Hirzel,* Referat 1853, 38; vgl. Kp. II, 95. 66 Gemeinde-Chronik Wald 1917, 22. Mai. 67 Vgl. Gemeinde-Chronik Wald 1924 (S. 86); vorher waren auch Feiertage wie Weihnachten keine bezahlten Freitage; vgl. z. B. »Arbeit« 25. Oktober 1923. 68 Aus der guten alten Zeit, siehe Anmerkung 10. 69 *Kunz,* Barbara, 76. 70 Vgl. Kp. I, 51ff.; sowie Akten, Bd. I, 62ff. 71 *Kunz,* Barbara, 69. 72 Verhandlungen 1843 (17. Juli), 50. 73 Vgl. *Braun,* Industrialisierung, 131ff. 74 *Schuler,* Baumwollindustrie, 222. 75 Vgl. Anm. 68 dieses Kapitels. 76 Vgl. die Wohnverhältnisse der Fabrikbevölkerung, Kp. V, 288ff. 77 Durch die langen Arbeitszeiten bedingt, wird mit Ausnahme weniger Wochen im Jahr, der Hin- und Rückweg bei Nacht oder Dämmerung zurückgelegt. 78 Für beide Zitate: St. A. Z., U 28, Memorial 1813. 79 Verhandlungen 1843 (17. Juli), 51. 80 Vgl. Kp. I, 51ff.; Artikel f. und g. der dort zitierten Fabrikordnung verbietet z. B. »Lärmmachen auf dem Wege von und zu der Fabrik; Schädigungen von Häusern, Gärten, Bäumen, Zäunen, Brunnen und dergleichen«. **81** St. A. Z., N 37a₁ sub Hombrechtikon. **82** *Hirzel*, Referat 1853, 31. **83** *H. Brandenberger*, Allerlei Notizen, erster Teil, Reutlingen 1878, S. 7. **84** In den Fabrikverordnungen werden »eigenmächtiges Abändern, Stellen und Richten der Werke« verboten (vgl. Akten, Bd. I, 83). Die Bedeutung dieser Kniffe und Tricks für das ganze Verhalten zur Maschine und zur Arbeit hat *H. Wiedemann* für Arbeiter der mechanischen Fertigung in ausgezeichneter Weise analysiert; vgl. Die Rationalisierung aus der Sicht des Arbeiters (= Dortmunder Schriften zur Sozialforschung, Bd. 24) Köln und Opladen 1964. **85** Vgl. *Hägi*, Baumwollindustrie, 170; auch für die folgenden technischen und arbeitsorganisatorischen Angaben sei auf diese Untersuchung verwiesen (165ff.). **86** Vgl. *R. M. Lepsius*, Industrie und Betrieb, in: Soziologie (Fischer-Lexikon, hg. von *R. König*), 127. **87** Inner- wie außerbetrieblich ist viel weniger die absolute Lohnhöhe sozial relevant; die Höhe »in Relation zu anderen Einkommen des Betriebes« bzw. der Gesellschaft »ist Wertmaß und insofern Anreiz« (*Lepsius*, Industrie, 133ff.). Durch diese relative Bewertung ist der Lohn (unabhängig von der Funktion) gleichfalls ein soziales Differenzierungskriterium mit inner- und außerbetrieblicher Komponente. **88** Gemeinde-Chronik Wald 1924 (II, 83ff.). **89** *Kunz*, Barbara, 117ff. **90** Nr. I (Sept. 1924) des »Schlichters« – Organ des Schweizerischen Schlichter-Verbandes. **91** Der Schlichter, Nr. I (September 1924). **92** *Lepsius*, Industrie, 130ff. **93** In einem Schreiben vom 19. September 1917 macht die Firma *Spoerry & Schaufelberger* ihrer Belegschaft u. a. folgenden Vorschlag: »Für Znüni und Zversper sollte auch gedörrtes Obst, Birnen und Stückli herangezogen werden.« Es dürfe das Obst auf dem Fabrikheizofen gedörrt werden. Außerdem können Kartoffeln bei der Firma verbilligt eingekauft werden. Vgl. Walder Ortschronik, Chronik-Mappe II (Spoerry & Schaufelberger). **94** Vgl. Neuthaler Schifflein, Firmenzeitung der Weberei Neuthal, I. Jahrgang, Nr. 3. **95** Vgl. biographische Skizze von *J. Oberholzer*, Kp. II, 85. **96** *Kunz*, Barbara, 243. **97** Vgl. Kp. I, 52. **98** *Lepsius*, Industrie, 125ff. **99** *Hägi*, Baumwollindustrie, 181. **100** *Schuler*, Baumwollindustrie, 220. **101** Vgl. Kp. II, 94. **102** Vgl. *Braun*, Industrialisierung, 172, 109ff. und 194ff. **103** »Der Fabrikarbeiter ist fast nie zu Hause als Nachts, er kann also mit bloßen Schlafstellen sich begnügen«, wird in der Sommersitzung 1857 im Kreise der Gemeinnützigen Gesellschaft gesagt; Verhandlungen 1857 (13. Juli), 69. **104** *Schuler* schreibt darüber: »Ein gutes Bett gehört zu den ersten und besten Wünschen auch des ärmsten (Fabrikarbeiters) und wirklich trifft man immer mehr Matratzen – mit Federn oder Roßhaar –, gute wollene oder gesteppte Wattendecken, ordentliche Ober- und Unterleintücher, während früher die so ungeheuer staubenden, alle Gerüche und Unreinlichkeiten so leicht aufnehmenden Bettsäcke mit Buchenlaub gefüllt, allmählig an Zahl abzunehmen beginnen« (219). **105** Akten, Bd. III, 54ff. **106** Vgl. *Hauser*, Die wirtschaftliche und soziale Entwicklung eines Bauerndorfes zur Industriegemeinde, 261. **107** *Schuler*, Baumwollindustrie, 202 bzw. 220. **108** St. A. Z., N 37a₁ sub Rüti. **109** Verhandlungen 1860 (12. März), 16. **110** *Schuler*, Baumwollindustrie, 205. **111** Vgl. ebd., 220. **112** Ebd., 218ff. **113** Vgl. *Braun*, Industrialisierung, 101ff. **114** *Schuler*, Baumwollindustrie, 218; in zahlreichen Berichten über die Fabrikbevölkerung wird diese Modesucht erwähnt. **115** Vgl. Kp. I, 59ff. **116** *Schuler*, Baumwollindustrie, 223ff. **117** Vgl. Biologie der Großstadt, hg. von *B. D. Rudder/F. Linke*, Dresden und Leipzig 1940; ferner *W. Hellpach*, Volk der Großstadt, Stuttgart 1952². **118** Vgl. dazu *Hägi*, Baumwollindustrie, 58. **119** Vgl. *Braun*, Industrialisierung, Kp. V. **120** Ders., 173. **121** *J. H. Pestalozzi*, Wirtschaftliche und soziale Schriften, 446. **122** *Kunz*, Barbara, 65 bzw. 76. **123** Veteranen-Tag 1960 – Illustrierte Zeitschrift der Firma Spoerry & Schaufelberger AG. **124** Ebd.

Werner K. Blessing: Fest und Vergnügen der ›kleinen Leute‹

1 *P. Lersch*, Aufbau der Person, München 1956^{7}, 108ff. – Die von *G. Bataille*s, Das theoretische Werk, Bd. I, München 1975 (franz. Orig. 1967), 7ff., am altamerikanischen Beispiel beschriebene und gegen die Ökonomie propagierte »bedingungslose Verausgabung« ist historisch nur marginal; die Haltung der Verausgabung an sich jedoch ist ein wichtiges Vergnügungs- und Festmotiv. 2 Vgl. *J. Pieper*, Zustimmung zur Welt. Eine Theorie des Festes, München 1964^{2}; *W. Horney* u. a. (Hg.), Pädagogisches Lexikon, 2 Bde., Gütersloh 1970, Bd. 1, Sp. 914ff. (Art. Fest, Feier); Lexikon der Pädagogik, 4 Bde., Freiburg 1970/71, Bd. 1, 463f. (Art. Feier); *F. Dorsch* (Hg.), Psychologisches Wörterbuch, Bern 1976^{9}, 199 (Art. Freude); *R. Eisler* (Hg.), Wörterbuch der philosophischen Begriffe, Bd. 1, Berlin ^{4}1927, 448f. (Art. Freude); *J. Ritter* (Hg.), Historisches Wörterbuch der Philosophie, Bd. 2, Stuttgart 1972, Sp. 939ff. (Art. Fest), Bd. 3, Stuttgart 1974, Sp. 456ff. (Art. Geselligkeit), Bd. 5, Stuttgart 1980, Sp. 552ff. (Art. Lust, Freude); Die Religion in Geschichte und Gegenwart, Bd. 2, Tübingen ^{3}1958, Sp. 1505ff. (Art. Geselligkeit); *O. H. Wolf*, Die anthropologisch-pädagogische Bedeutung von Fest und Feier im Anschluß an Salzmann, Jahn und Fröbel, Diss. Tübingen (Ms.) 1958; Encyclopaedia of the Social Sciences, Vol. 2, New York ^{1}1930, 39ff. (Art. Amusements, public), Vol. 6, New York ^{1}1931, 198ff. (Art. Festivals); *H. O. v. d. Gablentz* in: *W. Ziegenfuß* (Hg.), Handbuch der Soziologie, Stuttgart 1956, 781ff. Auch *A. Timm*, Verlust der Muße, Zur Geschichte der Freizeitgesellschaft, Buchholz b. Hamburg 1968 (dazu jedoch die Rezension von *W. Nahrstedt* in: VSWG 56 (1969), 126–129); *E. K. Scheuch / R. Meyersohn* (Hg.), Soziologie der Freizeit, Köln 1972; *S. Parker*, The Sociology of Leisure, London 1976; *E. M. Wallner / M. Pohler-Funke* (Hg.), Soziologie der Freizeit, Heidelberg 1978; *E. K. Scheuch* in: *R. König* (Hg.), Handbuch der empirischen Sozialforschung, Bd. 11, Stuttgart ^{2}1977, 1–92; *C. A. Andreae*, Ökonomik der Freizeit. Zur Wirtschaftstheorie der modernen Arbeitswelt, Reinbek 1970; *H. Giesecke* (Hg.), Freizeit und Konsumerziehung, 2 Bde., Göttingen ^{3}1974; *G. Huck*, Freizeit als Forschungsproblem, in: ders. (Hg.), Sozialgeschichte der Freizeit, Wuppertal 1980, 7–17. Die klassische Untersuchung von *T. Veblen*, Theorie der feinen Leute, München 1971 (amerik. Orig. 1899) berührt unser Thema nur am Rande. 3 *Lersch*, Aufbau der Person, 144. 4 Grundlegend noch immer *A. van Genner*, Les Rites de Passage, Paris 1909; auf ihm fußt auch *V. W. Turner*, The Ritual Process. Structure and Anti-Structure, London 1969. 5 Vgl. den Überblick von *W. Köllmann* in: *H. Aubin / W. Zorn* (Hg.), Handbuch der deutschen Wirtschafts- und Sozialgeschichte, Bd. 2, Stuttgart 1976, 9ff., für Bayern *H. Fehn* in: *M. Spindler* (Hg.), Handbuch der bayerischen Geschichte, Bd. 4 T. 2, München 1975, 679ff. 6 Vgl. *P. Burke*, Popular Culture in Early Modern Europe, New York 1978; *R. Muchembled*, Culture Populaire et Culture des Élites dans la France Moderne (XVe–XVIIIe siècle), Paris 1978; *M. Vovelle*, Les Métamorphoses de la Fête en Provence de 1750 à 1820, Paris 1976; *K.-S. Kramer*, Bürger und Bauern im nachmittelalterlichen Unterfranken, Würzburg 1957, 177ff.; ders., Volksleben im Fürstentum Ansbach und seinen Nachbargebieten (1500–1800), Würzburg 1961, 57ff., 266ff.; ders., Volksleben im Hochstift Bamberg und im Fürstentum Coburg (1500–1800), Würzburg 1967, 80ff., 123ff.; auf *Kramer* stützt sich teilweise *J. Kuczynski*, Geschichte des Alltags des deutschen Volkes 1600–1945, Studien 1 1600–1650, Köln 1980, 274ff. 7 Zu der von *H. Naumann*, Grundzüge der deutschen Volkskunde, Leipzig 1922 eingeführten Unterscheidung von »primitivem Gemeinschaftsgut« und »gesunkenem Kulturgut« vgl. u. a. *Burke*, Popular Culture 58ff. und *D. Kramer*, ›Kreativität‹ in der ›Volkskultur‹, in: Zs. f. Volkskunde 68 (1972), 20–41, der freilich umgekehrt zu einer Idealisierung der »Produkte« der Unterschichten neigt. 8 *J. Hazzi*, Statistische Aufschlüsse über das Herzogthum Baiern, 4 Bde., Nürnberg 1801–1808, Bd. 4 Abt. 1, 215. 9 *K. v. Leoprechting*, Aus dem Lechrain. Zur deutschen Sitten- und Sagenkunde, München 1855 (Nachdruck Hildesheim, New York 1978), 194; Bavaria. Landes- und Volkskunde des Königreichs Bayern, 5 Bde., München 1860, Bd. 2, 314. Ein englischer Beobachter: »All the houses in the village entertain, and eating goes from morning till night« (*E. Wilberforce*, Social life in Munich,

London 1863, 293 f.). 10 »Die Großbauern jener Gegend treiben mit ihren Renngäulen einen oft englischen Luxus, halten sich mehrere gute Renner und eigene Rennbuben ... bringen die Gewinnfahnen stolz mit heim, sie in ihren Prunkstuben zu bewahren« (Bavaria, Bd. 1, 998). 11 Innenmin. – Ludwig I. 30. Dezember 1842: HStA (= Hauptstaatsarchiv) München, MInn 54058. 12 Dekanat Schierling – Ordinariat Regensburg 22. Dezember 1845: HStA München, MInn 54060; Regierungspräsidentenbericht Rezatkreis 1830/33: ebd., MInn 15394. 13 Pfarramt Ederheim b. Nördlingen – Regierung Schwaben 14. Juli 1868: StA (= Staatsarchiv) Neuburg, Reg. 5501. 14 Z. B. das 1100jährige Jubiläum des Bistums Würzburg 1843: StA Würzburg, RegPräs. 285. 15 Vgl. u. a. *W. Brückner*, Die Verehrung des Hl. Blutes in Walldürn. Volkskundliche und soziologische Untersuchungen zum Strukturwandel barocken Wallfahrtens, Aschaffenburg 1958; *J. Gierl*, Bauernleben und Bauernwallfahrt in Altbayern. Eine kulturgeschichtliche Studie auf Grund der Tuntenhauser Mirakelbücher, München 1960; *Hazzi*, Aufschlüsse, Bd. 3 Abt. 1 und 2, 817, Bd. 4 Abt. 1, 414 ff.; Bavaria, Bd. 1, 999 ff., Bd. 2, 313 f., Bd. 3, 359 f., Bd. 4, 256 f. 16 Die Bavaria, Bd. 1, S. 993, gibt z. B. für die sehr unterschiedlich ertragreichen Gebiete Niederbayerns folgende Gästezahlen an: große Hochzeiten zwischen 40 und 150, mittlere zwischen 20 und 100, kleine zwischen 12 und 80. 17 *J. Schlicht*, Bayerisch Land und Bayerisch Volk, München 1875 (Nachdruck Straubing 1937), S. 371 ff. 18 Vgl. *W. K. Blessing*, Staat und Kirche in der Gesellschaft. Institutionelle Autorität und mentaler Wandel in Bayern während des 19. Jahrhunderts, Göttingen 1982, 75 ff. 19 Z. B. Bavaria, Bd. 2, S. 293; *Schlicht*, Bayer. Land 289 ff. Vgl. allgemein *I. Weber-Kellermann*, Erntebrauch in der ländlichen Arbeitswelt des 19. Jahrhunderts, Marburg 1965; auch *K. Vilkuna*, Volkstümliche Arbeitsfeste in Finnland, Helsinki 1963, bes. 239 ff. 20 Bavaria, Bd. 1, S. 377. 21 Vgl. das Material in: *R. Wissell*, Des alten Handwerks Recht und Gewohnheit (hg. von *E. Schraepler*), 3 Bde., Berlin 1971–1981., A. Grießinger, Das symbolische Kapital der Ehre, Frankfurt 1981. 22 *L. Westenrieder*, Beschreibung der Haupt- und Residenzstadt München, München 1782, gekürzte Neuausgabe, hg. von *L. Hollweck*, München 1970, S. 101. Klagen über Mißbrauch in StA Neuburg, Reg. 10679. 23 Festzug zur König-Ludwigs-Centenarfeier in München 1888: HStA München, MInn 54088. 24 Vgl. *J. Feige*, Der alte Feierabend, München 1936. Zum Wirtshaus: nach *J. Rudhart*, Über den Zustand des Königreichs Baiern, 3 Bde., Erlangen 1825–1837, Bd. 2, Beil. XLII und XLIV trafen im frühen 19. Jahrhundert von den rund 10000 Brauwirtschaften, Bierwirten und Weinwirten (ausschließlich Unterfranken und Pfalz) im Durchschnitt 1 auf 270 Einwohner. Da nach der Montgelas-Statistik von 1811 (Angaben bei *E. Anegg*, Zur Gewerbestruktur und Gewerbepolitik Bayerns während der Regierung Montgelas, Diss. München 1965, S. 20 und 27) ca. 60% auf dem Land lagen, das aber ca. 80% der Bevölkerung enthielt, war die Dichte in Städten und Märkten höher, auf dem flachen Land in der Regel geringer. Z. B. traf im Vormärz in der Stadt Fürth 1 Bräu- bzw. Wirtshaus auf 94 Einwohner (Landeskirchl. Archiv Nürnberg Kons. Ansb. 4611 I), um die Jahrhundertmitte im niederbayerischen Markt Frontenhausen auf 130 Einwohner, im Sommer mit den Kellern auf 78 (Ordinariatsarchiv Regensburg Pfarrbeschr. 1860 [Frontenhausen]). 25 *Anonym*, Tagebuch auf einer Reise durch einen Theil von Baiern, Tyrol und Oestreich, Neustadt a. d. Orla 1828, S. 31; *Schlicht*, Bayer. Land 100 ff. 26 *Hazzi*, Aufschlüsse, Bd. 4 Abt. 1, S. 215; *F. F. Lipowsky*, Darstellung des socialen und wirthschaftlichen Volkslebens des ... Landgerichtsbezirkes Moosburg, München 1861, S. 37. Zum Tanz u. a. Bavaria, Bd. 1, 380 ff.; *H. Moser*, Chronik von Kiefersfelden, Rosenheim 1959, 558 ff. Zur Stellung der Musikanten in der ländlichen Gesellschaft *Schlicht*, Bayer. Land, 78 ff. und die Modellstudie von *K. Bosl*, Der Kleine Mann – Die Kleinen Leute, in: *H. Gerndt/G. R. Schroubek* (Hg.), Dona Ethnologica, Festschrift L. Kretzenbacher, München 1973, 97–111. 27 *G. Döllinger*, Sammlung der im Gebiete der inneren Staats-Verwaltung des Königreichs Baiern bestehenden Verordnungen, 20 Bde., München 1835–1839, Bd. 13, 1424; StA Nürnberg, Reg. KdI. Abg. 1952, Tit. XII 1602. 28 *C. Gf. Sternberg*, Bemerkungen über Menschen und Sitten auf einer Reise durch Franken, Schwaben, Bayern und Österreich im Jahre 1792, 1794, 34. 29 Neuester Wegweiser durch die königl. bayer. Haupt- und

Residenzstadt München, München 1854, 185f. 30 Landeskirchl. Archiv Nürnberg Pfarrbeschr. Erlangen/Altstadt. 31 Z. B. *Lipowsky*, Darstellung, 39f. 32 Regierungspräsidentenberichte 1830/33: HStA München, MInn 15395; Bavaria, Bd. 1, 385 und 1006, Bd. 2, 267f.; *Leoprechting*, Aus dem Lechrain, 201f.; *J. Dünninger* in: *C. Scherzer*, Franken. Land, Volk, Geschichte und Wirtschaft, 2 Bde., Nürnberg 1955 und 1959, Bd. 2, 156ff. Vgl. *H. Medick*, Spinnstuben auf dem Dorf. Jugendliche Sexualkultur und Feierabendbrauch in der ländlichen Gesellschaft der frühen Neuzeit, in: *Huck*, Sozialgeschichte der Freizeit 19–49; auch *K. R. V. Wikmann*, Die Einleitung der Ehe. Eine vergleichende ethno-soziologische Untersuchung über die Vorstufe der Ehe in den Sitten des schwedischen Volkstums, Åbo 1937, bes. 61ff. 33 StA München, RA 57837; HStA München, MInn 15395. 34 *Leoprechting*, Aus dem Lechrain, 183; HStA München, MInn 15395. 35 Bavaria, Bd. 1, 414; HStA München, MInn 54129, 54131; StA München, RA 21206, 40931; ebd. AR F. 2804, 1010; ebd. LRA Miesbach, F. 32, 1463, 1464; *Moser*, Chronik, S. 618ff. 36 Bavaria, Bd. 1, 364. Vgl. auch *Feige*, Der alte Feierabend, passim. 37 Zur Ausgangssituation u. a. *A. Brittinger*, Die bayerische Verwaltung und das volksfromme Brauchtum im Zeitalter der Aufklärung, Diss. München 1938; *B. Goy*, Aufklärung und Volksfrömmigkeit in den Bistümern Würzburg und Bamberg, Würzburg 1969; *G. K. Mayr*, Sammlung der Kurpfalz-Baierischen allgemeinen und besonderen Landes-Verordnungen, 6 Bde., München 1784–1799, Bde. 2, 4, 5, 6. 38 Vgl. allgemein *Burke*, Popular Culture, 205ff.; *Y.-M. Bercé*, Fête et Révolte. Des Mentalités populaires du XVIe au XVIIe siècle, Paris 1974, bes. 93ff., 163ff. 39 Vgl. *D. Narr*, Fest und Feier im Kulturprogramm der Aufklärung, in: Zs. f. Volkskunde 62 (1966), 184–203. 40 *Döllinger*, Sammlung, Bd. 8, 1220, 1238, 1196. Zu den Feiertagen *J. Mössner*, Sonn- und Feiertage in Österreich, Preußen und Bayern im Zeitalter der Aufklärung, Berlin 1915. 41 Amts-Handbuch für die Protestantischen Geistlichen des Königreiches Baiern, 3 Bde., Sulzbach 1821–1838, Bd. 2, 99. 42 Innenmin. – Ludwig I. 30. Dezember 1842: HStA München, MInn 54058; Augsburger Tagblatt 24. November 1835. 43 Z. B. Theresien-Volksfest Bamberg 8.–11. Juli 1833, mit Parade, Festzug, Armenspeisung, Preisschießen, Pferderennen, Theater (»giebt in 3 Akten ein Bild bayerischer Treue und Tapferkeit«), Fischerstechen, Scherzspielen, Feuerwerk (Programm 20. Mai 1833: StA Nürnberg Reg. KdI Abg. 1932, Tit. XII 17). 44 »Die königliche Regierung will ..., daß die Wohlthaten der vaterländischen Gesetze eingesehen, und bey dieser Gelegenheit besonders, schon in die zarten Gemüther der Jugend in der Ehrfurcht gegen den Thron, in der Liebe zum erlauchten Königshause Bayern, und in den Gefühlen ächt bayerischer Treue befestiget werden sollten ... Darum wollen wir recht gute, folgsame Unterthanen werden« (*J. A. Fischer* (Hg.), Bayerische Nachrichten über das deutsche Schul- und Erziehungswesen, 2. Bd., München 1829, 233f.). 45 StA München, RA 40598, 40599; vgl. jetzt die gründliche Untersuchung von *G. Möhler*, Das Münchner Oktoberfest. Brauchformen des Volksfestes zwischen Aufklärung und Gegenwart, München 1980; *P. E. Rattelmüller*, Die Bavaria. Geschichte eines Symbols, München 1977. 46 Vgl. u. a. *Blessing*, Staat und Kirche 84ff. 47 Das bürgerlich-rationalistisch-sentimentale »Vorurteil« über Mentalität und Kultur der kleinen Leute zeigt sich etwa bei Hazzi (Anm. 8) sehr deutlich. 48 Die veränderte Haltung, der besonders Ludwig I. zum Durchbruch verhalf, drückte sich beispielhaft in der Begründung aus, mit der Maibäume wieder erlaubt wurden: »Da Wir Volksfeste lieben, und Unsern treuen Unterthanen mit wahrer Freude jede ehrbare Ergötzlichkeit gönnen«, wenn sie nur maßvoll und ordentlich verlaufe (VO 23. Mai 1827: *Döllinger*, Sammlung, Bd. 13, 1421). 49 *W. Nahrstedt*, Die Entstehung der Freizeit. Dargestellt am Beispiel Hamburgs, Göttingen 1972; ders., Die Entstehung des Freiheitsbegriffs der Freizeit. Zur Genese einer grundlegenden Kategorie der modernen Industriegesellschaften (1755–1826), in: VSWG 60 (1973), 311–342; *Huck*, Freizeit als Forschungsproblem; zuletzt *M. Mitterauer*, »Single« oder Familienmensch? Zu Entwicklungstendenzen der Freizeitgestaltung, in: Beiträge zur histor. Sozialkunde 12 (1982), H. 2, 50–59. Die Entwicklung in England, das auch hier Pionier war, stellt dar *J. Walvin*, Leisure and Society 1830–1950, London, New York 1978. 50 Vgl. u. a. *T. Nipperdey*, Vereine als soziale Struktur in Deutschland im späten 18. und frühen 19. Jahrhundert, in: ders., Gesellschaft, Kultur, Theorie. Gesammelte Aufsätze zur neueren Geschichte, Göttingen 1976, 174–205; *F. Müller*, Korporation und Assoziation. Eine Problemgeschichte der Vereinigungsfreiheit im deutschen Vormärz, Berlin 1965. 51 Für das städtische Vereinswesen in Bayern liegen zwei Untersuchungen vor: *W. Meyer*, Das Vereinswesen der Stadt Nürnberg im 19. Jahrhundert, Nürnberg 1970 und I. Tornow, Das Münchner Vereinswesen in der ersten Hälfte des 19. Jahrhunderts mit einem Ausblick auf die zweite Jahrhunderthälfte, München 1977. 52 Festschrift zur 25jährigen Jubel-Feier des Männer-Gesangvereins Typographia München, München 1901, S. 5 (der Vorläufer wurde 1828 gegründet). Beispiele aus Märkten: 120 Jahre Liedertafel Reisbach a. d. Vils 1841–1960, Passau 1960; 100 Jahre Turnverein Garmisch 1868 e. V. Festschrift, Garmisch-Partenkirchen 1968. Ein dörfliches Beispiel: 100 Jahre Männergesangverein Hartmannshof 1864, Hartmannshof 1964. 53 *E. Rutz*, Der Münchener Liedertafel Stiftungs- und Sonnwendfeste in den Jahren 1842–1866, München 1867, 12; auch *L. Günther*, Würzburger Chronik, Bd. 3, Würzburg 1925, 761 ff. 54 *O. Elben*, Der volksthümliche deutsche Männergesang. Geschichte und Stellung im Leben der Nation; der deutsche Sängerbund und seine Glieder, Tübingen [2]1887, 67. 55 StA München, PolDir. 24a I F.70, 34. 56 Z. B. Chronik des Veteranen- und Krieger-Vereins Bamberg ... zum 50jährigen Jubiläum 1843–1899, Bamberg 1899; StA München, AR F. 2800, 934; StA Amberg, Reg. KdI 11593; StA Neuburg, BA Augsburg 1681. 57 Z. B. StA München, LRA München 1234. Allgemein zur Entstehung ländlicher Vereine *E. M. Wallner*, Die Rezeption stadtbürgerlichen Vereinswesens durch die Bevölkerung auf dem Lande, in: *G. Wiegelmann* (Hg.), Kultureller Wandel im 19. Jahrhundert. Verhandlungen d. 18. Deutschen Volkskunde-Kongresses 1971, Göttingen 1973, 160–173. 58 Abendblatt zur Neuen Münchener Zeitung 17. Oktober 1857 über den Münchner Kolpingverein. Ein westdeutsches Beispiel hat kürzlich untersucht *H.-J. Brandt*, Kirchliches Vereinswesen und Freizeitgestaltung in einer Arbeitergemeinde 1877–1933. Das Beispiel Schalke, in: *Huck*, Sozialgeschichte der Freiheit, 207 bis 222. 59 Z. B. StA München, RA 57791, 57792, 57793; StA Nürnberg, Reg. KdI Abg. 1952, Tit. II 1702. 60 Vgl. *Ch. Gf. von Krockow*, Sport und Industriegesellschaft, München 1972; *H. Eichberg*, Der Weg des Sports in die industrielle Zivilisation, Baden-Baden 1973; ders., Leistung, Spannung, Geschwindigkeit, Sport und Tanz im gesellschaftlichen Wandel des 18./19. Jahrhunderts, Stuttgart 1978; ders., ›Schneller, höher, stärker‹. Der Umbruch in der deutschen Körperkultur um 1900 als Signal gesellschaftlichen Wandels, in: *G. Mann/R. Winau* (Hg.), Medizin, Naturwissenschaft, Technik und das Zweite Kaiserreich, Göttingen 1977, S. 259–283; ders., »Zivilisation und Breitensport. Die Veränderung des Sports ist gesellschaftlich«, in: *Huck*, Sozialgeschichte der Freizeit, 77–93. 61 Z. B. StA München, LRA München 1234; ebd. LRA Pfaffenhofen 2084; Osterhofener Zeitung vom 19. Mai 1898. 62 Vgl. *H. Überhorst*, Frisch, frei, stark und treu – Die Arbeitersportbewegung in Deutschland, Düsseldorf 1973; *G. Herre*, Arbeitersport, Arbeiterjugend und Obrigkeitsstaat 1893 bis 1914, in: *Huck*, Sozialgeschichte der Freizeit, 187–209. 63 *W. R. Krabbe*, Munizipalsozialismus und Interventionsstaat. Die Ausbreitung der Städtischen Leistungsverwaltung im Kaiserreich, in: GWU 30 (1979), S. 265–283. 64 *M. Hartmann/H. Karlinger*, München, München 1922, 49. 65 Neuester Wegweiser ... München, 144, 155; StA München, PolDir. 24a II F. 9, 23; ebd. RA 57865. *R. Malhotra*, Manege frei. Artisten- und Circusplakate von Adolph Friedländer, Dortmund 1979. 66 Glänzend hat *D. Sternberger*, Panorama oder Ansichten vom 19. Jahrhundert, Frankfurt 1974 ([1]1938) (Zitat 18) im Panorama das Gesicht des 19. Jahrhunderts vorgeführt. Zu Entwicklung und Verbreitung *S. Oettermann*, Das Panorama. Die Geschichte eines Massenmediums, Frankfurt 1980. Die Zitate: Anzeigen in Das Bayerische Vaterland vom 6. September 1891, Fränkische Tagespost vom 1. September 1896, Münchner Post vom 2. Juli 1899, Münchner Neueste Nachrichten vom 9. September 1891. 67 Anzeige in Fränkische Tagespost vom 5. September 1896. 68 Anzeige in Das Bayerische Vaterland vom 6. September 1891. Zum Folklorismus u. a. *H. Moser*, Der Folklorismus als Forschungsproblem, in: Hess. Bull. f. Volkskunde 55 (1964), 9–57. 69 *K. Baedeker*, Süddeutschland ... Handbuch für Reisende, Leipzig

1913, 298; *M. Megele*, Baugeschichtlicher Atlas der Landeshauptstadt München, Bd. 1, München 1951, 122f.; Anzeige in Das Bayerische Vaterland vom 6. September 1891. 70 Anzeige in Fränkische Tagespost vom 29. August 1896. 71 Polizeidirektion München – Regierung Oberbayern 21. Januar 1910: StA München, RA 57870. 72 Zu Phänomen und gesellschaftlicher Wirkung des Kinos *S. Kracauer*, Das Ornament der Masse. Essays, Frankfurt 1977 ([1]1926 bis 1928), 271–317. Vgl., dazu jedoch kritisch *F. Croner*, in: KZSS 12 (1960), 340ff. auch *W. Benjamin*, Das Kunstwerk im Zeitalter seiner technischen Reproduzierbarkeit (2. Fassung), in: ders., Gesammelte Schriften, Bd. I. 2, Frankfurt 1974, 471–508 (»Die Dinge sich räumlich und menschlich ›näherzubringen‹ ist ein genauso leidenschaftliches Anliegen der gegenwärtigen Massen wie es ihre Tendenz einer Überwindung des Einmaligen jeder Gegebenheit durch die Aufnahme von deren Reproduktion ist« (S. 479) sowie *R. Barthes*, Mythen des Alltags, Frankfurt 1970[2] (franz. Orig. 1957). 73 StA München, RA 57866 (zur reißerischen Werbung z. B. Anzeige 1911: »Die weiße Sklavin. Kunstfilm einzig dastehend! Drama in fünf Akten! Das sensationellste und spannendste Drama, das bis jetzt gezeigt wurde! Ein phänomenaler Film mit 1000 Metern ...«); ebd. LRA Miesbach 1489 (Anzeige im Seegeist vom 29. Juni 1913: »Geld macht nicht glücklich. Lebensbild in 2 Akten. Max auf der Brautschau. Komisch. Moritz in Gefahr. Komisch. Die Hexe. Herrliches Märchen. Die bayerischen Seen. Malerische Naturaufnahme ...«); ebd. PolDir. 24a I F.71, 1. Vgl. *A. Kuhlo*, Geschichte der bayerischen Industrie, München 1926, 158ff. (Filmindustrie); allgemein – u. a. zum Wanderkino – *U. Kurowski* (Hg.), Lexikon des internationalen Films, Bd. 1, München 1975, 51ff. (*H. Birett*); Hätte ich das Kino! Die Schriftsteller und der Stummfilm. Ausstellungskatalog (Sonderausstellungen des Schiller-Nationalmuseums, Kat. Nr. 27), München 1976. 74 Zu Motiven, Formen und Erfolgen einer Arbeiterkultur vgl. die Aufsätze in *G. A. Ritter* (Hg.), Arbeiterkultur, Königstein/Ts. 1979 sowie in GG 5 (1979) H. 1 (Arbeiterkultur im 19. Jahrhundert). 75 Dazu zuletzt *E. Bruckmüller*, Arbeitswelt und Freizeit, in: Beiträge zur hist. Sozialkunde 12 (1982), H. 2, 44–49. 76 Z. B. Pfarrarchiv Oberhaching, Paschalelaborate. – Vgl. allg. *W. Kleinschmidt*, Der Wandel des Festlebens bei Arbeitern und Landwirten im 20. Jahrhundert. Eine empirische Untersuchung in zwei unterschiedlich strukturierten Gemeinden der Westpfalz, Meisenheim 1977. 77 Zur »energischen« Tätigkeit der »Organe, welche berufen sind, über die geistige und moralische Gesundheit des Volkes zu wachen« gegen die »Vorführung möglichst sensationeller ... oder pikanter Bilder« StA München, RA 57866. Die Zensur wurde im 1. Weltkrieg verschärft, da viele Filme »infolge ihrer Oberflächlichkeit und Seichtheit in die jetzige ernste Zeit nicht hineinpassen«, zumal sie »zu einem großen Teil französische und englische« Produkte seien. »Wie viel gesundes Volksempfinden werde durch ein solches Gift zerstört« (ebd.). – Allgemein zur bürgerlichen Bemühung um die Freizeit der unteren Schichten vgl. *J. Reulecke*, ›Veredelung der Volkserholung‹ und ›edle Geselligkeit‹. Sozialreformerische Bestrebungen zur Gestaltung der arbeitsfreien Zeit im Kaiserreich, in: *Huck*, Sozialgeschichte der Freizeit, 141–160. 78 Z. B. Landeskirchliches Archiv Nürnberg Pfarrbeschr. Erlangen/Altstadt; ebd. Kons. Ansb. 4611 a. Vgl. *G. Tanzer*, Spazierengehen – Zum ungewöhnlichen Aufschwung einer gewöhnlichen Freizeitform im Wien des ausgehenden 18. Jahrhunderts, in: Beiträge zur hist. Sozialkunde 12 (1982) H. 2, 67–72; *W. Schivelbusch*, Geschichte der Eisenbahnreise. Zur Industrialisierung von Raum und Zeit im 19. Jahrhundert, Frankfurt 1979; *J. Reulecke*, Vom blauen Montag zum Arbeiterurlaub. Vorgeschichte und Entstehung des Erholungsurlaubs für Arbeiter vor dem Ersten Weltkrieg, in: AfS 16 (1976), 203–248. 79 Z. B. Landeskirchliches Archiv Nürnberg, Kons. Ansb. 4611 a; Ordinariatsarchiv München, Generalia vorl. Nr. 155; Pfarrarchiv Oberhaching Paschalelaborate. 80 Vgl. *G. Wiegelmann*, Diffusionsmodelle zur Ausbreitung städtischer Kulturformen, in: *G. Kaufmann* (Hg.), Stadt-Land-Beziehungen. Verhandlungen des 19. Deutschen Volkskunde-Kongresses 1973, Göttingen 1975, 255–266. 81 Z. B. So feiern die Bayern. Bilder, Texte und Untersuchungen zum öffentlichen Festwesen der Gegenwart. Ausstellungsbegleitheft, München 1978; *H. Gerndt*, Gedanken zum Festwesen der Gegenwart, in: ders., Kultur als Forschungsfeld. Über volkskundliches Denken und Arbeiten, München 1981,

28–35. 82 Zu einem »ganzheitlichen« Volksbegriff mit dem Akzent auf den Manifestationen des institutionalisierten Breitenverhaltens *K. Guth,* Volk. Versuch einer Begriffs- und Funktionsbestimmung in gegenwärtiger Volksforschung, in: ders. / *Th. Korth* (Hg.), Lebendige Volkskultur, Festgabe für E. Roth, Bamberg 1980, 87–98. Zum Diktat der Kulturwarenproduktion über die Breitenkultur *M. Horkheimer / Th. W. Adorno,* Dialektik der Aufklärung, Amsterdam 1955 ([1]1944). 83 Vgl. *N. Elias,* Über den Prozeß der Zivilisation, 2 Bde., Frankfurt 1977[3]. 84 Partielle Verbürgerlichung verträgt sich durchaus mit Einstellungen und Verhaltensweisen unterbürgerlicher Tradition, d. h. bedeutet keine umfassende Umprägung, keine kulturelle Einebnung. Insbesondere gilt das für die Arbeiterschaft; vgl. *H. Bausinger,* Verbürgerlichung – Folgen eines Interpretaments, in: *G. Wiegelmann* (Hg.), Kultureller Wandel im 19. Jahrhundert. Verhandlungen des 18. Deutschen Volkskundekongresses 1971, Göttingen 1973, 24–49; *G. A. Ritter,* Einleitung zu ders. (Hg.), Arbeiterkultur, Königstein/Ts. 1979, 1–14; *D. Langewiesche,* Arbeiterkultur in Österreich: Aspekte, Tendenzen und Thesen, in: ebd., 40 bis 57. 85 Vgl. *H. Bausinger,* Volkskultur in der technischen Welt, Stuttgart 1961, 144ff. 86 *Burke,* Popular Culture, 113ff. 87 *Pieper,* Zustimmung zur Welt.

Bildnachweis

S. 279: Sozialistische Maifeier 1890 in einem Vorort von Berlin, Zeichnung von E. Hosang (Bildarchiv Preußischer Kulturbesitz, Berlin)

S. 356: Biergeselligkeit im Münchner Vormärz. Der Bockkeller um 1830, Gemälde von P. Ellmer (Stadtmuseum München)

S. 368: Kleinbürgerliche Vereinsgeselligkeit im Kaiserreich. Der Verein »Die schwarzen Reutter« in Bamberg (Stadtarchiv Bamberg)

S. 374: Exotismus im frühen Film. Filmplakat um 1910 (Stadtmuseum München)

Quellennachweis

Natalie Z. Davis, ›Spruchweisheiten und populäre Irrlehren‹ = Übers. von: Proverbial Wisdom and Popular Errors, in: dies., Society and Culture in Early Modern France. Eight Essays, Stanford: Stanford University Press 1975, S. 227–267; 336–346.

Bob Scribner, ›Reformation, Karneval und die verkehrte Welt‹ = Übers. von: Reformation, carnival and the world turned upside-down, in: I. Bátori (Hg.), Städtische Gesellschaft und Reformation, Stuttgart: E. Klett 1980, S. 234–264. [zuerst veröff. in: Social History 3,3 (1978), 303–329].

Roger Chartier, ›Phantasie und Disziplin. Das Fest in Frankreich vom 15.–18. Jahrhundert‹ = Übers. von: Discipline et invention. Les fêtes en France XVe–XVIIIe siècle, in: Diogène Nr. 110 (April-Juni 1980), 51–71.

Robert W. Malcolmson, ›Volkskultur im Kreuzfeuer. Der Kampf um die Abschaffung des Bullenrennens in Stamford im 18./19. Jahrhundert‹ = überarbeitetes Kapitel aus: Ders., Popular Recreations in English Society 1700–1850, Cambridge: Cambridge University Press 1973, 47 u. 126–135.

Rudolf Braun, ›Die Fabrik als Lebensform‹ = leicht gekürztes Kapitel aus: Ders., Sozialer und kultureller Wandel in einem ländlichen Industriegebiet (Zürcher Oberland) unter Einwirkung des Maschinen- und Fabrikwesens im 19. und 20. Jahrhundert, Erlenbach-Zürich/Stuttgart: E. Rentsch 1965, Kap. IV, S. 185–254.

Alle anderen Beiträge in diesem Band werden hier zum erstenmal veröffentlicht.

Die Autoren des Bandes

Werner K. Blessing, geb. 1941, promovierte 1975 an der Universität in München. Von 1975 bis 1979 war er wissenschaftlicher Mitarbeiter und Lehrbeauftragter an der Hochschule der Bundeswehr München; seit 1979 Akademischer Rat a. Z. an der Universität in Bamberg.
Veröffentlichungen vor allem zur Sozialgeschichte des 19. Jahrhunderts, zuletzt u. a.: Staatsintegration als soziale Integration. Zur Entstehung einer bayerischen Gesellschaft im frühen 19. Jahrhundert, in: Zs. f. bayr. Landesgesch. 41 (1978), 633–700; Der monarchische Kult, politische Loyalität und die Arbeiterbewegung im deutschen Kaiserreich, in: G. A. Ritter (Hg.), Arbeiterkultur, Königstein 1979, 185 bis 208; Umbruchkrise und ›Verstörung‹. Die ›Napoleonische‹ Erschütterung und ihre sozialpsychologische Bedeutung (Bayern als Beispiel), in: Zs. f. bayr. Landesgesch. 42 (1979), 75–106; Umwelt und Mentalität im ländlichen Bayern. Eine Skizze zum Alltagswandel im 19. Jahrhundert, in: Arch. f. Sozialgesch. 19 (1979), 1–42; ›Theuerungsexcesse‹ im vorrevolutionären Kontext – Getreidetumult und Bierkrawall im späten Vormärz, in: W. Conze – U. Engelhardt (Hg.), Arbeiterexistenz im 19. Jahrhundert, Stuttgart 1981, 356–384; Staat und Kirche in der Gesellschaft. Institutionelle Autorität und mentaler Wandel in Bayern während des 19. Jahrhunderts, Göttingen 1982.
Arbeitet zur Zeit über regionale Lebensformen und politische Kultur in der Weimarer Republik.

Rudolf Braun, geb. 1930, studierte in Freiburg i. Br., Basel und Zürich (Promotion 1958 Volkskunde und Geschichte), war Assistent an der Sozialforschungsstelle der Universität Münster mit Sitz in Dortmund (1959–61) und am Research Center in Economic Development and Cultural Change der University of Chicago (1961–63) tätig. Habilitation an der Universität Bern (1964), 1968 Professor an der Wirtschafts- und Sozialwissenschaftlichen Fakultät der Freien Universität Berlin, 1969/70 Fellow at the Center for Advanced Study in the Behavioral Sciences, und seit 1971 Ordinarius für Allgemeine und Schweizer Geschichte der neueren und neusten Zeit, Universität Zürich.
Veröffentlichungen zur Sozial- und Wirtschaftsgeschichte u. a.: Industrialisierung und Volksleben. Veränderungen der Lebensformen unter Einwirkung der verlagsindustriellen Heimarbeit in einem länd-

lichen Industriegebiet (Zürcher Oberland) vor 1800, Winterthur – Stuttgart 1960 (1972[2]); Sozialer und kultureller Wandel in einem ländlichen Industriegebiet (Zürcher Oberland) unter Entwicklung des Maschinen- und Fabrikwesens im 19. und 20. Jahrhundert, Zürich – Stuttgart 1965, Sozio-kulturelle Probleme der Eingliederung italienischer Arbeitskräfte in der Schweiz, 1970. Mitherausgeber von: Gesellschaft in der industriellen Revolution, Köln 1973; Beitrag: Taxation, Sociopolitical Structure and State-Building: Great Britain and Brandenburg-Prussia, in: Ch. Tilly (Hg.), The Formation of National States in Western Europe, Princeton 1975, 243–327. Forschungsinteressen: Im Rahmen einer integrierten Geschichtsbetrachtung sozioökonomische und soziokulturelle Veränderungen im Gefolge der Industrialisierung.

Roger Chartier, geb. 1945, Maître Assistant à l'Ecole des Hautes Etudes en Sciences Sociales und Directeur du Centre de Recherches Historiques in Paris. Sein Arbeitsgebiet ist Sozial- und Mentalitätsgeschichte Frankreichs vom 16. bis 18. Jahrhundert.
Wichtigste Publikationen: L'Education en France du XVIe au XVIIIe siècle, Paris 1976 (zusammen mit D. Julia und M. M. Compère), Mitherausgeber von: La Nouvelle Histoire, Paris 1978 (zusammen mit J. Le Goff und J. Revel) und von: L'Histoire de l'Edition Française, Paris 1982, Bd. I (zusammen mit H. J. Martin); Beitrag: La Ville classique, in: L'Histoire de la France Urbaine, Paris 1981, Bd. III, 94–197, 223 bis 285; Intellectual History or Sociocultural History? The French Trajectories, in: D. LaCapra / S. Kaplan (Hg.), Modern European Intellectual History. Reappraisals and Perspective, Cornell, 1982, 13–46; Kulturelle Ebenen und Verbreitung der Aufklärung im Frankreich des 18. Jahrhunderts: Die ›cahiers de doléances‹ von 1789, in: H. U. Gumbrecht / R. Reichardt / Th. Schleich (Hg.), Sozialgeschichte der Aufklärung in Frankreich, München 1981, II, 171–199; Civilité, in: Handbuch politisch-sozialer Grundbegriffe in Frankreich 1680–1820, München / Wien (im Satz).
Arbeitet zur Zeit an einer Geschichte des Massendrucks und der Lesegewohnheiten in Frankreich vom 16.–18. Jh.

Natalie Zemon Davis, geb. 1928, promovierte 1959 an der University of Michigan und lehrt heute als Henry Charles Lea Professor of History an der Princeton University (USA).

Mitherausgeberin mehrerer internationaler Fachzeitschriften, u. a. des Journal of Social History, der Comparative Studies in Society and History und des Journal of Interdisciplinary History. Zahlreiche Veröffentlichungen zur Kultur- und Sozialgeschichte Frankreichs im 16. und 17. Jahrhundert mit den Arbeitsschwerpunkten Stadt und Reformation, Humanismus und Buchdruck, Frauen und sozialer Protest. Zuletzt u. a.: Society and Culture in Early Modern France. Eight Essays, Stanford 1975 (franz. Übersetzung, Paris 1979; ital. Übersetzung, Turin 1980; deutsche Übersetzung erscheint Reinbek 1984); ›Women's History‹ in Transition: The European Case, in: Feminist Studies 3 (1976), 83–103; Ghosts, Kin and Progeny: Some Features of Family Life in Early Modern France, in: Daedalus 1977, 87–114; Women in the Crafts in Sixteenth-Century Lyon, in: Feminist Studies 8 (1982), 46–80; The Sacred and the Body Social in Sixteenth-Century Lyon, in: Past and Present 90 (1981), 40–70; Charivari, honneur et communauté à Lyon et à Genève au XVIIe siècle, in: J. Le Goff / J.-Cl. Schmitt (Hg.), Le Charivari. Actes de la table ronde ..., Paris 1981, 207–220 (erweiterte englische Fassung demnächst in: J. MacAloon (Hg.), Cultural Frames and Reflections: Ritual, Drama and Spectacle); From ›Popular Religion‹ to Religious Cultures, in: St. Ozment (Hg.), Reformation Europe: A Guide to Research, St. Louis 1982, 321–341; zusammen mit J.-Cl. Carrière und D. Vigne, Le Retour de Martin Guerre, Paris 1982 (Buch mit historischer Studie der Autorin zum gleichnamigen Film; englische und italienische Übersetzung 1983/4).
Die Autorin arbeitet zur Zeit an einem Buch über die soziale Funktion von Geschenken in der französischen Volkskultur des 16. Jahrhunderts.

Richard van Dülmen, geb. 1937, seit 1982 Professor für neuere Geschichte an der Universität in Saarbrücken.
Zahlreiche Publikationen zur Kultur- und Sozialgeschichte des 16. bis 18. Jahrhunderts, zuletzt u. a.: Der Geheimbund der Illuminaten, Stuttgart 1975^2; Reformation als Revolution. Soziale Bewegung und religiöser Radikalismus in der deutschen Reformation, München 1977; Die Utopie einer christlichen Gesellschaft. Joh. Val. Andreae, Stuttgart 1978; Die Aufklärungsgesellschaften in Deutschland als Forschungsproblem, in: Francia 5 (1978), 251–275; Religionsgeschichte in der historischen Sozialforschung, in: Geschichte und Gesellschaft 6 (1980), 36–59; Formierung der europäischen Gesellschaft in der Frühen

Neuzeit. Ein Versuch, in: Geschichte und Gesellschaft 7 (1981) 5–41; Entstehung des frühneuzeitlichen Europa 1550–1648 (= Fischer Weltgeschichte, Band 24) Frankfurt 1982; Herausgeber von: Kultur der einfachen Leute. Bayerisches Volksleben vom 16. bis zum 19. Jahrhundert, München 1983.

Gottfried Korff, geb. 1942, promovierte 1970, wiss. Assistent am Ludwig-Uhland-Institut Tübingen, 1975 Museumsrat am Landesmuseum für Volkskunde / Rheinisches Freilichtmuseum in Kommern, 1978–81 Generalsekr. d. Preußen-Ausstellung in Berlin, seit 1981 Professor für empirische Kulturwissenschaft / Volkskunde am Ludwig-Uhland-Institut der Universität Tübingen.
Veröffentlichungen u. a.: Heiligenverehrung in der Gegenwart, Tübingen 1970; Formierung der Frömmigkeit. Zur sozialpolitischen Intention der Trierer Rockwallfahrt 1891, in: Geschichte und Gesellschaft 3 (1977), 352–383; Grundzüge der Volkskunde (Mitverf.) Darmstadt 1978, Volkskultur und Arbeiterkultur. Überlegungen am Beispiel der sozialistischen Maifesttradition, in: Geschichte und Gesellschaft 5 (1979), 83–102; Hauberg und Eisen (zus. mit W. Ranke) 1980, Herausgeber von: Preußen – Versuch einer Bilanz, Reinbek 1981; Die 'Ecomusées' in Frankreich – eine neue Art, die Alltagsgeschichte einzuholen, in: Die Zukunft beginnt in der Vergangenheit (Schriften des Hist. Museums) Frankfurt 1982; Bilder der Armut, Bilder zur Armut, in: Chr. Sachße / Fl. Tennstedt (Hg.), Bettler, Gauner und Proleten, Armut und Armenfürsorge in der deutschen Geschichte. Reinbek 1983, 13–31; Zwischen Sinnlichkeit und Kirchlichkeit. Notizen zum Wandel populärer Frömmigkeit im 18. und 19. Jahrhundert, in: J. Held (Hg.), Kultur zwischen Bürgertum und Volk (Argument SB 103) Berlin 1983, 136–148.

Robert W. Malcolmson, geb. 1943 in Toronto (Kanada), promovierte 1970 bei E. P. Thompson an der University of Warwick (England). Seit 1982 Professor of History an der Queen's University in Kingston (Ontario), wo er seit 1969 lehrt.
Veröffentlichungen zur englischen Sozialgeschichte u. a.: Popular Recreations in English Society 1700–1850, Cambridge 1973; Life and Labour in England 1700–1780, London 1981 / New York 1982; Infanticide in the Eighteenth Century, in: J. S. Cockburn (Hg.), Crime in England 1550–1800, London 1977, 187–209 und 336–339; ›A set of ungovernable people‹: the Kingswood colliers in the eighteenth cen-

tury, in: J. Brewer/J. Styles (Hg.), An Ungovernable People: The English and their law in the seventeenth and eighteenth centuries, London 1980, 85–127 und 326–333; Leisure, in: G. E. Mingay (Hg.), The Victorian Countryside, Bd. 2, London 1981, 603–615; Workers' Combinations in Eighteenth-Century England, in: M. C. Jacob/J. R. Jacob (Hg.), The Origins of Anglo-American Radicalism London 1983; Dilemmas of the Nuclear Age, in: Queen's Quarterly 90/1 (1983), 16–28.

Norbert Schindler, geb. 1950 in Chieming/Chiemsee, arbeitet zur Zeit in München an einer Dissertation über alltägliche Repräsentationsformen im 15. und 16. Jahrhundert.
Veröffentlichungen u. a.: Zusammen mit W. Bonß, Praktische Aufklärung – Ökonomische Sozietäten in Süddeutschland und Österreich im 18. Jahrhundert, in: R. Vierhaus (Hg.), Deutsche patriotische und gemeinnützige Gesellschaften (= Wolfenbütteler Forschungen 8), München 1980, 255–353; Freimaurerkultur im 18. Jahrhundert. Zur sozialen Funktion des Geheimnisses in der entstehenden bürgerlichen Gesellschaft, in: R. Berdahl/A. Lüdtke u. a., Klassen und Kultur. Sozialanthropologische Perspektiven in der Geschichtsschreibung, Frankfurt 1982, 205–262 (italienische Übersetzung, Bologna 1984); zusammen mit W. Bonß, Kritische Theorie als interdisziplinärer Materialismus, in: W. Bonß/A. Honneth (Hg.), Sozialforschung als Kritik. Zum sozialwissenschaftlichen Potential der Kritischen Theorie (= stw 400), Frankfurt 1982, 31–66; Der Geheimbund der Illuminaten – Aufklärung, Geheimnis und Politik, in: H. Reinalter (Hg.), Freimaurer und Geheimbünde im 18. Jahrhundert in Mitteleuropa (= stw 403), Frankfurt 1983, 284–318.

Robert William Scribner, studierte Geschichte an der Universität Sydney, Australien (Magister 1967) und in Marburg, Freiburg und London (Ph. D. 1972), Dozent für Geschichte, Portsmouth Polytechnic, Universität London, King's College, und seit 1981 Universität Cambridge Clare College.
Veröffentlichungen vor allem zur Sozial- und Kulturgeschichte des 16. Jahrhunderts, u. a.: H. mit Gerhard Benecke, The German Peasant War 1525. New Viewpoints, 1979. H. mit W. J. Mommsen u. P. Alter, Stadtbürgertum und Adel in der Reformation, 1979. For the Sake of Simple Folk. Popular Propaganda for the German Reformation, 1981.

Zur Zeit arbeitet er über reformatorische Bewegungen in Deutschland und über Volkskultur und Volksglaube im frühneuzeitlichen Deutschland.

Klaus Tenfelde, geb. 1944, zunächst bergmännische Lehre und Polizeivollzugsdienst, zweiter Bildungsweg, Studium in Münster und den USA. Er promovierte 1975 und wurde 1981 Privatdozent an der Universität in München.
Zahlreiche Veröffentlichungen v. a. zur Sozialgeschichte des 19. und 20. Jahrhunderts, zuletzt u. a.: Sozialgeschichte der Bergarbeiterschaft an der Ruhr im 19. Jahrhundert, Bonn 1977 (1981²); Das Fest der Bergleute. Studien zur Geselligkeit der Arbeiterschaft während der Industrialisierung am Beispiel des deutschen Bergbaus, in: G. A. Ritter (Hg.), Arbeiterkultur, Königstein 1979, 209–245; Bergarbeiterkultur in Deutschland. Ein Überblick, in: Geschichte und Gesellschaft 5 (1979), 12–53; Großstadtjugend in Deutschland vor 1914. Eine historisch-demographische Annäherung, in: Vierteljahrsschr. f. Sozial- und Wirtschaftsgesch. 69 (1982), 182–218; Adventus. Zur historischen Ikonologie des Festzugs, in: Historische Zeitschrift 235 (1982), 45 bis 84; Anmerkungen zur Arbeiterkultur, in: W. Ruppert (Hg.), Erinnerungsarbeit. Geschichte und demokratische Identität in Deutschland, Opladen 1982, 107–134; Proletarische Provinz. Radikalisierung und Widerstand in Penzberg/Obb., 1900–1945, München 1982²; Mitherausgeber der Bibliographie zur Geschichte der deutschen Arbeiterschaft und Arbeiterbewegung 1863–1914, Bonn 1981 und eines Sammelbandes über: Streik. Zur Geschichte des Arbeitskampfes in Deutschland während der Industrialisierung, München 1981. Herausgeber der Reihen: Sozialgeschichte und soziale Bewegung; Bergbau und Bergarbeit.
Arbeitet zur Zeit mit an einer Geschichte der deutschen Arbeiterschaft und Arbeiterbewegung sowie an einer Quellenedition und Darstellung zur Geschichte der deutschen Gewerkschaften in der Weimarer Republik und leitet ein Forschungsprojekt zur Geschichte der Urbanisierung in München.

Europäische Geschichte 1550–1779

Band 24

Herausgegeben und verfaßt von Richard van Dülmen
Mit diesem Band legt der Saarbrücker Historiker Richard van Dülmen eine umfassende Strukturgeschichte der europäischen Gesellschaft in der frühen Neuzeit zwischen 1550 bis 1648 vor. Die Darstellung ist weniger an politischen Ereignissen und an den Einzelentwicklungen der verschiedenen Länder orientiert und interessiert, sondern mehr an Problemen, die die Strukturprozesse unter den Bedingungen der Vielfalt unterschiedlicher Entwicklungen der Neuzeit wesentlich begründeten.

Band 25

Herausgegeben und verfaßt von Günter Barudio
Dieser Band behandelt den historischen Werdegang Europas zwischen 1648 und 1779 – das Zeitalter des Absolutismus und der Aufklärung. Der Leser wird anhand von sechs repräsentativen Fällen, denen noch ein Exkurs begegeben ist, in die Mechanismen einer Machtstruktur eingeführt, aus deren Wirkungen das entstanden sein soll, was noch immer häufig der »moderne Staat« genannt wird.

fi 35/1

Fischer Taschenbuch Verlag

Das Zwanzigste Jahrhundert

in 3 Bänden

Europa 1918–1945
Fischer Weltgeschichte Band 34
Herausgegeben und verfaßt von R. A. C. Parker

Der Autor behandelt vor allem zwei Probleme, unter deren Nachwirkungen wir auch heute noch zu leiden haben: Aufstieg und Erscheinungsformen des Faschismus in Europa und Ursprung und Verlauf des Zweiten Weltkriegs. Unter diesem Blickwinkel werden Weltwirtschaftskrise und soziale Spannungen, nationale Rivalitäten und politische Radikalisierung geschildert; zugleich tritt ihre gegenseitige Verflechtung hervor, denn – so Parker – »wenigstens in der modernen Welt sind politische Veränderungen zugleich Ursachen und Folgen wirtschaftlicher und sozialer Veränderungen«.

Europa nach dem Zweiten Weltkrieg
Fischer Weltgeschichte Band 35
Herausgegeben von Wolfgang Benz und Hermann Graml

In diesem Band wird die europäische Geschichte von 1945 bis heute aufgearbeitet. Er beginnt mit einem Kapitel über die politischen Blockbildungen im Anschluß an den Zweiten Weltkrieg, an das sich je zwei Kapitel über die Entwicklungen in West- und Osteuropa anschließen und eines über den schwierigen Gang der europäischen Entspannung bis hin zur Krise dieser Politik.

Weltprobleme zwischen den Machtblöcken
Fischer Weltgeschichte Band 36
Herausgegeben von Wolfgang Benz und Hermann Graml

In diesem Band werden die wichtigsten zeitgenössischen Konfliktherde beschrieben und auf ihren strukturellen Zusammenhang hin untersucht. Die Spannweite reicht von Nordirland bis Kambodscha, vom Aufbruch der arabisch-islamischen Welt über die Befreiungsbewegungen in Afrika und Asien bis hin zur Entstehung der Volksrepublik China als neuem Machtfaktor in der Weltpolitik. Den Abschluß bilden Überlegungen zu Problemen der Entwicklungsländer, zur Entwicklungspolitik und zum Nord-Süd-Konflikt.

Fischer Taschenbuch Verlag

fi 313/1